U0833091

环保公益性行业科研专项经费项目系列丛书

寻找出路

Seeking the Way

公共政策视野下经济发展与环境保护

胡仙芝　张璞／主编

群言出版社
Qunyan Press

图书在版编目(CIP)数据

寻找出路:公共政策视野下的经济发展与环境保护/胡仙芝,张璞主编.—北京:群言出版社,2012.11

ISBN 978-7-80256-337-7

Ⅰ.①公… Ⅱ.①胡… ②张… Ⅲ.①中国经济—经济发展—文集②环境保护—中国—文集 Ⅳ.①F124-53②X-12

中国版本图书馆 CIP 数据核字(2012)第 092932 号

出版人　范　芳
责任编辑　陈　佳
助理编辑　孙平平
装帧设计　美信书籍设计工作室
出版发行　群言出版社(Qunyan Press)
地　　址　北京东城区东厂胡同北巷 1 号
邮政编码　100006
网　　站　**www.qypublish.com**
电子信箱　qunyancbs@126.com
总编办　010-65265404　65138815
编辑部　010-65276609　65262436
发行部　010-65263345　65220236
经　　销　全国新华书店
读者服务　010-65220236　65265404　65263345
印　　刷　北京画中画印刷有限公司
版　　次　2012 年 11 月第 1 版　2012 年 11 月第 1 次印刷
开　　本　787×1092mm　1/16
印　　张　34.5
字　　数　580 千字
书　　号　ISBN 978-7-80256-337-7
定　　价　78.00 元

[版权所有,侵权必究]

总　序

中国作为一个发展中的人口大国，资源环境问题是长期制约经济社会可持续发展的重大问题。党中央、国务院高度重视环境保护工作，提出了建设生态文明，建设资源节约型与环境友好型社会，推进环境保护历史性转变，让江河湖泊休养生息，节能减排是转方式调结构的重要抓手，环境保护是重大民生问题，要不断探索中国环保新道路等一系列新理念新举措。在科学发展观的指导下，“十一五”环境保护工作成效显著，在经济增长超过预期的情况下，主要污染物减排任务超额完成，环境质量持续改善。

随着当前经济的高速增长，资源环境约束进一步强化，环境保护正处于负重爬坡的艰难阶段。治污减排的压力有增无减，环境质量改善的压力不断加大，防范环境风险的压力持续增加，确保核与辐射安全的压力继续加大，应对全球环境问题的压力急剧加大。要破解发展经济与保护环境的难点，解决影响可持续发展和群众健康的突出环境问题，确保环保工作不断上台阶出亮点，必须充分依靠科技创新和科技进步，构建强大坚实的科技支撑体系。

2006年，中国发布了《国家中长期科学和技术发展规划纲要（2006－2020年）》（以下简称《规划纲要》），提出了建设创新型国家战略，科技事业进入了发展的快车道，环保科技也迎来了蓬勃发展的春天。为适应环境保护历史性转变和创新型国家建设的要求，原国家环境保护总局于2006年召开了第一次全国环保科技大会，出台了《关于增强环境科技创新能力的若干意见》，确立了科技兴环保战略，建设了环境科技创新体系、环境标准体系、环境技术管理体系三大工程。五年来，在广大环境科技工作者的努力下，水体污染控制与治理科技重大专项启动实施，科技投入持续增加，科技创新能力显著增强；

发布了502项新标准，现行国家标准达1263项，环境标准体系建设实现了跨越式发展；完成了100余项环保技术文件的制订和修订工作，初步建成以重点行业污染防治技术政策、技术指南和工程技术规范为主要内容的国家环境技术管理体系。环境科技为全面完成“十一五”环保规划的各项任务起到了重要的引领和支撑作用。

为优化中央财政科技投入结构，支持针对市场机制不能有效配置资源而进行的社会公益研究活动，“十一五”期间国家设立了公益性行业科研专项经费。根据财政部、科技部的总体部署，环保公益性行业科研专项紧密围绕《规划纲要》和《国家环境保护“十一五”科技发展规划》确定的重点领域和优先主题，立足环境管理中的科技需求，积极开展应急性、培育性、基础性科学研究。“十一五”期间，环境保护部组织实施了公益性行业科研专项项目234项，涉及大气、水、生态、土壤、固废、核与辐射等领域，共有包括中央级科研院所、高等院校、地方环保科研单位和企业等几百家单位参与，逐步形成了优势互补、团结协作、良性竞争、共同发展的环保科技“统一战线”。目前，专项取得了重要研究成果，提出了一系列控制污染和改善环境质量技术方案，形成一批环境监测预警和监督管理技术体系，研发出一批与生态环境保护、国际履约、核与辐射安全相关的关键技术，提出了一系列环境标准、指南和技术规范建议，为解决中国环境保护和环境管理中急需的成套技术和政策制定提供了重要的科技支撑。

为广泛共享“十一五”期间环保公益性行业科研专项项目研究成果，及时总结项目组织管理经验，环境保护部科技标准司组织出版了“十一五”环保公益性行业科研专项经费系列丛书。该丛书汇集了一批专项研究的代表性成果，具有较强的学术性和实用性，可以说是环境领域不可多得的资料文献。丛书的组织出版，在科技管理上也是一次很好的尝试，我们希望通过这一尝试，能够进一步活跃环保科技的学术氛围，促进科技成果的转化与应用，为探索中国环保新道路提供有力的科技支撑。

中华人民共和国环境保护部副部长

吴晓青

2011年10月

目 录

序言与导论

环保理论与政策设计

环境保护与经济增长

环境政策工具

环保产业与农业政策

地方环保实践与创新

他山之石

序言与导论

研究环境保护基本国策
实现绿色环保政策创新[①]

高小平

在全国上下认真学习贯彻胡锦涛总书记“七一”重要讲话之际，举行“公共政策视野下的经济发展与环境保护”研讨会，很有意义。

经济发展与环境保护之间的关系，是贯彻落实科学发展观、实现可持续发展需要解决的关键性问题。处理好经济发展与环境保护之间的关系，既要靠体制机制方面的作用，要靠深化改革开放，要靠综合运用经济手段、法律手段和行政手段，这些都是必需的。而公共政策有着特殊的作用，在现实针对性、应用广泛性和措施灵活性上具有更加直接的作用和相当明显的优势。

中国作为一个发展中大国，面临着发展经济和保护环境的双重挑战。环境保护既是转变发展方式的需要，又是改善和保障民生的需要，也是政府公共服务的基本领域。目前，从根本上看，中国还没有完全转变高投入、高消耗、高排放、不协调、难循环、低效率的粗放式经济增长方式。国际金融危机更加凸显了加快转变经济发展方式的重要性和紧迫性。环境资源与经济发展的矛盾还没有破解。“十二五”时期，中国要继续深入贯彻节约资源和保护环境基本国策，充分发挥环保在经济社会发展中的作用，尤其是在转方式调结构中的作用，关键要将环境保护的倒逼机制传导到结构调整和经济转型上来，积极推进财税、金融、资源性行业等领域的改革，更加注重认识和把握实践发展规律，

① 本文系选自作者在2011年8月13日“公共政策视野下的经济发展与环境保护”研讨会（内蒙古包头）上的致辞，有删节。

推动环境保护实现历史性转变，更加突出经济效益与生态效益的统筹兼顾，努力形成科学发展的体制机制和持久动力。

要实现绿色环保政策创新，需要立足公共政策建设，构建高效的政策体系，这既符合中国加强环境保护服务、经济社会发展的国情，又是一条重要的国际经验。政策框架对绿色发展和发展方式转变有着重大影响。要从提高经济效率和发展效益的角度创新政策，将保护自然环境、维护生态安全视为发展的基本理念，将绿色发展视为发展的基本取向，并体现在政策安排中。更加注重推动经济结构调整，更加注重推进自主创新、增强经济增长活力和动力，更加注重提高经济增长质量和效益，将保护环境的理念体现在工业、农业、交通运输、建筑和服务等各个领域，将环境保护的政策落实到生产、流通、分配和消费的各个环节，从再生产全过程建立起全面覆盖经济社会发展的环境保护政策体系。要加强政策建设，加快推动规划环评条例的出台，有序推进环境政策向立法的提升。

为了促进生态环境政策的创新，需要着力做好以下方面：

一是更加重视加快政府职能转变。推动绿色发展及转变发展方式，行政管理方式转变要先行。当前发展方式转变的严峻挑战并不在经济本身，而在政府角色定位和职能转变上。政府作为公共权力行使者、政策措施制定者、经济活动管理者的特殊角色，决定了它是完善市场体系、规范市场行为、克服市场缺陷、保证市场有序竞争的中坚力量，对绿色发展和转变发展方式具有巨大的导向作用和广泛的重要影响。适应推进绿色发展和转变发展方式的要求，要创新行政管理体制机制，把更多精力从主导经济增长，转向提供基本公共服务和创造良好的经济发展环境，更好地发挥市场配置资源的作用，变主动干预为主动服务。同时，自觉遵循市场经济的运行规律，提高宏观调控的科学性和预见性，实施人与自然和谐、生态与经济协调的绿色管理，构建绿色环保管理新机制，按照自然规律对稀缺生态资源进行优化配置和科学利用，从而推动发展方式转变，而不是阻碍这一转变。

二是更加重视发挥市场机制作用。发展方式转变最终是由市场规律决定的，只有市场机制才能将绿色发展的各种利益主体联系起来。市场机制是价格、供求、竞争等相互作用、相互影响的结果，可引导资源由低效益向高效益、由供给过剩向供给不足的部门或领域流动。作为市场手段价格和税收是解决资源环境问题的有效手段，应充分体现环境倒逼理念，加强重点流域、区域、行业污染治理，建立健全生态补偿机制，从根本上扭转资源利用中的低效和浪费现象。推进绿色发展和转变发展方式，要用好市场的力量，进一步发挥市场作用，健全激励和约束机制，增强企业和全社会节能减排内生动力。

三是更加重视发挥自主创新作用。着力提高自主创新能力，是增强企业核心竞争力和发展后劲的关键所在，也是转变经济发展方式的根本出路和突破口。中国传统产业大多能源和资源消耗高、环境污染重，利用高新技术加以改造，可以大大提高资源和能源的使用效益，减少污染排放，提高产品质量和经济效益，甚至可以将其中的夕阳产业脱胎换骨为朝阳产业。中国的人口规模、资源环境禀赋和经济技术发展阶段，决定了中国实现绿色发展较发达国家面临更大的挑战，经济社会的快速发展与资源环境承载能力的矛盾更为突出，需要把自主创新作为转变发展方式的突破口，把增强自主创新能力作为战略基点，走中国特色自主创新道路，带动产业转型和技术升级。立足于绿色技术为核心的科技创新，既可对发展方式转变起到重要的支撑作用，更可引领绿色发展的方向。要加强重点节能工程建设，大力发展循环经济和环保产业，加快低碳技术研发应用。

四是更加重视发挥政绩考核作用。要树立绿色政绩观，完善中国特色的绿色发展绩效考核体系。在考核操作上，从注重过程规范向注重结果运用转变；在考核指标上，“十二五”期间可将绿色经济占整个经济的比重，万元 GDP 物质投入、万元 GDP 能耗、万元 GDP 水耗、万元 GDP 土地消耗，自然灾害直接经济损失减少，环境污染治理总投资占 GDP 比重等纳入绩效考核指标，把资源消耗、环境污染、环保投资增长和节能降耗减排等软硬指标均列入考核范围，推行绿色 GDP 的核算体系，淡化规模总量指标，突出结构效益指标，突出社会民生指标，突出节能环保指标，从注重经济增长指标向注重综合性指标转变；在考核方式上，综合运用经济、法律和行政手段，从以内部考核为主向以第三方考核为主转变，强化目标责任评价考核；在考核制度上，从注重政府保障向注重法律保障转变。发挥好绿色政绩考核导向之手的引领性作用，引导各方面切实把工作着力点放到加快绿色发展和发展方式转变上来，构建科学发展的长效机制。

（作者系中国行政管理学会执行副会长兼秘书长，研究员）

环境治理呼唤制度顶层设计

朱维究

我们已经走过了初期的社会经济发展道路，到了综合来解决经济社会发展深层次的矛盾和问题的时候了。搞自然科学的人也意识到仅仅靠自然科学不能解决我们发展中遇到的所有问题，必须和社会科学结合起来共同来探讨，解决深层次发展的各种经济矛盾、社会矛盾以及政治上的一些问题。我觉得这个现象本身就是一个很好的启示。下面，我就结合个人的学科方向和历程，就环境治理公共政策问题谈几点自己的感受。

首先，“公共政策视野下的经济发展与环境保护”标题非常好。实际上公共政策在中国是由执政党提出来，提出各种各样的建议，要按照咱们的宪法规定、法定程序的话，所有的公共政策都是由各级的执政党提出、人大通过、政府去执行的。但是现在我们在公共政策的制定和执行的过程当中，实际上初期是分阶段进行的。比如说，早期首先从经济的发展入手，这也是客观的、可取的，但是仅仅从经济角度考虑整个的发展，是远远不够的，甚至会带来一系列我们现在已经感觉到的问题，有些甚至是非常严重的问题。比如，处理发展和环境的关系已经成为非常尖锐的、我们没有解决好的问题，能不能在这之前先考虑一点呢？不是不可能，尤其在后发的这些地区，更可以在发展的早期就注意人和环境的关系，发展和后续力的保存问题，这也是后发地区的优势。

其次，现在按照中央的文件来看，经济发展、社会发展和环境之间的关系怎么处理？当然还有政治建设。经济建设、环境保护建设、社会建设和政治建设四个建设要协调发展。尽管在发展阶段上可以有所偏重，但是科学的发展必须是四项发展共同来考虑，统筹安排。

从公共管理的理论来看，我觉得我们到了要把各种各样的社会现象、社会复杂矛盾、问题进行理性思考，提高到一定理论程度来分析和认识的时候。同时，“十二五”期间，无论是胡总书记还是温总理，都特别强调要做综合的思考、分析，并且做“顶层设计”。各种各样的制度和公共政策要进行顶层设计，这也是给我们搞理论研究的人提出的一个重大课题。比如到底该不该用法律，到底什么时候用法律；法律比较弱，是不是就靠政治或行政手段就把这些问题都解决了？法律在中国需不需要，能不能运用法律，这也是值得我们思考和研究的话题。

我感觉在“顶层设计”当中关键的是制度设计，而制度设计当中最高层次的、代表国家要执行的一些制度就是法律。尤其是对于环境和经济发展这种利益冲突比较鲜明的，各种分配当中的利益冲突比较鲜明的，一定要有制度。而有些制度必须是作为国家的意志，用法律手段来保证才能够实施，才能够让大家信服，才有威慑力，才能够真正起作用。也就是我们常说的，为什么落不实，就是因为责任不落实。政策的治理肯定是不容易落实的，而法律的治理往往是必须明确责任，必须追究责任。所以在解决经济发展和环境保护这对矛盾当中，恐怕法律手段是必须要学会的，必须要运用的。

在整个的制度设计当中，法律是顶层设计的最高层次的制定，在这方面需要大家在综合各个学科研究的基础上，解决如何制定各项规则的问题，我个人觉得至少要包括三类规则：第一类是各种各样的技术标准和技术规程——科学测定的、科学研究具体要求的技术规程；第二类就是执行具体的公共政策时所应采取的措施和制度保障；更高一个层次的应当是法律制度。目前，这些制度的建设，已经有了大体框架，但是还缺少一些支柱性的法律，如解决人和环境的这些法律的落实，还有解决人和人利益分配的大的制度，公共财政体系，公共财政方面的法律制度，税法的进一步完善……这些方面都需要我们做深入研究。

有学者提到用倒逼的方式解决环境和社会发展的矛盾，这个时候法律手段就必须提上日程。我感觉，在中国，运用政策来解决经济社会发展中的问题我们是行家里手，但是运用法律手段更高层次地解决一些根本性的问题，尤其是涉外的，包括一国两制的，这方面的需要就更紧迫。

在公共管理的理论中，还要提倡“治理”的理念，从管理到治理，治理的手段要发展、丰富。学会在政治手段运用的同时，学会运用经济手段、行政手段、法律手段之间的统一使用，交替使用，综合运用。要学会综合运用各种手段解决我们社会中遇到的一些问题，这也是我们执政能力水平提升的表现，从一般的社会管理提升到全球化治理，既向先进的发达国家学习，同时也要赶上他们，来解决全球治理的一些问题。

提到全球治理和公共政策的实施，要高度重视全球化的背景。因此在全球治理的要求之下，治理应当把常态的治理和风险的治理同时考虑。在公共政策的制定和考虑的同时，必须把风险治理和常态治理作为同样的制度设计一并考虑，各种手段在什么时候运用，如何运用，也应该考虑。这个时候我们的治理才是符合全球化的。

我们必须要有全球风险治理的观念，刚才和各位专家探讨碳交易的问题，实际上我们很可能陷入发达国家富国俱乐部给我们设的另外一个圈套。当然西方国家制定的一些规则是人类制度文明的体现，制度文明是最高的文明。但是，制度永远有缺陷，西方国家根据他们的利益制定的法律、公约、条约，我们有时候必须要参加。我们既要学会使用法律手段，同时也要在掌握的话语权之后，参与修改这些法律和条约、公约。因此，法律手段在治理中不仅在国内不可缺少，法律必须在全球治理中也提上日程。

（作者系国务院参事、中国行政管理学院副会长、中国政法大学教授、博士生导师）

保护与开发：环境资源面对的两难选择*

许耀桐

在我国北方重镇包头，在草原八月召开这次会议，时机特别好，具有重大意义。2011 年是中国“十二五”时期的开局之年，2011 年 3 月份通过人代会已经产生了“十二五”时期的发展规划。“十二五”时期的发展规划着重提出了要转变中国的经济发展方式，要从过去的“又快又好”转变为“又好又快”，由追求片面 GDP 增长型转变为追求质量型，经济发展和环境、生态协调发展。

“七一”讲话中胡锦涛虽然着重总结我们九十年党的历史，但是这个报告的最后一部分集中讲国家的六大建设，其中包含了生态文明建设。生态文明建设着重提出要构建“两型社会”，即资源节约型和环境友好型。我们这次会议就是非常及时地贯彻了“七一”讲话精神。这次研讨会也将会产生一批理论成果。

讲到经济发展和环境保护，中国从古代开始就有非常丰富的学术遗产。春秋战国时期的典籍就提到过，3 月初的时候不要急急忙忙到山上去砍伐，5 月来临的时候也不要急急忙忙去捕鱼。从春秋战国产生的这种人与环境协调发展的观念到了汉朝董仲舒发展为“天人合一”。只是到了近现代，我们稍微落伍。重视经济发展和环境保护的政策，西方走在前面。从上个世纪 40 年代美国的利奥多德开始，到七八十年代罗马俱乐部提出了“发展是有极限的”。中

* 节选自作者在“公共政策视野下的经济发展与环境保护”理论研讨会上的致辞。

国提出的科学发展观重新使我们走到了引领经济发展和环境协调的新的高度。我认为，科学发展观把古代的思想和现代西方的思想结合起来，是一个思想之大成。

我们研究经济发展和环境保护，在内蒙古召开理论研讨会，特别有学术上的重要作用和实践上之针对性。“十二五”规划对主体功能区的划分，城市化区、农产区、生态保护区，内蒙古既有城市区又有农产区，更大一部分是生态保护区。经济发展和环境保护现在更多地要通过法律、制度和政策手段来提供保证。

现在，在西方国家，产生了绿色政治，公共政策也属于绿色政治这一部分。在中国，就颜色来说，我们不仅要搞红色政治，随着世界潮流和经济发展趋势，还要绿色经济、绿色政治。“红＋绿”，只有色彩斑斓，我们的国家才能发展得更好。

专访：

统筹兼顾是处理经济发展和环境保护关系的基本原则

——许耀桐教授答《中国经济周刊》记者问

记者：王红茹　实习记者：朱杉

记者： 您觉得在内蒙古开经济发展与环境保护的会议有何特别意义？

许耀桐： 从历史上来看，内蒙古在中国北方，原来自然条件很好，水草肥沃，是游牧民族，但是到了近现代以后，尤其是最近三四十年，我们在经济增长方式不太好的情况下，在片面追求 GDP 的导向下，导致了对环境资源的高投入、高消耗、高排放，就把环境给破坏了。内蒙古属于环境破坏比较厉害的，我们对它的资源索取比较多，来了这里也听到很多，原来包头多么漂亮，现在草原退化了，风沙也多了，包括我们晚上看的那个城市草原，原来是一大片草原湿地，现在也萎缩了。所以自新中国成立以来，对西部是索取多、给予少，这样使它成为在环境保护方面有很大问题的一个省区。在“十二五”期间，我们要转变经济发展方式，内蒙古属于重要的省份，它的资源、环保问题比别的省份更迫切一些。

记者： 您认为经济增长和经济发展两种提法有什么具体差别？

许耀桐： 过去叫“经济增长方式”，现在改成“经济发展方式”，还是有讲究的。经济增长方式就是追求数量、利润、产值，过去就是看一个指标；经济发展方式的内涵更全面，是新发展方式。法国的弗朗西斯·佩鲁首先提出了这个概念，它指出了增长不等于发展。过去我们就把增长和发展混在一块，以为是一回事，佩鲁就作了一个区别。佩鲁的新发展观 80 年代就出来了。增长就一个指标，就是数量；发展的内涵则丰富多了，不但要看数量，还要看发展是否可持续，对环境、人的健康等是否造成影响。发展不是单一指标，是各方面指标考核衡定的。

第二个方面，也可以从“十二五”的角度来观察。“十二五”规划中，经济发展方式转变是一个主线，还有很多具体的东西，比如对我们国家主体功能区的定位，把我们国家分成三大功能区：一是城市化发展区，工业、科技比较集中的地方；二是农产区，集中生产农业；三是生态保护区，主要保护生态。这样看的话，内蒙古有一个城市化区域，呼包鄂、榆林地区（陕西榆林，煤较多，靠近内蒙古），除了这个以外，内蒙古大部分地区都属于北方的防沙带。主体功能区分为三个，生态保护区又分为“两屏三带”：“两屏”是青藏高原生态屏障，黄土高原和川滇生态屏障；“三带”是北方的防风带，包括新疆和内蒙古一带，还有东北森林带、南方丘陵地带。中国从生态建设来说，一定要抓住“两屏三带”。这个大格局一出来，内蒙古当然还是要发展工业，但是大部分地方是属于北方防风带，要治理生态。从这个角度来看，内蒙古的经济发展与环境保护任务非常重，它要两手抓，既要消除历史上遗留的一些问题，又要在发展经济的同时保护环境。

记者：有学者说，靠挖煤发展经济是不行的，还不如不发展。您怎么看？

许耀桐：不发展经济是不行的，会上有教授提出最好不要发展，心情可以理解。这个观点也有人提过，美国普林斯顿的米都斯70年代提出，增长有一个极限。他是建立在科学数据上，他把当时世界已经探明的石油、煤炭、铁矿等总量，每年消耗多少计算出来，根据他的计算，在未来的200年到250年，这些资源都用不完。但是这些资源都是一次性资源，用一吨就少一吨，所以米都斯教授指出，增长是有极限的。到今天这个命题还是成立的，他提出最好不要发展，因为发展下去很危险。但是这个观点太悲观了，因为人类的认识能力是无限的，一种资源用完了，还可以找到一种替代。当然最可怕的是，一种资源用完了，替代还没有找到，所以我们要省吃俭用、精打细算。发展还是要的，发展要科学发展，可持续发展，有节制地发展。

对内蒙来说，煤还是要挖的，但是我们的挖法不能同山西当时那样。山西那种挖法就是片面性的，单向大自然索取的。过去我们有种观点是有害的，就是我们地大物博，怎么用也用不完。大自然也是有承载力的，有一个恢复的过程。树木我们可以去砍伐，因为它们可以再生，但是煤是不可再生资源。不是不能挖，而是要算计着挖。其实我们现在技术也很成熟，我们把核聚变搞得很清楚了，核聚变比核裂变更好控制。现在我们用煤、用石油，已经找到替代的办法了，就是可燃冰，可燃冰的储量很大，虽然技术没有搞清楚，但是可替代能源。

记者：环境保护需要投入，经济发展也要投入，这二者是矛盾的吗？

环境保护是有代价的，要投入。过去先污染后治理，对环保不投入，就发展得快。但是从长远来看，这是不科学的，因为把环境破坏了，就不可持续了。现在生产要抓，要投入，环保也要抓，要投入，当然有矛盾。

英国也曾污染过泰晤士河，在19世纪末彻底污染了，河水发臭，人家花了大概100年治理好，到了80年代末90年代初，河水清了，有鱼了，能下河游泳了。但是人家花了100年的时间，投入了大量资金。不可能说，你给我治，三年五年就要治好，那不可能。治理需要一个过程，不是马上就能治好的。环境，一定要认识清楚再动手，做事情一定不能够莽撞。

记者：在环境保护和经济结构转型的过程中，主要涉及三个方面的利益——企业、政府、老百姓。政府的态度是非常关键的，政府如何对自己进行定位？

许耀桐：这是一个战略思考的问题。过去政府还是以经济建设为主的，为了增加财政收入。政府让自己赚钱也好，让企业、老百姓赚钱也好，一定不要只赚钱，不办事。我们过去的政府就是只进不出，政府富得流油，但社会并不富裕。现在政府定位要找准，要监管市场，给经济制定规则，自己不要大包大揽。现在转变政府职能就是政府要起监管、制定规则的作用。作为一个工厂主，原来最大目的是赚钱，把树砍了，把环境破坏了，跟我没关系，但是现在不行，你砍了一棵树，还要再种一棵树。就是政府要制定规则，这就是政府的责任。

在政策制定的过程中，要各方面的人士都参加，这样能够代表大家的意见。过去政府是垄断的，我想怎么定就怎么定，很可能好心办坏事。

今天我们为什么要顶层设计？顶层设计无非就是站在高处，把各个细节都看清楚，再下手。经济建设要更加谨慎，干什么事情都要有一个评估，尽量减少对环境的污染。当然不能躺倒不干，不要发展。讲得很轻松，这个观点等于不要发展。完全停下来是不对的。统筹兼顾是处理经济发展和环境保护关系的基本原则。

（许耀桐，国家行政学院科研部主任、教授、北京大学博士生导师；王红茹，《中国经济周刊》记者；朱杉，《中国经济周刊》实习记者）

“十二五”期间我国环保形势及环保的科技需求

刘海波

一、“十二五”期间中国环保事业面临的严峻考验

“十二五”期间，我们的环境保护事业充满希望，但也是一个攻坚战。“十一五”期间节能减排，有很多的经验教训，在“十二五”期间，面临着更加严峻的考验。主要有以下几个方面：

第一，治污减排的压力进一步加大。我国的工业化、城市化发展加快，经济总量不断增长，能源消耗也在不断加快，但是我们的环境容量是固定的。

第二，环境质量改善的压力继续加大。常规的污染物如二氧化硫虽然已经能得到有效的利用，但是重金属、土壤污染等问题却进一步显现。

第三，防范环境风险的压力加大。环境违法事件、突发环境事件时有发生，区域环境问题不断突出，土壤污染已经对粮食及食品安全、饮用水安全、群众健康构成了严重威胁。自然灾害引发的环境问题、安全问题也不断增多。

第四，全球性环境问题给我国带来的压力不断加大。气候问题、生物多样性问题已经成为各国的普遍问题。一些国家以经济发展为借口对我国环境造成伤害的压力也在不断加大。

二、"十二五"期间支撑中国环境保护的科技需求

这些环境保护问题的解决刻不容缓，我们非常希望环境科技能够为环境保护提供更大的支撑。在"十二五"期间，支撑环境保护的一些科技需求主要包括以下几点：

一是面向"十二五"减排目标，大力挖掘减排的潜力需求。"十二五"规划纲要中明确提出，"十二五"期间，二氧化硫、氮氧化物及氨氮等主要污染物要比 2010 年减少 8% 到 10%。要实现这些减排目标，亟需进一步推动污染减排的科技含量，不断提高科技进步在污染减排中的贡献率。

二是面向不断显现的环境问题，推进重点领域生态研究，不断改善重点区域环境质量问题的需求。

三是面向加快实施水体污染防治，不断突破技术瓶颈的需求。

四是面向改善环境质量、环境保护目标、改善环境科技的需求。

五是面向环境保护基础能力滞后的问题，提高环境监测、风险防范的科技需求。

（作者单位：国家环保部）

环境保护、科学发展与法治可能

何　兵

中国社会现在矛盾这么多，可以归结为一句话，叫“放于利而行，多怨”。这个国家如果总是以利益为唯一目标，这个社会是不可能和谐的。当国家、政府以GDP为目标，当个人以财物为目标，这个社会就会背道而驰。

中国社会当前的问题，第一是道德透支。老子告诉我们，“不尚贤，使民不争；不贵难得之货，使民不为盗；不见可欲，使民心不乱。是以圣人之治也，虚其心，实其腹，弱其志，强其骨。恒使民无知无欲。使夫智者不敢为也。为无为，则无不治矣”，就是说国家不要崇尚所谓的贤人虚名。如今国人道德透支特别严重，我有一个看法，人心坏了没法治。比如上海钓鱼执法案，南京彭宇案，结果老人倒地无人敢扶。还有食品安全问题，靠处罚是不能解决问题的。胡锦涛主席的“八荣八耻”并没有落实到实践中来，“以勤俭节约为荣，以骄奢淫逸为耻”，但现实往往与此相反。

第二是水资源透支。有一次我去九寨沟开会，我就站在河边犯傻。有个记者问，何老师你干嘛呢？我说没干嘛，实际上面对大自然我在想一个问题，这么好的自然开采它干什么？实际上归结为一句话：“有一些折腾叫发展。”华北水资源透支，相当于两条黄河的水量；山西地下水，打800至1000米才能见水；河西走廊地下水透支；北京日供水量接近极限，形势很严峻啊！要多组织这样的会议，全国组织，争取树立起全民环保的意识。

第三是煤炭资源透支。我从山西回来，看到一车一车的煤往北京运，太恐怖了，现在开始拉完了山西，拉你们这儿了。2006年，世界40%的煤产自中国，40%的煤在中国烧掉了，中国成为世界能源的供给地，然后制成很便宜的产品卖给外国人，我就搞不明白我们为什么干这种傻事？为什么要把资源变成钱呢？

第四是石油透支。第五是天然气透支……

很多城市资源枯竭了，以资源为依托的城市一旦资源枯竭了，会出现什么问题？现在很多资源城市枯竭，包括景德镇，还有玉门。玉门以前是十万人，石油枯竭后变成三万人。大量的资源枯竭城市都面临这个问题。以后开矿的速度会加快，因为我们对资源的消耗速度会越来越快。矿产开采完之后，很多企业拍屁股走人。内蒙一定要当心这件事。

早在上个世纪90年代，矿产大幅度降价，那时经济转型，过度迷信资源和交通。后来，那么多能源到哪里去了？搞建设去了。建筑耗能46.7%，而我们的建筑一般不超过30年就完蛋了，也就是我们耗掉了子孙的资源建房子。建筑也不节能，我们的建筑是高能耗的，2020年的建筑能耗将是现在的3倍。

中国的稳定不是基于刚性的稳定，而是基于透支稳定。就是说这么多年我们还能稳定，就是因为在不断地透支资源，有钱人多分一点，没钱人少分一点，日子都好过。而当资源不能透支的时候，社会稳定会出问题。现在社会要注意维稳，维稳在于物价和资源。

中国会不会发生动荡？我的研究结论是如果按照这样的发展模式，中国一定会动荡。中国动荡会表现为什么特征呢，我的初步判断是，现在是群体性事件频发，它会转型为群体性事件群发。现在已经有这样的迹象了。何以繁荣加速了革命的到来？很多人认为是贫穷导致了革命的到来，不是的。中国当下分蛋糕确实比做蛋糕重要。

怎么解决问题？第一，要以勤俭节约为荣，国家一定要解决这个问题，不能虚的。胡锦涛说要不断满足人民的新需求，这句话要有新理解，要调控，要引导人民的需求从对物质财富的追逐转向追求精神财富。第二，加大社会保险。只有加强社会保险才能减轻人民的恐惧。第三，政府官员以身作则，国家以身作则。第四，鼓励技术创新，实现经济转型。第五，要提倡慢节奏，实现高就业。

（作者系中国政法大学法学院副院长、博士生导师、教授）

转变经济发展方式，加强环境资源保护，积极探索有效环境政策

胡仙芝　余　茜　李小方

2011 年 8 月 13 ~ 14 日，由中国行政管理学会、内蒙古科技大学倡议的“公共政策视野下的经济发展与环境保护”和“法治政府建设”研讨会在内蒙古自治区包头市的内蒙古科技大学胜利召开。本次会议由中国行政管理杂志社、全国政策科学研究会、北京师范大学环境经济中心及内蒙古科技大学经济与管理学院、文法学院联合承办。来自中国行政管理学会、国家行政学院、环保部、国务院法制办、国务院发展研究中心、国务院参事室、北京大学、中国政法大学、北京师范大学等全国 20 多个省、市、自治区 80 多家政府科研院所、大专院校及企事业单位的理论工作者和实践工作者共 100 余名代表参加了会议研讨。会议除了开幕式、闭幕式之外，还进行了大会主题发言以及小组专题讨论的环节，代表们分别就理论探讨、实践创新、治污减排与结构调整及“法治政府建设”等专题进行了充分的讨论，并针对经济发展中日益凸显的环境保护压力和瓶颈，针对日益凸显的公民对环境保护的需求和诉求，结合会议上形成的诸多共识，形成了“从我做起，从现在做起，保护美好生态环境，促进经济可持续发展”的环保宣言倡议书。现将本次会议上有代表性的观点综述如下：

一、关于经济发展和环境保护的理论关系

经济发展与环境保护的相互关系，是本次研讨会最为集中的一个话题。与

会专家从各个方面论述了两者之间的关系及其重要意义。我国的环境污染和生态破坏已经成为危害人民健康、制约经济发展和社会稳定的一个重要因素。本次研讨会以“公共政策视野下的经济发展与环境保护”为主题，会议主题的设计和选择本身就反映了目前中国社会发展的阶段特征和要求，表明我们已经走过了初期的社会经济发展道路，到了综合解决经济社会发展深层次的矛盾和问题的时候。当前，处理经济发展和环境的关系已经成为非常尖锐的问题，如何正确处理好经济发展和环境保护之间的关系，实现两者双赢，已成为全社会共同面临的重要问题。解决好这个问题，对于我国发展现阶段来说具有以下方面的意义：

首先，经济发展和环境保护之间的关系是贯彻落实科学发展观、实现可持续发展需要解决的关键问题。中国是一个发展中大国，面临着经济发展和环境保护的双重挑战。到目前为止，我们并没有完全转变高投入、高消耗、高排放和低效率“三高一低”的粗放型经济发展方式，经济和环境之间的矛盾并没有得到很好的解决。这两者的矛盾直接影响到经济发展质量、环境的承受能力、民生的改善和社会的可持续发展。“十二五”规划提出了要继续深入贯彻节约资源和保护环境的基本国策，要充分发挥环保在经济社会发展中的作用，尤其是要发挥其在转变经济发展方式、调整经济结构中的重要作用。

其次，正确处理好经济发展和环境保护之间的关系是建设生态文明的必然要求。生态文明是人类发展市场文明的一种形态，它以维护自然为前提，以人与人、人与自然、人与社会和谐共生为宗旨，以坚持可持续发展的生产方式和消费方式为内涵，引导全社会走向持续和谐发展的道路。生态文明强调人的自觉与自律，强调人与自然环境的相互依存、相互促进，建设生态文明不等同于传统意义上的污染控制和生态恢复，而是修正工业文明的弊端。把建设资源节约型、环境友好型社会放在工业化、现代化发展战略的突出位置，落实到每个单位、每个家庭，避免沿袭大量消费、大量废弃的生活方式，努力探索和谐发展的生态文明之路。

会议认为，环境是经济发展的物质基础，保护环境的实质就是保护生产力。作为后发国家，可以在发展的早期就注意人和环境的关系，发展和后续力的保存的问题，这样就能将后发国家的劣势转为优势。环境和经济发展，两者之间是相互促进、相互制约的。良性循环的环境系统可以使环境资源的再生能力大于经济增长的需要，并对生产和消费活动中产生的一定数量的废物进行净化，使经济发展得以健康、持续地进行；经济发展了，又可以提供更多的资金、技术、装备和人才用于保护和改善环境。如果环境与经济发展之间的这种良性循环被破坏，经济的不当发展使环境受到严重污染，环境资源枯竭，环境自净能力丧失，最终将导致经济发展受到限制，社会因此蒙受巨大损失。因此，在经济发展中绝不能以浪费资源和牺牲环境为代价，经济发展与环境保护是完全可以协调好的。

二、关于协调经济发展与环境保护的政策工具及手段

会议代表指出，如何正确处理经济发展和环境保护的关系，我国政府领导有着非常清醒和到位的认识。在第六次全国环境保护大会上，温家宝总理提出了要处理好这个关系，必须加快实现三个转变：一是从重经济增长轻环境保护转变为保护环境与经济增长并重，在保护环境中求发展；二是从环境保护滞后于经济发展转变为环境保护和经济发展同步，努力做到不欠新账，多还旧账，改变先污染后治理、边治理边破坏的状况；三是从主要用行政办法保护环境转变为综合运用法律、经济、技术和必要的行政办法解决环境问题，自觉遵循经济规律和自然规律，提高环境保护工作水平。与会代表认为，这三个转变是方向性、战略性、历史性的。但如何加快推进这三个转变，还需要我们加强对环境保护的具体实践尤其是各种手段的研究。

与会专家提出，在处理经济发展和环境保护的关系上，公共政策有着特殊的作用。当然，体制、机制方面的作用，改革的作用、创新的作用、经济手段、法律手段、行政手段对于处理这两者之间的关系都是密切相关的，都是需要的。但是公共政策在现实的针对性、广泛的适用性和实施的灵活性这些方面则具有更加明显的优势。我国的“十二五”规划提出了要继续深入贯彻节约资源和保护环境的基本国策，要充分发挥环保在经济社会发展中的作用，尤其是要使它在转变经济发展方式、调整结构当中发挥关键作用。如何将解决环境保护的倒逼机制传导到整个经济社会结构中去？这就需要整体推进财税、金融、资源性行业的改革，需要这些领域的政策创新，需要实现环保的历史性转变。这些都需要我们把握经济发展和环境保护的内在关系，把握可持续发展的内在规律，统筹协调好经济效益和生态效益，在公共政策创新的条件下做到环保和经济的“双赢”。

环保政策的创新关键是要使“绿色行政”得到政策的体现，要在政策的整体构建和框架体系中积极地吸收国际经验，结合我国转型的现实需要，对绿色发展及其方式深入研究，把保护自然环境、维护生态安全视为发展的基本理念，把绿色发展视为发展的基本趋向，把这些理念落实在公共政策的整体安排中。

会议代表认为，在我国经济发展和环境保护问题背后，需要我们考虑一下公共管理手段的有效性。各种各样的社会现象、社会复杂矛盾、社会问题为什么解决起来这么难，我们需要进行理性思考，要特别强调做综合的思考和分析，并且做“顶层设计”。我国面临的环保问题，需要有一批解决人与环境关系和行为的法律法规，还要这些法律的切实落实。与环境保护相关的公共财政法律制度、资源税收法律制度等，都需要进一步完善，需要学者们做更多的深入研究。

会议专家们最后都认同，政策手段和法制手段各具特色，都需要加强和创新。

三、关于经济发展与环境保护的政策实践

会议还就经济发展与环境保护的政策实践进行了多方面的探讨。学者们认为，“十一五”期间节能减排，有很多的经验教训，在“十二五”期间，面临着更加严峻的考验。一是治污减排的压力进一步加大。我国的工业化、城市化发展加快，经济总量不断增长，能源消耗也在不断加快，但是我们的环境容量是固定的。二是环境质量改善的压力继续加大。常规的污染物如二氧化硫虽然已能得到有效的利用，但是重金属、土壤污染等问题也进一步显现。三是防范环境风险的压力加大，环境违法事件、突发环境事件时有发生，区域环境问题不断突出，土壤污染已经对粮食及食品安全、饮用水安全、群众健康构成了严重威胁。自然灾害引发的环境问题、安全问题也不断增多。四是全球性环境问题对我国的压力不断加大。气候问题、生物多样性问题已经成为各国的普遍问题。一些国家以经济发展为借口对我国环境造成伤害的压力也在不断加大。

在环保政策实施方面，学者们提到了环保政策在实践中存在的诸多问题：一是现实问题发生时，出台的政策依据不足，未能把握好实际情况。二是政策的执行与预想的情况有差距，导致政策不适用。一些项目在实际适用政策时，

就不得不放弃或无法执行政策。三是政策的反馈缺乏。由于缺乏反馈，有些实际问题难以上升到公共政策层面进行解决。

有学者还专门分析了治污减排与经济结构调整方面的政策情况。他认为，相当长的一段时间以来，由于经济发展、经济增长的任务基础性，由于治污减排等环境保护事业的任务艰巨性，政府通过宏观调控、宏观管理对经济运行涉入较多、较深，一个基本特点就是结构调整、治污减排等领域的成果取得主要得益于行政和命令，治污减排在一定程度上依赖于结构减排、工程减排等。但在微观层面，作为经济结构调整主体之一的企业，其治污减排的积极性、主动性和能动性并没有完全调动起来，这是我国治污减排以至环保事业发展所面临的重大挑战之一。

四、关于现阶段处理好经济发展与环境保护的对策

环境问题是在经济发展的过程中产生的，环境问题的最终解决还必须依靠经济发展。围绕如何有效地减小环境压力，解决环保中存在的各种难题，更好地加强环境保护，促进经济又好又快发展，代表们在各自的研究基础上提出了一系列有益的对策建议：

（一）法律层面应该有更高的设计。以朱维究教授为首的法治专家们认为，应完善环境保护的法律保障体系。完善的法律法规体系是促进经济发展与环境保护可持续发展的根本保障。与会专家认为，在“顶层设计”当中关键的是制度设计，而法律是顶层设计的最高层次。尤其是处理经济发展和环境保护这种利益冲突比较明显的问题，一定要有法律制度。在顶层设计的各项规则中，至少有三类：第一类是各种各样的技术标准和技术规程；第二类是执行这些具体的公共政策时采取的措施；第三类是更高一个层次上的法律制度。我国要根据国情借鉴国外环境保护的成功经验，不断完善环境保护的法律体系。对高污染、高能耗的产业制定严格的准入标准及违规惩处措施，协调好经济发展、环境资源效益与社会效益之间的关系。同时，加大对环境治理的资金投入，建立完善的监管机制，以最快的速度恢复环境生态系统，推动经济发展与环境保护可持续发展的法制化进程。

（二）公共政策需要进行综合创新。以高小平为首的行政学专家们认为，要使环保的倒逼机制能够顺利传导到整个经济社会的结构中，就必须整体推进

财税、金融、资源性行业的改革，抓紧制定有利于环境保护的价格、财政、税收、金融、土地等方面的环境经济政策。促使鼓励发展的政策与鼓励保护环境的政策充分融合，统筹协调好经济效益和生态效益，在公共政策创新的条件下做到环保和经济的“双赢”。同时，在执行环保政策时，要严格控制“政策打折”现象，要切实贯彻和落实中央到地方的各项环保政策，真正实现政策的一体化和连续性。

（三）环境资源管理要探索新的改革思路。国家行政学院许耀桐、胡仙芝等教授提出，环境保护与管理既是一个管理问题、技术问题，更是一个公共问题、政治问题。针对我国传统的以地域分治、专业分割作为基础的环境保护体制及环保资源要素管理体制，普遍存在环境资源管理和保护的技术局限、体制局限以及政策局限。我们需要转换观念，充分了解资源环境的整体性和相关性，树立资源管理一体化的理念，遵循可持续发展原则，经济、社会、生态效益完整性原则、公平性兼效率性原则、科学性原则等环境资源共同管理模式的基本原则，从新的高度来认识和设计资源环境的管理体制和机制。针对当前的现状而言，需要做好以下几个方面：一是发展环境资源管理科学和技术；二是改革传统的资源环境管理体制，谋求全流域、跨边界的有效管理主体；三是完善环境资源管理的国际对话协作机制，加强国际之间的合作；四是发动和教育公民，重视并发挥非政府组织的作用，更好地做好环境资源保护。

（四）环境保护要规划好主体功能区建设。来自国务院发展研究中心、国家粮食局等单位的杨良敏、黎霆及北京石油化工学院的杨钟红副教授等提交的国家行政学院环保政策课题组研究报告上提出，在发展布局上要遵循自然规律，开展全国生态功能区划工作，根据不同地方的资源、环境的承载能力按照优先开发，重点开发，限制开发和禁止开发的要求，确定不同地区的主导功能，引导各地合理地选择发展方向，形成各具特色的发展格局。在发展规划上，要进一步优化重化工工业的布局，调整产业结构，转变经济发展的方式。同时，要区别对待和细化主体功能区下的环境保护政策，同时并在此基础上，还要在主体功能区视角下考核干部，针对不同的功能区，确定不同的考核指标，具体实施，做到有侧重，有主次，从而避免唯 GDP 至上的单一政绩考核方式所带来的弊端。

（五）动员社会力量共同参与环境保护。内蒙古科技大学张璞教授等参会代表认为，环境保护是全民族的事业，必须充分调动一切积极因素，聚集保护环境的社会力量。一是广泛开展环境的宣传教育，多形式、多方位、多层面的宣传环境保护的知识、政策和法律法规，弘扬环境文化，倡导生态文明，营造全社会关心、支持、参与环境保护的文化氛围。二是强化社会舆论的监督，公开环境质量和环境信息、环境管理或企业的环境行为。对涉及公众环境权益的发展规划和建设项目要通过听证会、论证会或者社会公示等形式听取公众的意见，接受舆论的监督。三是健全公众参与的制度，发挥社会团体的作用，为各种社会力量参加环境保护搭建平台，鼓励公众检举揭发各种环境违法行为，推动环境公益诉讼。提高公众参与环保的可操作性与可实施性。五是加强基层单位担任的环保工作，把环境保护作为社区从政建设的一项要求，引导和动员广大群众参与环境保护是每个公民在享受环境权益的同时，自觉地履行环境保护的法定义务。

（六）更加重视发挥政绩考核，建立绿色政绩观的重要性。江苏省行政管理科学研究所丁进、南京航天航空大学陈万明等教授认为，要完善中国特色的绿色发展绩效管理体系，推动政府改革创新和转变经济发展方式。中国转变发展方式不是以放弃经济增长为代价，而是在继续发展的过程中不断调整并解决累积的问题，确保经济平稳快速地健康发展。要实现这一经济转型的战略目标，必须正确处理速度与效益的关系，正确处理当前与长远的关系，正确处理财源税源与群众利益的关系，正确处理发展与政绩的关系，坚决抛弃“先破坏、后保护；先污染、后治理；先耗竭、后节约”的老路，树立绿色发展、和谐发展、科学发展的思想观念和价值取向。

（七）形成科技创新机制，发展环保科技。中国人民大学牛海鹏等专家认为，应当不断加大全球性、区域性、流域性等前瞻性的重大环境问题的成因与演化趋势的研究，组织开展科技攻关，由技术创新带动环境保护体制机制的创新。“十二五”期间，支撑环境保护的一些科技需求主要包括以下几点：一是面向“十二五”减排目标，大力挖掘减排潜力的需求。“十二五”规划纲要中明确提出，“十二五”期间，二氧化硫、氮氧化物及氨氮等主要污染物要比2010年减少8%～10%。要实现这些减排目标，急需进一步推动污染减排的科技含量，不断提高科技进步在污染减排中的贡献率；二是面向不断显现的环境问题，推进重点领域生态研究，不断改善重点区域环境质量问题的需求；三是面向加快实施水体污染防治，不断突破技术瓶颈的需求；四是面向改善环境质量，环境保护目标，改善环境科技的需求；五是面向环境保护基础能力滞后的问题，提高环境监测、风险防范的科技需求。

（八）加大环保投资，加快发展节能环保产业。国家行政学院环保课题组的报告认为，加大环保投资，促进产业环保化，是促进经济结构调整的重要手段。环保投资对经济发展具有显著的溢出效应，环保投资不仅能够通过普通投资的作用途径促进经济增长，还能促使生产技术环保化，提高环保技术水平，进而在既定环保规制下，实现经济可持续增长。同时，要加快发展节能环保产业，节能环保产业不仅能有效缓解我国经济社会发展所面临的资源、环境瓶颈制约，同时也是促进产业结构升级和加快经济发展方式转变的重要抓手。节能环保产业将社会效益、环境效益和经济效益融为一体，同时还将推动新一轮技术变革。

（九）发挥治污减排对经济结构调整的作用。北京师范大学环保课题组张平淡等的研究报告认为，当前我国环境保护工作进入了以保护环境优化经济增长为主的新阶段，这是一种必然规律。在 GDP 增速一定的前提下，如果不通过治污减排来调整经济结构，直接后果就是：经济增长很快，经济结构很难优化，污染排放持续增加，出现的表征就是经济结构的“重化工化”和保障经济增长的“投资饥渴症”。总之，治污减排是结构调整的关键推手，是促进经济发展转向技术和效率导向的内生型增长（新型工业化道路/新增长模式）的重要推动力，是扭转经济增长依赖过去靠资金和资源高投入的粗放型增长的主要约束条件。治污减排已经成为政府转变经济发展方式、结构调整的目标之一。

（十）转变解决环境问题的末端治理方式，大力发展循环经济。福建省委党校史策教授、西南财经大学任勤教授、山东交通学院王新生教授、宁波大学周亚越教授等还提出，我国解决环境问题的重要方式是末端治理。这种治理方式难以从根本上缓解环境压力。一方面投资大、费用高，建设周期长，经济效益低，企业缺乏积极性，难以为继。另一方面，末端治理往往使污染物从一种形式转化为另一种形式，如废气治理产生废水、废水治理产生污泥、固体废物治理产生废气等，不能从根本上消除污染。因此，要大力发展循环经济，推行清洁生产，可将经济社会活动对自然资源的需求和生态环境的影响降低到最小程度，以最少的资源消耗、最小的环境代价实现经济的可持续增长，从根本上解决经济发展与环境保护之间的矛盾，走出一条生产发展、生活富裕、生态良好的文明发展道路。

五、从我做起，从现在做起，用行动来倡议环保、呼吁环保

会议认为，这次研讨还仅仅是这个问题的初步关切和研究起点，很多问题需要我们去更加关注，更加深入，还更需要行动。为此，全体与会代表起草了《保护美好生态环境，促进经济可持续发展》的宣言书，国家行政学院教授、北京大学博士生导师许耀桐在会上做了宣读。

（胡仙芝系国家行政学院研究员，内蒙古科技大学校长助理；余茜系北京大学政府管理学院博士研究生；李小方系内蒙古科技大学经济与管理学院教师）

附：

倡议书

从我做起，从现在做起，保护美好生态环境，促进经济可持续发展

"竭泽而渔，岂不获得，而明年无鱼；焚薮而田，岂不获得，而明年无兽。"今日我们追求发展，同时要忧患明天。坚决不能以牺牲赖以生存的环境为代价来追求经济发展，那样，将会导致生态环境恶化、资源匮乏，经济发展难以为继。"以人为本、统筹协调、可持续发展"是科学发展观的精神内涵，我们一定要贯彻落实科学发展观，统筹好人与自然的和谐发展，处理好经济建设、人口增长与资源利用、环境保护的关系，实现环境保护与经济发展的和谐统一，确保经济与环境保护的可持续发展。

"公共政策视野中的经济发展和环境保护"研讨会聚集了来自经济发展、环境保护的政策部门和专家学者，对经济发展与环境保护的理论关系、政策设计

以及实践创新进行了深入的探讨，达成了共识真知。鉴于我们日益恶化的环境生态，针对经济发展中日益凸显的环境保护压力和瓶颈，针对日益凸显的公民对环境保护的需求和诉求，作为关注环保、研究政策的我们，提出如下倡议：

——要进一步加强政府在环境保护中的职责、功能及其作用的研究。进一步研究政府的环保责任及其责任承担方式，研究适合中国实际的环保公共政策和实现政策目标的政策工具及其实施手段，切实提高环保政策研究的适用性和实效性。

——要进一步加强企业在环境保护中的地位、作用及其责任的研究。进一步认清企业的环保主体责任，提高企业生产环保化、清洁化，促进企业的生产和消费逐步走向绿色生产、环保消费，促进低碳经济和资源循环利用，充分实现环保产业化和产业环保化。

——要进一步加强对社会组织及其公民个人在环境保护中的责任及其作用的研究。进一步动员环保事业的全民化、社会化，培养公民的绿色环保观念，提高每一个公民的环保意识，倡导绿色健康、环保消费的生活方式。

——我们各位代表都是祖国的公民，环境保护，人人有责。我们要积极行动起来，培养和践行健康的绿色生活方式，从我做起，节约资源、杜绝浪费；绿色生活，环保消费；讲究卫生，注意个人生活细节，实行垃圾分类，注意资源循环利用……

这次会议组织参观了现代工业生产，也观看了临近厂区的母亲河——黄河，所见所观，都在提示我们中国目前环境问题所面临的严峻考验；会上大家的所言所论，都反映了我们的所思所想——保护环境，实施可持续发展，是一个长期的、艰苦的过程，也是我们每一个炎黄子孙、每一个地球公民的历史责任。这里我们认识到：单纯的增长观念要改变，粗放浪费资源的生产方式要摒弃，环境保护的意识要加强，环境管理要更加有效，政策调控要更加科学，法制建设要发挥更大的作用。

让我们都行动起来，负起自己的责任，为保护环境、造福后代、促进经济的可持续发展而贡献智慧和力量！

“公共政策视野中的经济发展和环境保护”

理论研讨会全体与会代表

2011年8月14日

环保理论与政策设计

我国传统环保管理体制面临的挑战及其解决途径*

——以水资源管理为例

胡仙芝　喻　云　何深思

随着经济全球化和人类活动的一体化的发展，传统的以地理边界为依据的行政管理模式正越来越受到挑战，尤其是对于环境保护和资源管理来说，更是需要我们认真正视发展中存在的各种问题和客观趋势，探讨新时代下的环境保护及资源管理难题的解决途径。本文以水资源管理的实践为例，结合环境资源保护和管理规律，对现代主权国家环境保护所承受的挑战、问题及其解决办法做个初步探讨。

一、水资源管理与环境保护的重要关系

首先，水是一种自然界给予的资源禀赋，是一种基本的自然资源，它是水质、水量、水体、水生态等要素的结合体。其次，水资源作为重要的环境要素，它具有生态价值，它直接影响到人类生存的环境质量。第三，水资源从其存在方式来看，它是一种流域资源，具有整体流动的自然属性，以流域为单元，水量水质、地上水地下水相互依存，组成一体，上下游、左右岸、干支流的开发利用、治理互为影响，这样就对一些物理的边界造成挑战。第四，水资

* 本文为国家环保部“环保公益性行业科研专项”课题阶段性成果之一，项目号：201009066。

源功能高度多样化和集中化，如水资源同时具有多种社会功能，兼具有经济功能、净化功能、生态功能，其功能具有多样性、复合性、高度储存性。可用于灌溉、发电、供水、养殖、航运和旅游等多方面，有着开发的多部门性和对城乡供水、卫生保健、工农业生产、城市发展、水力发电、内陆渔业、水上运输、休闲娱乐等人类活动的多方面利益等，使之成为紧缺资源而具有战略意义。正是基于水资源要素的相关性，功能的多样性、复合性、依存性，流域生态整体性和水资源开发利用、保护改善的流域影响性，水资源的管理模式必然会挑战现代主权国家的传统行政管理模式。

长期以来，中国传统的水资源管理，主要是从利用的角度进行管理，是在数量及其分布上进行配置水资源管理的系列措施，如兴修水库，调节水量季节平衡；兴修水渠，调节水量的地区分布；建设灌溉系统、分流系统，以满足生产需要和生活需求等等。这个阶段对水的管理，一般体现为“兴水利”和“治水患”两个方面：“兴水利”方面，如都江堰、大运河等封建社会各个时代都兴修水利设施，对黄河、长江等著名河流进行治理；“治水患”方面，大禹时期就开始治理洪水……这些早期的水资源管理一般限于水量的管理，以保证克服“水患”和兴建“水利”。随着人们对水的环境效益的认识逐步加深，水资源的生态管理也开始纳入到人们的视野，水资源管理逐步增加到对水质的管理，注意到水污染的治理，开始一些饮水工程的建设和水资源的保护等。最后，又逐步增加水源生态的整体治理工程，把水资源管理纳入到生态保护的系统工程中。目前在环境保护视域中的水资源管理，不仅是从水的人类利用视角来看水质和水量的保护和管理，更是从生态的角度来看水的环保功能和生态效益：江河湖泊、森林湿地、雨雾风雪都是一种环境资源，是水在自然界中的物质运行形态，是环境自我净化和自我调节的具体形式，需要我们高度给予重视和科学对待。

二、传统环境管理模式遭遇的管理挑战：以水资源管理为例

事实上，以主权国家为基本管理单位的现代国家行政管理体系，是建立在领土边界的基础上的。其环境保护体制，包括水资源管理在内，其管理权的配置都是以地区分割作为基本特征。然而，在复杂的气候、地理以及人文等复杂

因素的作用下，这种以地理边界为基础的管理体制必然面临着多方面的挑战。就以水资源管理为例，传统管理体制面对的挑战主要有：

一是水资源需求与供给的时间和空间矛盾。水资源作为一种自然资源，它严格受制于一个国家和地区的地理和气候等自然因素；而水资源的社会属性要求它必须持续、稳定地满足人类生活、生产以及环境方面的要求。能量守恒定律告诉我们，水资源的水量分布从宏观上、总量上看相对比较稳定，但对于微观的具体层面来说，水资源的供给与需求之间存在着不同步和脱节现象。尤其是目前人类活动使地球气候发生异常，地球的自然、社会风险急剧增加，传统的机械、静态的水资源管理模式越来越受到风险社会的威胁。例如，在中国这个古老的国家，虽然有历史悠久的水资源管理历史经验，但这些年来区域性的、季节性的“水患”越来越多，越来越集中，如西北地区的长期干旱缺水、夏季的大面积水灾等，在有些城市和地区甚至影响到人们的生产和生活，都说明了这个挑战已经迫在眉睫，需要我们重新审视传统的管理模式和应对机制措施。

二是行政区划边界与水资源流域边界的交叉矛盾。水资源作为流动循环的自然资源，它的运作有着自己的客观规律和途径，需要从更大的系统来整体审视。而以国土边界为特征的主权国家和以行政区划作为权力分配单位的行政管理体制，却是严格受到管辖权边界的制约。因此，水资源的整体流动特性就不可避免地遭遇到管辖权分割的难题，使一些水资源行政管理机构无法对水的运动做全程的跟踪和全流域的管理，这样就无法杜绝管理失效。如一些地方性的水利工程，会对其他地方造成影响；有些水利项目在某个地方是“水利”，对于下游地区却形成“水患”等，这在根源上说都是管理边界与自然边际不相符的一种客观必然结果。

三是水资源活动的环境属性使单纯的水资源管理成为不可能。水资源系统实际上是一个由土壤、生物（森林）、大气和水组成的“水文统一体”。水通过其循环过程连接着气候系统和生物地球化学循环，是全球各种过程得以实现的基本条件，大气中的水是全球水循环中的一个重要环节；森林对涵养水源、防止洪涝是具有调节作用的；而土地永远是水在地球上的附着载体，水的系列问题也会导致土地的退化，如发生水浇地盐碱化、土壤肥力下降、水蚀、土壤酸化、湿地与河岸带退化等。传统的水资源管理一般局限于对地表水和地下水的管理，但这种以开发、利用为主的水资源管理模式在环境系统的视野中是有局限的。正如现实中显示的，离开物理环境去管理水，是不可能管理好水的；而水资源的不当管理，会危害到社会和人类。如某些地区没有进行污水治理，利用污水进行农业灌溉，结果就会导致一些食品重金属超标问题。据农业部的统计，中国约有 140 万公顷的污水灌溉区，其中遭受重金属污染的土地占 64.8%。这类现象严重影响了食品安全。2000 年对 10 个省会城市进行调查，就有 7 个城市郊区的农产品重金属超标率在 30% 以上（苏德纯，2010）。这些现象充分表明，人与自然之间是相互适应、相互影响、相互制约的关系，人们在利用和享受水资源的同时，却在环境保护方面对水资源造成了一些负面的影响，人类活动与水资源之间的平衡关系越来越趋于紧张。从环境权的角度上看，传统的水资源管理模式也受到越来越多的挑战。

四是局部利益与整体利益之间的矛盾和冲突。以主权国家和行政区划为管理依托的水资源管理体制面临的最大挑战还在于不同利益之间的矛盾和冲突。这主要体现为水资源管理的“流域公共性”与“区域或部门个体性”之间的利益矛盾。由于流域水资源作为公共资源，其所有权是不明确的，以致各区域、各部门对其占有、收益及处分等派生权利也不明确，各地区、各部门在对水资源的开发利用与保护上，容易倾向有利于其地区和部门的利益。而对水环境资源的管理和开发职能主要集中在区域各水行政主管部门，实际上就是区域无序占有了水权，导致区域间水资源开发纠纷、水资源保护工作弱化、水污染防治成效甚微等一系列问题。加上水资源管理本身就带有的经济外部性，所以很多水资源相关活动的投入和产出之间无法一一对应，不同区域的人们在享受水资源权利和水环境权利之间就无法做到绝对公平。这种难题不仅在不同主权国家之间有所反映，就在同一个主权国家内处于不同河流区位的人们来说也无法求得公平合理。这样导致了越来越多的水资源管理纠纷与社会矛盾，也需要我们跳出传统的水资源管理体制来寻求新的解决办法。

总之，在经济全球化迅速发展的社会背景下，在自然和人类关系日趋紧张及社会风险系数不断增加的情况下，需要我们重新审视传统的水资源管理及环境保护体制和模式。现行的环境保护和资源管理体制，包括水资源管理体制，普遍存在技术局限、体制局限以及政策局限。具体表现为水资源需求与供给的时间和空间矛盾；行政区划边界与水资源流域边界的交叉矛盾；水资源活动的环境属性使单纯的水资源管理成为不可能；四是局部利益与整体利益之间的矛盾和冲突。正是这些矛盾和冲突造就了洪水泛滥、水质污染、水量缺少（干旱）以及相应的一些水源争端等各种水资源管理失败问题，导致了环境保护效益低下和不断弱化的艰难处境。应该本着坚持经济社会可持续发展原则，经济、社会、生态效益完整性原则，公平性兼效率性原则和科学性原则，沿着环境保护资源管理的整体化发展趋向，为解决环境资源管理的诸多现实问题寻求解决方案。

三、加快环境资源管理体制改革，加强环境资源管理的有效性

综上所述，正如水资源管理问题所揭示的，传统的资源管理体制在环境生态视角下的资源管理来说，存在着管理有效性的难题。而气候的变化，环境保护的整体性，更是让传统的环境保护管理体制受到各种局限。针对我国环境保护和资源管理中遭遇的各项难题，我们可以从以下方面着手，破解环境保护有效性的工作困局。

1. 充分认识环境资源的自然特性和客观规律，树立一体化和整体性的思维和观念

自然界物质的能量守恒和环境资源自然变化的相互依赖性告诉我们，管理不可能是分裂的、只顾局部的简单管理，而是一个复杂的相互依赖和转化的互动系统。针对水资源管理，尤其是环境资源管理和环境保护中遭遇的各种气候、沙尘暴、洪灾等问题，需要我们重新审视传统的资源管理体制和环境保护工作体制，审视传统的工作方式和管理理念。我们需要转换观念，充分了解环境资源的整体性和相关性，树立资源管理一体化的理念，遵循可持续发展原则，经济、社会、生态效益完整性原则，公平性兼效率性原则，科学性原则等环境资源共同管理模式的基本原则，从新的高度来认识和设计我们的环境资源管理体制和环境保护工作体制。

2. 针对以分散型为主的水资源及环境保护资源管理体制，需要进行资源管理一体化的改革

我国国土面积比较辽阔，长期的计划经济传统使我国形成了分行业、分行政区域对水资源分割管理的体制。这种体制在计划经济时代比较有效，但它显然不符合水资源的流动性和生态完整性等自然特征。而且在现代社会对于水资源系统与生态系统的整体性认识得到加强的情况下，农林牧副渔等的行业分管

体制也日益呈现出自己的弊端，主要表现为：第一，资源利用与保护不协调；第二，管理权分割或重叠；第三，区域之间、区域与整体之间的矛盾突出（刘振邦，2002）。2002 年 8 月 29 日，全国人大常委会对《水法》进行了修改，将“统一管理与分级、分部门管理相结合”的水资源管理体制修改为“流域管理与行政区域管理相结合”的水资源管理体制，奠定了我国流域管理机构在水资源管理中的法律地位。但显然，条块分割的管理现状依旧是我国水资源管理体制改革的主要依据之一。

针对我国水资源管理失效的体制障碍，有必要从实际出发，尊重和遵循现代化的水资源管理规律和特点，着眼于有效管理的原则，重新打造有效的水资源及其他环境资源管理主体及其运作机制。从改革方向上看，吸收资源环境一体化的思想，谋求流域与区域相结合管理体制，或者说实行全流域、跨边界的综合管理体制。这里要重点解决好管理机构的设置及其管辖范围设置的问题，流域管理是以自然流域为单元进行水资源的管理，而区域管理是以行政区域为单元进行的管理。流域的管理体制，是指流域管理机构的设置、管理权限的分配、职责范围的划分以及机构运行和协调的机制。管理体制的核心问题是管理机构的设置和职权范围的划分（郭振仁，2001）。只有将管辖权在分工的基础上实现无缝对接，才能对河流实现全流域的统一管理（张林祥，2003）。此外，还要解决好职能机构之间的运行机制问题。水资源管理是环境要素的主要组成部分，环境要素之间的相互影响、相互制约，要求水资源管理必须注意到生态环境的整体建设，与环境的其他管理部门和经济生产的相关部门做到有效的协调和配合。

3. 针对水资源以及气候等环境要素的跨流域流动，需要探索跨流域跨地区的管理协作机制以及国际对话合作机制

不均衡的水资源的地理分布特点和互相依赖的环境影响规律告诉我们，严格以地理分界的管理体制是远远不能符合需要的，必须探索一种跨越地区、跨越流域、跨越地理空间的有效的协调和协作机制，共同反应和作用于环境保护这个人类面临的大课题。基于此，我们需要在两个层面上加强探索。一是在一个主权国家建立有效的管理协作机制，这种协作机制可以有不同的思路，或者建立尽可能的大部制，把环境保护相关的资源要素统归一个管理机构，建立强有效的协调管理机构体系；或者建立跨部门的联动机制，使不同的部门能够围绕共同的任务各自发挥职能和机制，加强他们的协作和互动，建立共同有效的

管理机制。二是建立更多的跨地区和跨流域的管理机构，如水资源的管理，使水资源管理中突破地理界线，进行跨流域的对话与合作。三是要加强环境保护和资源管理的国际合作。在这方面，首先要完善水资源管理及气候工作方面的国际对话协作机制，建立一个联盟或者组织，在同一条河流或同属一个流域的相关国家，或者共同面对气候问题的相关国家之间进行及时的信息交流和沟通，对相关的要求进行表达和磋商，以更好地实现同一个流域的水资源管理，应对共同问题。其次，要积极组织国家与国家之间合作，对全球范围的大气、气候、水污染、水生态等主题进行合作，更好地保护水资源和水生态。第三，促进水资源管理的科学和技术的共同研究和成果贡献，通过技术交流和项目合作等实现水资源管理的国际化。

4. 大力发展环境保护和资源管理科学和技术，加强环境保护的公民教育和公民行动

科学认识、科学知识和科学技术是拉动社会进步马车的“三匹马”，在环境保护和资源管理方面要想有所提高，有所发展，也必须从科学认识入手，着力积累科学知识，致力于科技创新，实现环境保护和资源管理的内源式动力。目前，中国推行“科学发展观”的政策，以人为本、可持续发展的理念已经深入人心，环境保护、生态循环、人与自然友好相处的理念也开始逐渐被人们广泛接受，这样的话，需要国家在环境保护和资源管理科学研究和技术创新方面多加投入，争取更多创新和适用的成果来有效应对挑战和解决问题，逐步提高我国环境保护和资源管理的科学水平。

“环境权是地球上的每一个人有在适宜于人类健康的环境中生活以及合理开发利用环境资源的权利，包括良好环境权和环境资源开发利用权两个方面，其主体包括各国的公民以及作为各国公民整体的人类，其第一位的义务主体是政府，第二位的义务主体是公民。”（周刁芳，2003）可以说，环境权是每一个地球公民所享有的基本权利，也是每一个国家公民不能推卸的责任。保护环境，爱护水源，必须从每一个公民做起。为此，搞好环境保护和资源管理，必须从公民教育抓起，使每一个公民都有环境保护的意识，并落实到每一个公民的节水、节电、绿色环保行动中。在这方面，要充分重视和发挥非政府组织的作用，在发动和教育公民方面多做行动，为水资源保护营造良好的社会氛围。

参考文献：

[1]周习芳．环境权论[M]．北京:法律出版社,2003.19;120;57;230.

[2]陈雷．严格管理水资源,推进水利新跨越[N]．人民日报,2011－3－22.

[3]刘振邦．水资源统一管理的体制性障碍和前瞻性分析[J]．中国水利,2002.1:36－38

[4]郭振仁．我国未来水环境管理机制探讨[J]．中国环境管理,2001(2):17－18.60.

[5]张林祥．推进流域管理与行政区域管理相结合的水资源管理体制建设[J]．中国水利,2003(3):30－31.

[6]李强．全球化、主权国家与世界政治秩序[J]．战略与管理．2001(2):13－24.

[7]乌尔里希·贝克．全球化时代民主怎样才是可行的[G]//贝克,哈贝马斯．全球化与政治．北京:中央编译出版社,1999,11－12.

[8]苏德纯．土壤重金属污染与食品安全[J]．世界环境,2010(5):18.

[9]世界银行．中国循环经济的发展:要点和建议[J]．世界环境,2010(5):47－48.

（胡仙芝,国家行政学院研究员,内蒙古科技大学校长助理,政治学博士;喻云,中共北京市委党校《新视野》编辑部副编审;何深思,北京信息科技大学人文学院副院长,教授）

当代中国环境政策利益调控的创新

朱广忠

目前，中国的GDP正在保持快速增长势头，社会财富也在高速增长。在社会财富高速增长的同时，社会环境问题也越来越受到社会各界的重视。因此，通过当代中国政府环境政策对社会利益调控的创新以促进社会公平与和谐，就成了当代中国社会的主要任务。

中国共产党第十七次全国代表大会做出了推动社会主义和谐社会建设的决定。构建社会主义和谐社会，需要形成和谐的社会利益关系。公共政策的本质是对社会利益的权威性分配，是执政党和政府调控社会利益关系的基本手段。有效发挥环境政策对社会利益的调控功能，既是实现和谐社会建设目标的重要保证，也是衡量我国社会政治发展的重要指标。因此，当代中国环境政策利益调控的总体目标就是促进公平与正义，实现社会和谐。目前，需要将构建和谐社会的目标转化为公共政策利益调控的目标体系，在以下方面实现环境政策利益调控目标的创新。

一、环境政策利益调控目标的创新

1. 环境政策利益调控的出发点不仅是弱势群体利益的满足，更根本的应该是广大民众的利益得到满足

从公平角度出发，公共政策的利益调控主要有两个优先目标：一是社会全体成员的利益优先，以体现社会的个人公平，即一对一的公平；二是部分成员利益优先，以体现社会的部分公平。在当代中国，由于基尼系数已经接近国际

公认的临界状态，大部分人成为社会相对低收入的群体，特别是在房价、医疗与教育成本居高的情况下。此时，公共政策利益调控的重点就不应该只是注重弱势群体，如低于最低收入线的群体，而应该将普遍的民生问题放在首位。只有如此，才会增强政府的合法性与有效性，实现公共政策的正义性。也只有广大民众的利益得到了切实的满足，弱势群体的利益才能真正得到满足。

2. 环境政策调控的利益不仅是经济利益，还必须包括政治利益

政治是经济的集中体现，经济基础决定上层建筑，上层建筑反作用于经济基础。这一马克思主义的基本原理，不仅适用于整个社会与社会的某一阶级(阶层)，也适用于作为社会或阶级成员的个人。从经济与政治互动的角度考察，个体利益是由个体经济利益与个体政治利益构成的有机整体，二者相互作用且互为因果：经济利益是实现政治利益的基础，政治利益是获取经济利益的保障。这是因为，当代政治活动中，获取经济利益的个人或利益集团更有条件通过竞选、支持竞选或院外活动等途径来实现政治利益，而政治利益获得满足的个人或团体可以通过直接或间接的政治参与表达自己的经济利益诉求来获取自己的经济利益。人类阶级社会的发展历史也证明了经济利益与政治利益的上述因果关系。在当代中国，公共政策的利益调控，在注重调控社会收入差距过大的同时，还要对社会成员的政治利益予以满足，使人民群众有更多的政治参与权。通过政治利益的调控，实现对经济利益的调控。换言之，公共政策利益调控的目标不仅包括社会经济利益分配的公正与公平，还包括政治的平等、廉洁与公开。只有实现了政治利益的平等，才能实现经济利益的公平。

3. 不同层面的环境政策应该具有不同的利益调控目标

公共政策是以政策体系形态存在的，政策体系是分层次的。对于解决由谁来制定公共政策问题的元公共政策，公共政策调控的目标应该是公共决策权力的合理分配，调控的途径是民主化；对于解决为谁来制定公共政策问题的公共政策，公共政策调控的目标应该是公平，实现的途径是社会福利化；对于解决提供什么公共产品问题的公共政策，公共政策调控的目标应该是效用，实现的途径是市场化；对于解决怎样提供公共产品问题的公共政策，公共政策调控的目标应该是效率，实现的途径是企业化。当前，中国社会公共政策利益调控基本着力点是基本民生问题，如基本生活资料、医疗与教育问题，亟待解决的问题则是制定关于如何制定政策的政策，即解决关于如何制定政策的规则与程序问题，也就是元政策问题。

二、当代中国环境政策利益调控方式的创新

随着和谐社会建设进程的深入，新的社会矛盾与社会问题的出现，当代中国公共政策对社会利益关系的调控方式也要实现相应的创新。

1. 环境政策对社会利益关系的调控将更加注重发挥政策体系的整体功能

首先，环境政策将更加注重发挥各级公共政策主体的整体功能。一般说来，从公共政策主体类别上划分，中国公共政策主体包括中国共产党与政府。但是，基于国民经济中国有经济的主导地位、甚至是垄断性的地位，中国的公共政策主体也应该包括垄断行业的国有企业。改革开放以来的一段历史时期内，垄断性的国有企业在为国民经济发展与宏观调控做出重大贡献的同时，也存在着与民争利的政策行为，在一定程度上影响了中国公共政策在代表最广大人民群众根本利益上的协调性。为了实现和谐社会的建设目标，各级政策主体的政策行为将更加体现“统一政策、分级决策”的基本特征，紧密围绕中国共产党建设社会主义和谐社会的公共政策而展开，各级政府与国有企业的政策将更好地体现中国共产党构建和谐社会的总政策与基本政策，特别是垄断性的国有企业的政策更要以国计民生为宗旨而不是以盈利为主要目标，实现各级政策主体的政策在代表最广大人民群众根本利益上的协调与统一。其次，公共政策体系将更加注重发挥不同层级公共政策的整体功能。从纵向内容上划分，公共政策体系包含不同层级的公共政策，即总政策、基本政策与具体政策，它们在公共政策体系中发挥着不同的功能，共同为实现公共政策体系的整体功能服务。和谐社会建设中，在党和国家制定出科学的总政策的前提下，公共政策体系的基本政策与具体政策将与这一总政策更加协调，在总政策的统领下更好地发挥各自的功能，系统地实现建设社会主义和谐社会的整体目标。再次，公共政策体系将更加注重发挥不同领域公共政策的整体功能。建设社会主义和谐社会的整体目标，涵盖政治、经济、文化、精神文明诸多领域，虽然各个领域的目标具有不同的内容，其实现目标的途径与侧重点也有所不同，但各领域的目标都是构建社会主义和谐社会整体目标的重要组成部分。和谐社会建设进程中，我国的公共政策体系将在继续发挥经济政策的主导功能（以经济建设为中心）的前提下，围绕和谐社会建设的整体目标，进一步实现政治、经济、文化、精神文明各领域政策的综合配置与协调统一，确保实现社会各个方面的

协调与均衡发展。

2. 环境政策对社会利益关系的调控将更加注重运用前规范政策

政策作为政治实体的政治行为，总是为解决一定社会问题而制定的。按公共政策与所要解决的社会问题的时间顺序，可将公共政策形态分为两类：一是公共政策主体对可能出现的社会问题进行科学预测，在社会问题出现之前就已出台了预防与解决它的相应政策，也就是政策先行，这类公共政策称之为前规范形态的公共政策（简称前规范政策）。二是公共政策主体对社会问题缺乏预测或无法预测，或认为社会问题具有存在的客观性与合理性，在社会问题出现之后才出台解决它的相应政策，也就是政策滞后，这类政策称之为后规范形态的公共政策（简称后规范政策）。改革开放初期，由于没有现成的经验可以借鉴，中国社会的改革处于不断探索阶段，公共政策制定与执行的基本模式是“摸着石头过河”，这一时期的公共政策决策往往是社会问题在先、解决社会问题的相应政策在后，从而使这一时期的政策形态大都呈现为后规范政策，对社会利益的调控也呈现出明显的滞后性。社会主义和谐社会建设进程中，需要中国社会的各级公共政策主体，针对各类社会利益矛盾问题，及时制定预防与解决的公共政策，使公共政策体系对社会利益调控具有较大的前瞻性。我们欣喜地看到，随着社会主义改革进程的深入，中国共产党对社会问题的预测与控制能力已大大增强，进一步提高了准确预测社会问题并及时制定综合配套政策解决社会问题的能力，可以有效地做到“防患于未然”。这样，社会主义和谐社会建设进程中，为了有效地实现社会利益调控目标，中国的公共政策体系中将更加注重运用并大量增加前规范政策，主要包括：正确引导社会利益需求的前规范政策；充分表达社会利益诉求的前规范政策；科学整合社会利益关系的前规范政策；有效调节社会利益分配的前规范政策；切实化解社会利益冲突的前规范政策，等等。上述前规范政策的运用，将使我国公共政策对社会利益的调控机制更加成熟与完善，进一步保证社会主义和谐社会建设目标的实现。

3. 环境政策对社会利益关系的调控将增加与完善元政策

元政策形态的公共政策（简称元政策）是公共政策体系中规范政策主体政策行为的政策，即规范谁来制定政策、怎样制定政策、谁对政策作用结果负责、怎样负责等问题的政策。由于西方国家采取的是政治与行政二分的政治制度，政策制定过程属于政治过程，是由立法机构最终完成的。所以，西方政治学理论中，元政策也被称之为制定政策的宪法规则。从公共政策过程角度分析，公共政策是各种社会利益集团在一定博弈规则制约下进行政治博弈的结果，是在各种社会利益集团间达成的利益均衡，元政策对公共政策体系的性质起着决定性的作用。因此，美国学者布坎南在分析西方国家的公共行政改革时明确指出："是制定政策的宪法规则而不是政策本身成为改革的对象。"目前，中国公共政策体系中还缺乏一些完善的元政策，具体体现是：在由谁来制定政策方面，虽然在中央政府与地方政府间、各级地方政府间以及政府各部门间有着一定的政策决策权力分配规则，但还存在着权力空区及交叉现象；在怎样制定政策方面，虽然存在制定政策的一般规则，但还缺少为政策决策者普遍遵守的法律制度；在谁来对政策作用结果负责以及怎样负责方面，虽然在一定范围内建立了行政问责制度，但这一制度还需要进一步完善化、法律化与有效化。公共政策体系中元政策的缺乏，使中国的公共政策决策存在着一定程度的非科学性，影响了公共政策利益调控目标（如，中央房地产价格调控政策的目标）的实现。社会主义和谐社会建设进程中，为了实现公共政策体系的利益调控目标，公共政策体系将进一步增加与完善元政策：一是增加与完善规范公共政策决策权力分配的元政策，实现公共政策利益调控的决策权力在各级政府之间、政府不同部门之间、政府与民众之间的合理分配。二是增加与完善规范公共政策决策过程的元政策，实现公共政策利益调控过程的民主化、程序化与法律化。三是增加与完善规范公共政策利益调控目标责任的元政策，实现公共政策利益调控责任主体的明晰化，将公共政策利益调控目标落实到具体的责任主体。四是增加与完善规范公共政策执行过程的元政策，实现对科学调控社会利益的公共政策的有效执行。上述元政策的出台，将进一步确保和谐社会进程中的各级公共政策主体的政策行为按照宪法规则进行，进而实现社会主义和谐社会建设进程的制度化、法制化与规范化。

（作者单位：南京财经大学公共管理学院）

气候变化、低碳经济与产业转型

王　军

一、导言

全球气候变化（Global Climate Change）或全球气候变暖（Global Warming）是当今国际社会关注的焦点问题，也是目前国际学术界争相研究的一大热点问题。许多国际一流的学术期刊过去几年都用大量篇幅刊登了这方面的研究成果，国际学术界对这一复杂而又重要的问题正保持着日益增长的研究态势。与此相对应，中国学术界对气候变化问题的研究也很重视，相关的研究文献增加很快。

尽管气候变化的经济学研究已开展多年，但气候变化引起公众的普遍关注却是最近几年的事情。一方面这是由于全球范围内的气候异常现象日趋频繁，另一方面是由于多个国际组织的推动。最近在哥本哈根召开的联合国气候大会再一次为公众了解全球气候问题提供了机会，联合国等国际机构经常就气候变化召集的多边磋商和“马拉松”式的谈判在提升公众环境意识的同时还不断释放着这样一种信号，即全球气候问题的复杂性、严峻性以及解决方案的艰巨性。

应对气候变化不仅需要各国充分的国际合作，同时也意味着世界各国需要建立起崭新的以降低碳排放为主要特征的低碳发展模式。低碳发展不仅是减缓气候变化的必要步骤，而且也是经济增长方式由过分依赖稀缺的化石燃料转变为清洁能源发展模式的必然选择。实施低碳发展既包括新型低碳产业的培育和形成，也涉及高耗能、高污染和高排放产业的升级改造。例如，气候变化会使许多国家以往由自然禀赋决定的比较优势发生改变，如受气候影响最大的农产品贸易必将发生深刻变化。伴随着后《京都议定书》时代的到来，我国面临来自国际的减排压力会越来越大，而少数国家提出征收碳关税的提案无疑将对我国大宗商品的出口以及相关产业造成巨大冲击。因此，积极研究和探索我国实施低碳发展的具体路径和政策措施，加快我国相关产业的结构调整不仅重要而且迫切。

我们注意到，目前国内学术界对于气候变化的经济学研究正在逐渐增多，相比之下，国内学者对低碳经济的研究才刚刚开始，特别是将低碳发展置于国际背景从而引申出产业涵义的文献尚不多见。本文正是在这种情况下写作的。我们将在全球气候变化的背景下，通过对气候变化、低碳经济与产业转型三者关系的探讨，揭示出低碳经济的国际化内涵和特征，分析我国实施低碳经济发展战略中遇到的具体困难和政策障碍，并拓展到产业领域来加以认识，为理解我国今后应对气候变化，走低碳经济发展之路提供理论线索和政策思路，同时也为我国制定相关产业政策、实施低碳发展战略提供灵感和建议。

二、全球气候变化：挑战与应对

在我国，无论是政府层面还是学术界对气候变化问题都给予了相当多的关注。我国政府2007年颁布的《中国应对气候变化国家方案》是发展中国家第一部应对气候问题的国家方案，2008年我国又首次发布了《中国应对气候变化的政策与行动》白皮书。我国经济学界对气候变化的研究也日益丰富，潘家华等（2003）提供了一种减缓气候变化的经济学视角，崔大鹏（2003）从国际政治和法律的角度强调了国际合作的作用，陈迎等（2007）则对颇受国际社会关注的斯恩报告做了一个通俗的解读，并瞻望了未来气候谈判的走向，王军（2008a；2008b）综述了国内外气候变化经济学研究的理论文献，剖析了气候变化问题产生的原因和解决的难点，并对我国应对气候变化的政策选择进行了探讨。可以说，无论是我国政府发布的关于气候变化的纲领性文件，还是学术界的研究都充分反映出中国对气候问题的高度重视，彰显出我国减缓和适应气候变化问题的重要性和紧迫性，这既体现在理论研究的探索上，也反映在具体政策的制订和实践之中。

2006年10月英国政府委托前世界银行首席经济学家尼古拉斯·斯特恩（Nicholas Stern）完成了一项耗资巨大的研究，这一研究旨在重新评估气候变化对英国的影响，以便政府可及时采取相应之策。这份被称为“斯特恩报告”（The Stern Review）的长篇大作一经发表就引起了世界媒体的广泛关注，在国际经济学界掀起一场轩然大波，并成为最近一段时间以来气候政策争论的焦点。

斯特恩报告指出，如果忽视全球气候变暖所造成的环境恶化，人类将再次面临类似上世纪30年代的全球性经济危机和衰退。有证据表明，过去50多年气温升高的趋势可能与人类燃烧化石燃料（如煤、石油和天然气等碳氢化合物）等导致的温室气体排放有关。一些气候变化已经可以“明显地”观察得到，如雪与冰层减少、海平面升高、降水模式的变化以及极端温度的范围和严重性。据估计，与1990年相比，2100年的温度将上升1.4℃到5.8℃。若温度升高到5.8℃，相当于地球从冰河期到间冰河期转变时的温度变化只用了短短的100年，其后果将是非常严重的，如气温升高导致的海平面上升将会使某些国家面临被淹没的危险（Stern，2007）。

许多国际组织的研究报告也与斯特恩报告前后呼应。例如，2007年联合国政府间气候变化专门委员会（IPCC）发表了第四份气候变化评估报告，指出气候变暖已经是“毫无争议”的事实，人为活动“很可能”是导致气候变暖的主要原因。报告呼吁全世界的决策者尽快确定保护环境的有效措施，否则将会面临“不可逆转的”环境灾难。当年联合国在巴厘岛召开的全球气候变化会议同样敦促发达国家和发展中国家为应对气候变化采取积极的措施，2009年的哥本哈根气候变化大会让我们再一次目睹国际社会为解决气候问题所付出的不懈努力。

尽管有许多原因导致气候问题难以解决，但我们认为气候变化给不同国家造成损益不同应是主要原因，这使得各国在应对气候变化方面的动机出现了不一致。正如诺贝尔经济学奖得主Schelling（1992）指出的那样，无论是发达国家还是发展中国家都面临着由气候变暖引发的相同威胁，但这些国家在保护全球环境方面都存在动机不足的问题。一方面，有大量的科学证据显示，当今全球气候正在变暖，但同时人们对于这种趋势将发展到何种程度以及何时到来却缺乏了解，正是这种不确定性使得各国政府在协调立场、共同采取行动方面存在重大的分歧和障碍。

表1显示气候变暖对不同国家造成的损失并不一样，在全球气温升高2.5摄氏度的情况下，印度遭受的损失将高达其GDP的4.93%，而俄罗斯却从这样的气候变化中获益。原因大致是气候变暖将使印度大量低洼的地区被上升的海平面所淹没，许多地方不再适合人类居住，而相同的情况却使俄罗斯原来不适合人类居住的寒带成为温带，成为宜于人类居住和农作物生长的地区。但无论怎样，正如多数科学家指出的那样，一旦全球气温上升2摄氏度，形成上升的趋势，那么将会带来全局性的、不可逆转和灾难性的后果。即便是少数几个能够从气候变化中暂时获益的国家，其文明路径也将发生彻底转变。

表1　气温升高2.5摄氏度的损失估计

国家/地区	占GDP的百分比（%）
印度	4.93
非洲	3.91
经合组织欧洲国家	2.83
高收入的经合组织国家	1.95
东欧	0.71
日本	0.50
美国	0.45
中国	0.22
俄罗斯	-0.65

显然，在保护全球环境的国际行动中，没有国家愿意做超过其预期收益的事情，气候作为全球公共物品的特征又使得“搭便车”行为难以避免。对于这样的问题，经济学家普遍认为，可以通过旁支付和议题关联等机制来熨平不同国家在收益和成本上的差距，而这样做是值得的，也是气候合作得以有效开展的前提条件。这种思路不仅与巴格瓦蒂（Bhagwati，2009）及Barrett（2001）等人主张的“合作待售”观点不谋而合，而且也与联合国倡导解决气候问题的“清洁发展机制”原则一脉相通。总之，尽管现实中的气候谈判和合作既复杂又困难，但如果我们能借助现代经济学中机制设计理论的分析工具，从改善有关国家的减排动机着眼，那么我们就能够找到解决气候问题的有效办法。

从发展中国家的角度看，我们认为气候变化是一个环境问题，但同时也是一个发展问题。气候问题是发展过程中产生的，它的解决可以也应该通过发展来解决，尤其对于中国这样一个正在经历大规模现代化建设的发展中大国更是如此。从历史上看，发达国家在其工业化和现代化过程中曾肆无忌惮地排放了大量温室气体。有资料显示，从工业革命开始到1950年，全球排放的二氧化碳总量中发达国家占了95%；而在1950~2000年间，发达国家的排放量仍占到总排放量的77%。因此，发达国家对气候变化负有不可推卸的主要责任，也应当对减少温室气体排放承担更多的义务。这不仅是因为发达国家有条件减排，更因为发达国家有实力、有资源减轻气候的变化，同时也有义务为发展中国家应对气候变化提供资金和技术的支持。《联合国气候变化框架公约》中就特别强调，发达国家不但要率先减少温室气体排放，而且也有义务提供新的、额外的资金和技术去支持发展中国家提高应对气候变化的能力。

表2　全球二氧化碳排放情况

指标国家	累计排放量	目前排放量	人口规模	经济规模（GNP）
发达国家	70%	60%	23%	84%
发展中国家	30%	40%	77%	16%

表2记录了二氧化碳这一主要温室气体历史和现实的排放情况，从中我们可以看出，无论是历史排放还是目前排放，发达国家都远高于发展中国家，因此发达国家承担更多的减排责任不仅是历史责任使然，而且也是基于现实的考虑，因为目前发达国家在资金和技术上都完全有能力帮助发展中国家实现低碳发展。我们认为，通过联合国推行的清洁发展机制，一方面，发达国家可实现减排；另一方面，发展中国家能够获得发展，摆脱贫困，这种双赢的发展模式尤其值得推广，这也是国际社会在遏制全球气候变暖问题上通力合作的体现。

气候变化会导致现有贸易活动和贸易规则发生改变，并使各国原有的国际竞争力发生改变。不过，为保护全球环境而进行的国际合作比起贸易活动来要复杂得多。正如巴格瓦蒂（Bhagwati，2009）指出的，世界贸易组织的前身即关税及贸易总协定（GATT）曾免费给予发展中国家会员国的地位，而对于全球减排温室气体的协议而言，如果没有发展中国家的充分参与，任何协议都不可能真正有效。因此，考虑到历史排放问题，发达国家应该补偿发展中国家以换取后者参与减排的行动。

对于广大发展中国家而言，由于历史累积的排放量少，人均排放量低，当前面临的首要任务依然是发展经济和消除贫困。问题在于，无论是减缓气候变化，还是适应气候变化，都要付出高昂的成本。因此，在应对气候变化的过程中，国际社会理应充分考虑发展中国家的发展机会。正如世界银行的经济学家DelaTorre等（2009）所强调的，发展中国家要走一条“低碳化、高增长”的发展道路，低碳化是国际社会的要求，而追求高增长则体现了发展中国家的利益诉求。正是基于这些基本事实，《联合国气候变化框架公约》提出的“共同但有区别责任”的原则是客观的，也是公正的。那种不顾历史事实和历史责任，忽视不同国家的不同发展阶段，借气候变化问题不适当地过早、过激和过高要求发展中国家同发达国家一样承担量化的减排义务，从而限制发展中国家的发展，限制发展中国家实现工业化和现代化的论调是不客观的，也是有失公允的。在应对气候变化过程中，国际社会应当尊重发展中国家的发展权，并为其发展留出一定的排放空间，因为限制发展中国家发展所付出的代价，可能比气候变化带来的后果还要严重。

需要说明的是，即使目前世界各国全面停止温室气体的排放，大气中二氧化碳的浓度也要等上百年才能降低。显然，全面停止温室气体的排放既不可能也不现实，因此，应对气候变化的正确思路应该是：一方面要减排，另一方面要适应。减排的目的在于积极减缓气候变化的趋势，而适应就是加快社会和经济生活方面的调整以应对气候变化的影响。低碳经济正是实现减排的有效途径，同时也是适应气候变化的积极选择。

三、低碳经济：应对气候变化的必然选择

应对气候变化已成为世界各国制订和实施经济发展战略时优先考虑的一个方面。“应对”既包括减缓（Mitigation）方面的行动，也涉及适应（Adaptation）方面的措施，减缓气候变化的努力正是低碳发展所需要的行动，而其对应的形态恰是我们所要强调的低碳经济。

“低碳经济”（Low Carbon Economy）最早正式出现在2003年的英国能源白皮书《我们能源的未来：创建低碳经济》中，并很快在联合国召开的气候变化大会即巴厘路线图中得到进一步肯定。低碳经济概念的核心思想就是要通

过能源技术创新和制度创新，提高能源利用效率，构建清洁能源结构，改变以化石燃料为主的现有能源消费格局。这一被国外学者喻为“人类社会第五次浪潮”的发展理念在2007年达沃斯论坛和“八国峰会”上得到了许多国家的赞同，2008年的世界环境日主题定为“转变传统观念、推行低碳经济”就是希望国际社会能够重视并采取有效措施使低碳概念纳入到政府的决策之中。

由于低碳经济是一个相对新的概念，因此，最近几年国内外学者纷纷试图探究低碳经济的内涵、特征和实现方式。美国学者 Willey 等（2007）从低碳经济低排放的目标出发，指出综合利用农场和森林资源的重要性，强调温室气体排放权交易的重要性。Foxon 等（2008）则从能源政策出发，呼吁：为实现低碳经济，有必要从经济、制度以及管理层面进行创新。Redgwell 等（2008）也从当前的能源消费结构入手，批评了当前西方国家对化石燃料的过度依赖，并分析了中国和印度两大发展中国家对未来的影响。DelaTorre 等（2009）以拉丁美洲和加勒比国家为背景，研究了这一地区在应对气候变化方面如何才能保持低碳的同时实现经济的快速增长。由于这一地区拥有丰富的生物多样性（如巴西的热带雨林等），面临繁重的经济发展任务，因此，这一地区国家的生态和环境压力很大。DelaTorre 等在分析这些发展中国家经济和环境方面的挑战后指出，必须走低碳同时高速增长的发展道路。他们最后警告说，如果拉美和加勒比国家不能尽早采取积极有效的减排措施，那么，到2080年这一地区由于气候变化所造成的经济损失将占到这一地区 GDP 的11.26%，这无疑是一个庞大的数字。不仅如此，如果我们站在全球生态系统的角度思考这一地区自然资源的意义和价值，那么，气候变化对这一地区的影响及其后果将是全球性的。可以说，DelaTorre 等人的研究极有启发意义，他们的建议为我们更好地保护我国众多的湖泊以及湿地提供了有益的启示。

除去上述国外学者的研究以外，我国学者对低碳经济也投入了越来越多的关注。庄贵阳（2007）为我们解释了低碳经济的概念，强调向低碳经济转型已成为世界经济发展的大势所趋，而在发展中寻求减排是中国应对气候变化的必然选择。张坤民等（2008）为我们勾勒出低碳经济的一幅长篇画卷，阐明了解决气候变化问题和走低碳之路的逻辑关系，强调低碳概念不仅涉及经济和社会等诸多方面的问题，而且还在重塑未来的人类文明。中国科学院发布的《2009中国可持续发展战略报告》更是以“探索中国特色的低碳道路”为题，勾勒出我国今后实施低碳经济发展战略的政策选择，并对中国各省（自治区）

的可持续发展能力进行了排队。

一般认为，低碳经济是低碳发展、低碳产业、低碳技术和低碳生活等一类经济形态的总称。低碳经济以应对碳基能源对气候变化的影响为基本要求，以实现经济社会的可持续发展为基本目的。低碳经济的实质在于提升能效技术、节能技术、可再生能源技术以及温室气体减排技术等，促进产品的低碳开发和维持全球的生态平衡。因此，低碳经济是一种从高碳能源时代向低碳能源时代演进的经济发展模式。

据世界银行统计，在20世纪的100年当中，人类共消耗煤炭2650亿吨，消耗石油1420亿吨，消耗钢铁380亿吨、消耗铝7.6亿吨、消耗铜4.8亿吨，同时排放出大量的温室气体，使大气中二氧化碳的浓度在20世纪初不到300ppm（百万分率）上升到目前接近400ppm的水平，并且明显地威胁到全球的生态平衡。据预测，到2050年世界经济规模比现在要高出3~4倍，而目前全球能源消费结构中，碳基能源（煤炭、石油、天然气）在总能源中所占的比重高达87%，未来的发展如果仍然采用高碳模式，到本世纪中叶地球将不堪重负。由此可见，以低碳经济为内涵的发展模式是我们的必然选择。

表3　2002~2030年二氧化碳增加总量中各国的占比

国家/地区	占增加总量中的比例（%）
附录Ⅰ所列国家	26
非附录Ⅰ所列国家	74
其中：	
中国	26
印度	8
印尼	3
巴西	3
墨西哥	2

表3清楚地显示，我国未来二氧化碳排放将占到全球增加总量的25%左右，据全球首位。考虑到我国经济增长的趋势以及当前和未来一段时期我国温室气体排放的情况，我们不能寄希望后《京都议定书》时代继续对包括中国在内的发展中国家设定非强制性减排指标的做法。事实上，我国面临的来自其

他国家的减排压力和呼声会越来越大。从最近哥本哈根会议的情况看，这种压力不仅来自于发达国家，而且世界最不发达国家也向我国提出了减排要求。因此，我国根据自身发展实际积极进行减排不仅符合我国国家利益，而且也能体现我国作为一个负责任大国的国际形象。

最近几年，中国的能源消耗总量和二氧化碳排放总量增加很快，能源强度和碳排放强度也处于上升趋势，成为与美国并列的两大能源消耗和排放大国。我们认为，制约我国温室气体减排的主要因素有两个：一是我国以煤炭为主的较为单一的能源消费结构；二是我国较低的技术装备水平导致的能源利用率不高的现实。国际能源署（IEA）2009年针对中国煤炭清洁利用的一份报告就称，煤炭作为中国首要的能源占到其初级能源生产和消费的70%以上，这样高的比例远远高于世界许多国家，也高于世界煤炭利用的平均水平，而且在可预见的未来煤炭还将继续占据这种位置。由于煤炭被公认为是“肮脏”的能源，其生产和消费过程都会释放出大量的温室气体，这就增加了我国减排的难度。考虑到今后一段时期我国经济还将保持高速增长，因此，我国总的排放还将继续增加。据我国官方公布的数据，我国的碳排放总量要到2030年前后才会逐步下降，而国际能源署预测，2030年中国三种主要化石燃料（石油、天然气和煤炭）将占到全部能源需求的84%，与此同时，二氧化碳的排放将在2005年的基础上增加57%。

由此可见，只要我国继续保持高速的经济发展，那么就很难使温室气体的排放大幅度降低。对我国而言，现实且可实现的战略应该是努力降低单位GDP的温室气体排放即所谓降低碳排放强度，这一目标的实现同时也是提高能源综合利用率的过程。中国政府在最近的哥本哈根联合国气候变化大会上承诺在2020年将我国的碳排放强度在2005年的基础上大幅降低40%以上，我们认为这一承诺符合中国的国家利益，也符合中国未来经济发展的根本要求。

应该说，低碳经济概念的提出是对以往经济发展模式的一种校正和更新。实现低碳经济发展，必然要靠经济中最重要的载体即产业来体现和落实，而现代产业的核心是技术，因此从逻辑上推演，我们认为低碳技术是发展低碳经济的关键所在。低碳技术的涵盖面极广，包括节能技术、无碳和低碳能源技术以及二氧化碳捕捉与埋存技术（把煤炭发电过程中产生的二氧化碳收集起来，封存在地下）等。这是由于就目前的科学技术水平而言，我们尚无法把煤炭变成清洁能源。现在的可行办法一是提高燃烧效率；二是碳捕捉与埋存。一般认为，低碳技术的创新周期比较长，掌握起来非常不易，需要长期的研发、积累和沉淀。人类目前可以利用、可以展望到的低碳技术，如核能、风能、太阳能、生物能及二氧化碳捕捉埋存等相关技术，目前有的技术上已经比较成熟，能够帮助我们解决一些问题；有的虽然可在技术上实现，但应用起来成本还是过于高昂，这就需要更大的创新，比如太阳能发电等；有的技术虽然理论上可以存在，但实现起来还有相当的困难，例如核聚变等。总之，实现低碳经济的发展关键还要依靠技术，通过新的技术来推进新产业的形成。新技术的出现不仅有赖于国家对技术创新活动持续的投入，而且新技术的出现还影响到一个国家在未来世界经济竞争中的地位，因此我们可以毫不夸张地说，低碳技术将成为国家核心竞争力的一个标志，谁掌握了先进的低碳技术，谁就拥有了核心竞争力。

针对我国外向型经济的特点，我们认为，从“内涵能源”角度来寻求低碳发展之路是必然的选择，这就意味着我们需要考虑到产品上游加工、制造以及运输等全过程所消耗的总能源，并设法使我国巨大的“内涵能源”出口净值在未来显现出来。例如，如果我国出口的商品尤其是那些高能耗、高污染的商品由发达国家自己生产，那么这些国家将不得不花更大的代价去碳交易市场购买相应的减排额度。这就意味着在后《京都议定书》时代，发达国家和发展中国家将会在温室气体减排方面有更多务实的合作，这既包括减排技术的转让，也包括发达国家对发展中国家的资金支持，而这些做法都是联合国确立的清洁发展机制所倡导的。由此可见，我国欲发展低碳经济就必须具有国际视野，不能关起门来搞低碳，而是要积极与发达国家进行沟通、协商和合作，以取得经济发展和节能减排的“双赢”之效。

总之，低碳经济不但是创造更好生活的途径，而且也为发展、应用先进技术创造了新的经济增长点，通过新型低碳产业的培育和推广还可为经济发展衍生出大量的新机会，因此，我们需要积极探索和实践。发展低碳经济，是一场涉及生产模式、生活方式、价值观念和国家权益的全球性革命，中国发展低碳经济，顺乎世界潮流、合于中国国情，是落实科学发展观和实现可持续发展的必由之路。

四、产业转型：低碳发展的必由之路

任何发展战略的实施和推进都离不开经济中最重要的载体即产业，低碳发展也是如此。低碳经济不仅依赖新型低碳产业的培育和形成，而且还需要通过现有产业的升级和改造方能实现。由于现代产业的核心是技术，因此从逻辑上看，低碳技术是落实低碳战略的关键所在。于是，具有前瞻性低碳战略的实施就需要紧紧依托技术，通过新技术来促进新产业的形成。

如前所述，低碳发展就是要降低对化石燃料的依赖，减少碳排放。因此，低碳发展的关键就在于我们能否在加快产业转型的过程中建立起新型的能源消费结构。我们可以借助能源强度这一概念来考察我国单位 GDP 消耗的能源数量。一个能源消费低的国家，如果拥有较高的生产率，那么能源强度就会很低，也表明能源利用效率高，反之则反是。下表给出了若干国家的能源强度。

表 4　若干国家的能源强度

国家	能源强度（石油桶/千美元）	初级能源消费
日本	0.70	21.8
法国	1.02	10.4
英国	1.31	9.88
美国	1.88	98.8
沙特阿拉伯	5.65	4.57
中国	6.05	36.7

上表显示，我国能源强度较高，约为日本的 8.6 倍，也比其他一些发达国家高出许多。能源强度高表明我国能源利用技术水平低，因而亟待通过技术进步加以改进。显然，这样的改进一定是通过产业的整体推进来实现的。也就是说，我们只有通过大力培育新型产业、加快对现有高耗能、高污染和高排放产业的升级改造才能有效降低我国的能源强度，而这一过程本身也正是产业转型的过程。下表进一步给出中国几个主要耗能行业的能源强度，通过比较，我们还可以发现我国与世界先进水平的差距。

表 5　中国工业能源强度的国际比较

对象行业	中国	经合组织国家	全球最先进水平
钢铁	36	18 ~ 26	16
水泥	5.6	3.7 ~ 44	3.4
炼油	3.5 ~ 5.0	2.9 ~ 5.0	1.3 ~ 3.8
铵	39 ~ 65	33 ~ 44	19.1
铝	16.3	14.1 ~ 19.3	—

上表显示我国若干行业在能源利用方面与国际先进水平的差距，这也应该成为未来我国能源战略的主攻方向，因为这些行业大都属于高耗能、高污染和高排放行业。

如前述，实施低碳战略就必须调整现有过度依赖化石燃料的能源结构。越来越多学者已意识到气候变化和能源利用关系密切，有学者甚至主张气候政策就是能源政策。毕竟，目前化石燃料仍在全球普遍使用，由此排放的二氧化碳正是造成气候变化的主要原因。由此可见，富有成效的低碳战略还应该与能源战略和产业转型结合起来加以推进。

碳排放强度是一个能够将能源消耗与经济活动联系在一起的指标，它衡量的是单位 GDP 的碳排放数量，最大特点是把导致气候变化的碳排放与能源利用效率结合起来。碳排放强度的高低还可揭示出一国使用清洁能源的程度，例如，碳排放强度越低，表明该国的能源结构和相关技术对全球气候就愈加友好，同时也表明产业结构愈加合理。

表 6 给出了世界主要国家使用化石燃料所产生的二氧化碳，反映出包括中国在内“金砖”国家由于经济快速发展，碳排放强度较高而人均排放水平较低的现实状况。除巴西以外，中国、印度和俄罗斯由单位 GDP 排放量衡量的碳排放强度都较高。

表 6　世界主要国家燃烧化石燃料所产生的二氧化碳

国家排放情况	美国	中国	欧盟	俄罗斯	日本	印度	巴西	总计	全球总计
排放总量（百万吨）	5,697	5,607	3,983	1,587	1,213	1,250	332	19,669	28,003
单位 GDP 排放量（公斤）	0.51	2.68	0.42	4.25	0.24	1.78	0.43	—	0.74
人均排放量（吨）	19.00	4.27	8.07	11.14	9.49	1.13	1.76	—	4.28
累计排放量	26.70	9.90	21.70	9.40	4.80	2.60	1.00	76.10	100

从某个角度来看，碳排放强度为产业转型提供了依据。例如，我国限制高耗能和高污染产业发展的努力最后都可体现为降低碳排放强度的行动。通过降低碳排放强度，我们可以减少排放从而实现减缓气候变化的目标，而这也正是低碳产业形成和发展的过程。中国政府在哥本哈根气候大会做出的到 2020 年将单位 GDP 碳排放强度大幅降低 40% 以上的承诺表明，今后一个时期我国都将把降低碳排放强度和提高能源利用效率作为经济增长中的一个关键环节，这既是挑战也是机遇，如有研究显示，21 世纪绿色能源和新能源开发利用相关产业将成为一个比 IT 更大的产业。

发展中国家碳排放强度较高的现实表明，这些国家在减排方面面临着能源利用效率不高、技术落后的约束，这种硬约束与那些政策措施等软约束比起来短期内更难扭转。因此，要稳定甚至降低全球的碳排放总量，掌握先进技术的发达国家就应该帮助发展中国家实现减排。

表 6 显示这样一个令人不安的事实：我国的碳排放强度达到 2.68，这一数字比美国高出 5 倍以上，比日本高出 11 倍，也是世界平均水平的 3 倍多，俄罗斯和印度的情形也不容乐观。但在人均排放量方面，发达国家远高于发展中国家，如最高的美国为中国的 4.4 倍，印度的 16.8 倍。美国仅有全球人口的 4.5% 却累计排放了 1/4 以上的温室气体，这些让人担忧的数字意味着无论是发达国家还是发展中国家在减排方面都需承担共同但有区别的责任。

要调整我国产业不合理结构，就需要坚决对高耗能和高污染产业实施转型和升级。我国许多行业不仅存在企业规模小、分散的特点，而且这种特征还决定了我国能源综合利用效率不高的特性。因此，我国能源战略的实施还必须包括对现有高耗能和高污染产业富有成效的调整。下表给出了全球高耗能产业代表之一的钢铁行业的情况，显示我国钢铁虽产量居全球首位，但由于产业集中度远低于发达国家，因此导致我国钢铁业效率低下的局面。

表 7　全球钢铁业：生产、市场份额与产业集中度

指标国家/地区	产量（百万吨）	份额（占全球百分比）	最大 3 家钢企份额（占国内产量百分比）
中国	422	34.6	14.10
欧盟 25 国	198	16.30	44.70
日本	116	9.50	69.30
美国	99	8.10	59.10
俄罗斯	71	5.80	55.10
韩国	48	4.00	85.80
全球	1,219	100	—

同样，我国其他行业如有色金属、水泥、玻璃、造纸以及化学材料等都存在与钢铁类似的特点，这些行业过去几年产业集中度非但未得到提高，相反更加分散了。这表明困扰我国多年的产业结构不合理的状况依然顽固地存在着。如果我国高耗能和高污染产业得不到有效调整，那么，低碳发展战略就不可能取得实质性的效果。下表给出了世界主要国家与能源需求密切的产业情况。

表 8　世界主要国家和地区能源分行业需求比重（%）

国家行业	中国	印度	俄罗斯	巴西	日本	欧盟 27 国	美国	全球
农业	4.6	7.2	2.3	4.9	0.9	2.2	1.1	2.4
工业	63.8	52.1	38.4	41.1	38.3	32.4	26.8	37.8
商业	4.7	3.0	8.1	6.8	17.7	10.5	13.0	9.0
居民	12.3	16.7	26.2	10.3	15.7	22.0	16.8	17.1
交通	12.8	18.5	22.7	36.9	26.9	29.8	41.4	31.5
其他	1.9	2.5	2.1	0.0	0.0	3.0	0.9	2.0
总计（百万吨石油）	890	199	417	128	348	1,249	1,546	6,893

上表清晰地显示，包括中国在内“金砖四国”能源分行业需求的情况，从中可见，中国当前能源需求最大来自工业领域，表明我国低碳战略的实施和

能源消费结构的调整应该优先围绕工业部门来进行。可以预料，随着我国居民生活水平的提高和出行的增加，来自交通的能源需求也将逐步提高。例如，目前美国能源消费中源于交通的需求最大，为41.4%，远高于我国的12.8%。因此，未来我国低碳战略的实施还需要考虑交通方面的压力。

众所周知，中国近几年的能源消耗总量和二氧化碳排放总量增加很快，能源强度和碳排放强度也处于上升趋势，成为与美国并列的两大能源消耗和排放大国。我们认为，制约我国温室气体减排的主要因素有两个：一是我国以煤炭为主的较为单一的能源消费结构；二是我国较低的技术装备水平导致的能源利用率不高的现实。国际能源署（IEA）2009年针对中国煤炭清洁利用的一份报告就称，煤炭作为中国首要的能源占到其初级能源生产和消费的70%以上，这样高的比例远远高于世界许多国家也高于世界煤炭利用的平均水平，而且在可预见的未来煤炭还将继续占据这种位置。由此可见，我国应加快技术升级的步伐，尤其是要通过提高能源利用效率，实现减排和低碳的要求，切实履行我国对国际社会作出的大幅降低碳排放强度的承诺。

我们还可用“依赖程度”来衡量煤炭对能源总供给的贡献率，下表给出了全球煤炭依赖程度最高的几个国家，可以看出我国对煤炭的依赖程度高达61%以上，居全球第三位。

表9　煤炭依赖程度最高的国家和地区

国家	南非	波兰	中国	哈萨克斯坦	印度	捷克	澳大利亚	台湾	美国	韩国
依赖程度（%）	72.0	65.2	61.4	57.3	54.7	52.0	43.9	33.8	24.7	22.5

由表9，我们可以看出，煤炭储备远高于我国的美国，其实对煤炭的依赖程度远低于我国，美国核能发电占据了全部发电总量的20%以上，也比我国的1.43%高出许多。这表明，能源结构虽与自然资源禀赋有关，但自然条件并不能起到决定性的作用。通过能源战略的实施各国完全有可能选择一条更为合理的能源发展路径，特别是借助一定的技术这种意图能更好地实现。于是，那种认为我国煤炭资源丰富就应该由煤炭来决定能源消费结构甚至由煤炭来支撑整个能源发展的观点不仅狭隘和错误，而且还十分有害。

上面的论述是从低碳发展的要旨直接推演的。如果我们从全球化的角度，从中国参与国际贸易活动的角度，那么，我国同样可以获得我国产业亟待转型的结论。我们知道，在当今世界经济格局下，包括中国在内的许多发展中国家已经形成一批具有国际竞争力的污染密集型产业。例如，2007 年英国独立机构“新经济基金会”（New Economic Foundation）曾发布一份研究报告，称西方把污染转嫁到了中国。这份题为“中国依赖症”（China dependence）的报告认为，西方国家对中国产品过度依赖，变相地把大量环境污染留在了中国，把废气排放量转嫁到了中国。报告称每件在中国生产出口到英国的物品，其废气排放量比在英国生产要多1/3。显然，这些现实的情况是中国今后参与全球气候合作和减排谈判时需要特别考虑的，也是我国今后体制改革需要逐步理顺的，如建立和完善各种环境保护法律和法规，征收包括碳排放税在内的环境税等，目标是使产品在生产过程中对环境造成的损害尤其是温室气体排放能够真实地得以反映。

表 10　美国主要污染密集型商品的进口情况

商品	钢铁			水泥			纸张		
	国家	价值	比例	国家	价值	比例	国家	价值	比例
排序		百万美元	（%）	（%）	百万美元	（%）	（%）	百万美元	（%）
1	加拿大	5430	17.6	加拿大	387	29.2	加拿大	9509	53.1
2	中国	4473	14.5	中国	246	18.6	中国	2093	11.7
3	墨西哥	2530	8.2	韩国	121	9.1	芬兰	1063	5.9
4	日本	1794	5.8	墨西哥	116	8.8	德国	906	5.1
5	德国	1704	5.5	哥伦比亚	105	7.9	墨西哥	858	4.8
6	韩国	1610	5.2	台湾	99	7.5	日本	502	2.8
7	巴西	1415	4.6	巴西	39	2.9	韩国	443	2.5
8	台湾	1324	4.3	希腊	36	2.7	印尼	299	1.7
9	印度	1227	4.0	泰国	33	2.5	英国	219	1.2
10	意大利	1076	3.5	瑞典	25	1.9	巴西	210	1.2
进口总计	—	30,909	100.0	—	1,324	100.0	—	17,917	100.0

表 10 给出了美国主要污染密集型产品的进口情况，数据显示中国已经成为美国钢铁、水泥和纸张的第二大进口国，铝的第三大进口国。由于目前我国

的技术装备水平整体较低，出口产品大多仍为低端产品，碳排放强度远高于发达国家，因此，如果美国以碳排放强度对上述产品征收碳关税，那么我国上述产品的出口将面临严峻的挑战。据世界银行的研究报告，如果欧美日等国家联合对中国征收碳关税，那么在国际市场上，“中国制造”商品将可能面对平均26%的关税，出口量因此可骤降21%，我国制造许多产品的低成本优势将荡然无存，国际竞争力将大打折扣。由此可见，碳关税对我国出口贸易尤其相关产业的冲击将是十分巨大的。

需要指出的是，无论是对当前能源消费格局的调整和改造，还是新能源技术的开发利用，都与碳基能源密不可分。许多科学家都认为正是人类对于碳基能源的过度依赖和过多的碳排放，才导致全球气候变化问题的产生。因此，即使我们抛开碳基能源的可耗竭性不谈，人类应对全球气候变化也需要从减少化石燃料的消耗，从而减少碳排放，减缓气候变化。最近，Moriarty 和 Honnery（2011）在阐述碳文明（carbon civilization）时警告道，人类面临的各种挑战非常严峻而且彼此间相互交错。除去气候变化问题之外，全球环境问题还与全球资源问题密不可分，如化石燃料的消耗以及淡水资源的稀缺等。这些问题其实是相互关联的，很难把它们割裂开来。另外，目前解决这些问题的建议也多集中在国家层面，其实这些问题是全球的，因而更需要一种全球的解决方式。两位学者进而在全球视角下分析了碳文明的实现方式，并从可再生能源、核能、能源利用效率、碳封存（carbon sequestration）以及地球工程（geo-engineering）等角度提出若干可供选择的途径。不过，他们也指出，上述现实的解决途径难取得实际效果，除非我们能够将全球公平（globalequity）的基本伦理问题得到解决，这种公平既涉及世界各国当代人的公平，也涉及代际（inter-generational）公平问题。总之，全球经济需要重新定位，应该从那种过分强调经济增长的模式转变为满足地球上所有人基本生活需要的直接满足上来。

目前，转变经济增长方式已成为我国政府和学界的共识，而加快推进产业转型的步伐进而实现中国经济低能耗、低排放、低污染为基础的发展模式正是转变经济增长方式的必由之路。问题的关键就在于提高能源利用效率和创建清洁能源结构，核心是技术创新、制度创新和发展观的转变。我们不能再走高消耗、高排放的传统的工业化道路，而是要努力走出一条低消耗、低排放、高效益、高产出的新型工业化的道路，努力实现经济发展和保护环境“双赢”的目标。为实现这些目标，中国政府一直在强调全社会的节能减排，节能是最大的减排正在成为一种共识。一些综合性的措施，包括经济的、法律的和必要的行政手段也正在得到落实。例如，在能源利用方面我们需要考虑三个方面：一是少排放；二是多吸收；三是再利用。这其中也包括许多具体的考核指标，如中国政府提出到2010年单位GDP能源消耗要下降20%，同时还要调整能源结构，尽可能少用化石燃料，多生产一些可再生能源，由目前比重不到7%增加到2020年的16%。通过这些具体措施，我们不仅可以调整我国的能源消费结构，而且还可大幅度减少碳的排放，为国际社会减缓气候变化的努力承担应尽的义务。

总之，即使我们不考虑气候变化带来的减排压力，无论是发达国家还是发展中国家都应该选择低碳的新型能源，毕竟化石燃料属于可耗竭能源。国际社会需要改变过去那种过度依赖化石燃料推动经济增长的模式，包括中国在内的广大发展中国家尤其要加快技术升级的步伐，通过提高能源利用效率，实现经济发展和降低排放的目标和要求。从世界范围来看，低碳不仅是一种必然，也正在成为一种必需。因此，低碳应该纳入到我国产业结构调整和能源战略的制定和实施之中，围绕低碳和新能源技术的开发和利用必将催生一大批新型产业，从而带动产业的转型和升级，形成新的经济增长点。

五、结束语

以上我们探讨了低碳经济的内涵、特征和实现途径，指出低碳经济是应对气候变化的必然选择，而实施低碳发展战略就必须对现有产业结构进行改造和升级。

如果说气候变化更多涉及到的是理论方面的问题，那么低碳经济更多的是一个实践问题和政策选择问题。全球气候变化的挑战需要面对也必须应对，而通过新型低碳产业的培育和形成，加快现有产业的转型正是我们应对这种挑战的必由之路。

从政策角度看，我们认为，低碳发展必须通过产业转型来实现，尤其对于中国这样一个能源利用率较低的制造业大国而言更是如此。特别是伴随着后《京都议定书》时代的到来，我国面临节能减排的国际压力会越来越大，因此，围绕低碳发展，加快相关政策尤其围绕降低碳排放强度措施的出台，坚决抑制地方政府和企业在高污染、高耗能、高排放的“三高”产业上的盲目投资和扩建，加快产业升级和转型的步伐，推进产业链向高端转移，产业发展向高质转化、产业结构向高新转变，不仅是我国实现可持续发展的迫切需要，也是履行我国到2020年将单位GDP碳排放在2005年基础上降低40%国际承诺的切实步骤。

最后需要强调的是，低碳经济概念的提出可以说是人类应对全球气候变化的必然产物，低碳经济意味着一种崭新发展观的诞生，同时也意味着一种新文明观的确立。然而，低碳经济发展之路恐怕不会是一帆风顺的，实现低碳发展将是人类社会面临的长期而艰巨的任务。

（作者单位：南京审计学院经济发展研究中心）

技术创新决策管理体系初探

王旭东

一、问题的提出

改革开放三十多年来，我国经济一方面保持着持续高速增长，另一方面由于经济增长主要依靠高投入、高消耗的粗放发展模式，造成资源利用率低、浪费严重、资源需求呈迅速递增的态势，一些重要矿产资源的消耗速度已经超过或者接近国民经济的增长速度，资源“瓶颈”日益凸显，经济发展的环境成本昂贵。特别是进入21世纪后，中国经济越来越感受到了资源短缺的压力，原油超过日本成为世界第二大消耗国，煤炭涨价，电力短缺，土地资源浪费严重。据统计，2009年，中国的GDP是34万亿元，约合4.7万亿美元，占世界GDP54万亿美元的比重仅8.7%。而同期，我国生产粗钢5.68亿吨，水泥16.5亿吨，分别约占世界总产量的43%和52%；我国的能源消费总量占全世界的四分之一强，一次能源消耗达31亿吨标准煤，是世界能源消费总量的17.5%；我国的单位GDP能耗是世界平均水平的3.2倍，分别是日本、美国和印度的5.6倍、3.4倍和1.3倍。中国经济物质消耗强度高而资源生产率水平低的特点十分明显，这种依靠大量消耗资源支撑发展的方式是难以为继的。粗放式发展还导致污染加剧：目前，COD排放总量达1400~1500万吨，接近排放最大允许量的两倍。大气中二氧化硫排放总量为1900~2000万吨，远远超出大气达标的1200万吨。城市垃圾每年接近1.4亿吨，处理率仅54.2%，无害处理率更低等。2007年我国的二氧化碳年排放量超过60亿吨，每万元

GDP的二氧化碳排放量约为1.8吨，二氧化碳排放量约占全球总量的三分之一强。我国事实上已成为世界第一大碳排放国。在此形势下，如果不能采取切实可行的措施，势必进一步加剧资源环境约束，导致经济大起大落，甚至有可能丧失发展机遇，全面建设小康社会的宏伟目标就难以实现。在2007年公布的《中国应对气候变化国家方案》中，我国提出了到2010年通过使用新能源以减少用煤6.2亿吨的目标。2009年11月25日，中国确立了“到2020年单位GDP的二氧化碳排放比2005年下降40%～50%”的目标，并将这一目标作为约束性指标纳入国民经济和社会发展中长期规划。因此，加快区域技术创新的步伐，以技术创新推动区域经济走可持续发展之路，实现生产力的跨越式发展，提升区域经济竞争能力，不是权宜之计而是战略选择。为此，我们应该在观念上澄清模糊认识，摒弃以增加要素投入、片面追求经济高速增长为目标的传统的经济发展观，优化区域技术创新的环境，充分发挥技术创新对区域经济可持续发展的支撑和推动作用，建立投入少、产出多、消耗低、污染少、效益高的技术集约型的经济发展模式，使经济发展转移到依靠技术创新和劳动者素质提高的轨道上来。

二、区域技术创新对破解资源环境约束的作用

区域技术创新是在资源环境约束下科技与经济的结合，是一定区域内技术、经济、社会、行政等之间正式又复杂的相互关联，以实现区域内资源的可持续利用、生态环境保护和促进经济增长为目标，从新产品和新工艺设想的产生（获取）、研究开发、应用于生产、进入市场销售以及新技术扩散和转移整个过程的一切技术经济活动的总和。

（一）技术创新是提高资源利用效率的主要途径

经济的一个基本假定是资源的稀缺性，不论是自然资源还是社会资源都无例外。这是因为相对于人类对资源的无限需要而言，资源的供给是受到限制的，主要包括资源数量、质量、时间、空间、结构、资金和环境容量的限制等。但是技术进步可以在一定程度上缓解资源的稀缺性程度：一方面，技术进步可以提高资源的利用效率，从而使最大可能的产量组合尽可能向生产可能性边界靠近；另一方面，技术进步可以使几年前还难以想象其利用价值的自然物

成为今天宝贵的资源，这为人类突破资源供给的限制带来了希望，从而使生产可能边界向外扩张。我国的资源状况决定了经济发展不可能走高消耗、浪费、粗放经营的路子，而必须选择低耗、节约、集约经营的道路。经济增长是靠要素投入和广义的技术进步（包括一些非资源因素所起的作用）推动的。从理论上说，要素投入量的增长是有限的，而技术进步则是无限的。技术进步可以使等量资源投入产出更多的产品组合，面临资源约束的情况下，必须从粗放型的增长方式转化为集约型的增长方式，以保障经济的可持续发展。

（二）技术创新是解决资源环境问题的主要手段

技术创新对解决资源短缺问题具有巨大的潜力。我国目前资源利用率不高，能源浪费严重。在这种情况下依靠科技进步，通过技术改造，在提高经济效益的同时减少污染物的排放和对资源的过度消耗，有着巨大的潜力。技术创新对治理环境污染问题具有重要作用。如生物工程技术、膜分离技术、高梯度磁分离技术、遥感技术、核技术、活性炭技术等新技术在环境保护中的广泛应用，为环境问题的解决提供了有效的途径。技术创新在认识环境污染方面也做出了重大贡献。没有环境化学和分析化学的产生，就不可能很好地认识环境污染物中有害物质的浓度及影响；没有近代生态学的诞生，就不能深刻认识生态破坏的危害。

（三）技术创新是实现经济可持续发展的主要动力

技术创新与可持续发展的关系表现为：技术创新能提高单位资源的效用满足程度，创造每一份人类福利力求消耗尽可能少的资源，从而相对提高自然界的供给能力，有利于资源的可持续利用：技术创新能改善生态系统的结构与功能从而提高生态系统的供给能力，促进生态与经济协调的可持续发展。可持续发展不仅意味着对资源的使用不能超过自然界的更新与净化力，它更意味着在经济发展进程中，如何通过技术创新使自然界的更新与净化力不断提高。自然规律告诉我们，作为人类生存与发展基础的生态系统提供资源与净化污染的阈值是可变的。合理的经济行为有利于生态系统结构的改善与功能的提高，从而促进生态系统能为人类的生存与发展提供更多的资源与更大的净化力，实现生态与经济间的良性循环。这意味着人类在自觉消除经济活动外部性的过程中，不是被动地服从于既定的自然界供给能力，而是要在不断提高自然界供给能力中实现人与自然的协调。当人口的增加使人均资源占有量的减少量小于因生态系统更新与净化力提高而增加的人均资源供给量时，就意味着可持续性的增加，意味着留给后代一个不变的资源存量的良好愿望能变为现实。

三、资源环境约束下区域技术创新的主要目标和重点领域

加快区域技术创新是提高区域经济竞争力的需要，也是突破资源环境约束实现区域经济社会可持续发展的根本途径。实施突破资源环境约束的区域技术创新战略，应以提高区域技术创新能力为主线，建立和完善区域科技创新体系，优化区域技术创新环境，坚持自主创新与模仿创新相结合，加快产业技术创新、资源开发利用技术创新、环境保护技术创新，促进区域经济增长方式的根本转变、资源的可持续开发利用和生态环境的保护与建设，达到突破资源环境约束、实现区域经济社会可持续发展的总体目标。

资源环境约束下的区域技术创新发展目标是：突破一批资源、环境领域的重大关键技术，初步具备以自主创新为主解决可持续发展重大问题的技术创新能力；建立可持续发展技术示范基地、示范区；培育与可持续发展相关的新兴产业；逐步建成与可持续发展相适应的区域技术创新体系，提高区域可持续发展的技术创新能力；培育一支高素质、结构合理的区域技术创新队伍，全面提高区域可持续发展的技术创新水平与能力。

建设经济可持续发展的资源保障体系，解决区域经济发展中自然资源供需矛盾和环境恶化问题，应围绕资源和环境问题，在资源的综合开发利用、提高利用率、开发新能源等方面进行科技攻关，达到节约资源、减轻和根除污染、提高经济运行质量和效益的目的。突破资源环境约束的重点技术研究与开发领域有以下几个方面：

1. 土地资源可持续利用技术的研究与开发

积极研究和开发土地可持续利用的农业高效模式、农业结构优化调整和优势产业带区域布局模式，提高土地生产率为重点的现代农业生产技术，工厂化设施的农业生产技术，规模化农场经营与生产技术等；研究矿区塌陷地复垦和生态恢复模式和技术等；同时，研究开发生态住宅区、生态城镇模式；研究城镇土地资源优化配置的方法途径、城镇土地功能置换、旧城改造、企业土地资

产重组等模式，节约土地使用。

2. 能源节约利用技术的研究与开发

重点研究和推广节能降耗优化工业结构模式；研究加快传统产业改造的方式和方法，提高能源、原材料利用效率，减少污染物排放的高新技术和先进适用技术；加强对食品、化工、纺织、家电、汽车、造纸等优势传统工业的品种增加、质量改善、节能降耗、污染防治、劳动生产率提高等方面的研究和工艺技术改造；研究和推广资源消耗少、环境污染轻、产品附加值高的电子信息、生物工程、新材料和海洋等高新技术，降低工业生产对不可再生资源的依赖程度。

3. 水资源合理利用技术的研究与开发

重点研究和推广水资源科学利用技术，包括水资源开发利用、工业水循环利用、废水资源回收利用、微咸水开发利用，优化水资源配置；研究节水政策和措施，包括节水农业、节水工业、节水社会的建设模式、机制、技术、措施等。重点研究水源地保护和重点流域水污染综合防治工程模式、水环境污染综合防治优化方案、江河治理工程、土地整理工程等优化模式和工程技术。开展水资源的合理配置、保护、调控及管理体系研究；重大调水工程的战略和关键技术研究；开发安全饮用水保障供给技术、工业和农业节水技术、空中水资源人工调控技术、污水资源化利用技术、雨洪利用技术、受污染水体修复技术等，为区域水安全保障提供强有力的技术支撑。

4. 矿产资源安全技术的研究与开发

重点开展固体矿产资源保障程度分析研究；开发矿产资源综合勘查与评价技术；深部和复杂矿采矿技术与装备；低品位与难选冶矿有效利用技术与装备；大型矿产资源基地和我国优势矿产资源综合利用技术；低污染、低能耗、短流程强化冶炼技术；高附加值产品制备技术；矿山固体废弃物资源化利用技术和环境保护技术；非金属矿的高效利用技术；煤的高效生产和选煤技术与装备；盐湖资源的综合利用和深加工技术；提高区域矿产资源对国民经济的保障程度和资源的综合利用水平。

5. 海洋资源开发利用技术的研究与开发

重点开展海洋环境监测技术、海洋环境预报技术、海洋信息技术、海洋生物技术、海水养殖技术、海洋活性物质开发利用技术、海水淡化、海水直接利用以及海水化学资源利用技术、海洋滩涂开发技术、海洋油气高效勘探开发技术、深海资源勘探开发技术、河口海岸带治理与开发技术、海洋工程技术、海洋设施监测与修复技术以及海洋环境保护技术，提高海洋资源的开发水平和对海洋环境的保护能力，促进海洋经济的发展。

6. 清洁能源、再生能源技术的研究与开发

围绕煤炭清洁利用，开展洁净煤技术、天然气开发利用、核能和可再生能源等技术进行开发并推进产业化；研究燃料电池技术、可再生能源产业化技术等重大项目技术攻关；研究农作物秸杆等废弃物能源资源化技术，发展沼气技术，加速农村生物质能利用技术的更新换代；开发农村小水电利用技术、太阳能利用技术、风能利用技术，地热直接利用和发电技术，潮汐能发电技术等可再生资源的利用技术的试验和研究；加快氢能制取、贮存和利用装置的开发步伐，取得技术上的突破。

7. 环境污染控制、生态综合治理技术的研究与开发

重点发展和完善主要环境污染物监测技术和设备；特殊污染物的监测技术和设备；烟气脱硫技术与设备，机动车污染控制技术；城市污水处理成套技术与装备；开展城市生活垃圾处理处置及资源化利用技术与装备；特殊危险废物以及废旧家电的处理处置技术；低能耗高性能环境友好材料开发技术；化工、冶金、轻工等行业清洁生产工艺技术；生态环境监测技术研究，开展生态系统的评估研究；开发水土保持技术、防沙治沙技术、受污染土壤修复技术、脆弱生态地区的综合整治技术以及矿山复垦技术研究；加强生物入侵防治技术研究；为改善环境质量提供技术保障，促进环保产业的发展。

8. 减灾防灾技术的研究与开发

重点开展自然灾害监测新技术和监测仪器设备研究，加强高技术在灾害监测领域的应用，进一步完善自然灾害监测系统；发展新一代预报技术，提高灾害预报的准确率、预报时效；发展自然灾害应急管理技术，建立信息决策支持系统；研究城市及基础设施的安全、风险评价和检测方法；针对火灾、危险品的化学泄漏、重大中毒、工业事故等人为灾害的特点，研究应急处置和救援技术；重大危险源检测与监控技术、治理技术以及城市“生命线工程”的安全技术研究；研究开发成套的救灾技术与装备，提高区域抗灾救灾的技术水平；研究建立综合性的风险评估技术体系，初步建立灾害快速评估和应急管理技术系统；加强综合减灾的科技示范。

9. 城市建设与开发中的关键技术的研究与开发

研究开发城市基础设施建设所需的关键技术；开发市政设施优化运营管理技术、市政设施的服务与管理信息化技术。此外，还包括生态系统保护与管理的关键技术、生态保护技术集成与推广示范、生态工程示范基地建设与关键技术、生态产业建设的关键技术。

四、构建资源环境约束下的区域技术创新决策管理体系

破解资源环境约束的区域技术创新决策管理体系是指由区域内相互关联的技术创新主体以及相应体制和机制构成的网络化互动的组织系统。建立和完善区域技术创新决策管理体系，是提高区域技术创新能力、破解资源环境约束、实现区域可持续发展的关键一环。必须切实改善支撑科技进步和创新的组织体系、运行机制、政策环境，努力提高自主创新能力特别是原始性创新能力，大力发展战略高技术，健全政府支持、企业主导、产学研结合的技术研究和开发体系，完善先进技术引进和消化、吸收、创新相结合的体制机制，注重对引进技术的系统集成和综合创新，加强知识产权保护，充分发挥人才在技术创新中的关键作用，加快科技成果向现实生产力转化，尽快使经济发展真正走上依靠科技进步和提高劳动者素质的轨道。构建区域技术创新决策管理体系，一要正确处理与国家科技创新体系的关系，区域技术创新体系需要在国家科技创新体系中承担一定的职能，履行一定的义务，又必须以本区域的科技创新资源特点和经济社会发展战略目标为着眼点，以为本区域经济社会发展提供技术服务为宗旨。二要处理好基础研究与应用开发研究的关系。区域技术创新应紧密结合本区域经济社会发展的实际需求，以企业技术创新为主，主要进行应用和开发研究。同时，有选择地支持一些有区域特色的基础研究项目和基础学科发展。三要充分发挥市场机制在区域技术创新资源配置中的基础作用。深化区域科技体制改革，优化政策环境，建立科技创新资源配置的市场调节机制，促进区域经济、社会协调发展。

（一）建立组织协调体系

第一，优化科技资源配置，实现科技力量的合理布局。以生态产业为目标，打破部门、行业界限，实现科技资源跨地区、跨部门、跨行业优化重组，

政、产、学、研有机结合，提高科技资源的运营效率。

第二，加强分类指导。对基础性和公益类科技机构，政府应加大政策扶持和资金投入；对技术开发和服务类科技机构，应逐步转化为科技型企业。

第三，建立一批具有国际先进水平的环境保护科技机构。根据生态建设的需要，建设具有国际先进水平的重点研究室和工程研究中心，进行前瞻性、关键性项目研究和开发，为生态建设提供关键技术支持和保障。

第四，建立开放、流动、竞争、协作的科技运营机制。进一步建立和完善技术信息、人才市场及其运行机制，建立有效的平等、开放、竞争、激励的人才管理机制和合理的利益分配机制。同时，坚持“引进来”与“走出去”并举，充分利用区域外的科技创新资源，促使区域外科技创新资源向本区域聚集或为本区域所用，加强生态建设的国际合作和交流。逐步形成由科学研究、科技开发、中介技术服务、科技管理、科技企业等组成的科技运行体制；逐步使企业成为科技创新的主体。

第五，充分发挥区域政府在技术创新中的协调和调控作用。技术创新离不开政府的组织、协调和调控。政府在启动技术创新、引导技术创新、激励技术创新、推动技术创新等方面要发挥积极主动的作用。

第六，成立权威性的协调各区域技术引进与创新管理机构。在技术引进管理上，要强化宏观调控的力度，加强协调统一，加强对技术引进的宏观导向和重大引进项目的审批，打破地方分割或条块分割，克服因地方利益、部门利益、个人利益和为追求“政绩”而产生的重复引进、盲目引进和低水平引进的现象。

（二）完善政策法规体系

建立健全技术创新相关的政策法规体系，是破解资源环境约束实现可持续发展的前提与保障。对国家已颁布的各项环境、资源法律和法规，认真宣传、严格落实。在用足、用活、用好现有政策法规的基础上，修订和补充完善已有的地方性法规和政府规章，制定一批有关增加可持续发展科技投入、科技成果产业化、生态技术创新、人才队伍建设和有利于调动科技人员积极性解决资源环境问题等方面的法规和规章。要加强各级人大的监督力度，同时也要充分发挥社会监督、新闻媒介监督的作用，进一步完善各级政府内部的监察制度，加强对各级领导干部鼓励技术创新解决资源环境问题等方面法律规章情况的监察，以保证各项法律、法规、规章和计划与规划的落实。

（三）健全项目管理体系

在市场经济条件下，如何促进科技项目社会效益、生态效益与经济效益的统一，如何保证公益性事业的持续健康发展，需要在管理体制和运行机制上进行探索、实践和创新。要按照建立社会主义市场经济体制的要求，引入竞争机制，对部分项目承担单位和技术依托单位面向社会进行公开招标，保证承担单位和技术依托单位有好的基础和条件。实行目标管理，明确各级、各部门、各有关单位的责任。在实施过程中，对项目及项目单位实行动态管理。对所列项目从组织实施，成熟一个、启动一个，围绕研究开发、示范建设和推广、配套产业开发几个环节统筹规划，分步实施，滚动发展。对每个项目的各个环节，采取分类管理：研究开发环节，实行首席专家负责制；产业化环节，实行项目法人负责制；示范建设及推广环节，实行行业主管部门和地方政府共同负责制，明确目标责任，定期进行考核。

（四）建设科技服务体系

科技服务体系是指由为技术创新主体提供社会化、专业化服务以支撑和促进技术创新活动的各类创新服务机构组成的技术创新服务网络。科技服务体系在降低创新成本、化解创新风险、加快创新成果转化和提高创新功效等方面具有重要作用。在区域技术创新体系建设中，应切实加强生产力促进中心、科技咨询服务中心、成果转化服务中心、企业孵化器、技术交易市场等各类科技中介服务机构建设，为技术创新主体提供高效的服务。建立利益共享机制，加强产、学、研相结合。要把技术创新与制度创新有机结合起来，利用企业改制和科技体制改革所带来的机遇，以企业为主建立和完善产、学、研之间的风险共担、利益共享的合作机制。

（五）优化人才保障体系

技术创新人才是关键。要造就一支具有“金字塔”式的合理比例结构的高素质、适应技术创新体系建设的人才队伍。一是建立综合型人才培养和造就机制。多层次、多渠道培养和造就人才，营造条件吸引省内外、国内外专门人才，组建专家咨询队伍和人才库。二是搭建人才施展才能的事业舞台。不论是自身培养的人才，还是引进的优秀人才，都要给其创造良好的事业氛围，使之有广阔的舞台建功立业，通过事业留住人才；同时，建立富有激励性的报酬体系，努力采用科学的方法和手段测评人才的绩效，充分调动人才的工作积极性和创造性。三是加强人才培训。采取广播、电视、短训、讲座等多种形式，广泛培训科技创新的骨干。同时，综合运用国内外多种培训交流方式，不断提高人才素质。鼓励社会团体和公民积极参与科技创新，推进可持续发展。

（六）营造多元投入体系

一是制定建立有利于技术创新的经济政策。按照市场经济规律，制定相应的生态产业政策，逐步制定和完善科技投融资、生态补偿、资源有偿使用等方面的经济政策，鼓励和支持各类所有制经济积极参与生态产业投资和经营，逐步建立与社会主义市场经济体制相适应的投融资及运营管理体制，实现投资主体多元化、运营主体企业化、运行管理市场化，形成开放式、竞争性的运营格局。

二是加大有利于技术创新的财政投入。编制重点研究和示范项目投资计划，将生态环境建设重点项目优先纳入国民经济和社会发展计划和财政预算，并逐年增加政府对资源环境的科技投入，保证重大科技攻关项目的研究和示范，特别是加大对林、草、土地、水资源建设、污染防治及环境保护与监测等项目的投资力度。调整财政结构和投入方式，充分发挥公共财政在资源节约和环境保护科技方面的引导作用，采取建立政府引导资金、政府投资的股权收益适度让利、财政贴息、投资补助等手段，使社会资本对生态建设投入能取得合理回报，推动资源节约和环保项目的社会化运作，增加技术创新能力。

三是建立有利于技术创新的多元化投融资机制。采取政府引导、社会投入、市场运作的方式，实行谁投资、谁受益的原则，“责任分担、利益共享”，提倡股份制、合资合作经营或业主负责制等经营形式，鼓励国内外企业、社会和民间资金投入促进资源节约和环境保护的科技研发与产业。调动各级各部门和全社会的主动性与创造性，广泛争取国内外的支持与合作，全方位、多渠道筹措生态技术创新资金。

（七）规范科技标准体系

科技标准是加快技术创新破解资源环境约束的基础和前提。建立以循环经济和知识经济为指导的生态经济体系，必须建立与国际接轨并符合区域实际的先进的科技标准体系。首先，认真组织实施国际ISO系列标准；其次，按照“有所为、有所不为”的原则，选择优势产业，加强与国际接轨的先进技术标准的研制；鼓励和支持科研院所、高等院校和企业，以国际领先的原创性科技成果和产品为标准，制定行业技术标准和产品标准，推动技术创新沿着正确的轨道前进。当前，要集中力量研究建立推动循环经济和知识经济发展、适应可持续发展要求的科技标准体系，将科技的发展方向和经济社会发展的需求，通过制定标准表现出来，引导和推动技术创新工作的开展。

（作者单位：内蒙古自治区赤峰市红山区人民政府，山东省财政厅）

县政府环保责任缺失与弥补研究

史　策

我国共有2861个县级行政区域，包括县级市、市辖区、特区等。其中名副其实的县共1636个（含自治县、旗、林区），占县级行政区域总数的57%，占全国领土总面积则起码在70%以上。它们虽然大多分布在经济较落后的广大“老少边穷”地区，却拥有大面积的自然生态，是环境保护的重要对象。而各地县政府是我国辽阔农村、牧区最完整、最基层的一级政权组织，在农村社会的基本层次全面代表政府行使行政管理职能，直接履行除外交和军事等之外的几乎所有政府职能。其职责履行好坏直接关系当地的社会、经济、环境等状况和人民群众的切身利益，也标志整个政府组织的效能、管理能力与水平高低。早在战国时期，我国就开始实行郡县制，一直到民国，两千多年来虽然各朝地方行政区域管理架构随形势变化而数度调整，如汉初将郡设为比县高一级的地方政府，唐代把郡改为州等，但历朝均未改变地方政府以县为基本单位的建制，以至形成“天下之治始于县”之说。在今天，中央对广袤山川、河流、林木、旷野的环境保护政策法律，最终也要靠各地县政府贯彻落实，生态保护的成效怎样在很大程度上取决于全国1636个县政府职责履行情况，县政府环保责任的到位就更显重要。但由于各种原因，多数县政府履行环保职责的现况不容乐观，成为许多地方环境严重污染、生态急剧失衡的一大成因。因此，正视县级政府环保职责薄弱的现实，及时有效采取措施，是我们加强环保、进行生态文明建设、坚持人和自然和谐发展的一大紧迫任务。

一、县政府履行环保责任现状堪忧

2007年10月，在党的十七大政治报告中，首次提出“建设生态文明是实现全面建设小康社会奋斗目标的新要求之一”，这既为我们进一步明晰有中国特色的生态文明概念内涵提供了理论指导，又对我国各级政府包括县级政府进一步强化环境保护职能提出了迫切要求。2008年3月，十一届全国人大一次会议通过的国务院机构改革方案，决定把国家环境保护总局升格为环境保护部，这既是适应生态文明建设的我国政府职能进一步转变的必然要求，又是进一步确立有中国特色的引导型政府生态管理职能的重要契机。当然，近二三十年来，事实上许多县政府对环境的保护都或多或少做了些工作，不同程度地承担了职责，并取得了较大成效。特别是近些年中央提出科学发展观、转变经济增长方式以来，全国各地县政府的环保责任感明显增强，毁林开荒、放任排污、掠夺性开采等现象得到一定遏制。但因为指导思想的转变有个过程，当前经济发展的压力仍旧不小，各地县政府对环保责任的履行总体上还是令人担忧。

1. 环保职责不同程度缺失

这主要指许多县政府对环境保护实际缺少确切、严格的规定，没有承担起应该承担的责任，包括在法规、文件中究竟应当如何运作不甚了了；在实际工作中对环境被破坏现象有时则睁一眼闭一眼，甚至放任自流。一些县域环境污染严重，生态明显失衡，就与当地政府“在其位未谋其政”直接相关。比如在福建，近些年来闽侯县与福清市乡村的畜禽养殖业粪便任意排放，造成多处水源污染；长乐市印染业含有化学物质的废水，未经处理即排入所经河沟；闽清县的建陶业烟尘及含酚废水未经脱硫、净化，就汇入空中水中；罗源、连江两县的石板材加工业的废水，四处横流等。对于这些，如果当地县政府稍为重视，略加制止，当不至于对环境造成越来越大的危害。

2. 环保责任错位

这主要指一些县政府把环保片面视为权力问题，责任则看得可大可小，可重可轻，甚至可有可无；保护什么，怎么保护，怎么才算保护，自己说了算。在一些县政府，自己既是所有者，又是经营开发者。既当运动员，又当裁判员，自己管自己，对环境有无污染、污染程度如何，全凭自己嘴一张。公众利益代表人、守护者的责任性和公正性尽失无遗。如闽江流域福州段前些年水体水质呈现有机污染迹象，就与沿江地区向江里排放城市生活污水、工业废水以及船舶流动污染源和上游水土流失直接相关。近些年经过整治，虽有改善，但水质仍不稳定，需要有关部门随时保持关注。这与沿岸各县市政府没有高度重视自己的职责有关。而近些年闽北水口库区水葫芦狂长，下游南港泥沙淤积，就与闽江河沙被无序开采、南北港分流比改变、闽江口湿地保护以及流域生态功能退化有关。如今区内湖泊最大的平潭三十六脚湖，目前也由于降水量减少，用水量剧增，面临枯竭的危险境地。这些本不该出现的问题没有得到有效制止，相关县级政府职责失位显然是直接原因。

3. 环保责任实际变成"软约束"

这主要指一些县级政府把环保职责看作软任务、软指标、软要求，认为严格点宽松点、或认真点粗略点问题不大，没有切实对待。结果，有的县级政府尽管在法规、文件或口头上对环保颇为重视，但实际上并没有真的当回事，大多做做样子，说给上面和外面听而已。有的地方对环保问题还消极地采用"不告不理"态度，只要没有人告，没有被曝光，一切照旧。例如，闽南龙江干流和支流现在多处被垃圾堵塞，河道淤积，加上有的河段岸边建筑物挤占河道，所经水体发黑变臭，基本失去景观功能。河流变成臭水沟，重要原因之一，显然在于当地政府没有认真对待。还如福州东部地区的生态多年来受到极大破坏，系统结构已变零乱，功能极低，受损后恢复非常困难的占17.58%。闽西北地区森林资源结构性矛盾突出，人工造林面积大，原生森林面积小，生态林比例偏低；中幼林、针叶林多，成熟林、阔叶林少；造林树种单一化，人工林针叶化、纯林化等。这些不同尺度的结构性矛盾很大程度上限制了森林生态系统的稳定性以及森林生态系统的服务价值。这种明显的生态失衡，与当地县政府将环保责任变成"软约束"有关。

二、县政府环保责任缺失原因分析

环境保护作为公共管理的一项重要工作，其重要性和内容都十分明确。但之所以没有被一些县级政府摆上议事日程，造成一些严重后果，这里边既有指导思想、行为准则等主观意识方面的原因，又有法规制度、手段措施等客观形态上的缘故。追根溯源，归纳起来，可以从以下四个方面看出问题的症结所在。

1. “唯GDP论”导向的必然结果

改革开放以后，随着计划经济的逐渐退出和市场经济的逐渐兴起，全能主义政治模式开始式微。党的十一届三中全会提出了以经济建设为中心，政府运行也相应由政治为重点向以经济为重点过渡。特别是从1985年GDP成为衡量我国综合国力的量化指标后，其对地方政府的绩效考核更是突出。于是，改革开放前以计划指标为考核对象的县政政绩模式开始向以GDP为代表的经济绩效考核标准过渡。这种以GDP作为考量地方政府政绩主要标准的做法，极大地调动了县级政府的积极性，促进了我国经济建设的迅速发展并取得了辉煌成就。但是，另一方面也无形中成了县级政府的行为导向，“以GDP论英雄”，催生了县级政府职能单一化现象，忽视环境保护即是突出表现。

在不少县域，唯GDP论突出表现在对农村环保投入不足，导致农村环境污染凸显，环保基础设施滞后。农业生产中为提高产量而大量使用农药、农膜，加之缺乏科学使用农药、化肥的知识，特别是在农药施加的种类、频次、浓度等方面缺乏规范化管理，造成农用化学品大量浪费并直接污染环境，造成农业方面的污染源。农村卫生环境没有人管，生活垃圾随意丢弃；缺乏完善的排水系统，生活污水四处横流。部分偏远村庄的生活垃圾、生活污水、畜禽养殖废弃物等更是得不到有效处理，被随意堆放在道路两旁、田边地头、房屋间隔地、水塘沟渠或直接排放到河渠等水体中。

2. 法治不严，问责、追责制度不配套

例如，对县级政府环境保护考评项目与其内容的规定不合理，大多未将一些新的生态环境保护问题纳入考评中，比如针对赤潮、暴潮、酸雨等一些新的生态保护难题，必须在生态环保考评指标体系中予以吸收，并因地制宜地提出考评子方案和奖惩措施。许多地方却缺乏这一方面详细、严格的规定，结果也就很难对当事者追究责任。又如，对各地区生态绩效考评的差异性未给予充分重视。众所周知，不同县域的环境区别很大，需要保护的内容和责任理应采取切合当地实际的考评标准，这是促进绩效考评公平公正和当事人履行职责的基本前提，但现行的环境保护考评指标体系、操作细则等都大同小异，这势必在相当程度上影响到环保责任的追究。

3. 方法手段不合理，不得力

如对县级政府环境保护考核指标的体系内容过于简约，只限到“环境与生态”这一三级指标。这显然过于简单，不够具体。结果，对当事者的环保绩效就很难进一步提出合理要求。还如环保绩效考评体系适用范围较为狭隘。像禁柴改燃补助、生态公益林保护等奖励政策，现在大都仅适用于世界自然遗产提名地核心区及缓冲区所处乡镇，对其他未在这一区域的乡镇缺乏适用性，更不用说推广到全国其他相关县份。又如生态绩效考评体系不够完善。如福建泰宁县出台的生态绩效考评指标体系，尽管涵盖了森林植被覆盖率、水土流失治理率、水体污染控制率等硬性指标，但仍旧缺乏农林层面的污染处理率、生物多样性指数以及人文景观保护标准等其他指标，只顾及到泰宁一时一域的生态环境保护任务，而未能通盘谋划，统筹考虑，缺乏前瞻性和全面性。再如环保考评体系分配权重不到位，虽设置有“环境与生态”这一指标，但并未对各生态保护下属子项进行权重比值分配，在实践中基本上很难影响到考评结果，对县级执政者保护生态的激励效果不够突出。此外，由于对县级政府环保绩效考核采用统一的考核指标，还使考评缺乏公平性，难以表明各县政府在环境保护上的工作能力、努力程度的不同。这样去考核、追查他们的责任，效果自然不会理想。

4. 现行领导干部任职晋升制度存在明显漏洞

近二三十年来，我国各级领导干部的任职晋升，主要是因为经济发展方面成绩突出。受处罚或不能正常升职的，主要也多是贪污腐化等经济问题，除非捅出大娄子，造成大危害，很少听说有主要因环保工作做得好坏而升降的。这是不少县域领导干部环保责任感不强的一大原因。加上实行异地为官的短期任职制，因而短视效应、短期行为十分普遍，有的人甚至不惜把所在县域的环境资源拼尽耗尽，哪怕遗害下一两代也在所不惜。

一些县域的环境和生态日趋恶化，显然主要是制度性原因所导致的领导管理短期行为。正因如此，如今在一些远离城市的地方，天空湛蓝如镜，大地绿草如茵，都快要不复存在了，这种状况实在令人担忧。如著名的内蒙古草原如今退化严重，已经到了惊人的程度。6359 万多公顷可利用草地面积中，目前退化草地面积达 3867 万公顷，占可利用草原的 60%。素以水草丰美著称的呼伦贝尔草原和锡林郭勒草原，退化面积分别达 23% 和 41%，鄂尔多斯草原的退化最为严重，面积达 68% 以上。以往沙尘暴基本上是从阿拉善盟和巴彦淖尔盟的沙漠地带刮起，而今却东移到乌兰察布盟和锡林郭勒盟，向世人拉响了最令人担忧的生态警报。乃至世界上最为典型的草甸草原东乌珠穆沁旗，草场退化面积也占全旗可利用草场的66%以上。以荒漠草原为代表的阿拉善盟和伊克昭盟，草原退化、沙化之势更为严峻。与上世纪50年代相比，草地覆盖度降低了30%～50%，荒漠和半荒漠已占到了96.9%。

三、增强县政府环保责任的对策建议

当今之世，各国政府眼看或身受环境污染、生态失衡之痛，已纷纷行动起来积极应对。面对环境生态严峻局面，我国各地县政府也决不能坐以待毙，而应该更主动认真地承担起环境保护的神圣职责。

1. 县政府要把环境保护作为县政的子系统，处理好“三大关系”

增强县级政府的环保职责，首先要求把环境保护作为县政职责系统工程的子系统，将“生态文明建设”提到与物质文明建设、政治文明建设、精神文明建设同等重要的地位，着眼于全面、长久解决实际存在的各种环境污染问题，树立绿色GDP观念，处理好“三大关系”，有效保持资源与环境的承载力与经济发展相适应，既要追求经济社会效益，又要讲究生态环境效益。

（1）处理好环境保护与发展县域经济的关系。近年来，全国上下正掀起新一轮发展浪潮，各地纷纷把工业项目作为提升县域经济质量、增强县域经济后劲的突破口；有的地区还提出所有工作都要为工业服务、为工业让路，盲目承接已被发达地区所淘汰的高污染、高能耗企业。有鉴于此，我们在强调县级政府环保职责中，既要充分顾及各地特别是经济欠发达地区脱贫致富，迎头赶上的强烈愿望，在生态保护指标设定过程中不搞“一刀切”，对其环保要求可以在一定范围内适度放宽；又要突出引导性，通过在指标参数中加入低碳型、环保型、节能型工业等现代生态工业的考核内容，以政策的硬约束力引导县域执政者转变工业发展理念，提升生态型工业发展比重，实现县域经济发展和自然环境良好的互利双赢。

（2）处理好环境保护与改善人民生活的关系。总的要求就是紧紧围绕“顺应各族人民过上更好生活新期待”的新要求，把制订县级环境保护绩效考评指标融入民生工程中，既要充分尊重人民群众对改善物质生活条件的追求，又要充分认识“保护自然环境，提升生态品质是改善人民生活的题中之义”，注重生态建设，保护清山绿水，把生态保护摆上重要议事日程，因地制宜、因时而异，在强调环保任务时更具前瞻性，更富阶段性。尤其是要借助区域性功能区划以及政府绩效考评体系，加大下游经济发达地区对上游经济欠发达地区的财政转移支付力度，鼓励支持上游地区继续坚定不移地保护生态环境，尽可能多地为上游地区提供“财力补差”，使上游欠发达地区政府有足够财力逐步改善当地人民的生活条件。同时对欠发达地区生态保护指标要求要有梯度，有层次性，根据当地实际，逐年提高生态保护考评权重，使当地政府能够更好地兼顾到发展经济和保护生态的双重重任。

（3）处理好环境保护与兼顾长远发展的关系。就是要正确处理好“经济利益与社会利益、局部利益与整体利益、眼前利益与长远利益”的关系。在设定环境保护指标体系过程中，要放眼长远，兼顾当前，特别是在对待自然资源的开发程度和开发难度、经济总量和环境容量等问题上，更要谨慎对待，妥善解决。既要突出满足当代人发展需求的合理指标，又要兼顾到由后世发展资源依托而产生的考虑因素；既要引导当代人依靠技术进步放大资源利用率，又要在指标体系中尽可能为后世预留好生态、环境、资源等基本条件，促进经济和社会持续发展。

2. 上级政府应切实将环保列为对县政府绩效考评的重要内容

为了使环境真正得到有力保护，上级政府在对县级政府进行绩效考评时，环保职责履行情况应该是其中不可或缺的一项内容。从实际情况看，考评分值在考评总分值中的比重都应不少于 1/4 的比重；在有大面积环境、生态的县域，这一分值甚至还可以更高一些。为了确保考评的激励作用，在考评中应该遵行正确的准则，设计出科学的指标体系与可行的操作流程。

首先，确立正确的考评准则。事实证明，考评要有效地进行，起码需要有三个方面的行为准则。一是针对性原则。即要根据县级政府的环境保护职能和绩效目标来设定环保绩效考评指标，做到有的放矢，指向明确。既要全面反映县级政府的环境保护职能和绩效目标，清晰准确地将各种目标任务细化、量化、具体化，确保绩效考评考有标准，评有实据；又要突出县级政府环境保护职能和绩效目标的重点，凸显县级政府保护环境的绩效的个性因素，使县级政府绩效考评体系更加公平、灵活，能够在实践中得到认可和推广。二是合理性原则。即要根据环境保护的需要与可能设定指标，使指标建立在切实可行的基础上，确保绩效考评体系既有一定高度，能够激发县级政府及其工作人员保护生态的积极性、创造性，最大限度地挖掘潜力，提高环境保护绩效；又要避免绩效考评标准过高，统筹兼顾好地方经济发展压力所实行的资源适度开发行为，尽可能避免过分强调环境保护而忽略了地方经济发展的资源依托。三是政策性原则。即要按照县级政府所属的生态功能区设计环境保护绩效考评体系。生态功能区划是我国为了控制生态环境进一步恶化而提出的，其制度理念来源于国际新兴的生态功能价值理论和生态系统综合管理的方法理论，生态功能区划顺应了我国环境管理和保护的实际需要，也理应成为我们出台县级政府环境绩效考评体系的重要参考依据。

其次，设定合理的指标体系及权重比例。指标体系及其权重比例作为县级政府环境保护绩效考评的衡量标准，是绩效考评不可缺少的工具。要准确评价县级政府在生态保护方面取得的绩效，必须通过科学设定合理的指标体系及其权重比例来实现。因此，在设置评估指标体系时，要从实际出发，既要防止评估指标过于繁杂，评估成本过高，超出现实操作的承受能力；又要防止指标过于简单，不能反映县级政府工作绩效的客观实际。为此，绩效考评指标本身要具有可测性，尽量以可测性较高的指标为准绳，能够运用现有的工具测量获得准确的结论。就考评指标体系权重分配来说，森林覆盖率、水土流失面积、工业污染源排放达标率、农业面源污染处理率、生物多样性指数以及人文景观保护标准等六个通用指标都应根据各地区主体生态功能区划的有关要求纳入考评一级指标体系，并赋予各 1/6 的权重比例（总分值 100 分）。一级指标体系下各细化指标则可根据各地不同的生态环境给予全面考虑、合理设置。就指标考评过程权重分配而言，可按照上述指标体系，通过平时考察（主要借助相关职能部门督促检查的方式，建议按 100 分制进行考评，并以 50% 的权重比例纳入全年综合分）和定期考察（主要借助专家评议和公众评议的方式，也按 100 分制进行考评，其中专家评议占 30%、公众评议占 20% 的权重比例纳入全年综合分）的方式，得出该地区环保绩效考评的得分，最终得分以 25% 的权重比例纳入年度绩效考评总分。

再次，设计有可行性的操作流程。环境保护绩效考评专业性强，实操要求严格，只有科学设计并严格落实一套指标体系要求的考评流程，才能保证考评结果的客观、公正、有效。为此，在设计操作流程中，必须始终突出流程的科学性、针对性、普适性要求，将考评的每个环节、每处效果、每项应对措施都事先谋划清楚，考虑到位，务求操作流程设计合理，运行顺畅，成效明显。总的原则应以政治、经济、文化和生态保护四大块各 25% 的比例来设计权重比值较为合适。特别是要突出环保绩效考评的重点难点，综合采取指标评估、公众及专家评议、日常考评与年度考评等方式，多措并举，确保考评实效。

3. 县政府要探索、采用合理可行的环保办法

过河的关键是船或桥的问题。县政府要履行好环境保护职责，根本的一点也在于要有切实可行有效的各种解决办法。总结近些年的实践经验，在具体保护环境中，除了要全面推行禁柴改燃、新建沼气池奖励、河道采砂采石治理、垃圾无害化处理以及林木采伐量限制等一揽子政策规定外，还有以下两个方面的做法值得重视。

一是建立资源与环境保护补偿机制。环境污染严重的原因常常十分复杂，外部性问题当属其中一个主要原因。所谓外部性，指企业或个人的生产或消费活动，对与其没有直接经济关系的其他企业或个人带来了有益或有害的影响。根据各地目前的状况，经济活动产生的外部负效应，单靠市场机制无法纠正和补偿，政府要承担起保护环境的职责，除了严格执法外，还可以征税迫使产生外部负效应的经济主体交费，用于治理污染和环境保护。如建立健全森林生态补偿制度，完善水资源费、土地使用费征收制度，全面征收海域使用金，用于公共性生态环境项目的建设，弥补财政投入的不足。另外，还可探索实行受益地区对保护地区的生态补偿制度，按照“污染者付费、受益者补偿”的原则，重点在水污染治理、土地使用等方面，试行生态受益地区、受益者向生态保护区、流域上游地区和生态项目建设者提供经济补偿办法，逐步建立异地环境补偿制度，如探索建立生态环境恢复治理保证金制度，实施“谁开发、谁保护，谁破坏、谁治理”原则。

二是建立健全生态环境动态监测体系。由于快速发展经济等原因，这些年很多地方的环境污染已经从静态状况发展到动态、甚至连续状况。所以，环保的监测也应该从一个点扩散到整个地区，重视总体、快速、客观、可行及调整、持续。在县域面积较大、有条件的地方，还可以利用卫星遥感技术，对本县域的生态环境实行全方位的动态、连续监测，也同时监测本县环保的各方面进展情况，并将监测的信息及时提供给县政府，为县政府下一步的生态规划、环境执法、生态建设决策提供科学依据。此外，还可以利用遥感技术辅助开展生态环境调查，复核相关部门组织提供的环保调查结果。例如在福建泰宁县，目前就执行了补偿办法，并取得一定成效。即在禁柴改燃政策出台后，县政府把所征收的有关税费，根据相关补助标准，给予世界自然遗产提名地周边村实施禁柴改燃的农户每户（7 人以上按 2 户计）炉具和能源补助 400 元和 600 元

/年以上补助。从中我们也可以看出，这一办法的实施成本较高，要在全县乃至全国类似县份推广，尚需进一步减轻成本压力。

4. 县政府应严格督查所属机构人员的环保责任，强化监控

任何组织或个人的工作职责到底履行没有，履行得怎么样，都需要在事中和事后通过监督、控制、检查、督促等才能确认。县级政府的环保责任到底有没有承担起来，保护的效果如何，也必须通过这些环节对所属机构人员严加监查，才能落到实处。因此，做好以下相关两个方面的工作同样马虎不得。

第一，落实工作责任，严格督查。即县政府除了自己抓重点工作外，还要把大量环保的具体责任落实到相关部门和个人，并通过各种形式的严密督促检查。特别是考虑到生态环境的破坏往往不是短期内造成的，而是日积月累所致。为此，要善于把日常督查和定期督查巧妙结合起来，重在进行效果和现场督查。并且，注意发动社会力量，随时评估政府开展环境生态保护而推进的各项举措及其效果。

第二，加强过程监控，整合力量。主要是加快建立县级环境保护绩效的定期汇报分析制度等，通过定期召开生态环境形势分析会、经验总结会等，跟踪检查绩效目标的完成情况，查找薄弱环节，制定整改措施，推动工作落实。同时，注意整合县域内相关职能部门，组建生态保护专门巡查小组，在全县范围内开展环境保护的明察暗访，特别是要强化对空气、水质、土壤等与群众生活息息相关问题的严格监控，全面深入查处生态环境保护的“死角地带”及职能部门的不作为、乱作为现象，以促使他们严格承担环保责任，依法履行环保职责。

（作者单位：中共福建省委党校公共管理研究中心）

论人民政府及其环保行政主管部门的职能与责任

王雅琴

胡锦涛总书记在2003年就提出了“科学发展观”，2007年又进一步阐释了“科学发展观”，即“第一要义是发展，核心是以人为本，基本要求是全面协调可持续，根本方法是统筹兼顾”。科学发展观作为中国共产党的指导思想之一，作为中国共产党的重大战略思想，作为一种方法论，要求中国共产党和政府要按照“统筹城乡发展、统筹区域发展、统筹经济社会发展、统筹人与自然和谐发展、统筹国内发展和对外开放”的要求推进各项事业的改革和发展，要“坚持以人为本，树立全面、协调、可持续的发展观，促进经济社会和人的全面发展”。科学发展观所倡导的发展，之所以是科学的，就在于它指导中国的发展不是片面的、不计代价的、竭泽而渔式的，而是要为国、为民从长远考虑，利国、利民为子孙着想，使我国真正能够全面协调可持续的发展，其中，有效地保护环境与合理开发利用自然资源是至关重要的一环，因为它直接关系着人与自然能否和谐。能否确保这一环节健康开展，在很大程度上取决于政府能否有效作为。各级政府及其行政主管部门应当在国家决策、执法、履责等方面切实践行科学发展观，真正贯彻落实党的十七大报告精神，严格执法，同时，国家应当严格监督行政制度，严格行政责任制度，确保环保领域依法行政，发挥其应有的效能。

一、我国人民政府及其行政主管部门的环保职能

2008年启动了新一轮国家机构改革，实行大部制，其中一个机构由原国务院直属局升格成为国务院组成部门，那就是中华人民共和国环境保护部。这一变化，表明国家对环境保护问题的重视。党的十七大报告提出，科学发展的基本要求是全面协调可持续发展。而环境保护如何直接关系着中国共产党提出的科学发展观是否能够落到实处，关系着我们社会主义现代化建设事业能否健康发展。

为了有效保护环境，中国制定了一系列的法律、法规及其他规范性文件，如《中华人民共和国环境保护法》（以下简称《环保法》）《中华人民共和国大气污染防治法》《中华人民共和国水污染防治法》《中华人民共和国环境噪声污染防治法》《中华人民共和国固体废物污染环境防治法》《中华人民共和国清洁生产促进法》《中华人民共和国环境影响评价法》（以下简称《环评法》）《中华人民共和国放射性污染防治法》《中华人民共和国水污染防治实施细则》《中华人民共和国自然保护区条例》《建设项目环境保护管理条例》《排污费征收使用管理条例》《医疗废物管理条例》《危险废物经营许可证管理办法》《畜禽养殖污染防治管理办法》《排放污染物申报登记管理规定》《电磁辐射环境保护管理办法》《化学品首次进口及有毒化学品进出口环境管理规定》《废物进口环境保护管理暂行规定》《饮用水水源保护区污染防治管理规定》《防治尾矿污染环境管理规定》《水污染物排放许可证管理暂行办法》《环境保护行政处罚办法》《建设项目竣工环境保护验收管理办法》等等；其次，各省、市甚至县权力机关或者政府也都制定有环保执法的规范性文件，如《山西省环境保护条例》《山西省大气污染防治条例》《山西省汾河流域水污染防治条例》《山西省环境污染防治设施管理办法》《河北省减少污染物排放条例》《四川省环境保护厅主要职责内设机构和人员编制规定》《陕西省环境保护厅主要职责内设机构和人员编制规定》广东省《江门市环境保护局职能配置、内设机构和人员编制规定》湖南省《邵阳市环境保护监督管理职责暂行规定》等等。这些规范性文件对人民政府及其行政主管部门的环保职能均作了明确的规定，这些职能包括：

1. 建立有关辖区环境保护基本制度，贯彻执行国家有关环保的方针、政策与规范

按照社会主义国家宪政理念和国家权力分工理论，行政机关是执行机关，负有执行国家权力机关的立法以及国家有关经济、社会发展方方面面的方针、政策，环保领域亦不例外。因此，各级人民政府在细化政府职能部门的职权、职责时，贯彻执行国家有关环保的方针、政策与规范均摆在首位。各级人民政府可以通过制定规范性文件，也可以通过具体执法、实施监督检查等方式来贯彻执行国家有关环保的方针、政策与规范，并以此来建立、健全相应的环境保护基本制度。

2. 对涉及资源开发、利用与排污等影响环境活动或行为的许可审批

根据行政许可法以及有关自然资源的法律、法规，在我国，无论是自然资源的开发利用，抑或是排污等影响环境的活动、行为，均须人民政府或其行政主管部门进行审批。如《陕西省环境保护厅主要职责内设机构和人员编制规定》有关环保部门的主要职责就明确规定："负责水污染排放许可证审批和发放，负责危险废物经营许可证的发放和管理。"这一职能实际上表明，人民政府及其行政主管部门承担着从源头上预防、控制资源破坏、环境污染的职责。为了履行好这一职能，人民政府及其行政主管部门应当制定或组织制定辖区内环境质量标准、污染物排放标准以及减排目标、污染控制指标等，对有关水体、大气、土壤、噪声、光、恶臭、固体废物、化学品、机动车等的污染进行防治规划管理。

3. 环评与监管

根据我国行政许可法的有关规定，县级以上人民政府应当建立健全对行政机关实施行政许可的监督制度，通过核查反映被许可人从事行政许可事项活动情况的有关材料，履行监督责任，加强对行政机关实施行政许可的监督检查。这些监督检查包括上级行政机关对下级行政机关实施行政许可的监督检查，行政机关依法对被许可人从事行政许可事项的活动进行的监督检查，行政机关对被许可人生产经营的产品依法进行的抽样检查、检验、检测，对其生产经营场所依法进行的实地检查，行政机关依法对直接关系公共安全、人身健康、生命财产安全的重要设备、设施进行的定期检验等，以便及时纠正行政许可实施中的违法行为，对公民、法人或者其他组织从事行政许可事项的活动实施有效的监督。其中，对排污等影响环境活动的被许可人的监督

尤其重要。这些职能应当说是许可职能的继续，怠于履行这些职能，或者由于地方利益、政绩工程等不正当目的的需要而疏于履行这些职能，都应当承担相应的法律责任。

除此之外，我国环保法还规定，国务院环境保护行政主管部门，对全国环境保护工作实施统一监督管理。县级以上地方人民政府环境保护行政主管部门，对本辖区的环境保护工作实施统一监督管理。国家海洋行政主管部门、港务监督、渔政渔港监督、军队环境保护部门和各级公安、交通、铁道、民航管理部门，依照有关法律的规定对环境污染防治实施监督管理。县级以上人民政府的土地、矿产、林业、农业、水利行政主管部门，依照有关法律的规定对资源的保护实施监督管理。这些不同领域的资源、环境监管部门都是行政机关，都负有对国家自然资源和环境的保护职能。

4. 指导、协调、组织实施有关环保等职能

在改革开放、社会转型、经济迅速发展的新形势下，如何形成全民环保的生态格局，人民政府及其行政主管部门负有指导、协调、组织实施有关环保规定的职能。如前述，根据有关法律规定，我国不同领域的行政主管部门享有不同的环保职责，如何使不同领域的行政主管部门的环保职能履行步调一致，人民政府及其环保行政主管部门负有协调职责。再如指导、协调、监督各种类型的自然保护区、风景名胜区、森林公园的环境保护工作，协调和监督野生动植物保护、湿地环境保护、荒漠化防治工作，指导、协调农村生态环境保护、生态示范区建设和生态农业建设，组织协调自然资源的开发利用，组织协调生物多样性保护等等。特别是有些地方政府通过规范性文件将某些具体的环保职责落实到政府的其他职能部门，更有必要进行指导、组织和协调工作，不是签订了“责任状”就万事大吉了。即使是通过人民政府或其行政主管部门许可的行为人从事有关自然资源开发利用或涉及影响环境的活动，人民政府及其行政主管部门仍然负有指导、统筹协调等职责。

5. 宣传、教育和处理职能

宣传社会，教育社会，动员社会，建设环保型社会，这本就是人民政府及其环保行政主管部门职能的题中应有之义。宣传、教育不应视为一种孤立的行政行为，应将其贯穿于人民政府及其行政主管部门的其他职能之中。如环保部门在辖区内推广国内外有关环境保护的先进经验和技术，无论从形式来看还是从内容来看，本身都是一种非常好的宣传教育。处理职能则包括解

决环境纠纷和对环境违法行为人进行行政处罚两方面。其实，无论是解决环境污染侵权纠纷，还是对环境违法行为人或资源破坏行为人进行行政处罚，本身都应自始至终贯穿着宣传与教育。人民政府及其行政主管部门应当避免孤立地行使某一职能，从而将有关环保的宣传、教育普及到每一个管理领域和管理行为。

上述并不能涵盖人民政府及其行政主管部门在环保领域职能的全部，如改善辖区环境质量，定期公布环评报告等。总而言之，人民政府及其行政主管部门对于我国环保领域负有主要监管职能，并且大有作为。

二、环保违法乱象与治理现状

违反资源环境法的现象在我国大量存在，有公民、法人环保意识普遍不高、守法意识薄弱问题，有企业、组织急功近利以竭泽而渔方式经营问题，也有地方执法机关管理不善、治理不力问题。违法主体有公民个人、中小企业，也有国有大、中型企业、组织。较大的违法行为几乎每年都有。

资源、环境代价过高对我国经济发展以及国际形象提升的影响之大，有学者将其称之为“政府失灵”。“政府失灵”导致并加重“市场失灵”。所谓“政府失灵”，一般指“政府为纠正市场失灵而进行的行政干预措施无法提高资源配置效率的现象”。在资源环境领域里，“政府失灵”一般表现为“环境政策无效”和“环境管理无效”。其中“环境管理无效”指的是“由于政府管理与政策实施环节的缺陷，如制度陷阱、寻租行为、官僚主义等的存在，环境政策无法有效实施，达不到预期效果”。在资源环境领域政府及其行政主管部门存在决策失误是难免的，如何将失误导致的损害或损失降到最小是其应当努力的。应当说，我国各级政府及其行政主管部门都在为资源环境的优化努力着，如2005年国家环保总局掀起“环保风暴”，喝令暂停30个建设项目。暂停的这些项目中，有一些就是对中央有关部门在审批这些项目过程中违反环境法律规定的纠正。2007年伊始，国家环保总局采用“行业限批”和“区域限批”手段，针对河北省唐山市、山西省吕梁市、贵州省六盘水市、山东省莱芜市4个行政区域和大唐国际、华能、华电、国电4大电力集团“限批”违反环评规定的建设项目，以纠正中央政府有关部门违反环境法律的情况。当年国家环保总局还针对长江、黄河、淮河、海河四大流域部分水污染严重、环境违法问题突出的6市2县5个工业园区采取“流域限批”措施，对当地30多家重污染企业与污水处理厂进行整治。2010年5月，太湖暴发蓝藻，致使无锡市居民饮用水出现危机。这场危机既暴露了太湖沿岸各地政府多年来在利用和保护太湖上的失误，也对各地政府敲了一次资源环保的警钟。

尽管如此，在不少地方，出于地方利益或经济发展的考虑，在一些政府中仍然存在着枉法审批、为了招商引资降低或者违反环评规定、以牺牲环境与生态为代价谋求短期GDP增长、或者对恶性污染事件姑息或者怠于处理等恶性情形。鉴于种种“政府失灵”，有的地方检察机关以公诉权取代行政权主动介入，甚至学界广泛呼吁建立民事公益诉讼，由检察机关对资源环境违法的个人、组织提起民事公诉，以解决环境违法、侵权等问题。

正因为如此，有学者指出，我国当前的环境法制建设应当以克服“政府失灵”现象为工作重点，提出应依法解决“政府落实科学发展观”、“克服环境管制的‘政府失灵’”与“建立和加强对行政部门影响环境的行政行为的社会监督机制”三个重大问题。因为，对环保违法乱象做认真考察，我们不难发现，种种环境违法现象的背后几乎都有政府的“身影”，或者存在政府及其行政主管部门管理不善的问题，或者存在政府的“藏私”目的。同时，无论是历史考察，抑或是现实观察，我们都不难发现，在我国，行政权、检察权、审判权，三权比较，目前行政权仍最具强势，从国家事务管理来看，最具效率。因为在我国，通过行政手段管理国家事务是极具历史传统的，这较西方国家特别是英美法系的一些国家主要通过司法手段管理国家事务形成鲜明对比。因此，将环境保护追责的任务主要赋予给民事公益诉讼不符合我国国情，试图通过检察机关提起环保民事公益诉讼途径解决我国资源环保领域存在的大量违法问题，也是不现实的。

三、强化人民政府及其行政主管部门对资源环保的监管职责

我们并非否定也不排除建立环境公益诉讼对环境保护的作用，但我们绝不能在关注建立环境公益诉讼过程中而忽略或淡化人民政府及其行政主管部门在环境保护中的职能与责任，更不容许人民政府及其行政主管部门懈怠其在资源

环保领域中的职能与责任。现在有些学者提出由检察机关提起环境公益诉讼，控告的对象是造成环境污染的民事主体，而非对资源环境负有监管职责的行政主体，并认为这是检察职能的扩展，符合现代法治社会的发展方向。笔者不敢苟同。现代法治社会，公权力的分配是一国的根本大法宪法的主要内容，公权力的行使必须依法进行，公权力之间亦不可“侵权”。这应是现代法治的题中应有之义。环境公益诉讼涉及公共利益，我国检察机关是最合适的代表国家利益和公共利益的控诉主体，但却不是最合适的对国家利益和公共利益进行日常管理的权力主体。在国家利益和社会公共利益受到损害以后，检察机关虽然能够忠实地维护公共利益，但从我国现行法律规定来看，维护公共利益是人民政府及其行政主管部门的日常职责所在，特别是当环境损益行为是违法或违反公共利益的民事行为时，动用国家检察机器向人民法院提起诉讼，不如由人民政府及其行政主管部门进行执法更具效率。而解决资源环境侵权纠纷、处罚资源环境违法行为人，本身就是人民政府及其行政主管部门的法定职责。如果建立由检察机关向人民法院提起环境公益诉讼的制度，则控告对象应是负有行政管理职责而未依法履责的行政主体，即应将其设计为监督依法行政的检察监督制度，这样的制度设计才符合将检察机关作为法律监督机关的现代宪政制度的宪法内容，也是对我国行政诉讼制度的完善，同时也有利于保障国家机关依法各司其职，尽职尽责。

关于我国由人民政府及其行政主管部门对资源环保违法行为以及对有关行为人加以监管并予以处罚，或者对资源环境侵权纠纷予以处理，在我国有许多法律规范中都有明确规定。如我国《环保法》第 32 条规定“县级以上地方人民政府环境保护行政主管部门，在环境受到严重污染威胁居民生命财产安全时，必须立即向当地人民政府报告，由人民政府采取有效措施，解除或者减轻危害”；第 38 条规定“对违反本法规定，造成环境污染事故的企业事业单位，由环境保护行政主管部门或者其他依照法律规定行使环境监督管理权的部门根据所造成的危害后果处以罚款”；第 41 条规定“造成环境污染危害的，有责任排除危害，并对直接受到损害的单位或者个人赔偿损失”，“赔偿责任和赔偿金额的纠纷，可以根据当事人的请求，由环境保护行政主管部门或者其他依照本法律规定行使环境监督管理权的部门处理；当事人对处理决定不服的，可以向人民法院起诉。当事人也可以直接向人民法院起诉”；《中华人民共和国大气污染防治法》第 61 条规定“对违反本法规定，造成大气污染事故的企业事业单位，由所在地县级以上地方人民政府环境保护行政主管部门根据所造成的危害后果处直接经济损失百分之五十以下罚款，但最高不超过五十万元”；《中华人民共和国水污染防治法》第53条第一款规定“违反本法规定，造成水污染事故的排污单位，由事故发生地的县级以上地方人民政府环境保护部门根据所造成的危害和损失处以罚款”；《中华人民共和国固体废物污染环境防治法》第82条规定“违反本法规定，造成固体废物污染环境事故的，由县级以上人民政府环境保护行政主管部门处二万元以上二十万元以下的罚款；造成重大损失的，按照直接损失的百分之三十计算罚款，但是最高不超过一百万元。”

近年建立环境公益诉讼制度的呼声此起彼伏，但其中很少有将其与人民政府及其行政主管部门“监管失灵”联系起来。为了更广泛更有力地保护环境，笔者也认为，建立环境公益诉讼制度是必要的。但在我国建立行政公益诉讼制度，应当体现出对行政公权力依法行使的监督更加强化。在我国宪政语境下，行政权力应由相应的权力机关负责监督；同时，我们亦应明确，人民检察院依法是我国的法律监督机关，也有对公职履行中的问题进行法律监督的相应权力与职能。在面临环境资源违法活动或行为发生时，如果人民政府及其行政主管部门不依法履行其职责，检察机关可以对其行使法律监督权，尽管我国目前尚未建立行政公益诉讼制度，但并不妨碍检察机关依法履行其监督职能。如果不落实现有的法律制度，却要另辟蹊径，要求检察机关对有资源环境违法的非公权力的个人与组织提起公益诉讼来达到环保目的，一是不具效率；二是浪费司法资源；三是并不给力，因为从目前我国司法权与行政权的权威性来看，行政权威性更高，更具执法力度；四是以检察权对民事主体因后者的环境资源违法而提起公诉，笔者以后，有检察权侵犯行政权之嫌。正如上述规定，包括公民、法人或其他组织的民事主体有环境资源违法行为，人民政府及其行政主管部门依法享有查处权，根本无需动用检察起诉权及诉讼程序。

在我国现代法治建设语境下，当资源、环保代价过高已经成为掣肘我国经济快速发展的瓶颈的问题日益严峻时，我们该如何面对？怎样做才能从根本上加以解决？笔者以为，强化人民政府及其环保行政主管部门的职能履行是最具效率的解决路径：

首先，强化人民政府及其行政主管部门的有关资源环保方面的职能。其中主要职能在本文中已经述及。

其次，严格资源环保领域的各项标准或指标并严格加以落实。如我国《环保法》第10条规定："国务院环境保护行政主管部门根据国家环境质量标准和国家经济、技术条件，制定国家污染物排放标准。""省、自治区、直辖市人民政府对国家污染物排放标准中未作规定的项目，可以制定地方污染物排放标准；对国家污染物排放标准中已作规定的项目，可以制定严于国家污染物排放标准的地方污染物排放标准。地方污染物排放标准须报国务院环境保护行政主管部门备案。""凡是向已有地方污染物排放标准的区域排放污染物的，应当执行地方污染物排放标准。"

再次，加强对人民政府及其行政主管部门执法与履职的监督，以保障其切实依法行政。国家或地方制定的各项资源环保指标或标准，最终要靠人民政府及其行政主管部门予以执行和落实。应当加强对人民政府及其行政主管部门的监督显得尤为重要。监督可以通过以下方式得以实现：

（1）建立公众听证制度。在环保领域，许多项目的开发利用或者排污，往往涉及有限的资源、或涉及当地民生。虽然法定有关项目是由人民政府及其行政主管部门进行审批、许可，但是，人民政府及其行政主管部门在进行审批许可过程中，不妨在有关地方或区域举行一次或多次听证，认真听取群众意见，广泛采纳民意，审慎作出决定。

（2）建立定期公布环评信息、检查报告制度。"为了实施可持续发展战略，预防因规划和建设项目实施后对环境造成不良影响，促进经济、社会和环境的协调发展"，我国制定了《环评法》，其中明确规定：要"对规划和建设项目实施后可能造成的环境影响进行分析、预测和评估，提出预防或者减轻不良环境影响的对策和措施，进行跟踪监测"。根据我国《政府信息公开条例》，环评信息、检测报告，涉及公民、法人或者其他组织切身利益时，除应当上报的人民政府或行政主管部门外，还应当在相应的范围内适时公开。建立环保信息公开制度，不仅有助于人民政府及其资源环保行政主管部门依法履行职能，也有助于社会民众以及新闻媒体对人民政府及其资源环保行政主管部门履行职能进行全方位的监督。

（3）建立定期考核制度。考核一届政府及其行政主管部门的政绩不能单纯看有多少税收、多少GDP，而应当从其对辖区所做工作是否做到了社会主义物质文明、政治文明、精神文明和社会建设是否统一，经济社会发展与人口、资源、环境是否统一，过去发展、现在发展和未来发展统一，即是否切实践行了科学发展观的基本要求来进行。

（4）建立行政公益诉讼制度。现实中，有些地方人民政府及其环境主管行政机关由于部门利益或地方保护主义的考虑，在行政许可、对环境破坏或污染事件处理时，存在着滥用职权、不处罚或处罚畸轻的现象，从而导致许多环境污染状况存而不治、治而无果。对于这些普遍存在的问题，仅靠权益受到损害的利害关系人对环保行政机关不作为提起行政诉讼或要求行政主管部门对违法行为人进行处罚等，对人民政府及其行政主管部门进行监督是远远不够的。更何况司法环境不好的地方，还广泛存在着普通公民和法人对行政机关不敢诉、不会诉或不懂诉的问题。其实，当由于环境污染造成具体权益损害时，已经产生了社会公益的损害。一方面，资源是有限的，造成了污染就意味着资源的破坏，损害的绝不仅仅是某些具体人的利益，也是一个国家的长远发展的利益；另一方面，利害关系人受到环境污染损害的可能是财产（如农作物），也可能是健康（甚至生命），而后者还可能影响到后代的繁衍，而这关系着民族和人类的健康发展。所以，环境的破坏有时绝不仅仅只涉及个别人的利益。因而，有必要加强检察机关对人民政府及其环保主管行政机关的法律监督作用，以督促环保行政主管部门依法行政，保护环境公共利益。

（5）建立行政问责制度。最近，监察部、国土资源部严肃查处土地违规行为的举措揭开了我国行政问责的序幕，同时也为各个领域行政问责提供了范例。武汉问责城区渍水责任人的举措又揭地方政府问责序幕，体现了我国法治建设进程中，打造法治政府、责任政府的决心。我国《环保法》第 45 条规定：“环境保护监督管理人员滥用职权、玩忽职守、徇私舞弊的，由其所在单位或者上级主管机关给予行政处分；构成犯罪的，依法追究刑事责任。”这一规定表明，在环保领域建立行政问责制度有法可依。《北京市行政问责办法》发布，将于 2011 年 10 月 1 日起施行。根据该问责办法规定的行政问责情形，资源环保违法行为或活动如果未能得到人民政府及其主管行政部门的及时查处或解决，或者环保主管部门未能依法行使许可、检查、环评等职能，都应当承担被问责的法律后果。

总之，要使经济、社会与环境和谐发展，人民政府及其行政主管部门如何行使权力、履行职能起着关键性的作用。所以，落实科学发展观，实现我国社会主义现代化建设的可持续发展，就要从源头上抓环保，就要从人民政府及其行政主管部门严格执法抓起，促使人民政府及其行政主管部门在资源环境领域能够切实加强领导，落实责任，创新社会管理，严格执法，真正成为法治政府、责任政府。

（作者单位：国家法官学院教授）

关于我国环境管理体制改革的思考

屈振辉

环境管理是现代行政管理的重要内容之一。环境问题的综合性、广泛性和潜在性决定了环境管理必须是系统化、规范化的统一管理，管理体制由此凸显成为环境管理的核心问题。我国当前的环境管理体制仍是传统计划时代的产物，难以与经济、社会发展的现状相适应。进入21世纪，在实践“三个代表”重要思想、深化社会主义市场经济、政府行政管理体制改革和公众环境保护意识提高等政治、经济、体制和社会背景的影响之下，环境管理体制改革已成为当务之急。进行环境管理体制改革的途径众多，笔者主要针对我国环境管理体制目前所存在的问题，在分析其形成原因的基础上，提出中国环境管理体制改革的方向。

一、适应经济社会需要，建立多元化管理体制

对传统单一的行政管理体制进行变革，构建适应经济、社会发展需要的多元化环境管理体制，成为当前中国环境管理体制改革的首要问题。环境管理之所以要实现多元化，其主要原因在于环境管理的主体、客体及内容的范围都极其广泛，但这些并非都可以且都适合运用行政手段进行管理。现代中国社会已不再是仅由行政管理一切，社会发展的多元化要求其管理方式和手段必须实现多元化，环境管理作为社会公共事务管理的重要内容也应当如此。构建多元化的环境管理体制，首先要求建立环境管理的市场体制。“现行的环境管理体制模式存在管理费用过高，经济低效率，障碍企业效益的正常发挥，障碍环保科

技水平的提高，违反社会主义商品经济的公平竞争原则，助长环保系统的行业不正之风等弊病”，莫不是因环境管理体制中的市场缺位所致。市场管理的缺位使一些本应属市场范畴的环境事务只能交由行政进行管理，这些事务往往因其在管理上没有遵循市场经济规律而未被管好。市场经济的高速发展迫切要求有一种高层次的环境管理体制与之相适应，而以市场为导向的体制则顺应以上要求，成为环境管理体制未来发展的必然趋势。其次，构建多元化的环境管理体制要求改革环境管理的行政体制。一方面，它要求明确它与其他管理方式特别是市场管理在范围上的界限。市场经济深化和政府管理改革都要求在环境管理中必须坚持市场优先原则，将行政管理严格限制在市场作用的区域之外。与此同时，也必须坚决反对以行政管理替代其他管理手段，只有这样多元化的环境管理体制才有其构建的可能。另一方面，它要求深化行政管理的内部改革。中国目前的环境行政管理普遍存在着机构设置重复、职能交叉重叠、部门关系不清等问题，这些管理上存在的深层次问题只有通过深化其内部改革才能实现。构建多元化的环境管理体制，还要求健全环境管理的其它如法律、科技、教育等多方面体制。

二、打破行政区划限制，进行跨区域垂直监管

区域性是环境问题的重要特征之一，环境科学规律表明：“环境是以某一事物为中心的特定地域空间，它受到不同地理位置、气候条件、资源状况、社会经济发展程度，以及其他条件的影响而呈现出不同的特点”，“环境管理针对不同地区的环境特点进行，从而具有明显的区域性”。显然，这里所指的是自然意义上的区域，而非行政意义上的区域。我国长期实行的是以行政区划为单位的环境管理体制，这一体制的弊端在地方利益不甚突出的计划时代尚不明显，但在市场经济高度发达的今天却早已纷纷暴露。原有体制不仅无法遏制反而导致了环境污染和生态破坏加剧，甚至还孳生出许多腐败问题，严重影响环境管理的正常进行。为解决以上问题，必须重新构建起全新的环境管理体制，即跨区域垂直环境管理体制。自然条件固然是决定行政区划的因素之一，但它更多的是基于政治和经济上的考虑。环境管理体制改革应当打破现有行政区划的限制，以生态特点为主要依据划分管理区域。应根据我国地域辽阔且差异较大的特点，以实现环境管理组织结构的“扁平化”为目标，遵循“扩省、缩

市、强县”的思路进行环境管理机构改革，即增加省级机构数量、减少市级机构数量，加强基层机构建设。这样做既有利于扩大管理幅度、缩减管理层次，也有利于降低管理成本、提高管理效率。与此同时，必须废除以往环境管理中的双重领导体制，实现国家对整个环境管理工作的垂直领导。我国环境管理机构在组织上，一直沿用着“直线—职能”的结构体系，然而它在现实中却存在着诸多弊端。个别地区为谋发展而不惜损害其它地区利益以及阻碍环境管理的地方保护主义现象时有发生，有的甚至还相当严重。建立这一垂直领导体制，将有利于避免上述问题的发生。此外，由于我国现行环境管理中“统管”机构（即各级环境保护局）和“分管”机构（即依法对管理某类资源进行管理的各级部门）并立体制的存在，环境管理与资源管理相互脱节的现象较为突出。为实现持续发展战略、保证资源的永续利用，各级环境管理机构应当在各级资源管理部门及大型资源开发企业设置相应级别的派驻机构，实施对其开发利用资源活动的监督管理，并负责协调处理重大环境问题。这种跨部门垂直派驻机构的设置，可被视为是对跨区域垂直环境管理体制的补充。

三、贯彻公众参与原则，积极发展非政府组织

各类组织是人类实现自身行为管理的重要形式之一。受主流经济理论的影响，人们以往普遍将环境保护视为一种公共产品，并鉴于其特殊性认为它仅能由政府来提供，从而造成环境管理对政府的完全依赖，将广大民众排斥在环境管理领域之外。但环境危机的日益加重使人们逐渐认识到，这种传统管理存在着某些不足。环境问题的形成，市场失灵固然是重要原因，但政府失灵的影响同样也不能小视。尤其是在中国，政府失灵更成为环境资源问题形成的主要原因。环境问题本身所具有广泛性和社会性，也决定了它的解决必须依靠政府与社会公众的共同参与。从哲学角度看来，环境管理尽管“从表面上看，似乎可以理解为管理环境的行为。然而它实际上是人类管理自己作用于环境的行为的一种行为”。以人为本，特别是以公众利益为本，应当成为现代环境管理的价值追求。基于上述原因，公众参与作为现代环境管理的基本原则已经得到了人们的普遍承认。公众参与环境管理的众多途径中，以社会团体为代表的非政府组织具有极其重要的地位。国家机关固然是行政管理的主体，“但随着民主政治的发展，公民和公民组织，特别是一些非政府组织，往往也承担部分行政

管理智能，这已成为当代行政管理的一个重要特征”。环境保护团体等非政府组织不仅是环境管理机关与社会公众间沟通的有力媒介，而且对环境行政管理系统扩大效能、塑造本身以及决定行政运行程序与规则等方面具有重要影响。“在欧美国家，非政府环境保护组织比比皆是，环境保护群众运动和活动持久不衰，以各种绿色团体或绿党为代表的环境保护社会团体引发了一场‘绿色革命’。”中国有关环境保护的非政府组织虽兴起较晚，但近年来发展较为迅速。这类组织在我国，大部分是由官方拨款支持的科技性、半官方的各类学会、协会组成，如中国科协所属的各个学会、中国环境与发展国际合作委员会等；按照西方标准的纯民间环境保护组织较少，其中以“中国文化书院绿色文化分院”（简称“自然之友”）为典型代表。当然，这类组织目前也普遍存在着政府重视不够、经费来源不足、专业程度不高以及活动范围狭隘等诸多问题。针对这些问题，笔者认为要在环境管理中贯彻公众参与原则，积极发展非政府组织特别是民间性非政府组织，除了需要采取加强政府对其活动的支持力度、完善其生存的法律环境等外部措施外，其自身也必须采取积极开拓资金来源、强化组织内部管理、提高专业化程度等内部措施。

四、注重运用法律手段，实现环境管理法制化

法律是国家进行环境管理的重要手段。法制对国家环境管理具有极其重要的意义，它不仅要求广泛运用法律手段实施环境管理，而且还要求将行政、经济等所有环境管理手段的运用都统统纳入法制的轨道。我国的环境立法虽起步较晚但发展很快，早在上个世纪90年代初就已经基本形成了具有特色的环境法律体系。但立法的空前繁荣并未使环境法制建设得到显著加强，依法实施环境管理的目标仍未实现。我国环境法目前存在着诸多问题，就环境管理而言主要有以下三个方面：一是立法体系不完善、内容冲突重叠，某些立法授权不符合科学管理的规律；二是执法机构不健全，欠缺监督机制，环境执法的整体效果和效率低下；三是司法管理严重缺位，特别是缺乏行之有效的司法管理制度。

解决以上问题的途径，关键在于进一步加强环境管理的法制化建设：首先，要加强对现有的环境管理法律、法规的系统清理，重点是对其中存在着矛盾、重叠和立法时欠缺考虑的部分及时进行修订；其次，要进一步完善环境管

理机构建设，特别是要以法律形式确认各级各类环境管理机构的管辖分工、职权范围和活动规范（尤其是实行环境管理机构中的“执罚分离”——环境执法与处罚机构分离的管理体制，以避免职权的滥用和腐败的孳生）；再次，要加快环境公益诉讼、失职责任追究等新型法律制度建设，调动公民维护自身及国家环境权益的积极性，以司法审判手段完善国家环境管理。当然，环境管理的法制化也是当前环境法学研究领域的热点问题，许多环境法学学者也对此问题比较关注并提出了自己独到的观点。这些观点虽各有千秋但有一点却得到公认，即必须完善现有的《环境保护法》或重新制定一部环境基本法。笔者认为这一观点对克服当前环境管理领域中存在的诸多弊病，加强环境管理法制化的建设进程具有十分重要的理论价值。

五、高度重视基层管理，加强县乡级机构建设

环境问题兼具整体性和区域性的双重特点，环境管理因此应坚持宏观、微观并重的原则；在我国环境管理的现实中，宏观方面尚有待加强，而微观方面却严重不足。目前我国“一些地方的环境质量仍在恶化”，“部分地区生态破坏的程度还在加剧”，“环境污染和生态破坏在一些地区已成为危害人民健康、制约经济发展和社会稳定的一个重要医素”。造成这一局面的因素众多，忽视基层机构建设便是其中之一。在当前的政府机构改革中，县区级基层环境管理机构面临着存亡之忧，连其设置的必要性都受到了某些质疑，其被忽视的严重程度可见一斑。鉴于我国目前的环境状况，县级环境管理机构只能加强不能削弱。加强县级环境管理机构建设，将有利于环境监督管理的强化、环境保护法律、法规的贯彻和遵守以及环境法制观念的增强。至于乡镇级环境管理机构，更是防治环境污染和生态破坏的主战场。尤其是乡镇企业的迅速发展，对我国的基层环境管理工作更是提出了严峻的挑战和更高的要求。一些乡镇企业较多的经济发达地区根据自身特点，提出了一系列旨在加强乡镇环境管理机构建设的主张。一方面，根据实际需要和可能进行机构设置改革。在乡镇政府内设专职或兼职环境保护助理负责环境监督管理，农工商总公司设专职或兼职环境保护员负责公司内部污染防治；设立由分管乡镇领导兼主任、环境保护助理主持工作的环境保护办公室。另一方面，加强现场执法监督和检查，强化依法监督和服务职能。在环境保护任务重且具备条件的乡镇，建立相应的环境监测分站

或环境监理所作为县（市）环境保护局的派出机构，担负监测和监督双重职责，以完善环境监测和环境监理网络建设。有关这些机构的各项事宜均由有关县（市）与乡（镇）充分商讨决定。它们属于乡镇并接受县（市）环境保护局的业务指导，在性质属于列入事业编制的单位并允许“以所（站）办厂、以厂养所（站）”实现经费“自收自支”。以上这些主张已经在一些地区得以付诸实施并收到了较好的效果。

当然，环境问题的特点决定了我国的环境管理体制改革的途径应当是多方面的。而本文所涉及的只能是冰山一角，对这一问题的探讨应当继续深入。

（作者单位：湖南女子学院）

基于网络治理理论的环境保护模式研究

张礼祥　娄文龙

随着我国经济总量的不断增长，我国环境保护所面临的压力也越来越大，各地时有重大的环境污染事件发生，如2007年爆发的太湖“蓝藻危机”，2011年7月发生的福建紫金矿业污水池泄漏和大连新港输油管线爆炸等。在这几起事件爆发之前，我国的环境污染事件就层出不穷，甚至前国家环保总局局长解振华也因松花江污染事件而引咎辞职，但这依然没能使我国的环境保护工作有所改观。我国的环境保护已经陷入这样一种困境：每一次重大的环境污染事件总能引起各级政府的高度重视，中央乃至地方政府也出台了各种严厉的措施进行环境管制，但好景不长，过不了多长时间又有新的重大环境污染事件发生。这也反映出我国环境保护力度欠缺，亟须对这种模式进行改革。

一、目前我国环境管理模式存在的弊端

我国环境管理主要是按行政区划下的分块管理的管理模式，各项环境管理制度都是由政府部门直接制定并执行。因此，我国的环境保护模式具有很强的政府主导意识。但是这种模式随着经济体制和社会体制的不断发展及改革，已经无法适应当前环境保护的要求，主要表现如下：

（一）地方政府对环境保护重视不够

“诺斯悖论”认为，国家的存在是经济增长的关键，然而国家又是人为经济衰退的根源。在中央政府以GDP增长为硬性指标对地方政府进行考核的约

束下，各地方政府不得不将环境保护作为软约束而放在次要的位置。在该背景下，环保工作一度被看作为阻碍经济发展的不利因素，导致各地的环境保护工作难以正常开展。某些地方政府甚至规定当地环保部门不得进入经济开发区内执法，环保部门发挥不了应有的作用。

（二）管理职能有限

环保部门的管理职能有限，这主要表现在其人力资源、财力资源、权力资源、权威资源、文化资源等都是有限的，从而导致其能力结构中与这些资源对应的能力不足。根据相关资料显示，我国政府投入产出的环保经费仅为 GDP 的 1.3%，其中江苏、浙江、广东等省的环保投入已超过了 2%，北京、西宁、银川等城市的环保投入均在 4% 以上，但是当前以上城市的环境污染并没有得到有效控制。而在其他一些中小城市，环保投入更少，环保部门为了自身利益，甚至让企业在交纳一定的罚款后使其污染环境的违法行为合法化。

（三）治理手段单一

长期以来，我国政府都是靠行政手段来保护环境，这在计划经济时期能达到一定的作用，但是随着我国社会主义市场经济体系的建设和发展，这一体制存在的诸多弊端也在逐步显现，而这些弊端大部分是由于管理方式的过于单一所导致。随着我国社会的不断发育，市场容量也在不断增大，人们价值观的多元化、利益的多元化、社会发展的多元化，这些市场和社会的主体与客体已经发生了巨大的变化，如果还通过行政手段管理，必然会造成管理效果差。这些都要求政府管理方式进行改革。

（四）无力应对区域环境治理

环境污染往往是一个区域性的治理问题，往往会涉及到诸多的城市。但是目前我国的环境管理主要是以块块为主，对本地的环境治理尚能发挥一定的作用，但面对区域性的环境治理无能为力，往往会陷入“囚徒困境”之中。如太湖的污染是由江浙两省太湖周围的多座城市造成的，而某一个城市单独对太湖治理显然无法根本解决太湖的污染问题。但是其他城市有面临着搭便车的激励，主动治理的积极性不够。在这个“囚徒困境”中，我国目前的环保模式根本无力应对跨区域的环境问题。

二、环境保护的网络治理模式的可行性

随着经济的不断发展，公民社会的不断发育，公民意识也在不断增强，我们对“治理”的理解也不再局限为单一的政府，而是应该包括政府、企业、公共组织和公众共同参与的过程。网络治理理论认为，在治理过程中，政府同其他行动者一道共同加入到公共政策过程之中，政府只是作为行动者之一。环境保护的网络治理就是为了实现与增进公共利益，政府部门和非政府部门（私营部门、第三部门或公民个人）等众多公共行动主体彼此合作，在相互依存的环境中分享公共权力，共同管理公共事务的过程。对于环境保护这个热门议题，政府之外的其他主体也纷纷参与进来，发挥着各自的作用。

（一）服务型政府建设以及政府间合作的加深

党的十六届五中全会提出了服务型政府的建设，这意味着我国政府的职能将转移到公共物品的提供上。我国环境保护不力的原因很大一部分都归因为政府的职能重心放在经济发展上，环境保护反而被视为经济建设的阻碍。服务型政府的建设，要求政府改变目前这种现状，协调经济发展和环境保护之间的关系，将追求 GDP 改成绿色 GDP 的增长。这为地方政府的职能转变提供了很好的契机，有助于地方政府更好地将环境保护作为自己应该承担的责任。

同时，随着经济一体化的趋势，各地方政府之间的合作也在不断加深。我国城市群、都市圈的大量涌现，政府间的合作不再停留在长三角、珠三角和环渤海等几大经济圈上，城市之间的合作意识在不断深化和发展，这都为环境保护的网络治理合作提供了生长的土壤。

（二）环保组织的不断发展、壮大

随着我国社会主义民主政治的改革和发展，中国的环保组织蓬勃兴起、快速发展，已成为政府与企业之外的第三方力量，已成为推动中国和全球环境保护事业发展与进步的重要力量。根据中华环保联合会发布的《2008 中国环保民间组织发展状况报告》，截至 2008 年 10 月，全国共有由政府发起成立的环保民间组织 1309 家，学校环保社团 1382 家，草根环保民间组织 508 家，国际环保组织驻中国机构 90 家，港澳台地区的环保民间组织约 250 家。他们通过

组织环保公益活动、出版书籍、发放宣传品、举办讲座、组织培训、媒体报道等方式进行环境宣传教育，为提高我国公众的环境意识做出了卓越的贡献。从近年来一些影响比较大的环境事件中，“保护藏羚羊”、“保护母亲河行动”、“圆明园事件”、“怒江工程”都可以看到他们的影子，为环境保护贡献着自己的力量。由于环保组织存在的广泛性、影响的强力性以及宽厚的群众基础，已经成为现代环境治理中不可忽视的一维。

（三）市场对企业的环保要求不断提高

企业社会责任的理念，包括环境保护的意识，已经得到社会各界的认同。同时这也反过来促进企业竞争力的提升，因此企业也十分重视社会责任。特别是全球经济一体化的今天，国外对“绿色贸易”要求越来越高，这导致了我国企业的发展必须突破环境保护这个瓶颈。企业要通过内部严格的行业自律来保障环保的自觉行为，并且越来越多的企业在逐渐接受 ISO9000、QS9000/TS16949、TL9000、AS9000、HACCP、ISO14000、OHSAS18000、SA8000 等体系认证，目的就是为了企业产品能在国内外激烈的市场竞争中立于不败之地。为了获得消费者的青睐，顺畅消费市场，并树立企业良好的社会形象以提升竞争力，我国很多企业已经深入到环境保护中来，并且具有很高的积极性和主动性，这些都为企业参与环境保护提供了契机。

（四）公民意识不断成熟

随着我国改革的进一步深化，人们的利益关系发生着重大调整，思想观念发生着深刻变化，这主要体现在公民意识的不断成熟上。公民意识的核心，是公民身份意识，即公民对自己的身份——公民的认识。公民身份处理的是个人与共同体之间相互依存的关系，一个合格的社会公民应具备清晰的公民意识，即对自己的身份、权利和义务以及应尽的社会责任有一种自觉，并在政治生活和日常行为中显现出来。环境保护是与公民切身相关的领域，影响到公民的切身利益，因此这也是近年来公民参与较多的议题，而公民参与环境保护也恰恰体现了公民意识的不断觉醒。很多环保事件也因公民参与而使当地政府不得不改变当初制定的政策，如厦门 XP 项目的改建，以及各地民众频频对垃圾焚烧场选址的抗议。

总之，环境治理的各个主体都已自觉或不自觉地参与到环境保护中来，在环境保护中发挥着积极的作用，为环境保护的网络治理模式构建提供了可行性。

三、环境保护的网络治理模式构建

环境保护网络治理模式的实质是通过建立一种在微观领域对政府、市场的作用进行补充或替代的制度形态，使大量的社会力量参与环境治理，通过政府与企业、非政府组织、公民之间的合作，形成共同分担环境责任的机制，形成环境保护的网络治理模式。但是在网络中，各方的理性和利益、策略是不同的，并且往往是互相冲突的。因此，环境保护的网络治理模式还有待于推行环境管理的地方化及区域合作，有赖于各主体之间的信任机制、协调机制和维护机制的培育和落实，从而保证网络治理机制的有效运行，最终实现互惠互利的合作。

（一）推行环境管理的地方化及区域合作

良好的环境是每个城市赖以生存和发展的根本。因此，地方政府应该肩负起本地环境保护的职责。但是目前地方政府更多地是有责无权，仅仅成了执行中央政府决策的机构。纵观国外的某些城市，在环境管理上实施地方化，取得了很好的效果，其成功的经验也为我国提供了有益的借鉴。因此，中央政府应该根据权责一致的原则，对地方政府在环境保护中的权责进行结构性的改革，将环境保护的权力和责任都交给地方政府，推行环境管理的地方化。

同时，仅仅环境管理的地方化是不够的，还需要各个地方开展区域间的合作。合作也是网络治理顺利实施的核心。因为环境保护具有很强的外部性，只有合作才能发挥环境保护的最大效用，否则，仅靠单个主体的努力根本无法达成。各地方政府首先应该就环境保护达成一致的共识，这是区域合作的前提和动力。

（二）构建共同治理环境污染的信任机制

在网络治理中，信任是一种核心的凝聚力要素，它的作用等同于科层制的合法权威。互相信任可以减少集体行动的障碍，推动网络中各主体间的合作。构建环境保护网络治理模式的信任机制可以培育网络间合作和信任的组织文化，树立组织的核心价值目标，通过协商、对话、谈判等方式，消除政府与企业之间的敌对关系、地方政府之间的利益竞争关系，努力协调各主体间的利益一致。同时，由于网络间的信任机制缺乏合约约束和强制的权力保证，为了维护信任机制的持续运行，还需要各主体间的充分且及时的信息披露和交流、以及主动参与的平台、政府与企业的治理技术交流平台、政府与非政府组织和公民的平等对话平台，使全社会产生良性互动。

（三）构建共同治理环境污染的协调机制

协调是在共同利益基础上的协商、对话，而不是通过强制来维护集体的行动。因此，协调有助于保持网络长久稳定的运行。但是网络之间的各参与主体不一定完全均衡，组织间也会存在利益和期望的不一致，这样就难免会产生冲突和摩擦，从而破坏网络的稳定性。构建网络治理的协调机制有助于参与者能在制定决策时进行沟通，保证网络治理的顺利运行，发挥网络治理的效能，并在信任和互惠的基础上共同确立其战略定向。环境保护的网络机制的协调机制可以通过以下方式达成：首先，建立和完善区域合作的协调管理机构。为了保证网络治理的持续运行，可以建立区域合作的常设机构以及临时性的代表大会，对区域内发生的各种纠纷进行协调。其次，保证利益分配模式的公平合理。区域合作的目的就是为了共同的、一致的利益。因此，良好的利益分配机制有利于各方对环境保护行动的一致，有助于形成相互信任的关系。

（四）构建共同治理环境污染的维护机制

维护的本质就是通过增加参与成本来使网络参与主体的行为变得正规和有序。从目前我国对环境管理的现状来看，各种政策和法规的主要制定者和执行者主要还是政府，因此政府还是应该在区域环境的治理中占主导地位。但政府要充分考虑到合作网络的特性，在充分征求合作各方的意见基础上制定相关的政策，并随着治理环境的变化适时的修正或重新制定。为了能够维护网络治理的可持续性，中央政府就可以成为区域环境污染网络治理中的网络仲裁者，发挥着聚集和传播信息、调节纠纷的作用。中央政府有责任和义务充分考虑网络中参与者的行为特征，在征求上下游地方政府、居民以及 NGO 意见的情况下制定相应的法规政策，包括流域生态补偿办法、治理目标的确定等内容，维护网络正常运作和实现共同治理区域环境污染的目标。

四、结语

环境保护的网络治理模式的核心思想在于：政府单独行动很难解决环境污染问题，应引入多元主体，通过多方面的合作，实现各主体之间的互补，最终达到环境保护的良好目的。本文尝试性地将网络治理理论引入到环境保护中，初步提出环境管理的网络治理模式。即通过推行环境管理的地方化及区域合作，以及构建各主体之间的信任机制、协调机制和维护机制，从而达到保护环境的目的。但是受我国政府改革的进度、市场的完善程度以及特定的社会传统与文化等多种因素的影响和制约，环境保护的网络治理模式还只是发展的方向和目标，有待我们长时间的改革和努力才能得以实现。

（张礼祥，海南省海口市海南大学政治与公共管理学院；娄文龙，河北省秦皇岛市燕山大学经济管理学院）

理想与现实的纠葛：政府环境信息主动公开机制的实践检讨

李永林

环境信息公开制度是环境法律制度的重要组成部分。环境信息公开的状况直接关涉环境保护工作的质量和相对人的环境权益。我国在较早的环境保护立法中就已意识到政府环境信息公开的重要性及其对环境保护工作的重要促进作用。目前，政府环境信息公开的相关规定，主要散见于环境保护法律法规和政府规章中。2008 年，《政府信息公开条例》（下称《条例》）颁布施行，同期实施的《环境信息公开办法（试行）》（下称《办法》）详细规定了政府环境信息主动公开制度，目的是通过政府主动引导，使公众方便获取、知悉环境信息，以促进环境保护的公众参与，实现环境公害的良好治理。

一、政府环境信息及其公开机制

（一）对政府环境信息的理解

依据《办法》第 2 条的规定，环境信息包括政府环境信息和企业环境信息。政府环境信息是指政府行政机关在履行环境保护职责中制作或获取的，以一定形式记录、保存的信息。具体包括环境保护的法律、法规、规章、标准和其他规范性文件、环境保护规划、生态资源环境、自然资源、环境危害行为、环境质量状况及环境行政许可、审批、处罚等相关行政行为方面的信息。

根据上述规定，结合《条例》的相关内容，应从如下几方面理解和把握政府环境信息。

第一，政府环境信息是与环保部门履行行政管理职责密切相关的信息。行政机关掌握的信息并非都是条例所涵盖的政府信息。在认定政府环境信息时，除了考虑掌握信息的主体是不是环保部门外，还要看这些信息是否与履行环境行政管理职责密切相关，像纯属内部管理事项的人事、财务等相关信息，不属于条例规定的政府信息。

具体而言，与行政相对人直接相关的环境行政管理事项，如与环境行政许可、行政审批、行政处罚等行为直接相关的信息，像依据、程序、结果等，均属于《条例》规定的政府信息范围；与上述管理事项密切相关的信息，如环境保护规划、反映行政机关职责的三定方案、环境法律、法规、规章、标准及其他规范性文件、环保行政性收费的项目、依据、标准和程序，许可、审批申请流程、时限、污染企业相关信息纪录等，同样属于条例规定的政府信息；不针对特定当事人，但事关公共利益，或者涉及人民群众生命、财产安全的事项，如环境质量状况信息，建设、规划项目环境影响评价情况、环境统计和环境调查信息环境检测指数、数据、污染源监管信息、环境财政预决算项目、环境应急及处置预案、重大环境突发事件应急预报、发生和处置情况，主要污染物排放总量指标分配及落实情况，排污许可证发放情况，危险废物处置许可情况，城市环境综合整治定量考核结果，大、中城市固体废物的种类、产生量、处置状况等信息，建设项目环境影响评价文件受理情况，受理的环境影响评价文件的审批结果和建设项目竣工环境保护验收结果，其他环境保护行政许可的项目、依据、条件、程序和结果，污染物排放超过国家或者地方排放标准，或者污染物排放总量超过地方人民政府核定的排放总量控制指标的污染严重的企业名单、发生重大、特大环境污染事故或者事件的企业名单，拒不执行已生效的环境行政处罚决定的企业名单以及机关人员招录、机构设置、经调查核实的公众对环境问题或者对企业污染环境的信访、投诉案件及其处理结果；环境行政处罚、行政复议、行政诉讼案件办理、应诉及行政强制措施执行情况等，也属于条例规定的信息范围。具体到个案情况，还需要进一步作具体分析。

第二，从政府环境信息产生的方式看，政府环境信息不仅包括环保部门在履行职责中制作、加工的信息，还包括履行职责过程中从其他机关、组织、个人那里获取的信息。前一类信息一般是环保部门在其职权范围内发布的行政公文，在履行职责过程中制作的笔录及处理结果，如许可决定、处罚笔录及决定，有关企业报送的环保信息等。后一类信息也大量存在，主要是从其他行政机关、法律法规授权组织移送、传递过来的各类环境监测数据信息、案卷材料、调取的文书，经营者信息等。总之，不论其来源是机关还是组织、公民，只要为行政机关拥有或者控制，即为条例规定的政府信息。第三，从政府环境信息存在形式看，它应当是以一定形式记录、保存的信息。如纸质文件，或以胶卷、磁带、磁盘及其他存储介质存在的信息。没有一定载体形式的口头消息、传闻等，不属于政府信息。

（二）政府环境信息的公开方式

《条例》确立了政府信息主动公开主导、被动公开为辅的公开方式。前者为了实现公民的政治权，满足的是普遍的、一般的需要，立足于每个公民都有平等享有参与政治管理的权利。政府环境信息也有主动公开和被动公开两种方式。政府环境信息的主动公开是指政府基于环境民主的理念，依政府职责而进行的环境信息公开，不需要相对人的请求，政府应主动公开有关环境信息。政府环境信息当被动公开是政府依权利人的申请而公开所掌握的环境信息或环境资料，若没有权利人的主动要求，政府无义务公开有关环境信息。

环境信息是政府信息的重要组成部分。目前，以《条例》、《办法》主导、《环境保护法》、《环境影响评价法》等为辅助的环境信息公开制度架构所确立的两种公开方式中，主动公开是主体，被动公开是补充。《条例》第 9 ~ 12 条专门就政府信息主动公开范围进行了较详细的规定，《办法》第 10 条对政府环境信息的公开范围予以明确，共列出了 17 项具体内容。

二、制度与实践：政府环境信息主动公开机制的运行考量

政府环境信息的主动公开是解决政府与公众对环境信息不对称的重要手段，可以节省公众收集环境信息的成本，同时亦可对政府行政起到监督作用。从理论上讲，政府主动公开环境信息至少具有以下两方面的意义：首先是有利于更好地维护公众的环境知情权。进入 20 世纪 60 年代以来，在全球环境危机不断加深和公众环境权利意识迅速觉醒的背景下，赋予公众环境知情权得到国际社会和世界各国的广泛认同。其次，由政府主动公开环境信息是建设绿色政

府和推行环境治理的实际需要。如今，积极履行环境保护职责，建设环境友好的绿色政府成为各国政府的重要任务之一。通过环境信息公开制度将政府的环境管理置于公众的监督和批评之下，以确保相关环境行政行为的公开、透明和民主，这是建设绿色政府的基础和前提条件。

《条例》、《办法》颁布实施两年来，各地政府环境信息取得了不小进步。主要表现为：一是各级各地环保部门对政府环境信息公开的重要性的认识和理解在逐步加深。这集中表现在各级各地特别是省市级环保部门都建立了专门的政府信息主管机构（如领导小组、办公室），制定了本部门的政府信息公开规定，编发了政府信息公开指南和目录，并能及时发布年度报告。二是大部分环保部门都通过政府网站、环境状况公报、新闻发布会及报纸杂志等平台，发布政府环境信息。三是三年来各级各地环保部门发布了大量政府环境信息，有力提高了政府透明度，保障了公众的知情权，对监督政府工作发挥了重要作用。四是政府主动公开环境信息的比例远远高于被动公开，体现了我国政府信息公开的制度安排与实际做法的高度一致。

但是，从作为信息公开重要载体的各级各地环保部门网站、政府信息公开年度报告来看，政府环境信息公开还处于较初级阶段，从公开的内容观察，“好看”大于实用，信息的质量有待全面提升。具体言之，又存在以下问题：

第一，政府环境信息公开的发展状况并不平衡。各环保部门都能将有关机构的设置、职能、法规、规范性文件和规划以及环境质量状况等一般性环境信息予以公开，但对于诸如主要污染物排放总量指标分配及落实情况、排污许可证发放情况，大、中城市固体废物的种类、产生量、处置状况，污染物排放超过国家或者地方排放标准或者污染物排放总量超过地方人民政府核定的排放总量控制指标的污染严重的企业名单，发生重大、特大环境污染事故或者事件的企业名单，拒不执行已生效的环境行政处罚决定的企业名单等相对具体、公益性较明显或者社会敏感度较高的环保信息，公布的程度、方式等不很理想。

第二，信息公开数量可观，但信息结构有待优化。如某地环境信息公开年报中，政府主动公开的信息结构为：机构职能类信息 21 条，占总数的 0.71%；法规文件类信息 34 条，占总数的 1.15%；规划计划类信息 1 条，占总数的 0.03%；行政职责类信息 1 条，占总数的 0.03%；业务动态类信息 2893 条，占总数的 98.08%。业务动态类信息占的比例最高，但却较为笼统，这部分信息完全可以进行优化处理。

第三，政府环境信息分类标准较为混乱。根源是对政府环境信息有哪些内容，何种政府环境信息属于主动公开的范围等基础性问题还没有完全弄清楚。

第四，政府环境信息公开的主动性仍显不足，如污染源监管信息公开总体上仍处于初级水平。

第五，在实践操作中，信息公开办事机构和主管领导，有时陷于保密还是公开的纠结中，对要不要公开，公开的尺度把握，以及如何公开等，常常拿捏不准。这表明有众多环保部门对政府信息公开的观念转变、工作方式还有不小的提升空间。

第六，政府环境信息存在“选择性公开”的问题。很多地方的政府环境信息公开让人有“雾里看花、水中望月”之感。公众最关注、最想知道的信息，却没有公开，环保部门公开的信息，往往是些公众不感兴趣、无涉大局的信息。

第七，重大、负面环境信息公开不及时、不充分，有时给政府后续相应处置工作造成被动。同时环保部门与民间环保组织之间、主动公开与被动公开之间的互动不够理想，政府环境信息主动公开处于环保部门单打独斗阶段。

第八，政府环境信息主动公开的监督机制薄弱。《办法》第 24 条规定，环保部门应当建立健全政府环境信息公开工作考核制度、社会评议制度和责任追究制度，定期对政府环境信息公开工作进行考核、评议。事实上，目前仍有不少地方的环保部门尚未建立相应工作机制，也未进行考核评议，对政府信息公开工作的监督基本处于失控状态。

三、公众参与浪潮下政府环境信息主动公开的实践前景

公众参与已经成为当今国际和世界各国环境保护的重要理念，公众参与离不开公众对环境信息的获取。近年来，我国环境保护公众参与的制度建设呈现快速发展态势。以公众参与为本位，赋予公众环境知情权，将政府环境决策和环境管理行为通过环境信息公开置于公众的监督之下应当是我国未来政府主导环境信息公开制度必须坚持的基本发展路径。

由政府主导、推动的政府环境公开，在制度建构上突出表现为注重政府信息公开实践中政府职能的彰显，在公开方式上，则体现为主动公开机制的主体功能发挥。政府信息公开制度的价值是促进监督行政和参与行政的发育和成

熟，其本身不是目的，不是为公开而公开，而是为公众参与和监督政府行政行为提供方式、手段和途径。

在上述背景下，为使政府环境信息主动公开机制能充分发挥效应，确保政府环境信息公开的既有制度安排又落到实处，环保部门未来的信息公开实践应注意如下几方面：

（一）坚持政府环境信息主动公开的基本理念

观念是行动的先导。政府环境信息公开总的要求是及时、准确、完整、具体。当前，政府环境信息的主动公开需要突出强调如下基本理念：

1. 公平性、普遍性理念

政府环境信息主动公开的公平性，不仅体现在法律确认的公众信息获取权的平等性，而且国家更应创造各类社会活动主体公平获取信息资源的机会，保障信息获取上的实质公平，例如可以既考虑传统的信息公开平台与现代互联网平台、电视等媒介和非电子手段的结合，还应考虑盲人等特殊人群对环境信息的需求以及信息供给形式，做到公平地对待所有社会公众，使所公开的政府环境信息能使区域内最广泛的社会公众所获知，促进更广泛意义上的公平观的实现。

2. 及时性、实效性理念

政府环境信息的价值与时间有相当的关联，公开不及时，会大大降低信息的质量，信息的价值甚至可能消失。如突发性环境污染事件，从事件预警到发生、发展和结束，包括事后的总结经验，都要及时的公开信息，以便公众及时了解信息，做好预防、救济。

良好的环境信息主动公开应以信息公开的实效性为目标，对信息作必要的科学的整理与分析，以让公众明白易懂的词语，让公众清楚地了解环境事务的过去、现在与可预测的将来。需要强调的是，政府环境信息年度工作报告并不是简单的专项工作总结，年度报告并非工作的结束，而是政府工作的新起点。在实践中，应注意确保信息的充分反馈，并对反馈意见作及时有效的处理，形成环境信息的双向沟通互动，使环境信息能良好循环，最大限度地发挥信息的价值，促进环境良好治理目标的实现。

3. 准确性、完整性理念

政府必须保证所公开的环境信息的质量，提高政府环境信息的准确性与完整性。没有准确充分的环境信息保证，公众参与环境保护难免流于形式，成为空话，失去公众参与的价值功能。由于环境信息具有突出的公益性，这就要求环保部门在公开有关环境信息时要十分慎重，保证信息的真实性和准确性。特别是对敏感度较高的信息更要反复检测、确认、比对、核查后，再履行相应批准手续后向社会发布。

政府主动公开环境信息还要坚持完整性理念。政府环境信息公开不能只报喜不报忧。日常的信息公开不仅要公开正面的环境信息，而且也要对负面的环境信息转变观念，予以及时公开。特别是对媒体尚未报道或无人关注的环境信息，如政府在环境工作方面需要改进、加强的内容也应适当公开。

总之，在如上理念指导下，政府环境信息公开不能为了公开而公开，就公开而公开，而应思考如何为公众参与提供有效助推；不能仅仅满足、不能仅仅公开原则性问题和抽象性问题，而应当着眼于具体、实质性信息的公开；不能满足、停留于信息的简单发布，而应考虑公众能否及时、便捷地获取政府环境信息，如何使环境信息的效应最大化，使公众环境利益最大化。

（二）正确处理政府环境信息公开与保密的关系

公开是原则，不公开是例外，这是世界各国在政府信息公开制度建构上的共识。这一理念一方面为了保证最大程度公开政府信息，满足社会公众的知情权；另一方面旨在保障在公开政府信息过程中法律所特别保护的利益不受影响或者损害。

要正确处理公开与保密的关系，准确理解政府环境信息公开的范围，必须结合《中华人民共和国保守国家秘密法》的相关规定，对政府环境信息的类型作具体分析和细致评估。从既有制度安排分析，《条例》、《办法》所规定的政府信息和政府环境信息有如下几类：一是属于不得公开的信息，也即绝对禁止公开的信息。这些一般涉及国家安全利益，或者需要保密、或保密性较强的信息。二是属于免于公开的范围，即从信息属性角度分析，这些信息属于政府信息，但与公民、法人或其他组织的权利义务的行使或履行并无直接关联，如关于机关日常工作动态的信息，特别是机关负责人的活动信息，这些信息其实可以不予公开。三是属于必须公开的范围。除了绝对不得公开和不需公开的信息外，政府的信息都必须公开，公开的具体要求是准确、充分、完整，而不能有选择地公开。

在必须公开的信息发布上，《条例》第七条、《办法》第七、九、十、十二条予以专门规定，从中可以发掘出如下信息指向：如果所发布的政府环境信息涉及其他行政机关，为确保信息发布的准确性、一致性，应当与其他行政机关沟通、确认后再发布；如果拟发布的政府环境信息属于履行批准程序的，则在履行批准程序后才能发布；同时，公开政府信息时，要预先进行保密性审查和风险评估，公开的政府环境信息不得危及国家安全、公共安全、经济安全和社会稳定。

（三）正确处理商业秘密与政府信息公开的关系

《条例》第十四条规定，行政机关不得公开涉及国家秘密、商业秘密、个人隐私的政府信息。《办法》第十二条规定，环保部门不得公开涉及国家秘密、商业秘密、个人隐私的政府环境信息。

商业秘密与政府信息公开的关系十分密切。在政府环境信息主动公开的实践中，监管部门对所掌握的企业排放的主要污染物信息、企业排污信息要不要公开，存在认识上的不同。在有关环境信息公开的立法中，《条例》和《办法》都没有对“商业秘密”的内涵作出明确的规定。查找我国其他立法，刑法第二百一十九条和反不正当竞争法第十条第三款，都把商业秘密定义为“不为公众所知悉、能为权利人带来经济利益、具有实用性并经权利人采取保密措施的技术信息和经营信息”。由此可见，商业秘密在本质上属于知识产权的范畴，是企业在经营活动中可以用来谋取市场利润的商业信息，非公开性、经济利益性、实用性和保密性是商业秘密的基本特点。

从上述分析可得知，环保部门日常监管中掌握的企业排放的主要污染物信息，并不是企业经营过程中的技术信息和经营信息，也不能给企业带来经济利益，不是知识产权的保护范围，它并不属于企业的“商业秘密”。因此，有些地方的环境监管部门把企业排污信息当做商业秘密的做法，是明显失当的。

根据我国法律的规定，环保部门依法对企业排放污染物等与环境有关的活动进行监督管理。《办法》第二条明确规定，政府环境信息，是指环保部门在履行环境保护职责中制作或者获取的，以一定形式记录、保存的信息。由于环保部门具有监督企业排污情况的职责，因此，企业有义务依照法律规定向环保部门报送排污信息。企业报送的信息属于环保部门在履行环境保护职责中制作或获取的信息。环保部门通过其执法监管活动，将企业环境信息转化为了政府环境信息。因此，企业的排污信息属于政府环境信息。根据《办法》第十一条的规定，环保部门应当在职责权限范围内向社会主动公开的政府环境信息包括17类，从字面上来看没有明确包括企业的排污信息。但根据《条例》第九条的规定，涉及公民、法人或者其他组织切身利益的政府信息属于政府应当主动公开的信息。显然，企业排放污染物的情况与公民的生活环境、生活质量、身体健康等切身利益密切相关，因此环保部门掌握的企业排污信息应当属于政府主动公开的信息范围。

（四）注重微观层面的政府环境信息公开

一是完善环境影响评价的政府信息公开。环境影响评价报告的简本和全本、技术评估报告、专家审查意见，应当列入政府环境信息公开的范围，准许公众查阅、复制，以便利益相关人获得全面的环境信息，更好地监督环评工作，保证环评审批的质量。实践中对环评单位商业秘密的保护应当适度，不能凌驾于公共利益之上。

二是强化对企业周边的居住环境信息公开的监管。虽然相关环保法律规范，特别是《办法》中已对企业环境信息的披露有专章规定，但企业环境信息披露必须最大限度地置于政府的监督之下，政府必须对企业影响环境的行为，进行严格的规范。为此，政府对企业所披露的环境信息要加强日常的监督和调查，监督、调查结束后，如发现企业所披露的环境信息不全面或有虚假情况存在，政府应当纠正企业所公开的环境信息，并应将企业周边的环境信息如实公开。

三是要注意对农村地区的生活环境信息的公开。农村地区不能成为政府环境信息公开的死角。随着城市化进程的加快，近年我国一些农村地区，尤其是靠近大城市的的农村地区的生活环境质量正在恶化，很多农村地区的环境状况信息至今没有搜集，或者已有搜集但基本没有公开，往往是环境污染事故发生后，环保部门才进行相应的检测、处置。因此，在具体的环境信息公开工作中，环保部门应当对农村地区的生活环境进行定期检测，并定期公布该地区的环境信息。

四是要充分、完整地公开突发性环境事件的信息。突发环境事件的发生和处置情况，属于应予公开的政府环境信息。需要明确的是，在处置突发环境事件中形成的信息资料，包括鉴定结论、监测数据、内部报告等，都应当向社会公开，这样做不仅便于事件的受害人知道事情的真相，同时也为追究肇事者的法律责任提供便利。

（五）完备政府环境信息公开的基础工作条件

一是完善政府环境信息数据库网络系统。重视环境法律、法规数据库建设，一旦某一个规范性法律文件公布，就应立即加入该数据库。通过数据库的及时更新，保证规范性文件的有效性，方便社会查询和利用政府环境信息。

二是建立全国环境信息系统和国家与地方环境污染动态监测数据库，并实现实时互动、跨库共享，对相关信息进行跨区域、跨时段、跨机构的动态更新。对已公开的政府环境信息进行有机整合，形成有效的环境信息资源，及时向社会统一发布环境污染信息和可能造成健康损害的信息。此外，加强政府环境信息的服务功能，允许使用者下载各种文件和表格，为使用者提供参与政策制度的途径，提供在线政策咨询，最大限度地发挥环境信息服务社会的功能。

（六）丰富信息公开的形式，完善并加强政府环境信息公开的监督

政府环境信息公开的方式应当多元化。除了发布政府公告，建设完善政府网站，定期召开新闻发布会，利用大众媒介及时发布政府环境信息外，政府还应当积极探索，通过多种途径，如预告、通告、说明等，主动、有效地公开信息。

五、结语

在我国政府主导的环境信息公开制度模式下，环境信息公开制度的实施状况很大程度上取决于政府的行动。因此，强化环保部门在政府信息公开中的责任，具有重要的现实意义。具体的路径可概括为提升环保部门工作人员对环境信息公开重要意义的认识，去除一些错误观念，同时，应加强对环境信息的收集、分析、筛选，优化具体工作流程等。除此之外，还应加强对政府环境信息公开的监督，具体的路径除了在外部通过行政诉讼、行政复议的监督外，还应特别重视内部工作机制如信息公开的评比、考核和责任追究机制的完善。

（作者单位：内蒙古科技大学）

地方政府与企业在节能减排政策执行中的博弈分析

罗 立

胡锦涛同志在党的十七大报告中指出：要加快转变经济增长方式，将循环经济的发展理念贯穿到区域经济发展、城乡建设和产品生产中，使资源得到最有效的利用。“十二五”规划也已把大力发展循环经济，建设资源节约型和环境友好型社会确立为基本方略。公共政策执行是公共政策过程最为关键的环节，政策执行不力或不完全，都将导致公共政策的失败。而政府作为社会秩序的维护者和公共利益的保障者，应更多地追求社会效益和生态效益，企业节能减排政策的执行过程实质上是政府将自身的价值标准传递或强加给企业的过程，而企业追求利润最大化的个体理性往往与政府追求经济可持续发展的集体理性存在一定的冲突，这种情况本质上是各种利益主体的利益博弈问题，必须引起我们的重视。

一、地方政府与企业博弈关系产生的原因

（一）经济发展中政府与企业的信息不对称

根据信息经济学的论述，存在信息分布不对称的问题，即博弈双方拥有的信息量是不对称的，博弈中拥有信息的参与人被称为“代理人”，不拥有私人信息的参与人被称为“委托人”。在政府和企业的博弈关系中，对于资源环境信息而言，企业往往对其生产过程、生产技术、排污状况、污染物的危害等方面了解很多，但出于自身利益考虑，往往向政府隐瞒真实信息，甚至不严格按照环保要求生产，不披露废弃物信息，假报产品性能等。因此，在博弈局中，

企业往往具有信息优势，处于代理人地位，而政府作为制度供给的主体，就是博弈局中的“委托人”。在经济发展中，信息不对称就意味着理性的企业可以利用其信息优势谋取自身利益，从而发生逆向选择和道德风险。

（二）市场经济体制下政企关系向契约式和交易性方向发生了转变

在过去很长一段时间内，地方政府与企业之间所存在的不单纯是一种行政命令关系，由于资源支配权的高度集中，地方政府对企业往往没有高度的控制能力，企业也不可能无条件地接受来自政府的行政指令，对于政府公布的各种政策性措施企业也有不及时做出市场反应并采取行动的可能，这就是所谓的“博弈缺位”。随着我国经济逐步转入市场经济轨道后，政府与企业的关系发生了巨大的变化，其中较为重要的趋势就是政企关系朝着契约式和交易性方向发展，政府与企业在博弈时必须充分考虑对方的利益，否则，契约就无法达成，交易也就不能实现。同时，政府与企业也必须对对方将要可能采取的行动保持高度的警觉。

（三）政府与企业在经济建设活动中价值目标的不一致

在经济建设活动中，政府部门较少考虑项目本身所带来的经济效益，更多注意的是宏观经济效益、社会效益和环境效益。而企业更关注的是企业本身的市场竞争力和企业的盈利状况。地方政府和企业的博弈行为是在一个动态的社会环境中进行的。环境不断产生供地方政府和企业利用的信息，双方不断认识到各自的权利对自己权益的影响，并经过不断调整各自的策略选择来扩大自己权利的影响力。经过双方反复的磨合，可能暴露矛盾进而解决矛盾。作为“委托人”的政府，虽然不能直接获得污染企业的真实状况，但可以通过一系列的制度安排促使企业的个体理性向集体理性转化。这其中的关键是政府如何设计出一种有效率的“机制”，使其能为博弈局中的企业提供足够的选择空间，并根据面临的特殊问题，创造最有利的制度安排，从而使“代理人”的主观努力完全符合或比较符合“委托人”的利益，达到最佳博弈均衡。

二、地方政府和企业的博弈模型分析

（一）博弈模型建立的前提假设

要深入研究地方政府与企业在节能减排政策执行中的博弈模型，首先必须提出博弈的假设条件。根据政府与企业的角色定位，结合现阶段我国经济发展的实际状况，本文对该模型作出以下假设。

理性人假设是经济学模型中较为经典的假设之一。这里将地方政府和企业主体看作是理性人，其目标就是追求自身效用的最大化。

地方政府与企业的战略空间假设：（1）地方政府可以选择征收排污费或对污染环境的企业处以罚款或进行奖励（如减少税收或给予补贴），但同时地方政府在获取信息以执行政策时必须付出检查成本；（2）企业可以选择缴纳排污费或接受排污罚款，治理污染则可获得地方政府奖励，同时，企业的行为可能影响到它的社会形象和声誉；（3）作为博弈参与人的地方企业和政府，都理性地追求自身效用的最大化；（4）企业对环境的污染程度是衡量企业执行节能减排政策的唯一标准，地方政府只能通过检查污染指数，来掌握企业排污状况；（5）地方政府与企业的战略选择假定：在假定的战略空间下，企业的战略选择只有两种：执行政策或不执行政策；地方政府的战略选择则为：检查或不检查。

（二）地方政府和企业的博弈关系分析

1. 博弈模型建立

设 a 表示企业执行政策，给社会带来收益；a′表示企业执行政策，给企业带来收益；b 表示地方政府严格检查成本；b′表示企业采取治污措施成本；c 表示地方政府监管缺失导致损失；d 表示地方政府严查，企业不执行政策，对企业的惩罚。根据相应的得益所得相应的博弈矩阵如图 1 所示。

图1　利益矩阵

		企业	
		执行政策	不执行政策
地方政府	检查	$(a-b, a'-b')$	$(d-b, -d)$
	不查	$(a, a'-b')$	$(-c, 0)$

2. 博弈模型分析

我们首先在信息完全的情况下进行分析，信息完全包含两层含义：①地方政府和企业主体对于什么样的行为将产生的后果拥有完全信息；②双方对于对方的战略具有完全信息。信息完全的假设非常重要，它将博弈双方置于精确而透明的环境下，这样可以得出真实有效的结论。

（1）当 $d-b<-c$ 时，地方政府此时的最优策略是不查，对企业而言，运用划线法得到相应的得益矩阵有三种情况：

①$a'-b'>0$ 时，得益矩阵如图2所示。

图2　$a'-b'>0$ 时得益矩阵

		企业	
		执行政策	不执行政策
地方政府	检查	$(a-b, a'-b')$	$(d-b, -d)$
	不查	$(a, a'-b')$	$(-c, 0)$

由图2可知，此博弈存在纯策略均衡，相应的均衡策略为：地方政府不查，企业执行政策。

②$-d<a'-b'<0$ 时，运用划线法得出此时博弈存在的纯策略均衡，且均衡策略为：地方政府不查，企业不执行政策。

③$a'-b'<-d$ 时，运用划线法得到此时博弈的均衡策略为：地方政府不查，企业不执行政策。

（2）当 $d-b>-c$ 时，地方政府此时的最优策略是查，还是不查，不能直观判断出来，运用划线法得到相应的得益矩阵分析如下：

①$a'-b'>0$ 时，运用划线法得到此博弈的均衡策略为：地方政府不查，企业执行政策。

②a′－b′＜－d 时，运用划线法得此博弈的均衡策略为：地方政府严查，企业不执行政策。

③－d＜a′－b′＜0 时，得益矩阵如图 3 所示。

图 3　－d＜a′－b′＜0 时得益矩阵

		企业	
		执行政策	不执行政策
地方政府	检查	（a－b，a′－b′）	（d－b，－d）
	不查	（a，a′－b′）	（－c，0）

根据划线法可知，该情况下不存在纯策略。此时，如果设企业选取执行政策和不执行政策的概率分别为 p1、p2，地方政府严查和不严查的概率分别设为 q1、q2，由博弈方选择每种策略的概率一定要恰好使对方无机可乘，即让对方无法通过针对性地倾向某一策略而在博弈中占上风这一原则，企业选择执行政策和不执行政策的概率 p1、p2，一定要使地方政府严查和不严查的期望收益相等，同理，地方政府检查和不查的概率 q1、q2 也要使企业执行政策和不执行政策的期望收益相等。

$$p1\ (a-b)\ +p2\ (d-b)\ =p1a-p2c$$

$$q1\ (a'-b')\ +q2\ (a'-b')\ =-q1d$$

$$p1+p2=1,\ q1+q2=1$$

经上述分析计算可得出企业执行政策的概率 p1＝1－b/（d＋c），地方政府采取严查策略的概率为 q1＝（b′－a′）/d。当$\frac{\partial q1}{\partial b'}=1/d>0$，企业执行政策的成本越大，地方政府监管概率也越大。也就是说作为企业而言，在监管成本很大，并且地方政府采取严查的措施的概率较小的时候，企业越不愿意动用大量的资金采取措施。基于这样的心理，地方政府为保证效益的最大化，采取严查策略的概率也就会越大。当$\frac{\partial q1}{\partial a'}=-1/d<0$，企业采取执行政策回报越大，地方政府严查概率越小。在企业执行政策后（企业的技术和硬件在采取措施后能够避免污染事故的发生），企业获得的收益（a′－b′）越大，企业执行政策的可能性就越大，这时候在信息完全的情况下，地方政府严查的概率就会比

较小，且二者是成反方向变化的。当$\frac{\partial q1}{\partial d}=1/(d+c)\ 2>0$，$\frac{\partial q1}{\partial d}=-1/d2<0$，说明罚款越大，企业执行政策的概率越大，地方政府采取严查策略的必要性越小。

从上述情况分析中，可以看出在地方政府和企业的节能减排政策执行博弈模型中，在加大对企业不采取防污措施的惩罚时，可以暂时避免企业的懒惰，采取措施防止污染。而如果地方政府采取严查的成本较高的话，企业执行政策的概率也就越小，这就要地方政府在这方面给予支持。但是，从长期来看，只有让企业在执行政策后得到的收益加大才是避免污染事故的主要措施。这样才能调动起企业执行政策的主动积极型。

以上讨论的是基于企业和地方政府都对彼此的策略空间以及策略选择的收益都完全掌握的情况，但是实际情况并非如此。在地方政府对企业的真实信息并不了解的前提下，企业也不十分清楚地方政府是否有能力检查出污染以及检查成本有多高。这种情况下，企业很可能存在侥幸心理，进行逆向选择；地方政府也有可能在执行政策的过程中为了部门经济利益纵容企业的排污行为。概括起来，可能存在以下五种情况：1. 地方政府处罚力度不够，d 偏低，甚至低于治理污染带来的净损失的话，那么企业宁可缴纳罚款，也不会有动力去执行政策。2. 地方政府不了解企业的治污成本，而给予的奖励过低。如果企业执行政策除了增加成本外，并不能带来实质性的经济利益，或者若取得的收益还不能弥补治理污染所花费的成本，企业当然不会主动治污。3. 地方政府检查成本过高，检查威胁不置信。地方政府检查对企业是一个极大的威胁，能够迫使企业执行政策。但如果地方政府检查成本过高，使得 $a'-b'<0$ 的话，此时企业可能就不会花心思去治理污染了。因为政府若检查的话，可能得不偿失，地方政府一样有自己的理性考虑。为保证效用最大，最后的均衡则是企业不执行政策，政府不检查，显然这对于社会而言是最不积极的状态。4. 企业执行政策对地方政府收益不大，地方执行部门可能纵容企业的排污行为，政策失去意义。企业是否执行政策与政策的强制性相关，而地方政府是否检查又与地方政府收益相关。目前企业治理污染的举措对地方政府部门直接效益不大，更多的表现为一种社会效益。在缺乏监督机制以及社会责任心的情况下，“处罚金”收入对于地方执行部门的诱惑可能更大，这就导致地方政府纵容企业的排污行为，而企业也与执行部门达成默契，宁愿缴纳处罚金，以避免因治污而带来更大的费用支出。5. 地方政府的检查能力影响企业的行为。地方政府的检查能力

高低也是影响企业行为的关键因素。若企业预期地方政府确实有足够技术实力，能够准确检查出自己的排污水平，那么企业执行政策的可能性便会大大提高。

三、提升地方政府和企业节能减排政策执行力的路径

（一）建立以绿色GDP为导向的地方政府绩效评价体系

我国现阶段考核政府绩效的指标体系较为单一，主要是以GDP为中心的评价指标，这种考核方式可能促使地方政府重视经济快速发展，漠视生态建设，甚至不惜以生态遭受破坏为代价来换取经济的发展。即各级地方政府在实际工作中片面追求“以GDP为中心”，往往只考虑经济总量增长，为追求一时的经济增长速度，不惜浪费资源、破坏环境，盲目地办企业、上项目、进行无效率的重复建设。因此就出现了像高消耗、高投入、高排放、不协调、难循环、低效率等病症。虽然从长远来看，整顿那些对地方经济发展有重大影响但却污染严重的企业可以使污染得到有效遏制，地方政府投入环保、环境治理中的资金、精力将会大幅下降，有效提高社会福利水平。但是企业一旦被责令停产整顿，地方政府必然遭到短期税收的损失，影响经济增长幅度，地方政府形象、政绩、能力都会遭受怀疑。单一的GDP评价指标难以评价出地方政府在环境保护和生态建设方面的绩效，因而地方政府缺少生态建设和环境保护的驱动力。所以，必须调整评价指标体系，建立以生态效益为导向的“绿色GDP”综合评价体系，力求将环境保护效果、资源利用率、人居环境指数等因素纳入地方政府绩效评价体系之中，使地方政府更多关注经济、社会和生态环境之间的协调发展，激发其严格执行节能减排政策的积极性和主动性。

（二）发挥信息公开与社会监督在地方政府节能减排政策执行中的作用

公共政策执行过程实质上是一个有效的信息流通过程。信息是公共政策执行的重要资源，是防止政策执行偏差的重要条件，政策信息的不对称或沟通渠道受阻，都将严重影响公共政策的执行。首先，政府要创建环境信息发布网络，建立绿色服务中心，加强对绿色知识的宣传和教育，加强与公众的有效沟通。其次，地方政府应致力于构建一个完全信息的环境质量平台，建立信息反

馈机制，鼓励公众监督企业的环境行为，及时了解企业动态，打破信息沟通和反馈的壁垒，降低群众与政府部门沟通的门槛。强化企业“声誉”市场，建立企业环境信息披露机制，实现自然生态环境承载能力下企业经济效益的持续、稳定增长。最后，应充分发挥新闻媒体和社会公众的监督作用。新闻媒体具有广泛的舆论代表性和非强制性监督功能，其对企业节能减排和生态环境热点问题的报道在一定程度上可加快信息公开的进程，也便于及时反映与表达社会公众的利益诉求。地方政府应根据企业排污行为给下游造成的污染状况和可能由此带来的经济损失，将其告知企业和下游群众，并制定执行“谁污染谁负责”的惩处机制，加强群众环保意识和保护自身利益意识，发动新闻媒体和社会公众对企业进行监督。

（三）切实提高企业执行节能减排政策的积极性

作为一种市场经济手段的排污权交易，可以充分发挥市场配置资源的作用，有利于污染物排放的宏观调控。有了排污权交易，政府机构可以发放和购买排污权来实施污染物总量的控制，影响排污权价格，从而控制环境标准。这种制度可以改变企业以往预期，使管制制度化，污染治理企业化。目前许多企业有这样的心理预期，即认为地方政府每次行动不过是一阵风而已，风头过后一切又恢复了原来的状态，因此在执行节能减排政策时也是采取应付的态度。相对于传统的管理方式而言，通过排污权的制度化和通过严格监管，可改变企业以往的心理预期，从长计议自身的发展问题。在传统体制下，企业没有动力使污染控制到最低限度，而且地方政府指定企业如何治理污染也抑制了企业自行创新的动力。而在排污权的制度安排下，污染治理成为内部的事，成为企业产品成本的一部分，有利于企业之间展开竞争。在这种制度下，还可以激励企业出于盈利目的而减少污染。因此地方政府要加强企业对节能减排科学技术的引进与自主创新的力度，为企业转变经济增长方式、追求生态效益积极创造条件，而且对那些在执行节能减排政策方面做出突出贡献的企业要予以大力表彰。

“建设资源节约型和环境友好型社会”战略目标的实现，要求地方政府运用有效的经济手段和行政手段督促企业有效执行节能减排政策，并设计相应的激励机制激发企业参与生态环境治理与保护等建设。

（作者单位：湘潭大学公共管理学院）

技术理性批判与当代生态文明建设

于海量

现代科学技术的发展为人类带来了充足的财富，满足了人们的多种生活需求。随着人们物质、文化生活水平的提高，现代科学技术也增强了人们对它的依赖。现代科学技术对社会的贡献越来越大，以至于人们扩大了现代科学技术的积极作用，而忽略了它的消极作用，技术扩张主义和技术万能论极为盛行。然而，现代科学技术在造福人类的同时，也造成了严重的生态灾难，直接危害到人类自身的生存和发展，二十世纪世界十大公害事件和十大大气污染事件就给人们敲响了警钟。

西方技术批判理论的思想家们对技术手段的片面发展进行批判，对技术异化现象进行了深刻的反思。技术理性批判并不否定技术进步的积极作用，只是要求人们认清现代科学技术的双重作用，积极合理地利用现代科学技术，克服其由于不合理应用所造成的消极后果。正是在这种背景下，当代生态文明建设必须做到趋利避害、扬长避短。在利用技术过程中，自觉规范人类自身的行为，不能以破坏自然生态环境为代价谋求近期的发展。在实现人类可持续发展过程中，必须树立尊重自然、保护环境的生态意识，按照理性和科学的方式去生存和发展，必须认识到人是自然的人，而自然又是人的自然。走生产发展、生活富裕、生态文明之路，真正实现人与自然、人与人之间关系的双重和谐。

一、技术异化与技术理性批判的价值内涵

随着人类理性能力的提升，人们的认识水平迅速提高，改造世界能力也显

著增强，人们产生了征服和控制自然的欲望，这种欲望在人类认识水平低下、生产力水平落后的远古时代是无法实现的。到了近现代，随着科学技术水平的提高，人们逐渐拥有了改造自然的强大力量，科学技术在生产和生活中得到了广泛的应用，人类的理性意识也得到了升华。“人立于自然之外并且行使一种对自然统治权的思想就成了统治西方文明伦理意识的学说的一个突出特征。”① 技术理性作为人类理性能力和技术手段的结合体，体现了人类的智慧和力量，技术理性的创造力推动了现代科技进步，给人类带来了前所未有的物质财富和精神财富，同时也为人类征服和改造自然提供了可能。

技术理性的迅速扩张，使人们以为自己可以凌驾于自然之上战胜自然、控制自然、改变自然。最直接后果就是造成技术手段的异化现象，使本来为人类服务的技术手段反而成为一种异己的力量，技术异化现象直接破坏了人类生存和发展的自然生态环境，使自然界原有的生态平衡被打破，从而危害到人类自身的生存和发展。技术的不合理开发利用最终导致技术的异化，其危害的根源除了技术本身，主要是由于社会的原因造成的。恩格斯指出：“当一个资本家为着直接的利润去进行生产和交换时，他只能首先注意到最近的最直接的结果。一个厂主或商人在卖出他所制造的或买进的商品时，只要获得普通的利润，他就心满意足，不再去关心以后商品和买主的情形怎样了。这些行为的自然影响也是如此。当西班牙的种植厂主在古巴焚烧山坡上的森林，认为木灰作为能获得最高利润的咖啡树的肥料足够用一个世代时，他们怎么会关心到，以后热带的大雨会冲掉毫无掩护的沃土而只留下赤裸裸的岩石呢？在今天的生产方式中，对自然界和社会，主要只注意到最初的最显著的结果，然后人们又感到惊奇的是：为达到上述结果而采取的行为所产生的比较远的影响，却完全是另外一回事，在大多数情形下甚至是完全相反的……”科学技术总是要为社会服务的，关键是于人们是否能够合理的应用科学技术，人类依靠现代科学技术改造自然获取物质的同时，应该注重人与自然关系的协调发展。

鉴于现代科学技术带来的消极影响，人们开始反思自己的非理性行为，积极克服技术扩张带来的负面影响。面对日益严重的生态破坏和众多的社会问题，现代科学技术逐渐成为一种异己的力量，很大程度上束缚和主宰着人类的命运，使人们处于异化受动之中。人们对技术的合理性进行了审慎的思考，法

---

① 威廉·莱斯．自然控制［M］．重庆：重庆出版社．1993：30.

兰克福学派主张工具理性和价值理性的统一，技术异化的根源“并不在科学技术本身，而在于那些阻碍科学发展并与内在于科学中的理性成分格格不入的社会条件。”① 人类要摆脱由技术异化造成的生态困境，消除人与自然之间的对立，就必须彻底改变技术扩张得以产生的文化基础，从而使科学技术在人类的进步中产生积极的作用，达到促进人与自然和谐发展的目标。许多西方学者从各个不同的角度对技术合理性进行了批判，强调现代科学技术发展中的人文关怀。要超越技术理性，充分发挥现代科学技术的合理性，尽量避免技术异化现象的出现，科学、合理地运用现代科学技术，实现工具理性和价值理性统一。

随着现代科学技术的深入发展，过度扩张的工具理性和征服自然的强烈愿望使人们片面地追求经济增长，单纯地追求物质享受。技术化社会成为一个单向度的不断退化的社会，今天的人们也逐渐成为单向度的人。赫伯特·马尔库塞指出，“就我们能够有理由谈及的科学中的危机看，这种危机还离不开普遍危机。历史进程已在作为一种生产力的科学之上施加了诸种限制。而这些控制表现在科学的不同部类：在它们的内容和形式上，在它们的主题和方法上。此外，科学作为生产手段尚未适应运用。对科学危机的理解依赖于一种有关当下社会情况的正确理论：因为作为社会功用的科学在当前反映着社会中的诸种矛盾”。技术悲观主义者认为当代社会已经成为一个物质丰富、精神空虚的社会，尽管说的有些偏激，但一定程度上真实地说明了当前社会生产和生活中存在的弊端。人与自然之间是互动式的关系，不能把人与自然的关系人为地对立起来，这样不利于人类社会的可持续发展。

生态学马克思主义和生态社会主义学说继承了马克思主义的社会批判理论，对技术异化现象的批判没有停留在表层，而是从制度层面说明资本主义制度是造成技术异化的社会根源。现代科学技术在造福人类的同时，给人类的生存和发展也带来了许多新的问题，诸如：人口急剧膨胀、自然资源锐减、生态平衡破坏、环境污染日益严重、新疾病不断出现等等，从某种意义上说现代社会正受到大自然的报复。从某种意义一说也验证了恩格斯的预言，“如果说人靠科学和创造天才征服了自然力，那么自然力也对人进行报复，按他利用自然力的程度使他服从一种真正的专制，而不管社会组织怎样”。② 技术进步是人

① 霍克海默．批判理论［M］．重庆：重庆出版社．1989.

② 马克思恩格斯全集（第18卷）［M］．北京：人民出版社．1964：342.

类文明进步的必要前提，没有技术上的创新就不会有现代文明的出现。人与自然是相互作用的，在这种相互作用中人类实现了自我、完善了自我，人与自然的分离和冲突也是可以避免的。

事实上，人类和自然是相互依存的关系，在自然生态系统是相互关联的。人类中心主义过分地强调人类自身的利益和权利，而忽视了人以外的自然生态系统的内在价值，以及它对人类生存和发展的重大意义。技术进步应该是为人类生存和发展服务的，人不能为技术牵制变得贪婪、狂妄和反理性。马克思说："我们看到，机器具有减少人类劳动和使劳动更有成效的神奇力量，然而却引起了饥饿和过度的疲劳。新发现的财富的源泉，由于某种奇怪的、不可思议的魔力而变成贫困的根源。技术的胜利，似乎是以道德的败坏为代价换来的。随着人类愈益控制自然，个人却似乎愈益成为别人的奴隶或自身的卑劣行为的奴隶。甚至科学的纯洁光辉仿佛也只能在愚昧无知的黑暗背景上闪耀。我们的一切发现和进步，似乎结果是使物质力量具有理智生命，而人的生命则化为愚钝的物质力量。"如果技术变成了一种支配人的异己的力量，就必然违背人的本质，人就会成为技术的奴隶，而受到技术的折磨、摧残、压制。技术理性批判体现了人类的忧患意识，这种理性的批判有助于唤醒人类的理性自觉，促使人们转变观念、自觉地调节自己的行为。技术理性批判是对技术的片面性进行批判，它不同于消极等待的技术悲观主义，也不同于有着极端偏向的人类中心主义和自然中心主义。技术理性批判不反对技术应用和技术进步，它反对的是技术扩张及其带来的消极后果，反对盲目崇拜现代技术。技术理性批判在当代人类的意识和行为中起着十分重要的抑制和调节作用，它为当代生态文明建设奠定了必要的理论前提和思想基础。

二、建设生态文明，实现经济社会的可持续发展

文明是指人类的开化和进步状态，人类有史以来经历了农业文明时代、工业文明时代和当代生态文明时代，不同时代的文明有着不同的特点。进入农耕时代人类有了主体自觉，也强调了人本位的思想，但由于人们的生产能力非常落后，对自然的影响力也很小，完全是听命于自然，是"自然为人立法"，遵循的是自然中心主义原则，人们敬畏大自然，没有对大自然造成巨大的破坏。到了近代工业文明时代，由于科技进步强化了人们改造自然获取物质财富的能

力，生产力水平迅速提高，人们驾驭自然的能力也显著增强，逐步认识到自然的内在发展规律，是“人为自然立法”，遵循的是人类中心主义原则，人们对自然采取了掠夺式的开发利用，不可再生资源枯竭，生态平衡受到破坏，直接危害到人类社会的可持续发展，人类正面临着全球性的生态危机和由此造成的严重后果。“人类好像在一夜之间突然发现自己正面临着史无前例的大量危机：人口危机、环境危机、粮食危机、能源危机……这场全球性危机程度之深、克服之难，对迄今为止指引人类社会进步的若干基本观念提出了挑战。”①生态文明建设就是在这样的背景下产生的，生态文明建设遵循人与自然协调发展的原则，强调人与自然、人与人之间的和谐统一，是对自然中心主义和人类中心主义的超越，是不同于农业文明和工业文明的现代文明的高级形式。

生态文明建设是人类对传统发展模式进行理性思考的结果，技术理性批判为生态文明观的产生奠定必要的认识前提和理论基础，人类生存和发展环境的恶化是建设生态文明的现实条件。1972 年由罗马俱乐部提交的研究报告《增长的极限》对全球性问题进行了深刻的总结：“它是指影响人类生存和社会经济进一步发展的、由科学技术加速发展、经济直线增长的极其复杂的异类社会问题、环境问题的总和。它们相互纠缠、相互连接，在规模上具有全球性，在性质上涉及全人类利益，在解决时要求全世界范围内协同一致的努力。如全球变暖、人口剧增、生物多样性减少、生态危机、南北发展失衡等。”《增长的极限》在人口、粮食、工业化、污染和不可再生资源的消耗等五个方面给人们提出了警告，从此世界各国都在重新审视自己的发展历程，谋求经济社会的可持续发展。

我国的生态文明建设，以科学发展观为指导，坚持以人为本，贯彻“统筹城乡发展、统筹区域发展、统筹经济社会发展、统筹人与自然和谐发展、统筹国内发展和对外开放”的原则，实现我国社会的全面协调可持续发展。科学发展观是全面、协调、可持续的发展观，它促进了人类社会发展理念的变革，实现了从以增长为目标的传统发展观向以发展为目标的现代发展观的转变。科学发展观突破了传统发展理论，是在可持续发展观基础上形成的具有中国特色的现代发展观。科学发展观在强调发展经济的同时，充分考虑到环境、资源和生态的承载能力，以促进人与自然的和谐发展为原则，实现自然资源的

① 俞正梁等．全球化时代的国际关系［M］．上海：复旦大学出版社．2000：205.

持续利用和经济社会的持续发展。胡锦涛指出："可持续发展，就是要促进人和自然的和谐，实现经济发展和人口、资源、环境相协调，坚持走生产发展、生活富裕、生态良好的文明发展道路，保证一代接一代地永续发展。"科学发展观不再以经济增长方式来衡量社会进步，而是以经济发展方式来衡量社会进步，遵循可持续发展的原则就必须反对过度的物质享乐和纵欲无度的生活消费。在指导思想上树立生态理性来取代经济理性，大力发展循环经济、低碳经济、实行清洁生产，用集约型经营方式代替粗放式经营方式，用生态型经济来代替消耗型经济。使经济发展和人口资源环境相协调，在维持基本生活需要条件下，实现人与自然的协调发展，保持生态平衡。

目前可供人类使用的自然资源是有限的，我们这一代人不能为了自己的发展需要去挥霍有限的自然资源，这样必然会损害后代人的生活和生产，因此我们必须保护好自然环境，合理利用自然资源。联合国会议在强调可持续发展原则时就特别重视代内平等、代际公平，人类对自然的态度在很大程度反映人类的文明水平。哈贝马斯从社会意识形态的角度，分析现代技术的不合理应用，"现在，我想用政治意志形成的坐标系再一次重新阐明'技术进步与社会的生活世界'这个问题。……我想把'民主'理解为制度上得到保障的普遍的和公开的交往形式，而普遍的和公开的交往涉及的是这样一个实践问题：在人们支配'自然的'力量不断扩大的客观条件下，如何能够和愿意彼此生活在一起。我们提出的问题是技术和民主的关系问题，即如何把人们所掌握的技术力量，反过来使用于从事生产的和进行交谈的公民的共识"。① 人是自然界长期发展进化的产物，是从自然中分化出来的智能生命，是自然界中唯一的具有自我意识的生物体。人类能够正确认识和运用自然规律，其目的在于使自然为人类服务，而不是去奴役和破坏自然，人和自然两者之间是密不可分的，保持自然生态系统的稳定也是人类的根本利益所在。

当代生态文明建设并不是要人们转向生态中心主义，放弃人类自身的发展，简单地重新回到原始的自然环境中去，而是要人们懂得尊重自然、保护自然，运用现代科学技术合理地开发、利用自然。改善人类生产和生活方式在资源利用和环境保护中起着十分重要的作用，人类的合理行为对自然、自己和他

---

① 哈贝马斯．作为"意识形态"的技术与科学［M］．郭官义，李黎，译．上海：学林出版社．2002.

人都会产生的积极作用。“公众的行为和公共机构的政策没有与变化中的社会思想同步。当代社会舞台上充满了以陈旧观念为基础的十分过时的行为模式。进步思想和主流行为之间有着巨大的鸿沟。这种情况出现在经济领域、生态领域，表现为公共机构和政府以简单化的方式处理复杂的、互相依存的社会、经济和生态问题。”① 人与自然的关系因人类违反理性的活动而遭到破坏，也可以通过人的自觉活动来进行协调。

生态文明是一种积极、良性发展的文明形态。生态文明绝不是拒绝发展，而是要通过生产生活方式的根本转变，实现人与自然和谐、健康地发展。生态文明应是一种科学的、自觉的文明形态，对自觉的生态文明来讲，仅有“天人合一”这样的哲学观念是不够的，还必须以科技的发展为基础，自觉地转变生产生活方式。建设生态文明是人类摆脱生态危机、走出人类生存困境的必由之路。人与自然是一个相互联系、相互依赖的有机整体，生态文明观念不同于传统的发展观念，我们要用生态理性来处理人与社会、人与自然之间的关系。当代生态文明建设要以科学发展观为指导，充分利用现代科学技术在协调经济发展与资源利用中的作用，科学技术本身并不是当前生态环境问题的罪魁祸首，导致人与自然关系紧张、恶化和危机的根源是人们对科学技术的不合理运用。现代科学技术的进步有利于节能降耗，有助于形成新型的经济发展模式，从而推动经济又快又好的发展。

当代生态文明建设要求经济发展必须建立在生态持续能力、社会公正和人民积极参与自身发展决策的基础上，生态文明建设要在保护生态环境的基础上满足人们的各种需要。世界各国都特别重视生态文明建设，联合国也曾多次召开过全球性的环境与发展会议，各国领导都会参加协商解决全球性的共同问题。在生态文明建设中，我们必须树立起可持续发展的价值观念，用生态理性代替经济理性，用科学发展观代替传统发展观，这样才能摆脱生态危机，走出人类发展中所面临的种种生态困境，从而实现人类的可持续发展，真正建立起人与自然之间、人与人之间的和谐统一关系。

（作者单位：南京财经大学马克思主义学院）

① E·拉兹洛．1992年罗马俱乐部报告［M］//乌杰，H·哈肯，E·拉兹洛．跨世纪洲际对话——世纪焦点的系统观照［M］．北京：人民出版社．1998.

政府在环境群体性事件中的角色和职能定位偏差及其矫正*

余 茜

改革开放以来，中国在经济社会各方面取得了巨大成就，但也造成了一系列生态环境问题。同时，随着民众生态环境意识的增强，环境问题日益成为公众普遍关注的热点，各类有关环境污染的投诉呈逐年上升的趋势，区域环境污染事件造成的污染纠纷逐渐增多。据统计，2007 年 1 月至 9 月“12369”环保热线接到的环保投诉量为 28 万件。2007 年至今，中国的环境群体性事件保持了年均 30% 左右的增长率。这种因生态环境问题而引发的群众与企业对立、群众与政府对抗的现象不断出现和蔓延，严重威胁着社会的稳定。

政府对自身角色的定位和政府的职能决定了政府机构的设置、运行方式和绩效评价，所以政府的一切行为都是以自身的角色与职能要求为指导原则的。在环保群体性事件中，政府的职能决定了政府对待这类事件的态度以及采取的措施，因此也就决定了这类事件能否从根本上得到解决。因此，全面审视并重新界定政府在环境群体性事件中的角色和职能已成为当前妥善解决环保群体性事件的重要前提。本研究分析了在环保群体性事件中政府角色和职能偏差的深层原因和严重后果，指出了政府重新定位角色与职能对于解决环保群体性事件的重要意义。

---

* 本文为国环保部“环保公益性行业科研专项”课题阶段性成果之一，项目号：201009066.

一、环境纠纷中的政府角色偏差及职能错位分析

目前所发生的环境群体性事件，冲突的主体主要是政府、污染企业和受污染的民众。在这三个主体中，政府的态度和所起到的作用是关键性的。一位资深的省环保局长也感叹：在“科学发展观”提出前，中国的环境污染大都是“政府污染，即政府允许、认同、支持的污染”。那么，为什么政府会选择与企业合谋呢？

纵观近年来全国各地发生的环境群体性事件，我们可以发现一个共同的现象，发生严重污染的企业往往都是当地的支柱产业、是地方政府的重要财政来源和经济增长的推动力。而经济增长又是衡量政绩的主要指标，地方政府为了政绩，片面追求 GDP 增长，为招商引资不惜过度地付出环境代价。有学者认为中国农村因环境污染引发的社会冲突迅速增加，与独特的政经一体化增长推进机制有着重要的关系，“在以经济增长为主要任期考核指标的压力型行政体制下，GDP 和税收财源的增长成为地方官员的优先选择，从而导致他们容易采取重增长、轻环保的污染保护主义行为，并与追求利润的企业家结成利益同盟”。[①] 当增长而不是环境、企业家而不是分散的民众，更直接影响官员的政绩和政治前程，在面对民众环境保护的诉求时，地方政府就常常会出现立场性的偏差，选择优先保护企业，而对民众免于环境污染以及因污染受害而获得相应补偿的权利采取漠视的态度。如在一些地方，由于地方政府对民众控告的环境问题或视而不见，或处罚力度不够，民众无力制止污染，又无力迁居，于是只得选择自救——奋起维权。民众最直接的自救维权手段就是堵塞污染企业的进出路口，或者直接扣押污染企业的物品等。面对这种环保群体性时间，一些地方政府的首先反应不是去与民众协商、也没有充当起民众与污染企业之间协调者的角色，而一般会以维护社会公共秩序为由，出动警力对付维权民众，最后引发警民冲突。由此可见，当政府未能摆正自己的角色，清晰自己的职能时，政府作为制度化解决群体利益受损的公器性质就容易产生异化，而沦为某些利益团体的私器，丧失了其作为调节社会矛盾的“仲裁者”角色，而成为虚设的“稻草人”。从这个角度上来讲，政府的角色偏差、职能错位会导致环

① 张玉林．政经一体化开发机制与中国农村的环境冲突［J］．探索与争鸣，2006，5．

保群体性事件得不到合理的解决，甚至以暴力结束，而以暴力结束的环保群体性事件仅仅是暂时被压制了，只要污染问题得不到解决，这类环保群体性事件还是会再度发生。

二、政府角色偏差的成因分析

合谋而不是监管，政府角色的偏差是如何产生的呢？合谋不仅需要合谋者之间的沟通、协调以求达成收益分配的契约，还需要现实制度与技术条件为合谋提供基础与切入点。从我国的政府体制、法制条件、合谋成本与收益等多重因素来看，我国地方政府与企业合谋是具有现实性的。

1. 政府体制

中国在县级以上地方政府设有环保部门，履行环境监管职责。但是，地方环保部门并非作为中央环保部门派出机构而独立，它也是地方机关的组成部门，实行的既对上级环保部门负责又对地方政府负责的双重领导体制，且官员一般由地方政府任命，经费来源也主要靠地方财政拨款。因此，在地方政府与企业合谋行为发生时，环保部门的监管职能将被地方行政命令弱化。此外，我国政府对地方官员的考核与选拔，更多关注地方的经济指标，这种政绩考核方式也激励了地方官员参与环境污染合谋。因此，监管缺失与政绩导向，往往引致我国地方政府与企业合谋行为的发生。

2. 法制条件

当前我国在防治环境污染方面的法制漏洞，一定程度上纵容了地方政府与企业的环境污染合谋行为。如《大气污染防治法》第61条规定，造成大气污染事故的企事业单位，由所在地县级以上政府的环保行政主管部门，根据危害后果处直接经济损失50%以下罚款；但同时我国的《行政处罚法》规定罚款要上缴国库。地方政府领导的地方环保部门，拥有危害结果勘察权与处罚权，但却缺乏收益权。在地方环保监管部门对环境污染行为自行处罚的弹性区间内，地方部门对罚款的自由裁量权，及其与企业合谋收益的私自留存权，客观上营生了一定的合谋行为违规盈余，很大程度上激励着地方政府与企业合谋污染环境。

3. 合谋成本与收益的现实考量

合谋有利于增加地方政府的财政收入，地方官员的收入水平往往也会随之上升，更重要的是某些官员因良好的经济绩效而得到升迁，这是地方政府的合谋收益。合谋的成本则表现在：合谋造成的环境污染严重到被中央政府发现时，负主要责任的官员可能被撤职或受到其他纪律处罚，如果合谋中存在官员的寻租行为或严重失职行为，还可能受到刑事处罚。但从对我国地方政府参与合谋成本收益的现实考量中发现：地方政府及其官员因地方环境污染而受到处罚不多见，即使受到惩戒，处罚力度不大，违规成本低于合谋收益。对企业而言，寻求与政府合谋，可以省去一大笔治污费用，除一些成为地方政府及官员租金外，大部分会转为企业的收益；即使合谋东窗事发，企业受到惩罚，由于以经济处罚为主，且金额较小，违规成本远小于合谋收益。因此，我国地方政府与企业合谋污染环境，面临较大的预期违规盈余的经济激励。

三、政府角色偏差与职能错位反映的环保问题

合谋本身反映了地方政府角色的偏差和职能错位，具体体现在政府的经济职能膨胀、环境制度供给职能发展严重滞后和环境保护教育职能发挥不够等方面。

1. 地方政府经济职能过分膨胀

地方政府促进经济发展的职能可以分解为：（1）建立健全和维护市场体制、市场秩序，培育各类地方市场和市场主体。（2）制定和实施各项产业政策以及区域发展政策，改善地区产业结构，充分发挥本地区的比较经济优势。（3）培育本地新的经济增长点，提升本地区的经济竞争力。这些职能的发挥在保证了地方政府在地方经济建设中的引导作用的同时，也导致了政府经济职能在一定程度上的膨胀。在一些落后的地区，政府主导经济发展的模式并没有太大改变，政府制定的产业政策成了经济发展的指挥棒，市场体系在一开始建立的时候都带有很强的政府色彩，因此发挥的经济调节作用很有限。就是在市场机制比较完善的地区，由于政府一直以来在经济发展中都是主导者，制度惯性使得政府的经济职能仍然能继续膨胀，只不过这时市场机制起到的作用更大一些。

政府在经济建设中发挥引导作用是必要的，但如果对微观经济过度干预就很可能导致政府经济职能的过分膨胀。经济职能过分膨胀会影响地方经济和社会健康发展，而受伤害最大的当然是自然环境。

2. 环境制度供给职能发展严重滞后

政府的公共事务管理者职能中有很多与环境保护制度建设有关。公共事务管理主要依靠各项公共管理制度来实现，我国的制度供给主要存在两种模式：一种是地方政府作为制度供给的主体，当地企业、居民是制度需求的一方；另一种是地方政府作为需求的一方，而中央政府则是制度供给者。在我国当前的政治运行架构下，从制度供给角度看，后一种模式是主要方面。所以，地方政府提供什么样的制度安排，很大程度上取决于中央政府对制度变迁的方向、方式和进程的规划。后一种制度供给模式下，地方政府在公共事务管理中发挥的自主制度供给功能很有限，与环境保护相关的各项公共制度，如自然资源产权制度、环境污染收费制度等都是中央政府经过选择试点检验后在地方强制推行的。同时地方政府在制度供给变革过程中可能遇到以下阻力，如预期成本的约束、原有意识形态的惯性影响及路径依赖作用和民间制度需求的意愿强烈但实现供给的能力不足等。

因此，现有制度供给模式的缺陷以及制度变革的阻力使得地方政府在环境制度建设中发挥的制度供给职能严重滞后，导致环境保护相关工作的开展缺乏有效的制度载体，从而影响环境保护措施的实施效果。

3. 环境保护教育职能发挥不够

《中共中央关于制定国民经济和社会发展第十个五年计划的建议》提出，要大力开展环境宣传教育工作，努力提高全民的环境保护意识。在开展环境保护的过程中，加强环保方面的法制建设固然重要，但宣传教育工作却有其它措施不可替代的作用。环境教育能帮助人们树立正确的环保道德和伦理，为环保法律的有效实施提供必不可少的道德基础；同时，道德、伦理是发自每个人内心的是非判断，对人的行为具有强大的约束力，可以提高公众环保行为的自觉性。因此，环境保护宣传教育工作是门学问，区别于其它环保工作的地方在于它所带来的环境效益、经济效益和社会效益虽然不会立竿见影，但实际的影响是不可估量的。但在实际中，地方政府由于过于重视经济职能，而对环保教育职能却不够重视、投入的时间和人力物力显然不够。

以上政府职能的错位已严重阻碍地方政府环境保护工作的开展，而且也不利于环保群体性事件的处理，若不予以重视的话，甚至会影响政府在民众心目中的权威和公信力、破坏民众对政府的信任感。

四、监管——政府的角色和职能的回归

企业与地方政府在环境污染问题上的合谋行为，有悖于经济社会可持续发展的价值导向。因此从建设“环境友好型”、“资源节约型”社会的思路出发，必须使政府的角色和职能得以理性回归。在环境保护中，政府角色和职能的定位是一种上位的考量，更重要的是通过这种考察找出制度路径发展的方向，而加强对地方政府与企业合谋的监管就是很重要的方向之一。

1. 优化监管机制，使企业与地方政府的环境污染合谋行为“无处躲藏”

环保监管与惩戒的一个必要前提是，完善环境法规体系，使企业环境违法行为“有法可治”。立法实践中，真正贯彻可持续发展的价值导向，经济发展与环境保护同步进行，对企业原材料供应、生产全过程、产品销售、使用、废弃和处理等一切可能产生污染的来源或行为进行法律约束，建立起以《环境保护法》为核心的比较完整的环境法规体系；执法过程中，应淡化部门痕迹，理顺执法体制，强调环境保护是全社会共同的职责，加强执法力度，提高执法效率。除了将环保成果作为地方政府政绩考核指标外，当务之急是改进环境监管部门的组织体系与行政制度，保障环保部门执法独立性，提高其监管效力；建立健全环境信息披露机制，要求企业、地方政府充分公布环境信息；并引入环境公益诉讼制度，使诉讼的主体由直接的受害者扩大到政府、环保组织和公民团体；同时建立环境违法举报奖励制度，动员各种社会力量来监督企业、地方政府的环境违法行为。

2. 加大惩戒力度，使企业与地方政府的环境污染合谋行为“得不偿失”

我国对企业环境违法的经济惩戒如罚款额度普遍较低，因此，必须加大惩戒力度，提高环境违法成本，必要时取消人为设定的最高罚款额度，依据经济损失罚款，罚款额度高于环境违法所得，以提高企业“违法不值”的经济预期，充分发挥经济处罚的威慑作用。对造成严重污染后果的企业违法行为，积极采取停产整顿、市场禁入或追究刑事责任等手段。本着严刑峻法、有法必依的原则，大力处罚与惩治存在环境违规行为的地方政府及其腐败官员。加大对环境污染合谋行为的惩戒力度，尤其是提高中央执法部门对地方政府及官员与企业合谋行为的经济处罚标准，对于减少地方政府与企业的不良合谋行为发生率，降低地方经济发展中的环境污染代价非常必要。

3. 改进市场监管职能，制定与出台激励性的环保政策体系，推动企业市场行为“环保化”

一方面制定绿色标准与认证政策，使环保型企业获得差别优势。当前消费者对“绿色”的辨认能力有限。据国家环境标志认证委员会在上海调查显示，27%的消费者完全分辨不清什么是绿色产品，58%的消费者只能分辨部分绿色产品，仅有15%的消费者能分辨绿色产品。因此，倡导绿色消费，必须要制定绿色标准，通过权威的绿色认证、绿色知识的宣传普及，提升消费者的绿色辨认能力。此外，严格绿色标志的审核，杜绝发放环节的腐败现象，严厉打击假冒绿色产品的行为，维护绿色认证的权威性和可靠性，保障环保型企业的合法权益。

另一方面实行环保优惠政策，使环保企业获得先动优势。实行环保税收政策，对进行环保但资金缺乏的企业实行税收延付，对从事环保技术创新获得的营业利润实行所得税前抵免，对取得环保认证的产品实行增值税优惠；实行环保投资政策，设立环保技术创新基金，建立关键共性环保技术创新平台，加大对环保技术研发与创新的支持力度；实行环保担保政策，对取得绿色认证的企业在申请贷款时提供政府担保；实行绿色政府采购政策，定期发布绿色产品的采购标准与清单，逐步提高政府采购中绿色产品的比例，发挥政府采购的导向与示范作用。

（作者单位：北京大学政府管理学院）

环境保护与经济增长

经济结构、经济发展与污染物排放之间关系的实证研究*

牛海鹏　朱　松

环境治理和污染问题是近几年国际焦点话题之一，各国虽然经过多轮谈判与沟通确定了节能减排的任务，但发达国家至今为止依旧没有履行其承诺。中国作为世界能源消费大国，尤其是作为全球第三大经济体，在国际能源以及环境问题上的责任和任务也越来越重。近些年来，国家多项政策以及措施针对节能减排以及污染治理，反映了中央对于环境问题的重视。面对目前的经济状况，进行节能减排的重要手段落在经济结构调整上。经济结构的调整是否能够很好的实现节能减排的目标？多大程度的结构调整才能不降低国民收入，而又同时实现污染物排放的降低是关系到国计民生的重要问题，是政策制定机构最为关心的。

一、文献与理论分析

目前关于污染排放（环境污染）与经济发展的研究都基于“环境库兹涅茨曲线（EKC）”（Kuznet，1955），即经济增长和环境质量之间存在倒 U 型曲线的关系（Grossman and Krueger，1991；Bandyopadhyay and Shafik，1992；Panayotou，1993）。大量实证研究对不同地区和国家以及不同污染物都进行了

* 本文为国环保部“环保公益性行业科研专项”课题阶段性成果之一，项目号：201009066.

分析，部分研究支持了“倒 U”型关系（Copeland and Taylor，2004；Dasputaetal.，2002；Dinda，2004；陈华文和刘康兵，2004；刘荣茂等，2006；宋涛等，2006；刘金全等，2009）。只是对于不同的国家和地区，以及不同的污染物，经济增长与环境质量的临界点略有不同。也有一些研究对倒 U 型关系提出了异议，认为经济增长和环境质量之间是线性关系或“N”型关系（Stern，2004；Perman and Stern，2003；Shen and Hashimoto，2004）。

中国目前的研究大都基于 EKC 模型进行检验。彭水军和包群（2006）运用 1996～2002 年回顾省际慢板数据验证 EKC 假设，结果表明 EKC 很大程度上取决于污染指标和估计方法的选择。贺彩霞和冉茂盛（2009）采用 1998～2006 年中国 30 个省市的面板数据，发现国内东、中、西三大地区的人均收入与环境污染之间的关系存在显著的区域差异。宋涛等（2007）对 1960～2000 年人均 CO_2 与人均 GDP 关系的研究发现，人均 CO_2 与人均 GDP 呈倒 U 型关系。刘金全等（2009）发现中国 29 个省区 1989～2007 年人均废水排放量随人均收入增加呈先上升后下降的变化趋势，而人均固体废弃物产生量和人均废气排放量随人均收入增加呈单调上升趋势。吴玉萍等（2002）发现北京市各环境指标与人均 GDP 演替轨迹呈现显著的环境库兹涅茨曲线特征，但比发达国家较早实现了其环境库兹涅茨曲线转折点，且到达转折点的时间跨度小于发达国家。吴鹏举等（2009）发现 1982～2007 年东莞市人均废水排放量、人均废气排放量和大气能见度倒数与人均 GDP 和拟合曲线是三次曲线，人均废水和废气排放量总体上随人均 GDP 上升。刘海英等（2009）发现吉林省的经济发展水平和环境质量之间的关系并不符合典型的库兹涅茨曲线特征。目前，污染排放（环境污染）与经济发展在中国的情况结论尚不统一。

虽然关于 EKC 的研究成果非常丰富，但是，EKC 只是一种现象。Bruynetal.（1998）等研究发现，污染排放的减少能够通过经济结构调整以及技术结构调整实现。而经济结构以及技术结构的调整从一定程度上能够促进经济的发展，但是，这种促进作用取决于增长是否可持续以及环境污染对当下经济发展的影响（Mohtadi，1996）。因此，以往研究污染排放与经济发展所表现出的 EKC“倒 U”型关系只是一种现象，并非一般规律，“倒 U”型关系很可能是经济结构与经济发展的关系以及经济结构与污染排放的关系的复合，即污染排放与经济发展之间通过经济结构的调整从而产生相互影响，形成一定的关系。而较为深入的模型或者理论分析目前很少，实证研究更是凤毛麟角。

二、污染排放与经济发展的关系

1. EKC 模型问题

根据前文，实际上 EKC 只是一种现象，数据以及模型设定问题会造成实证结果的偏差，从而导致研究结论的不同。国内已有相关研究发现，中国的经济发展水平（人均 GDP）与污染物排放之间的关系符合 EKC 模型，即 U 型关系。而这些研究在模型设定、变量度量以及样本选取上也都存在一定的差异。表 1 为基于中国 1985～2009 年统计数据进行的废气污染物与经济发展之间关系的回归结果。（数据来源于《中国统计年鉴》以及中国国家统计局。）

表 1　废气污染物与经济发展的关系—基于 EKC 模型

变量	符号	人均废气		人均 SO_2		人均 COD	
		模型 1－1	模型 1－2	模型 2－1	模型 2－2	模型 3－1	模型 3－2
GDP	+	4.68e－5	6.05e－5	1.91e－07	3.49e－07	8.84e－12	1.60e－11
		(3.34)**	(3.50)**	(1.97)**	(2.67)**	(3.00)**	(2.10)**
GDP2	－	－5.31e－10	－1.12e－09	－3.26e－12	－9.89e－12	－1.66e－16	－4.43e－16
		(－3.56)**	(－3.18)**	(－2.42)**	(－3.09)**	(－5.05)**	(－1.66)*
GDP3	+		6.07e－15		6.66e－17		2.70e－21
			(2.28)**		(2.81)**		(1.11)
Poll_ 1	+	0.8822	0.8802	0.6190	0.6024	0.3770	0.3757
		(10.55)**	(10.86)**	(5.62)**	(5.84)**	(4.83)**	(5.02)**
N		492	492	491	491	248	248
Groups		31	31	31	31	31	31
R2		0.9122	0.9125	0.8578	0.8535	0.8015	0.7974

注：人均废气为人均工业废气排放总量（标立方米），人均 SO_2 为人均工业二氧化硫排放量（吨），人均 COD 为人均化学需氧量排放量（吨），GDP 为人均 GDP，GDP2 为人均 GDP 平方项，GDP3 为人均 GDP 立方项，Poll_ 1 为上一年度各项污染物人均排放量。回归采用固定效应模型，考虑了异方差采用 white－t 检验。

表 1 的结果显示：中国 1985～2009 年之间废气污染物（人均废气排放量与人均二氧化硫排放量）与经济发展符合 EKC 模型中认为的倒 U 型关系，同

时也表现出“N”型关系。为了进一步验证以上结果，表 2 采用了人均固体废物产生量和人均废水排放量作为被解释变量，检验污染物排放与经济发展之间的关系。

表 2　其他污染物与经济发展的关系—基于 EKC 模型

变量	符号	人均固体废物	人均固体废物	人均废水	人均废水
		模型 4-1	模型 4-2	模型 5-1	模型 5-2
GDP		1.04e-5	1.55e-5	2.78e-5	9.64e-5
		(4.49)***	(5.53)***	(0.87)	(2.51)**
GDP2		-1.40e-10	-3.88e-10	-8.27e-10	-4.20e-09
		(-4.11)***	(-4.61)***	(-1.28)	(-2.85)***
GDP3			2.66e-15		3.69e-14
			(3.56)***		(2.11)**
Poll_ 1		1.0147	1.0122	0.9200	0.9256
		(37.15)***	(34.72)***	(22.37)***	(22.97)***
N		632	632	667	667
Groups		31	31	31	31
R2		0.9596	0.9599	0.9624	0.9627

注：人均固体废物为人均工业固体废物产生量（吨），人均废水为人均工业废水排放量（吨），GDP 为人均 GDP，GDP2 为人均 GDP 平方项，GDP3 为人均 GDP 立方项，Poll_ 1 为上一年度各项污染物人均排放量。回归采用固定效应模型，考虑了异方差采用 white-t 检验。

与表 1 的结果相同，人均固体废物与经济发展符合倒 U 型关系，也符合“N”型关系，而人均废水与经济发展的关系则只符合“N”型关系。表 1 和表 2 的回归结果说明了 EKC 模型所描绘出的经济发展与污染物排放之间的关系受到模型设定、变量设计以及样本选取的显著影响，不同研究得到的不同曲线很大程度上是实证检验中的偏差。而经济发展与污染物排放之间的关系到底如何？这可能是一种伪回归，实际上存在最终约束或者决定变量。

2. 经济结构与污染物排放

经济结构的改善可能会在短期内使得经济发展放缓甚至下滑，也可能在短期内就实现促进经济发展。对于前一种情况，人均 GDP 与污染排放的关系就表现为倒 U 型关系，即人均 GDP 随着经济结构的改善可能先下降，同时污染排放也表现为下降，之后人均 GDP 提高，污染排放进一步下降。对于后一种情况，人均 GDP 与污染排放的关系可能也会出现倒 U 型关系，即人均 GDP 随着经济结构的改善可能经历平台期，之后出现上升，而污染排放也随着经济结构的改善而降低。因此，如果单从人均 GDP 与污染排放的统计上来看，两者之间可能呈现线性、倒 U 型和 N 型关系，即目前关于污染排放和经济发展研究所得到的一些可能的关系。这只是从数据统计上表现出的表象，两者之间的经济意义实际上是通过经济结构和经济结构调整所联系的。Bruynetal.（1998）等研究发现，污染排放的减少能够通过经济结构调整以及技术结构调整实现。而经济结构以及技术结构的调整从一定程度上能够促进经济的发展，但是，这种促进作用取决于增长是否可持续以及环境污染对当下经济发展的影响（Mohtadi，1996）。因此，以往研究污染排放与经济发展所表现出的 EKC“倒 U”型关系只是一种现象，并非一般规律，“倒 U”型关系很可能是经济结构与经济发展的关系以及经济结构与污染排放的关系的复合，即污染排放与经济发展之间通过经济结构的调整从而产生相互影响，形成一定的关系。

表 3 是经济结构与废气污染物排放量之间关系的检验结果，采用中国 1985～2009 年的统计数据进行的面板数据回归。模型 6－1 和 6－2 采用人均废气排放量作为被解释变量，模型 7－1 和 7－2 采用人均二氧化硫（SO_2），模型 8－1 和 8－2 采用人均化学含氧量（COD）。

表 3　经济结构与废气污染物排放量关系

变量	符号	人均废气		人均 SO_2		人均 COD	
		模型 6－1	模型 6－2	模型 7－1	模型 7－2	模型 8－1	模型 8－2
Third	+	3.6328	9.7774	0.03507	0.0927	3.15e－07	1.48e－06
		(3.04)***	(1.51)	(2.23)**	(1.40)	(0.13)	(0.08)
Third2	－	－3.5717	－16.7859	－0.0460	－0.1702	－2.07e－06	－4.46e－06
		(－3.30)***	(－1.21)	(－2.61)**	(－1.22)	(－0.75)	(－0.12)
Third3	+		8.9567		0.0840		1.52e－06
			(0.97)		(0.92)		(0.07)
Poll_ 1		1.0350	1.0343	0.6891	0.6884	0.3765	0.3765
		(25.14)***	(25.05)***	(7.92)***	(7.93)***	(5.24)***	(5.20)***

续表 3

变量	符号	人均废气		人均 SO_2		人均 COD	
		模型 6－1	模型 6－2	模型 7－1	模型 7－2	模型 8－1	模型 8－2
N		492	492	491	491	248	248
Groups		31	31	31	31	31	31
R2		0.9198	0.8687	0.9195	0.8692	0.5847	0.5795

注：人均废气为人均工业废气排放总量（标立方米），人均 SO_2 为人均工业二氧化硫排放量（吨），人均 COD 为人均化学需氧量排放量（吨），Third 为第三产业占 GDP 比例，Third2 为 Third 的平方项，Third3 为 Third 的立方项，Poll_ 1 为上一年度各项污染物人均排放量。回归采用固定效应模型，考虑了异方差采用 white－t 检验。

表 3 的结果说明：经济结构（第三产业占 GDP 的比例）与废气污染物排放量（人均工业废气排放量与人均 SO_2 排放量）之间呈现倒“U”型关系，与 EKC 模型预计的关系是一致的，也就是说 EKC 很可能描绘的是经济结构与污染物排放之间的直接关系。

表 4 又进一步采用其他污染物排放进行检验。模型 9－1 和 9－2 为人均固体废物，模型 10－1 和 10－2 人均废水。人均固体废物与经济结构之间呈现倒“U”型关系，而人均废水也基本符合这一关系，但统计上不够显著。

表 4　经济结构与其他污染物

变量	符号	人均固体废物	人均固体废物	人均废水	人均废水
		模型 9－1	模型 9－2	模型 10－1	模型 10－2
Third	+	1.5296	4.2650	5.6391	－3.9715
		(4.24)***	(2.22)***	(0.81)	(－0.06)
Third2	－	－1.5628	－7.9778	－15.7687	7.2374
		(－3.90)***	(－1.93)**	(－1.69)*	(0.05)
Third3			4.6782		－17.0749
			(1.63)		(－0.15)
Poll_ 1		1.0792	1.0793	0.9008	0.9010
		(51.87)***	(52.20)***	(18.65)***	(18.56)***
N		632	632	667	667
Groups		31	31	31	31

续表 4

变量	符号	人均固体废物	人均固体废物	人均废水	人均废水
		模型 9 - 1	模型 9 - 2	模型 10 - 1	模型 10 - 2
R2		0.9600	0.9602	0.9627	0.9615

注：人均固体废物为人均工业固体废物产生量（吨），人均废水为人均工业废水排放量（吨），Third 为第三产业占 GDP 比例，Third2 为 Third 的平方项，Third3 为 Third 的立方项，Poll_ 1 为上一年度各项污染物人均排放量。回归采用固定效应模型，考虑了异方差采用 white - t 检验。

总之，表 3 和表 4 的实证研究发现，经济结构与污染物排放之间也呈现出与 EKC 模型预测一致的倒“U”型关系，在一定程度上说明 EKC 模型在一定程度上忽略了经济结构的问题。

3. 经济结构与经济发展

如果经济结构与经济发展之间呈线性关系，那么，经济结构与污染物排放之间的倒“U”型关系就很好的解释了 EKC 模型，而实际上，经济结构与经济发展之间并非呈现简单的线性关系。

过度依赖第一产业和第二产业的经济结构会造成“高能耗、高污染、低效益”，单位产品资源消耗明显较高。这种经济增长方法不可持续，资源环境代价过大，容易产生能源短缺、生态破坏、环境污染等一系列环境恶化问题。进行经济结构调整可以从一定程度上降低对于资源消耗的过度依赖，但是经济结构调整的速度和步骤会影响到经济发展和经济增长水平。经济结构也是存在上限的，不可能经济比重中完全是第三产业，需要第一和第二产业的贡献。当经济结构中第一、第二和第三产业的比重达到一定比例时，经济发展也会达到最优。这种情况下再进行经济结构的调整甚至会对经济发展产生负面影响。不论是政府主导的经济结构调整，还是市场机制形成的经济结构调整，当达到最优比例时，便不会再进行更大比例的第三产业调整。

表 5 是采用中国 1985 ~2009 年统计数据进行了经济结构与经济发展关系的实证检验，模型 11 - 1 为二次方关系，模型 11 - 2 为三次方关系。

表 5　经济结构与经济发展

变量	符号	人均 GDP 增长	
		模型 11-1	模型 11-2
Third	+	9166.226	26183.21
		(3.18)***	(1.86)*
Third2	-	-6032.652	-46716.39
		(-1.97)**	(-1.42)
Third3	+		30230.04
			(1.27)
N		669	669
Groups		31	669
R2		0.0345	0.0399

注：人均 GDP 增长为当期人均 GDP 减去上期人均 GDP，Third 为第三产业占 GDP 比例，Third2 为 Third 的平方项，Third3 为 Third 的立方项。回归采用固定效应模型，考虑了异方差采用 white-t 检验。

表 5 的结果显示：经济结构与经济发展之间呈非线性的倒“U”型关系，即随着经济结构的调整（第三产业比重的上升），经济发展是呈现上升趋势。但是，当经济结构偏离了最优结构时（第三产业比重进一步上升），这种情况对经济发展会产生负面效应。因为第三产业比例上升进一步压缩了第一和第二产业的存在，而这些在一定程度上是支撑第三产业以及整个经济的基石。因此，经济结构与经济发展之间也呈倒“U”型关系。而经济结构的拐点大概在 76%，这一比例与国外发达经济结构大致相同。也就意味着当经济结构（第三产业占国民经济比例）上升到一定程度（76%）之前，经济结构的调整都能够促进经济的发展，即提高人均 GDP。

结合表 3、表 4 和表 5，我们不难发现，经济结构与经济发展之间呈倒“U”型关系，而经济结构又与污染物排放之间呈倒“U”型关系，进行一定的叠加，经济发展很可能与污染物排放呈现倒“U”型关系，即 EKC 所描绘的关系。

4. 经济结构调整对污染排放的影响

以上的结果表明，经济结构的调整会在一定范围之内促进经济发展，但对于污染物排放的影响是经济结构的调整在一定范围内首先增加污染物的排放，在超过一定经济结构比例的情况下，才会降低污染物排放。那么，在一定的经济发展状况下，经济结构调整最终是如何影响污染物排放的呢？表6为采用中国1985～2009年统计数据对经济结构、经济发展以及污染物排放之间关系进行的回归结果。

表6　经济结构、经济发展与污染物排放

变量	符号	人均废气	人均 SO_2	人均 COD
		模型12-1	模型12-2	模型12-3
Third	+	7.9674	0.0592968	-2.54e-06
		(3.22)***	(2.55)**	(-0.50)
Third2	-	-12.2698	-0.091799	2.51e-06
		(-3.36)***	(-2.67)***	(0.36)
GDP	+	6.9e-5	2.75e-07	1.44e-11
		(3.26)***	(1.93)*	(2.10)**
GDP2	-	-7.28e-10	-4.71e-12	-1.59e-16
		(-3.44)***	(-2.71)***	(-3.17)***
Third* GDP	-	6.77e-5	-3.59e-07	-3.70e-11
		(-2.34)**	(-1.45)	(-2.28)**
Third2* GDP	+	4.61e-5	4.33e-07	-4.27e-12
		(1.82)*	(2.12)**	(-0.19)
Poll_ 1	+	0.8148	0.5668	0.3621
		(8.28)***	(4.90)***	(5.62)***
N		492	491	248
Groups		31	31	31
R2		0.9112	0.8397	0.7278

注：人均废气为人均工业废气排放总量（标立方米），人均 SO_2 为人均工业二氧化硫排放量（吨），人均 COD 为人均化学需氧量排放量（吨），Third 为第三产业占 GDP 比例，Third2 为 Third 的平方项，GDP 为人均 GDP，GDP2 为人均 GDP 平方项，Poll_ 1 为上一年度各项污染物人均排放量。回归采用固定效应模型，考虑了异方差采用 white-t 检验。

表6结果显示：控制了已有经济发展水平，经济结构与废气污染物排放之

间依旧呈现倒“U”型关系，与表3结果一致。而经济发展水平与废气污染物排放之间也呈现倒“U”型关系，符合EKC理论。Third*GDP以及Third2*GDP考察了在一定的经济发展情况下，经济结构调整如何影响废气污染物排放（人均废气、人均SO_2和人均COD）。当经济结构在一定程度内调整时，会降低废气污染物排放，这是因为经济结构的调整能够促进经济发展。而当经济结构调整超出一定范围时，会带来污染物排放的增多，原因在于经济结构的进一步调整会影响经济发展，同时伴随污染物的排放增多。

三、总结

目前关于污染排放（环境污染）与经济发展的研究都基于“环境库兹涅茨曲线（EKC）”，但是，这种关系只是一种现象，并不是普遍存在的规律。污染排放与经济发展之间的经济意义实际上是通过经济结构和经济结构调整所联系的。随着经济结构的改善，污染排放呈现逐渐下降的趋势。但是经济结构的改善可能会在短期内使得经济发展放缓甚至下滑，也可能在短期内就实现促进经济发展。从统计上来讲，就表现为倒U型关系。本文采用中国1985～2009年的统计数据，对经济结构、经济发展以及污染物排放的关系进行的实证研究，指出了EKC模型存在的问题，进一步论述了基于经济结构调整所体现出的经济发展与污染物排放的倒U型曲线。本文通过实证分析验证了经济结构调整的必要性，以及节能减排和环境治理中经济结构调整所体现的作用，为政策的制定提供了一定的借鉴和支持。

（牛海鹏，中国人民大学商学院；朱松，北京师范大学经济与工商管理学院）

污染排放与经济发展的双向影响研究*

朱　松　张平淡　蒋洪强

中国经济发展目前面临着经济结构不合理、经济增长质量不高的问题。而资源短缺、环境污染、生态失衡现象依然十分明显。“高能耗、高污染、低效益”的传统工业经济始终保持着主导力量，使中国经济增长的资源环境代价过大，能源短缺、生态破坏、环境污染等一系列环境问题不断恶化。因此，经济发展与资源环境的矛盾已经成为中国经济稳定和可持续增长所面临的重大挑战。当前中国政府一直将“治污减排”视作经济结构调整的首要任务，尤其是《国家环境保护“十一五”规划》发布后，各地区、各部门综合运用法律、经济、技术及必要的行政手段，积极推动环境质量改善，“治污减排”取得突破性进展。如，2008 年，全国 COD 和 SO_2 排放量分别比 2005 年下降 6.61% 和 8.95%，但环境污染总体尚未得到遏制，环境监管能力依然滞后，形势依然严峻。

环境对于经济发展的影响表现在很多方面，包括直接影响生产（Mohtadi，1996），以及间接的限制和废除规定等（Rosendahl，1996）。好的环境会对经济产生积极作用，而反过来经济活动反而对环境产生负面影响（VandenBergh，1993）。已有研究常常注重经济增长对环境的作用，忽略了经济增长与环境质量变化之间的双向反馈机制。本文试图建立滞后影响联立模型来探讨污染排放与经济发展之间的双向影响关系。

---

* 本文为国环保部“环保公益性行业科研专项”课题阶段性成果之一，项目号：201009066.

一、文献回顾

关于污染排放（环境污染）与经济发展的研究大都基于“环境库兹涅茨曲线（EKC）”（Kuznet，1955），即经济增长和环境质量之间存在倒U型曲线的关系（Grossman and Krueger，1991；Bandyopadhyay and Shafik，1992；Panayotou，1993）。对不同地区和国家以及不同污染物进行的实证部分支持了“倒U”型关系（CopelandandTaylor，2004；Dasputaetal.，2002；Dinda，2004），但也有一些研究对倒U型关系提出了异议，认为经济增长和环境质量之间是线性关系或“N”型关系（Stern，2004；Perman and Stern，2003；Shen and Hashimoto，2004）。我国目前部分研究支持倒U型关系（宋涛等，2007；刘金全等，2009；吴玉萍等，2002），但贺彩霞和冉茂盛（2009）发现国内东、中、西三大地区的人均收入与环境污染之间的关系存在显著的区域差异，部分地区的经济发展水平和环境质量之间的关系并不符合典型的库兹涅茨曲线特征（刘海英等，2009）。归其原因，可能是认为EKC很大程度上取决于污染指标和估计方法的选择（彭水军和包群，2006）。总之，关于污染排放（环境污染）与经济发展的关系研究结论尚不统一。

虽然关于EKC的研究成果非常丰富，但是，EKC只是一种现象。Bruynetal.（1998）等研究发现，污染排放的减少能够通过经济结构调整以及技术结构调整实现。而经济结构以及技术结构的调整从一定程度上能够促进经济的发展，但是，这种促进作用取决于增长是否可持续以及环境污染对当下经济发展的影响（Mohtadi，1996）。已有研究常常注重经济增长对环境的作用，却忽略了经济增长与环境质量变化之间的双向反馈机制。事实上，随着经济增长导致越来越严重的环境污染与消费者对环境质量要求的提高，环境已经成为经济社会的重要稀缺资源。在这种情况下，环境变化、资源的开采及利用方式、污染排放等均会影响到产出变化与消费偏好，从而对经济增长产生反作用，对于长期稳定的持续经济增长而言，这种反作用更为明显（贺彩霞、冉茂盛，2009）。

环境对于经济发展的影响表现在很多方面，包括直接影响生产（Mohtadi，1996），以及间接的限制和废除规定等（Rosendahl，1996）。一些研究基于外生增长理论（Lucas，1988）在经济增长模型中引入了环境问题的影响（Smulders，1995），发现经济活动会对环境产生负的外部性（Huang and Cai，1994；Musu and Lines，1993；Michel and Rotillon，1995）。好的环境会对经济产生积极作用，而反过来经济活动反而对环境产生负面影响（Vanden Bergh，1993）。而实际上，追求好的环境治理并不会阻碍经济增长和发展，而且环境管制与经济增长之间还会呈现一定程度的正相关关系。不过，目前国内外研究对此并没有一致的结论。一些研究发现环境管制对生产力、投资效率以及经济发展有积极作用（Jaffeetal.，1995；Ederingtonetal.，2005；Fredrikssonetal.，2003；Listetal.，2003；Chintrakarn，2008），但也有研究发现有显著负面影响（Berman and Bui，2001；Henderson and Millimet，2005）。随着人们环境质量需求弹性的增加，政府对环境质量的重视，环境对企业生产行为的约束机制正逐步形成，但可能由于人们通过自身消费影响产出的作用有限和环境政策实施存在滞后性等原因，这种机制的形成存在一定滞后，从而影响到经济发展。而已有研究大都简单采用 Granger 因果检验来验证环境政策（治污减排或者污染排放）是否是经济发展的原因（贺彩霞和冉茂盛，2009；Fodha and Zaghdoud，2010），对于环境对经济发展的滞后影响以及影响机制都没有进行深入探讨。

节能减排是指减少能源浪费和降低污染排放，是环境管制中的一项重要措施。节能减排可以通过以下几个途径完成：控制高耗能、高污染行业过快增长，加快淘汰生产能力落后的企业，调整产业结构；加快废水污染和废气污染治理，发展循环经济；依靠科技力量，加强环境保护（瞿凡和李善同，1998）。一些研究发现节能减排对生产力与经济发展产生负面影响（Smith，1996；王翠花，2003；陈文颖等，2004；蒋洪强等，2009）。当然，也有一些研究发现节能减排具有正面影响（王齐，2005；蒋洪强等，2005；赵海东，2007；蒋洪强等，2009）总之，目前关于节能减排对生产力与经济发展产生的影响研究尚无一致结论。

二、研究设计

1. 模型设定

由于经济发展与污染物排放之间存在双向影响（贺彩霞和冉茂盛，2009；Fodha and Zaghdoud，2010），因此本文采用联立模型对此进行研究。模型设定如下：

$$Pollu_t = \alpha + \beta_1 GDP_t + \beta_2 GDP_t + \beta_3 GDP_t + \beta_4 Tech_t + \beta_5 Invest_t + \beta_6 Pollu_{t-1} + \varepsilon \quad (1)$$

$$GDP_t = \alpha + \gamma_1 Pollu_t + \gamma_2 Pollu_{t-1} + \gamma_3 Pollu_{t-2} + \gamma_4 Pollu_{t-3} + \gamma_5 GDP_{t-1} + \gamma_6 Structure_{t-1} + \gamma_7 Invest_t + \gamma_8 Labor_t + \varepsilon \quad (2)$$

模型 1 为经济发展对污染排放的影响。由于 EKC 假设非线性关系，而很多研究发现经济发展对污染排放存在其他非线性关系（Stern，2004；PermanandStern，2003；Shen and Hashimoto，2004），因此模型 1 采用了三次方模拟非线性关系（GDP、GDP2、GDP3）。另外，在 EKC 模型基础上增加了技术（Tech）以及投资（Invest）因素对污染排放的制约。

模型 2 为污染排放对经济发展的影响。考虑到污染的滞后影响，模型中加入了当期污染排放（Pollut）、滞后 1 期（Pollut - 1）、滞后 2 期（Pollut - 2）以及滞后 3 期（Pollut - 3）的污染排放。同时，模型也考虑了现有经济结构（Structure）、资本投资（Invest）、劳动就业（Labor）等因素的影响。

2. 变量定义

经济发展采用国内生产总值来衡量，回归中采用国内生产总值的自然对数（GDP）以降低规模差异的影响。GDP2 为 GDP 的二次方，GDP3 为 GDP 的三次方。

污染物包括工业废气、工业二氧化硫、化学含氧量、工业固体废物以及工业废水，回归中采用人均指标。Pollut、Pollut - 1、Pollut - 2、Pollut - 3 分别代表当期、滞后 1 期、滞后 2 期和滞后 3 期的人均污染排放。Gas 为人均工业废气排放量（标立方米），SO_2 为人均工业二氧化硫排放量（吨），COD 为人均化学含氧量（顿），Solid 为人均工业固体废物产生量（吨），Water 为人均工业废水排放量（吨）。

技术（Tech）因素对污染排放的制约采用各地人均技术市场成交额（单位：元/人）衡量，投资（Invest）的影响采用各地人均全社会固定资产投资（单位为元/人）衡量。现有经济结构（Structure）对经济发展的影响采用上期第三产业占 GDP 的比重衡量，资本投资（Invest）采用各地人均全社会固定资产投资（单位为元/人）衡量，劳动就业（Labor）的影响采用各地职工人数占各地总人口的比例。

3. 数据样本

本文从中国统计年鉴（1985 ~ 2010）收集了中国 31 个省的污染物排放数

据（工业废气数据期间为 1991 ~ 2009 年，工业二氧化硫数据期间为 1991 ~ 2009 年，化学含氧量数据期间为 2000 ~ 2009 年，工业固体废物数据期间为 1986 ~ 2009 年，工业废水排放数据期间为 1985 ~ 2009 年）、各地 GDP、技术市场成交额、全社会固定资产投资、各地总人口以及年底职工人数。

由于回归中考虑了滞后 3 期的影响，因此回归样本中有所缺失。同时，删除了其他数据缺失的样本，最终为 1998 ~ 2009 年全国 30 个的 350 个样本点。化学含氧量 COD 数据为 2003 ~ 2009 年，样本为 210 个。

为了进一步考察不同地域在污染排放与经济发展之间关系的差异，本文将样本分为东部地区与中西部地区，东部地区包括：北京、天津、河北、山西、内蒙古、辽宁、吉林、黑龙江、上海、江苏、浙江、安徽、福建、山东、广东、广西和海南，共计 199 个样本（COD 为 119 个）。中西部地区包括：江西、河南、湖北、湖南、重庆、四川、贵州、云南、陕西、甘肃、青海、宁夏和新疆。由于西藏地区数据缺失，因此没有包括西藏，共计 151 个样本（COD 为 91 个）。

所有数据来自于中国统计年鉴（1985 ~ 2010）。

三、实证检验

1. 描述性统计

图 1 为中国 1985 年到 2009 年三种污染物人均排放情况以及变化趋势。其中，人均废气为人均工业废气排放总量（标立方米），人均固体废物为人均工业固体废物产生量（吨），人均废水为人均工业废水排放量（吨）。其中只有人均废水呈一定的下降趋势，而人均固体废物以及人均废气都呈不断上升的趋势。从污染物变化趋势来看，也呈现一定上升情况。

污染物排放增多的趋势是伴随经济发展的必然结果。而随着国际上对于环境问题的不断重视，国家在环境保护以及污染治理问题上进行了大量的投入，以期解决和减少发展中的污染问题。那么，治污减排的各项工作对目前经济发展是否产生影响，即环境的改善是否有利于经济发展？

2. 单位根检验

表 1 为 1998 年到 2009 年中国各省经济发展与各种污染排放情况的单位根检验。ADF 和 Phillips-Perron 检验都显示，不论是经济发展（GDP 自然对数）

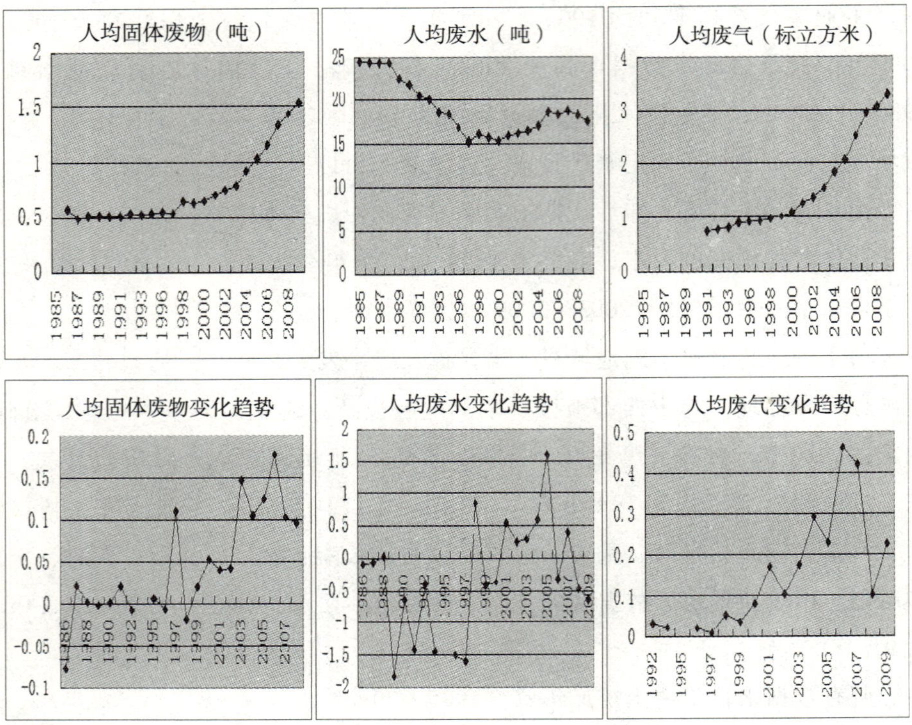

图 1　中国 1985 ~2009 年人均污染物排放情况

数据来源：《中国统计年鉴》以及中国国家统计局，经整理。

还是各种污染物排放（人均工业废气、人均工业二氧化碳、人均化学含氧量、人均工业固体废物、人均工业废水）都拒绝了单位根检验，即各项数据都是平稳的。

表 1　单位根检验

	ADF	Phillips-Perron
GDP	-3.6671***	-9.7443***
Gas	-4.9521***	-9.1923***
SO_2	-7.0377***	-15.4153***
COD	-2.6049*	-6.5720***
Solid	-5.1230***	-7.3663***
Water	-9.4541***	-15.7358***

注：***，**，*分别表示在 0.01、0.05 和 0.10 水平上显著。

3. 协整检验

由于各项数据都是平稳序列，因此表2对1998～2009年中国各省经济发展与各种污染排放之间的协整关系进行了检验（Johanson协整检验）。Trace统计量和Max-Eigen统计量都高度显著，即经济发展（GDP自然对数）与各项污染物排放（人均工业废气、人均工业二氧化碳、人均化学含氧量、人均工业固体废物、人均工业废水）都是协整的。

表2　协整检验

GDP	Trace-Statistic	Max-EigenStatistic
Gas	86.3087***	55.3666***
SO_2	74.5090***	45.6792***
COD	36.3422***	20.7244***
Solid	111.6170***	75.1311***
Water	145.5810***	124.5758***

注：***，**，*分别表示在0.01、0.05和0.10水平上显著。

4. Granger因果检验

经济发展会造成污染排放，不同经济发展速度以及程度对污染排放的影响不同。而随着环境问题的恶化，全球各国政府以及其他机构对于污染问题的重视和加强，人民不断发展环境以及污染排放会明显制约和影响经济发展。也就是说，经济发展不仅决定污染排放，同时也会受到环境和污染排放的制约。两者之间存在双向影响的关系，互为因果。

表3为1998年到2009年中国各省经济发展与污染排放情况的Granger因果检验（贺彩霞和冉茂盛，2009；FodhaandZaghdoud，2010）。考虑到滞后影响，经济发展（GDP）是污染排放的Granger原因（人均废气情况不显著），而污染排放同时也会严重影响和制约经济发展。除人均化学含氧量外，其他污染排放都是经济发展的Granger原因。

表3　经济发展与污染排放 Granger 因果检验

			F值	P值	结果
经济发展对污染排放的影响	GDP 不是 Gas 的原因	滞后3期	0.9482	0.4174	不拒绝
	GDP 不是 SO_2 的原因	滞后3期	3.2541	0.0219	拒绝
	GDP 不是 COD 的原因	滞后3期	2.2306	0.0858	拒绝
	GDP 不是 Solid 的原因	滞后3期	4.4999	0.0041	拒绝
	GDP 不是 Water 的原因	滞后3期	8.7928	0.0000	拒绝
污染排放对经济发展的影响	Gas 不是 GDP 的原因	滞后3期	7.2685	0.0001	拒绝
	SO_2 不是 GDP 的原因	滞后3期	4.5858	0.0037	拒绝
	COD 不是 GDP 的原因	滞后3期	0.9394	0.4226	不拒绝
	Solid 不是 GDP 的原因	滞后3期	4.7293	0.0030	拒绝
	Water 不是 GDP 的原因	滞后3期	2.8374	0.0381	拒绝

注：***，**，*分别表示在0.01、0.05和0.10水平上显著。

5. 回归分析

Granger 检验的结果表明经济发展与污染排放之间相互影响，互为因果。因此本文进一步采用联立方程，控制其他因素进行回归分析。表4回归检验了废气排放与经济发展之间的相互关系。前2列为工业废气的情况，中间2列为工业二氧化硫，最后2列为化学含氧量。

在经济发展对污染排放的回归中，GDP 系数在所有三个方程中都显著为负，二次方项 GDP2 的系数显著为正，三次方项 GDP3 的系数也都显著为负，表明经济发展与废气排放（包括 SO_2 和 COD）呈非线性倒 N 型关系。这与 EKC 研究倒 U 型关系有一定的差异。

而在污染排放对经济发展的回归中，当期污染排放 Pollut 的系数显著为正，即当期污染排放越多，经济发展越好，因为第一第二产业的发展会伴随较多的污染排放。滞后1期的污染排放 Pollut－1 的系数显著为负，表明上期环境污染越严重，当期经济发展越差，也就是说污染排放会对经济发展产生抑制和约束。滞后2期的污染排放 Pollut－2 的系数也都为负，但只在废气回归中显著，二氧化硫和 COD 回归中不显著。滞后3期的污染排放 Pollut－3 的系数在废气回归中也显著为正，其他两个回归中不显著。总之，废气污染排放对经济发展会产生负面影响，制约经济的发展。废气（包括二氧化硫和 COD）排放越多，对以后期间的经济发展负面影响越大。换而言之，废气污染排放越少，经济发展越好。

表4　废气污染排放与经济发展的双向影响

变量	废气（Gas）		二氧化硫（SO_2）		化学含氧量（COD）	
	$Pollu_t$	GDP_t	$Pollu_t$	GDP	$Pollu_t$	GDP_t
GDP_t	−42.9813		−0.1255		−0.2449	
	(−3.94)***		(−2.68)***		(−2.22)**	
$GDP2_t$	5.4057		0.0157		0.0297	
	(3.94)***		(2.68)***		(2.23)**	
$GDP3_t$	−0.2231		−0.0006		−0.0012	
	(−3.93)***		(−2.67)***		(−2.25)**	
GDP_{t-1}		1.0130		1.0323		0.9951
		(91.99)***		(50.81)***		(177.48)***
$Pollu_t$		0.3451		108.5986		31.8841
		(4.80)***		(2.78)***		(17.10)***
$Pollu_{t-1}$	0.9903	−0.2502	0.9825	−102.1744	0.9280	−28.7933
	(26.56)***	(−5.37)***	(55.14)***	(−2.76)***	(12.04)***	(−7.97)***
$Pollu_{t-2}$		−0.0797		−2.1762		−2.3197
		(−1.86)*		(−0.31)		(−0.84)
$Pollu_{t-3}$		−0.0525		−1.0589		2.3094
		(−2.34)**		(−0.19)		(1.08)
$Tech_1$	−0.0002		−3.10e−07		6.17e−07	
	(−3.03)***		(−1.61)		(1.33)	
$Invest_t$	1.01e−05	5.10e−07	−7.83e−08	8.87e−06	−3.93e−07	1.2e−05
	(1.32)	(0.19)	(−2.32)**	(2.07)**	(−7.12)***	(10.44)***
$Structure_{t-1}$		0.3084		0.2025		−0.0923
		(1.02)		(0.90)		(−1.07)
$Labor_t$		0.2038		−0.0293		−0.6420
		(0.86)		(−0.10)		(−1.38)
N	350	350	350	350	210	210
$R-sq$	0.8406	0.9746	0.9112	0.9213	0.4663	0.9897

注：***，**，*分别表示在0.01，0.05和0.10水平下显著。

表5对其他两类污染物（固体废物和废水）排放与经济发展之间的相互

影响进行了回归检验。同样，在经济发展对污染排放的回归中，GDP 系数在所有三个方程中都显著为负，二次方项 GDP2 的系数显著为正，三次方项 GDP3 的系数也都显著为负，表明经济发展与固体废物和废水排放呈非线性倒 N 型关系，与废气情况相同。在污染排放对经济发展的回归中，当期污染排放 Pollut 的系数显著为正，滞后 1 期的污染排放 Pollut－1 的系数显著为负，表明上期环境污染越严重，当期经济发展越差，也就是说污染排放会对经济发展产生抑制和约束。总之，固体废物排放和废水排放都对经济发展产生了负面影响。

表 5　其他污染物排放与经济发展的双向影响

变量	固体废物（Solid）		废水（Water）	
GDP_t	－15.7308		－125.4437	
	(－4.25)***		(－3.76)***	
$GDP2_t$	1.9797		15.8096	
	(4.24)***		(3.81)***	
$GDP3_t$	－0.0817		－0.6520	
	(－4.24)***		(－3.85)***	
GDP_{t-1}		1.0162		0.9845
		(93.53)***		(56.96)***
$Pollu_t$		1.0087		0.1102
		(4.92)***		(2.29)**
$Pollu_{t-1}$	1.0443	－0.9402	0.9499	－0.1050
	(52.66)***	(－4.62)***	(64.62)***	(－2.32)**
$Pollu_{t-2}$		－0.0759		0.0008
		(－1.29)		(0.14)
$Pollu_{t-3}$		－0.0835		－0.0025
		(－1.68)*		(－0.59)
$Tech_t$	－0.0001		－0.0006	
	(－3.14)***		(－4.44)***	
$Invest_t$	2.94e－06	－1.49e－06	－4.3e－05	6.69e－06
	(1.08)	(－0.71)	(－1.54)	(2.42)**
$Structure_{t-1}$		0.3203		0.4068
		(2.18)***		(2.08)**

续表 5

变量	固体废物(Solid)		废水(Water)	
$Labor_t$		0.1795		0.1349
		(0.80)		(0.41)
N	350	350	350	350
R - sq	0.9197	0.9766	0.9269	0.9340

注：***，**，*分别表示在0.01、0.05和0.10水平下显著。

由于中国地区之间经济发展差异较大，尤其是产业结构有明显不同。而经济发展与污染排放的双向影响是否在不同地域会有所差异？相对于东部地区，中西部发展较为落后，产业结构相对不够合理，那么经济发展与污染排放的关系是否依旧是种非线性的倒 N 型？以下我们分地区进行检验：

（1）东部地区

表 6 对东部地区经济发展与各种污染排放（废气、二氧化硫、化学含氧量、固体废物和废水）之间的相互关系进行了检验，依旧采用联立方程。

在经济发展对污染排放的回归中，GDP 系数在除 COD 以外的方程中都显著为负，二次方项 GDP2 的系数也是在除 COD 以外的方程种显著为正，三次方项 GDP3 的系数也在除 COD 以外的方程显著为负，表明经济发展与废气、SO_2、固体废物和废水排放呈非线性倒 N 型关系。在污染排放对经济发展的回归中，当期污染排放 Pollut 的系数显著为正，滞后 1 期的污染排放 Pollut - 1 的系数显著为负，其他滞后项只在废气和 SO_2 的回归中显著。也就是说，东部地区污染排放对经济发展产生了负面影响，制约经济的发展。

总之，表 6 的结果表明，中国东部地区经济发展与污染排放之间呈非线性的倒 N 型关系，而污染排放会显著影响以后的经济发展水平。

（2）中西部地区

表 7 对中西部地区经济发展与各种污染排放（废气、二氧化硫、化学含氧量、固体废物和废水）之间的相互关系进行了检验，同样采用联立方程。

在经济发展对污染排放的回归中，GDP、GDP2 和 GDP3 的系数在除 COD 和废水的方程中都显著，且与之前全国情况一致，表明中西部地区的经济发展与废气、SO_2、固体废物排放呈非线性倒 N 型关系。在污染排放对经济发展的回归中，当期污染排放 Pollut 的系数显著为正，滞后 1 期的污染排放 Pollut - 1

表6　污染物排放与经济发展的双向影响——东部地区

变量	废气（Gas）		二氧化硫（SO_2）		化学含氧量（COD）		固体废物（Solid）		废水（Water）	
	$Pollu_t$	GDP_t	$Pollu_t$	GDP	$Pollu_t$	GDP_t	$Pollu_t$	GDP_t	$Pollu_t$	GDP_t
GDP_t	-37.7371		-0.2812		0.3393		-24.3603		-264.7103	
	(-1.71)*		(-2.43)**		(1.49)		(-3.05)***		(-2.74)***	
$GDP2_t$	4.5225		0.0334		-0.0393		2.9130		31.7694	
	(1.71)*		(2.42)**		(-1.48)		(3.05)***		(2.74)***	
$GDP3_t$	-0.1784		-0.0013		0.0015		-0.1147		-1.2524	
	(-1.71)*		(-2.41)**		(1.47)		(-3.05)***		(-2.75)***	
$Pollu_t$		0.3926		82.1711		31.8720		0.9561		0.0997
		(9.18)***		(5.71)***		(20.86)***		(9.01)***		(3.94)***
$Pollu_{t-1}$		-0.2710		-72.1874		-38.9038		-0.8972		-0.0994
		(-10.23)***		(-5.75)***		(-8.13)***		(-8.59)***		(-3.87)***
$Pollu_{t-2}$		-0.1224		-10.5070		8.9983		-0.0745		0.0059
		(-4.02)***		(-2.13)**		(0.84)		(-1.51)		(1.12)
$Pollu_{t-3}$		-0.0412		2.3128		0.0423		-0.0742		-0.0021
		(-2.21)**		(0.75)		(0.02)		(-1.76)*		(-0.60)
其他变量	控制	控制	控制	控制	控制	控制	控制	控制	控制	控制
N	199	199	199	199	119	119	199	199	199	199
R-sq	0.8683	0.9432	0.8806	0.9386	0.4689	0.9882	0.9397	0.9658	0.9276	0.9300

注：***，**，*分别表示在0.01，0.05和0.10水平下显著。

表7　污染物排放与经济发展的双向影响—中西部地区

变量	废气（Gas）		二氧化硫（SO_2）		化学含氧量（COD）		固体废物（Solid）		废水（Water）	
	$Pollu_t$	GDP_t	$Pollu_t$	GDP	$Pollu_t$	GDP_t	$Pollu_t$	GDP_t	$Pollu_t$	GDP_t
GDP_t	-28.0033		-0.1441		-0.2195		-9.8719		147.6646	
	(-3.47)***		(-2.00)**		(-1.37)		(-3.16)***		(1.61)	
$GDP2_t$	3.6750		0.0190		0.0280		1.3078		-19.6845	
	(3.42)***		(1.98)**		(1.38)		(3.13)***		(-1.62)	
$GDP3_t$	-0.1587		-0.0008		-0.0012		-0.0569		0.8599	
	(-3.38)***		(-1.97)**		(-1.39)		(-3.11)***		(1.63)	
$Pollu_t$		0.6272		200.4103		38.9700		0.8759		-0.4049
		(8.92)***		(1.73)*		(13.52)***		(7.25)***		(-0.77)
$Pollu_{t-1}$		-0.4702		-194.5717		-32.9732		-0.7522		-0.3436
		(-9.32)***		(-1.58)		(-7.43)***		(-5.88)***		(-3.00)***
$Pollu_{t-2}$		-0.0285		0.5941		-4.3533		-0.1066		-0.0656
		(-1.16)		(0.10)		(-1.50)		(-1.93)**		(-1.94)**
$Pollu_{t-3}$		-0.1674		4.6449		4.4177		-0.0684		-0.0185
		(-4.30)***		(0.38)		(0.76)		(-1.50)		(-2.62)***
其他变量	控制	控制	控制	控制	控制	控制	控制	控制	控制	控制
N	151	151	151	151	91	91	151	151	151	151
R-sq	0.9044	0.9642	0.9240	0.7747	0.5583	0.9858	0.8961	0.9884	0.8765	0.2807

注：***，**，*分别表示在0.01，0.05和0.10水平下显著。

的系数在除 COD 以外的回归中都显著为负，即中西部地区污染排放对经济发展产生了负面影响，制约经济的发展。与全国情况相同。

总之，表 7 的结果表明，中国中西部地区经济发展与污染排放之间呈非线性的倒 N 型关系，而污染排放会显著影响以后的经济发展水平。

四、结论

已有研究常常注重经济增长对环境的作用，忽略了经济增长与环境质量变化之间的双向反馈机制。好的环境会对经济产生积极作用，而反过来经济活动反而对环境产生负面影响（VandenBergh，1993），这种影响机制的形成存在一定滞后。本文通过建立滞后影响模型来探讨污染排放与经济发展之间的相关影响。基于 1998～2009 年中国 30 个省的统计数据，本文分析了包括固体废物污染、废气污染（含 SO_2 和 COD）以及废水污染与经济发展之间的相互影响。Granger 因果检验表明，污染排放是经济发展的 Granger 原因，经济发展与污染排放之间互为因果关系。回归分析也表明，污染物排放会对以后期间的经济发展产生负面影响。采用联立方程的回归结果显示，经济发展对污染排放的影响并非如 EKC 所预期的倒 U 型关系，本文发现两者呈倒 N 型关系。

通过建立联立模型对中国经济发展与污染排放的关系进行实证研究，本文首先在模型设定上对已有文献进行了补充。并且，本文研究发现两者并非倒 U 型关系，而是倒 N 型关系，进一步丰富了污染排放与经济发展关系的研究。最重要的是，联立模型显示环境污染会对以后期间的经济发展产生显著的负面影响，为现有的环保政策给予了有力的支持，也为地方经济发展再次敲响了警钟。

（朱松，张平淡，北京师范大学经济与工商管理学院；蒋洪强，环境保护部环境规划院）

中国区域能源效率评价与分类研究

王治平

能源是人类进步和发展的重要资源，能源的改进和能源效率的提高会对社会造成重大的影响。因此能源的开发和有效利用已被越来越多的国家关注，而在能源日益紧缺的现在，能源的效率提升也成为了全球关注的焦点。中国虽然能源储量较为丰富，但是仍然面临着很多问题：人均资源相对不足、能源分布不均匀、煤炭在商品能源中所占比例过大、一次能源转换成电力的比例很低、农业耗能过高所带来的能源危机等问题。因此，如何提高能源效率，寻求解决中国极为紧张的能源供需矛盾，突破经济、社会发展的能源瓶颈，实现能源—经济—社会协调可持续发展，已经成为中国今后设定能源政策的重中之重。

对于能源效率的定义及测度，不同的学者有着不同的观点。总体来说，从测度角度能源效率可以划分为以下五类指标：能源经济效率、能源价值效率、能源物理效率、能源配置效率及能源利用效率。从投入指标数量的多少可以将其划分为单要素能源效率与全要素能源效率两类。每类指标有其自身特点、使用环境及适用范围。单要素能耗指标简单易懂、使用简单，但也有不少问题：首先，它难以有效反映能源利用效率的基础技术效率；其次，因为 GDP 能耗指标反映的是社会生产过程的总体状况，所以使用 GDP 能耗指标也就抹杀了产业间的技术差别和能效差别，不能有效地表征国民经济体中各个不同产业在能源效率上不同的发展变化情况；再次，GDP 是一个经济体中各种不同生产要素的综合产出，只有能源要素投入无法完成社会生产活动，GDP 能耗指标无法反映劳动力及其他生产要素对能源投入的替代效应。本文采用全要素能源效率测度方法对中国十二年的省际能源效率进行评价，展示十多年来各省市能源效率的发展演化情况，并在此基础上根据能源效率的测度结果对各省市进行分类，以明确各省市在未来进行能源政策制定时的参考对象，为各省市能源效率提升提供有针对性的指导。

一、模型设定

DEA 作为一种有效性评价方法，20 多年来，一直为广大理论和应用工作者所瞩目，理论上得到了充实和完善，应用上已广泛深入到各个领域。DEA 方法的优点：①DEA 是由决策单元的输入输出的权重作为变量，模型采用最优化方法来内定权重，从而避免了确定各指标的权重所带来的主观性。②假定每个输入都关联到一个或多个输出，而且输出输入之间确实存在某种关系，使用 DEA 方法不必确定这种关系的显示表达式。③在处理经济学生产函数与规模经济的问题上，DEA 具有独特的优势。

数据包络分析法（DEA）的主要思想是判断各个已知的决策单元（DMU）投入与产出的合理性及有效性。该方法的目的在于构建一条非参数的包络前沿线，位于生产前沿线上的点为有效点，生产前沿线下方的点为无效点，假定有 N 个决策单元，DMU_j，$j=1, 2, 3, ..., n$，DMU_j 投入为 $X_{ij}=(x_{lj}, ...x_{mj})^T$，表示第 j 个地区的 i 种资源投入总量，产出为 $Y_{rj}=(y_{lj}, ...y_{sj})^T$ 表示第 j 个地区的 r 种产出总量，则效率值的计算公式如式（1）。其中，ε 为非阿基米德无穷小，$\bar{e}^T=(1, ..., 1)\in R^m$，$e^T=(1, ..., 1)\in R^s$。

$$min[\theta-\varepsilon(\bar{e}^T S^- + e^T S^+)]$$

$$s.t.\begin{cases}\sum_{j=1}^{n}\lambda_j x_j + S^- = \theta x_0 \\ \sum_{j=1}^{n}\lambda_j y_j - S^+ = y_0 \\ \lambda_j \ge 0, S^- \ge 0, S^+ \ge 0\end{cases}$$

由式（1）计算得 θ^*，①若 $\theta^*=1$，且每一个 S^- 及 S^+ 均为 0，则相对应决策单元为 DEA 有效；②若仅有 $\theta^*=1$，则相应的决策单元为弱 DEA 有效；③若 $\theta^*<1$，则相应的决策单元为非 DEA 有效。DEA 有效的经济含义是有效的决策单元在当前的产出水平下，其投入不能再减少；非 DEA 有效是决策单元未能达到生产前沿面上，其输入存在一定的剩余，在数据上表现为存在一定

的数据冗余。输入剩余的计算可由（1）式计算得到 θ^*，S^- 及 S^+ 再由公式 $\Delta x_0 = (1-\theta^*)\, x_0 + s^-$ 计算获得。

二、评价体系构建与数据说明

评价指标体系不能只是各种指标的简单组合或累加。能源效率评价指标体系构建的基本思路是：第一，要刻画出能源效率的内涵；第二，与现有文献的评价指标体系进行对比，以突出本研究的特色。建立能源效率评价指标体系应遵循以下原则：

1. 系统性原则

能源效率体现的是能源系统的综合作用过程，能源系统中的各种投入指标和产出指标以及能源利用的流程都是相互作用，相互制约的。系统性原则要求能源效率评价指标体系不仅能全面完整、准确客观地反映能源效率的水平，还要能反映出能源系统各部分相互联系、相互影响的关系。

2. 目标性原则

建立能源效率评价指标体系目的和意义在于准确判断评价对象的能源效率状况以及与其他评价对象的差距，并提出效率的改进途径。目标性原则要求能源效率评价指标体系要反映出评价对象之间的异同，从各个角度选取合适可靠的评价指标，并在指标内涵、统计口径、参照系等方面具有一致性。

3. 可操作性原则

能源效率评价指标体系主要通过量化标准从数量关系上反映评价对象能源效率的差别，鉴于信息不完备的现实状况，所选取的指标应当充分考虑指标的可计量性和数据的可获得性。可操作性原则要求能源效率评价指标体系易于操作，便于引申分析。根据以上原则，本文建立评价指标体系如表 1 所示。

表 1　能源效率评价指标体系

	指标类别	指标构成
投入指标	能源	能源消费总量（万吨标准煤）
	劳动力	就业人数（万人）
	资本	地区资本存量（亿元）

续表1

	指标类别	指标构成
产出指标	地区 GDP	地区 GDP(亿元)

GDP 产出：各省当年的 GDP 产出来源于2000~2009年《中国统计年鉴》，以1990年不变价格进行换算。资本存量：大多数学者采用“永续盘存法”对地区每年资本存量进行计算，本文主要借鉴张军等人的研究成果计算2004~2008年各省资本存量。计算公式：Ki，t=Ii，t+（1-δi）Ki，t-1，其中Ki，t代表i地区第t年的资本存量，Ii，t代表i地区第t年的社会投资（本文以当年社会全部固定资产投资进行代替，以1952年不变价格计算），δi代表i地区固定资产折旧率。

劳动力：该数据来自各省2000~2009年统计年鉴，计算公式为：当年就业人数=（当年年末就业人数+去年年末就业人数）/2。

能源投入：以各个当年能源消费总量刻画，数据来源于2000~2009年《中国能源统计年鉴》。

三、实证分析

（一）中国各省市能源效率测度

根据DEA-CCR模型的原理，本文在matlab7.0平台下编程，通过搜集2000~2009年中国30个省市（除西藏）的数据，经过计算可以得到中国各省市2000~2009年的能源效率值，如表2所示：

表2　中国省际能源效率（2000~2009）

	2000	2001	2002	2003	2004	2005	2006	2007	2008	2009	区域均值
北京	0.85	0.88	1	1	1	1	1	1	1	1	0.97
天津	0.90	0.92	0.89	0.93	0.95	0.99	0.79	0.99	1	1	0.94
河北	0.74	0.72	0.67	0.66	0.69	0.69	0.79	0.67	0.68	0.64	0.69
山西	0.52	0.52	0.57	0.61	0.64	0.64	0.55	0.62	0.65	0.62	0.59
内蒙古	0.68	0.69	0.73	0.70	0.68	0.72	0.68	0.77	0.81	0.85	0.73
辽宁	0.95	0.95	0.83	0.80	0.75	0.78	0.69	0.80	0.82	0.82	0.82
吉林	0.79	0.82	0.79	0.77	0.75	0.74	0.65	0.76	0.75	0.74	0.76
黑龙江	1	1	0.89	0.86	0.86	0.87	0.71	0.78	0.77	0.70	0.84
上海	1	1	1	1	1	1	1	1	1	1	1

续表 2

	2000	2001	2002	2003	2004	2005	2006	2007	2008	2009	区域均值
江苏	0. 94	0. 96	0. 92	0. 93	0. 89	0. 87	1	0. 89	0. 90	0. 90	0. 92
浙江	0. 89	0. 89	0. 89	0. 85	0. 87	0. 89	0. 93	0. 89	0. 88	0. 82	0. 88
安徽	0. 93	0. 91	0. 85	0. 82	0. 84	0. 81	0. 74	0. 77	0. 79	0. 8	0. 83
福建	1	1	1	0. 86	0. 85	0. 86	0. 84	0. 84	0. 82	0. 78	0. 89
江西	0. 83	0. 85	0. 78	0. 69	0. 73	0. 76	0. 76	0. 76	0. 77	0. 78	0. 77
山东	0. 84	0. 82	0. 71	0. 71	0. 73	0. 76	0. 85	0. 79	0. 83	0. 82	0. 79
河南	0. 82	0. 80	0. 71	0. 7	0. 73	0. 76	0. 68	0. 68	0. 67	0. 61	0. 72
湖北	0. 81	0. 79	0. 57	0. 56	0. 58	0. 58	0. 56	0. 59	0. 62	0. 64	0. 64
湖南	1	1	0. 82	0. 81	0. 83	0. 83	0. 76	0. 82	0. 84	0. 86	0. 86
广东	1	1	1	1	1	1	1	1	1	1	1
广西	0. 7	0. 72	0. 69	0. 66	0. 66	0. 67	0. 68	0. 69	0. 71	0. 64	0. 68
海南	0. 81	0. 78	0. 81	0. 84	0. 87	0. 87	0. 84	0. 79	0. 79	0. 76	0. 82
重庆	0. 71	0. 67	0. 60	0. 63	0. 59	0. 51	0. 54	0. 49	0. 51	0. 57	0. 58
四川	0. 73	0. 71	0. 61	0. 59	0. 60	0. 60	0. 61	0. 61	0. 63	0. 64	0. 63
贵州	0. 55	0. 55	0. 54	0. 53	0. 53	0. 54	0. 47	0. 54	0. 57	0. 62	0. 54
云南	0. 76	0. 75	0. 73	0. 72	0. 75	0. 73	0. 64	0. 67	0. 70	0. 68	0. 71
陕西	0. 57	0. 56	0. 55	0. 54	0. 57	0. 57	0. 57	0. 58	0. 61	0. 63	0. 58
甘肃	0. 618	0. 61	0. 617	0. 621	0. 636	0. 633	1	0. 656	0. 656	0. 65	0. 6697
青海	0. 45	0. 46	0. 39	0. 39	0. 39	0. 40	0. 49	0. 45	0. 49	0. 49	0. 44
宁夏	0. 38	0. 39	0. 39	0. 39	0. 39	0. 40	0. 42	0. 45	0. 49	0. 53	0. 42
新疆	0. 66	0. 65	0. 56	0. 57	0. 57	0. 59	0. 46	0. 61	0. 64	0. 59	0. 59
年度均值	0. 78	0. 78	0. 74	0. 73	0. 73	0. 74	0. 72	0. 73	0. 75	0. 74	0. 74

根据表 2 我们可以清楚的看到，从全国宏观层面来看，在 2000 ~ 2009 年间，全国各省市能源效率年度均值呈现先下降后上升的近“U”型趋势，但后期增长趋势并不是很明显；从全国 30 个省市的表现来看，只有上海和广东始终保持能源效率值为 1，能源效率保持在全国前列，大部分省市能源效率差异年度差异较大，并且不同省市相同年份能源效率相差也很大；从能源效率表现情况来看，如图 1 所示，中国三大经济带能源效率均有不同程度的下降趋势（西部地区从 2008 年开始略有上升），其中东部地区变动较为平稳，中部地区变动比较剧烈；从三大经济带的比较来看，东部地区能源效率值历年均较高，中部地区次之，西部地区较差，由此可以得出结论中国三大经济带能源效率同各区域经济发展水

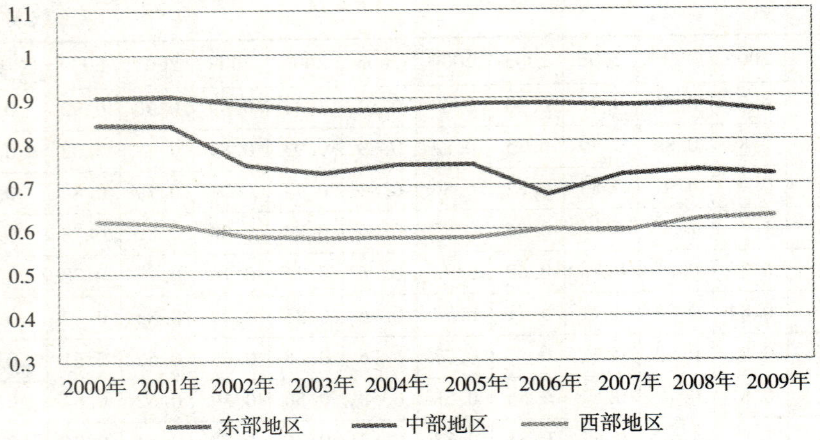

图 1　中国三大经济带能源效率变化趋势

平基本吻合，经济发展水平较高的区域虽然能源消耗量大，但能源消耗的产出也较多，并且经济发展水平较高的地区技术水平较高、产业结构更加合理、外贸水平较高，从而导致能源的利用效率较高。

（二）中国各省市能源效率分类

根据表 2 中国省市能源效率的区域均值，本文将根据表 3 确定的分类标准对中国各省市进行区域划分，分为优能源效率区、良能源效率区、中能源效率区和差能源效率区，主要目的在于明确各省市定位，方便各省市根据自身特点有针对性地寻找参考对象，以有效地提升自身能源效率水平。

表 3　中国各省市能源效率区域分类

能源效率分区	省份	省市数目
优能源效率区（0.9～1）	北京、天津、上海、江苏、广东	5
良能源效率区（0.8～0.9）	辽宁、黑龙江、浙江、安徽、福建、湖南、海南	7
中能源效率区（0.6～0.8）	河北、内蒙古、吉林、江西、山东、湖北、河南、广西、四川、云南、甘肃	11
低能源效率区（0.6 以下）	山西、重庆、贵州、陕西、青海、宁夏、新疆	7

根据表 3，我们可以清楚地看到，中国各省市能源效率存在较大的差异，其中优能源效率区省市数目较小，而中、差能源效率区省市数目较多，结合表 2、图

2 我们会发现，良、中、差能源效率区各省市能源效率均存在不同程度的下降趋势，因此我们可以预测未来中国各省市能源效率差异将不断拉大，中国省际能源效率存在两极分化的趋势，如何实现能源效率低的区域快速、有效地提升其能源效率对于整体上提升中国能源效率水平，实现各省市能源效率的均衡发展都具有重要的现实意义。

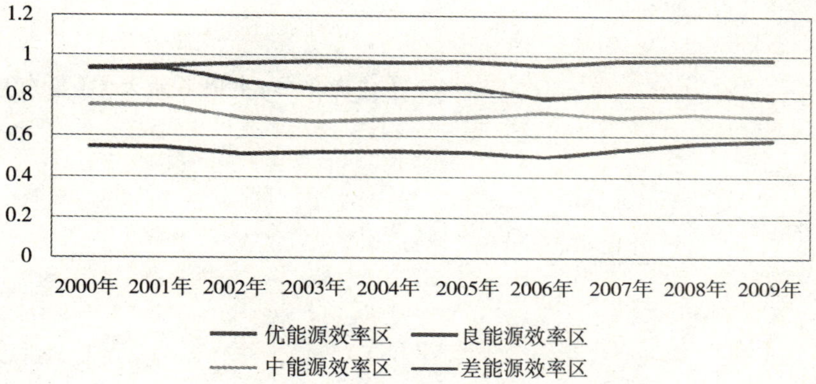

图 2　中国各层次能源效率区发展趋势

四、结论

本文采用数据包络分析法测度了中国近 10 年各省市的能源效率状况，并以此对各省能源效率进行划分。从全国宏观层面看，中国近 10 年来能源效率普遍存在下降的趋势，而且能源效率低的省份下降趋势更加明显，未来中国省际能源效率差异将日趋明显，提升低能源效率省市能源效率对于提升全国能源效率水平更具有现实意义；从全国三大经济带来看，研究证实东部地区能源效率最高，其次为中部地区，西部最低，和各经济带区域经济发展水平相吻合，但是三大经济带能源效率水平均有不同程度的下降趋势，其中中部地区下降明显，且波动较大，因此对于东部地区省市而言，要以结构调整为重点，大力发展能源消耗低、产品附加值高的工业，积极发展高新技术产业和服务业。充分利用地区的区位优势，积极从国外进口优质能源，进一步扩大国际贸易，并把能源经济效率作为结构调整、招商引资的重要标准；对于中、西部地区省市而言，应抓住东部地区省市产业转移的契机，大力发展适合地方特色的、高产出、低消耗的产业，积极宣传和吸收先进的节能办法和管理经验,加强传统工业的技术改造和产品更新换代;从各省市的能源效率层次划分来看,优能源效率区省市数目较少,但近10年来这些省市能源效率略有上升,而良中差能源效率区省市数目较多,但近10年来能源效率下降明显,这也佐证了中国省际能源效率差异拉大的结论,因此充分发挥优能源效率区省市的示范作用对于提升全国能源效率水平具有重要的现实意义。

(作者单位:中国石油大学(华东))

基于文献计量的环境库兹涅茨曲线研究评析*

朱艳春　王海燕

经济增长与环境质量的关系一直是环境资源与生态经济学研究的热点问题，然而相关研究尚无定论。从研究的文献来看，国内外对经济与环境的关系研究基本上是围绕着两个问题，一是研究经济发展是否是导致环境问题的原因并作相应的解释；二是经济发展或经济增长是否会因环境问题遭遇极限。这些研究成果能一定程度上解释经济发展过程中经济与环境的相互关系，对现实经济与环境间的关系具有比较科学的解释。

在理论上对这两个方面的研究分为两个阶段：第一阶段是20世纪70年代以前，研究者主要是从系统论角度进行定性研究；第二阶段是20世纪70年代以后，因经济增长理论模型的兴起，研究者就沿着经济增长理论方向进行经济与环境协调发展条件的研究，也就是在经济增长理论中增加环境因素作为经济增长的要素而改变经济增长模型，主要包括考虑环境因素的新古典经济增长模型以及新经济增长模型。实证方面主要是围绕 EKC 假说展开的。有鉴于此，本文系统回顾国内外主要的相关研究成果，并据此力图分析总结 EKC 现象出现的规律。

---

* 本文为国环保部“环保公益性行业科研专项”课题阶段性成果之一，项目号：201009066.

一、EKC研究的核心问题

EKC假说的简化式模型只含一个方程，最常用的如：

$$y_{it} = \alpha + \beta_1 x_{it} + \beta_2 x_{it}^2 + \beta_3 x_{it}^3 + \beta_4 z_{it} + \varepsilon_{it} \quad (1)$$

式中为环境退化变量，x为收入，i为国家，t是时间，α是常数，β_1、β_2、β_3、β_4是系数，ε是随机误差项，z是由影响环境的其它变量构成的一个向量，包括技术、贸易、地理位置、人口密度及经济结构等影响因素。

选择不同的β_1、β_2、β_3、β_4，将导致方程不同。

（a）$\beta_1>0$，$\beta_2=\beta_3=0$，表示伴随着经济增长，环境质量急剧恶化。

（b）$\beta_1<0$，$\beta_2=\beta_3=0$，表示经济增长与环境质量的关系是相互促进的和谐关系，伴随着经济增长，环境质量亦相应改善。

（c）$\beta_1<0$，$\beta_2>0$，$\beta_3=0$。表示经济增长与环境质量之间存在U形关系，是与环境库兹涅茨关系完全相反的关系。

（d）$\beta_1>0$，$\beta_2<0$，$\beta_3=0$。表示经济增长与环境质量之间存在倒U形关系，是典型的环境库兹涅茨关系，当经济发展到一定程度之后，经济增长将有利于环境质量的改善。

（e）$\beta_1>0$，$\beta_2<0$，$\beta_3>0$。表示经济增长与环境质量之间的关系是N形，在经济增长的一段时期内与倒U形关系相似，但经济发展到更高阶段时，环境质量会随着经济增长而恶化。

（f）$\beta_1<0$，$\beta_2<0$，$\beta_3>0$。表示经济增长与环境质量之间的关系为倒N形，在经济增长的早期，环境质量会改善，但经济增长到一定程度时，环境质量会恶化，尔后环境质量会改善。

（g）$\beta_1=\beta_2=\beta_3=0$。表示经济增长和环境质量之间没有联系。

由此，环境与经济关系有7种（图1）。正N型指环境污染随人均收入的增加首先上升，然后下降，最后又上升；倒N型指环境污染随人均收入的增加首先下降，然后上升，最后又下降；倒S型指环境污染随人均收入的增加首先上升，然后变得平缓，最后又上升。

根据已有研究的结论，大部分EKC理论基于的假设包括：

存在可以确切定义的致污因素。它们的存在和增长只会单一的促进污染型

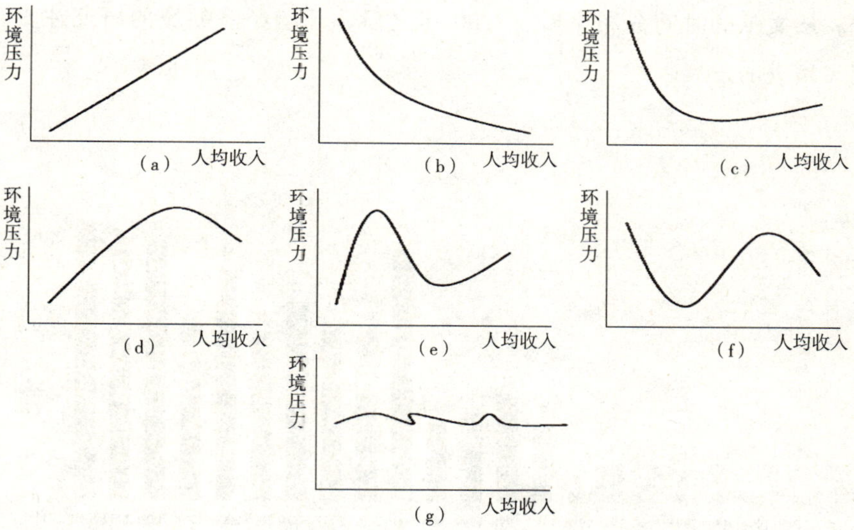

图1　环境与经济的7种关系

工业发展，而非清洁产业的发展；污染的边际破坏不断升高；消费的边际效用是稳态的或者是下降的；污染的负效用不断升高；当政策效应较强，存在一定数量的公共机构有能力通过提供污染治理的成本和效益的全方位信息并对污染进行有效管制；政策效应较弱，薄弱的政策效应使得技术效益可以忽略不计，那么规模效应就是影响污染水平的最重要因素；污染的负外部性是区域性的，不跨越国界。

在发展的不同时期，会出现不同的要素的堆积。

只有在诸多假设成立的情况下，方可得出环境—收入的倒U型关系。但现实与模型的区别就在于很多假设是难以成立的。

二、研究文献计量

1. 时间分布

本文统计了发表在国内外期刊上的有关EKC研究的文献。1991～2010年期间，发表在国外期刊上的EKC研究文献共有265篇，分布如图1所示。其中，实证研究的数量始终占据一半以上，如图5所示。从图1可以看出，各年发表的论文数量虽然不是有规律地直线上升，但总体趋势是上升的，特别在2001年以后所发表的论文数量明显增加，有论文219篇，占总数的82.7%。

因此，从文献的时间分布来看，2000 年之后，环境经济领域的研究才真正得到突飞猛进的发展。

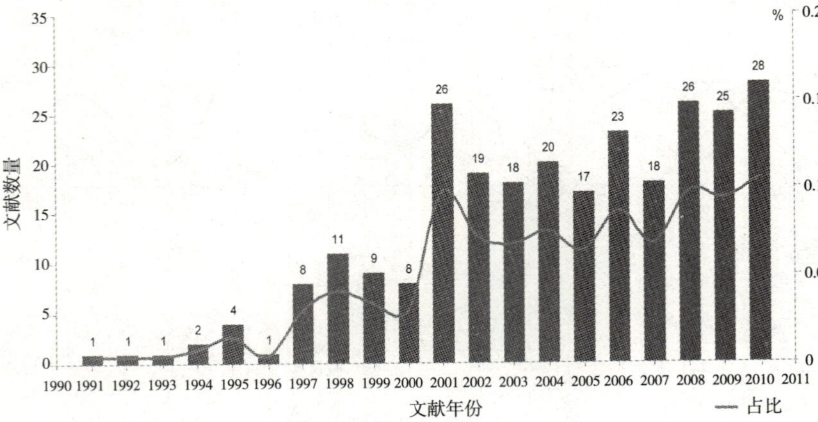

图 1　国外文献

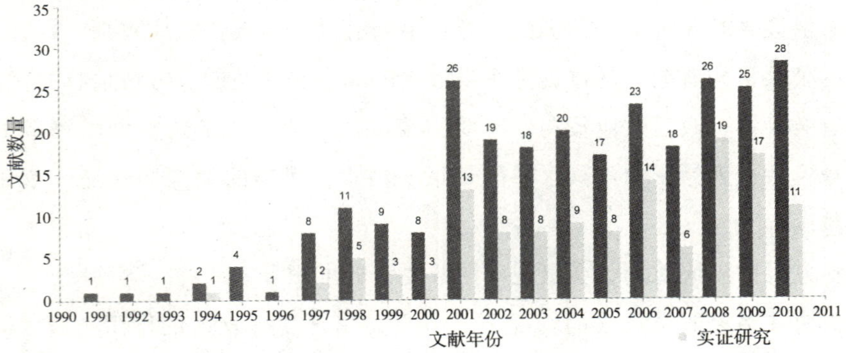

图 2　国外文献的实证研究

国内关于 EKC 的研究适于 1999 年，截至 2010 年，国内文献共有 480 篇（图 3）。核心期刊文献共有 169 篇。从图 3 可以看出，各年发表的论文数量虽然不是有规律地直线上升。2004 年以后所发表的论文数量明显增加，有论文 468 篇，占总数的 93.4%。2008 年以后发表论文 310 篇，占总数的 64.5%。2002 年之后，中国在环境保护方面加大力度，环境经济学才开始得到真正的关注。

2. 地域分布

本文统计了 265 篇文献中所有作者所属的国家和地区。为方便，本文只统

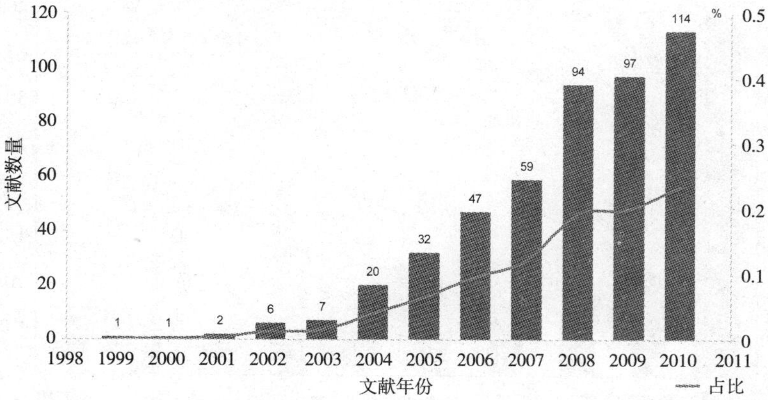

图3 国内文献

计了第一作者的国籍。EKC研究文献的作者来自30个国家和地区，其中，美国最多（88篇），占所有文献的三分之一。其次是意大利（19篇），英国（17篇），西班牙（13篇），加拿大（11篇），瑞典（11篇），澳大利亚（11篇），日本（8篇），荷兰（8篇），土耳其（8篇），法国（7篇），希腊（6篇），瑞士（6篇），德国（5篇），台湾（6篇），挪威（5篇）。

论文发表量居前10位的国家依次是美国、意大利、英国、西班牙、加拿大、瑞典、澳大利亚、日本、荷兰（如图10）。排名前10位的国家中，全部是发达国家。美国在此研究领域取得了不可小觑的成果，发文量远超其他国家。

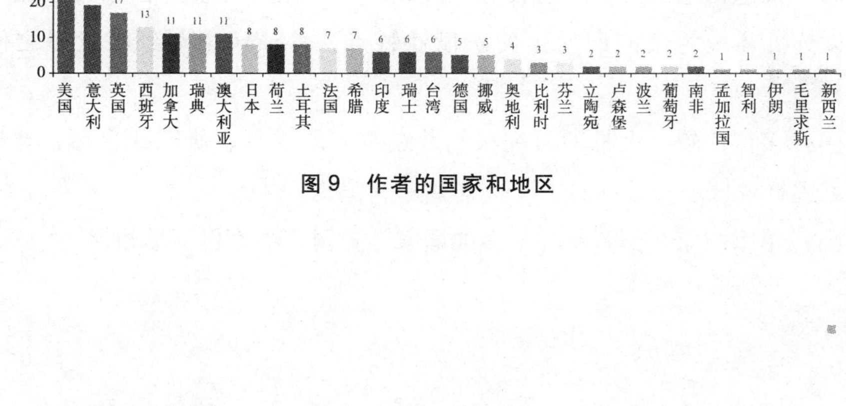

图9 作者的国家和地区

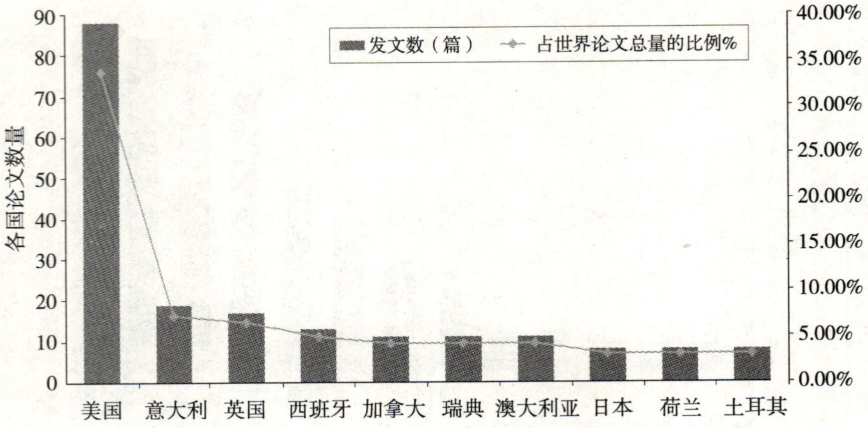

图10　作者国家和地区的前10名

三、国外实证研究现状

对比已有实证研究可以发现，每一种污染物指标至少都有一项研究证实了存在倒U形环境库兹涅茨曲线的存在。然而，根据EKC研究的目的，是否有某个研究发现了倒U形曲线并不重要。从环境管理的角度，明确EKC假设是否是普遍规律才是最为重要的工作。因此，我们需要总结倒U形环境库兹涅茨关系存在的决定因素。

1. 对不同地区的研究

根据所分析的地域范围，实证研究主要遵循了以下五种思路：

（1）全世界范围的国家。有学者分析全球所有国家的数据，也有学者分析各大洲的污染状况。

（2）OECD国家和非OECD国家的比较。众多研究针对OECD国家、或者非OECD国家进行研究，并且对比两类国家的污染状况差异。

（3）发达国家和发展中国家的比较。发展中国家和发达国家常被用来研究，以分析环境污染问题发生的阶段性特点，验证污染与经济发展之间的关系。

（4）多国比较。大量的研究根据数据可获取程度、研究的目标，选择某些国家进行对比。

（5）单个国家。学者研究最多的国家是美国，结论也不尽相同。

从分析的地域范围看，总结已有研究，可以得到如下的启示：

（1）从分析的地域范围看，EKC 假设的实证研究主要针对多个国家进行比较分析。

（2）针对各种地域及国家的研究结果都不是完全一致的。50% 的全球范围跨国研究验证了倒 U 形曲线的存在。大约 67% 对 OECD 国家的研究发现了倒 U 形曲线的存在。此外，V 形、U 形、N 形、线性等关系均在研究中被发现。

（2）针对美国的研究中，研究结果比较一致，大约 67% 得到了倒 U 形曲线的结论。美国是 EKC 研究最为聚焦的地区，也是倒 U 形最典型的地区；

（3）除美国外，在其他单一国家的研究结论中，每个国家的实证分析结论都较为混乱。

因此，与 Bruyn 等在 1998 年的判断相符，对于单个国家来说，在经济发展过程中是否会出现倒 U 形的曲线无法得到一致的判断。单独从地区或国别的角度并不能解释 EKC 研究结论存在的差异。

2. 对不同污染物的研究

在 EKC 研究中出现的环境指标类型主要分为三类：

（1）环境污染类指标，主要包括：大气污染物指标，如 SO_2、NOX、CO、CH_4、CO_2、SPM 等；水体环境指标，如总大肠杆菌、重金属、溶解氧、生化需氧量、常规化学毒物、硝酸盐、氮/磷含量；其它环境指标：城市垃圾的产生量等。

（2）资源生态类，主要包括：生物多样性、森林砍伐量、剩余荒地比例、白然保护区比例、农用地比例、清洁水短缺率、直接物质流、初级原材料使用量、土壤流失量、清洁水短缺率等。

（3）能源消耗类，主要包括：人均道路能源消耗量、人均一次能源消耗、人类发展指数等。

目前，国外实证研究主要针对典型的污染物是：CO_2、SO_2、NOX、CO、TSP、COD、烟尘等。其中，针对 CO_2、SO_2、NOX 的研究占 80% 以上。其他被研究的环境问题还有重金属、森林覆盖率、资源消耗、能源消耗等。

从污染物指标的角度看，国外实证研究的结论呈现如下的规律和特点：

（1）研究对象主要是易于观测、记录的污染物，而且与能源消耗相关。如，二氧化硫主要是由重工业工厂和火力发电厂中煤的使用而产生的；氮氧化物和一氧化碳主要是由汽车尾气产生的；烟尘和空气悬浮颗粒物的产生比较广泛。

对实证研究的数量按照从大到小排序污染物指标，依次是：二氧化硫、二氧化碳、氮氧化物、一氧化碳、空气悬浮颗粒物、化学需氧量、烟尘。

（2）对二氧化硫的实证研究结论非常一致，90% 的研究支持倒 U 形曲线的假设。其他被发现的关系主要是 U 形和 N 形。

（3）对二氧化碳的实证研究结果较为混乱。大约 50% 的研究得到了倒 U 形曲线的结论。其他被发现的曲线形状主要是 U 形、N 形、线性等。

（4）对一氧化碳的研究结果较为一致。大约 60% 的研究得到了倒 U 形曲线的结论。U 形、N 形等其他曲线形状也在研究中被发现，但没有发现线性关系。

（5）对氮氧化物的实证研究结果较为混乱。大约 50% 的研究验证了倒 U 形曲线的存在。U 形、V 形、N 形等其他曲线形状也在研究中被发现，但没有发现线性关系。

（6）对化学需氧量的研究结果较为混乱。大约 50% 的研究得到了倒 U 形曲线的结论。研究中发现的其他曲线形状只有 N 形。

（7）对空气悬浮颗粒物的研究结果较混乱。大约 50% 的研究得到了倒 U 形曲线的结论。

（8）对烟尘的实证研究全部不支持 EKC 曲线的假设。

因此，综合考虑对不同污染物指标研究的状况，可以发现：EKC 假设成立与否与研究所选择特点污染物有很大关联。对于二氧化硫，倒 U 形曲线几乎可以涵盖二氧化硫排放与经济发展之间的关系。而对于其他污染物指标，倒 U 形曲线似乎只能描述污染排放与经济发展之间的一部分关系。特别是，对烟尘而言，几乎不存在 EKC 曲线的规律。

3. 对国外实证研究的总结

从研究结果来看，针对各种地域及国家的实证研究结果都不是完全一致的。大约 50% 的全球范围跨国研究发现了倒 U 形曲线的存在，大约 67% 对 OECD 国家的研究发现了倒 U 形曲线的存在。针对美国的研究中，研究结果比较一致，大约 67% 得到了倒 U 形曲线的结论。美国是 EKC 研究最为聚焦的地区，也是倒 U 形最典型的地区。环境与经济增长间的关系不仅表现为倒 U 形，还可以是 V 形、U 形、N 形、倒 N 形、S 形、线性等各种形状。

JieHe（2007）认为导致实证研究存在差异的原因包括：样本时间周期、地区（国家）、回归模型、污染物指标。然而根据本文的分析结果，从地区的角度并不足以解释研究结论广泛存在的差异。

从污染物指标的方面，每一种环境压力指标至少都有一项研究证实了存在倒U形的环境库兹涅茨曲线。至少能明确的一点是：二氧化硫排放与经济发展之间的关系基本符合EKC假设。而其他污染物指标并不存在与地区选择的显著关联。

在EKC假设中隐含的前提是，地区（国家）是对经济发展状况的分类维度，涵盖了经济结果及经济发展的阶段。而样本时间段不能单独说明经济发展的情况，只有和具体的国家相联系才能具有一定的含义。因此，样本时间周期不能作为结论差异的原因之一。从样本的时间段可以看出，存在两种时间类型：时间序列、离散时间点。这种不同往往表现在不同的计量模型和方法。如果考虑样本时间周期对结论的影响，对象（国家）、回归模型将成为内生变量。因此，样本时间周期这个因素必须去处。

因此，从研究结果来看，EKC假设似乎只是针对美国二氧化硫排放的一个统计规律。对于其他国家来说，在经济发展过程中是否会出现倒U形的曲线无法得到一致的判断。

四、国内实证研究现状

国内对经济增长与环境关系的研究起步较晚，但在实证研究方面做了很多工作，主要是针对中国经济发展与环境的关系是否具备环境库兹涅茨曲线特征进行验证。

1. 对不同地区的研究

从分析的地域范围看，对东部地区省市的研究多于中西部省市。究其原因，可能是因为东部地区经济发展速度快，是污染问题更严重。而且数据比较完全，得到人们更多的关注。与跨国研究不同，针对全国及各个省市的研究结果都很不一致。大约67%的全国范围研究发现了倒U形曲线的存在。各个省市的实证结论都较为混乱。此外，V形、U形、N形、倒N形、线性等关系均在研究中被发现。

2. 对不同污染物的研究

从污染物指标的角度看，国内实证研究的结论呈现如下的规律和特点：

（1）国外学者研究最多的污染物指标是二氧化硫排放。相比国外，国内的实证结论更加不一致，大约33%的研究得到了倒U形曲线的结论。除倒U形之外，U形、N形、倒N形、线性、波浪式等其他曲线形状都被发现。

（2）众多国内学者大量实证分析了工业三废排放的数据，而结论非常混乱。除倒U形之外，倒N形和U形也常被发现。有关工业废水的实证研究中，大约33%的研究得到了倒U形曲线的结论。有关工业废气的实证研究中，只有1个研究发现了明确的倒U形曲线，其他研究的结论全部不同。有关工业废弃物的4个实证研究，结论全部不同，只有1个研究发现了明确的倒U形曲线。

（3）国内学者更加关注化学需氧量COD，研究结论很不一致。除倒U形之外，U形和线性关系也常被发现。大约40%的研究得到了倒U形曲线的结论，大约40%的研究发现了U形或线性关系。

（4）国内学者对空气中烟尘排放量的研究也多于国外学者，研究结论很不一致，大约33%的研究得到了倒U形曲线的结论。除倒U形之外，U形、N形、倒N形、线性、波浪式等其他曲线形状都在对烟尘的研究中被发现。

（5）国内学者对空气悬浮颗粒物的研究也多于国外学者，但是研究结论很不一致，大约33%的研究得到了倒U形曲线的结论。除倒U形之外，U形、N形、倒N形、线性等都被发现。

（6）国内学者较少关注二氧化碳排放指标。已有的研究结论完全一致，全部发现了倒U形曲线。

（7）国内学者较少关注氮氧化物排放指标。已有的研究结论较为一致，全部发现了倒U形曲线。

从污染物的角度，国外实证分析的结论相比国外都更加不一致。

目前，已有研究虽然得出了对中国部分地区和部分指标的环境库兹涅茨曲线的拟合结果，但相比国外都更加不一致，不具普遍性。因此，并不能以此为依据得到环境库兹涅茨曲线在中国普遍意义上的污染转折点。对中国环境保护的启示即是：环境质量的改善并不会自动地发生，有赖于全社会环保意识的提高，有赖于严格的限制污染的环境政策的实施，同时还需要技术进步的支持。

五、结论

尽管EKC实证研究越来越多，计量模型越来越精致，但由于这些数学手段存在这样或那样的弊病，因此，迄今为止我们还不能根据研究结果简单地判断EKC的存在性。这直接导致互相对立的两种观点的并存：一种观点认为，EKC只是一个客观现象，而不是一个必然规律；与此相反，另一种观点认为，EKC是一个假说，揭示了经济与环境间的发展变化轨迹，表述着一种现象，体现着一种矛盾的转化过程，即生态与环境状况同经济发展水平间遵循倒U形曲线关系。

纵观EKC实证研究，我们可以可以得出如下的结论：

第一，倒U形EKC情形只存在于局部的（如国家或地区）的具体传统污染物的环境指标。具体而言，EKC假设似乎只是针对美国二氧化硫排放的一个统计规律。对于其他国家来说，在经济发展过程中是否会出现倒U形的曲线无法得到一致的判断。

有学者猜测，全球范围的、代表环境受损整体程度的污染物总量是经济发展水平的单调递增函数，这点还无法得到确认。

第二，EKC假设指出环境质量与经济增长存在某种关系（比如倒U关系），但这只是一种既成的事后结果，并没有揭示这种关系背后的作用机制，经济与环境之间的关系依然处于“黑箱”状态。因此，即便倒U形曲线所代表的关系存在，不同的模型和方法很可能会有不同的结果。在讨论环境损害所处的不同阶段表现出的与经济增长之间存在的相关关系时，EKC仅仅能够表现出其中的一种关系，即环境污染随着人均收入的增加呈现出先上升后下降的趋势。探寻EKC曲线背后的作用机制才是更重要、更有实践意义的工作，至于EKC到底呈现什么形状并不是问题的关键。

第三，在准确辨别EKC背后的主要因素之前，不能基于其他国家研究发现来制定本国的环境经济政策。

对西方发达国家环境问题进行研究产生的环境库兹涅茨倒U形曲线，在当时的历史背景下有其合理性的一面，但由于国家和地区间的经济发展阶段和水平、资源环境禀赋、政治制度等存在差异，这一假说现在还不能确定是放之四海皆准的“真理”。然而，EKC所暗含的政策含义“经济发展能自行解决环境污染问题”已经对发展中国家和地区产生了有很强的警示作用和指导意义。无论 EKC 存在与否，政府的环境政策和制度对经济与环境的关系、降低经济增长过程中的环境代价和确保经济的可持续发展的作用都起着不可替代的和攸关重要的作用。发展中国家在工业化进程中如果简单地认为环境质量的改善是经济增长所内生的结果，就会在实践中依靠粗放式生产方式追逐更快的经济增长速度，这不但不能带来环境质量的改善，反而会由于环境质量的持续恶化阻碍经济的可持续增长。

除了发达国家的数据不能有效支持环境库兹涅茨曲线假说之外，已经发现的倒 U 形曲线还有一个突出的特点，即转折点对应的人均收入普遍高于世界平均水平。这意味着，对于人口占世界绝大多数的发展中国家来说，即便环境库兹涅茨曲线假说成立，它们在未来很长的一段时间内也不可能享受到经济增长带来的环境改善，因此，在经济增长的同时，环境压力还会继续上升。由于环境系统的不可逆性，就算这些国家将来能够达到环境库兹涅茨曲线转折点的收入水平，我们也没有十足的把握保证累积已久的环境问题都能被一一化解。

综上所述，EKC 假设的提出来自于统计数据分析，而本文将解答问题的方向再次指向了统计分析——通过文献的分解分析总结 EKC 现象出现的规律。因此，本文采用文献计量的方法，对于解释 EKC 假设成因具有重要的意义。

（朱艳春，北京师范大学经济与工商管理学院；王海燕，北京林业大学信息学院）

民间资本与经济增长方式“颜色转变”关系探究

陆华梁

进入21世纪以来，随着经济的快速发展和GDP的高速增长，中国国民生活水平显著提高。2000年到2010年，实现人均GDP不足1000美元到4000美元的大幅度跨越，从低等收入阶段进入中等收入阶段，为小康社会建设奠定坚实基础。但是，长久以来单一突出“快”字的发展模式，使中国形成高投入、高消耗、高污染、低效益的“三高一低”黑色经济增长方式。这种经济增长方式短期内以生态环境破坏为代价来实现经济的高速发展，但长期的生态环境破坏会引发一系列社会问题，制约社会各个方面的整体协调和可持续发展，并使经济发展与环境保护问题成为制约国家经济连续增长的瓶颈。经济发展的成果在为国民生活水平提高做出贡献同时，也惠及到民间资本的成长。在高速资本积累过程中，民间资本已经成为激发国内经济发展内在动力和活力的重要源泉，是市场经济的重要组成部分。如何发挥民间资本在平衡经济发展与环境保护的矛盾中的重要作用是中国亟需解决的问题。

一、经济增长方式“颜色转变”迫在眉睫

国内生产总值（GDP）是当今世界上通用的衡量宏观经济运行的经济总量指标。2010年，中国国内生产总值397 983亿元，按可比价格计算，比2009年增长10.3%。数据表明中国已经超越日本成为世界第二大经济体，GDP增长速度也位于世界前列，甚至有西方经济学家用“中国现象”来描述中国经

济增长的奇迹。但是现行的GDP核算制度无法体现经济增长对自然资源和环境造成的污染代价，没有衡量社会成本，不能全面反映经济增长的全貌，距离科学发展观、建立节约型社会等方面的要求还有一定差距。

从人均国内生产总值（Real GDP percapita）来看，中国人均GDP从2000年的不足1000美元增加到2010年的超过4000美元，已经进入中等收入阶段。依据国际经验，人均GDP从1000美元增长到12000美元的时期，是一个国家或地区最重要的转型期，它是从发展中国家或地区转变为发达国家的“门槛”。李克强同志也说过，这一阶段“既是中等收入国家向中等发达国家迈进的重要阶段，又是矛盾增多、爬坡过坎的关键阶段”。如果在这阶段处理不好各类经济、社会矛盾，中国就会落入“中等收入陷阱”，陷入经济发展的烦恼、痛苦甚至失败之中。

中国仍是粗放式经济增长模式，对资源的破坏式利用使经济发展和环境保护这对矛盾已经成为成功跨越“中等收入陷阱”的主要瓶颈。中国目前土地大量流失，1/3的国土被酸雨污染，2/3的草原沙化，近乎100%的土壤板结。粗放式的经济发展方式导致对资源掠夺性开采，我们每增加1元的生产总值消耗的能源是世界平均的4倍，日本的6倍。中国生产一吨钢耗水是国际先进水平的10~40倍，开采一吨原油耗水是国际的6~26倍，生产一吨纸耗水是国际的3~10倍。由于地下水严重透支，半数以上城市缺水，50个城市已进入危机状态。目前80%的河流湖泊断流枯竭，主要水系的2/5已成为劣质的五类水。中国钢铁每年多耗煤6000万吨，多产生90万吨SO_2，60万吨烟尘；每年多消耗5000万吨标准煤，多产生140万吨SO_2，1500万吨烟尘。中国二氧化碳排放总量世界第一，中国已成为世界上大气污染最严重的国家之一。

中国已经进入经济发展和环境保护矛盾的凸显期，社会进步与自然平衡矛盾的扩大期。能否协调经济发展与环境保护的矛盾直接关系到中国能否跨越“中等收入陷阱”，更关系到中国经济和社会的稳定。因此，经济增长方式“颜色转变”迫在眉睫。“绿色经济”需要替代“黑色经济”成为市场经济的主导，“绿色”经济增长方式需要替代“黑色”经济增长方式成为市场经济的方向选择。

二、民间资本经济地位和产业结构分布

民间资本，是指一个国家内部或地区内部的非国有资本和外商资本的总

和。民间资本的所有权是私有的，而不是公有制的。它是私有性质的资本形式。具体而言，民间资本主要有四种形式：（1）经营性民间资本。它是民间法人投资和个人投资的实业资本。（2）金融性民间资本。它包括城乡居民的储蓄存款、债券、股票等。（3）现金性资本。它指城乡居民的手持现金总和。（4）不动性民间资本。它包括民营企业和个人所拥有的地产、房产等。

1. 民间资本的经济地位

从1980年至2008年28年间全社会固定资产投资中，国有资本、国有经济所占比重从82%降到28%，而民间资本所占比重已从13%上升到25%，民间资本几乎已经和国有资本并驾齐驱。从投资增长率来看，民间资本也高于全国增长率，到2008年，中国全社会固定资产投资增长率为25.9%，民间资本的固定资产投资增长率为29.1%。从税收的贡献度来看，相对于国有企业和全国水平，而民营和私营企业远远高于全国水平和国有企业。以2008年为例，中国税收增长率为13%，而国有企业税收增长率仅为5%，民营和私营企业分别为13%和23%。从一系列的数据表明，民间资本在中国经济社会中地位逐步提高，对于经济发展的重要性已经不可替代，它是发展市场经济的驱动力量。

2. 民间资本的产业分布结构

2010年中国民营企业五百强共实现营业总额4.74亿元，钢铁、石化等资源型企业入围中国民营企业500强的数目呈现出减少趋势，而服务、消费以及太阳能等新兴产业的企业入围数明显增多。在民营企业500强中有36家企业涉及生物医药产品的开放利用，有26家企业涉及太阳能、风力发电相关产品，以及新型电磁等新能源相关产业。从如下两表来看，民营企业在黑色金属、有色金属冶炼及压延加工业，煤炭采掘及采选业等重型污染行业分布数目明显低于中国整体企业500强分布，更倾向于低碳的批发零售业，更倾向于技术含量更高的电气机械及器材、线缆制造及仪器仪表制造业。相比于中国企业500强的产业分布，中国民营企业500强更倾向于环保、节能等新兴产业，或者说民间资本从整体来说更符合经济增长方式转变的方向。

2009年中国民营企业500强分布前五行业情况

所属行业	入围企业数
建筑业	67
黑色金属、有色金属冶炼及压延加工业	63
批发和零售业	51
电气机械及器材、线缆制造及仪器仪表制造业	44
纺织业、化学纤维制造业	35

2009年中国企业500强分布前五行业情况

所属行业	入围企业数
黑色金属、有色金属冶炼及压延加工业	78
建筑业	37
煤炭采掘及采选业	26
电力、电气、输变电等机械、设备、器材、元器件和线缆制造业	18
汽车及零配件制造业	18

数据来源：公开媒体、《2010中国民营企业500家分析报告》

三、民间资本是经济增长方式“颜色转变”的重要推动力量

西方历史实践证明，英国、法国等在18世纪后期到19世纪后期的早期经济增长中所经历的也是高污染、高消耗的经济增长困境。这导致了一系列严重的经济社会问题和环境问题，历史已经给我们敲响警钟。西方部分国家直到19世纪后期才实现从“黑色经济”到“绿色经济”的全面转型，经济发展和环境保护这对矛盾才得到一定程度的缓解，同时也证明这对矛盾并非难以克服。

新古典经济模型的倡导者索洛用自己对生产函数各要素的分析来说明技术进步在经济发展中的重要作用：

$$Y = Ka \cdot L1 - a \cdot A$$

其中，Y代表总产出水平，K代表资本投入，L代表劳动力投入，a和（1

-a）分别代表资本和劳动力的产出弹性系数，A代表K和L所不能解释的余量。索洛指出，如果单位劳动产出（Y/L）只由资本投入（K）决定，则投资增加必然引起投资报酬的递减。这样，为了维持一定的增长率，投资率就要不断提高，否则增长率就会下降。然而，1909~1949年美国的统计数据却表明，它的投资率并没有明显的提高，人均增长率也没有明显的下降。索洛解释说，为什么在现代经济增长中出现这样的现象，是因为余量A在支持经济增长中起到越来越大的作用。索洛把余量A定义为技术进步。他所说的技术进步是一个非常宽泛的概念，它不但使指工艺上的改进，而且泛指一切在投入不变情况下的产出增加，表现为全要素生产率的提高。

从索洛的经济分析中，我们可以从中得出这样的结论：为了保证经济的长期稳定和持续发展，要从技术进步入手。在当代经济条件下，技术进步不仅仅是指工艺的改良和技术的提高，它应该是现代市场主体的科技创新和效率提高。如果忽视民间资本的创新力量和效率特征，将难以实现经济的长期稳定发展，更难以实现经济的转型，“黑色”经济增长方式转变将举步维艰。

1. 民间资本科技创新优势

据统计，美国2700万个小企业创造了美国60%~80%的新就业岗位，雇佣了全美40%的高技术员工。这些员工人均产生的专利数量是大企业高技术员工的14倍。正因为如此，“中小企业是美国经济的发动机”已成为民主与共和两党的共识。同样，中国中小企业在技术进步方面也有很大潜力。据科技部统计，自改革开放以来，大约70%的技术进步，65%的国内发明专利和80%以上的新产品开发来自中小企业，而90%的中小企业是非公有制企业。从科技创新方面来说，民间资本已经成为现代市场经济科技创新的最重要主体，它的优势作用无可替代。所以，在经济增长方式转变中的科技创新不仅是国有资本的重要责任，更需要民间资本的全面推动。

2. 民间资本效率优势

2010年，在政府投资难以为继，经济内生增长动力不足的形势下，国务院出台《关于鼓励和引导民间投资健康发展的若干意见》（“新36条”），加强民间资本政策引导，引导民间资本健康发展。这说明国家已经充分重视到民间资本的在经济社会发展中的积极作用，旨在更加充分地利用民间资本的作用，促进经济结构调整和经济增长方式转变。现以浙江、江苏、上海、山东和辽宁为例，分析民间资本效率。

2009年五省份私营企业资产规模、利润、税收及就业贡献率对比表

省份	资产规模（亿元）	利润（亿元）	税收（亿元）	就业贡献率（%）
浙江	13 398	663.4	508.7	11.4
江苏	12 076	1 220.3	867.0	10.4
上海	2 330	118.6	82.3	8.4
山东	7 863	1 338.7	775.6	6.2
辽宁	4 173	463.5	260.3	6.0

数据来源：公开媒体、《2010中国民营企业500家分析报告》

从上面表格中，可以看出浙江省2009年私营企业资产规模达到13 398亿元，是中国民间资本发展最为迅速的省份，它以13 398亿元的私营企业资产规模创了663.4亿元的利润和508.7亿元的税收，更是为浙江提供11.4%的就业贡献率。另外，作为东部沿海重要省份的山东，更是以7 863亿元的私营企业资产规模创造1 338.7亿元的利润和775.6亿元的税收。从几个省份的对比难以区分哪个省份私营企业发展效率最高，但是能够看出中国部分省区的私营企业整体效率惊人，具有较高的投入产出效率、就业贡献率和税收贡献。市场的经济督促私营企业效率的提高，否则在残酷的环境下私营企业就难以生存。效率是私营企业存活的决定性因素，只有效率的优势才能让私营企业谋得利润。若从效率提高这个角度来看，民间资本无疑是效率最高和效率提高最快的资本形式。西方发达国家的近代实践经验表明，只有把投资驱动的增长方式转变到科技创新和效率提高驱动的增长方式，才能从根本上实现经济增长方式"颜色转变"。

由于民间资本在科技创新和效率两个方面具有明显优势，民间资本会成为中国经济增长方式"颜色转变"的重要推动力量，与政府和国有资本一起，在统筹经济发展和环境保护相互关系中发挥巨大作用。目前政府的视野仅仅局限于政府政策作用和国有资本市场作用的发挥，单凭政府的主导力量和国有资本的辅助力量来实现经济增长方式"颜色转变"。中国经济发展和环境保护矛盾解决不应只有政府和国有资本的"垄断"，而是需要广大民间资本的共同参与。

四、发挥民间资本推动作用，实现经济增长方式“颜色转变”

经济增长方式“颜色转变”迫在眉睫，只有依靠科技创新和效率提高才能根本性地转变“黑色”经济增长方式，实现到“绿色”经济增长方式的成功转型。民间资本是“颜色转变”过程中的重要推动力量。作为市场经济重要主体的政府也应该积极发挥引导作用，更进一步促进民间资本的发展，以发挥民间资本的更大的推动作用。一方面，政府要更高效地提供基本公共服务和重要公共产品，加强社会管理，进行市场监督。另一方面，政府要利用公共政策工具，引导民间资本发展低碳经济，为民间资本创造良好的发展环境，鼓励民间资本绿色发展，强化节能减排，使民间资本在经济增长方式转变的作用发挥到最大。具体而言主要包括：

1. 降低行业准入门槛，引导民间资本进入绿色产业

2009 年 6 月 11 日，国家发改委发布刺激民间投资的“20 条意见”，意见明确提出，允许和鼓励民间资本投资电信、金融、城市水务等垄断性、公益性领域；支持和引导私营企业进入高新技术领域和新型行业；支持拓宽民营企业在营利性行业的投资力度等。国家发改委希望“20 条意见”能够成为推动民间资本发展的“突破性文件”。但是在地方保护主义干预下，地方政府经常打着“地方特色”的旗号，限制民间资本进入诸多领域，甚至许多允许外资进入的领域，却不允许民间资本进入。更有地方政府只关心眼前利益，鼓励民间资本进入 GDP 产出贡献大和见效快的领域，不在乎环境保护和可持续发展。如果民间资本不能进入高新技术领域，进入绿色发展行业，就不能发挥其规模效应，产业优势，科技创新特色和效率作用。对于这类问题，政府部门一是要转变思想观念，从解决自身思想障碍入手，大胆实施民营战略，给予民间资本信心，营造民间资本发展的良好社会氛围。二是要通过制定具体的公共政策，逐步取消对民间资本的行业准入壁垒，采取公开招标、公平竞争等形式吸引民间资本发展绿色产业、低碳经济。三是要坚决查处地方政府政策执行中的附加条款，简化民间资本审批程序，设置专项资金和专门部门吸引民间资本投资高新技术产业，投资新兴产业。在取消外资企业“超国民待遇”的政策背景下，对于那些对外资开放的产业，同业也应该对民间资本放开，因为这些产业往往

都是一些技术要求高和科技含量高的行业，是中国实现经济增长方式转变的重要行业。

2. 拓宽融资渠道，增强民间资本发展后劲

由于金融体制的种种限制，商业银行对于民间资本贷款条件较为苛刻，加之民间资本需求规模较大，更加大了其从商业银行取得贷款的难度，民间资本融资环境较为恶劣。大部分民营企业最初的资本积累主要通过个人储蓄和民间借贷方式完成，随着企业自身规模的扩大和转型的需要，一旦出现资金缺口，这些民间融资方式难以满足民营企业和私营企业的需求。在金融领域，尤其是传统四大国有银行，仍然是以一种传统歧视眼光来看待民间资本融资问题。当民间资本陷入进退两难的困境时，为了维系发展，只能从民间渠道继续高息借入资金，高利贷、地下钱庄就是在这样背景下不断膨胀。这就导致民间资本融资渠道狭隘，阻扰了民营企业进一步发展。当一个企业维持基本生产都成为问题的时候，就难以考虑环境保护和生态节能等问题，也就无法发挥民间资本的推动作用，经济增长方式转变就成为“一纸空谈”。中国目前的金融市场还是政府主导型的金融市场，政府的指导作用明显。首先，应加快银行体制改革，增加商业银行的服务意识，鼓励成立中小企业银行，从资金来源上给民间资本更多选择。同时，政府部门也可以通过公共政策，引导规模较大的民营企业入主金融机构（少数民营企业可参股多家金融机构，大型民营企业可以参与农村信用社股份）。其次，政府发挥“牵线人”的作用，建立健全的担保体系，主动帮助民营企业间合作，建立行业内部良好拆借机制。再次，为扶持科技型中小企业的发展，促进科技成果的转化，政府部门可以牵头组建创业中心，如高科技孵化园，建立创业孵化资金，以便更好地扶植处于创办初期的企业。

3. 革财税政策，减轻民间资本负担

税负较重是现在中国企业共同面临的问题，尤其是不合理的税收和各种不公平待遇给民营企业带来很大的负担，让许多民间资本投资心灰意冷。民营企业需要交纳33%的企业所得税，还要交纳累进制税率下的个人所得税，对民营企业实行双重征收，无疑给民营企业特别是企业家带来巨大的经济压力，而且无形中形成不小的心理负担，严重挫伤了中国民间资本投资的积极性。中国政府为了吸引外资投入，采取差异性政策来鼓励外资企业来华发展，民营企业与外资企业在各个行业存在事实上的不平等，无形中会形成对民间资本投资的挤出效应。虽然2010年11月国家出台新政策，规定中国于2010年12月开始

对在华外商投资企业、外国企业及外籍个人征收城市维护建设税和教育费附加税。这意味着中国境内企业统一了税制，实现了外企与民企的公平。但是，地方政府在政策落实中仍然存在严重的身份歧视，尤其是对国有企业和民营企业的区别对待。政府对国有企业技术开发费、技术改造投资、购买国产设备抵扣所得税的政策优惠，民营企业多半享受不到。税收政策是财政政策的一部分，它的最重要原则就是公平性，若税收都存在不公现象，将会遏制企业自主创新和效率提高。要改变这种不公平现象，需要政府部门制定相关的税收政策，从税基上杜绝不公正和不公平，对民营企业减税减负，改变现行不合理税收征缴。严查地方政府乱摊派、乱赞助、乱罚款等不良现象，减轻民营企业负担。在公平的基础上，适当给予民间资本投资绿色产业和低碳经济以税收优惠，鼓励民间资本进入低能耗、低污染行业。

五、结语

中国经济发展和环境保护的矛盾恶化已经成为不争的事实，作为国家管理者——政府应该从根本上转变管理职能，把改善民生放在突出位置，将转变经济增长方式作为根本途径，利用科技创新和效率提高实现“黑色经济”到“绿色经济”的转变。民间资本在规模、结构、技术和效率上的优势是其他经济体难以替代的，在科技创新和效率提高方面具有突出作用，是经济增长方式转变的重要推动力量。但在现行条件下，民间资本还未发挥出全部力量，政府要从公共政策等多种途径出发，大力发展民间资本，将其作为中国经济增长方式“颜色转变”的重要推动力量，激发民间资本潜能，促进民间资本又好又快发展。以此配合国有资本的独特作用，根本上实现经济增长方式转变，推动中国社会经济科学发展、绿色发展、和谐发展。

（作者单位：内蒙古大学公共管理学院）

环保投资的溢出效应检验*

——基于内生增长模型

林群慧　陈冠益　杜雯翠　牛海鹏

一、引言

20世纪70年代，为了应对石油输出国组织（OPEC）的挑战和罗马俱乐部的悲观论调，经济学家们开始把能源、自然资源以及环境污染问题引入到新古典增长理论中来。Dasgupta and Heal（1974），Stiglitz（1974）运用Ramsey-Cass-Koopmans模型对可耗竭性资源的最优开采和利用路径进行了分析，发现在一定技术条件下，即使自然资源存量有限，人口增长率为正，人均消费持续增长仍然是可能的。但问题是，在他们的模型中技术进步是外生给定的，这引起了广泛争议。直至20世纪80年代中后期，随着以Romer（1986，1990），Lucas（1988）等人为代表的内生增长模型的出现，经济学家通过将污染引入生产函数，环境质量引入效用函数，从而在内生增长模型框架下讨论生态环境恶化与可持续发展问题。例如，Bovenberg and Smulders（1995）在Romer模型基础上将环境因素引入生产函数进行研究。Hung，Chang and Blackburn（1993），Scholz and Ziemes（1996）基于Romer模型利用内生增长模型深入研究了环境问题。Stokey（1998）通过扩展Barro的AK模型，引入污染密度指

* 本文为国环保部“环保公益性行业科研专项”课题阶段性成果之一，项目号：201009066.

数作为代表性消费者的控制变量，给出了在内生增长理论下分析可持续发展问题的基准框架，研究了环境污染外部性与经济持续增长问题。Aghion and Howitt（1998）将资源环境因素引入 R&D 模型中，规定了环境质量的一个最小阙值，低于该阙值，环境将变得不可逆，考察了环境资源限制对可持续发展的影响。Barbier（1999）将资源稀缺性和人口增长引入 Romer-Stiglitz 模型，探讨最优均衡增长路径。Grimaud and Rouge（2003）等将环境污染和资源有限引入新熊彼特模型，考察了环境资源限制对可持续发展的影响。Giuseppe（2007）将部分生产劳动力分配到环境资源保护部门，这些劳动力进行环保投入，却不进行生产，考察经济可持续发展的最优增长路径。在国内，孙刚（2004）将环境保护引入 Stokey-Aghion 模型，发现环保投入对环境质量改善的边际贡献率在长期能否大于一个临界值是可持续发展能否维持的关键。彭水军和包群（2006）吸收了 Lucas 等人的思想，在 Romer 产品水平创新模型中加入人力资本部门和环境污染因素分析可持续发展问题。李仕兵和赵定涛（2008）构建了一个带有环境污染约束的内生增长模型，推导出模型平衡增长路径的最优经济增长率。

现有大部分文献发现，包含环境变化的内生增长模型基本上都支持新古典理论关于生态环境与经济增长关系的研究结论。一般情况下，相对于不含环境因素的内生增长模型，最优的污染控制要求一个较低的稳态增长率，并且严厉的环境标准有利于经济持续增长。但是，这些文献对环保投资的处理方式却有所不同。环保投资是各有关投资主体从社会的积累基金、补偿基金和生产基金中，拿出一定数量用于污染防治、保护和改善生态环境，其目的是促进经济建设与环境保护的协调发展，使环境得到保护与改善（张坤民，1999）。按照环保投资的投资目的和投资方向，环保投资可划分为污染治理投资、保护和改善生态环境投资、环境管理和科研投入三部分。目前，一些文献将环保投资视为消费，认为环保投资的作用就是消除已经生产出来的污染，因此环保投资不参与资本积累；一些文献将环保投资视为投资，但是由于环保投资的特殊性，认为其不参与资本积累。这两种处理方式都没有理清环保投资作用于经济增长的真实途径和作用机理，并不可取。

实际上，环保投资对经济增长的作用方式有三种：第一，作为普通投资，环保投资与一般投资一样，投入到环保产业中，其积累有利于拉动下一期的经济增长；第二，作为投资结果，环保投资有利于改善当期的环境质量，但这并不会引起经济增长；第三，作为投资过程，环保投资有利于促进生产技术的环保创新，降低单位产量的污染排放量，在现有环保标准下最大化产量，进而拉动下一期的经济增长。我们定义上述三种作用途径，第一种作用称为环保投资的“普通投资效应”，第二种作用称为环保投资的“环境改善效应”，第三种作用称为环保投资的“溢出效应”。现有研究只关注环保投资的“普通投资效应”和“环境改善效应”，而忽略了环保投资的“溢出效应”，而环保投资的“溢出效应”正是本文要研究的。

我们认为，环保投资促使企业生产技术的环保水平升级，进而降低单位产出的污染排放量，从而在排污标准既定的前提下，提高产量，促进经济长期增长，这便是环保投资的“溢出效应”。按照环保投资的不同产业方向，环保投资三种效应的作用机理如图 1 所示。

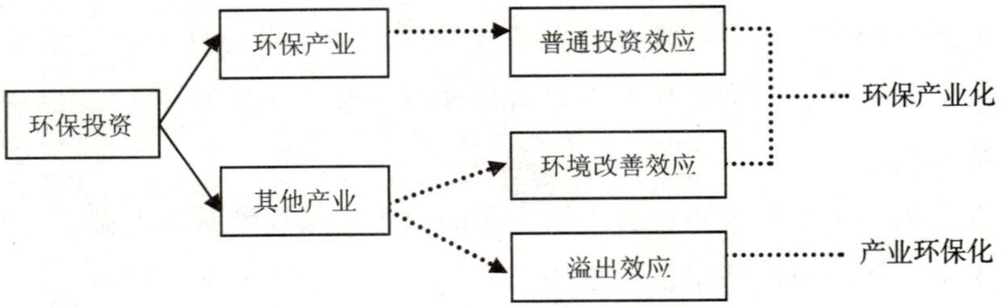

图 1　环保投资三种效应的作用机理

现实中，当政府意识到环境保护的重要性，开始通过环保投资改善环境质量的时候，首先会想到环境改善效应，因为环境改善效应将直接改善目前的环境质量。但是，环境改善效应对经济增长的拉动作用十分有限，因为产生环境改善效应的环保投资更像是消费，不会参与资本积累。接着，政府开始提倡环保产业化，大力推动环保产业的发展，此时环保投资开始扮演投资的角色，参与到资本积累的过程中。最后，随着环保产业的逐步成熟，人们会发现单纯从治理污染出发的政策永远是一种“补救措施”。要想实现经济的可持续发展，必须从污染的源头入手，通过改进企业生产环节中的环保技术，来降低单位产出的污染排放密度。此时，环保投资开始对经济发展产生“溢出效应”，这便是本文的研究核心。

本文在已有文献的研究基础上，借鉴 Stokey（1998）和 AghionandHowitt（1998）的模型思想，将环境质量纳入效用函数，环保投资纳入生产函数，同时将污染密度看作是环保投资的函数，利用内生增长模型和最优动态理论求解经济可持续发展的最优路径，研究环保投资的溢出效应对最优路径的影响，以及影响环保投资溢出效应的各种因素。

二、环保投资溢出效应的理论分析

考虑一个由同质消费者组成的封闭经济，不考虑人口增长，消费者对消费和环保质量产生效用，其效用函数为 U（c，E），其中，c 为人均消费，设总人口为 1，则 c 也是总消费，E 为环境质量，且满足 $u_c>0$，$u_E>0$，$u_{cc}<0$。消费者一生的福利为：

$$W = \int_0^{\infty} e^{-\rho t} U(c,E)\,dt$$

其中，$\rho>0$ 代表时间贴现率，表示当代人对后代人利益的关心程度，ρ 越大，意味当代对后代越漠视，$\rho\to0$ 意味当代对后代人和当代人给予相同的关心。

对于生产函数，我们采用 AK 形式，$Y=AKz$，其中，A 为技术，K 为资本存量，z 为污染密度。以利润最大化为目标的厂商的最优选择是恰好排放政府规定的最低标准污染物。在生产技术一定的情况下，由于存在最低污染密度标准，使得厂商的生产量受限于最低污染密度。因此，生产函数不仅取决于技术、资本存量，还取决于最低污染密度。在不存在环保投资的情况下，厂商无法改变政府制定的最低污染密度标准，只能按照能够排放的最大污染量制定生产计划。但是，环保投资（I）改变了这个约束。如前所述，环保投资不仅能够对现有污染物进行治理，还能够促进企业生产技术的环保化改进，降低企业单位产出的污染物排放量。在污染排放密度降低的前提下，企业就可以进一步提高产出了，我们称这个现象为环保投资的溢出效应。因此，污染密度（z）受环保投资（I）的影响，假设二者之间是简单的线性关系，可以写成如下形式：

$z=z(I)=\alpha+\beta I$，其中，$\frac{\partial z(I)}{\partial I}<0$，即 $\beta<0$。

另外，我们认为环保投资有着一般投资性质，由于一些环保项目的建设以及环保产业的兴起，环保投资还将作为资本积累，促进下一期的经济增长。因此，环保投资的增加是有利于资本积累的，模型中的资本存量K已经包含了环保投资，$K=I+I'$，其中I表示环保投资，I'表示其他投资。资本积累方程为$\dot{K}=AKz-c$。

对于环境质量，最好不能好过无污染，最坏也不能坏过毁灭性灾难。因此，定义环境质量E为现在的环境质量与环境上界的差额。所以，E为负数，$E\in[E_{\min},0]$。E不同于污染，污染是流量，而环境质量是存量。E受三方面影响，首先，环境质量受污染（P）影响，具体关系为$P(Y,z)=Yz^{\gamma}=AKz^{\gamma+1}$，其中，Y代表总产出，$z\in[0,1]$代表污染密度，$\gamma>0$表示污染的边际成本递增。其次，环境质量受环境自我更新能力的影响，假设环境自我更新速度为，则由于自我更新而得到的环境改善为θ。最后，环境质量还受环保投入（I）的影响，假设环保投入对环境改善的贡献为$R(I)$，且$R'(I)>0$，说明环保投入越多，对环境改善的贡献越大。由此可写出环境质量变化的运动方程为$\dot{E}=Yz^{\gamma}+\theta E+R(I)$。

社会计划者的动态最优化问题为：

$$\max_{c,E}\int_0^{\infty}e^{-\rho t}U(c,E)\,dt$$

$$s.t.\ \dot{K}=AKz-c$$

$$\dot{E}=-AKz^{\gamma+1}+\theta E+R(I)$$

另外，$K(0)=K_0, E(0)=E_0, z=\alpha+\beta I$

定义Hamilton函数为：

$$H=U(c,E)+\lambda(AKz-c)+\mu[-AKZ^{\gamma+1}+\theta E+R(I)] \quad (1)$$

两个控制变量为c和I，两个状态变量为K和E。横截性条件（TVC）为：

$$\lim_{t\to\infty}\lambda Ke^{-\rho t}=0, \lim_{t\to\infty}\mu Ee^{-\rho t}=0$$

对两个控制变量分别求偏导，得到一阶条件：

$$\frac{\partial H}{\partial c}=u_c-\lambda=0 \quad (2)$$

$$\frac{\partial H}{\partial I}=\lambda Az-\mu Az^{\gamma}[z+I(\gamma+1)z\beta]+\mu R'(I)=0 \quad (3)$$

由（2）和（3）可得到：

$$\lambda=u_c \quad (4)$$

$$u = \frac{\lambda Az}{Az\gamma[z + I(\gamma + 1)z\beta] - R'(I)} \quad \cdots\cdots (5)$$

对两个状态变量分别求偏导，得到欧拉方程：

$$\frac{\partial H}{\partial K} = -\rho\lambda + \lambda Az - \mu Az^{\gamma+1} = -\dot{\lambda} \quad \cdots\cdots (6)$$

$$\frac{\partial H}{\partial E} = -\rho\mu + u_E - \mu\theta = -\dot{\mu} \quad \cdots\cdots (7)$$

（4）式两边同时对 t 求导可得：

$$\dot{\lambda} = u_{cc}\dot{c} \quad \cdots\cdots (8)$$

对（8）式做进一步调整后，得到考虑环保投资溢出效应后的消费路径：

$$\frac{\dot{c}}{c} = \frac{1}{\varepsilon}\left[Az\left(1 - \frac{Az^{\gamma+1}}{Az^{\gamma}(z + I(\gamma + 1)z\beta) - R'(I)}\right) - \rho\right]$$

其中，$\frac{1}{\varepsilon} = -\frac{u_c}{u_{cc}C}$，表示跨期替代弹性。

由消费路径可知，如果经济是可持续发展的，意味着在长期 $\dot{c}/c > 0$，即：

$$Az\left(1 - \frac{Az^{\gamma+1}}{Az^{\gamma}(z + I(\gamma + 1)z\beta) - R'(I)}\right) - \rho > 0 \quad (9)$$

整理（9）式，得到如下不等式：

$$R'(I) < \frac{Az^{\gamma+1}(\rho - I(\gamma + 1)\beta(Az - \rho))}{\rho - Az} \quad \cdots\cdots (10)$$

根据 Stokey-Aghion 模型，$Az - \rho > 0$ 是经济增长的必要条件，否则无论 I 如何变化，都无法使 $\dot{c}/c > 0$。与 Stokey-Aghion 模型相同，为简便起见，假设这一基本条件已经满足。

下面我们分情况讨论不等式（10）的左右两边。首先看式子左边，对于 $R'(I)$。如果 $R'(I) < 0$，即环保投资对改善环境的边际贡献率（$R'(I)$）递减，则只要 $R'(I)$ 的最大值小于不等式右边，就可以保证不等式的永远成立，即经济可持续发展。如果 $R'(I) = 0$，即环保投资对改善环境的边际贡献率（$R'(I)$）保持不变，则需要 $R'(I)$ 小于不等式右边，便可保持经济可持续发展。如果 $R'(I) > 0$，即环保投资对改善环境的边际贡献率（$R'(I)$）递增，则除非 $R'(I)$ 有上阕界，且上阕界小于不等式右边，才能保证经济可持续发展。

再来看式子右边，令 $f(z,\gamma,A,\rho,I,\beta) = \frac{Az^{\gamma+1}(\rho - I(\gamma+1)\beta(Az-\rho))}{\rho - Az}$。对每个要素（$(z,\gamma,A,\rho,I,\beta)$）求偏导，结果为 $\partial f/\partial z < 0, \partial f/\partial I > 0, \partial f/\partial \gamma < 0, \partial f/\partial A > 0, \partial f/\partial \rho < 0, \partial f/\partial \beta > 0$。由此可知，环保投资对经济可持续发展的作用途径并不是单一的，环保投资不仅能够改变不等式（10）的左边，还能作用于不等式的右边。环保投资对污染因子产生影响，进而作用于产出，确定经济可持续发展的最优路径，这便是环保投资的溢出效应。并且，环保投资越高，污染因子越小，环保投资对生产技术的溢出效应越大，不等式的右边越大，实现经济可持续发展的条件越宽松，经济持续发展的可能性越大。

三、研究设计

由于溢出效应的直接作用结果是生产技术的提高，本文通过一个简单的实证模型检验环保投资的溢出效应。实证模型为：

$$Tech_{i,t} = \varphi_0 + \varphi_1 I_{ij} + \varphi_2 Contolling_{i,t} + \varphi_3 Influnce_{i,t} \times I_{i,t} + \varepsilon$$

其中，*Tech* 是因变量生产技术；*I* 是自变量环保投资；*Contolling* 是控制变量，代表其他可能影响生产技术的变量，包括初始技术水平、经济发展水平、产业结构、固定资产投资、政府支出、人力资本水平、非国有经济比重和开放程度；*Influnce* 是调节变量，代表影响环保投资溢出效应的变量，用以上控制变量与自变量的交叉项表示。另外，模型中的 t 表示年份，i 表示省份。具体的变量定义见表 1：

表 1　变量定义与说明

变量类型	变量名称	变量定义
因变量	生产技术（Tech）	用各地区三种专利受理量表示
自变量	环保投资（I）	用各地区环保投资额表示
控制变量 调节变量	初始技术水平（Tech－1）	用各地区前一年的生产技术表示
	经济发展水平（Eco）	用各地区 GDP 的自然对数表示
	产业结构（Ind）	用各地区第三产业总产值占地区总产值的比重表示
	固定资产投资（Invest）	用各地区固定资产投资的自然对数表示
	政府支出（Govern）	用各地区财政支出占 GDP 的比重表示

本研究以2005~2009年全国各省份连续多年的数据为样本。需要特别说明的自变量环保投资。根据中国目前的统计口径，对各地区环保投资的统计项目主要包括城市环境基础设施建设投资、工业污染源治理投资和建设项目“三同时”环保投资，以及以上三种投资的总额。这三种环保投资产生的投资效应并不完全一致，其中，城市环境基础设施建设投资对经济增长的作用主要表现为“普通投资效应”，工业污染源治理投资对经济增长的作用主要表现为“环境改善效应”，只有建设项目“三同时”环保投资同时体现了环保投资的“普通投资效应”、“环境改善效应”和“溢出效应”等三种效应。因此，本研究的环保投资专指建设项目“三同时”环保投资。对全国各省份2005~2009年的建设项目“三同时”环保投资进行统计，结果见表2：

表2 2005~2009年各省建设项目“三同时”环保投资情况

单位：亿元

省份	“三同时”环保投资2005~2009年均值	省份	“三同时”环保投资2005~2009年均值	省份	“三同时”环保投资2005~2009年均值
北京	25.8	浙江	136.6	海南	3.82
天津	20.5	安徽	26.76	重庆	25.08
河北	51.88	福建	27.24	四川	29.06
山西	28.68	江西	12.58	贵州	6.06
内蒙古	25.08	山东	75	云南	19.6
辽宁	23.24	河南	32.62	陕西	20.24
吉林	12.24	湖北	22.06	甘肃	6.8
黑龙江	12.18	湖南	19.98	青海	5.26
上海	53.24	广东	26.18	宁夏	7.32
江苏	110.2	广西	17.32	新疆	10.68

数据来源：中华人民共和国环境保护部，《中国环境统计年鉴》（2005~2009年），中国环境出版社。

注：由于数据缺失，表中并没有西藏的相关数据。

由表2可以看出，全国各省的建设项目“三同时”环保投资值差别很大，有些省份（如江苏、浙江和山东）的平均投资额超过40亿，而有些省份（如海南、青海、贵州、甘肃和宁夏）的平均投资额却不足8亿。当然，造成这种差距的因素有很多，尤其是各地区经济发展水平的差距以及地方财政实力的差距将直接导致环保投资的差距。而各省建设项目“三同时”环保投资值的差别也将直接导致区域的技术水平，对国民经济产生大不相同的“溢出效应”，这正是本文的研究重点。对其他变量进行描述性统计，结果见表3。

表3　变量描述

变量名称	样本个数	均值	中位数	最大值	最小值	标准差
生产技术（Tech）（个）	150	19157.84	7913.50	174329	97	28888.48
环保投资（I）（亿元）	150	300.4	206.5	3995	0	407.3
经济发展水平（Eco）（亿元）	150	90521.6	70210	394825.6	2512.1	79458.9
产业结构（Ind）（%）	150	40	39	76	28	0.08
固定资产投资（Invest）（亿元）	150	47175.1	36536.7	190345.3	2703.4	37653
政府支出（Govern）（%）	150	20.08	16.99	96.41	7.92	13.95

数据来源：环保投资为各省建设项目“三同时”环保投资，来自《中国环境统计年鉴》（2005～2009年）；其他数据来自《中国区域经济统计年鉴》（2005～2009年）。

四、环保投资溢出效应的实证检验

本文的研究对象是2005～2009年各省份的技术进步和环保投资，这是一个典型的面板数据，因此不能采用简单的OLS进行回归，而要先检验数据的平稳性，然后根据面板数据的特点，选择合适的模型进行检验。

（一）单位根检验

表4为2005～2009年中国各省生产技术、环保投资、初始技术水平、经济发展水平、产业结构、固定资产投资、政府支出、人力资本水平、非国有经济比重与开放程度的单位根检验。ADF检验都显示，因变量生产技术，自变量环保投资，控制变量初始技术水平、经济发展水平、产业结构、固定资产投资、政府支出、人力资本水平、非国有经济比重与开放程度都拒绝了单位根检验，即各项数据都是平稳的。

表 4　单位根检验

变量	ADF	变量	ADF
生产技术（Tech）	-8.9528***	产业结构（Ind）	-13.7872***
环保投资（I）	-7.8821***	固定资产投资（Invest）	-7.7864***
初始技术水平（Tech-1）	-7.5560***	政府支出（Govern）	-6.4495***
经济发展水平（Eco）	-7.7824***		

注：*、**、*** 分别表示在 10%、5%、1% 的显著性水平下显著。

（二）回归分析

由于我们只是对样本自身的效应进行分析，并且我们也非常关心各地区的特定情况对环保溢出效应的影响，在这方面，面板数据的固定效应模型更具优势，所以应该采用固定效应模型，对模型进行回归，结果见表 5。

表 5　环保投资溢出效应的实证检验结果

变量	Model（1）	Model（2）	Model（3）	Model（4）	Model（5）	Model（6）
环保投资 (I)	0.1183*** (10.8118)	0.0003 (0.7105)	0.0006* (1.7463)	0.0009** (2.3787)	0.0008** (2.2849)	0.0008** (2.2355)
初始技术水平 (Tech-1)		1.0206*** (467.4646)	0.9524*** (43.7598)	0.9435*** (43.6656)	0.9581*** (42.3160)	1.0216*** (39.4188)
经济发展水平 (Eco)			0.0673*** (3.1502)	0.0581*** (2.7357)	-0.0759 (-1.0520)	-0.0443 (-0.6525)
产业结构 (Ind)				0.3795** (2.4121)	0.4592*** (2.9204)	0.4566*** (2.9145)
固定资产投资 (Invest)					0.1245* (1.9415)	0.1699** (2.3643)
政府支出 (Govern)						0.0070*** (4.2413)
调整后的 R2	0.2012	0.9887	0.9896	0.9901	0.9904	0.9917
样本数	124	124	124	124	124	124

注：*、**、*** 分别表示在 10%、5%、1% 的显著性水平下显著。

由表 5 可知，环保投资（I）变量的估计系数显著为正，说明地区环保投资越多，生产技术水平越高。而且，环保投资对生产技术进步的这种正向影响是十分显著的，证明了环保投资溢出效应的存在。除此之外，地区初始技术水平（Tech-1）也对生产技术产生显著的正向影响，地区初始技术水平越高，当期技术水平越高。经济发展水平（Eco）对生产技术的影响是负向的，但是这种影响并不显著。产业结构（Ind）对生产技术的影响是正向显著的，第三产业比重越高，生产技术水平越高，这是因为大部分高科技产业都属于第三产业，第三产业比重的提高有助于社会生产技术的进步。固定资产投资（Invest）对生产技术的影响是显著正向的，说明固定资产投资越多，生产技术水平越高。政府支出（Govern）与生产技术显著正相关，证明地方政府支出占当地 GDP 的比重越高，生产技术水平越高。

为了检验影响环保投资溢出效应的各种因素，以生产技术为因变量，环保投资和其他变量与环保投资的交叉项为自变量，做回归分析（结果见表6）。由表6可知，初始技术水平的调节作用（Tech-1×I）显著为正，说明初始技术水平越高，环保投资的溢出效应越大。经济发展水平的调节作用（Eco×I）显著为负，说明经济发展水平越高，环保投资的溢出效应越小，即地方经济水平较低时，环保投资的溢出效应会十分明显，对于经济水平较低的省份和地区，应该更加依赖环保投资对生产技术产生的溢出效应。产业结构的调节作用（Ind×I）显著为负，说明第三产业比重越低，环保投资的溢出效应越明显，环保投资的溢出效应有助于产业结构的提升。固定资产投资的调节作用（Invest×I）显著为负，说明固定资产投资额越小，环保投资的溢出效应越明显，当地方财力有限，无法通过较高的固定资产投资推动经济发展时，可以通过环保投资的溢出效应实现生产技术的提升，进而提高经济水平。政府支出的调节作用（Govern×I）显著为正，说明地方政府的财政支出越多，环保投资的溢出效应越明显。

表6　环保投资溢出效应的影响因素检验

变量	Model（1）	Model（2）	Model（3）	Model（4）	Model（5）	Model（6）
环保投资（I）	0.1183*** (10.8118)	1.0617*** (10.6525)	1.0256*** (12.2728)	0.9160*** (10.6687)	1.9464*** (8.1909)	2.3894*** (13.2190)
初始技术水平的调节作用（Tech-1×I）		-0.0889*** (-9.5739)	-0.0722*** (-8.9065)	-0.0772*** (-9.7965)	-0.0242* (-1.7733)	0.0483*** (3.8899)

续表 6

变量	Model(1)	Model(2)	Model(3)	Model(4)	Model(5)	Model(6)
经济发展水平的调节作用 (Eco × I)			−0.0822*** (−7.2029)	−0.0844*** (−7.7252)	−0.1036*** (−9.4872)	−0.0802*** (−9.5604)
产业结构的调节作用 (Ind × I)				0.4160*** (3.4847)	−0.1936 (−1.1123)	−0.9332*** (−6.3350)
固定资产投资的调节作用 (Invest × I)					−0.1443*** (−4.5999)	−0.25573*** (−9.9477)
政府支出的调节作用 (Govern × I)						0.0041*** (9.9245)
调整后的 R2	0.6812	0.9566	0.7305	0.6717	0.5583	0.5767
样本数	124	124	124	124	124	124

注：*、**、*** 分别表示在 10%、5%、1% 的显著性水平下显著。

（三）分地区回归分析

为了进一步检验不同区域的环保投资溢出效应，我们按照区域划分，将 31 个省划分为东部、中部和西部，其中，东部地区包括北京、福建、广东、海南、河北、江苏、山东、上海、天津、浙江、黑龙江、吉林、辽宁等 13 个行政区域，中部地区包括安徽、河南、湖北、湖南、江西、山西等 6 个行政区域，西部地区包括重庆、甘肃、广西、贵州、内蒙古、宁夏、青海、陕西、四川、西藏、新疆、云南等 12 个行政区域。分别检验这三个地区的环保溢出效应，结果见表 7。

表 7　各地区环保投资溢出效应的实证检验结果

变量	东部地区	中部地区	西部地区
环保投资 (I)	0.0006** (2.4181)	0.0035* (1.8044)	−0.0002 (−0.0442)
初始技术水平 (Tech − 1)	0.9890*** (34.9261)	0.8972*** (9.6071)	1.0592*** (18.7899)

续表 7

变量	东部地区	中部地区	西部地区
经济发展水平(Eco)	0.0170 (0.2660)	0.0425 (0.2570)	-0.1706 (-0.7171)
产业结构(Ind)	0.1538 (0.7719)	0.8648 (0.8983)	-1.1724 (-1.3554)
固定资产投资(Invest)	0.0064 (0.1072)	0.0377 (0.1993)	0.1657 (0.6352)
政府支出(Govern)	-0.0019 (-0.4988)	0.0017 (0.0947)	0.0121*** (3.3700)
调整后的 R2	0.9958	0.9769	0.9811
样本数	52	24	48

注：*、**、***分别表示在10%、5%、1%的显著性水平下显著。

由表 7 可知，环保投资溢出效应的区域差别很大，东部地区的环保投资溢出效应十分明显，环保投资越高，生产技术越先进。中部地区的环保投资溢出效应也是显著的，但这种影响较东部地区弱些。西部地区的环保溢出效应却并不显著。这种结果意味着，即使增加环保投资，也未必能够提升生产技术，环保投资溢出效应也未必显现。原因是，环保投资必须要落到实处，作用到具体的企业和个人，才能使投资转化为生产力。这就要求每个地区必须具备溢出效应起作用的土壤，例如灵活的创新机制、宽松的融资制度、严格的专利保护措施等。相比之下，东部地区的开放程度较高，制度健全程度较高，为环保投资溢出效应的作用提供了前提，而西部地区目前并不具备这样的条件。另外，政府支出对生产技术的影响在各地区存在很大差别。在西部地区，财政支出对生产技术的正向影响十分显著，这种影响在东部地区和中部地区并不明显，符号也不相同。也就是说，越是经济不发达地区，如西部地区，政府行为对生产技术的影响越明显。这说明，在不发达地区，生产技术的提升更多地要依赖政府行为。而在经济发达的东部地区，技术改进已经成为企业的自发行为。

我们同时检验各地区环保投资溢出效应的影响因素，结果见表 8。

由表 8 可知，经济发展水平的调节作用（EcoI）、固定资产投资的调节作用（InvestI）和政府支出的调节作用（GovernI）对各地区环保投资溢出效应的影响并无显著差别。初始技术水平的调节作用（Tech-1I）和产业结构的调节作用（IndI）对各地区环保投资溢出效应的影响大不相同。这两种因素的调节作用在东部地区较为明显，在中部地区和西部地区却并不显著，说明中部地区和西部地区环保投资的溢出效应还没有充分发挥作用。

表 8　各地区环保投资溢出效应的影响因素检验

变量	东部地区	中部地区	西部地区
环保投资（I）	2.1953*** (9.9826)	3.5960*** (7.8108)	3.0130*** (5.4405)
初始技术水平的调节作用（Tech－1I）	0.0525*** (3.6573)	0.0552 (1.0578)	0.0080 (0.2239)
经济发展水平的调节作用（EcoI）	－0.0628*** (－7.4218)	－0.1922*** (－4.1590)	－0.2149*** (－3.8922)
产业结构的调节作用（IndI）	－0.9462*** (－5.7571)	－1.1418* (－1.8609)	0.0840 (0.0904)
固定资产投资的调节作用（InvestI）	－0.2436*** (－8.2728)	－0.3827*** (－5.1073)	－0.3052*** (－5.5197)
政府支出的调节作用（GovernI）	0.0051*** (9.9390)	0.0070*** (4.8542)	0.0023*** (3.4722)
调整后的 R2	0.9436	0.6150	0.5088
样本数	52	24	48

注：*、**、*** 分别表示在 10%、5%、1% 的显著性水平下显著。

五、结论与启示

环保投资不同于一般投资，它对经济增长同时存在“普通环保效应”、“环境改善效应”和“溢出效应”三种作用途径。以往的研究将重点集中在前两种效应，而忽视了环保投资的溢出效应，这无疑不利于人们正确认识环保投资的作用，也不利于确定环保投资在全国投资中的地位。本文基于内生增长模型，将环境质量纳入效用函数，污染因子纳入生产函数，同时利用环保投资将污染因子内生化，用理论模型证明了环保投资的溢出效应，即环保投资不仅能够通过普通投资的作用途径促进经济增长，还能促使生产技术的环保化，提高环保技术水平，进而在既定环保规制下，实现经济可持续增长。论文利用中国各省份 2005～2009 年的面板数据，检验了环保投资的溢出效应。事实证明，环保投资确实对经济增长存在显著的溢出效应，但是这种效应存在明显的地域差别。因此，我们建议，政府在制定环保投资政策时要既充分考虑到环保投资的溢出效应，合理配置环保投资额，又要为环保投资溢出效应的作用提供必要的制度前提和政府保障。

（林群慧、陈冠益、杜雯翠，北京师范大学经济与工商管理学院；牛海鹏，中国人民大学商学院）

环境政策工具

政策环评指标体系建构

——基于结果—价值综合评估的视角

邓剑伟

经过三十多年的改革开放，中国的经济发展和社会建设取得了令全世界瞩目的成绩。但在这些成绩背后，却是环境污染日益加剧、生态破坏日益严重、社会危机愈演愈烈等社会问题。这其中涉及诸多因素，其中一个重要的原因是中央和地方政府在制定、实施政策时，更多考虑的是经济发展而没有考虑环境保护；更多看到的是政策带来的短期利益，而忽视了政策实施带来的长期环境影响。为了扭转这一局面，中共中央总书记胡锦涛在2003年7月28日的讲话中提出："坚持以人为本，树立全面、协调、可持续的发展观，促进经济社会和人的全面发展"，按照"统筹城乡发展、统筹区域发展、统筹经济社会发展、统筹人与自然和谐发展、统筹国内发展和对外开放"的要求推进各项事业改革和发展。科学发展观不仅是科学的方法论，也是影响中国政府政策制定、实施的重大战略思想。这标志着中国在注重经济发展的同时，更加注重经济的长远发展和环境保护。

20世纪70年代以来，由于价值分析、政治学和社会学分析方法在政策评估实践中的恢复和发展，政策评估的方法从内容和形式上都已走向多元化、多样化，不再强调"价值中立"，政策评估理论也由实证主义走向规范主义。政策战略环评作为政策评估的一个方面，不可避免地也受到这一趋势的影响，越来越强调评估过程的价值分析、公众参与，注重从整体出发，强调整体、加总或者积累的环境影响。与西方发达国家相比，中国政策环评起步较晚，2003《环境影响评价法》的颁布标志着中国政策环评制度的确立。经过几年的实践和探索，中国的政策战略环评工作取得了一定的进展，但从整体上看，中国政策环评仍然处于起步阶段。在政策环评理论研究上，要坚持以科学发展观为指导，针对科学发展观五个统筹的要求，将政策环评看作一个整体和完整的过程，注重新政策与原先政策的关系，以及政策可能给当地和周边地区经济、社会和环境带来的影响，具体来说，在环评方法上，中国应该将实证主义研究和规范主义研究结合起来，建立畅通的沟通渠道，鼓励公众参与政策环评，建立完备的政策制定、执行、效果环评制度，设计政策环评指标体系进行实证研究。

一、当前中国政策环评存在的问题

近年来，中国环境影响评价制度虽然在促进产业合理布局和优化选址、控制新污染源产生和老污染源治理、促进企业技术进步和清洁生产的推行和促进各界人士环境意识的提高方面发挥了积极作用。但现在的政策环境影响评价在很大程度上依然停留在项目建设环境影响评价层面，还没有真正实现从“末端治理”、“生产过程控制”过渡到政策制定源头防控、政策执行监督实施、政策效果综合评价这一完善的政策环评制度。在环评方法上也存在着诸如过度依赖数据、忽视公众参与等问题。这些问题都需要引起我们的重视，并想办法加以解决。

（一）中国政策环评缺乏科学的理论和方法

近年来中国一直在开展有关政策、规划、计划的战略环境影响评价研究，尤其在区域环境影响评价方面进行了大量的工作，并在理论和方法上进行了有益探讨，取得了一些可喜的成绩。但中国现有的政策环评研究中关于环境影响评价理论的基础性研究较少，政策战略环境影响评价的研究大多是根据各地的情况开展相关研究，并没有形成系统的环评理论。同时，由于中国学界最近才提出应该将环境评估发展到更高阶段的政策环评的目标，政策环评的相关案例研究较少，缺乏实践积累，也导致中国政策环评理论研究的滞后。

在政策环评方法方面，中国政策环评的方法体系尚不完善，甚至缺乏科学的环评方法。与传统的政策项目环评相比，政策战略环评更加难以进行定量化的预测和分析，因此，现行的环境质量标准、污染物排放标准难以作为政策战略环评的依据。同时，战略环评的方法也不能只局限于对政策可能和已经导致的环境影响进行定量化的评估，还应该进行政策受众的价值分析和社会价值分析，将政策作为一个整体放在社会的角度进行论证和选择，这样的环评才符合这一领域研究的发展趋势。但这恰恰是中国政策环评相当薄弱的一环。

（二）中国政策环评缺乏公众参与，评估主体过于单一

中国现行的战略环评主要是由相关部门及机构对自己制定的政策、计划或规划进行环评，即更多的是一种自我评估，缺乏公众参与。王鹏祥认为，目前中国政策环评公众参与的缺陷主要表现在参与范围较窄、方式和内容缺乏可操作性、缺乏环境公共利益受损的救济方式以及非政府组织力量薄弱，使公众参与的作用十分有限等方面。这必然导致政策环评很难超越部门利益的局限，不利于政策环评过程和结果的公正性。因此，需要公众及相关利益人参与环评。

另一方面，中国政策环评的限度还表现在评估主体过于单一。中国政策环评的直接实施者为相关部门及机构的官员，缺乏公众、独立机构，专业环评人员参与政策环评，这不仅产生了上文所提到的自我评估的问题，还会导致单一评估的问题。这进一步制约了中国政策环评实施的效果。

（三）中国政策环评忽视对评估者的培训和教育

政策环评的准确、有效必须以评估者对政策进行专业的环评为前提，在中国，政府却往往忽视对政策进行环境评估人员的培训和教育。具体来说，表现在以下几个方面：首先，中国相关部门在对政策进行自我环评时，往往不具备相关的政策环评知识，但相关部门在自身利益的影响下，不可能对自身进行政策环评相关知识的培训和教育。其次，近年来，中国一些地区和部门也允许公众参与政策环评，但政府部门并没有对参与环评的公众进行必要的培训和教育，这就导致公众缺乏对将要进行环评政策必要的认识与环评技术。同时，由于在实际工作中对公众参与的对象的选择仍具有随机性，参评公众的环境意识、思想文化素质、法制观念等背景各不相同，同一水平的培训和教育常常不能达到预期的效果。最后，中国环评研究开展较晚，环评管理专业人员少，项目管理任务重，综合管理能力相对滞后，严重制约了战略环评工作的开展。更甚者，政策环评的部分从业人员在开展工作之前对规划环境影响评估了解不多，经过一定的培训后就承担了规划环境影响评价的实际工作。

（四）中国政策环评缺乏必要的监督

政策环评是一项综合性的、复杂性的技术工作，需要多学科配合和采用各种新技术，因此对一项政策进行环评的难度很大。由于中国环评运行机制不完善，在具体运行过程中，掺杂了过多的人为因素，使环评机构难以站在公众利益的立场上，客观、公正地开展环评工作，由此削弱了环评的公正性、可靠性。同时，许多环评人员在评估过程中经常会犯一些错误。如对评估对象把握不准；评估内容泛泛，重点不突出；评估结论既没有紧紧扣住对规划草案的具体意见，也没有提出规划实施后“减轻不良环境影响的对策和措施”。为了解决这些问题必须对政策环评进行监督，但如今中国的做法却是相关政府部门对本部门制定的政策进行环评，并对相关环评工作进行监督，这样的监督起不到任何作用。即使有一些政策环评项目有公众和环评专业人员参与其中，但是由于缺乏相关的信息和知识，没有监督的权力，也不能起到应有的监督作用。因此，中国的政策环评往往是在缺乏必要监督的环境下进行的。

二、政策环评模型建构

在对中国现阶段政策环评存在的问题进行剖析之后，为了进一步推进中国政策环评研究的发展，笔者将结合西方国家政策评估的经验、发展趋势，并根据中国国情和政策环评的实际情况构建出具有中国特色的政策环评模型。这一尝试不仅有助于实现西方先进理论本土化的目标，推进中国政策环评理论研究的发展，也有助于建构和完善中国的政策环评指标体系。

在建构的结果——价值综合环评模型中，分别进行政策制定环评、政策实施环评和政策效果环评，从而形成完整的政策环评体系。在政策政策环评的每一个阶段都进行理性分析、政策受众价值分析、社会价值分析三个方面的评估，力图将结果评估与价值评估结合起来，以提高评估的科学性。同时，在评估的过程中，坚持评估主体的多元化，将自我评估、专业评估与公众评估有机地结合起来，注重对评估人员的选拔和培训，以提高政策环评的准确性。

（一）政策环评指标体系建构与权重设计

结果——价值综合环评的建构，为中国政策环评的进一步发展指明了方

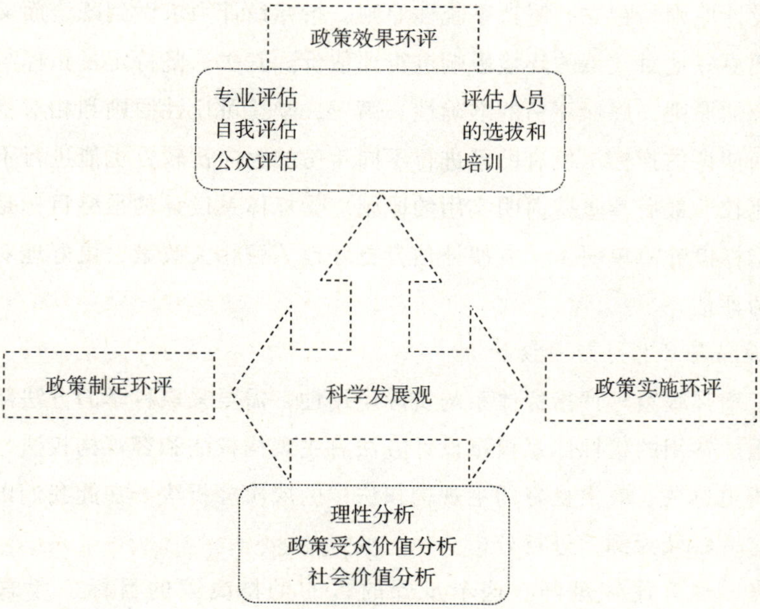

图 1　结果——价值综合环评模型

向，为了推动中国政策环评向着更科学、可操作的方向发展，还需要建立一套政策环评指标体系，并应用科学的方法赋予指标体系权重。特别在中国缺少政策环评实证研究、经验积累欠缺的大背景下，更需要这样一套政策环评指标体系的出现。

1. 政策环评指标体系设计

（1）指标设计理念

依据上文建构的结果——价值综合导向模型设计中国政策环评指标体系。整套指标体系分为政策制定环评、政策实施环评、政策效果环评三个领域，每个领域下设理性分析、目标群体目标群体满意度分析、社会价值分析三个维度，每一个维度有包含若干评价指标，共 30 个指标构成这样一套政策环评指标体系。其中理性分析维度的指标是对政策制定、实施与效果是否合理、是否与预期的目标相一致进行评价，目标群体满意度分析，则是进行公众对于政策是否满意、公众参与政策环评的状况进行评价，社会价值分析则是从社会长远发展、社会公平、公开等价值层面对政策进行环评。

（2）指标设计原则

依据指标设计理念，本文在设计政策结果——价值综合环评指标时严格遵守以下设计原则。首先，坚持系统性原则。指标设计力求做到既全面又突出重点，以便更好地对政策的环境影响进行评估价。其次，坚持定量指标与定性指标相结合的原则，确保评估的准确性。第三，坚持可比性原则和相对稳定性原则，从而使评估指标不仅有助于进行不同年份的纵向比较，也能进行不同地区的横向比较。最后，坚持简明实用的原则。指标体系设计的最终目标是付诸于实践，指标设计简单明了，方便评估者更好地了解相关政策，更好地对政策做出客观的评估。

2. 政策环评指标权重设计

为了增强政策环评指标体系的实际应用性，需要采取科学的方法赋予指标体系权重。常用的指标体系权重设计方法有主观构权法和客观构权法，文中采用的是历史悠久、效果良好的主观构权法中的层次分析法。在此我们以政策制定环评这一领域为例，进行分析。

首先，建立比较矩阵。这个步骤的目的是将决策的目标、考虑的因素（决策准则）和决策对象按它们之间的相互关系分为最高层、中间层和最低层，绘出层次结构图。其中，相邻的两层，称高层为目标层，低层为因素层。在本文中，政策结果——价值综合环评指标体系的比较矩阵如图 2 所示。

在评估指标体系层次结构构造完成以后，下一步的工作就是建立各层次两两比较矩阵，确立各指标权重。首先建立 B 层次中各元素对于目标层（政策环评）的重要性比较矩阵（如表 2 所示）。

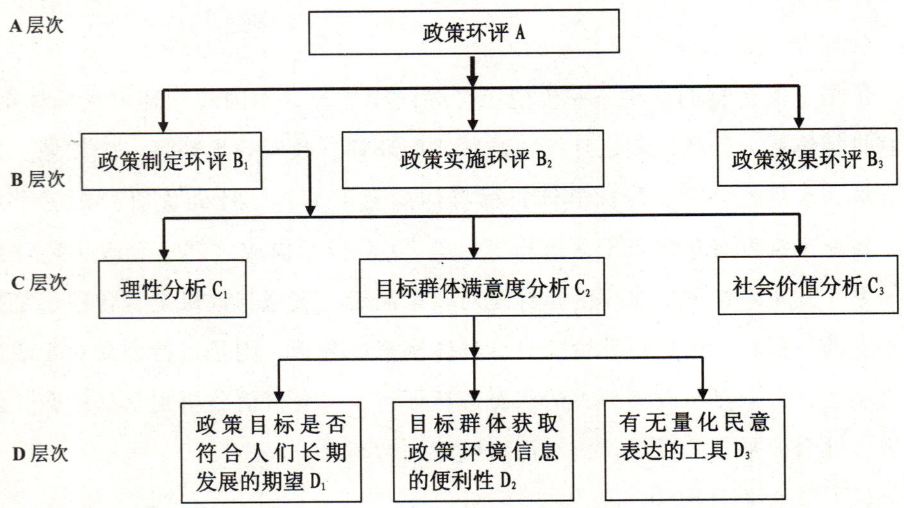

图 2　结果——价值综合环评指标体系的比较矩阵

表 1　B 层元素对于目标层重要性的比较矩阵

A－B	B1	B2	B3
政策制定环评 B1	1	1/2	1/3
政策实施环评 B2	2	1	2/3
政策效果环评 B3	3	3/2	1

接着，建立 C 层元素对于政策制定环评的重要性矩阵（如表 3 所示）。

表 2　C 层元素对于社会目标制定的重要性矩阵

B－C	C1	C2	C3
理性分析 C1	1	1/3	1/3
目标群体满意度 C2	3	1	1
社会价值分析 C3	3	1	1

最后，建立 D 层元素对于目标群体满意度分析的重要性矩阵（如表 4 所示）。

表 3　D 层元素对于目标制定工具的重要性矩阵

C－D	D1	D2	D3
政策目标是否符合人们长期发展的期望 D1	1	5	5/3
目标群体获取政策环境信息的便利性 D2	1/5	1	1/3
有无量化民意表达的工具 D3	3/5	3	1

（二）政策环评指标赋分与可比化

在赋予指标体系权重的基础上，还需要对指标的赋分与可比化进行设计。在我们构建的政策结果——价值综合环评指标体系中，既包括定量的指标，也包括定性的指标，并且以定性的指标为主。在定量的指标中，不同的指标所代表的社会意义也不同，有的是绝对数指标、有的是相对数指标、还有的是平均数指标，这就需要对各项指标进行标准分的确定。不同的指标其计分标准不同，应视情况而定，可以以 10 分制计，也可用百分制计，本文采取的是 10 分制。例如政策效果环评领域下属的理性分析这一维度中政策实施后空气质量达标率指标，其中达标率在90%以上的得10分、在80% ~90%的得9分、在70~80%之间的得8分、在65% ~70%之间的得7分、在60% ~65%之间的得6分、在50% ~60%之间的得5分、在40% ~50%之间的得4分、在30% ~40%之间的得3分，在20% ~30%之间的得2分，在10% ~20%之间的得1分。其它定量指标以此类推。为了使不同指标之间具有可比性，在此，我们借鉴学界采取比较多的最高积分的方法。将指标转化为评定值 E_i，对于评定值 E_i 的确定，我们按10分制，同一因素中，指标值最好的给定10，最劣的给定1分，中间各值按下式计算：

$$d = \frac{f_{imax} - f_{imin}}{10 - 1} \quad E_i = 10 - \frac{f_i^0 - f_I}{d}(f_i^0 = f\,imax)$$

$$E_i = 1 + \frac{f_i^0 - f_I}{d}(f_i^0 = f\,imin)$$

上式中d为级差值，f_i^0 为标准值（f_{imax} 或 f_{imin}），E_i 为第i项指标的评价值。此值四舍五入取整数。

上述方法解决了定量指标赋分和比较的分体，对于定性指标可以采取专家小组评议法，采用10分制，分为优、良、中、可、差5个等级，分别对应9~10、7~8、5~6、3~4、1~2这5个分数段。

（三）层次单排序及一致性检验

完成了比较矩阵的建立，还需要对层次进行单排序和一致性检验。首先，把同一层次相应元素对于上一层次元素相对重要性的排序权重值求出来。方法是计算判断矩阵A的满足等式 $AW = \lambda maxW$ 的最大特征根和对应的特征向量W，这个特征向量即是单排序权值。可以证明，对于n阶判断矩阵，其最大特征根为λmax单根，且 $\lambda max \geqslant n$，λmax所对应的特征向量均由正数组成为检验判断矩阵的一致性，需要计算一致性指标。判断矩阵的一致性指标C. I.

表4　矩阵的平均随机一致性指标RI值

阶数	1	2	3	4	5	6	7	8
R. I	0	0	0.52	0.89	1012	1026	1036	1.41
阶数	9	10	11	12	13	14	15	
R. I	1.46	1.49	1.52	1.54	1.56	1.58	1.59	

表5　政策结果——价值综合环评指标体系

领域	维度	评估指标	权重	分数
政策制定环评（0.168）	理性分析（0.024）	政策制定的迫切性	0.006	
		制定该政策是否可能导致重大正面的环境影响	0.012	
		政策制定是否经过完整的环境影响论证和决策	0.018	
	目标群体满意度分析（0.072）	政策目标是否符合人们长期发展的期望	0.04	
		目标群体获取政策环境信息的便利性	0.008	
		有无量化民意表达的工具	0.024	
	社会价值分析（0.072）	政策目标是否有利于社会可持续发展	0.03	
		目标群体的确定是否体现社会公平性	0.018	
		有无预测长远目标的工具	0.006	
		政策制定是否公开透明	0.018	
政策实施环评（0.334）	理性分析（0.048）	是否有专门机构对政策实施中相关环保措施执行进行监督	0.024	
		政策实施中环境保护是否连贯、稳定	0.008	
		政策实施中环境保护手段、工具是否合理	0.016	
	目标群体满意度分析（0.143）	政策执行过程中群众投诉的次数（投诉一次扣一分）	0.047	
		目标群体是否认同与积极执行相关环保政策	0.048	
		政策实施中的环保努力是否得到目标群体认同	0.048	
	社会价值分析（0.143）	政策实施过程是否公正、公开	0.023	
		政策实施过程中环境污染事件发生次数（发生一次扣一分）	0.06	
		环保宣传、培训讲座覆盖面	0.06	
政策效果环评（0.498）	理性分析（0.072）	政策效果与政策目标是否相一致	0.008	
		政策收益与支出比率	0.016	
		政策实施后空气质量达标率	0.024	
		政策实施后环境灾害发生次数（发生一次扣一分）	0.024	
	目标群体满意度分析（0.213）	目标群体对于政策实施环境影响是否满意	0.053	
		是否有目标群体参与政策效果环评的渠道	0.053	
		目标群体是否获得专业环评培训	0.107	
	社会价值分析（0.213）	政策实施是否提升社会的环保理念	0.064	
		政策实施效果是否有助于社会稳定、发展	0.064	
		政策效果的覆盖面（受益群体所占比例）	0.021	
		是否有专业环评人员参与参与政策效果评价	0.064	

通过以上介绍的方法，我们同样可以求出其他领域下设指标的权重。再通过问卷调查法，或者访谈法等各种调查方法，我们可以给各项指标赋分，将各分值经过信度和效度检验后，再乘以对应指标权重，就可以自上而下求出个层次的绩效评分，最终对相关政策进行环评。

三、结语

文中建构的政策环评指标体系，从指标设计、选择到权重赋值都采取科学的方法，经过严谨的论证过程，因此本文建构的指标体系是比较完整、科学的。结果—价值综合评估视角也体现出了它的创新和可操作性。但该政策环评指标体系还存在了一些不足，需要在今后的研究中加以完善。

首先，政策环评相关指标的选择应该更加科学客观。指标的设计和选择在体现公众参与和评估主体多元化的同时，还应该进一步做好定性指标和定量指标相结合的工作，确保科学客观地选择指标。其次，指标权重的设计应该更科学。文中采用的是主观构权法中的层次分析法，难免带有主观倾向。今后，应该将主观构权法和客观构权法相结合来设计指标体系权重。再次，政策环评指标体系的推广应用有待于进一步验证。指标体系设计的目的在于通过广泛应用，解决实际问题。文中建构的指标体系还需要结合更多的政策加以实际应用，并结合应用的结果，不断加以完善。最后，加强指标体系相关制度保障的建设。这包括政府信息公开制度建设、评估人员的选拔和培训制度建设、提高公众参与评估的制度建设、政策评估回应性制度建设等方面。

（作者单位：厦门大学公共事务学院）

公民参与、环境治理模式转型与环境保护绩效改善

——基于山西省环境保护实践的思考

李杏果

改革开放后，中国的经济得以迅速发展。伴随着经济的快速增长，生态环境却急剧恶化，逐渐陷入严峻的生存危机。20 世纪 90 年代，中国开始对以往以牺牲环境为代价的发展模式进行反思，提出了可持续发展的国家战略，政府也加快了环境治理的力度，出台了一系列举措加强污染管制。十多年，虽然政府投入大量资金、人力、物力治理环境污染，但是环境污染状况并没产生根本性的改观，许多地方的环境质量非但没有改善，反而呈现逐年恶化的态势，污染治理成为全国性难题。面对严峻的环保形势，我们不禁要问：面对环境污染这一难题，难道我们只能束手就擒、接受毁灭的命运吗？是否存在环境治理的灵丹妙药？

山西是煤炭大省，传统上，与全国其他地方一样，伴随着经济建设和工业化步伐的加快，山西的环境质量状况不断恶化。昏暗的天空、污浊的空气、流淌的污水、满目创伤的生态是恶化了的环境的写照。但是，经过几年的污染治理，山西省的主要污染物排放量持续下降，环境质量状况明显改善。

在全国多数地方环境质量状况持续恶化的背景下，山西环境质量却稳步改善，树立了全国污染治理、环境保护成功的典范。这不禁使我们思考：到底是什么原因促使山西的环境保护工作出现如此大的进步？山西省的环境治理存在哪些成功的秘诀？这些秘诀对其他地方的环境治理是否具有适用性？本文拟探索山西环境治理绩效改善背后的创新举措及其内在逻辑，以期为中国其他地方

环境保护工作的改善与可持续发展，寻找可供借鉴的经验启示。

一、山西传统的环境治理之路及其困境

要了解山西省环境保护工作的创新之处，首先需要回顾山西省传统的环境治理之路。我们的研究发现，山西传统的环境治理之路与全国很多地方的环境治理一样，历经了政府不闻不问、任由企业排污到政府重视环境保护、制定政策加强污染管制的发展历程。前一个阶段的主要特点是任由市场自发调节和以市场机制为主；后一个阶段的主要特点是强调政府管制与命令—服从关系，强制企业减少污染排放。市场机制和政府机制是传统上解决环境问题的主要途径。

（一）市场机制与市场失灵

改革开放之后很长一段时间里，改变落后面貌、促进经济发展是政府的中心任务。山西省作为煤炭资源大省，拥有得天独厚的自然优势，更是积极投身这一进程，GDP 的增长成为各级政府执政的目标所在。在这一宏观经济背景下，政府环境保护部门虽然设置，但处于相对边缘的地位，环境保护工作重视程度不足，甚至在与经济发展出现矛盾时让位于 GDP 增长。环境管理的缺失和疲软导致环境保护处于放任自流状态，环境质量在很大程度上取决于企业自身。由于企业追求利润最大化、成本最小化，在缺乏外部监督的情况下，企业拥有充足的向环境排污的意愿和动力。伴随着工业化进程的加快，企业大规模向环境排污，环境对污染的承载能力有限，污染行为最终导致环境质量开始恶化，出现生态危机和人类的生存危机。土地悲剧模型很好地说明了这一点。

由于环境事务是准公共物品，具有非排他性、竞争性等属性，决定了仅靠市场机制不足以解决问题，出现市场失灵，环境状况不断恶化。改革开放后很长时间内，山西省环境质量状况伴随着工业化进程的加快而迅速恶化正是市场失灵的突出表现，表明仅靠市场自身不足以解决人们所面临的环境危机。

（二）政府机制与政府失灵

随着环境污染问题的日益严重，社会中要求政府管制的呼声日益高涨，政府管制理所当然地得以强化，作为纠正市场失灵、减少负的外在性影响的良

方。政府管制的主要实施方式是由政府制定大量环境保护的法律法规，并通过命令—服从关系强制性实施这些法律法规。一般而言，政府管制的有效性需要许多前提条件，例如，政府应是公共利益的代表，其自身不具有利益，能够客观、公正地执法，确保环境保护法律法规的落实。但事实上，政府由官员组成，政府官员拥有自身的利益，其在一定情境下，会不惜牺牲公共利益而确保自身利益的实现。由此，可以发现，拥有权力的政府，在实践中往往通过不恰当的干预方式使资源配置更加缺乏效率和公平性。正如公共选择学派所指出的那样，政府经常被一些特殊利益集团所俘获，通过“权力寻租”威胁社会利益，出现“政府失灵”。

政府失灵包括政策失灵和管理失灵。环境保护中的政策失灵是指政府不恰当的税收、补贴、金融和环境政策等造成环境资源使用中私人成本的扭曲。管理失灵则意味着由于各级政府组织管理不善等原因导致环境保护政策实施效果不佳。在环境保护领域，政府失灵主要是管理失灵，管理失灵的原因有：第一，政府部门之间协调不足，手段单一，主要是依靠行政命令和服从的手段，由此导致环境保护实施成本高、效率低。第二，政府自身的理性有限。掌握信息程度的不充分和政治经济能力的不足是造成政府失灵的重要原因。政府对环境的负载总量往往难以估量，由此而制定的企业排污标准常常不切实际。现代社会的决策需要更多的专业经验、特定信息和不同意见的合作参与，它需要社会各方面对公共事务承担责任。政府机构由于信息获取局限性或官僚主义，不能及时发现并制止环境污染，或处罚出现谬误。第三，过于强调了国家的环保权利，而忽视了公民自身的环境权。公民的环境权缺乏法律依据，人们保护环境的积极性受到压抑。环境公共利益的性质导致了环境利益在环境法律的形成和实施中面临着保护不力的困境。环境利益诉求得不到充分的表达和救济。第四，环境利益的占有往往因经济发展水平的差异呈区域不均等性。在现代化后发国家中，政府面临着追赶工业化的使命，政绩衡量和官员的升迁以经济指标为最重要的方针。在工业化的过程中，政府往往以牺牲环境利益为代价。环境问题的蔓延，使得政府处于经济发展与环境保护的两难处境中。政府在利益表达和综合中，深受经济利益强势群体的影响，地区性和任期制的激励成为破坏环境利益的社会基础。

依靠市场机制，市场会失灵；依靠政府机制，政府也会失灵。市场失灵和政府失灵的双重存在决定了仅靠市场或政府或二者的结合，都不足以解决人们所面临的环境污染问题。伴随着工业化进程的推进，山西省形成了高能耗、重污染型倚重产业结构，在占全国1/60的土地上，生产了全国1/4的煤，2/5的焦，1/17的火电，成为全国能源的重要支撑省。但与此同时，山西的环境污染和生态破坏也严重到极致。2003年，山西大气环境质量居全国倒数第一，全省11个重点城市环境空气质量二级以上天数为1495天，平均136天，最少的阳泉市，仅有56天，11个城市空气质量均低于国家三级标准。到“十五”末期（2005年），山西省大气环境质量依然居全国倒数第一，11个重点城市和所有县市没有1个达到二级空气质量标准，被国家考核的太原、大同、临汾、阳泉、长治5个城市，有3个城市名列全国倒数前四名“黑五甲”之列，二氧化硫排放量全国排名第三，地表水劣五类水质居全国倒数第二，烟（粉）尘排放量、固体废弃物及危险废物排放量位居全国第一。外界戏称山西人吸的是毒气，喝的是污水，有河必干，有水必污，空气靠风刮，河水靠下雨，污染严重成为山西对外形象的名片。环境污染日益恶化的现实表明，传统的环境治理机制已经不适应环境事务管理的实际需要。如果不进行制度创新，探索新的治理机制，山西环境污染严重的状况将难以扭转。

二、山西环境治理创新——公民参与的引入与环境治理绩效的改善

面对严峻的环境形势和残酷的现实，2006年6月8日，山西省委、省政府下发《关于实施“蓝天碧水工程”的决定》，全省范围内针对环境污染和生态破坏的攻坚战拉开帷幕。经过三年的努力，截止2009年6月，“蓝天碧水工程”确定的36项指标中，已经有22项指标提前完成，有10项指标大多数市县已经完成或接近完成，占全部指标任务的89%，其余4项指标在2010年提前完成。

山西的环境保护的各项指标之所以能够提前顺利完成，环境质量之所以能够得到大幅度改善，主要是因为山西一改传统的环境治理之路，在环境治理机制方面进行了卓有成效的创新：在全国首创环保执法部门联动机制；在全国首创区域限批制度；在全国首创区域环境集中整治制度；在全国首创环保考核问责奖惩制。尤其是，山西省环境保护工作中引入了新的治理主体，使传统的环境治理结构发生了根本性的变化，即在传统的企业和政府之外，强化了公民参

与的力量，通过构建和实施公民参与环境保护的机制，形成了全省人民共同努力推动环境保护的合力。公民参与机制的强化弥补了传统上仅依靠市场机制和政府机制所带来的治理缺陷和不足，实现了多元主体共同参与应对复杂环境事务的合作格局，由此成功扭转了传统治理模式导致的治理失灵局面，极大地改善了山西省的环境质量状况，推动着山西省的环境治理模式从传统走向现代，从落后走向先进，从失效走向高效。

（一）公民参与环境保护治理机制的引入

公民参与环境保护有着丰富的内容，就监督对象而言，既包括企业，也包括环境保护行政主管部门。就监督方式而言，既包括检举、控告，也包括参与环境保护政策制定、环境影响评价和环境执法等。山西在环境保护治理中引入公民参与的具体措施如下：

1. 加大宣传力度，提升公民环境保护意识

公民环境保护意识是公民参与环境保护的基础和前提。为提升公民的环境忧患意识，山西省环保局选择环境污染危害典型事例，组织拍摄了《忧患家园》纪录片，在全省敲响了环境污染后患无穷的警钟。为准确了解社会各界对环保工作的认识，山西省开展了“百县千企万民环保意识调查”，调查结果表明，80%的人不愿意让财政收入领先而环境污染严重城市的市长留任，89%的社会公众赞同实行党政领导干部环保“一票否决”权，90%的人呼吁实行领导干部环境保护问责制，90%的人认为环境污染已经影响到和谐社会建设，91%的人支持环境执法硬起来。调查结果公布后，山西省内各方对环境问题高度关注。环境民意成为山西环境法治的社会基础力量。在此基础上，山西省环境保护局因势利导，要求各级宣传部门和广播、电视、报刊、网络等新闻媒体将环境保护宣传作为重要任务，及时报道和表扬环境保护先进典型，曝光环境违法行为。充分利用新闻媒体，开展环境保护宣传活动，极大地提升了公民的环境保护意识，为公民参与环境保护工作奠定了良好的基础。

2. 利用新闻媒体，强化舆论监督

山西省不仅通过新闻媒体提升公民环境保护意识，还积极运用媒体，实施舆论监督。山西省环境保护局要求将污染企业、污染县市曝光于全社会，由此形成对污染企业、环境保护落后县市的强大社会舆论压力，对环境保护工作起到了重要的推动作用。在集中整治孝义市违法焦化企业的专项行动中，山西省

内各新闻单位强势出击，舆论先行，使得污染企业如坐针毡，地方政府的压力也不断增大，奠定了遏制环境污染行为的良好社会基础。据统计，仅2006年，山西省级主要媒体宣传山西环保的各类新闻报道达1000多篇（次），中央媒体报道150多篇（次），各大网络发布评论信息60余万字，形成了强大的环保舆论风暴，环保成为全省关注的焦点和热点。

3. 加强环境教育，营造环保氛围

环境教育是公民参与环境保护的重要环节。山西省的公民环境教育主要采取以下举措：在地方各级党校、行政学院开设环境保护课程、加强对各级领导干部和重点企业负责人的环保培训；在全社会广泛开展环保教育和科普宣传活动；广泛开展绿色社区、绿色学校、绿色家庭、绿色企业等群众性创建活动；充分发挥工会、共青团、妇联、行业组织和社区组织的作用，整合全省环保宣传教育资源，形成上下齐动的大宣教格局；开展多种形式的环境警示教育以及环保知识教育、法律讲座活动等，使环保宣传教育更加贴近实际、贴近生活、贴近群众。

4. 践行政务公开，保障公民环境信息知情权

公民的环境信息知情权是参与环境管理和环境保护的前提。为保障公民有效参与环境保护工作，山西省明确规定，公民有权获取环境信息，包括：环境保护法律、法规、规章和其他规范性文件；国家及省市环境政策、环境保护规划及计划、环境功能区划、生态功能区划；本行政区域环境质量状况；各类环境标准；排污费征收的项目、依据、标准、程序和使用情况；经调查核实的公众对环境问题或者对企业污染环境的信访、投诉案件及其处理结果；重大环境治理、环保补助资金项目；建设项目环境管理情况；违法排污的企业名单、行政处罚依据、标准、程序和执行情况；发生重大、特大环境污染事故或者事件的企业名单；拒不执行已生效的环境行政处罚决定的企业名单；环境保护模范城市、生态县、生态示范区、环境优美乡镇、生态村创建结果；国家环境保护行政主管部门认定的环境保护技术目录以及污染防治设施运营资质情况；环境保护行政主管部门的主要职责、机构设置、办事程序、办事时限服务承诺及其联系方式等。对应予以公开的环境信息以列举的方式加以明确而具体的规定，有助于提升公民环境信息知情权保障的可操作性。

为切实落实公民的环境信息权，山西省还明确规定了环境行政主管部门答复公民信息获取请求的时限，即公众通过书信、电子邮件、传真、电话或走访

形式提出获取环境信息要求的，环境保护行政主管部门应在接到要求后15个工作日内予以答复。不能在15个工作日内做出答复的，经环境保护行政主管部门专门机构负责人同意，可以适当延长答复期限，并书面告知申请人，但答复期限最长不得超过30个工作日。

除保障公民环境信息的索取权外，山西省还要求各级政府主动公开环境信息，建立服务于社会的公众环境信息政府网站，定期公布环境质量状况、政策法规、项目审批和环境违法案件处理情况等，推进环保政务公开和企业环境信息公开。这些明确而具体的规定都有助于保障公民环境信息知情权的有效实现。

5. 畅通渠道，健全公民参与环境保护的途径

公民参与环境保护能否有效实施，关键在于公民参与工作是否有明确、健全和完善的参与渠道和途径。为此，山西省尝试设立环境保护监督员制度，形成环境保护的日常公众参与机制。根据这一制度的要求，县级以上环境保护行政主管部门必须聘请人大代表、政协委员以及企业环境监督员等公众代表担任环境保护监督员，负责对环境保护行政主管部门的工作情况进行监督，并向环境保护行政主管部门反馈公众的意见。

为强化公民对企业环境行为的监督，山西完善环保违法举报制度，开通了12369环保举报热线，实行常年全天候24小时值班制度，从接待、登记、领导批阅、办理、督查、办结、反馈各环节严格要求，做到事事有回音，件件有落实。截止2009年6月，全省环保系统共处理信访案件6800余件，通过公民信访监督促进环境问题解决的机制初步形成。

对环保违法行为的举报属于事后监督，为提升公民监督的效果，山西省注重公民的事前监督和预防性参与，拓宽公民参与环境保护的渠道，对可能造成不良环境影响并直接涉及公众环境权益的发展规划和建设项目实施环境影响评价和“三同时”验收环境管理，采用听证会、论证会或社会公示等形式，广泛听取公民意见，接受公民监督，提高环保决策的民主化程度。

6. 完善规则，推动公民参与环境保护走向制度化

2009年8月，山西省政府依据《环境保护法》、《政府信息公开条例》、《国务院关于落实科学发展观加强环境保护的决定》、《环境信息公开办法》、《环境影响评价公众参与暂行办法》等有关规定，颁布《山西省环境保护公众参与办法》，规定政府公开环保信息，接受公众环境监督，奖励公众污染举

报，维护公众环境权益，形成严肃的政府工作机制；公众参与环境保护，积极支持环境执法，大胆监督环境污染，依法参与环境决策，形成有序的民主参与机制。由此，公民参与环境保护拥有可操作性的规定，山西省通过制度创新鼓励并保障了公民参与环境保护权利的实现。此外，《山西省领导干部环境保护工作实绩考核暂行办法》、《山西省重点工业污染监督条例》、《山西省煤炭可持续发展基金安排使用管理实施细则》（试行）等文件中，也从不同方面规定了公民参与的相关制度，在保障公民环境保护参与权的同时，推动着公民参与环境保护不断走向制度化，实现可持续发展。

（二）公民参与环境保护治理机制成功的内在逻辑

通过上文分析可以发现，山西省环境治理绩效提升的转折点是公民参与的引入。而与全国许多地方相比，山西省的公民参与环境保护机制之所以能够发挥出实际功效，关键在于构建了公民参与环境保护的良好制度基础。这一制度基础的内在逻辑更符合人性，与此同时，减少了公民参与环境保护的成本，提高了公民参与环境保护的收益，形成了公民参与环境保护的激励机制，从而使得公民参与从象征意义走向实质意义，发挥出大幅度改善环境质量的实际效果。概括起来，这一制度基础具有以下特点：

1. 强化公民对环保整体利益与公民个人利益相关性的认知

人是理性人，个人行为的出发点源于个人需求。需求的确定源于对特定事物的认知。为此，要激发个人的某一行为，必须具备的条件是：一方面，客观上存在着某种能够满足个人需求的事物；另一方面，个人对这一能满足其需求的事物拥有足够的认知。污染治理与良好的环境与个人利益增进的相关性一直都存在，但是在很长一段时间内，个人对这种关联性缺乏必要的认知，因而也就缺乏参与环境保护，减少污染的动力。山西省环境保护中的公民参与之所以能够取得积极成效，与强化环境保护整体利益与公民个人利益相关性的认知密不可分。这种强化认知的主要举措是充分利用新闻媒体，进行环境保护宣传。此外，由于山西是煤炭大省，传统上，环境污染给山西省整体形象带来了严重的负面影响，公民生活和身体健康受到了环境污染的严重影响，山西公众对环境污染有切身感受。切身感受与媒体宣传相结合，环境保护整体利益与个人利益相关性认知得到较大程度的强化，由此，与国内其他地区相比，环境保护的重要性更为深入人心，公民的环境保护意识得到大幅度提升，这为公民参与环境保护提供了基础性推动力。

2. 降低公民参与环境治理的成本

参与环境治理往往具有成本，全国范围内，公民参与环境保护积极性不高的重要原因是参与成本较高，尤其是成本与收益相比较，成本较高。即使公民尚具有参与环境保护的热情，但是高昂的参与成本也容易阻碍积极、有效的公民参与。山西省环境保护公民参与机制之所以能够取得成功，原因在于其在很大程度上降低了公民参与环境治理的成本。

第一，降低了公民获取环境信息的成本。《里约环境与发展宣言》指出，"各国应通过广泛提供资料来鼓励公众的认识和参与"，"每一个人都能获得公共当局所持有的有关环境的资料，包括关于在其社区内的危险物质和活动的资料"。但事实上，中国绝大多数地方的政府在环境信息公开方面还做得不够，环境信息公开化程度较低，公民环境信息权保障并不充分。公民要想获得有关环境问题的信息，需要付出大量的成本，这阻碍了公民参与环境治理行为的产生。在减少环境信息获取成本方面，山西省的创新体现在以下方面：（1）山西省颁布《环境保护公众参与办法》，明确规定了公民可以获取的环境信息范围，并对环境主管部门的答复时限也做出了明确规定，有力地保障了公民的环境信息知情权，这有助于减少公民获取环境信息的成本。（2）企业环境行为评价制度的实施，将企业环境行为分为五级：绿色（环境行为优秀）、蓝色（环境行为良好）、橙色（基本达到环境管理要求）、红色（环境违法）、黑色（严重违法），以直观明了的形式主动向社会公开企业遵守环保法律法规的情况，这种主动公开信息的方式方便了公民环境信息的获取，减少了公民环境信息的搜索成本。(3）组织是减少交易成本的有效途径。与个体参与相比，组织参与的成本将大大减低，参与绩效将大为提升，由此决定了环境治理中公民参与的组织化途径的重要作用。山西省在倡导公民参与方面，充分运用新闻媒体这一组织化的力量。新闻媒体具有信息量大、传播速度快等特点，山西省各级新闻媒体在传播环境信息、强化公民环境信息认知方面发挥了重要作用，大大减少公民获取环境信息的成本。

第二，明确公民参与环境治理的途径，减少公民参与环境保护的交易成本。公民参与环境保护管理，如果只有法律上原则性的条文，而在操作程序等方面没有做出具体规定，那么公民参与的交易成本将会非常高。相反，明确的公民参与环境治理的途径和渠道，将大大降低公民参与的交易成本。山西省明确公民参与环境治理的途径，使其更具操作性，具体的途径包括：（1）保障公民参与环境决策。山西省政府规定，政府及其环境保护行政主管部门在环境政策、环境规划制定过程中，应在政府环保网站和当地主要媒体上公布政策、规划草案，召开专家代表论证会、公众代表听证会、公开征求公众意见。公众在草案信息发布后的15个工作日内可向环境保护行政主管部门提出意见和建议，环境保护行政主管部门对公众提出的合理意见应予以采纳，不予采纳的要给予答复并说明情况。（2）保障公民参与开发建设中的环境管理。开发建设中容易出现侵犯公民环境权的行为，为此，保障公民参与开发建设中的环境管理尤为重要。《山西省环境保护公众参与办法》规定，建设可能对环境造成重大影响的建设项目时，建设单位应当向公众公开建设项目信息，包括项目名称、拟选地址、项目性质、可能对环境造成的影响、防治环境污染和生态破坏的措施。召开专家代表论证会、公众听证会征求意见。为保证听证会代表的代表性，该办法还专门规定：选择被征求意见的公民、法人或其他组织出席听证会时应当综合考虑地域、职业、专业知识背景、表达能力、受影响程度等因素，其中，必须包括受建设项目影响的公民、法人或者组织的代表。编制单位进行规划环境影响评价时，要举行专家代表论证会、公众听证会征求意见。建设项目、规划环境影响评价文件中应对公众意见采纳情况进行说明。这就在一定程度上保障了公民参与环境管理的实效性。（3）设立环境保护监督员，专门负责对环境保护行政主管部门的工作情况进行监督，并向环境保护行政主管部门反馈公众的意见等。（4）完善环保违法举报制度，充分发挥12369环保举报服务热线的作用，畅通公众举报的投诉渠道，形成上下畅通的环境监督体系。

3. 构建公民参与环境保护的激励机制

个人行为的可持续需要良好的保障机制和激励机制，环境保护中的公民参与也是如此。在降低公民参与环境保护成本的同时，还有必要构建公民参与环境保护的激励机制，提高公民参与环境保护的收益，强化公民对其收益的认知。在构建公民参与环境保护的激励机制方面，山西省的创新做法是：第一，奖励在环境保护公民参与中做出突出贡献的单位和个人。《山西省环境保护公众参与办法》规定，要对在环境保护公众参与中做出突出贡献的单位和个人给予表彰；对公众积极参与环境保护工作，所提意见被采纳的，环境保护行政主管部门颁发荣誉证书或者给予表彰。与此同时，对积极公开环境信息，接受公众监督的企业，也进行一定的激励，包括：在当地主要媒体公开表彰；依照国家有关规定优先安排环保专项资金项目；依照国家有关规定优先推荐清洁生产示范项目或者其他国家提供资金补助的示范项目；国家规定的其他奖励措施。第二，惩罚阻碍环境保护中公民参与的单位和个人。《山西省环境保护公众参与办法》明确规定，有关环境保护行政主管部门违反规定将受到的行政处分，以此确保环境保护行政主管部门依法行政。

（三）强化公民参与机制后的环境治理绩效改善

公民参与机制的引入和有效实施，极大地改善了山西省环境治理的绩效。到2008年，山西全省环境状况出现了从“量的变化到质的好转”的拐点。环境质量恶化的局面得以初步遏制，主要污染物排放量持续下降，大气环境质量明显改善，环境质量状况向好的方面转化。具体表现为：

1. 环境质量显著改善

第一，环境空气质量达二级标准城市显著增加。2008年，阳泉、长治、晋城等8个省辖城市环境空气质量首次达到国家二级标准，实现历史性突破，结束了有统计以来该省省辖城市没有二级环境空气质量的历史。第二，省辖城市二级以上天数显著增长。2008年，11个省辖城市二级以上天数累计达3679天，比2005年增加1188天，平均每个市比2005年增加108天，空气质量优良率达到90%以上。第三，全省环境空气综合污染指数呈逐年下降趋势。其中，2008年综合污染指数全省平均值比2005年下降91.5%。第四，地表水环境质量稳中好转。2008年，重度污染水质断面（劣V类）比例比2005年下降了3.8个百分点；水质优良断面（I－III类）比例比2005年上升了2.9个百分点，汾河水库太原出水口水质，近20年来首次达到II类水质。

2. 主要污染物排放量持续下降

第一，二氧化硫和化学需氧量排放量显著下降。2008年，全省二氧化硫排放量130.84万吨，较2005年累计减排13.69%，累计完成“十一五”减排目标的97.8%，化学需氧量排放量35.88万吨，较2005年累计减排7.29%，累计完成“十一五”减排目标的55.3%。第二，烟尘、粉尘、工业固废排放量呈下降趋势。2007年，烟尘、粉尘、工业固废排放量比2005年分别下降15%、6%、34%，全省人均烟尘、粉尘、工业固废排放量比2005年分别下降17%、9%、35%。

3. 饮用水源地得到有效保护

截止 2009 年 6 月，山西全面完成了全省 220 个引用水源地的划定，“蓝天碧水工程”范围内 51 个饮用水源地全部划定了保护区，完成了立标共走，饮用水源地水质除地质因素指标外，其余指标稳定达标，有效保障了饮用水源地水质安全。

4. 城市环境基础设施建设取得突破性进展

在各级政府的高度重视和环保部门的有力推动下，“蓝天碧水工程”范围内 11 个重点城市、32 个重点县（市）环境基础建设成绩斐然。到 2008 年底，11 个重点城市全部建成投产城市生活污水处理厂、9 个重点城市建成城市垃圾无害化处理场，彻底改变了该省城市环境基础设施建设滞后的局面。

5. 生态建设取得长足进展

山西全省已建成自然保护区 46 个，总面积 113.3 万公顷，占全省国土面积的 7.26%。创建省级生态功能区 2 个，国家级生态示范区 14 个，省级环境优美乡镇 28 个，省级生态文明村 132 个，畜禽养殖示范基地 20 个。水土流失治理卓有成效，到 2008 年，11 个地级市平均水土流失治理率达到 53.84%，比 2005 年增加了了 12.11%，完成目标任务的 93.84%；32 个县（市）平均水土流失治理率达到了 50.18%，完成目标任务的 90.18%。

6. “绿色环保走廊”专项整治取得显著成效

山西省严肃查处影响大运高速景观的生态破坏行为和破坏汾河上有的生态环境及水质的资源开发活动。对汾河沿岸 3 公里范围内 1357 家重污染项目实施关停取缔，对 397 家停产治理，依法关闭了汾河沿岸违法排污口。大运高速公路沿线两侧 1 公里范围内基本无污染排放不达标企业，500 米范围内无垃圾固废堆放，大运高速公路成为环保清洁走廊。

三、迈向多中心治理：山西环境保护的可持续发展之路

实践证明，公民参与环境保护机制的引入和强化，极大地改善了山西环境治理的绩效，这一新的治理机制之所以能够成功，在于它通过引入公民参与，构建了环境治理中的社会机制，弥补了传统上仅依靠政府和市场带来的缺陷和不足，形成了环境治理中政府机制、市场机制和社会机制的互动合作格局，推动着环境治理模式从传统的单中心走向多中心，从治理方向的自上而下走向自

下而上相结合，从传统的强制秩序走向更具活力、更具适应性和效率的自发秩序。山西省公民参与环境治理实践的成功，不仅表明多中心治理模式是环境治理绩效提升的必由之路，而且表明，要实现从单中心向多中心环境治理机制的转型，必须首先强化环境保护中公民参与机制的构建。

（一）多中心机制是环境治理成功的必由之路

多中心一词最先由迈克尔·波兰尼在《自由的逻辑》一书中提出。他认为，相对于一元的或者单中心的秩序，“自发的”或者多中心的秩序指许多因素的行为相互独立，但能够作相互调适，以在一般的规则体系中归置其相互关系。在此基础上，美国著名公共行政学家文森特·奥斯特罗姆教授对传统的单中心政府统治模式进行批判和反思，构建了多中心理论。他指出：多中心体制广泛存在于市场、司法决策、宪政、政治选择与政治联盟组织等领域之中，其中的每一个并成为公共服务经济多中心的必要前提。而多中心体制设计的关键因素是自发性，“自发性”作为多中心的同义语，表明多中心额外的定义性特质。自发意味着多中心体制内的组织模式在个人有动机创造或者建立适当有序模式的意义上将自我产生或者自我组织起来。

显然，多中心体制的基石在于公民社会的自主治理，它旨在将竞争与半市场条件引入到公共服务经济之中。该理论认为，在公益物品的提供和生产中，政府不再是唯一的决策中心，政府不必承担公共物品的直接生产，大、中、小规模的政府、企业、非政府组织以及公民在公共物品的提供和生产方面既相互竞争，又相互合作，形成具有竞争性的、颇具活力的地方自主治理公共经济的新体制。“多中心”意味着政府组织为了有效地进行公共事务管理和提供公共服务，实现持续发展的绩效目标，由社会中多元的独立行为主体要素（个人、商业组织、公民组织、政党组织、利益团体、政府组织），基于一定的集体行动规则，通过相互博弈、相互调适、共同参与合作等互动关系，形成多样化的公共事务管理制度或组织模式。它“考虑竞争选择，提供比一种支配一切的垄断控制形式能实现更佳绩效的允诺”，有利于实现民主和自治。多中心政治体制包括：许多形式上相互独立的自治单位；选择按照考虑他人的方式行动；贯穿合作、竞争的冲突解决程序。

多中心机制之所以是环境治理成功的必由之路，原因在于其能够充分发挥市场机制、政府机制和社会机制的综合作用，形成环境治理的合力。多中心环境治理因其本质所蕴含的复杂、多样、动态的制度安排，适应了治理的固有不确定性，而成为解决环境问题的根本途径。

（二）环境治理模式转型的关键：完善公民参与机制

多中心治理机制不排除政府的作用，强调多元主体在复杂的公共事务管理中的相互合作。多元主体包括政府、企业、非政府组织、公民个人等。多元主体具有各自的优势。政府的优势是可以提供宏观的环境保护规则，并提供强制和奖惩机制，以确保规则的实施。企业的行为具有两面性：一方面，存在一些企业排污行为，对环境保护形成威胁；另一方面，环境保护的科学性特点决定了环境保护必须依靠技术进步，企业可以为环境保护技术进步提供可能。公民是环境保护的重要利益相关者。一些环境事务会涉及一部分公民，而另外一些尤其是全国性的环境事务则会涉及全体公民。公民具有信息优势，容易掌握环境污染的相关信息。非政府组织是环境治理中非常活跃的力量。非政府组织具有信息优势、专业优势、资源优势等，是政府机制与市场机制的有益补充。环境治理绩效较好的地方，往往有成熟的环境保护非政府组织的身影。

尽管多中心体制在解决复杂的环境问题中具有很强的优势，但是文森特·奥斯特罗姆提醒人们，这一制度的设计与建立不可能一蹴而就，它不仅要方便社群的自主治理，也要能有效激励他们对自己的行为负责，并且，制度的设计要与客观实际、社群的特性及在宪法层次所界定的政治关系协调起来。这就启示我们，多中心治理机制的制度构建应充分考虑中国的政治、经济、文化等现实情况，在稳定的前提下实施渐进式改革。制度的构建应循序渐进，例如明确而灵活地划分政府的管辖权，提倡及信赖公民社会自主治理，建立环境保护有效的监督、惩罚和冲突解决机制等。

不仅是山西，中国许多地方传统的环境治理之路中，政府管制和市场作用被强调较多，而公民社会对环境事务的自主治理则不受重视，环境治理中的社会机制非常薄弱，尤其是，与西方发达国家相比，中国公民参与环境保护还处于起步阶段，公民作用还比较弱，还没有发挥出应有的作用。环境保护中的公民参与实践主要存在以下问题：第一，公民参与环境保护的信息成本较高。许多地方的政府在环境信息公开方面还做得不够，环境信息公开化程度低，公民环境信息权保障不充分。第二，虽然中国在《环境保护法》等法律中强调了公民参与环境保护的重要性，但这些法律的规定过于笼统，缺乏可操作性，由此导致公民参与没有实际的法律保障而难以实现预期效果，不利于公民参与环境保护积极性的提升。第三，从整体上看，中国公民参与环境保护管理的意识还比较弱，相当多的公民缺乏必要的、参与环境管理的实践经验。第四，公民参与的程度和效率不高，参与的渠道和途径并不通畅。第五，公民参与多属于“事发后举报”、“受害者举报”的参与模式，预防性参与较少。第六，环境保护非政府组织的参与程度还比较有限。

改革开放后，伴随着市场经济的发展，中国公民的权利意识、责任意识、环保意识、环保知识、民主法治理念等都有了大幅度的提升，公民社会组织、尤其是环境保护非政府组织得到了快速发展，所有这些都为环境保护中的公民参与奠定了坚实的基础。目前，中国公民参与环境保护的范围、程度和参与效果在很大程度上受限，主要是因为许多地方公民参与环境保护的机制亟待完善程度。一旦公民参与机制能够加以完善，公民参与环境保护的活力将会被充分激发出来，环境质量状况将会大幅度改善，人们将有望摆脱严峻的环境污染和生态危机。在这方面，山西省已经为全国其他地方树立了成功的典范，显示出公民参与对环境治理绩效提升的有效作用，并为其他地方完善环境保护中的公民参与机制提供宝贵的经验和借鉴。

（三）政府转型与公民参与机制的完善

既然公民参与机制是构建环境治理多中心机制的重要环节，那么如何完善环境保护中的公民参与机制呢？从本质上看，这一机制的构建需要明确环境公共事务管理中公民的地位，处理好公民与政府的关系，构建良好的政府与公民的合作机制。

在公民与政府的关系问题上，一般认为，是先有公民，后有政府，政府公共管理权力来自于公民权利的让渡。为此，环境公共事务的管理有必要遵循辅助性原则。辅助性原则倡导“私人自由优先”，它以政府与个人、市场和社会职能分立为基础，旨在解决政府与个人、政府与社会孰先孰后的问题，是市场经济条件下确定政府职能边界的重要原则。辅助性原则的要求是：第一，如果个人、市场和社会能独立承担事务，政府要任由个人、市场和社会独立完成。第二，如果下级政府可以独立承担事务，则由下级政府独立完成。第三，在个人、市场和社会无法独立承担的事务方面，政府要成为必要的辅助者。不过，这种辅助不能代替个人、市场和社会的自助。在环境保护领域，一方面，要合理确定政府的作用边界，政府仅在公民和社会无力承担的时候起辅助性作用，这种辅助性作用不能代替公民个人和社会的自主治理。另一方面，政府要为公民个人和社会的自主治理提供必要的制度基础。政府要通过环保规则的完善，规范具有各自目的的个人行为；政府还要通过完善环保宣传、环保教育等公共物品的提供，提高公民社会参与环境治理的意识和能力；通过为环境保护非政府组织发展提供良好的政策环境，完善公民参与环境治理的组织化途径。所有这些，都有助于推动形成环境保护领域的自发秩序。这就意味着在环境保护领域，不是建设全能、强权的无限政府，而是建立职能有限但运作高效的有限政府和有效政府。在这方面，山西省已经迈出可喜的步伐，通往环境保护的可持续发展之路。

（作者单位：中国劳动关系学院公共管理系）

环境监管、环境执法与环境绩效

——山西环保新政的解释框架

杨志云

一、环境危机与经济发展的悖论：山西环保新政的“机会之窗”

环境是一个发人深思的话题，因为它事关人们的健康和福祉。长期以来，自然环境被错误的当作经济发展的工具，在经济发展与环境保护方面，一些地区以牺牲环境的代价换取经济的短期增长。这种错误观念的结果是导致环境问题与经济可持续发展之间的矛盾日益凸出。

山西因其丰富的自然资源而闻名，但也因其严重的环境问题而成为污染的代名词。多年来，山西省形成了高能耗、重污染型畸重产业结构，在占全国1/60的土地上生产了全国1/4的煤、2/5的焦、1/17的火电，在为全国提供能源支持、为全省提供财力支持的同时，也造成了严重的环境污染和生态破坏，到“十五”期末，山西已经成为全国环境污染最严重的省份（刘向东，2009）。2003年，在全国113个重污染的城市中，山西临汾、阳泉、大同，被戴上了全国污染第一、第二、第三的“黑帽子”。2005年，山西省大气环境质量全国倒数第一，11个重点城市和所有县市没有一个达到二级空气质量标准。

经济发展和生态环境是山西省突出的环境问题。因为资源禀赋以及与资源优势相匹配的产业结构，在经济赶超战略和比较优势战略下，环境污染严重，经济发展水平低下，安全生产形势严峻。“挖了一山煤、流了一河水、冒了一股烟、留了一堆灰”，成为高能耗、高污染的经济发展方式和畸形的产业结构的真实写照。生态环境脆弱，环境保护形势严峻，成为山西经济社会发展的薄弱环节和制约因素。如何破解“资源诅咒”和“环境污染”的双重困境，真正地走出一条资源、环境和经济可持续发展的道路？这是山西经济社会发展面临的最大挑战。

面对环境污染问题带来的内在和外在压力，山西省环保部门开启了环境治理的“机会之窗”。从2006年开始，山西省各级环保部门，强化环境执法和监管，掀起了外界称之为“环保风暴”的环保新政。在全国污染最严重的地方，山西创造了环境保护的奇迹；在全国生态最脆弱的地方，山西打造了中国环境执法的强势。在短短四年内，不仅有效改善了山西的环境状况，而且有效地促进了环境保护与经济增长的协调发展。

山西的环保新政，引发了广泛的关注和思考。上级政府给予高度评价，权威媒体给予持续追踪报道，一些学者也对其给予理论关怀。对于山西环保新政，有很多研究视角。本研究试图运用制度分析与发展的分析框架，按照制度—行为分析的逻辑，对山西环保新政进行理论解读，思考新政的可持续性和普遍性价值。

二、环境监管、环境执法与环境绩效：山西环保新政的解释性框架

社会科学研究缘起于对同一社会现象或理论问题存在着多种竞争性争论，而研究本身则是试图证实或证伪（波普尔，2008），是一种解惑的过程。环境问题的成因有多种竞争性的理论解释（齐晔，2008）。关于环境问题成因的理论反过来可以解释山西环保新政的原因。本部分将对山西环保新政取得高绩效的缘由进行分析，并提出环境监管、环境执法制度创新是山西环保绩效的原因所在的概念框架。

（一）山西环保新政的绩效归因

发展阶段论是最为流行的一个观点，认为环境问题是由中国所处的经济发展阶段决定的。这种理论来源于所谓的库兹涅茨环境曲线（Environmental Kuznets Curve，EKC），认为环境破坏与经济发展呈倒U形关系，即在经济发

展程度较低的时候，环境污染较少；随着经济的发展，污染物排放逐步增加，环境问题开始凸显并达到顶峰；当经济发展到一定阶段后，环境污染开始下降。该理论利用全球环境监控系统的数据，借鉴了诺贝尔经济学家库兹涅茨对收入不均与人均收入之间的倒 U 形函数关系，解释环境退化与人均收入之间存在的相关性（Grossman and Krueger，1995）。发展阶段论能够反映环境与经济之间关系的大体趋势，但环境质量的改善不会自动的发生，而是有赖于环保意识的提高，环境执法制度和技术的改进。回到山西的现实，2006 年山西的环境污染问题还十分突出，仅经过四年的环保新政，山西的经济发展阶段并未出现大的改变，而环境保护却呈现出“山西归来不看云”的景象，发展阶段论显然对此缺乏解释力。

增长模式论认为中国环境问题背后的主要原因是产业结构不合理、经济增长方式粗放。这一解释获得了广泛的共识。十七届五中全会和“十二五”规划明确指出，加快转变经济发展方式是中国经济社会领域的一场深刻变革（胡锦涛，2010）。山西长期形成的“高投入、高消耗、高排放”的产业结构从 2006 年到 2010 年确实有很大改观，但三大产业结构并未出现根本性的改变。增长模式论能够在一定程度上解释山西省通过产业结构挑战所带来的环境问题的改善，却无法解释其大部分环境改善因子。

监管体制论将环境问题归结为环境监管体制，而在监管体制中又特别关注监管机构，如机构的行政升格和区域性监管机构的设立。其实，宏观的环境监管体制全国各地大体趋同，为什么山西环保部门能够取得较好的环境治理绩效？原因就在于山西省环保部门不仅对机构层次和机构独立性上进行微调，而且重视环境监管和环境执法中的制度规则和实施机制。

（二）环境监管、环境执法与山西环保新政的绩效

从环境污染发生的过程来看，实现环境保护主要有三种方法。一是预防环境污染，通过参与综合决策和环境影响评估来避免污染发生；二是控制环境污染，惩罚环境污染行为；三是建立环境污染处理的设施，减少和降低环境污染的危害程度和范围。在现有的格局下，加大环境监管和环境执法力度，控制环境污染的蔓延，是最具可行性的政策选择。

环境监管从字面上理解就是环境监督管理的简称。关于环境监督管理，《环境保护法》第 7 条对主体和范围进行了一般性的规定。环境监管的内容包

括指定环境质量标准和污染物排放标准、监测环境并发布环境信息公报、审批环评报告书、协同跨行政区环境污染和环境破坏问题。环境执法是政府或其他组织为了在其管辖区域内促使义务人守法，改变或者终止危害环境或公众健康的事情而采取措施的行动（美国国家环境保护局，1999）。环境执法包括环境保护行政主管部门的执法和环境保护行政相关部门的执法。狭义上，环境执法主要指环境保护行政主管机关的执法。本文所称环境执法指的最狭义的环境执法，即环境监察执法。

学者、实际工作者和公众普遍认为导致中国环境恶化的一个主要原因是政府环境监管和执法不力（李万新，2008）。山西省环保部门正是认识到环境监管和环境执法之于环境保护的关键性作用，遵循环境保护的政治逻辑、经济逻辑和技术逻辑，进行环境监管和环境执法的制度建设和能力建设，在短期内取得了卓越的环境治理绩效。

因此，本文选择从环境监管制度和环境执法制度的视角思考山西的环保新政。从治理的角度，环境监管和环境执法能力的核心是有效制度及其实施机制。其核心的研究问题是什么样的治理模式，能够形成良好的激励结构，实现环境保护的目的？具体包括以下三个层次的问题：山西环境监管和执法制度本身是否与环境属性相契合？山西环境监管和执法制度设计的内在逻辑和激励机制是什么？山西环境监管和制度制度的主客观绩效是否实现了环境保护的意图？

上述这些问题，既是理论问题，也是公共政策问题。对这些问题的思考，有利于解答山西环保新政的制度内涵是什么？新政是否会因为环保部门主要领导的升迁而终止，即是否如有些学者所说的是“环保风暴”？山西的环境监管和执法机制是否值得在全国范围内倡导和推广？简言之，即山西环保新政的内在效度和外在效度究意如何？

三、环境属性、行动者与行为选择：山西环保新政的内在逻辑

环境执法制度的有效性，在很大程度上取决于环境公共物品的属性，环境领域的行动主体的多元性，以及互动规则的匹配性。本文基于奥斯特罗姆的制度分析与发展（Institutional analysis and development，简称 IAD）的框架（埃

莉诺·奥斯特罗姆，2004），关注环境属性、环境领域的行动者及其在特定制度规则中的行为选择逻辑（图 1）。

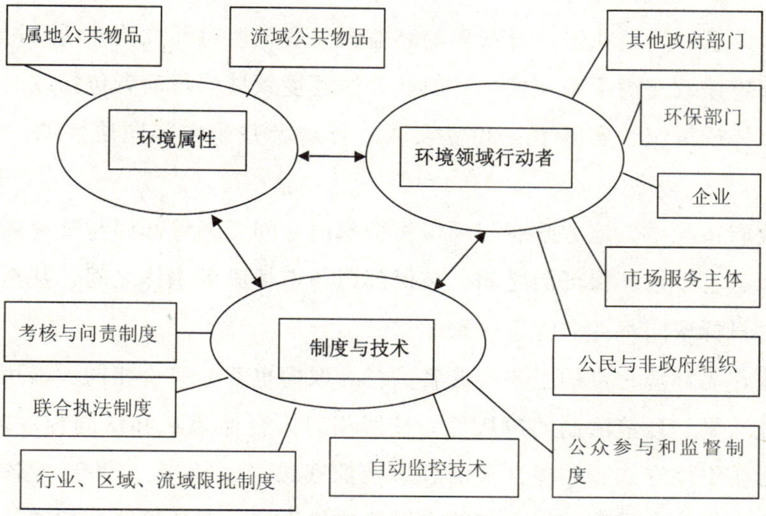

图 1　环境监管与执法的逻辑框架

（一）环境属性

环境具有复杂性和多样性。环境要素涉及到大气、水、固体废弃物、噪音等多个方面，涉及工业、农业、渔业、林业等多个经济领域。由此，环境属性呈现出复杂性和多样性的特质。2009 年诺贝尔经济学奖获得者埃莉诺·奥斯特罗姆将环境和自然资源管理纳入经济—社会系统（Social-Ecological Systems）的分析框架进行研究（Elinor Ostrom，2009）。

有关环境属性的理论主要是物品理论和外部性理论。根据非排他性和非竞争性的标准，环境具有公共物品的属性，一个清洁的环境，可以被看作是一种公共物品，而污染则可以被看作一种“公共破坏”或公害物品（托马斯·思德纳，2005）。随着物品理论的发展，不同的环境要素存在公共物品程度上的差异，更多的具有俱乐部产品或公共池塘资源的属性；不同环境要素在范围上具有属地公共物品或流域公共物品的不同属性。环境属性的跨界性和本地性，使得环境执法和环境监管的区域性制度和地方性制度同等重要。根据外部性理论，环境保护具有外部正效应；环境污染具有外部负效应，成本—收益之间的不一致是环境污染的驱动力。这也需要制度和技术来扭转环境污染的驱动力方向，激发环境领域的行动者遵从环境法律制度，实施环境保护。

（二）环境领域的行动者

环境监管和环境执法涉及众多的利益相关者，使得环境治理活动过程充满博弈，环境绩效充满不确定性。一般认为，环境领域的行动者包括政府、企业和公民个体或组织。实际上，环境领域的行动者并非内部同质性的三个组成部分。

在政府系统中，地方政府与环境保护部门之间、环保部门与其他环境管理部门之间、上下级环保部门之间、环保部门与市场服务主体之间，甚至环保部门内部的目标取向都并非完全一致。

企业作为环境污染的主要实施者，行为取向也并非完全相同。借用税收遵从的研究成果，环境法制的遵从行为按照相对人自愿遵从和认同程度的高低，也可分为防卫性守法、制度性守法和忠诚性守法（王伟域，2009）。各种企业因其在地方经济发展和纳税贡献等方面的地位不同，对环境法制的遵从也存在较大差异。任何企业都需要银行、电力、交通运输等市场服务主体的服务。

环境问题与公民个人、环保类社会组织和媒体密切相关。公民个人是环境问题的受损者，也是健康环境的受益者。各种环保社会组织成立的意图就是推动环境保护。媒体影响社会舆论导向，也是开展环境保护宣传重要力量。

（三）行动者的选择逻辑

环境监管和环境执法领域众多的行动者由于利益取向的差异，本部分从理性经济人的假设出发，还原各行动者行为背后的选择逻辑，为环境监管和环境执法的制度创设提供理论基础。

在政府结构体系中，各级地方政府是环境监管主体。在压力型体制下，政治锦标赛是一种激励机制（周黎安，2008），官员晋升的主要依据是经济发展，即 GDP 增长速度和产值大小。为了取得更大的政绩，地方政府往往将重心放在招商引资上，以便增加财政收入，进而获得更快的经济增长和实现财政收支平衡。在政治激励和财政约束的制度背景下，环境在地方政府注意力分配中并不处于优先地位，地方政府的环境监管出现有法不依、执法不严、监管不力困境就成为一种常态（张凌云、齐晔，2010）。在某些时候，地方政府甚至会阻碍环境执法，不惜牺牲环境代价来换取经济增长。

环境行政管理的“统一监督管理与分级、分部门监督管理相结合的体制”使得环境监管容易陷入“九龙治水”的困局。各级政府的环保局是执行环境保护法律规范和政策的主要责任人。地方环保局依靠地方政府提供的财政资金和人力资源，但是他们却要执行来自环保部和上级环保局的政策指令（图 2）。根据《环境保护法》第 7 条的规定：“国务院环境保护行政主管部门，对本辖区的环境保护工作实施统一的监督管理。国家海洋行政主管部门、港务监督、渔政渔港监督、军队环境保护部门和各级公安、交通、民航管理部门，依照有关法律的规定对环境污染防治实施监督管理。县级以上地方人民政府的土地、矿产、林业、农业、水利行政主管部门，依照有关法律的规定对资源的保护实施监督管理。”在现行环境监管体制下，环保部门的环境监管和执法行为需要得到同级地方政府的支持，需要与其他分管部门进行协调，其结果是环保部门的统一监管责任难以落实。

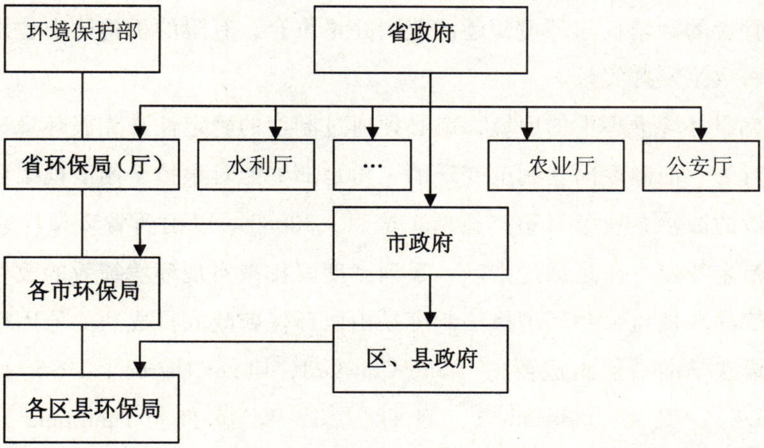

图 2　政府行政组织结构体系简图

企业具有环境违法的冲动。污染者造成环境和健康危害，其成本大多数情况下由公众承担。在缺乏有效监管的情况下，“环境违法成本低、环境守法成本高”。追求效用和利润最大化的个人和企业倾向于过度污染而不承担相应后果。一些纳税大户或者是财政困难的大型企业，地方政府一般表现得特别宽宏大量。出于经济方面的考虑，地方政府有些时候还会减少或取消对企业的排污收费。

公众能从一个健康舒适的环境中获益，但外部性和集体行动的困境挑战人类对环境和自然资源进行保护、防治污染和解决环境冲突。从成本和收益的分担来看，减少污染和保护自然的成本通常由一小部分社会主体来承担，而收益（比如清洁的空气）则由全社会成员所共享。在集体行动中，搭便车的行为会阻碍个人或企业采取积极的措施来改善环境质量。对于组织化的环保社会组织和新闻媒体，在理论上，通过将环境执法和守法的相关信息告知公众，环境执法的信息手段可以调和政府重经济发展而忽视环境保护的问题。面对来自公众的压力，环保局和地方政府取得一致立场的可能性较大（李万新，2008）。这种可能性在很大程度上依赖于社会公众的环境保护意识的觉醒和地方政府回应性的增强。

因此，在现行制度框架下，地方环保部门面临着十分艰巨的任务：在环境监管和环境执法时，由于环境监管权的分散化、地方环保部门的双重领导体制、信息不对称等问题，他们不仅要同污染者博弈，同时还要努力争取地方政府及其相关部门对执法行动的支持。此外，对于跨区域或流域性的环境污染问题，监管者的管辖权与环境问题的范围并不重合，有限的机构能力也限制了环境法规和政策发挥实效。

要克服环境治理中的困境，就必须通过制度的确定性来克服环境违法的机会主义行为。旧制度向新制度变迁的主角是那些能对根植于制度框架内的激励作出反应的政治企业家（道格拉斯·诺思，2008）。以山西省环保厅领导为代表的政治企业家，正是通过推动一系列制度安排来实现环境绩效的改善。

有效的环境监管和环境执法制度是山西环保新政取得成功的原因所在。根据制度语法学的一般组成要件（Sue Crawford，Elinor Ostrom，1995），即属性（attributes）、义务（deontic）、目标（aim）、条件（conditions）、惩罚（orelse）。环境监管和执法制度是环境领域相关主体的互动规则，这些规则的有效性有赖于承诺的可执行性。

四、环境监管的制度安排与实施机制

山西环境新政的监管制度创新主要是立足于环境监管的政治逻辑、环境监管的经济逻辑、环境监管的技术逻辑来调整环境保护行动者的行为选择，实现环境保护的目标。具体而言，环境考核制度、环境考评制度和环境问责制度实现了环境保护与地方政府发展目标的有效结合；区域（流域）限批制度打破了行政区与生态区域的分割状态形成区域（流域）环境保护的共同体；污染源自动监控技术利用数字技术改变信息不对称状况实现环境监管、预警与控制的一体化；公民参与制度改变了集体的环境无意识状况激发了环境社会监管集体行动合力。

（一）环境考核、考评与问责制度

山西环保新政实施后，2006 年 6 月，山西省委省政府出台《关于实施“蓝天碧水工程”的决定》，并将其纳入山西省“十一五”发展规划的指标考评体系。山西省委书记明确表示，“决不要虚假的、污染的、带血的 GDP，决不要损害人民群众切身利益的 GDP”，把环境保护工作的成效纳入领导班子和领导干部政绩考核体系，将考核结果作为评先选优和干部提拔任用的重要依据，实行环保“一票否决”。2006 年 6 月，山西省监察部门和环保部门联合出台《山西省环境保护违法违纪行为处分暂行规定》，从制度上建立和完善了环境违法事件和违法责任的监督机制。2007 年 2 月，山西省政府发布《关于引发山西省领导干部工作实绩考核暂行办法的通知》，对重点城市政府领导班子和领导干部开展环保实绩考核。2007 年 7 月，山西省委组织部出台《山西省关于市县党政主要领导干部科学考评暂行办法》，在 44 项总体指标中，资源环境所占指标达 9 项，权重高达 20%。

2007 年 8 月，山西省政府出台《关于对空气质量改善工作成效显著重点城市给予奖励的意见》，对重点城市空气质量指数位次前移城市的政府官员和环保人员实行重奖。对退出全国污染最严重城市前 5 名的城市，奖励 100 万元；对退出全国污染最严重城市前 10 名的城市，奖励 200 万元。2008 年 12 月，山西省政府出台《山西省环境污染治理考核及奖惩暂行办法》，对大气综合污染指数考核排名第一且与上年比保持稳定的城市，给予 300 万元重奖并 1000 万元建设奖励基金；对与上年比大气综合污染指数下降幅度排名第一的城市，给予 100 万元重奖和 1000 万元建设奖励基金。2009 年 9 月，山西省政府出台《海河黄河流域水污染防治专项规划实施情况考核暂行办法》和《关于实行地表水跨界断面水质考核生态补偿机制的通知》，把水质作为政府领导班子和领导干部政绩考核的重要依据，对跨界断面改善城市重奖 200 万元～500 万元，低于考核标准扣缴巨额生态补偿罚款。

自山西环保新政以来，对 103 名环保不作为的领导干部给予了党纪政纪处分；对退出全国环境空气质量倒数前10位的7个城市分别给予了200万元的奖励；对于环境质量改善好的两个城市，给予了100万元～300万元的重奖和1000万元的建设奖励基金；对跨界断面水质考核低于考核标准的5个城市，从地方财政中扣缴了3580万元的巨额罚款。通过运用正负激励措施，环境保护目标责任制、环境保护干部实绩考核制、环保“一票否决”制、环境保护违法处分办法、环境保护重奖办法，使得环境保护由政治意志转化成科学考评指标，从政治议程转化为可操作性的责任体系，实现环境质量实实在在的好转。

（二）区域（流域）限批制度

“区域限批”，是指如果一家企业或一个地区出现严重环保违规的事件，环保部门有权暂停这一企业或这一地区所有新建项目的审批，直至该企业或该地区完成整改。山西省首创的“区域限批”制度主要是通过严格市场准入和处罚社会化等措施推动环境守法，从而达到提高地区环境水平的目的。2007年3月，山西省环境保护局发出《关于暂停河津市建设项目环评审批的通知》规定，新上建设项目不允许突破总量控制指标，对超过总量控制指标的河津市，暂停审批新增污染物排放总量的建设项目；对逾期未完成治理任务、没有完成污染物总量减排任务，地方政府和环保部门对违法建设项目查处不力，导致区域环境质量恶化的地区，实行区域限批。

此后，山西省按照区域生态管理方式，加强区域、流域环境监察执法机构之间的沟通与协调，健全区域、流域环境监察执法协作机制，实现“定期会晤、联合执法、共同监测、信息共享”，遏制跨界、跨辖区污染事件发生。自环保新政实施以来，山西省已经对孝义、河津等15个县市实施过区域限批，极大地促进了区域环境质量的改善。

（三）污染源自动监控技术与制度

山西省环保部门深刻理解环境科技对环境保护的支撑力，从2006年12月，山西在全国率先实现全省119个县（市、区）全部建设大气环境质量自动监测中心站113个、子站259个，形成省、市、县污染源监管网络体系。2007年3月系统试点工程建设完成后，按照环保部和省委省政府的要求，开始在全省推行，先后筹措资金近8亿元，对666家重点排污企业安装了在线自动监控系统，共监控废气排放点912个，废水排放点386个，污染净化设施1300个。2007年5月，山西省政府办公厅转发《关于在全省重点污染企业推广建设污染源自动监控系统实施意见》，在国控和省控的重污染企业强制建设污染源自动监控系统，直接实现政府的环境监管力，改变了过去环境监控“只监不控”的尴尬局面，实现了对企业生产排污的全天候监控，只要超标即予停产。2007年7月，山西环保局发出《关于进一步加强主要污染物减排工作的通知》要求2008年底，所有排污企业必须安装在线监测系统，国家重点控制的排污企业在2007年底前安装完毕，燃煤电厂和城市污水处理厂在2008年6月底实现与环保部门联网。在山西省污染源自动监控系统建成之际，2007年9月，山西省人大出台《山西省重点工业污染监督条例》规定建立全省统一的重点工业污染源自动监控系统；排污企业安装污染自动监控设施并与全省统一的污染自动监控系统联网运行；县以上人民政府环保行政部门通过自动监控系统对排污企业采取监控措施。通过该项工程的实施，解决了人工监测难以全面准确掌握污染源排污信息的问题，对随意排污的企业形成了不小的威慑，大大提高了山西排污净化设施的运行率，量化了主要排污企业的污染物排放，创新了环境管理方式，推动了山西省环境管理手段由粗放向精细化迈进。

（四）环境信息披露与公民参与制度

在社会监控系统方面，立法赋予公众环境监督权利，并且高度重视社会公众的重要监督力量，新闻媒体对环境治理的监督作用。2009年9月，山西省政府出台了《山西省环境保护公众参与办法》，规定政府公开环保信息，接受公众环境监督，奖励公众污染举报。除此之外，山西省政府还高度重视新闻媒体的监督作用的发挥，多次邀请新闻媒体批评曝光企业的环境违法行为，以及地方政府的保护主义行为。在环保新政之初，山西省发起的《山西省社会公众环境意向调查》。调查结果表明：80%的公众不愿意财政收入领先而环境污染严重的市长留任，89%的公众赞成党政领导实行环保“一票否决”权，90%的人呼吁实行领导干部环保问责制。最终，公众的诉求被吸纳为政府环境考核、奖励与问责制度。山西环保部门开通“12369”环保举报热线，实行常年24小时值班制度，三年来，全省环保系统共处理信访案件6800余件，促使社会公众关心的环境问题得以解决，化解了社会矛盾。

五、山西环境执法制度设计与制度创新

环境问题从发生机理上看是经济问题，即企业将其生产经营活动中的外部负效应向社会的转移，让社会为其承担经济活动的不经济后果。因此，对企业的环境违法行为，以经济负激励制裁企业的外部负效应行最为有效。山西环保新政通过创新环境执法制度，提高环境违法的成本，让违法企业自觉遵守环境法律规范，以改善环境执法的绩效。这些环境执法制度主要包括部门联合执法、限期关停与没收查封制度、末位淘汰制度等。

（一）部门联动的联合执法制度

面对众多分散的企业，仅仅依靠环境执法部门的人力和财力资源，很难取得环境执法的良好效果。因此，环境保护工作需要政府内部多个部门互相协作联动，才能更有效的推动环境保护法律规范的执行。山西省环境执法十分注重发挥各部门作用，积极探索部门联动执法机制，省环保厅先后与银行、铁路、电力、国土、煤炭、建设、公安等 14 个部门建立了 20 项联合执法制度，形成了“环保统一战线”，对加强环境执法，提高环境执法效能起到积极的作用。

2006 年 8 月山西环保局和中国人民银行太原中心支行联合发布通知，向全省各市环保局、人民银行各市中心支行、国家开发银行山西分行以及商业银行山西分行、省农信社、太原市商业银行发出《关于落实国家环境保护政策控制信贷风险有关问题的通知》，对没有执行建设项目环境影响报告审批制度，环境保护部门不予批准的项目，一律不予贷款；对项目施工过程不符合施工要求，没有进行环保工程建设的，停止贷款。2006 年 8 月，山西省政府修订《山西省工业企业环境保护供电管理暂行规定》，供电部门按照环保部门的裁决，对环境违法建设项目、违法排污企业，不予供电，停止供电，拆除供电设施；对被依法取缔、依法关闭的排污企业，停止供电，拆除供电设施；对政府限产的排污企业和逾期未完成限期治理的污染企业，限制供电，不予供电，直至停止供电。2006 年 8 月，山西省环境保护局和太原铁路局联合发出《关于对环境违法企业产品实行铁路限运的通知》，对依法取缔、淘汰、关闭的排污企业，责令停止建设、生产、限期拆除设施的违法建设项目，责令限期补办

环境影响评价和审批的违法建设项目，逾期未完成限期治理和处罚后仍未完成治理的企业，采取停运措施，切断环境违法企业的原料和产品运输。2008 年 9 月，山西省环境保护局和山西省物价局联动，根据国家的产业政策和电价政策，实行脱硫电价加价政策，对建设脱硫设施并符合脱硫标准的企业，执行每千瓦时提高 1.5 分脱硫上网电价；对不建设脱硫设施的企业，实行惩罚性的环保收费政策；对高污染企业提高用电价格，加大企业运营成本。首次兑现电价调控政策，极大地遏制了企业的排污行为。

山西省环保部门通过与其他部门建立“统一战线”的组织形式，推动环境执法的横向协调，创立了环境执法的“部门联动”，不仅与政府行政部门统一联动，而且与市场经济部门统一联动，通过执法组织创新，摆脱环境执法组织力量不足的困境和局限，实现环境执法的效果。山西实施部门联动形成强大的环保制裁机制，对落后生产方式实行围追堵截，2006 年以来，部门联动机制先后对 4420 家环境违法企业采取停贷、停电、停运措施，停贷金额高达 23 亿。

（二）限期关停与没收查封制度

限期关停制度是直接对环境设施和减排不达标的企业实施的环境制裁制度。2006 年 8 月，山西省政府发布《山西省重点工业污染源治理办法》，到 2008 年 12 月 31 日，所有工业企业必须完成环保设施建设，实现环保达标；到期未完成治理任务，未完成污染物减排任务，未实现工业污染源全面达标的，不论企业大小，不论所有制性质，一律予以关闭停产。这个著名的“189 号令”，成为山西污染减排和环保攻坚的第一道铁律。

没收查封制度以地方性法规的形式明确环境执法的权限和力度。2007 年 9 月，山西省人大常委会审议通过地方性法规《山西省重点工业污染监督条例》，第一次明确授予了环保部门责令拆除、查封、扣压、没收的权力，规定了环保部门责令停业、关闭、停止建设、停止试生产、停止生产的权力，确立了部门联动的环保联合执法制度。这个地方性法规，成为山西环保打造执法锐势的强大法律后盾。

（三）末位淘汰制度

2004 年，山西省政府发布了“山西省第一批环境污染末位淘汰企业名单”，形成了环境污染末位淘汰制度。从2007年起，山西环境执法部门着力推行这项制度，对没有完成环境污染末位淘汰任务的市县，暂停审批所有新增污染物排放总量的建设项目；对逾期未淘汰的企业，实行停电、停水、停贷、停运、停照等联合措施，坚决强制淘汰和关闭污染企业。2006～2008年，山西省通过末位淘汰执法制度，取缔污染企业10000多家，淘汰落后企业4000多家，牺牲GDP近1000亿元之巨。此外，在环境执法的过程中，环保部门还积极推动环保产业和技术的发展，建立企业自主守法的服务、引导和激励机制，鼓励企业树立预防污染、自主守法的理念，尽最大可能预防环境违法的发生。

六、客观绩效与主观绩效：山西环保新政的治理绩效

评价山西环保新政环境监管和环境执法制度的有效性，需要检视环保新政是否达到了改善了环境治理绩效的预期目标，即环境监管和环境执法的制度组合是否对环境状况产生了积极影响？影响有多大？环境绩效的高低，需要从客观绩效和主观绩效两个维度的衡量，既需要数量化环境要素和生态系统各项指标的客观改善程度，也需要考虑辖区居民的满意度等主观感知。

（一）环境要素质量显著改善

环境空气质量显著改善。山西11个城市空气质量达到国家环境空气质量二级标准的比例由2005年的“零”上升为2009年的91%（表1）。2008年，11个省辖城市二级以上天数累计达到3679天，比2005年增加1188天，平均每个市比2005年增加108天，空气质量优良率达到90%以上。2009年省辖城市Ⅱ级以上的天数平均为344天，比2008年增加10天（图3）。2006年和2007年，阳泉和临汾、大同三个重污染城市全部摘掉了环境空气污染前四名的“黑帽子”。2008年，与国家考核的113个重点城市对比，山西省有10个重点城市排名大幅前移，除大同外，全国倒数第35位以后已没有省重点城市，这在山西环保史上是一个标志性、历史性、里程碑式的跨越和突破。

表1　2005~2009年山西省辖城市环境空气质量评价结果

城市	环境空气质量级别				
	2005年	2006年	2007年	2008年	2009年
太原	三级	三级	三级	三级	三级
大同	劣三级	劣三级	三级	三级	二级
阳泉	劣三级	劣三级	三级	二级	二级
长治	三级	三级	三级	二级	二级
晋城	劣三级	三级	三级	二级	二级
塑州	劣三级	三级	三级	三级	二级
临汾	劣三级	劣三级	三级	二级	二级
运城	劣三级	劣三级	劣三级	二级	二级
忻州	劣三级	劣三级	三级	二级	二级
晋中	劣三级	劣三级	三级	二级	二级
吕梁	劣三级	劣三级	三级	二级	二级
二级城市合计	0	0	0	8	10

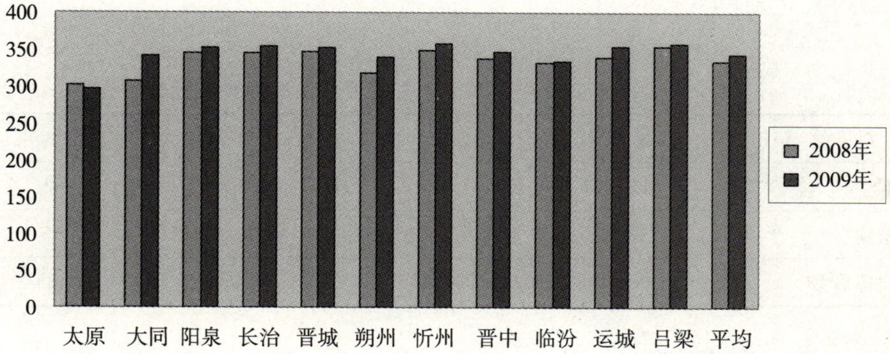

图3　2009年省辖城市空气质量达Ⅱ级以上的天数与2008年比较图

地表水环境质量出现好转。2008年重度污染水质断面（劣Ⅴ类）比例比2005年下降4.8%，水质优良断面（Ⅰ~Ⅲ类）比例比2005年上升2.9%。特别是2008年国家“十一五”考核的9个国控省界断面全部达到考核目标，汾河水库太原出水口近20年来首次达到Ⅱ类水质标准。在饮用水源地保护方面，全面完成全省220个饮用水源地划定“蓝天碧水工程”范围内51个饮用水源地全部划定了保护区，完成了立标工作，饮用水源地水质除地质因素指标外，其余指标稳定达标，有效保障了饮用水源地水质安全。

在生态建设加强。山西全省建成自然保护区46个，总面积113.3万公顷，占全省国土面积7.26%。已创建省级生态功能区2个，国家级生态示范区14个，省级环境优美乡镇28个，省级生态文明村132个，畜禽养殖示范基地20个。到2008年底，“蓝天碧水工程”范围内各市及相关县（市）累计水土流失治理面积达到了49353.2平方公里。

（二）主要污染物排放持续下降

山西全省二氧化硫排放量从2005年的151.6万吨减少到2008年的130.84万吨，累计减排率13.69%，完成“十一五”减排目标的97.8%。到2009年第一季度，山西省已经提前超额完成“十一五”二氧化硫减排任务。化学需氧排放量在2005年38.7万吨的基础上降低为2008年的35.88万吨，较2005年累计减排率7.29%。

2008年烟尘排放量83万吨，比2005年下降26.02%；工业粉尘排放55万吨，比2005年下降20.86%；固体废物排放量385万吨，比2005年下降36.33%。（表2）

表2　山西省2005~2008年主要污染物排放量统计表

污染物/年份	2005年	2006年	2007年	2008年
烟尘	112.19	106.1	93.4	83
粉尘	69.47	64.3	59.4	55
固体废物	604.69	435.7	414.25	385

（三）城市环境基础设施逐步健全

山西11个重点城市、32个重点县（市）环境基础建设进一步提高，到2008年底，11个重点城市全部建成投产城市生活污水处理厂、9个重点城市建成城市垃圾无害化处理场。重点城市污水处理、集中供热供气、生活垃圾无害化处理能力得到提升，彻底改变了多年来山西省城市环境基础设施建设滞后的局面。（如表3）

表3　山西11个重点城市环境综合治理情况统计表

	2005年	2008年
污水处理率	46.08%	75.74%
集中供热率	40.6%	70.57%
城市气化率	80.02%	92.13%
生活垃圾无害化处理率	23.04%	54.23%

（四）环境执法力度加强

关停违法企业、设施与查处环境违法案件迅速增加。2006年环保新政以来，山西省先后组织开展了“焦化行业清理整顿”、“清理违法建设项目”、“饮用水源保护”、“保障群众健康环保专项行动”、“六五环境日”、“环境集中整治百日行动”和“零点关停”等10多项声势浩大的环保专项执法行动，关停各类违法排污企业和设施1万余个，查处违法案件1.3万余件（表4）。

表4　2006～2008年关停、查处违法排污行为统计表

	2006	2007	2008	合计
关停违法排污企业或设施（个）	1200	4287	5042	10529
查处环境违法案件（件）	6700	2316	4323	13339

环保行政处罚和排污费的征收再创新高。山西省环保行政处罚，从2005年的200多万元，增加到2008年的8587万元，连续三年位居全国第一；2006年到2008年征收排污费68.27亿元，征收总额连续三年位居全国第一。由此可见，山西环保新政给山西环境监管和环境执法带来的巨大变化。

（五）环境保护公众感知和满意度提升

在实施环保新政以前，山西环境污染的严重程度高居全国首位，作为富含煤矿的资源性省份，煤和环境污染二者是山西的代名词。但实施环保新政四年来，公众对山西的环境满意度大大提升。山西的居民切实感受到环保新政带来的新变化和新景象。如临汾环境空气质量已经由2005年的劣三级达到2009年二级标准；二级以上天数由2005年的187天达到2009年的334天；综合污染

指数由2005年的5.48下降到2009年的1.72；在全国113个城市的排名由2005年的113名跨越至2009年的29名，已经彻底甩掉了污染第一的帽子。不仅如此，有网友在山西旅游，看到山西的蓝天白云，甚至记录下“山西归来不看云”的感慨。

可见，山西环境保护在短短四年间确实发生了翻天覆地的变化和改观。无论是环境要素质量指标，污染物排放指标，环境执法产出的环境处罚指标等客观绩效，还是山西居民和外来游客的主观感受，都说明了山西环保新政所带来的实实在在的效果。

七、环境治理、制度激励与可持续发展：山西环保新政的启示

山西环保新政通过环境监管和环境执法的制度创新，在中国污染最严重的省份实现了环境绩效的持续显著改善，在发展中保护环境，在保护环境中促进发展，树立了环境治理的典范和样本。“两型社会”和生态文明的发展目标，对环境监管和环境执法制度创新提出了新的需求，山西环保新政的未来走向是环境治理制度创新更多的基于市场和权利逻辑的制度设计，这有赖于政治企业家的进一步创新。山西环保新政启端于环保部门的制度创新，通过改善政府的治理机制和治理能力获得了制度激励与可持续发展的内在动力，其内蕴执法和监管能力是现代政府良治的基础。区域、流域协同治理以及公民民主参与的制度安排对现代政府的治道都具有启示意义。

山西环保新政以个案的方式证明了环境保护并非发达地区的专利，欠发达地区完全可以通过制度创新来实现有效的环境治理。一项地方新政，本身就是一个鲜活的社会实验。山西是中国环境污染最严重的省份，是中国生态环境破坏的缩影，也是环境治理的典范。山西环保新政尝试性地回答了一个难题——在一个生态环境严重破坏的地区，如何通过环境监管和环境执法制度创新，来推动发展模式的升级，促进环境质量的根本好转，改善社会公众的生活质量和生活品质，实现制度激励与可持续发展的旨归。

新的情境需要山西环保部门进一步创新环境监管和环境执法制度。“两型社会”和生态文明的发展战略目标，以及山西省作为国家资源型经济转型综合配套改革试验区，都需要山西环保新政可持续发展。山西的环保新政在环境

监管制度和环境执法制度上创新及其实践，取得了巨大的成功。但从制度设计的出发点来看，山西环保新政的一系列制度激励更多的是基于政治和权力逻辑，即强制性和处罚性的政策工具。而基于市场和权利逻辑的制度设计，即自愿性和奖励性的政策工具相对较弱（伯特尼、史蒂文斯，2004）。毫无疑问，环境执法和监管需要强制，离开强制性的制度安排，环境监管和环境执法就会陷入“失灵”的困境。山西省环保部门的领导者，作为促发制度变迁和制度创设的政治企业家，需要依靠环境监管和环境执法的强力去改变旧的环境管理和环境执法体制的“疲软”态势。但倚靠强制和处罚的制度设计具有明显的过渡色彩，进一步的制度转型需要政治企业家从制度执行的成本和可持续性方面创新。

山西环保新政的深层意蕴对现代政府的治道和治理能力具有深刻的启发。生态环境挑战根本上是治理的挑战，能否有效保护生态环境，主要是看一个国家是否具备有效的治理体制、治理机制（胡鞍钢，2008）。环境治理绩效的高低在很大程度上取决于政府监管和执法制度的有效性。现代政府的最重要活动就是执法，环境执法、工商执法、公安执法、税收执法等构成了政府行为的具体领域。监管是现代政府的重要能力之一（王绍光，2007）。山西环保新政所蕴含的政府监管和执法能力是环境治理成功的基础。而在政府治理的过程中，通过信息公开和公民参与所形成的透明政府和民主政府是现代政府治道的基本要件（毛寿龙，2003）。由此，山西环保新政已经超越环境治理本身，跳出环保看环保，山西环保新政对现代政府的能力建设和价值追求都具有深刻借鉴意义。

（作者单位：北京科技大学文法学院）

两型社会建设中地方政府环境政策工具的选择

肖建华[*]

2005年10月，党的十六届五中全会首次把建设资源节约型和环境友好型社会确定为中国国民经济与社会发展中长期规划的一项战略任务。2007年底，武汉城市圈和“长株潭”城市群被国家发展与改革委员会确定为全国资源节约型和环境友好型社会建设综合配套改革试验区。中央政府提出两型社会战略后，地方已成为两型社会构建的重要场域，地方政府在两型社会建设中扮演着重要角色。政策执行的核心在于选择和设计有效的工具。地方政府选择合适的政策工具，可以起到事半功倍的作用；反之，将不得不承受由于环境破坏和资源耗竭而给我们带来的灾难性后果。因此，两型社会建设中地方政府环境政策工具的合适选择，对于提升地方政府环境治理能力和构建两型社会具有极为重要的作用。

一、环境政策工具选择在两型社会建设中的重要性

随着20世纪80年代以来政策工具研究的兴起，学者和实践者们找到了一种改善和提高政府绩效的新途径，这种新途径即是进行正确与恰当的政策工具选择。戴维·奥斯本（David Osborne）曾言：“今天我们政府失败的主要之处，不在目的而在于手段。”彼得斯也认为：“政策工具选择作为提升执行绩效的知识而变得更加重要。”可见，政策的有效执行依赖于政策工具的正确选择。因此，两型社会建设中加强政策工具及政策工具选择的研究，对于地方政

府有效实现两型社会政策目标、提升地方政府两型社会建设能力具有极为重要的作用。

（一）环境政策工具是实现两型社会政策目标的基本途径

目前，中国的生态环境形势相当严峻，一些地方环境污染问题非常严重。而中国的改革发展又正处在一个关键时期，随着中国市场经济的不断发展，工业化、城镇化和经济结构调整加速，国际产业升级和转移速度加快，经济社会发展与环境矛盾还会更加突出。因此，为了把环境保护这一工作做好，我们应采取严格有力的措施，节约资源，降低污染物排放总量，改善重点流域、重点区域的环境质量，加大工业污染防治力度，防治农村面源污染。“资源节约型与环境友好型社会”的提出正是为了解决国民经济持续快速增长带来的资源供给不足和环境污染严重两大压力而作出必然政策选择。

任何一项政策都是目标与工具的有机统一，工具是达成目标的基本途径。阿兰·布林德（Blinder，1973，p. 1）在《财政政策理论与实践》中指出“所有的公共政策，不论它们是发展型的、调节型的、禁止型的，还是其他型的，都含有某种控制的因素在内。即它们总是通过这种或那种手段，旨在让人们做某些事情，不做某些事情，或者继续从事他们本来不愿从事的活动。”在政策执行中，目标的选择固然重要，但选择和设计有效的政策工具，以规范目标群体的行为，从而使其行为与政策目标要求达成合意，则显得尤为重要。地方政府在推进两型社会建设中扮演着重要角色。地方政府主导的经济增长模式、地方政府官员政绩冲动及地方政府间权力利益竞争造成了地方政府职能错位，是能耗上升、污染扩大的原因之一，是两型社会建设的主要难题。因此，选择和实施有效的环境政策工具以规范地方政府的行为是资源节约型和环境友好型社会政策目标实现的基本途径。

（二）环境政策工具的选择关系到两型社会政策的成与败

20 世纪 80 年代以来，世界各国都在推行雄心勃勃的计划，努力改革政府公共管理方式。改进管理方式也是中国政府改革的重要内容之一，而政府管理方式的改进离不开新政策工具的运用。两型社会建设中，地方政府只有改变以“经济增长为主”的地方政府目标模式，转变地方政府管理职能，创新地方政府管理方式，才能建立资源节约型和环境友好型社会。因此，两型社会政策的有效执行，需要的不仅仅是权力和拨款，良好的政策实施技术——环境政策工具的正确选择和创新也是必不可少的。20 世纪 80 年代初，荷兰的吉尔霍德委员会得出结论："政策工具知识的缺乏和不足是导致政策失败的重要原因。解决政策失败问题的关键在于建立和发展一门政策工具理论并将它付诸实践。"美国学者登哈特夫妇也认为，政策执行失败最重要的原因，"关键性的不是管理技巧而是执行的工具"。

有学者认为，解决生态环境问题，可以从两方面着手，一是通过改善人类对自然的利用方式来实现（可以称之为"技术革命之路"），二是通过调整人与人之间紧张的利益关系来实现（可以称之为"政策革新之路"）。经过长时间的探索，人们发现，政策的效用比技术要大，政策的地位较之技术更加重要，我们应该把精力转向"政策革新之路"。因此，两型社会建设中地方政府环境政策工具能否正确选择和创新关系到两型社会政策的成与败。

（三）环境政策工具的选择关系到地方政府两型社会建设能力的强与弱

从工业时代进入信息时代，世界经济发生着巨大变化。人口巨增、环境恶化、贫困问题日益加深几乎是每一个国家面临的重大难题，发达国家的福利危机与发展中国家的发展危机使传统政府和市场两极在这些难题面前显得越来越力不从心。国家不能充分认识到所有利益并将这些利益融合到它的政策中去，就需要公民社会的产生。今天的社会被看成是由市场、政府和公民社会形成的三足鼎立，第一足构成市场资本，第二足构成政府资本，第三足构成社会资本。

环境保护既可以依靠市场机制，也可以依靠政府干预，但这两种机制都存在失效的可能性和危险性，社会机制是对市场这只"看不见的手"和政府这只"看得见的手"的补充、完善和监督。社会机制是已经被发达国家证明了的环境保护的有效机制之一。居民是某个区域自然资源的共同享受者，也是环境污染的共同施害者，区域内居民存在着"一荣俱荣，一损俱损"的特点，因此，通过社会机制可以唤起社区居民的利益共同体意识和环境意识，从每个人的行为习惯入手来保护环境。"市场失灵"和"政府失灵"打破了人们的幻想，公众被推到了维护生态、保护环境的前台。各国开始从单纯的"宏观环境管理"转向注重"微观环境管理"即"社会型的环境管理"。另外，在环境管理中，打破“囚徒困境”不一定必须依赖政府干预，还可以通过自主治理的方式得以实现，尤其在较小规模的环境治理中更是如此。埃利诺·奥斯特罗姆在公共池塘的案例中，就论证了一群相互依赖的当事人，通过自主地制定规则、实施规则并成功地进行了监督，完成了自我组织与自我治理，使公共池塘资源得到了可持续的利用。当今世界，自主治理已经被广泛应用到环境管理实践之中，阿尔卑斯山草地、日本公用山地等环境治理实践都验证了这一点。资源互相依存理论也认为，在环境管理中，人们必须相互依赖，没有任何一个机构能够掌握充足的资源处理所有的问题，即使是政府。环境管理必须成为政府部门、私营部门、第三部门以及公民个体等多主体的公共体系。

迄今为止，中国环境管制结构的形成、发展与变迁体现为一种自上而下的政府主导方式。在中国的环境保护过程中，政府一直处于支配地位，在环境意识的普及、环境保护投资、环保产品的提供等一些市场和社会能够做得更好的领域，政府也处于垄断地位。此外，由于政府的强势支配地位，迄今为止的环境管制结构变迁仍然表现为政府的“一元”推动，即中国环境管制结构变迁都属于政府供给主导型的强制性变迁。有学者将这种行政性治理模式的实质总结为治理主体的单中心化，即政府机构是进行公共事务管理的单中心并试图依赖其行政资源、强制力量与权威触及生活的方方面面……行政性治理错误地将既有问题界定为一个纯粹的行政管理问题，将环境治理变成了政府的“独角戏”，由此从理论上和从制度设计上都没能给非行政性力量留下足够的参与空间，所以缺乏治理的根本性动力和激励机制。面对日益严峻的环境污染，政府如果仍旧寄希望于动用行政资源进行“自上而下”的治理，即使将其发挥到极限也远远无法解决问题；还原环境问题以公共问题的本质，让广泛而有效的多元主体共同参与到环境治理，作为一种源源不断的“自下而上”的推动力，才是引领中国环保治理机制走出困境的根本力量所在。

二、两型社会建设中的环境政策工具箱

政策工具（Policy Instruments or Tools of Government）是政府能够用以实现特定政策目标的一系列机制、手段、方法与技术，它是政策目标与政策结果之间的纽带和桥梁。20 世纪 90 年代以后，西方学者运用综合模型或从政策网络的角度研究政策工具的选择。主张政府可以运用多元工具（Multiple—instruments）实现政策目标，正所谓“条条大路通罗马”（the Rome to which all roads lead）。这样政策工具的范围可以减少到四种类别：（1）市场；（2）家庭或社区；（3）管制，公共企业或直接规定；（4）混合工具，如市场机制加政府管制。加拿大公共政策学者霍莱特和拉梅什（M. Howlett and M. Ramesh）在《公共政策研究：政策周期与政策子系统》（1995）一书中根据政府在提供物品与服务过程中的干预大小，并按照强制性程度把政策工具分为自愿性工具（非强制性工具）、强制性工具和混合型工具三类。

世界银行将生态环境政策工具分成四类（见表1）：利用市场、创建市场、环境管制和公众参与。托马斯·思德纳（2005）认为，还有一些生态环境政策工具在表1中没有体现，但在各种环境下依然十分重要，主要有以下4种：环境服务设施的直接供应（如市政废弃物处理）；国际协议（它仅仅是应用于多国层面中的一种政策）；环境听证，这是企业层面的一种主要政策工具（经常与加贴标签以及信息供应结合在一起用）；宏观政策（所有应用于整个经济从而对环境产生影响的财政、金融和贸易政策）。

表1　政策矩阵中的工具分类

利用市场	创建市场	环境管制	公众参与
补贴削减	产权与地方分权	标准	公众参与
环境税费	可交易许可证和权利	禁令	信息公布
使用者收费	国际补偿机		制许可证与限额
押金—退款制		分区	
有指标的补贴		责任	

近年来，西方发达国家尤为注重环境治理中经济目标与环境目标和技术目标、政府引导与企业和公众主动参与等的协调，许多沟通性、规劝性、志愿性的新途径、方式和手段不断涌现。比如，自愿性协议方式（voluntary agreements，VAs）、环境标志和环境管理系统（environmental management systems，EMS）等基于信息的手段（informational devices，IDs）。依照公共事务治理新模式有关市场化运作、主体多元化、治理网络化和层级化以及注重沟通与协调等特点，我们可将环境治理的新工具分为三大类，即基于市场的工具（market-based instruments，MBIs，如生态税和可交易的污染配额）、自愿性协议以

及基于信息的手段（如生态标志、环境管理系统等）。

可见，环境政策工具箱中的工具是由主体和机制所构成。主体主要由政府、企业、家庭、社区或第三部门所组成，机制主要包括政府管制机制、市场激励机制和自愿机制。两型社会的建设同样需要多主体的共同努力：政府积极推动、构建良好的制度环境，同时能够起到表率作用；企业是建设两型社会的主体，通过建立一批环境友好型企业来实现清洁生产，并提供绿色产品和服务；家庭、社区或第三部门是建设两型社会的广泛社会基础，通过从绿色消费做起，形成良好的社会氛围。因此，两型社会建设中环境政策工具箱里的政策工具包括命令—控制型管制工具、市场激励型工具、自愿性协议和基于信息的工具。

三、两型社会建设中地方政府环境政策工具的选择

戴维·奥斯本和特德·盖布勒在《改革政府》一书中形象地把政策工具比喻为“政府箭袋里的箭”，政府所要做的是从中选择合适的“箭”（政策工具）然后射向“靶心”（政策问题）。地方政府如何选择合适的政策工具来构建资源节约型和环境友好型社会，是摆在地方政府环境政策制定者和相关学者面前的一个巨大挑战。

（一）环境政策工具选择的组合化

20世纪70年代开始，命令控制式规制方法和基于市场经济的方法作为主流环境工具在环境保护中发挥了重要作用，但随着时间推移这两种政策工具不断凸现出其缺陷，因此，协议式环境管理措施的出现成为必然。自愿性环境协议工具作为一种新的环境治理手段，在欧美等国已经广泛应用，很多国家目前在水污染、空气污染及废物管理等领域依靠环境协议政策工具。另外，在过去若干年的环境管理实践中，人们认识到信息可以独立于政府、法规政策而通过社区和市场对环境保护起到激励作用。这样，提供信息就成为一种相对独立而有效的环境管理手段。

国内外学者普遍认为任何单一的政策工具都无法有效解决某一公共问题，多种工具的组合运用是当前及未来政策工具选择的主要形式。环境政策的制定并不是在命令—控制式工具和市场化工具之间进行简单的选择。为了同时满足

多个目标（例如效率、可持续性和公平分配），通常需要政策工具的结合使用。有学者指出，公共事务的新治理模式是在对旧模式进行批判的基础上发展起来的，但新模式不是对旧模式的完全替代，传统的科层式治理结构以及与之相适应的命令与控制型管理手段仍会继续存在，并将继续起着主导作用。环境领域也不例外。虽然环境治理的新工具在不断创新出来并得到运用，但传统命令与控制的规制型工具仍然是政府最喜爱和惯用的手段。从环境治理新工具在欧盟及其成员国的应用实践来看，新工具的使用还没有出现一种明显的由规制型工具向治理新工具转变的趋势，也没有出现一种明显的放松规制的迹象。这是因为规制型工具仍然担负着环境治理的主导任务，而不容易被其它手段所轻易替代。规制具有制度上的“锁入”效应，规制一旦制定并得到实施，就难以从管理领域退出，因为社会的行为和预期已按原有规制设定了。事实上，传统的规制型管理方式通常被用来作为推动新治理工具的手段。新工具并非一定要取代传统规制。从某种意义上讲，新工具的作用似乎是填补既有规制的缺陷，或者用来解决一些新的问题。

中国大多数环境保护制度是在计划经济背景下制定的，各项环境管理制度，由政府部门直接操作，并作为一种行政行为通过政府体制实施，这就使中国环境保护制度具有较浓的政府色彩。在政策工具的选择上具有明显直接管制的特征，具体表现在，目前的环境管制主要是规定污染物的排放标准，以行政手段强制要求各企业“达标”，否则就将有关企业关停。近些年，国家环保总局掀起的环保风暴中采取区域限批等“杀手锏”更将行政手段运用到极限。但持续不断的环境事件和疲于奔命的环保风暴都表明，即使将行政性治理发挥到极致也难以有效治理积累已久的环境问题。在 2007 年夏天推出“区域限批”时，环保总局副局长潘岳就已经明确表态：“传统的依赖行政手段的环境管理方式已经不能够解决问题，中国的环境问题需要新的思路，就是融合行政手段、市场力量和公民参与的综合手段。”因此，环保部门在经历了几年来的屡战屡败之后，也不得不承认“环保新政策、新制度的催生应该说是必然的……政府、企业集团、专家学者的作用和影响都是非常重要的，而社会公众的力量更是不可或缺”。中国地方政府两型社会建设中显然需要环境政策工具的优化组合，但命令—控制型规制工具与市场型工具将处于主导地位。

托马斯·思德纳认为，环境政策工具的多样性与总体经济政策的变化是密切相关的。发展中国家普遍地采用实物规制，它被看作是环境政策制定的起点。不过对于那些制度缺乏的国家而言，就不太适合了。规制是很复杂的，因为污染排放在不断地变化，要对其进行测量是很困难的，即使是点源污染也不例外。如果环保部门人员严重不足，条件较差，并且几乎没有能力购置监测设备，或者人员素质不高，收入水平很低，那么欺诈性游说甚至腐败就会大量出现。考虑到这些国家一般都采取了鼓励工业化和吸引投资的政策，加上执行起来非常困难，所以实物规制政策并不是一种有效的环境政策工具。发展中国家的经历也表明，当政府给企业提供了相关的建议，并给予它们足够的时间来进行灵活调整时，这些温和的经济或信息政策可能是比较有效的。采用大量的收费或禁止政策将会导致对抗和欺诈行为，甚至对簿公堂。相反，少量的收费加上政府的帮助和信息公布，将会促使人们自觉地从事减污方面的努力。

（二）环境政策工具选择的动态化

影响政策工具选择的因素有很多，比如政策工具的特性、待解决问题的性质、政府在过去处理类似问题的经验、决策者的主观偏好、受影响的社会群体的可能反应等。迈克尔·豪利特和 M. 拉米什提出了政策工具选择的综合模型，从而为我们提供了政策工具选择的一个分析框架（如表 2 所示）。政策工具选择的综合模型显示，根据政府能力和社会能力的变量，应采取的政策工具有所不同。例如，当存在一个“强政府”与一个“弱社会”时，较宜选择管制性工具；而当情况正好相反时，则最好抛弃管制性工具，转而采取自由市场和自愿性工具。当同时存在“强政府”和“强社会”时，自由市场和自愿性工具可以被用作主流工具，而辅之以少量的管制性工具；当同时存在“弱政府”和“弱社会”时，信息工具将会是最优的选择。

表 2　政策工具选择的综合模型

		社会能力	
政府能力	强	高	低
		市场工具	受管制的公共企业或直接提供等工具
	弱	自调节的，基于家庭或社区的工具	混合工具

改革开放以前，中国社会呈现发育程度较低、分化速度缓慢、具有较强同质性等特点。社会的政治中心、意识形态中心、经济中心重合为一，社会资源

和权力高度集中，国家具有很强的动员和组织能力。在这个时期，中国政府倾向于采取直接提供、公共企业和管制等强制性工具。改革开放后中国进入了一个利益分化的时代，从一个同质性较强的社会逐渐演变为一个异质性较强的社会。并且，在改革开放后，中国政府能力呈相对下降趋势。在这种情况下，政府在公共管理过程中采取的政策工具由设立公共企业、直接提供等强制性较高的工具转变为强制性较低的混合性工具和自愿性工具。

近年来，随着人们环境意识的加强、市场机制的逐步完善，生态环境问题的进一步突出以及政府功能定位的改变，“命令与控制”型管制在解决复杂的现代生态环境问题方面难以满足生态环境保护的更高要求，已暴露出愈来愈多的局限性。这些局限性本身为生态环境政策领域引入更多的经济手段、协议式或信息公开提供了良好的契机。但市场化工具的有效运行需要成熟、完备的外部环境支持，而其中的某些关键要素，目前中国还难以达到，如比较完备的市场机制、强大的法律结构保障及成熟的监测技术。经济激励手段的有效发挥由于受到环境基础设施等外部环境的限制，这些问题的解决必然将显著增加行政成本，就成本效率而言也是较低的，在短期内恐怕也难以得到很好的执行。从执行成本和时间效率来看，自愿环境工具和信息工具无疑是最佳的方案。因此，将自愿工具和信息工具作为企业传统非自愿管制方法的一个有力补充工具，并非完全替代传统的环境管制方法，形成一个强制性较低的混合性工具和自愿性工具、信息工具优化组合的环境管制体系，可以作为当前两型社会建设中地方政府环境政策工具选择的一个重要导向。随着中国市场经济的发展，尤其是公民社会的成熟，未来环境政策工具的组合选择必然是自由市场和自愿性工具被用作主流工具，而辅之以少量的管制性工具。

（三）环境政策工具选择的“本土化”

基于市场的政策工具越来越受到重视，在许多国家正以不同的形式逐步得到实施，这是当今世界环境管制的一个潮流。基于市场的政策工具可归并为排污费（税）和可交易许可证两大类。在普遍实行征收排污费的过程中，中国还进行了可交易许可证的试验。但排污费和可交易许可证这些环境政策工具在中国环境污染治理实践中遭到了严重的挫折。为什么这些主要环境政策工具无法在中国发挥应有的作用呢？以排污费和可交易许可证为主要内容的环境政策工具是建立在一个隐含的前提假定基础上的，即工业企业有能力独立处理自己的工业污染。中国的情况和西方工业化国家的情况则大不相同，中国政府从1982年开始的环境污染治理实践所面对的现实环境是中国的工业化刚刚开始，中国的大部分工业企业还非常弱小，特别是中国拥有大量分布在广大农村的小型乡镇企业，它们一般不具有独立建立工业污染处理厂所必需的大量资金，也没有处理工业污染所必需的技术和人才，所以排污费和可交易许可证能够发挥作用的上述前提假定在很多时候和很多地区并不符合实际。

在理论上，排污权交易政策确实可以在一定程度上合理配置资源、提升管理效率，属于积极创新的市场型环境管理手段。然而，它的有效实施必须要满足两个先决条件：一是完善的市场机制，二是精确的点源监测技术。在这些先决条件未满足之前盲目推行的话，很可能收到反效果。因此，对缺乏长期规划，资本技术含量低的中小企业采用以刺激其提高治理污染的效率为直接目标的经济规制工具，目前条件尚不成熟。

政策工具不可能在真空中起作用，而是对整体的政策环境有很强的依赖性。当前两型社会建设中，地方政府对政策工具的选择一定要与制度、技术因素的现状及其变化趋势相适应，不同地区根据不同实际情况，相应选择环境管制政策工具。由于中国幅员辽阔，地区之间经济条件，技术制度条件均存在较大差异，因此，现阶段，在外部制度技术因素既定的情况下，中国的环境规制工具不能全面推广诸如可交易排污许可证，排污税等经济规制工具，而应分不同地区不同行业加以综合运用。在东部经济发达地区，资本技术水平较高，法规制度健全，监管成本不确定性相对较低，企业提高控污效率的能力与可行性较强，因此可以选择性的运用经济规制工具，同时社会规制工具加以辅助。在西部以及经济欠发达地区，由于中小企业比例较大，技术监督水平滞后，还是应以政府统一规定排放标准的社会性管制措施为主，同时严格惩戒力度，切实遏制中小企业只注重眼前利益的“乱排滥排”现象，以保证当地环境的可持续性发展。

如果没有必需的经济、法律和技术上的制度能力，以及一个合适的社会环境的支持，无论基于经济激励的规制工具或其他规制工具都将难有作为。而这些能力在发展中国家通常是十分有限的。因此，为了达到保护环境的目的，基于经济激励的规制工具和其他规制工具，都必须与现有的社会情况和制度相匹配，而且在应用它们的同时也必须进行制度能力建设。由政府财政资助建立的工业污染公共处理项目已在美国、印度和中国浙江绍兴市取得成功并积累了经验，因此两型社会建设中地方政府针对中国大量企业无力单独处理其工业污染的现实，推行工业污染公共处理将是一种政策工具创新。加强环境治理的基础性工作尤其是对技术研究的鼓励和支持是政府的重要职能。两型社会建设中地方政府应主动承担起相应的研发和推广任务，投入更多的财政资金进行绿色科技攻关并推进成果的产业化。管制工具和市场化工具的有效运行从某种程度上依赖于政府的有效监督和处罚。如果缺乏有效的监督和处罚，政策设计得再合理也无法实施。两型社会建设中地方政府还需要制定和完善促进环境友好的法律法规，加大环境执法和监督力度。

（作者单位：湖南农业大学）

自然资源特许经营权流转的法理基础与制度构建

闫　海　李　丹

稀缺性是自然资源的本质，缓解自然资源的有限性与需求无限性之间的矛盾是自然资源配置的核心。市场经济条件下，市场在配置自然资源过程中发挥基础作用，向能够取得最大效益之处流动。自然资源特许经营制度实现自然资源的所有权与经营权的分离，为自然资源的市场化创设基础。自然资源特许经营权市场分为两个层次，即一级出让市场和二级转让市场。一级出让市场中的主体间关系是国家作为自然资源所有者与取得自然资源特许经营权的经营者之间的纵向法律关系。二级市场中主体间关系是自然资源特许经营权在平等的民事主体间流转的横向法律关系。自然资源特许经营权的出让是自然资源特许经营权流转的前提，二级市场是一级市场的延伸和扩大。通过自然资源特许经营权在二级市场上的交易，在一定程度上解决被特许的自然资源在初始分配中的不均衡、不合理现象，有效地促进自然资源的优化配置，充分地发挥自然资源的价值。法律制度建设是自然资源特许权流转的重要保障，应建立私权与公权博弈框架，丰富自然资源特许经营权的流转渠道及其合理限制。

一、自然资源特许经营权流转的法理基础

2007 年《物权法》虽然仅以专章形式规定土地承包经营权、宅基地使用权、建设用地使用权和地役权，但是第 122 条、第 123 条分别规定海域使用权、探矿权、采矿权、取水权、养殖权和捕捞权等自然资源特许经营权的用益

物权予以简单地确认。用益物权是指用益物权人对他人的物在一定范围内有的占用、使用、收益的权利，但是自然资源较民法上一般的“物”特殊，以致自然资源特许经营权与一般用益物权存在较大差别，主要体现为：第一，权利取得方式不同。一般用益物权通过设定合同方法来取得，自然资源特许经营权的取得则应通过行政特许方式，其表现形式为“许可证”。第二，权利内容不同。一般用益物权的内容除了法律的规定外，双方当事人还可以根据需要通过合同来约定，而自然资源特许经营权则应严格遵守行政特许的具体规定，例如权利行使的条件、期限、范围等。第三，权利行使方式不同。一般用益物权的行使方式是在保持标的物原有状态下的占有、使用和收益，而自然资源特许经营权得标的物一般为消耗物，权利行使是通过对资源的利用、勘探、开发、养殖等方式进行消耗，即在标的物上直接取得自然状态的初级产品。所以，从自然资源特许经营权的取得方式、内容、行使方式及其发展趋势来看，这种权利已经突破了传统的用益物权理论。但是，自然资源特许经营权作为一种用益物权，具有典型的私权属性，应遵循权利自由的原则，其中流转自由包括：第一，流转决定的自由。特许经营者在满足法律法规定条件的前提下，可以自主决定是否进行权利的流转，对于权利流转的限制应限于法律规定的范围内，不受自由处分行为不受非法干预。第二，选择流转相对人的自由。只要不涉及公共利益和国家安全，自然资源特许经营者可以按照私法上的合同自由，自行决定自己的缔约对象。第三，流转定价的自由。在自然资源特许经营权流转中，特许经营权的流转价格是核心，公正合理的价格不仅是双方权益维护，而且是自然资源特许经营权市场化的基础。

自然资源特许经营权的性质是用益物权，作为一种他物权、一种定限物权当然应受到所有权的限制，国家可以自然资源所有者身份对特许经营权的流转提出限定要求。此外，作为社会管理者，国家还可以基于下列目标，采取行政管理手段限制自然资源的流转：第一，可持续发展目标。可持续发展就是指既满足当代人需要，又不对后代人满足其需要的能力构成危害的发展。行政主管部门对自然资源特许经营权流转的审批，必须综合考虑自然资源的重要价值、新特许经营者对自然资源的开采技术、利用方式及对周围环境影响，不能破坏环境，还要协调好环境保护与经济发展的关系，力求合理的开发利用自然资源。此外，应充分考虑到自然资源的承载能力，控制好开发利用的数量和范围，为子孙后代保留其生存所需的相应资源。第二，宏观调控目标。国家宏观调控是弥补市场经济失灵的一个重要手段，国家应根据自然资源状况从宏观上把握自然资源特许经营权流转的发展趋势，对自然资源特许经营权市场进行适当干预。此外，还应当加强监管，避免部分人在利益的驱使下肆意利用自然资源特许经营权流转牟取暴利而破坏环境。

二、自然资源特许经营权流转的立法现状

1. 矿业权

1986 年《民法通则》和《矿产资源法》的出台，初步建立中国矿业权的法律规范体系。“由于对探矿权、采矿权财产权属性问题认识不清，‘矿业权流转’在当时被认为是‘买卖矿产资源’。”《矿产资源法》第 3 条第 4 款规定：“采矿权不得买卖、出租，不得用作抵押”，第 42 条规定：“买卖、出租或者以其他形式转让矿产资源的，没收违法所得，处以罚款。买卖、出租采矿权或者将采矿权用作抵押的，没收违法所得，处以罚款，吊销采矿许可证。”之后十年间，中国对采矿权流转采取严格禁止的做法。1996 年修正《矿产资源法》的重大进步就是正式提出矿业权可以有条件的流转，第 6 条规定：“除按下列规定可以转让外，探矿权、采矿权不得转让：（一）探矿权人有权在划定的勘查作业区内进行规定的勘查作业，有权优先取得勘查作业区内矿产资源的采矿权。探矿权人在完成规定的最低勘查投入后，经依法批准，可以将探矿权转让他人。（二）已取得采矿权的矿山企业，因企业合并、分立，与他人合资、合作经营，或者因企业资产出售以及有其他变更企业资产产权的情形而需要变更采矿权主体的，经依法批准可以将采矿权转让他人采矿。前款规定的具体办法和实施步骤由国务院规定。禁止将探矿权、采矿权倒卖牟利。”随着“不得买卖、出租，不得用作抵押”的规定被废止，中国矿业权市场化的法律基础得以奠定，虽然转让仍受较大限制，但至此中国矿业权交易二级市场初步建立。在此基础上 1998 年国务院制定《探矿权采矿权转让管理办法》进一步明确探矿权、采矿权转让的具体条件，与同年《矿产资源勘查区块登记管理办法》及 2000 年国土资源部制定《矿业权出让转让管理暂行规定》共同构建中国矿业权流转的法律制度框架。

2. 海域使用权

2002 年《海域使用管理法》第 27 条规定：“因企业合并、分立或者与他

人合资、合作经营，变更海域使用权人的，需经原批准用海的人民政府批准。海域使用权可以依法转让，海域使用权转让的具体办法，由国务院规定。海域使用权可以依法继承。”该条明文规定海域使用权可以转让，同时要受一定条件的限制。同年《海域使用权证书管理办法》第16条规定：“未经批准，海域使用权证书所代表的海域使用权不得转让、出租和作价入股。”由此可以看出，中国允许海域使用权的转让，并且其转让的前置条件是应当经过批准。2006年国家海洋局制定《海域使用权管理规定》，该规定的第37条明确规定“海域使用权有出售、赠与、作价入股、交换等情形的，可以依法转让”，第38条规定了转让海域使用权的具体条件，第39和第40条规定转让海域使用权的程序，第41条和42条规定海域使用权的出租和抵押。

3. 取水权

1988年《水法》及2002年修正《水法》，都没有取水权转让的规定．但是1993年国务院颁布《取水许可制度实施办法》第26条规定：“取水许可证不得转让。取水期满，取水许可证自行失效”。但是取水权的转让在实践中是需要的也是可行的，2005年水利部颁布《关于水权转让的若干意见》（水政法［2005］11号）从政策上对取水权的转让进行了肯定，并对取水权转让的原则、转让的限制范围、转让费、转让年限等事项做出了规定，但这些规定多是原则性的，可操作性不强，还需要进一步完善。2006年国务院出台《取水许可和水资源费征收管理条例》，该条例第27条规定：“依法获得取水权的单位或者个人，通过调整产品和产业结构、改革工艺、节水等措施节约水资源的，在取水许可的有效期和取水限额内，经原审批机关批准，可以依法有偿转让其节约的水资源，并到原审批机关办理取水权变更手续。具体办法由国务院水行政主管部门制定。”“这是国家行政法规第一次对取水权有偿转让的明确规定，其目的是在国家进行水资源配置的过程中，引入市场机制，充分体现取水权的经济利益，调动取水权人的节水积极性，促进水资源的优化配置和节水型社会的建设。”

4. 渔业权

《渔业法》规定渔业权包括养殖权和捕捞权。中国没有养殖权流转的规定，《渔业法》第23条第3款规定“捕捞许可证不得买卖、出租和以其他形式转让”，第43条还规定流转后的惩罚措施，“涂改、买卖、出租或者以其他形式转让捕捞许可证的，没收违法所得，吊销捕捞许可证，可以并处一万元以下的罚款；伪造、变造、买卖捕捞许可证，构成犯罪的，依法追究刑事责任”。虽然《渔业法》规定禁止捕捞许可证的转让，但是实践中却存在渔业捕捞许可证随着捕捞渔船的买卖、出租而同时买卖、出租的情况。

以上四种自然资源特许经营权流转的法律规定充分体现，现阶段中国自然资源特许经营权流转还是存在较多的法律障碍，有的自然资源特许经营权不允许流转，即使允许流转的自然资源特许经营权又受到法律过多的限制。

三、自然资源特许经营权的流转方式

流转方式是自然资源特许经营权流转的核心内容，除了直接转让外，还包括作价出资、证券化、出租、抵押。

1. 直接转让

直接转让是特许经营者依照法定条件和程序，将自然资源的特许经营权让与给他人，是自然资源特许经营权流转方式中最普遍、最典型的形式。与其他财产权利的转让相同，自然资源特许经营权的直接转让应贯彻平等、自愿、等价有偿的原则，当事人具备民事行为能力、标的物合法、双方意思表示真实也是转让的有效要件。一般买卖行为是将出卖财产的所有权由出卖人转移给受卖人，而自然资源特许经营权直接转让的仅是自然资源特许经营权，自然资源所有权的主体仍然是国家，转让之后，原特许经营权人对自然资源享有的占有、使用、收益等权利和承担的相应义务都将转归受让人所承受。例如，矿业权的出售就是一种自然资源特许经营权的直接转让，但是须经有关主管部门的审批，原矿业权人与国家的经济关系全部转移给新的矿业权人。

2. 作价出资

作价出资是将自然资源特许经营权的折价，特许经营者作为出资人将其投入公司作为注册资本，特许经营者依据对价的股份享有股东权益。《公司法》第27条规定：股东可以用货币出资，也可以用实物、知识产权、土地使用权等，可以用货币估价并可以依法转让的非货币财产作价出资，但是法律行政法规规定不得作为出资的财产除外。自然资源特许经营权并不是法律禁止出资的形式，而且“只要具备‘可以用货币估价’、‘可以依法转让’两要件的非法律禁止的财产都可以用来出资”。自然资源特许经营权是一种无形资产，评估定价是作价出资的关键，应当由当事人在市场规律的引导下通过充分的协商确定，这符合公司法的意思自治的精神，是最好的作价评估方法。

3. 证券化

任何资产都可以通过证券化而成为投资品，并在开放的金融市场上流通买卖，自然资源特许经营权作为一种权利型的资产也不例外。自然资源特许经营权的证券化是特许经营者以发行小额证券的方式直接融通资金，即“自然资源特许经营权”转换为在质上无差别、在量上便于分割的有价证券。证券化克服自然资源特许经营权在普通市场上交易的技术障碍，解决自然资源特许经营权的不可分性和自然资源流动性之间的矛盾，特许经营权交易将更为快捷、频繁。由于自然资源特许经营权证券化过程中，证券的购买主体并不是自然资源的实际开发利用主体，因此不应对其要求具备相应的开发利用资质。

4. 出租

出租是指自然资源特许经营权人在符合国家规定的转让条件的情况下，将其权利中的占有、使用和部分收益的权能随标的物转移于其他自然人、法人或其他组织行使并由承租人支付租金的法律行为。自然资源特许经营权的出租不是完全意义上的转让，因为租赁期限届满，自然资源特许经营权又回到出租人手中。对国家来讲，出租后特许经营权人仍需继续履行出让规定的义务，例如承担缴纳使用费等。自然资源特许经营权人将特许经营权出租给承租人使用，承租人在合同约定的期限内承担实际的开发利用工作，因此必须具备法定资质。

5. 抵押

抵押是指特许经营者依照有关法律作为债务人以其拥有的特许经营权在不转移占有的前提下，向债权人提供担保的行为，属于一种权利抵押。目前，中国法律规定矿业权和海域使用权可以抵押的方式转让。在特许经营者缺乏资金的情况下，将特许经营权抵押给银行等债权人，可以开拓融资渠道。当特许经营者不履行债务时，抵押权人有权申请实现抵押权，从特许经营权折价、变卖或拍卖后所得的价款中依法优先受偿。自然资源特许经营权抵押就其初始状态而言，不属于流转的范畴，但特许经营权抵押实现时，便会发生特许经营权的流转。由于自然资源特许经营权的抵押权人不一定为特许经营权的最终受让人，因此对自然资源特许经营权抵押权人的主体资格无须加以特别限制，但是特许经营权抵押应严格遵守“禁止流押”规则。

自然资源特许经营权的流转并不限于以上方式，并且不是所有自然资源特许经营权可以采取任一流转方式，不同的自然资源特许经营权应基于自身的特殊属性，采取与其相适应的流转方式，从而使特许经营权的流转更合理，自然资源的利用更高效。

四、自然资源特许经营权流转的限制

自然资源是人类社会存在和发展的物质基础，不能在市场上自由流转，自然资源特许经营权的流转也同样受到限制。为达到对自然资源有效合理开发和科学管理保护的目的，“以保证自然资源开发利用公共性、社会性及安全性的实现”，遏制自然资源特许经营权转让的随意性，是促进中国自然资源开发利用良序发展的重要保障。

1. 流转主体的资质

“没有长期预期的行为就会是短期行为，短期行为就会演变为无序行为。行为无序就会导致行为人注重短期利益，满足眼前要求，就会想法设法钻空子，冒险蛮干。”① 为避免自然资源特许权被“炒卖”，而成为牟取暴利的工具，特许经营者必须符合一定条件才能转让自己的特许经营权，例如已缴纳相关的资源使用费、补偿费和资源税，开发利用自然资源达到一定期限，实际投资达到计划投资总额的一定比例等。对于受让一方而言，虽然是在二级市场获得自然资源特许经营权，但是如果参与自然资源的开发利用，必须满足法律规定的相应资质条件、具备相应的开发利用的能力，才能成为新的特许经营权人。

2. 流转客体的适格

就流转客体而言，并不是所有的自然资源特许经营权都可以流转，换言之被流转的自然资源特许经营权必须具有适格性。以取水权为例，不能流转的取水权包括但不限于：第一，法律规定不得流转的取水权，《关于水权转让的若干意见》中规定，“在地下水限采区的地下水取水户不得将水权转让。为生态环境分配的水权不得转让。对公共利益、生态环境或第三者利益可能造成重大影响的不得转让”；第二，水资源是土地的附属物，是以土地为依存的，如果取水权不能与土地相分割，不得转让；第三，依性质不得转让的取水权，例如

① 项守龙，邱兆泰．综合物探技术在工程勘察中的应用［J］．河北煤炭，2008，02.

无偿取得或者低价取得的福利水权和社会公共事业的水权。如果以不适格的自然资源特许经营权作为合同标的，则合同无效，将不能发生自然资源特许经营权转让的法律后果。

3. 流转形式的要式

合同是自然资源特许经营权流转的基本法律形式，流转过程中涉及的合同种类较多，例如买卖合同、抵押合同、租赁合同、投资协议等。自然资源特许经营权流转合同的签订要在平等、公平、自愿等原则下进行，不得出现一方强迫另一方转让的现象。书面合同是自然资源特许经营权流转合同基础要求，具体内容应包括：当事人的姓名、单位信息、住所；流转方式；标的的名称、地理位置、面积、质量等级；年限和起止日期；当事人的权利和义务；价款及支付方式；违约责任和解决争议的方式等。同时，由于自然资源特许经营权具有较强的公共性，因此必须取得政府的同意。《合同法》第 44 条规定，“依法成立的合同，自成立时生效。法律、行政法规规定应当办理批准、登记等手续生效的，依照其规定。”因此，政府相关部门审查批准后是流转形式的特别要件。依据中国现行立法上矿业权、海域使用权、取水权转让程序的规定，自然资源特许经营权转让一般应履行如下程序：双方签定流转合同后，应提交相关行政主管部门审核，审查重点是双方是否符合法律规定的条件，是否符合国家产业政策等。经审查批准的，合同自批准之日起生效。此外，自然资源特许经营权的转让应采取登记生效主义模式，以明晰权利归属，避免纠纷冲突。因此，合同生效并不绝对发生物权的变动，只有双方依据生效合同到发证机关办理变更登记，受让方才取得自然资源特许经营权，成为新的特许经营权人。

五、结语

自然资源作为经济社会的命脉，关系着国家的发展和社会的稳定。对自然资源流转制度应当坚持促进流转和有限流转的基本思路，在肯定自然资源特许经营权可以转让的基础上，必须进行适当的限制，并加强政府部门的监管，以确保自然资源的永续利用和良好的生态环境，以及促进对资源的合理配置和使用，逐步建立资源节约型和环境友好型社会。

（作者单位：辽宁大学法学院）

促进低碳经济发展的财税政策与金融支持的协同研究

任　勤

2003年最先由英国政府提出“低碳经济”，英国政府在《我们未来的能源：创建低碳经济》的能源白皮书中首次出现“低碳经济”这个名词，并作了明确说明：“低碳经济”就是通过更少的自然资源消耗和更少的环境污染，获得更多的经济产出，是创造更高的生活标准和更好的生活质量的途径和机会，也为发展、应用和输出先进技术创造了机会，同时也能创造新的商机和更多的就业机会。2009年哥本哈根全球气候变化峰会之后，把节能减排的讨论推向高潮，发展低碳经济是全球的共识也成为世界经济实现可持续发展的新动力，2010年中国吹响进入低碳经济时代的号角。目前国际上把“低碳经济”定义为：人类通过技术手段和制度设计，降低化石能源（主要是煤、石油、天然气）的消耗，减少温室气体的排放，遏制全球气候变暖，从而减少由此带来的各类自然灾害的发生和生态环境的恶化，保护人类的生存安全。低碳经济的实质是能源效率和清洁能源结构问题，核心是能源技术创新和制度创新，目标是减缓气候变化和促进人类的可持续发展（庄贵阳，2005）。中国发展低碳经济非常紧迫，作为发展中国家面临较大的温室气体减排的压力；资源超常利用，生态环境恶化；能源安全面临严重威胁；国际社会压力大，中国是世界上最大的二氧化碳排放国，又是一个负责任的大国，在应对全球气候变化中承担了相应的义务，发挥着重要作用。因此发展“低碳经济”，对于中国而言既是顺应国际潮流、树立良好大国形象的必然选择，也是保护中国生存环境、转变经济发展方式、平稳快速发展经济的必然选择。

由于环境问题的市场失灵、环境资源的不可分割性导致的产权难以界定或界定成本很高以及资源可持续使用的公平性，只依靠市场机制难以自发地实现环境领域资源配置的最优化，要求政府必须承担起维护公共利益的责任，在经济发展和生态环境保护之间维持最佳平衡，因而政府干预环境责无旁贷。低碳经济发展的投入作为一种政策性、战略性、公益性投资，代表社会共同利益和长远利益，是公共财政的一项重要支出职责，也是实现节能减排的重要保证，财税政策对低碳经济的发展发挥着十分重要的促进作用。经济决定金融，低碳经济发展所导致的经济结构、产业结构调整，以及经济发展模式、消费模式乃至生活模式的变革，必然会导致国际金融业发生结构性变化。低碳经济的发展需要持续、充分、有效率的资金支持，一套完善的碳金融体系是解决这一问题的关键。

一、财税政策在促进低碳经济发展中的作用

在市场经济条件下，政府与市场是配置资源的两大主要手段，都是为经济与社会发展服务的重要调控手段。财政政策对资源的配置主要是政府凭借公共权力，首先通过税收手段、支出手段或公债务等参与国民收入分配，将资金由私人部门集中到政府部门，这是资源配置的一个方面；然后通过公共支出将财政收入分配到不同部门或项目，这是对资源的再配置。政府通过这样的收支过程，实现对现有的社会经济资源的合理配置，促进经济结构的合理化，达到帕累托最优配置效率。财政政策的作用机理就是用支出和税收手段以利益机制影响人们做某些事或不做某些事，自愿地朝着政府的宏观经济目标和社会目标方向转移。目前财税政策目标除了传统的财政三大职能之外，更重要的是要把绿色 GDP 的核算考虑进来，把以最低的税收收入和财政支出获取最高的人口和社会福利作为低碳经济模式下的财政税收政策目标。

从各国的实践情况来看，政府通常采取财税政策来矫正外部性造成的生态环境资源配置的“市场失灵”。一方面对于造成正外部经济的企业，通过正面激励的财税政策如税收优惠、津贴等，使得企业的私人利益与社会利益相等；另一方面对于造成负外部经济的企业采取逆向约束的财税政策，使该企业的私人成本恰好等于社会成本。财政政策运用于低碳经济的作用可以分为两大类：一是促进低碳发展的财政政策，如旨在鼓励市场主体进行能效投资、节能技术

研发、新能源投资的财政补贴、预算拨款、税收减免以及贷款贴息等；二是抑制高碳生产、消费行为的财政政策，如旨在提高能源使用成本，鼓励节能降耗，控制温室气体排放的能源税、碳税等手段。

1. 财政补贴可以直接增加从事低碳产业的企业的收益，而且方式灵活、针对性强，激励作用比较明显

财政补贴可以采取价格补贴、投资补贴、亏损补贴等多种具体方式，主要用于支持新能源、新技术、新材料为代表的低碳产业的发展。为了推动经济转型及产业升级实现“低碳经济”，需要相关领域的技术创新，如低碳技术项目特别是大规模示范项目投资，没有财政扶持实现难度较大。企业管理层一般不会对技术研发感兴趣，更不会增加技术研发投入经费，导致企业自身投资技术研发的动力不足、自主创新技术经费投入不够。通过给予财政补贴，如对于企业由于初期改进生产工艺等造成的产品成本高于社会平均成本或造成的暂时性亏损，给予价格性补贴或政策性亏损补贴，有利于调动企业的积极性，可以起到扶持低碳产业发展的作用。例如德国对于企业的补贴，主要集中在可再生能源发电领域。德国政府通过《可再生能源法》保证可再生能源的地位，对可再生能源发电进行补贴，平衡了可再生能源生产成本高的劣势，使可再生能源得到了快速发展。1990 年的德国电力供应法案，要求风电、太阳能、水电和生物质能按居民电力零售价的 90% 执行，此外还实行投资直接补贴政策。

2. 预算拨款可以起到直接促进和发展低碳产业的作用

“碳预算”实际上是将节能技术研发、提高能效以及支持低碳产业与绿色产业发展，直接纳入财政预算之中，设立专项资金，明确资金额度和增长幅度，建立了财政科技投入的稳定增长机制和长效机制，预算拨款保证节能减排和可再生能源开发的必要支出，直接促进低碳产业的发展。如英国 2009 年，为了配合“碳预算”的执行，英国政府安排了 14 亿英镑的预算资金，直接投向与发展低碳经济有关的领域，其中，90% 的资金被用于支持海上风力发电、提高能效以及支持低碳产业与绿色产业发展。

3. 税收优惠政策对鼓励和支持企业积极主动发展低碳产业起着不可替代的正面激励作用

发展“低碳经济”的核心是减少能源消耗和污染物排放，提高经济增长质量，其关键是技术进步及创新。税收优惠政策根据能效投资项目性质的不同，企业可享受的税收优惠待遇也不同，主要包括：加速折旧、税前扣除以及

免征进口关税等。在具体制定实施环节上，税收优惠政策可以充斥于多个税种的征收管理上，对企业用于购置环境保护型设备的投资，可按一定比例实行税额抵免，从而鼓励企业对先进环保设备的购置与使用，并对环保设备实行加速折旧；通过实行低碳投资退税等优惠政策，吸引国内外资金，鼓励低碳产业投资；通过提高低碳行业进项税抵扣的办法，实现低碳经济的税收优势；对从事低碳或无碳技术开发、技术转让业务和与之相关的技术咨询、技术服务业务取得的收入，可以免征营业税等。

4. 贷款贴息在企业发展低碳产业中发挥着财政贴息资金“四两拨千斤”的作用

所谓贷款贴息是指财政给予能效投资项目的贷款利息补贴，能获得贴息的能效投资项目贷款也称为公共贷款或软贷款。软贷款的利率一般都比市场利率低得多。贴息主要针对企业的节能减排项目贷款进行，可以减轻企业负担，鼓励企业投入更多资金。贷款贴息的方式对相关领域技术创新进行支持，可以相应地降低市场主体在能效投资、新能源开发等方面的成本支出，达到鼓励全社会主动减排的目的。

5. “低碳”政府采购制度在发展低碳经济中具有较强的社会引导功能和间接激励作用

对于各类资源节约型、清洁生产型和环境保护型的“绿色产品”纳入政府采购目录，强制实行优先购买制度，这样不仅可以为“绿色产品”提供一个巨大的市场，而且可以有效引导企业生产方向和公众消费方向。如中国公共财政已建立节能产品和环境标志产品优先采购制度，政府采购的节能产品已扩大到34类18000种、环境标志产品增加到21类8600多种。应该说，财政在支持、推进“低碳经济”发展的过程中取得了相当成就。

6. 中央专项转移支付起着促使经济落后地区淘汰落后产能给予财政支持和奖励的作用

中央政府设立节能减排转移支付专项资金，可以优先支持生态环境保护作用明显的区域性、流域性重点环保项目，加大对区域性、流域性污染防治及污染防治新技术、新工艺开发和应用的资金支持力度，特别是加快建立中西部地区污水处理管网、污染减排的监管体系和节能减排新机制，同时支持重点行业和重点领域淘汰落后生产能力，对经济欠发达地区淘汰落后产能给予一定奖励，引导地方政府和企业加大产业结构调整和升级步伐。

7. 绿色税收起到减少能源消费量的作用

绿色税收包括征收能源税或碳税，能源调节税的适用范围主要包括燃料油、汽油、液化石油气天然气以及电能等。能源调节税的征税对象主要是居民及小规模能源用户实行累进税制；而对于能耗大户，则实行低税率政策，主要是通过鼓励与政府签订自愿协议，来减少其能源消费量。征收碳税是指针对CO_2排放所征收的税。对企业积极采用技术减排、回收CO_2，如实行CCS（碳捕获和储存）技术，并达到一定标准的企业，给予税收减免与返还。

8. 财税政策对节能减排具有激励和约束作用

通过财税政策等措施将环境污染成本内部化，财税政策作为政府掌握的经济手段，其作用不可替代，所以应该依据低碳经济的规律以及财政政策发挥作用的特点，最大限度地发挥财税政策在促进低碳经济发展方面的作用。然而，仅凭低碳财税政策本身难以有效实现政府的预期目标，这是因为，技术创新的资金需求量很大，且存在风险，仅仅依靠有限的财政资金是远远不够的，更多的还是要盘活社会资金，尤其是银行资金，金融市场支持低碳经济发展不可或缺。

二、金融支持在发展低碳经济中的作用

向低碳经济转型并非易事，如何实现低成本高效率的温室气体减排，需要开发引进节能减排技术、建设相关基础设施、提高能源使用效率、调整产业结构等，需要大量资金，这就需要金融业的支持。金融支持低碳经济发展实际上包括两个方面：一是对实体经济的多元化融资支持，通过多种手段、多种渠道、多种方式提供低碳经济发展和能源消费模式转型所需要的巨量投融资资金；二是开发适合低碳经济特点的金融工具，促进建立碳交易市场。为此“绿色金融”、“碳金融”是必经之路。

所谓“绿色金融”是指金融部门把环境保护这一基本国策作为自己的一项基本政策，通过金融业务的运作来体现“可持续发展”战略，从而促进环境资源保护与经济协调发展，并以此来实现金融可持续发展的一种金融营运战略。绿色金融与传统金融相比突出的特点是更注重人类社会生存环境的利益，将生态因素纳入金融业的核算和决策体系中，它关注环保产业、生态产业等长远效益的产业，以未来良好的生态效益和环境效益支持金融的长远发展。金融

机构是绿色金融的实施主体，在绿色金融的发展过程中起着举足轻重的作用。“绿色金融”可以通过碳金融体系各种工具的运行介入低碳经济。碳金融缺少统一定义，但实际上是指在低碳经济背景下，旨在减少温室气体排放从而应对气候变化的市场机制和金融方法的统称，包括银行“绿色信贷”、低碳项目直接投融资、温室气体排放权及衍生品的创制和交易、相关金融中介服务等金融制度安排和金融交易活动等。

金融支持低碳经济发展的作用可从宏观和微观两个方面来讨论。

1. 宏观层面上促进低碳经济发展的金融支持中的货币政策的作用

（1）中央银行采用各种调节和控制货币供应量的方针和措施，实现低碳经济的发展目标。通过对社会货币供应量的调节来影响全社会对低碳产品的总需求水平，以达到碳排放的社会总供给和总需求之间的协调平衡。为此，中央银行通过适当的货币政策手段，来实现一国供需之间的基本平衡。

（2）中央银行货币政策的差别利率起到提高低碳贷款规模，加大高碳贷款成本的作用。因为碳金融下利率不但能够反映碳货币与碳信用的供给状态，而且能够表现碳排放权的供给与需求的相对变化。因此中央银行运用货币政策，针对低碳经济发展目标，实施差别利率，通过设定较高的利率水平，加大高碳贷款成本，影响其贷款总量；设定较低的利率水平，提高低碳贷款规模，促进低碳产业的发展。

（3）人民银行征信系统起着促进和督促企业开展节能减排和淘汰落后产能的监督约束作用。2006 年，人民银行会同国家环保部门共同印发了《关于共享企业环保信息有关问题的通知》，要求从企业环境违法信息起步，逐步将企业环保审批、环保认证、清洁生产审计、环保先进奖励等其他环保信息纳入企业征信系统。同时，要求金融机构在信贷审核时必须审查企业信用报告中的企业环保信息，并把企业环保守法情况作为审批信贷业务的重要依据。截至 2010 年 9 月末，企业征信系统已经采集了 3.45 万条企业环境违法处罚信息，对于促进企业增强环保意识、履行环保责任和减少碳排放发挥了重要的作用。

2. 微观层面上促进低碳经济发展的碳金融体系运行的作用

通常来看，国际范围内与低碳经济相关的“碳金融”业务主要包括四方面：一是商业银行的“碳金融”创新，主要指银行对低碳项目进行的投融资；二是“碳交易”市场机制，指碳排放权的实物交易，包括基于碳交易配额的交易和基于项目的交易；三是机构投资者和风险投资介入的碳金融活动；四是碳减排期货、期权市场，主要指碳排放权和其他碳金融衍生品的交易和投资。

（1）商业银行是参与低碳经济的主体，对低碳项目进行融资起着主导性的作用。1992 年，联合国环境规划署（UNEP））金融行动机构发布《银行界关于环境与可持续发展的声明》，要求金融机构把客户是否达到环境法规所要求的标准和是否进行环境无害化实践作为判断客户能否获得贷款的主要条件。2002 年 10 月世界银行下属的国际金融公司（IFC）和荷银集团等创建了一套针对项目融资中有关环境与社会风险问题的指南，即后来的赤道原则。赤道原则的目的是为指导金融机构建立一套评估与管理环境和社会风险的行业标准，适用于全球 62 个行业，项目金额在 1000 万美元的新项目融资。目前已有 67 家金融机构采用赤道原则，项目融资额约占全球融资总额的 85%。

促进低碳经济发展的金融支持主要是指绿色信贷（Green Credit），即商业银行和政策性银行等金融机构在提供项目信贷融资活动时，依据不同项目的环境风险，实行差别利率待遇，或者禁止发放贷款，从而引导信贷资金流入低碳项目，并从高碳项目中适当退出，实现资金的“绿色配置”，促进低碳经济的发展。商业银行开展绿色信贷主要表现为以下两个方面：第一，引导资金流向。商业银行在考虑信贷额度、持续期、风险等要素的基础上，通过差别制定企业贷款融资的门槛和合理地对融资成本进行差异化定价，从而能促进资金投向环保低碳生产产业。如对造成环境污染的企业的贷款实施惩罚性高利率，或不对其贷款；对贷款之后才发现有环境污染问题的企业提前收回贷款；而对有良好环保记录的普通企业则提供优惠贷款；对企业贷款用于改善环境污染问题的贷款项目应该予以支持等等。实现低碳经济发展。第二，信息中介作用。商业银行利用其在国际业务和投资银行方面的优势，为企业联系潜在的买家，并为交易双方提供较为完整的信息，充当信息中介。总之，通过融资环节影响企业资本成本进而对企业生产经营产生影响，目的是要引导企业走向低碳环保之路。

（2）“低碳资本市场”对低碳经济产业发展和技术创新的支持作用突出。其一，股票市场的低碳板块。股票是低碳企业直接融资的最有效最便捷重要场所。涉足低碳领域的上市公司主要分布在新能源产业、节能减排和环保产业。通过股票市场可以优先支持致力于发展低碳技术和低碳经济的企业在主板上市融资；积极发展“低碳创业板”，在股票市场上，以新能源为代表的低碳经济板块迅速地发展壮大，仅在美国，就有60多个市值超过7500千万美元的纯粹的清洁能源上市公司，此外还有许多市值不足1亿美元的微型公司在场外市场交易。其二，碳基金。碳基金是一种通过前端支付、股权投资或者提前购买协议，专门为减排项目融资的投资工具。碳基金可以为减排企业提供技术咨询或贷款，从而解决了企业无力无钱无心减排的犹豫局面。2000年，世界银行发行了首只碳基金——原型碳基金，自2003年以来，碳基金的数量每年上涨十只左右，每年有超过10亿欧元的新增资金进入。其三，发行“低碳金融债券”筹措资金。低碳金融债券投资于一些周期长、规模大的低碳产业。其四，低碳信托基金的培育和开发，鼓励私募基金、社会捐赠资金和国际援助资金加大对减排、低碳项目的资金投入，促进低碳资本市场投资主体的市场化与规模化发展。

（3）碳交易可以发挥市场机制应对气候变化的基础作用，使碳价格能够反映资源稀缺程度和治理污染成本。在碳交易机制下，碳排放权具有商品属性，其价格信号功能引导经济主体把碳排放成本作为投资决策的一个重要因素，促使环境外部成本内部化。随着碳市场交易规模的扩大，碳货币化程度提高，碳排放权进一步衍生为具有流动性的金融资产。随着碳交易市场规模扩大与碳货币化程度提高，碳排放权进一步衍生为具有流动性的金融资产。碳金融为碳交易市场提供流动性支持，促进碳资产自由流通，有利于活跃碳交易市场并及时准确地为碳排放权定价。因此，积极有效的碳资产管理也将使得减排成本转化成收益。

总之，金融服务业面对低碳经济发展中的挑战和机遇，提供资金、理念、产品、服务等多方面的支持。碳金融是低碳经济时代的环境金融创新，是金融体系促进低碳经济发展的重要环节。碳金融可以为能源链转型提供资金融通，充分发挥碳排放权价格的作用，发挥风险管理和转移的作用，也有利于提高金融机构创新能力。

三、低碳经济发展中的财税政策与金融支持协同运作分析

1. 促进低碳经济发展的财税政策与金融支持作用的协同关系

在促进低碳经济发展中财税政策作用的特点是具有宏观性、政策性、战略

性、示范性、公益性，主要起引导作用。通过对一些重大的、关键性项目的直接财政投资的方式，积极吸引金融机构、企业、外资等参与，形成以政府投入为主导、多元化的投入主体结构。可以说，财政政策扶持是企业坚定跟进并克服各种现实困难的必要保证，也是实现政策扶持效果的必要保证。但财政投入低碳经济是非常有限的，仅仅依靠有限的财政资金是难以有效实现政府的预期目标。

在促进低碳经济发展中金融支持作用的特点是提供资金融通，投入巨额资金，形成巨额资金的流动机制，充分发挥“看不见的手”即市场机制在资源配置中的基础性作用。然而由于低碳产业相比传统产业面临更多的不确定性，银行信贷投入面临技术、市场和节能减排效果认定等多种风险，而银行考虑到投放风险，往往投放积极性不高。

促进低碳经济发展是财税政策和金融支持追求的同一目标，也符合共同追求的利益。对于既定的目标，一个有效的政策组合协同运行成本低于单一的政策工具。反之，如果在一个政策组合中，出现各工具间效用的相互冲消，必然会增大低碳经济发展的成本，即所谓逆向相消现象。在现代经济活动中，政府和市场都不是万能的，只有把财税政策和金融支持的有效结合起来，协同运行，才能更好的发挥低碳经济发展中的投融资作用。因此，要明确政府和市场的责任，尽最大可能地发挥各自的效用，政府尽自己最大可能，做好筹措资金、规划设计、统筹安排等工作；而相应的金融业、企业以及私人部门，则是在政府引导下，积极投资于适合企业发展的产业方向。这样，政府很好地从宏观上把握了低碳产业的发展，而金融业则有效地在微观层次很好地完成了低碳产业发展的有关具体方面，这种宏微观的协同结合，使财税政策通过金融支持的配套措施达到目的，金融支持通过财税政策的扶持得以发展，才能非常有效地推动了低碳产业的发展。

2. 低碳经济发展中的财税政策与金融支持协同框架

促进中国发展低碳经济的有效方法之一是制定科学、合理的低碳经济财税政策和金融支持协同框架。指明确政府与市场的职责，按照市场经济规律的要求，运用法律法规、税收、财政补贴、信贷、转移支付、资本市场、排放权交易等手段，调节或影响市场主体的行为；注重财税政策的激励作用，以金融、财政、税收等多项政策有机协同配合，发挥多项政策的合力作用。（如图 1 所示）。

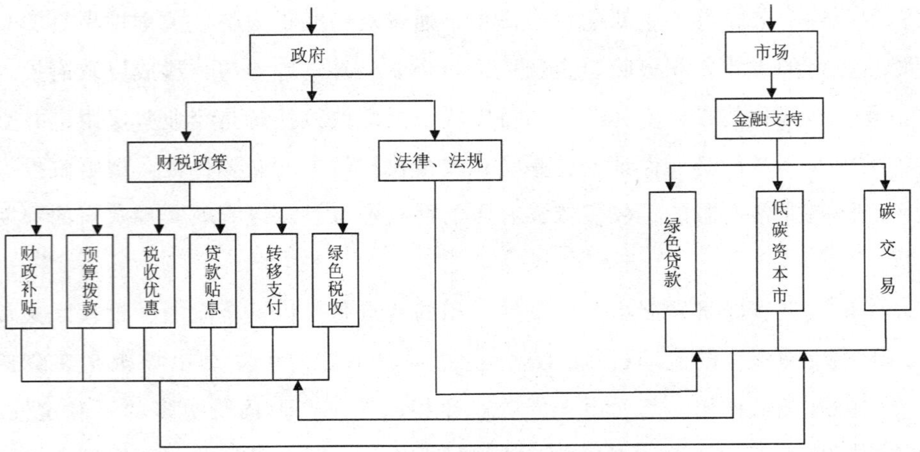

图1 低碳经济发展财税政策与金融支持协同框架图

四、促进低碳经济发展的财税政策与金融支持协同运行的对策

1. 构建完善的低碳经济法律制度

目前，中国环保立法在银行绿色业务领域存在许多法律空白，虽然有《循环经济法》，填补了中国银行绿色信贷的法律空白，使得绿色信贷有法可依，但总体上看内容不够细化和全面，操作性不强，对绿色信贷大多是建议性质，不具有法律约束力，有待进一步完善，如进一步规定银行绿色业务实施的细则，细化绿色贷款统计口径，加强环境风险监管等。政府应从立法上保障银行发行绿色信贷的权益，鼓励银行贷款向绿色项目倾斜，限制银行向高碳行业贷款，为此政府要进一步完善与金融业支持低碳经济发展相关的法规，加强政府金融服务型职能建设，发挥多部门协同性，为商业银行支持低碳经济发展构建坚实的制度保障和提供充分的法律依据。

2. 加强金融、财政、税收等多项政策有机协同配合，发挥多项政策的合力作用

一是低碳财税政策体系是政府为了发展低碳经济而嵌入整个经济体系中的一系列政策工具集合，其功能的正常发挥，还需要有金融支持的配套措施。二是加强信贷政策与财政、税收政策的协调配合，针对不同行业和不同企业不同成长阶段的实际特点，依托财政贴息、税收优惠等基础性铺垫，加大绿色信贷

投入，并辐射和拉动其他资金及时跟进，多方面拓宽低碳经济发展融资渠道。三是加强银行信贷政策与证券、保险和金融监管政策的协调配合，为企业低碳发展提供综合性金融服务。

3. 碳金融的发展离不开低碳财政税政策的支持

为给中国碳金融发展创造一个比较有利的外部环境与条件，要加强财税、信贷、监管、信息等方面的政策激励与支持，以提高金融机构参与支持低碳经济的积极性。首先，在财政政策方面，政府在支持发展低碳经济中应建立绿色信贷担保制度，通过财政资金担保杠杆，放大绿色信贷投入规模；对金融机构开展支持低碳经济的金融创新的收入给予税收优惠，对支持低碳经济的金融机构贷款项目提供必要的利息补贴等；通过财政担保、扶持、风险补偿、税收优惠等措施，进一步鼓励与带动金融业加大对节能减排领域的投资。其次，政府财政还应设立专项基金投资于环保企业或为环保企业提供优惠借款，还应建立环境保护和节约资源设施建设、环保设备投资的中长期优惠贷款制度。只有政府财政的积极介入，金融机构信贷资源才会进一步加大向低碳经济的聚集、倾斜，绿色信贷与低碳经济才有可能进一步快速发展。再次，在金融政策方面，人民银行要加强信贷结构调整，比如可以采取差别存款准备金率，加大 CDM 项目贷款利率的浮动范围，通过窗口指导引导信贷投向；银监会等金融监督部门要通过差异化监管、制定具体标准等措施促使商业银行业务向碳金融领域倾斜。最后，加快碳金融衍生产品的创新。加强碳金融研究，鼓励碳金融衍生产品的创新，尽快构建中国的碳金融体系。

（作者单位：西南财经大学公共管理学院）

环境审计的新领域

——采掘业审计

陈　希　杨　晖　柳青青

国际社会已将环境问题、人口问题和资源问题立为世界三大事关可持续发展的问题。开展环境审计对于实现经济增长方式转变，建设环境友好型社会，实现可持续发展至关重要。最高审计机关国际组织环境审计工作组（WGEA）2010年在综合了各个国家采掘业审计的理论和实践后发了题为《最高审计机关采掘业审计指南》，标志着采掘业审计成为继水资源、废弃物、生物多样化之后审计机关环境审计关注的新领域。

采掘业审计是指审计机关、内部审计机构和注册会计师，对采掘企业环境管理系统以及相关经济活动的真实性、合规性和效益性进行监督、评价和鉴证，使之达到管理有效、控制得当，并有利于实现采掘业可持续发展的审计评价活动。本文所讨论的主要是最高审计机关（SAI）开展的采掘业审计工作。

一、实施采掘业审计的必要性

（一）采掘业环境社会经济问题的严重性

一国的自然资源赋存是该国经济社会发展的物质基础。自然资源包括森林、矿产和能源（如：煤炭、石油、天然气、水利水电）。采掘业指涉及发现、开采及加工处理位于地壳内或附近的自然资源的那些工业，这些工业主要包括矿产工业、石油工业和为获取能源开采地热流体的工业。采掘业对于国家和地区的发展举足轻重，大规模采掘企业能够拉动区域经济发展和基础设施建设、提供就业机会、增加外汇储备、改善道路和供水等基础设施。但从最初的勘探、采掘，到选矿、加工，到矿区关闭，采掘业都会影响环境，项目实施的不同阶段其环境影响的性质与程度也各不相同。采矿作业影响所有的环境媒介如：土壤、大气、水、相关动植物群、个人健康与安全、当地生活方式、社会秩序和经济福利；环境危害和影响还会威胁本土文化、土地使用以及资源型经济体的社会经济文化。这些危害包括自然资源的永久性缺失，提前占用本该用于农业、林业、猎捕或休闲的土地、生态系统的退化和破坏、对主要动植物群的毁灭性破坏、人口流动、犯罪行为、对小型或手工采掘的依赖等。

在中国，长期以来对煤炭开发企业采取了“大、中、小型煤矿并举，国家、集体、个人一起上”的方针，导致乡镇、个体煤矿迅猛发展，而这些小煤矿大多布局不合理，设备简陋陈旧，技术力量薄弱，环保措施不到位，回采率低，这种“掠夺式”的乱采、滥挖使宝贵的矿产资源遭到严重浪费，并且造成了当地的生态破坏和环境污染，成为制约中国经济社会可持续发展的重要因素。中国煤炭采掘造成的环境问题大体包括：采空塌陷造成生态恶化、水位下降造成供水紧张、废弃物排放危害大气环境等。2010 年 7 月，福建省上杭县的紫金矿业集团有限公司发生的有毒废水泄漏事件正是中国采掘业所带来的环境社会经济问题的一个突出体现，主要是环境保护措施严重不足以及非法打通排洪洞等人为因素造成的，背后则是政企利益纠结导致环保监管失灵，其中暴露的一些关于采掘业的环境问题值得深刻反思。近年来中国各地采掘业爆发的多起重金属类污染事故，已使相关地方生态环境和群众利益严重受损。

采掘业的环境治理已成为了人类社会面临的严峻挑战，治理不当将会引发一系列不利的环境社会经济影响，开展采掘业审计势在必行。

（二）开展采掘业审计是实现可持续发展的要求

可持续发展的本质是为了人类社会更好地长久生存和发展，既要满足当代人的需求又要为后代人造福，为子孙后代的生存和发展创造良好的条件。越来越多的国家开始将可持续发展概念融入到国家战略和政策中去。审计是国家经济社会运行的“免疫系统”通过关注环境风险，促进加强资源环境管理，维护国家资源环境安全。中国经济发展过程中，很多城市依矿而建，依矿而兴，随着矿区资源的衰竭，资源型城市的生态地质安全和可持续发展问题越来越严重。开展采掘业审计有利于切断影响环境安全的“风险源”，促进资源型城市和矿区的可持续发展。

二、中国采掘业审计的现状

近几年来，中国各级审计机关努力践行科学发展观，以建设资源节约型和环境友好型社会为目标，围绕资源开发利用管理和生态环境保护治理，积极开展了一些采掘业方面的审计，取得了一定成效，但关于采掘业审计的研究和实践经验还很匮乏，仍处于探索阶段。

2009 年，徐州市审计机关积极配合当地政府，开展了采煤塌陷地及生态修复专项资金绩效情况审计调查，重点调查了 2006—2008 年度实施的采煤塌陷地治理及生态修复工程项目专项资金的使用绩效，重点关注了土地复垦资金、农业综合开发资金、生态修复和综合利用工程项目、环境保护和失地农民最低生活保障制度等。通过审计，节约了财政资金，促进了土地资源的可持续利用、综合开发资金的有效使用和农民增收，完善了工程建设程序，有效地化解了环境风险。该项目被审计署和江苏省审计厅评为优秀绩效审计项目。另外，2009 年国家审计署成都特派办的审计人员对传媒集团广能公司的华蓥山矿区沉陷区治理工程进行了审计，深入有关单位及工程现场，仔细核查了治理工程的相关资料，并提出了审计建议。

2009 年审计署发布了《审计署关于加强资源环境审计工作的意见》，文件指出“要逐步扩大资源环境审计领域……逐步将审计范围从土地资源和水环境审计扩展到海洋资源、森林资源、矿产资源、大气污染防治、生态环境建设、土壤污染防治、固体废物和生物多样性等领域”，“重点关注乱采（挖）滥伐、无序开发及侵占、围垦河湖等导致资源损失浪费和生态环境破坏的问题”。审计机关从关注矿区治理专项资金使用转向关注矿产资源的开发、矿区的环境保护和生态治理方面，真正意义的采掘业审计将逐步进入地方审计机关的视野。

三、采掘业审计四步骤法

采掘业审计不仅关注传统的经济问题，还会关注社会和环境问题，尤其是在资源型经济实体，采掘业审计会涉及一系列的约定、声明、条约、规范。综合各国采掘业审计的理论和实践，审计机关开展采掘业审计可以遵循以下四个步骤：

（一）识别采掘业活动及其对环境的影响

不同矿山所带来的环境问题各不相同，但也存在一些共性。

1. 水资源污染

采掘过程必须要疏干排水，使地下水位大幅度下降，水位降落漏斗影响半径达十几甚至几十公里。如，太原西山煤矿的开采导致太原地下水位骤降，不仅严重浪费了地下水资源，使本已严重缺水的工业重镇太原市雪上加霜，而且还改变了原有的水文地质条件，由稳态转为非稳态，造成不均匀的地面沉降。采矿造成的地面塌陷与裂缝使得大气降水与地下水直接接触，原本可直接饮用的地下水遭到污染。矿石、矸石、尾矿在堆放过程中，因氧化、雨淋、渗透，形成新的二次污染，将其有害物质，如悬浮固体颗粒、酸性物质、重金属离子、硫酸盐、加工过程中使用的水银、氰化物、辅助作业中使用的石油和燃料带入地表和地下水体，造成严重的水污染，过量的废水排放会毁坏自然生态系统，对渔业产生不利影响，甚至污染当地居民的饮用水。

2. 大气污染

露天开采作业和粉碎研磨作业会产生大量粉尘，对工人和附近居民的健康极其不利，典型的例子就是煤矿工人常见的职业病——矽肺病。矿物加工过程会导致二氧化碳的排放，形成温室效应。熔炼过程会释放大量二氧化硫，形成对大气的污染，并经降水形成酸雨。有色金属的冶炼过程会排放大量砷、铅、镉等重金属蒸汽。

3. 生物和生态多样性的破坏

森林是生物物种多样性程度最高的陆地生态系统。采掘业对森林生态系统最直接最关键的影响是植被和地表覆盖层的破坏，采掘勘探和采掘作业导致了大范围的森林砍伐。湿地是污染物的自然过滤器，为水生物种提供了独特的栖息地，红树林是陆地生态系统和海洋生态系统的重要接口，采掘业中的废水排放、石油泄漏等问题都会造成湿地和红树林生态系统的破坏。珊瑚礁是海洋生态系统中多样性程度最高的地方，是渔业发展的关键，珊瑚系统对人为破坏尤为敏感，直接排入江河湖海的矿区废水所含沉积物和重金属会对珊瑚系统造成严重威胁。

4. 地表环境的改变和破坏

早期的崩落法采矿造成了大面积沉降变形、塌陷、地面开裂，改变了原有的地形地貌，造成地表建筑和其他设施的损害。矸石、尾矿长期堆积占用大量耕地，经雨水淋滤，造成土壤污染侵蚀。选矿污水的排放，造成土壤和地表水污染，有害物质形成扩散晕，会进一步破坏植被。

5. 职业健康

大气污染会带来如皮肤病、肺病等健康问题。矿区地面及井下各种噪音和震动强烈的设备会对职工的听力造成不利影响。

（二）识别政府的应对措施

政府有大量可用于应对采掘业环境问题的管理工具，如：法律法规、教育与培训、环境政策、环境影响评估（EA）、环境管理系统（EMS）。

1. 法律法规

法律法规旨在保护矿区的生态，完善的法律法规体系能为投资和经营决策提供一个稳定的制度框架。SAI 和审计人员在审计计划阶段应充分了解相关环境法律法规。采掘业环境法律法规涉及的内容包括：环境影响评估、自然资源保护、国家公园保护、动植物群和濒临灭绝物种的保护、文化遗产、土著文化的保护、地形地貌、科学选址、限制废弃物排放、控制土壤污染、噪音污染、污水处理、化学试剂控制等问题。具体制度可能包括：作业安全制度、污染物集中处理及达标排放制度、土地复垦制度等。

2. 教育和培训

法律条款的效果取决于其是否能得到有效实施，而实施的有效性取决于作业人员是否接受过充分适当的教育和培训，教育和培训是法规的辅助工具，尤其对于小规模矿区，培训尤为有效。

3. 环境影响评估

一般情况下，政府要求企业进行环境影响评估（EA），环境影响评估是一个系统性的识别、预测、评估被提议的行动的环境影响的过程，目的在于帮助企业管理层做出是否采取新行动的决策，如，建立新工厂、道路或其他生产行为。EA 帮助利益相关者在决策之前发现和预测新的环境发展所带来的影响并尽可能地减轻这种影响。

国家法律法规要求所有可能对环境产生重大影响的项目都进行 EA，基于 EA 报告决定是否接受此项目。EA 报告的目的包括：①满足法律、标准或国际协定的要求；②描述矿区周边现存的环境状况；③描述可能受到的环境影响；④消除、减少对环境造成的负面影响；⑤制定可以在项目生命周期内使用的环境管理标准，确保土地容量和闭矿目标得以实现；⑥确保有足够的资源来完成环境管理计划的实施。

但采掘业环境影响评估也面临着一些挑战：首先，决定经济可行性和可接受性的项目情景分析需充分考虑项目的环境、社会和健康成本；其次，项目的设计、施工和复垦计划需有充分的控制和保护措施。

4. 环境管理系统（EMS）

环境管理系统是一个组织内全面管理体系的组成部分，它包括为制定、实施、实现、评审环保方针所需的组织结构、规划活动、机构职责、管理、程序、过程和资源。其中有规范的运作程序、文件化的控制机制，旨在把环境责任融入日常管理实务，以实现组织自身设定的环境目标。一个完整的环境管理系统周期包括：组织承诺、环境政策、社会经济影响评估、环境影响评估、社区咨询、环境管理计划、文件与手册、操作控制与应急程序、培训、监督与控制机制、环境绩效审计和合规性审计、复核。

国家要求企业建立环境管理系统的目的在于：①减少由于环境事故与违反法律法规所造成的环境影响；②有利于找出并控制重大的环境因素和影响；③建立良好的环保方针和环境管理基础；④为政府机构等利益相关者提供参与平台，用公开、透明、参与性的方式评估、审核被提议的项目；⑤帮助组织建立污染防治优先序列，并为实现污染预防目的而努力。

5. 执行

传统意义上的采掘业和环境检查包括监督和执行。有联邦政府机构的国家，执行通常是被授权给了州政府或当地政府，中央政府只需负责项目整体控制和管理，地方政府更了解实地状况，负责日常监督。有些国家为每个项目设置一个受过专业训练的全职执行官，密切关注企业行动，确保环境法律法规得到遵循，加强企业与各级政府之间的合作与沟通。其他一些机制包括：开发损害补偿制度、环境治理保证金制度、超标排放罚款、“谁破坏谁复垦”、“谁复垦谁受益”原则、“三同时”制度（即建设项目中处置污染的措施必须是与主体工程同时设计、同时施工、同时投产使用等），以确保采掘企业能遵守相关法律法规，达到可持续发展。

（三）选择审计主题、确定审计重点

审计机关可选的审计主题大致可分为四类：一般环境影响、水资源污染、大气污染、其他污染。SAI 和审计人员如何确定审计主题是关键，选择审计主题的标准一般包括：

1. 风险分析结果

SAI 应仔细进行风险分析以确定审计测试重点，即评估采掘活动已造成的及可能会造成的对环境、社会、经济的威胁。首先，审计人员要确定某一项破坏在多大程度上是可恢复的，因为不可恢复的破坏风险较大。其次，考虑每项破坏程度大小。严重的威胁应优先处理与预防。通常，风险分析依赖于政府部门的评估报告，必要时，也可寻求专家援助。

2. 预计的审计效果

SAI 应尽量选择能帮助政府有效改善采掘业环境治理工作的领域开展审计，确保审计工作有一定意义，因此，应充分考虑审计报告使用者的利益，所选审计主题对政府采掘业管理工作的重要性、其他国家是否曾有过类似的审计经验、所选审计主题与维护人类基本需求之间的关系。

3. 审计评价标准的可得性

在确定审计主题时，SAI 需考虑能否获得与此相关的合适标准，如：政府签订涉及采掘业的国际协定、政府颁布的采掘业法律法规、政府所做过的与所选审计主题相关的政策声明。如果政府接受了某些国际组织的资金支持，还需考虑该国际组织的相关规定。

当 SAI 确定好审计能发挥积极作用的领域、选定了审计主题后，便可开展具体审计工作。

（四）确定审计范围

最后一步是确定审计方法、审计目标、审计标准、审计范围。与传统审计程序相同，采掘业环境审计程序包括：审计计划、现场审计、报告和后续跟踪四个阶段。政府用于治理采掘业环境问题的管理工具很多，如：立法、规章、许可、细则和条例。政府各部门在整个采掘流程不同阶段有不同的职责，其中，审计机关的职责范围主要包括以下几个方面：

1. 财务管理

SAI可使用传统的审计方法来检查公共资金在采掘业环境治理项目上的使用情况、经费支出是否遵循了一定的标准并得到了严格监控，并确保相关政府部门给采掘业环境治理分配了足够的资金。

2. 协定、法律

SAI可对政府采掘业环境监管的战略、行动和项目进行审查、确保其与国家法律法规、所签署的国际协定相一致，确保政府切实履行了其在条约、法律、政策和项目中所作的承诺。审计人员可按照如下思路开展审计：①国家是否签署过涉及采掘业环境治理的国际协定？②国家是否遵循了所签署的国际协定和条款？③政府是否颁布了用于实现其国际承诺的法律和规章？④环境保护政策与采掘业法规是否存在冲突？⑤环境保护法规是否得到有效执行？⑥国家政策与所签订国家协定是否存在冲突？

3. 政策

政府针对采掘活动所带来的重要环境问题已制定了相应政策，审计人员要审查这些政策，确保采掘企业严格遵循了政府所制定的相关政策、这些政策能有效控制污染问题、采掘业环境保护的一般原则在管理机制如法律条文中得到了具体体现。同时SAI还可针对政府政策提出一些改进建议以使其能获得更好的监督效果。

4. 项目业绩

审查政府所实施采掘业环境保护项目的业绩状况。SAI可实施传统的3E审计——即项目的效果性、效率性和效益性，也可选择进行过程审计，具体做法包括：检查项目各相关部门是否都有明确的预期目标、相关部门是否为项目目标制定了科学、完整的评价指标体系、重要指标是否得到了持续的关注与监督。SAI还应评估采掘业环境保护项目是否实现了预期目标，如果未能实现找出原因和解决办法，提出改进意见。

5. 公众教育

大型环境保护项目通常会在公众教育上投入大量资金。SAI可对资金使用开展审计，确保政府在采掘业相关政策的制定、实施和评价阶段都投入了足够的资金用于普及教育，确保公众教育的内容能有效鼓励采掘企业在创造经济价值的同时兼顾环境的可持续发展，确保政府对公众教育的效果进行了及时衡量。

6. 受托责任和协调统筹

采掘业环境保护项目涉及的政府部门众多。SAI 可对各部门的治理工作进行评价，确保各部门能履行各自职责且不同部门之间能达到协调统一，SAI 可遵循以下审计思路：相关部门的职责、角色是否明确？是否有协调机制？相关部门是否有足够的财力和人力来履行各自的职责？各部门是否有完善的内部管理系统？

7. 科研和监督能力

评价政府是否有足够用于调查和监督采掘活动所带来的大气污染、水污染及土壤污染水平的技术力量，确保政府建立并维护了采掘业环境影响数据库、相关信息在国家监控系统与国际监控系统间可以共享、政府建立了采掘业污染实时监测系统、群众可以获得有关政府监督工作的信息。

8. 报告过程

有些国际环境保护协定要求政府向联合国相关机构或其他国际组织报告环境管理情况，同时国内的管理机构可以向监督部门报告。SAI 可审查这些报告过程以确定其是否符合相应的标准、规定和法规。

四、积极推动中国采掘业审计的开展

中国各级审计机关围绕采掘业和生态环境保护治理，积极开展采掘业审计，取得了一定成效，但仍存在对采掘业审计重要性认识不足、工作局面没有完全打开等问题，应进一步推动中国采掘业审计的开展。

（一）充分认识采掘业审计的重要性和紧迫性

近年来，中国经济社会发展与资源环境保护的矛盾日益突出，环境污染情况严重，积极主动有效地加强资源环境审计工作，既是践行科学发展观的具体行动和措施，也是义不容辞的历史责任和义务，各级审计机关应当加强采掘业审计监督，推动生态文明建设，促进经济社会可持续发展。

（二）明确采掘业审计的主要任务

采掘业审计的主要任务：一是要检查采掘业环保政策法规的贯彻执行以及战略规划的实施情况，分析政府履责绩效，促进相关政策制度的完善；二是检查采掘业环保资金的征收、分配和管理情况，提高资金使用效益；三是检查采掘业环保相关项目的建设和运营效果，完善采掘业环境管理，维护国家资源环境安全。

（三）不断创新采掘业审计方式和方法

积极开展合作审计。国家审计署应积极组织相关审计机关和协调相关主管部门对采掘业带来的水污染、大气污染防治、土壤污染和生态建设等事项，通过平行或联合审计的方式开展审计调查，并加强审计情况的协调、沟通与交流，共同探讨解决问题的措施与办法。向当地人民政府提交审计结果及审计建议，做到目标统一、分工明确、成果共享。

积极开展跟踪审计。审计机关对重大的采掘业环保工程项目应积极试行跟踪审计，确保采掘业环保工作措施和规划得到落实，突出问题得到控制。

开展采掘业环境信息系统审计。检查相关主管部门环境信息系统的稳定性、安全性、合理性和效率性，对数据的真实有效性进行检查。

（四）加强采掘业审计队伍建设

省级审计机关要按照地方政府改革方案的要求，设立专门从事采掘业审计的工作机构或者将其挂靠在农业与资源环保审计部门。地方审计机关尤其是因矿而建的市县级审计机关应当配备一定数量的专职采掘业审计人员，不断提高其综合素质和专业水平。适当招收矿业工程专业的人员充实审计队伍，也可采取选送业务骨干到主管部门或基层单位挂职交流、从采掘业环保部门选调专门人才等方式加强人才培养，开展业务培训，帮助审计人员不断更新知识，逐步建立起一支采掘业审计专业队伍。同时各级审计机关应当积极开展与高等院校和科研机构的合作，聘请在采掘业环保领域具有丰富理论功底和实践经验的外部专家，通过直接参加审计项目或者召开专题研讨会等方式，指导、帮助采掘业审计工作。

（五）建立和完善采掘业审计工作制度

建立和完善审计机关与主管部门协调配合制度。各级审计机关要与本级采掘业主管部门加强配合与信息沟通，建立和完善合作审计制度、联席会议制度、信息通报制度，充分发挥审计监督和部门监督的合力。

建立和完善采掘业审计工作规范。各级审计机关要在审计实践的基础上，积极总结审计实践经验，制定和完善采掘业审计发展规划，研究制定采掘业审计操作指南，以及其他适合本地区、本部门的采掘业审计工作规范，不断促进采掘业审计工作的制度化、规范化。

建立和完善采掘业审计报告制度。对于以采掘业作为支柱产业的市县审计机关应建立采掘业审计报告制度，每年定期开展采掘业审计并向地方政府和相关部门报送采掘业审计结果。

环境审计是一项长期而又艰巨的任务，大力开展采掘业审计，弘扬环境文明，促进人类对矿产资源科学合理的利用，在动态中控制环境容量，了解环境自然降解能力，对实现经济的可持续发展和社会的全面进步具有重要意义并将产生深远的影响。

（作者单位：南京审计学院国际审计学院）

我国可持续能源审计的实施框架研究

陈希晖　张　卓

进入21世纪以来，中国经济保持着高速发展的势头。但是，随着常规能源日趋减少，能源的可持续发展问题已逐渐成为中国经济发展的制约因素。进入2011年第一季度以来，中国有15个省级电网出人意料地在用电淡季时出现了电力缺口。探索和发展能源的可持续发展成为国家经济健康发展非常紧迫的问题。最高审计机关国际组织环境审计工作组（WGEA）2010年在综合了各个国家可持续能源审计的理论和实践后发了题为《最高审计机关可持续能源审计指南》，标志着可持续能源审计成为继水资源、废弃物、生物多样化之后审计机关环境审计关注的新领域。作为国家经济活动的监督部门，国家最高审计机关担负着可持续能源审计的重任，不仅要审查能源部门对法律、能源政策的实施情况，也要监督和评价能源使用过程中的经济性、效率性和效果性，并提出有效管理能源的建议。

一、可持续能源审计的必要性

（一）管理可持续能源的需要

可持续能源对企业而言属于新能源，需要投入大量资金进行研究和开发。由于可持续能源在使用初期需要大量投入，获利微薄，所以很少有企业主动开展能源研发的有关活动，因此，国家的支持在该过程中就显得尤为必要。而国家投入到可持续能源研发活动的资金来源于国家财政，因此，审计机关需要对这笔资金的具体使用情况进行审计。

可持续能源是一种在生产或消耗过程中，对人类健康和生态系统健康运行，包括全球环境，有最低负面影响的能源。可持续能源管理包含两个领域的问题：一是从可再生能源中产生的能源，二是对可再生和不可再生能源的最经济和最有效的利用。可持续能源的管理要求重点关注能源消耗、能源节约和能源的有效利用。影响能源消耗的主要因素是能源节约和能源的有效利用：能源节约的关键在于寻找和利用科技和措施使能源消耗降到可能的最低水平；在能源的有效利用方面，提高能源使用效率和单位产品能耗。审计机关开展能源审计除关注合规性外，还包括对相关单位的能源利用和消耗情况进行评价。

（二）发挥审计“免疫系统”功能，防范可持续发展风险的需要

审计本质上是一个国家经济社会运行的“免疫系统”。审计产生的基础是受托责任关系，这种受托责任关系是基于所有权和经营、管理或行政权的分离，或管理层增多而产生的。当所有者或高层管理者授权之后，自然产生了“不放心”的心理，也就是当所有者或高层管理者不具体行使经营、管理或行政权的时候，就请独立的、有专业能力的第三方审计人员来实施检查和监督。通过审计不仅可以使某一具体的受托责任关系得以正常维系，而且可以促进整个社会受托责任关系按既定规则有序运行，从而维护经济社会发展的秩序。从本质上讲，审计发挥的是预防、揭示和抵御经济社会运行中的障碍、矛盾和分析的“免疫系统”功能。

中国利用可持续能源较晚，发展比较落后。目前以化石燃料为代表的常规能源仍是中国主要能源来源。然而，由于石油、煤炭等传统能源储备有限、污染严重，致使能源问题已经成为中国经济发展的障碍。因此，应积极发挥审计的“免疫系统”功能，切断能源可持续发展中的风险来源，防范可持续能源使用过程中的风险，监督可持续能源的发展，保障经济社会的健康运行。

二、中国可持续能源审计发展现状

近几年来，随着各审计机关努力践行科学发展观，围绕资源开发利用管理和生态环境保护治理，积极开展资源环境审计，取得了一定成效。审计评价标准是开展可持续能源审计的必要条件，中国以明确立法方式规范可持续能源的

使用时间不长，但是已取得了不少成绩。1994 年，《中国 21 世纪议程》提出了可持续的能源生产和消费的目标及行动方案，成为推动中国可持续能源战略实施的指导性文件。此后，中国先后颁布了《电力法》（1995）、《煤炭法》（1996）及《节约能源法》（1997），2001 年，国务院发布《政府机构节能行动倡议》，这些政策、法规较好地贯彻了节能战略，大大改善了与能源开发利用紧密联系的环境问题。此外，《矿产资源法》（1996）、《土地管理法》（1998）、《大气污染防治法》（2000）、《清洁生产促进法》（2002）、《水法》（2002）、《排污费征收使用管理条例》（2003）、《可再生能源开发利用促进法》（2004）、《可再生能源法》（2005），2007 年国家发改委编制的《国家核电发展专题规划》，2011 年发布的《海上风电开发建设管理暂行办法》等相关法律法规的制定，也为提高能源使用效率、避免或减轻能源开发利用对环境的不良影响提供了法律保障。1996 年国家环保局编制了《企业清洁生产审计手册》涵盖了清洁生产中耗用能源的审计、清洁产品的审计和清洁管理的审计等主题。上述规范为开展可持续能源审计提供了评价标准。

中国审计起步于 20 世纪 80 年代，经过十几年的发展，也已逐步在可持续能源领域展开审计工作。这些可持续能源领域涉及工业、农业、渔业、林业等，以及清洁能源、绿色食品等新兴环保产品。可持续能源审计是由审计机关开展的针对环境保护资金的筹集、使用和管理过程中的真实性、合法性和效益性进行的审查和监督。中国的可持续能源审计以合规性审计为主，绩效审计为辅。2008 年，审计署开展了生物能源（农作物秸秆气化）整体供应工程审计调查的绩效审计，目的是通过对建设过程的调查，评估生物能源整体供应工程资金的募集、管理和使用；通过分析工程的经济社会利益，评估工程的经济性、效率性和效果性；通过评估工程在能源保护、减轻污染和环境保护中的作用，揭露出工程建造和运行中出现的问题。为了促进中国经济发展方式的转变以及顺应国际社会对资源环境问题的关注，审计署于 2008 年开始组织开展了节能减排审计调查，并于 2011 年 5 月 13 日公布了《20 个省有关企业节能减排情况审计调查结果》，审计调查主要涉及 20 个省人民政府、相关主管部门和企业 2007 年至 2009 年期间贯彻执行节能减排政策法规和管理使用节能减排资金的情况，并且选择了电力、钢铁、水泥等行业中节能减排任务较重的部分企业作为调查重点，揭露了节能减排中存在的问题。

三、可持续能源审计的实施框架

（一）审计目的

审计机关审查能源部门对有关法律法规和能源政策的执行情况，以及对其在使用可持续能源过程中的经济性、效率性和效果性进行监督和评价，并提出有关发展和使用可持续能源的建议，推动可持续能源的健康发展。

（二）审计主题

选择合适的审计主题是审计机关在制订审计项目计划阶段的主要任务。审计主题一般是在审计人员对可持续能源具体情况进行评估后确定的。可持续能源审计的审计主题可以有很多选择，详见图 3－1 所示。审计可以是能源部门导向（能源生产、供给和消耗）、方向导向（可再生能源的推广、节约等）和促进可持续发展导向（方案、政策等）。在进行可持续能源审计过程中，可以重点审计以下工具：直接支持，例如政府规划、对研发活动的支持、投资奖励等；间接支持，例如税收、交易限制等；对能源部门的监管，例如价格监管、上网电价等。在国外一些国家，对可持续能源的使用较早，有关国家的最高审计机关在可持续能源审计方面有一些成功案例。例如，捷克国家能源和能源节约方案审计、英国可再生能源支持系统的审计、美国消除可再生能源使用障碍的审计、澳大利亚电力供应系统的审计、爱沙尼亚促进能源有效使用活动的审计、瑞典消除大型倒闭发电厂政府活动的审计、葡萄牙能源部门的合规性审计、摩洛哥对可持续能源研究和开发支持的审计等。

（三）评价标准

可持续能源审计的评价标准来源于国际条约、国家法律、国家能源政策和有关项目、工程、运营的文件、被审计单位内部法规等。

1. 国际条约

国家能否履行相关的能源政策是与国家的经济环境、国际公约、经济结构、经济潜力以及地理政治环境的影响密切相关的。履行环境和能源领域国际条约的国家，会将国际条约的要求作为国家能源政策来贯彻实施。与此同时，

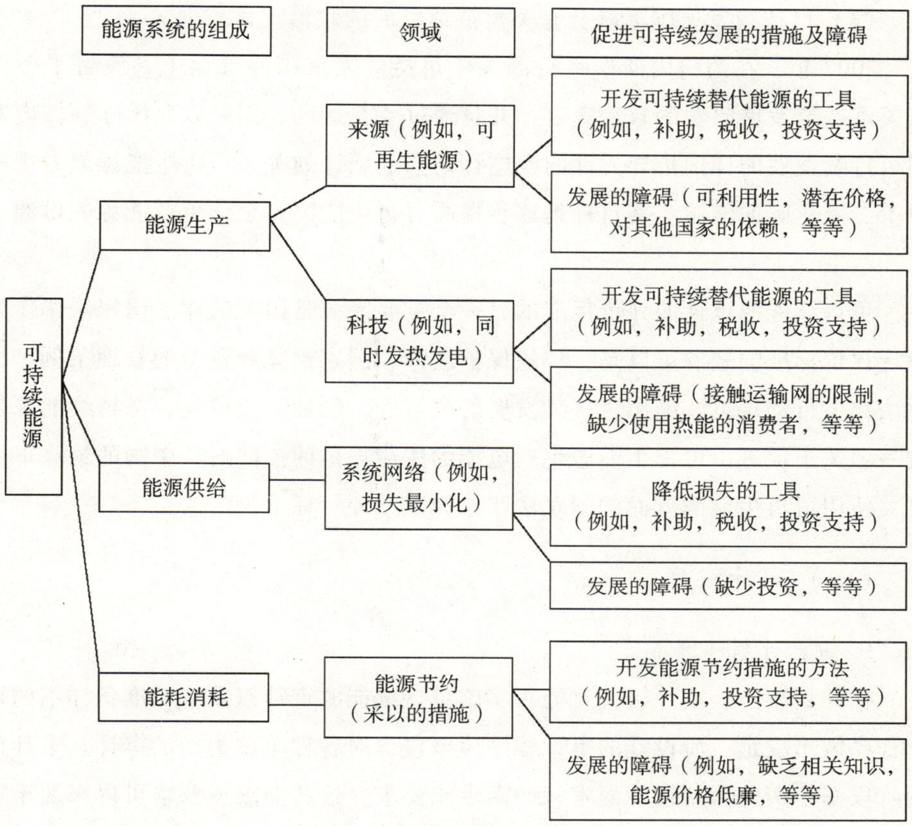

图 3－1　选择可持续能源审计主题的思路框架

审计人员也会将国际条约作为审计评价标准的来源。有关的国际条约包括：

（1）联合国气候变化框架公约

联合国气候变化框架公约是在 1992 年联合国关于环境和发展会议上签署的。公约的目标是减少温室气体排放，减少人为活动对气候系统的破坏，减缓气候变化，增强生态系统对气候变化的适应性，确保粮食生产和经济的可持续发展。这是一个有法律约束力的公约，旨在控制大气中二氧化碳、甲烷和其他造成“温室效应”的气体的排放，将温室气体的浓度稳定在使气候系统免遭破坏的水平上。

（2）京东议定书

京东议定书为欧盟和其他 37 个国家设立了温室气体排放目标，目标是在 2008～2012 年五年时间内实现温室气体排放量相对于 1990 年降低 5%，同时确立了三个实现减排的灵活机制：联合履约、排放贸易和清洁发展机制。

（3）可持续发展国际峰会有关可持续发展的政治宣言

2002年，在约翰内斯堡举行的关于可持续发展国际峰会上，签署了一项有关可持续发展问题的政治宣言，并且通过了在地区、国家以及国际领域内实现可持续发展的详细指导方针的实施计划。这项计划关注可再生能源或者排放更少二氧化碳的能源。其目标是逐步提高可再生能源占全球生产能源的份额。

2. 国家法律

可持续能源审计的评价标准的另一个重要来源是国家法律。国家法律作为审计评价标准的来源可以是：环境保护法律、国家预算和资金的管理条例、税收法律、行动规范、能源可持续发展的政策等。例如，在捷克，可持续能源是被一项关于促进由可再生能源生产电能的法律规范的。同时，中国的最高审计机关使用可再生能源方面的国家法律作为审计评价标准。

（四）审计程序

1. 审计计划和准备

在计划阶段，审计机关对能否实施可持续能源审计以及如何准备详细的审计程序做出决定。所设计的审计程序应该包含对各种单位类型的审计。审计计划阶段基于实施可持续能源审计的需求或要求，这些需求或要求可以来源于审计机关所做的后续监督和评价，也可以来源于主管机构。当获取了被审计单位的文件、数据和信息，便可以开始审计准备。

在可持续能源审计的计划和准备过程中，需要明确的问题有：

（1）要在实施可持续能源审计时获得授权

审计机关必须确定进行的可持续能源审计是有法律授权的。授权的范围应该由法律规定。根据审计机关获得的授权，可以决定是否在战略框架中进行可持续能源审计以及审计的形式和范围。

在进行可持续能源审计时，缺乏适当的授权会对审计机关造成障碍。例如，在捷克，虽然国家是该国最大能源公司的股东，但受法律授权的限制，在审计上述公司时，捷克的最高审计机关仅仅能够审计该公司来源于捷克或欧盟预算的资金。但是，在中国，能源公司是国家控股的，审计机关在法律授权下可以对能源公司进行审计。

（2）要根据明确的要求决定实施可持续能源审计

审计机关要明确国家是否有义务履行可持续能源的国际条约；国家能源政

策是否设立了可持续能源管理的重点和目标；审计机关是否对可持续能源审计开展了重要性评估；以及审计机关是否有能够胜任可持续能源审计的审计人员等等。

（3）要明确审计目标和审计对象

审计机关应该定义审计目标，即通过审计，要实现什么目的。同时，要确定审计对象，例如政府组织、国家基金项目、非政府组织，等等。在选择审计对象时，要明确根据什么标准来选择，例如可再生能源的类型、审计对象的地理分布、审计对象的法律形式、与审计机关审计能力有关的审计对象数量，等等。捷克的最高审计机关在选择支持受益方作为被审计单位时使用了以下标准：可持续能源的类型；提供支持的总量；审计对象的法律形式；等等。

（4）要明确审计框架

审计机关要在审计方案中明确审计框架和审计安排，例如，在什么时间进行审计，对可持续能源进行何种程度的审计。同时，审计机关要确定审计形式和审计类型。审计形式包括由审计机关单独进行的审计、和其他审计机关合作的审计（合作、平行或联合审计）以及在外部专家协助下进行的审计。审计类型包括合规性审计和绩效审计。合规性审计是审查被审计单位是否符合法律的要求。绩效审计是将绩效要求作为审计的评价标准来比较和评估被审单位活动的经济性、效率性和效果性，同时，关注制度和程序的适当性。审计机关在明确审计类型的过程中可以开展一些分析活动，例如可行性分析、风险分析、SWOT 分析以及问题分析等。

2009 年，捷克进行了对支持可再生能源生产方案的财政措施的合规性审计，意在检查可再生能源资金的花费情况，以及所设定的使捷克在 2010 年全部电能消耗中有 8% 来源于可再生能源的具体条件。同时，一些国家不仅实施合规性审计，也实施绩效审计。2003 年，澳大利亚实施了英联邦国家能源效率的后续审计，意在评估所选定的英联邦机构在多大程度上执行了 1998 ~ 1999 第 47 号报告的建议，并且也为这些机构遵守能源效率的要求提供了保证。2008 年，巴西实施了电能损失审计，评估电力系统损失的影响。

2. 审计实施

可持续能源审计实施阶段的目标是在既定范围、目标和审计程序内实施审计。

（1）核实能源政策的存在性及其目标的确定性

审计机关应该特别注意检查政府是否已经提出国家能源政策且其目标已经

明确；国家能源政策是否已经明确了可持续能源审计的重点，例如风能、生物能、能源节约等；国家能源政策是否已经解决政策实施所需资金的问题；能源政策的实施是否有明确的职责分工；等等。

澳大利亚的最高审计机关建议政府机关的年报要包括一项报告，报告中陈述被审单位是否遵守了能源政策的要求以及是否采取了适当措施来应对发现的问题。摩洛哥的最高审计机关建议应该将国家的目标具体化，使其包括可再生能源和新的明确的战略目标。

（2）确定审计对象实施了初步分析

审计机关应该确定审计对象已经根据初期项目，进行了 SWOT 分析，并确立了可持续能源的目标，提出可持续发展的要求；审计对象已经考虑过可供选择的方案，并确定了政策实施工具且将客观地使用这些工具；有关可持续能源的目标被完整、明确、正确、灵活地设立。

捷克的国家能源政策的主要目标是在其能源消耗总量中有 8% 的电能由可再生能源生产。审计的研究结果指出，这一目标不会在 2010 年实现。尽管现有的分析表明，可再生能源的使用分布广泛，从生物能中生产能源有很大的发展潜能。同时，对由可再生能源生产的电能销售价格的管制也确保了可再生能源的利润。但是，这一发现也并没有促使相关负责部门提出任何帮助目标实现的方法。因此，在设立可持续能源审计有关的目标时，要根据国家能源的使用情况，确保目标的可实现性。

（3）明确实施国家能源政策的管理和控制系统，并对该内部控制系统进行评估

审计机关在确定国家能源政策的管理和控制系统时，应该注意被审单位将要实施的行动是否与国家政策相一致，并且为所实施的行动确立了透明的程序；被审单位是否已经制定了使用国家能源政策工具的方案，并且确定了管理不同方案的机构职责和适用的法律规范等等。

审计机关应该明确现有的内部控制制度的可操作性、效率性和效果性；内部控制系统是否能够检测和描述可持续能源领域的审计风险；被审单位的管理层在完成可持续能源审计的工作中是否有足够的信息或措施来处理出现的问题和被内部控制系统检查出的缺陷。

（4）检查政策评估系统的可操作性

审计机关应该注意核实负责监督评估补助供给制度效果的机构是否设立了

相关指标；这些指标是否和现有政策的关键目标相一致；是否能够表明与目标有关的进展情况；是否被明确定义和描述；责任机构是否对项目实施的进展进行了持续地检查，以及是否出具项目完工评估报告等等。

3. 审计报告

审计报告的目标是评估已发现的事实，总结调查结果，指出可持续能源审计领域面临的问题，以及提出补救措施的建议。有关审计结果的报告应该交予不同的机构和个人审阅，例如，政府、国家相关管理机构、公众。在可持续能源审计完成后，由审计机关决定是否对被审计领域进行持续地监督和后续评估。只要审计机关有适当的授权，就可以跟踪调查有关审计建议的实施情况，也能跟踪检查可持续能源的发展趋势、重要指标的发展以及其他有关事项。

四、推动中国可持续能源审计发展的建议

（一）强化公众对可持续能源审计的意识

中国环境保护工作起步较晚，能源的可持续发展是最近几年才提出的概念，直到1999年，环境审计才作为审计理论的研究对象。因此，不少审计人员对可持续能源有关的知识知之甚少。同时，公众环保意识的淡薄也对开展可持续能源审计造成了很大障碍。为了获得社会各界人士的支持、理解和重视，就必须大力开展可持续能源审计的宣传，提高人们对可持续能源审计的认识。要运用各种手段和舆论传媒加强对能源的可持续发展和环境审计的宣传教育，提高公民的资源意识、节约意识和环保意识。要把宣传重要意义和相关知识常识结合起来。要采取多种形式，大力宣传倡导环保教育，普及环境知识，为环境审计工作营造良好的外部氛围。使人们认识到环境保护、可持续发展和审计工作的重要性，为开展可持续能源审计工作提供坚实的思想基础并且创造一个良好的社会外部环境。

（二）细化法律要求，明确评价标准

可持续发展战略推行时间还不长，相关立法也与其他国家相比落后许多。在过去几年中国有关可持续能源的立法取得了很大进步，但是仍存在诸多不足。虽然，中国已经制定了一些相关的环境法律，部分行政机构和地方政府也

根据其具体情况制定并颁布了相关环境规章制度，但是，这些法律法规都没有强制要求企业向社会披露污染信息的要求。在企业等和环境有关的审计事项上也没有做出明确的职责规定和授权，因此，环境审计的实施缺乏有关法规的支持。

因此，应进一步强化可持续能源有关法律的实施细则，明确相应的评价标准。中国作为 INTOSAI 成员国之一，要不断完善环境审计法律体系和会计、审计评价标准。同时，要在有关的环境法律中要求各地方、企业等有关部门在进行环境有关的活动时，要对社会进行污染信息的披露，并且将这一信息作为一项强制要求列入法律规范中。审计机关要根据相关的审计评价标准和审计准则开展环境审计，防范审计风险。

（三）拓展可持续能源审计的审计范围

目前，中国进行的与环境有关的审计主要是合规性审计，即鉴定企业的经济活动是否遵守了现有的环境保护法律和地方颁布的环保法规，对国务院所属的环保部门及其他有关部门、地方政府管理的环境保护专项资金进行审计监督，而对国家在国际履约方面、政府环境政策进行审查监督等方面，基本上都是空白。环境审计的作用主要限于消极的防范，远未起到环境审计应有的制约和促进作用。作为环境审计的一个分支，可持续能源审计也存在这样的问题，所以，可持续能源审计应不仅仅关注能源部门对有关环境法律法规的遵守情况，还要不断拓展审计范围，从单一的合规性审计向绩效审计转变，使审计工作涵盖环境活动的各方面，充分发挥审计的作用，通过对使用资金和政策的评估以及对资金管理、使用效果等方面的审查，评价能源部门管理、使用资金的经济性、效率性和效果性，促进能源的可持续发展。

（四）加强审计人员相关知识和技能的培训

可持续能源审计要求审计人员不仅要熟练掌握审计方法、能源审计评价标准和规范，还要熟知环境方面的知识，例如环境科学、环境工程学、环境经济学、土地资源管理等，另外，还要求审计人员具备社会学、统计学、工程学等方面的知识。但是，由于中国的可持续能源审计起步较晚，审计人员缺乏相关的经验积累。随着中国对可持续发展重视程度不断加深，对可持续能源审计的要求也会进一步提高。目前，中国还缺少专业的环境审计师。从长远看，我们必须要有计划地培养环境审计领域的专业人才，不断充实审计队伍。同时，要对在职审计人员加强后续教育，开展资源环境审计业务培训，帮助审计人员不断更新知识，逐步建立起一支有职业素质的审计专业队伍。

五、结论

可持续能源是符合中国可持续发展战略需要的重要能源，对中国未来的经济、社会、政治等各方面的发展都有至关重要的作用。因此，国家审计部门应积极探索、完善和发展可持续能源审计，认真审核和评价相关单位能源的使用情况，实现能源的有效利用和能源节约。同时，还应监督能源部门对国际环境条约和国家法律法规的履行情况，帮助国家能源部门合理使用能源，提高能源使用效率，实现经济和社会的可持续发展。

（作者单位：南京审计学院国际审计学院）

排污费征收制度的政策作用及改进

王天兰

依据《中华人民共和国环境保护法》，在中国境内排放污染物必须获得批准，即须向环境主管部门事先申报，取得排污许可证。国务院颁布的《排污费征收使用管理条例》进一步明确，凡"直接向环境排放污染物"的单位与个体工商户，必须缴纳排污费，由"县以上地方人民政府环境保护主管部门"收取。这就是中国征收排污费制度的基本规定。

一、排污者可能采取的对策

企业面对由法律"强加的排污成本"，可能采取如下对策：

1. 依法缴纳，不采取任何治理排污措施。这种情况一般说明，排污费与利润相比，绝对数与比例都很低，企业算来算去，承受这点损失，不采取任何减排措施，最划算，原生产规模也保持不变。如：城市一家餐馆由于排油烟而每月缴纳的排污费，如果不及购买一个排油烟机 2% ~5% 的钱，则老板会连油烟机都懒得买，一边缴费，一边照旧经营。

2. 同样不采取任何减排措施，只是适当降低相关产品的产量，以减少排污量，进而减少甚至避免排污费的支出。出现这种情况说明三点：一是排污费形成的成本压力已使企业无法视而不见，无条件承受；二是产生污染的产品不是主要产品，可以压缩；三是采取任何减排措施，最低的投入也远大于排污费，或打算采取减排措施，却找不到相应有效的技术，最后只能以降低产量应对。产量下降必然引起利润减少，这部分损失加上排污费，是这类企业为排污付出的总成本，显然，它一定有一个可承受的范围，也就是企业不可能无限制地以减产来应对排污费征收。

3. 排污费迫使企业投入资金，购进、安装废弃物处理设备，降低排污成本。

4. 排污费迫使企业采用新技术、新工艺，改变加工流程，降低排污成本。

5. 排污费迫使企业用可更新、可降解、可再生、可回收，可循环利用的原材料替代旧的原料，降低排污成本。

6. 停产。不缴排污费不行，缴了就没有利润，采取减排措施投入太大，同样会将利润消耗殆尽，这样的企业除非有政策支持，否则只能停产。现实中更重要的原因是排污对社会所造成的损害远大于企业所创造的效益，因而对企业关停并转已屡见不鲜。

7. 既不缴费，也不减产，更不采取任何减排措施，而是偷排。这种情况普遍存在于落后、贫困地区和中小企业中，表明或违法成本太低，或监管成本过高，收费制度成为虚设。

企业上述对策中的第3、4、5项，是设立排污费征收制度追求的目的，也是我们所希望看到的。治污需要投入，会增加生产成本，征收排污费为什么能克服生产者本质上的抵制态度，促使排污者投资？假设排污者除缴纳排污费外没有其他排污成本，则其边际排污成本就是边际排污费，它应与排污量成正比，并随排污量的增大急剧上升（超标加倍征收），其关系如图1右图所示。曲线MF代表排污费，它随排污量的增大而增加，当排污量达到最大时（生产极限），理论上排污者需要交纳的排污费总额TF由三角形aqO表示，它以最大排污量q为界。由于缴纳排污费是强制的，如果存在可以减少污染物排放量的适用技术，根据收入最大化原理，生产者自然会选择治理污染物，以减少排污费的缴纳，换句话，是排污费带来的经济压力迫使排污者主动投入治污资金。而治污投入与排污量的关系与排污费相应关系正相反。

如图1左图所示，曲线MAC表示排污者为控制污染物排放所作投入与排污量的关系。投入为零时，企业生产量达到最大（生产的极限），以q点表示，此时排污量也最高。企业投入费用治理，排污量将会减少，曲线将向纵轴靠近。投入越多，排放污染量越减少，减少到接近纵轴时，投入将会急剧增加。一般而言，MAC不会与纵轴相交，那意味着排污为零，只要生产继续，这种情况是不可能的。

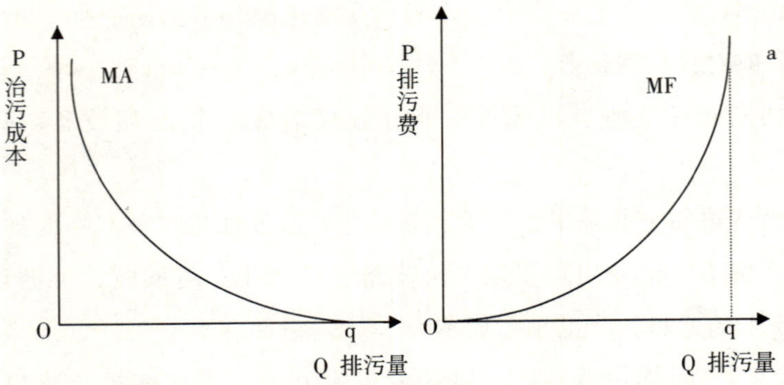

图 1　排污者面临的排污成本——排污费

二、排污费征收制度的激励作用区域

根据经济学原理，当边际治污成本与边际排污损失相等时，企业的收入最大。如图 2 所示，边际排污损失曲线 MF 就是排污费曲线。同时，边际治污成本与排污量成反比，边际治污成本曲线 MAC 表示随排污量的减少，进一步净化所需的投入急剧增大，两线交点 K 表明治污投入与排污费此时相等，相应的排污量为 q1。显见，在排污量等于 q ~ q1 这一区间内，选任何一点所对应的治污投入，生产者拿出来都是划算的，因为有“收益”：投入 b，使排污量由 q 降低至 q1，即可免交排污费 a + b。除去成本 b，有纯受益 a。也就是说，沿曲线 MAC 由 K 到 q 的任何一点所代表的治污投入，都是划算的，与其等量的排污费，具有可以诱发排污者投入资金治污的吸引力。治污投入超过 K 点，排污量进一步减至 q1 以下，例如 q2，则治污投入增加了 c + d，但免除的排污费仅为 c，成本 d 等于外溢。所以对排污者而言，排污费的激励作用，只在 q ~ q1 区间有效。在这一范围内，在具备相应适用技术的前提下，排污费明显具有诱导企业主动治污的作用，但其作用区域也仅局限于这一范围内，企业投入治污资金有上限，不会超过 b。我们已知道，无论排污费有多高，污染的社会治理成本是远非排污费所能抵消的，从这一意义上，排污费所起的这一诱导作用，更多具有政策工具意义：它能迫使企业认真对待减排问题，认真考虑采取行动，不能仅以经济价值衡量。

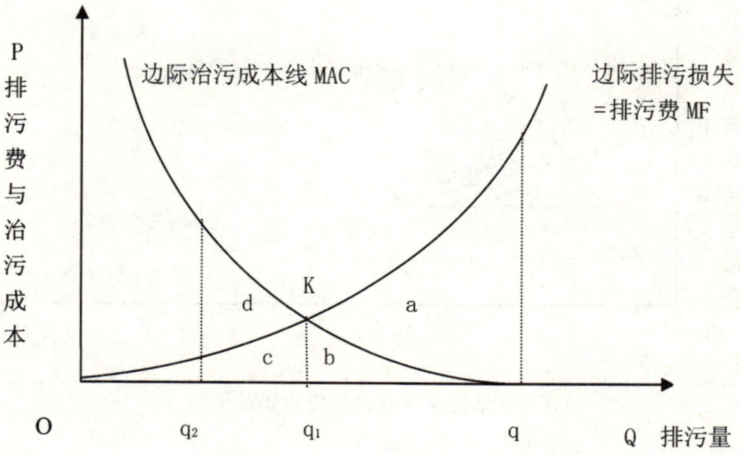

图 2 排污费对排污企业产生的治污投入诱导

三、影响排污费发挥作用的因素

根据相关法律、行政法规的规定，缴纳排污费是一项由排污行为引起的“行政法义务”，不履行义务要承担违法后果，具有强制性。同时，征收排污费是环境保护主管部门的一项行政职责，必须贯彻执行。对企业而言，作为一个以利润最大化为经营取向的市场主体，要为减少排放增加投入，本能是抵制的。本来，直接将生产中的污染物排放出去，是企业很自然的第一选择。征收排污费使排污有了无法回避的“成本”，企业当然不愿意，不能指望其自愿交纳、自愿投资，只能依附于法律强制实施。但是，这项依附于行政法的强制义务，其立足点还是落在企业的趋利性上。所以，影响该项制度发挥作用的一个关键因素是企业边际收益与边际治污投入必须平衡。如图 3 所示，企业边际收益线 mr 与边际治污投入线 mac 相交与 b 点，设边际排污费为 p1，则企业以同等数量资金投入治污，除去因排污量减少至 q1 省下的排污费，仍有利润，企业当然是愿意的。

可见凡 mac 小或等于 b 的，企业都可以承受。对应于这个投资量的排污费征收，均可激励企业投资治污。一般情况下，a 点所表示的治污投入与污染引起的社会所需边际治理投入相去甚远，因而社会要求进一步提高排污费很迫切，实际情况提升空间也很大。当边际排污费提高为 p2，此时企业的边际收

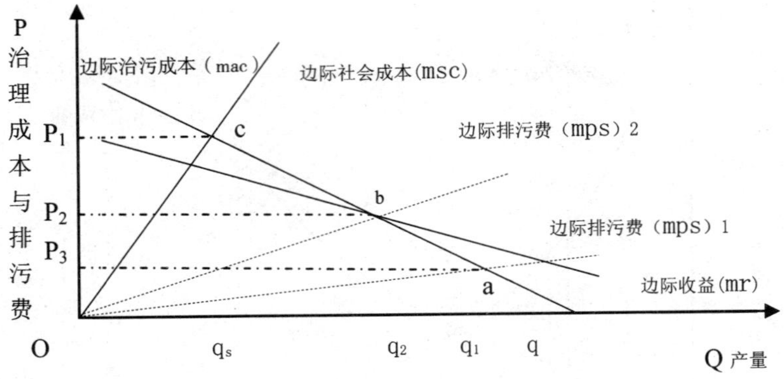

图 3　排污费与社会污染成本的关系

益为零，边际总收益达到最大值，对官、企乃至社会各方都是最理想状态，企业还是可以接受的。但当边际排污费大于 p2 时，从图中可以清楚地看到，企业的边际收益将小于边际治污投入，总收益开始下降，这种投资企业决不会主动拿出。可见，位于 b 点所对应的 q2 ~ q 区间是排污费可以发挥激励作用的区间，它说明排污费征收制度的作用是有限的。

前面所列排污者对策中的第 1、第 7 项都不是本制度设立的目的，因为排污并没有因此减少。出现第 6 项结果的原因比较复杂，企业、政府、社会都受损，将带来更大的问题，不到万不得已，谁也不愿看到。可见，1、6、7 项均不可取。企业对策中的第 2 项，即通过减产来降低排污费支出，是一把双刃剑。如图 4 所示，MR 是边际销售利润曲线，MF 是边际排污费。排污者最经济的决策都是把生产维持在边际利润等于边际排污费时的产量，即 b 点所对应的 q1，此时边际排污费等于边际利润，企业利润总额达到最大值，在图中为 MR 与 MF 围成的月牙形区域。产量增加到 q，所缴排污费将把利润侵蚀殆尽。可见，在 q 至 q1 产量区间，减产等于减少亏损，对于排污者是合算的。但当产量低于 q1 时，虽然可以减少排污费，利润也随之减少，并不划算。可见，通过减产来避免或减少交纳排污费，虽然排污费降低了，利润下降也不可避免，所以这种现象实际中很少出现。

当然，排污者是否愿意为减少排污投入资金，不仅仅取决于排污费征收制度本身所具有的强制性。企业在考虑治污措施时，以下几方面因素都可能对其决策产生影响：在线生产的产品有没有可替代产品？如果有，其污染排放是否较轻，其投入代价是否很大？是否存在可以减少排污的实用技术？如果有，引

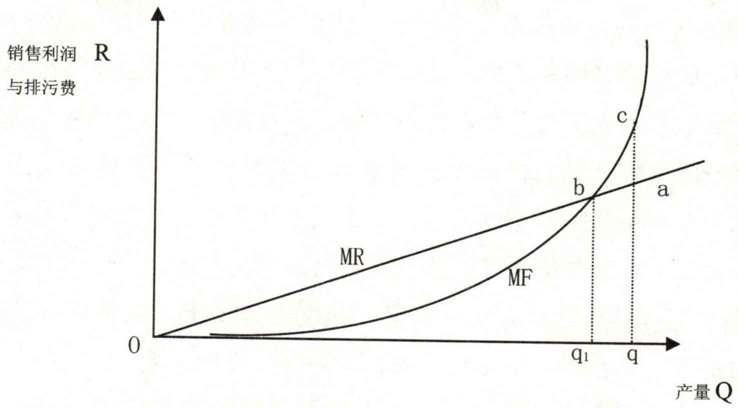

图4 排污者以减产抵消排污费的局限

入成本是否承担得起？技术改造成本是否很高，与排污费的比例是否过于悬殊？等等。

四、提高排污费征收标准

对于排污，市场是失灵的，如无强制措施，治污压力将全部由社会承担。征收排污费，对排污企业而言当然是外部负效益，对社会则是内部正效益，属于与污染直接挂钩的末端矫正制度，是一项操作性极强的法律制度。从理论上说，排污费征收越高，越接近边际社会成本，对社会而言越好，但实际上排污费远不足以充当环境污染的治理费用，因为受边际收益不能小于零的经济学原理制约，排污费征收是有上限的，只在一定范围内对企业有投资诱导作用。但既然它被定义为行政收费项目，就注定是一项政策工具，旨在作为一种经济诱导因素激发企业的主动治污意识。因而，在实施过程中，应当让排污者明确这一政策目的并配合贯彻。

中国的排污费征收目前普遍偏低，远远不能有效发挥其应有的政策作用，鉴于此种状况，该政策最具操作性的改变措施是提高排污费征收标准。可以从以下几方面着手：

1. 目前实行的污染物征收标准是2003年颁布的，已长达七年未变。中国环境恶化如此迅速，这种一经颁布多年不变的征收标准根本不能反映环境的实际变化。要改变这种“一举定终身”的方法，使标准与时俱进，滚动变化，至少每年调整一次，三年重新颁布一次，使之与中国的污染治理工作相配套。

2. 中国污染物分类采用化学方法，依污染物化学结构列表公布，虽然这是国际通用的模式，但并不完全适合中国实际。其主要缺陷是：公布的污染标准不反映其危害程度，与其危害性不挂钩。不言而喻，污染物的危害程度取决于其自然可降解性。越难降解，危害越大。DDT之所以被禁止使用，因为在自然环境中根本不降解，所以必须从源头上禁止生产。应当将降解度作为污染物分类指标，使收费与降解度直接挂钩，这样更为科学。

3. 温室气体排放已成为全球公害。顺应时代要求，应将碳排放列为排污费征收的重点，对含碳污染物另行列表，提高其收费标准。

4. 为提高征收制度的实效，鼓励实行更严格的征收标准，可以明确规定凡高于国标征收的排污费，全部留给地方，用于改善本地的环境，以鼓励地方的征收积极性。

5. 改变环保部门只注重收费，与企业形成对立的“非合作博弈”局面，环保机构应积极发挥引导作用，寻找、推广适用的减排技术，切实帮助征收对象治理污染，形成合作博弈，降低污染物排放。

6. 明确排污标准的制定单位，扩大地方环保机构的标准制定权。

（作者单位：青岛滨海学院思想政治课教学研究部）

政策群理论及其应用

——以“十一五”期间成功关停小火电为例

薛立强　杨书文

政策群是近年来政策分析领域一个新兴的、具有很强本土化色彩的理论工具，它能够较好地弥补政策研究中缺乏对政策本身进行分析的缺憾。然而，自本世纪初正式提出以来，学术界对这一理论的研究还远远不够。这种状况已经不适应政策学理论的发展和社会实践的要求。基于这一认识，本文梳理了学界的既有研究，分析了政策群的涵义，运用这一理论剖析了“十一五”期间关停小火电的案例，并结合案例提出了进一步的深化认识，试图进一步丰富并发展这一理论。

一、政策群：政策分析的新兴工具

（一）政策群理论的提出及发展

20世纪90年代以来，西方国家的公共政策研究进入了一个全面反思和拓展的时期。一方面，学者们在致力于公共政策的理论研究，以澄清公共政策研究中的混乱，整合“碎片化”的公共政策理论研究；另一方面，学者们又在致力于开发新的公共政策分析的理论工具，以助于人们从不同的视角观察思考纷繁复杂的公共政策现象。其中，英国政策社会学家史蒂芬·巴尔指出，单一政策受到作为“相关政策总体”的政策群（Policy Ensemble）的深刻制约。奥兹伽则将需要纳入视野的政策群称为“更大的图片”（the Bigger Picture）。泰勒等学者在分析教育政策的情境时认为，除要考虑社会政治、历史文化、经济发展等因素外，还应注意相关政策构成的政策群的相互影响和制约。

在国内，早在1985年，就有学者基于政策管理的视角提出了“政策群”这一概念，认为政策管理是“以系统工程理论为指导的政策群的管理”。最早对“政策群”进行较为深入研究的是北京行政学院的张勤教授，他在《北京行政学院学报》2000年第1期发表的一篇文章中，系统论述了政策群概念及其提出的原因，对政策群的历时态分析、共时态分析，研究政策群及其概念的意义等问题，初步构建了当代中国的政策群理论。此后，不断有学者运用政策群对有关理论问题以及一些现实政策问题展开分析。

（二）政策群的涵义

综合既有的关于政策群的研究，可以认为，政策群是政府系统在特定时期内制定并实施的理念同源、导向相同，但内容各有侧重的一组政策集合体。理解政策群的涵义，应把握以下四点：

首先，政策问题的解决依赖于政策群。政策的制定源于公共问题，当公共问题引起决策者的关注，且后者决定启动政策议程来解决这样的问题时，它就成为了政策问题。政策问题的解决依靠的往往不是单一的政策，而是一系列相关政策，即政策群。

其次，政策群不是单个政策的简单相加，不是政策数量的一般累积，而是一组相关政策的集合体。这样的一个政策集合体，往往是决策者为了解决政策问题，基于对政策情境的判断，在特定时期内同时或连续做出的，具有理念同源、导向相同，但内容各有侧重的特点。

再次，政策群内部的相关政策不是无序排列的，而是有其内部结构的。从微观层次看，一个具体的政策群由元政策和一系列子政策构成，子政策可能分为若干类型和层次。从宏观层次看，国家在发展的一定时期，构成以某个元政策为统领的，若干类型和层次的子政策群构成的一个宏大的政策群。例如，当代中国的“历时态”政策群可以分为“立国政策群”、“文革政策群”、“开放政策群”、“改革政策群”、“法治政策群”等，在每一政策群内部，又分为若干子政策群、子子政策群。

最后，政策群内部的相关政策相互影响、相互制约、共同发挥作用。如前所述，在理论上，政策群内部的相关政策具有理念同源、导向相同、内容各有侧重的特点，因此，它们是相互影响、相互制约、共同发挥作用的。在实践中，能否实现这点则是解决政策问题的关键。如果政策群内部的各个子政策能够相互支持、相互配合，形成一种“正向力”，则政策问题的解决会比较顺利，反之则会比较困难。

二、“十一五”期间关停小火电政策群的内容

“十一五”期间中国在节能减排方面取得了重大的成绩。其中，尤为突出的是，在关停小火电这一节能减排的重点领域，早在 2009 年 6 月底就已经完成了关停 5000 万千瓦这一非常高的任务。到“十一五”末，五年累计关停小火电机组 7210 万千瓦，超出原定任务 44.2%。因此，这一案例值得关注。具体而言，“十一五”期间关停小火电政策群主要体现在由国家发改委、能源办制定，国务院批转的《关于加快关停小火电机组的若干意见》（国发［2007］2 号）（下称《意见》），以及有关部门和地方政府为贯彻《意见》而制定的配套政策中。例如，国家电监会结合电力监管工作实际，于 2007 年 3 月提出了 8 项措施，用市场机制促进小火电机组关停。各省为了贯彻《意见》，根据本省关停任务纷纷制定了相关的《实施方案》。综合这些政策文本，可以发现，“十一五”期间关停小火电政策群可以分为以“上大压小”为核心的主政策和 10 项子政策。

（一）主政策

“十一五”期间关停小火电并不仅仅是“一关了事”，而是在节能减排的同时，还要保证充足的电力供应，保证经济社会发展不因关停小火电而受到阻碍。这就是实行“上大压小”的基本考虑。所谓“上大压小”，即将新建电源项目与关停小火电机组挂钩，在建设大容量、高参数、低消耗、少排放机组的同时，相应关停一部分小火电机组。

1. “上大”

主要是将新建电源项目与关停小火电机组挂钩。企业建设单机 30 万千瓦、替代关停机组的容量达到自身容量 80% 的项目，单机 60 万千瓦、替代关停机组的容量达到自身容量 70% 的项目，单机 100 万千瓦、替代关停机组的容量达到自身容量 60% 的项目，可直接纳入国家电力发展规划，优先安排建设。

企业建设单机20万千瓦以上的热电联产项目，替代关停机组的容量达到自身容量50%，并按所替代关停机组和关停拆除的供热锅炉蒸发量计算可减少当地燃煤总量的，可直接纳入国家电力规划，优先安排建设。“上大压小”建设的大中型火电项目，扩建项目可建设单台机组，新建项目原则上按两台机组以上考虑。

2. “压小”

基本目标是在“十一五”期间，全国要关停小火电机组5000万千瓦以上，不再新上小火电项目。实现这一目标的措施分为两大方面：（1）关停未达到环保排放标准的燃煤（油）机组和热电联产机组。“十一五”期间，在大电网覆盖范围内逐步关停以下燃煤（油）机组（含企业自备电厂机组和趸售电网机组）：单机容量5万千瓦以下的常规火电机组；运行满20年、单机10万千瓦级以下的常规火电机组；按照设计寿命服役期满、单机20万千瓦以下的各类机组；供电标准煤耗高出2005年本省（区、市）平均水平10%或全国平均水平15%的各类燃煤机组；未达到环保排放标准的各类机组；按照有关法律、法规应予关停或国务院有关部门明确要求关停的机组。热电联产机组供电标准煤耗高出上述煤耗要求的，要结合热电联产规划，以“上大压小”或在役机组供热改造，按“先建设后关停”或“先改造后关停”的原则予以关停。（2）改造生物质能发电或热电联产机组。支持按照生物质能开发利用规划和城镇集中供热规划，已落实生物质能来源、同步建设热网并落实热负荷的地区，将运行未满15年、具备改造条件的应关停机组改造为符合国家有关规定要求的生物质能发电或热电联产机组。

（二）子政策

1. 改进发电调度方式

按照节能、环保、经济的原则，优先调度可再生能源和高效、清洁的机组发电，限制能耗高、污染重的机组发电，逐渐减少小火电机组的发电小时数。

2. 加强小火电机组上网电价管理

改革电价和趸售体制，将所有燃煤（油）小火电机组上网电价降到不高于本地区标杆上网电价，并逐步实现同网同价。

3. 强化排污收费管理

加强环保监督检查和排污收费管理，提高发电企业的环保违法成本。

4. 增加自备电厂收费

将自备电厂与公用电厂“公平对待”，对自发自用电量征收国家规定的基金和附加费，并按规定收取备用容量费。

5. 实行发电量计划补偿政策

机组关停后在一定期限内可继续享受发电量计划指标，并可通过转让电量指标获得一定经济补偿。关停越早的机组，获得的电量补偿和享受期限越长。

6. 开展排污、取水许可指标交易

按期关停的机组可转让污染物排放指标、取水许可指标，获得一定经济补偿。

7. 对按时关停企业实行用电价格奖励

关停机组的自备电厂企业或趸售电网在用电价格方面可享受一定优惠。

8. 加强监管

到期应实施关停的机组，电力监管机构要及时吊销其电力业务许可证，电网企业及相关单位应将其解网，不得再收购其电量，电力调度机构不得调度其发电，银行等金融机构要停止对其发放贷款。机组关停后应就地报废，不得转供电或解列运行，不得易地建设。

9. 处理好后续问题

地方政府和有关企业可按照“一厂一策”的原则妥善解决好人员安置、土地处置、债务等问题。各地做好关停机组的电力接续工作，制定周密的电力供应预案，加快配套电网建设，切实保障关停机组企业或地区的电力安全可靠供应。

10. 强化责任

各省（区、市）政府对本地区小火电机组关停工作负总责，要根据国家发改委确定的关停目标，负责制订本地区小火电机组关停方案和年度关停计划，向社会公布并组织实施。发电企业是小火电机组关停工作的直接责任人，对本企业所属机组实施关停，并妥善处理善后事宜。

三、“十一五”期间关停小火电政策群的制定与执行

要深入了解某个政策群，就不仅仅要了解这个政策群的内容，还要了解这个政策群是怎样制定出来的，又是怎样执行的。这是本部分关心的问题。

（一）关停小火电政策群的制定

从2006年3月份“十一五”规划在全国人大会议上通过，到2007年第一季度关停小火电政策群的正式出台，有一个近一年的时间差。这个时间差，就是制定关停小火电政策群的时间。

1. 关停小火电政策群的制定过程

早在“十一五”之前，中国即开始了对小火电的治理。然而，由于电力供需的持续紧张、发展小火电的强劲利益驱动、认识不到位，以及关停政策的不完善，小火电的治理成效一直不佳。2005年，国家发改委制定并公布了到2010年第一批要关停534.55万千瓦小火电机组的计划。但是，随着“十一五”规划的颁布，这一计划已经难以适应形势的要求。为此，国家发改委对过去已明确的关停机组进行了一次全面核查清理。国家能源办、国家发改委、电监会、中电联等组成联合调查组分赴各地，就小火电关停工作进行调研并委托专门机构进行专题调研。此外，还在广东、河南进行了相关试点。

在较为充分调研和试点的基础上，国家发改委提出了《关于加快关停小火电机组的意见》（讨论稿），并召开了座谈会。在此基础上，国务院以国发［2007］2号文件的形式批转了这个《意见》，从而形成了关停小火电的主政策文本。国务院在批转《意见》的通知中要求各省级政府和有关电力企业“要在2007年3月31日前，将本地区、本企业小火电机组关停具体实施方案报发展改革委并抄送有关部门”。这直接推动了配套政策的出台。这样，在2007年第一季度，基本上形成了关停小火电的政策群。

2. 关停小火电政策群制定中的分歧及其解决

关停小火电是一件非常复杂的工作，其政策群是由若干项主政策和子政策构成的。其实，其复杂性在政策群制定过程中就已经显示出来了，这就是政策群制定过程中的分歧及其解决。其中，关键性的分歧反映在关停目标和手段两大问题上。

首先，关于关停目标。关停5000万千瓦小火电机组的目标不是一下子提出的，而是逐步形成的。如前所述，2005年，国家发改委曾提出到2010年第一批关停534.55万千瓦小火电机组的目标。在制定“十一五”期间关停小火电的政策群时，不同部门和人员曾提出不同的关停目标。例如，2006年国家发改委在一份调整电力结构的文件中称，力争“十一五”期间关停5万千瓦及以下凝汽式燃煤小机组1500万千瓦，关停老、小燃油机组700万千瓦。国家发改委能源局局长赵小平曾表示，到“十一五”末期，要关停4000万千瓦小火电。国网北京经济技术研究中心课题组的建议则是，淘汰全部0.6—10万千瓦燃煤凝汽式小火电机组3800万千瓦，淘汰全部0.6—5万千瓦柴油机组546万千瓦，合计4346万千瓦。至于最终确定的关停5000万千瓦小火电机组的目标，则是国务院有关会议作出的。在2007年1月29日召开的“全国电力工业上大压小节能减排工作会议”上，曾培炎副总理指出，“实行上大压小、节能减排是国务院作出的一项重要决策”。

其次，关于关停手段，不同责任主体曾提出不同的设想。国家发改委迫于压力，曾试图像以前一样运用行政手段强行关停小火电。但同时，地方政府和企业认为通过市场化手段更容易达到关停目的。从最终制定的政策来看，则是结合了这两方面的意见，在运用强制性行政手段的同时，更多地运用了引导性的市场手段。可以说，正是这两种手段的有机结合，有力地推动了“十一五”期间关停目标的实现。

（二）关停小火电政策群的执行

2007年1月20日《意见》发布之后，关停“小火电”政策群即进入执行阶段，到“十一五”末，超额完成了原定任务。从政策执行过程的视角来看，关停小火电政策群的执行可以分为执行动员、指标分解与任务认领、制定子政策并贯彻实施、督促检查等四个阶段。

1. 执行动员

2007年1月29日，国务院在京召开“全国电力工业上大压小节能减排工作会议”，曾培炎副总理出席会议并讲话。会上，国家发改委、国家环保总局就上大压小、节能减排工作向国务院有关部门、各省级政府、五大发电集团和两大电网公司进行了动员和部署。国务院动员之后，各省级政府也普遍进行了动员。例如，3月8日，江苏召开全省电力工业上大压小节能减排工作会议，常务副省长赵克志亲自动员部署，对关停小火电提出了明确的工作要求。

2. 指标分解与任务认领

所谓指标分解，是指上级政府根据掌握的情况事先对所属下级政府和企业关停小火电的指标进行分解，并在会上公布分解方案。所谓任务认领，是指下级政府和企业认领自己的关停任务并向上级政府表明完成任务的决心。指标分解与任务认领的具体形式是上级政府与下级政府以及有关企业签订“责任书”。例如，在前述国务院的“动员会”上，30个省市自治区、五大发电集团、两大电网公司分别与国家发改委签订了“目标责任书”，明确了各自的关停任务、措施和考核办法。需要指出的是，这样的“责任书”并不是平等协商的结果，其表明的仅仅是上级政府的任务下达和下级政府及企业的任务认领。

3. 制定子政策并贯彻实施

制定子政策指的是前面提到的为贯彻《意见》而制定的若干具体化的政策。只有依靠这些更为具体化的、更具操作性的政策，相关政府和企业才能将关停小火电政策执行下去。值得注意的是，各省级政府在保证完成国务院下达的任务的基础上，往往会给下级政府和所属企业下达了更为“艰巨”的关停任务。例如，关停大省广东认领的目标是900万千瓦，下达的目标是力争关停1000万千瓦。

4. 监督检查

为了保证完成关停任务，国务院和各省级政府普遍加大了对政策执行的监督检查力度。这体现在两大方面。首先，关停小火电政策群规定了监督检查的具体责任与措施。其次，国务院以及地方政府负责人亲自监督检查关停小火电工作。例如，2007年6月13日，云南省常务副省长罗正富亲自关闭了华电云南巡检司电厂的4台发电机。

四、成功关停小火电的案例对深化政策群理论的三点启示

在前面，本文对“十一五”期间关停小火电政策群的内容、制定和执行过程进行了剖析。通过这一案例，一定程度上又可以深化对政策群理论的认识。

（一）政策群理论的重大意义在于弥补了政策研究中缺乏对政策本身进行分析的不足

自20世纪50年代拉斯维尔创立政策学以来，政策学的发展在70年代定位在对政策的规划、制定和执行的研究中。其中，70年代以来，学术界开始关注对政策的评估、预测和比较研究；80年代以来，学者们更为注重社会多

元价值和伦理对政策制定的影响；90 年代以来，政策研究进入了前面提到的全面反思和拓展的时期。纵观政策学的发展史，可以发现，学者们普遍对政策本身的解读和研究缺乏兴趣，似乎这根本不是一个值得关注的问题，或者说，这样的问题是普通公众就可以理解的，不值得提升到学术层面进行研究。然而，本文认为，这可能导致政策研究的重大缺憾。因为，政策本身是政策规划和制定过程的结果，又是政策执行的依据，如果缺乏对政策本身的研究，则很难理解一个完整的政策过程。例如，本文如果不对关停小火电政策群的内容进行分析，则读者将难以理解关停小火电为何会取得成功。基于此，本文提出，在政策学发展到今天的情况下，不妨加强对政策本身的解读、分析和研究，以推进政策学的进一步发展。在这方面，政策群是一个有价值的方向，因为其不仅仅关注单一的政策，而是研究相关的政策集合体。通过对政策群的研究，能够看到具体政策的发展轨迹，能够分析、比较、预测不同的政策规划、制定、执行的结果，进而深化对整个政策过程的研究。

（二）政策群内部结构的关键是其深层次的利益结构

政策说到底是对利益的分配和再分配，政策群其实是对利益进行分配和再分配的政策的集合体。为了能够合理的、顺利的对相关利益进行分配和再分配，就要理顺不同主体之间的、深层次的利益结构。在不同的政策情境中，针对不同的政策问题，其利益结构是不同的。这就要求在规划和制定政策群时，做到具体问题具体分析，一方面，剖析和理顺政策问题本身的利益结构；另一方面，理顺主政策和各个子政策之间的利益结构，使其能够协调一致，形成合力。在这两个方面，“十一五”期间关停小火电的政策群都处理得较好。首先，在政策问题本身的利益结构方面，关停小火电政策群较好地处理了国家、地方、企业三者的利益结构。具体而言，关停能耗高、污染重、效率低的小火电，符合国家的长远利益，从而也符合地方和企业的长远利益，但却可能损害地方和企业的暂时利益、局部利益。而且，一旦关停不善，造成电力供应紧张，则会危及国家的暂时利益，并可能像之前那样造成关停政策的失败。那么，应该怎样制定关停政策，完成 5000 万千瓦的关停任务呢？这就要求最大限度地缩小各方的利益冲突，最大限度地寻找各方的利益共同点。在这方面，发展大容量、高参数、低消耗、少排放的发电机组，则无论如何都符合国家、地方、企业的利益。可以说，这就是“上大压小”政策的巧妙之处。这一政策以“上大”和“压小”挂钩的方式，适当运用市场手段和必要的行政手段，巧妙地消解了地方和企业对关停政策的抵制，进而有效地调动起地方和企业对关停小火电和建设大机组的积极性，从而也成功地解决了关停小火电可能带来的电力供应紧张问题。其次，在主政策和各个子政策之间的利益结构方面，关停小火电政策群较好地解决了各个子政策都围绕、配合主政策，整个政策群协调一致的问题。每一个子政策都有促进“上大”、保证“压小”的双重作用。如改进发电调度方式，优先调度可再生能源和高效、清洁的机组发电，限制能耗高、污染重的机组发电，就能够促进发电企业自觉地减少小火电机组的发电小时数，增加大机组的发电小时数。

（三）制定成功的政策群应基于对政策过程的统筹考虑

一项政策或政策群是否成功，在刚刚制定出来的时候是难以评判的，只有当其执行之后才能看出来。如果执行效果较好，达到了预期目标，则是成功的，反之则是失败的。这要求，在制定政策群时，要统筹考虑整个政策过程，特别是考虑政策执行者的利益和诉求。因为，在一个政治体系中，政策群制定和执行的主体往往是分离的。并且，制定主体一般较为集中，而执行主体则数量多且分散。在这样的情况下，如果不能调动起执行主体的积极性，仅仅靠制定主体的力量来监督执行则是不可能的。从整个政策过程的高度解决政策群的效果问题，关键在于构建政策群制定的民主参与机制和执行的沟通协调机制。在政策群制定的民主参与机制方面，主要是在制定政策群过程中，在政策群制定者的主持下，制定者、执行者、政策对象以及智库进行充分的、民主的讨论，缩小相关方的利益冲突，找到并扩大其利益共同点，以利益共同点引领整个政策群的导向。在政策群执行的沟通协调机制方面，主要是在政策群执行过程中，政策群制定者随时听取执行者、政策对象以及智库的反馈意见，根据对实际情况的判断，适时调整政策群执行的力度和步调，作出必要的修正，以保证获得充分的政策效果。在这两大机制方面，关停小火电的案例反映出，中央政府的政策制定者在政策群制定过程中还是较为注意吸收地方和企业等政策执行者和政策对象的意见的。例如，关于关停手段，正是在听取了地方政府和企业的意见后，才运用了市场化的手段，从而有力地推进了小火电的关停。然而，关停过程中出现的一些问题也反映出，政策群执行的沟通协调机制建设比较滞后，尤其是作为政策对象之一的普通公众的意见，还没有制度化的反馈和吸纳机制。例如，在2011年2月27日温家宝总理与网友在线交流中，有网友反映有基层政府搞拉闸限电等虚假关停手段，严重影响了公众生活，但公众却没有办法。因此，对于中国政策群的制定和执行，以及整个政策过程而言，强化执行的沟通协调机制建设，尤其是吸纳普通公众意见的机制建设尤为迫切。

最后，作为一种倡导，本文提出，学界应关注并加强对政策群理论的研究，并且，作为一种政策分析的理论工具，应运用其加强对微观政策群的分析。这样的分析，在发展理论的同时，还有利于政府部门评估、比较和反思既有的政策，完善政策过程，制定出更为科学的政策。

（薛立强，天津商业大学公共管理学院讲师；杨书文，天津财经大学经济学院副教授）

环保产业与农业政策

我国节能环保产业发展现状及对策研究*

——以战略性新兴产业发展为视角

胡仙芝　魏海涵　刘　杰　马敬萱　刘婧宇

传统的高投入、高消耗、高资本积累所带动的经济增长与科学发展观和可持续发展的要求是相悖的，虽然带动了一定时间内的高速发展，但同时带来资源消耗大、环境污染重、生态问题凸显以及就业问题突出等种种社会问题，对国家经济社会的后续发展造成了障碍。为此，必须以科学发展观为指导，积极转变经济发展方式。中央提出了“加大经济结构调整力度，加快转变经济发展方式，推动产业结构优化升级”的任务，而节能减排作为经济结构调整、转变发展方式的重要抓手和突破口，对于转变发展方式具有重要作用。我们必须正确处理经济增长速度与节能减排的关系，使经济发展建立在节约能源资源和保护环境的基础上；必须坚决抑制高耗能、高排放产业的增长，加快淘汰落后产能；大力发展循环经济，必须大力发展节能环保产业。

一、大力发展节能环保产业是中国经济发展方式转变的必然要求

党的十七大报告提出，要促进国民经济又好又快发展，推动中国经济发展切实转入科学发展轨道。并明确提出“要加大经济结构调整力度，加快转变

* 本文为国环保部“环保公益性行业科研专项”课题阶段性成果之一，项目号：201009066.

经济发展方式，推动产业结构优化升级”。毋庸说，在这个阶段提出经济结构调整和发展方式转变，是对中国多年以来经济增长模式的反思和总结，是对当前日益恶化的环保形势的应对，也是对中国社会主义发展和科学发展的追求和完善。可以说，这时候提出转变经济发展方式，是从当前中国实际出发的历史必然选择，是中国今后经济发展的重大战略，也是中国今后一段时间内要着重贯彻落实的发展任务。

这里有必要回顾一下中国经济发展期间的历程：十一届三中全会以后，在解放思想、改革开放的路线指导下，我们开始了以经济建设为中心的战略转变，开始了波澜壮阔的经济体制改革，开始了“让人民发家致富”的社会主义建设道路。这样，蕴藏在人民群众和产业结构中的巨大生产力得到极大的解放，中国经济开始复苏，并逐步进入到一个经济发展速度突飞猛进的历史阶段。在这段经济发展的黄金期中，我们过度强调国民生产总值，过度强调经济增长，却忽视了问题的另一面：人口数量压力巨大，活动频繁，规模庞大；资源和生存空间相对紧张；人均淡水、耕地、森林、草地资源和重要的矿产资源逐渐减少并日益稀缺。废水、废气、固体废物等主要工业污染物的排放量继续增加，以城市为中心的环境污染仍在继续，并逐渐向农村蔓延。在过去的几十年间，一些企业或单位片面追求 GDP 数量的增长，只注重经济效益，极力推行掠夺性消耗自然资源的经济增长方式，这种经济增长方式并不科学，生产技术与管理水平、产业结构层次都比较低，经济体制不合理，地区间低水平重复建设，经济增长投入大、消耗高、效益差，对环境污染加剧。这样的快速增长持续时间越长，对资源环境的压力就越大，因此，我们必须转变发展方式，把粗放型经济增长转变为集约型经济增长；把盲目地单纯追求 GDP 量的扩张转变到更加注重优化经济结构、提高经济效益和经济增长质量上来；把“物质化”的发展转变到“人本化”的发展，更加注重不断提高人民群众的物质文化生活水平，才能让广大人民群众共享改革发展的成果。

十七大报告用“转变经济发展方式”代替“转变经济增长方式”，体现了中国国民经济发展重要方针及其方式的重要转变，其实质在于提高经济发展的质量，即主要通过科技进步和创新，在优化结构、提高效益和降低能耗、保护环境的基础上，实现包括速度质量效益相协调、投资消费出口相协调、人口资源环境相协调、经济发展和社会发展相协调在内的全面协调，真正做到又好又快的发展。这是科学发展观在新时期新形势下的具体体现，也是中国多年来经济增长模式弊端的一种调整。回顾历史，坚持科学发展，我们可以看到，转变经济发展方式是经济发展规律的科学反映，是工业化发展到后工业化的一种自我调整；是和谐社会建设的基本要求，更是科学发展观中经济、人口、资源、环境协调发展的必须。

二、作为战略性新兴产业重点领域的节能环保产业需要有新的发展战略和政策

2010 年 9 月 8 日国务院总理温家宝主持召开国务院常务会议，审议并原则通过《国务院关于加快培育和发展战略性新兴产业的决定》。可以说，在国际金融危机的背景下，在全球经济的竞争格局中，作为后发展国家的中国来说，加快培育和发展以重大技术突破、重大发展需求为基础的战略性新兴产业，是至关重要的。它不仅对内能够推进产业结构升级和经济发展方式转变，提升中国自主发展能力和国际竞争力，促进经济社会可持续发展，在国际上也是实施赶超战略的一个必需的关键突破口。

战略性新兴产业之所以重要，首先它是指关系到国民经济社会发展和产业结构优化升级，具有全局性、长远性、导向性和动态性等四大特征的产业。全局性是指战略性新兴产业不仅自身具有很强的发展优势，对经济发展具有重大贡献，而且直接关系经济社会发展全局和国家安全，对带动经济社会进步、提升综合国力具有重要促进作用。长远性是指战略性新兴产业在市场、产品、技术、就业、效率等方面应有巨大的增长潜力，而且这种潜力对于经济社会发展的贡献是长期的、可持续的。导向性是指战略性新兴产业的选择具有信号作用，它意味着政府的政策导向和未来的经济发展重心，是引导资金投放、人才集聚、技术研发、政策制定的重要依据。动态性是指战略性新兴产业要根据时代变迁和内外部环境的变化进行调整，以适应经济、社会、科技、人口、资源、环境等变化带来的新要求。正是以上四个方面的要求，使战略性新兴产业必须具备先导性（代表了技术和产业发展新方向）、倍增性（可以非常快速地发展）、辐射性（技术的跨界融合，能对相关产业进行一系列拉动）和可持续性（研发和投入不间断，一直处于发展的态势中）等四个方面的特征。在具有这样特征的产业中，节能环保产业就是典型的一种，因此它被列在七大重点发展领域的首位。可以说，发展战略性新兴产业的战略背景使得节能环保产业

得到了非常重要的发展机遇，也抢占了良好的发展平台和动力。

这里我们了解一下环保产业的基本内涵，有助于增加对战略性新兴产业发展局面的理解。环保产业是指在国民经济结构中，以防治环境污染、改善生态环境、保护自然资源为目的而进行的技术产品开发、商业流通、资源利用、信息服务、工程承包等活动的总称。它在美国被称为“环境产业”，在日本称为“生态产业”或“生态商务”。在中国，节能工作一直受到很大的重视，而且节能与环保关系非常密切，所以有时也会强调是“节能环保产业”。在学术上看，环保与生态的概念联系也是非常密切的，所以有的教科书中，把环保产业或称为生态产业。生态产业是按生态经济原理和知识经济规律组织起来的基于生态系统承载能力，具有高效的生态过程及和谐的生态功能的集团型产业。不同于传统产业的是，生态产业将生产、流通、消费、回收、环境保护及能力建设纵向结合，将不同行业的生产工艺横向耦合，将生产基地与周边环境纳入整个生态系统统一管理，谋求资源的高效利用和有害废弃物向系统外的零排放。因此，生态产业实质上是生态工程在各产业中的应用，从而形成生态农业、生态工业、生态三产业等生态产业体系。生态工程是为了人类社会和自然双双受益，着眼于生态系统，特别是社会—经济—自然复合生态系统的可持续发展能力的整合工程技术。而生态企业（或称环保企业），则是以企业的社会服务功能而不是产品或利润为生产目标，谋求工艺流程和产品结构的多样化，增加而不是减少就业机会，有灵敏的内外信息网络和专家网络，能适应市场及环境变化随时改变生产工艺和产品结构。因此，发展环保产业，可以促进人与自然调谐，经济与环境协调发展，从追求一维的经济增长或自然保护，走向富裕（经济与生态资产的增长与积累）、健康（人的身心健康及生态系统服务功能与代谢过程的健康）、文明（物质、精神和生态文明）三位一体的复合生态繁荣。综上所述，环保产业是一个跨产业、跨领域、跨地域，与其他经济部门相互交叉、相互渗透的综合性新兴产业，是国民经济结构中为社会、经济可持续发展提供产品和服务支持的产业部门，是防治环境污染、改善生态环境的物质和技术基础，也是国民经济的重要组成部分。环保产业作为一个具有强大生命活力的新兴产业，不仅将成为中国国民经济中新的增长点，也是关系到中国经济社会发展的全局和人类未来的命运的一个重大战略。我们必须重视节能环保产业的发展，为环保产业的发展创造尽可能好的条件和环境。

从中国发展实践来看，节能环保产业包括节能、资源循环利用和环境保护，涉及节能环保技术与装备、产品和服务等。具体而言，节能环保产业包括：节能技术和装备、高效节能产品、节能服务产业、先进环保技术和装备、环保产品与环保服务六大领域。中国目前是世界上第二大能源生产及消费国，经济正处于以资源密集开采和快速消耗为特征的快速城市化和工业化进程中，能源、资源的有限性与经济增长的可持续性之间的矛盾日趋尖锐。因此，在中国发展节能环保产业，不仅需要重视环保产品的终端控制，即在环境污染控制与减排、污染清理以及废物处理等方面提供产品和服务，更需要通过转变生产方式，或者说是作为一个基本技术融入到经济生产部门的具体生产过程中，也就是包括各项生产中的清洁技术、节能技术，以及产品的回收、安全处置与再利用等，是对产品从“生”到“死”的绿色全程呵护。从这个意义上讲，节能环保产业对于其他产业来说具有渗透作用，是对各个产业的环节进行技术改造的一个主要影响因子，而不是一个独立的产业部门，其特殊的重要性就在于它对于其他产业的渗透和辐射作用。

三、中国节能环保产业的发展现状及其存在问题

中国的节能环保产业发展起步较晚，但这几年来，环保产业的地位和重要性越来越被人们所认识，发展态势非常迅猛，已经成为一个具有强大生命活力的新兴产业，成为中国国民经济中新的增长点，并将作用于中国国民经济结构中为社会、经济可持续发展提供产品和服务支持的产业部门，为中国防治环境污染、改善生态环境提供必要的物质和技术基础。2008 年，全国节能环保创业总产值达 1.41 万亿元，占当年 GDP 的 4.7%。其中，节能产业 2700 亿元，资源循环利用产业 6600 亿元，环保产业 4800 亿元，就业人数达 2500 多万人，其中再生资源产业的就业人数达 1800 万人。数据显示，“十一五”期间，中国环保产业可望保持年均 17% 的增长速度。2010 年，中国环保产业年产值超过 1.1 万亿元，其中：资源综合利用产值 6600 亿元；环保装备产值 1200 亿元；环境服务产值 1000 亿元，洁净技术产品产值 2500 亿元。目前，中国环保产业总体年速度约达 25%，已形成门类齐全、领域广泛、具有一定规业体系，成为国民经济结构的重要组成部分。可以说，是发展前景非常可观的战略性新兴产业之一。

然而，中国的环境污染问题并不是一朝一夕造成的，而是传统发展模式下

多年积累的结果，在污染的广度、深度和程度方面都比较显著，加上经济结构转型本身必须具有历史过渡性，经济发展延续性的要求也说明中国的工业、农业和人民生活都不可能一朝一夕就实现变革，所以节能减排的任务还非常重，减污治污的过程也将非常漫长。而这个过程中，中国的节能环保产业相对于国外先进的环保产业、相对于中国现实治污减排的任务要求、相对于一个成熟产业发展所需具备的条件和机制来说，还存在诸多的问题，面临着进一步发展的各种障碍因素。具体表现为：

首先，从国际看，中国的环保产业才刚起步，国际竞争中处于不利地位。中国的节能环保产业落后于世界发达国家甚至部分发展中国家，这是不争的事实。从中国环保产品贸易状况表中可以看出，中国的环保产品贸易一直处于逆差状态，而且没有逆转的趋势。这主要是因为中国环保产品的质量和技术水平不高，技术含量较低的产品又缺乏差异性，低水平重复生产现象严重，产品在国际市场上没有竞争力，中国的环保产业在国际市场和经济体系中所占据的地位非常有限，因此在发展方面也面临着种种掣肘。

表 1　中国环保产品贸易状况表

项目 \ 年份	2000	2001	2002	2003
出口	5.05	5.23	5.55	8.06
进口	46.45	53.07	64.94	85.59
差额	-41.40	-47.84	-59.39	-77.53

另外，节能环保产业作为一种战略性新兴产业，中国在全球化的背景下才开始发展，其发展环境也是比较不利的，受制于国内的条件和国际市场分工。据统计，中国一些新兴产业的投资中外资、中外合资和中外联合的投资占到了48.8%，本土的虽然在投资比例上占到51.2%，但由于在环保技术上的低位和管理上的落差，中国环保产业在控制权和话语权方面还比较弱势，远远没到自主发言的程度。

其次，从国内看，中国环保产业的状况更是不容乐观。第一，中国的环保产业还在起步阶段，企业市场准入门槛较低，因此环保产业呈现出数量多，但缺少大型骨干企业的现象，90%以上都是中小企业，技术装备落后，专业化水平低，环保企业总数中固定资产小于1500万元的占86%，体现出环保企业数量多、规模小的局面；第二，是环保产品结构不合理，尽管中国环保企业较多，但环保产品在性质、结构、功能等方面的差别化程度不大，低水平重复建设现象严重，常规产品相对过剩，一些急需的污染治理设备又严重短缺。第三，产业结构不合理。中国环保产业往往重产品生产而忽视其他方面发展，如环保技术开发、环保咨询信息服务、环保运营服务等方面相对薄弱；第四，产业布局不合理。沿海、沿江等经济发达地区的环保产业较发达，但中西部经济发展相对落后的地区，环保产业的发展较慢，有些地区甚至是零，环保企业这种小型、分散的局面，难以形成规模经济；第五，技术水平落后。环保设备的技术水平比西方发达国家落后20年，整体实力相当薄弱；第六，投入不足，人才缺乏。20世纪90年代，整个行业从事产品技术开发的研究人员不足行业职工总数的0.5%，用于产品开发的经费不到产品销售收入的0.6%。这些问题必然造成产业综合供应能力、供给水平相对较低，与中国庞大的市场需求不相适应，也说明中国环保产业还处于成长期。

再次，从发展环境和条件看，中国环保产业发展还缺乏有利的宏观调控和市场激励机制。第一，中国的环保产业至今没有一个行之有效的行业归口管理部门，而是分别隶属于机械，化工、能源等众多部门，没有形成一个完整的、相对独立的体系，产业发展有很大的自发性和盲目性。第二，政府激励环保产业市场成长发育的经济机制还没有形成，缺乏吸引人才、技术、资本投入的市场氛围，市场配置资源的基础性作用尚未充分显示出来。第三，环保产业市场化机制尚未形成。中国的环境政策一直比较注重政府管制的作用，各种具体政策措施及其各项环境管理制度，大部分由政府直接操作，政府担当了过多的责任和义务，形成了政府、市场、企业三者之间环保事权不清、过多依赖政府的环保机制，环保产业的市场机制难以形成。第四，是环保技术和科研开发研制不足。作为新兴产业，市场发育还不完善的情况下，产业发展的投入还有赖于政府投入和启动。从实际情况看，相对于国际发达国家来说，中国环保产业产品的开发投入还是不足的。

综合以上的问题，我们可以看出节能环保产业作为一个战略性新兴产业的基本范畴，在中国还处于起步阶段，属于后发展的产业。节能环保产业战略地位重要，需要中国政府及社会各界花大力气来大力扶持，加快发展中国广大环保产业。

四、抓住机遇，多措并举，加快发展节能环保产业

加快发展节能环保产业，需要有多主体、多系统的综合举措。从产业发展需求出发，政府部门、行业机构、企业主体以及社会各界都有必要从自身做起，积极筹划，从管理、经济、技术、产业等各个角度，多管齐下，采取积极有力措施，加快环保产业的快速发展。具体而言，主要有：

1. 加大政府扶持力度，加强宏观政策指导

任何一个弱小产业和民族产业，都离不开政府的特殊扶持和宏观指导。环保产业是一个政策引导型的产业，对国家政策具有很强的依赖性。目前，中央提出了“加大经济结构调整力度，加快转变经济发展方式，推动产业结构优化升级”的任务，而节能减排，发展环保产业就是作为经济结构调整、转变发展方式的重要抓手和突破口。要利用转型调整的有利契机，给予环保产业发展更多的政策支持。要坚决抑制高耗能、高排放产业的增长，加快淘汰落后产能；大力发展循环经济和节能环保产业。为此，国家有关部门和系统应加强对环保产业的范围、内容和发展方向等基本问题的调查研究和组织协调，进一步明确环保产业的产业边界和产业内容，建立相应的行业管理体制，制定本部门或系统环保产业发展规划和管理措施，实施统一的行业归口管理。各级政府应把环保产业作为重点产业加以扶持，制定有利于环境保护及其产业发展的科技政策、投融资政策以及财税政策，形成有利于环保产业发展的机制和环境。

2. 要积极优化市场环境，改善产品、产业结构，保证环保行业健康发展

产业的发展与整个行业的发展环境和布局是息息相关的。在这方面，需要通过加强环境保护产业方面的政策与措施，优化市场环境建设，引导产品、产业结构的合理改善。在中国市场经济体制日臻完善的条件下，要以市场为导向，以企业为主体，培育若干拥有品牌和自主知识产权、核心能力强的环保优势企业，积极引导中小环保企业向专、精、特、新方向发展，为大企业和总承包公司提供配套服务，形成大、中、小型配置合理的产业体系。加快各地环保产业园建设，使环保产业走集约化经营之路，与此同时积极发挥开发区和示范区的示范、辐射作用，加快调整环保产业的地域布置，由点及面，由面成片，带动更多环保科技产业园的建立，加速中西部环保科技产业基地的建立与发展，从而促进全国环保产业的均衡发展。

3. 以科技发展为先导，拓宽环保产业领域，提升环保产业质量和层次

环保产业的非强制市场潜力归根到底取决于中国环保科技的发展水平。环保科技水平有多高，环保产业的市场就有多大。为此，要加大提高环保科技成果的产业化。加强科研院所、高等院校和企业的环保技术开发力量，充分利用高等院校、环保部门的科研力量优势，推动产学研联合公关，形成环保产业的国家技术创新体系。同时，要加强国际合作与交流，大力培养、引进环保高级人才，注重引进技术的消化吸收和创新，提高中国环保产业在国际市场的竞争力。

4. 重视国际贸易和国际合作的策略，发挥市场容量优势，借用外力来发展中国的环保产业

在环保产业的国际贸易格局中，中国几乎没有技术优势和产品优势，但有市场优势。随着环保产业在国际贸易市场的地位日趋上升，环保产业将成为国际贸易的新的增长点。在中国的国际贸易和国际合作中，要注意和推进“以市场换取技术”战略的有效实施，以环境技术进口为主，以进口环保产品为辅；并且在开发中国环境技术和产品时，应考虑国际市场的需求和规范，并为产品和技术的国际适应性和再生产开发能力留有一定余地。努力通过国际合作和国际贸易为中国的环保产业谋求积极有利的环境，而不是丧失更多的市场和空间。

5. 重视环保企业的现代企业制度建设，做大做强一批环保企业

环保产业的发展需要企业的配合，企业的发展壮大，尤其是环保企业的发展壮大才是环保产业发展的目标和保障，为此，政府应该积极引导企业加入环保事业，对一些环境污染较严重的企业设立较高的环境标准，鼓励其通过技术创新活动（如改进工艺，寻找提高资源利用效率的途径等）以及废物利用等手段消解因环境标准提高而产生的成本，甚至从中获利。在企业的内部管理上，要以企业法人制度和产权制度改革为重点，实现所有权与经营权的公开、权责对等、贡献与报酬对等，以增加企业的激励机制；同时，通过建立一套完善科学的决策机制，为环保企业发展提供切实保障，以增加环保企业适应市场的能力。

6. 要积极发展环保产业中介组织和发动社会工作，为环保产业的发展谋求良好的社会环境和内在动力

环境保护的发展利于整个社会的未来，环保产业的发展也离不开社会的关

注和参与。为此，一要要积极做好环境宣传工作，普遍提高公众的环境保护意识，从而提高社会公众和企业的环保消费需求，更好地做好节能减排；二要充分发挥环境保护的社会组织和中介组织的积极作用，使更多的环境保护组织能在在政府和企业之间做好沟通的桥梁，在政府和企业之外发挥好节能减排的监督、参与和自我维护的作用，更好地推进环保产业和事业的发展。只有在每一个人、每一个社会组织都投入到环境保护事业之中，中国的环境保护才能做得更有成效，那时环境保护的产业必将蓬勃的发展，中国经济发展方式也就能够成功转变，而可持续的协调发展也就必将能够实现了。

（胡仙芝、魏海涵，国家行政学院院刊室；刘杰，中国行政管理学会；马敬萱、刘婧宇，北京航空航天大学公共管理学院）

战略性新兴产业的发展与中原经济区建设契合性的思考

徐本华

一、中央确定的七大战略性新兴产业

2010 年 10 月 10 日，国务院下发了《国务院关于加快培育和发展战略性新兴产业的决定》（以下简称《决定》）。《决定》明确了将着重发展的七大战略性新兴产业：节能环保、新一代信息技术、生物、高端装备制造、新能源、新材料和新能源汽车。战略性新兴产业是以重大技术突破和重大发展需求为基础，对经济社会全局和长远发展具有重大引领带动作用，知识技术密集、物质资源消耗少、成长潜力大、综合效益好的产业。

加快培育和发展战略性新兴产业对推进中国现代化建设具有重要战略意义。这一《决定》无疑将对中国经济未来的发展走向产生极为重要的影响，对外将影响到中国在世界经济版图中的定位，对内将对区域经济布局产生重要影响。此次战略性新兴产业的发展规划，对国内很多区域来说都是一个新的命题、新的挑战和新的机遇，谁先发展起来，谁发展的最好最强，谁就将在未来的经济版图中确立自己的优势地位。

二、河南省经济特点与中原经济区建设纲要

（一）河南省经济形式的特点

第一，河南省是全国第一农业大省、第一粮食生产大省，粮食总产量连续五年稳定在千亿斤以上，但遗憾的是，河南省农业的附加值低，没有拳头产品，没有在国内市场上响当当的品牌。第二，河南省是能源、原材料大省，资源型工业占工业总量的比重大，其中加工链条短、综合利用程度低的采掘业、原材料工业占比尤重，而新兴家电制造业、手机制造、轿车制造、光电子产品、电脑和 IT 方面等新兴产业等领域较为薄弱。第三，河南省是全国第一人口大省，这样丰富的人力资源对于河南省经济的发展既是压力，又是动力，具有广阔的消费市场，但是河南省同时也是劳务输出大省，高端人才保有量低，外出务工人员量大。

（二）中原经济区建设纲要

2010 年 11 月，河南省委、省政府在谋划“十二五”发展的过程中，提出了建设中原经济区的战略构想。建设中原经济区，有利于国家区域经济布局的进一步完善，有利于国家统筹协调梯次推进发展重大战略的实施，有利于国家在中部地区形成新的经济增长板块，有利于河南在全国经济发展大局中明晰发展定位、发挥自身优势。

2010 年 12 月，河南省委经济工作会议明确提出，“经济结构调整既是长期的战略任务，也是当前的紧迫工作，事关经济发展全局，必须高度重视、加快推进”。在国际国内经济格局大调整、大变革、大转移的关键时期，能否抓住有利时机优化调整经济结构，不仅关系着“弯道超车”的实现，更是决定河南经济持续较快增长态势不变的关键所在。

三、中原经济区建设与战略性新兴战略契合性研究

国务院下发了《决定》，河南省出台了《中原经济区建设纲要》。二者均强调了经济格局调整与产业结构的优化升级，国家希望在世界经济格局中重新

定位，而河南则希望在国内的经济格局中重新定位，励志之心可鉴。如何根据河南省经济现状，在国家发展战略性新兴产业的战略规划下，有效利用战略性新兴产业的发展契机，加快河南省产业结构调整，“不盲从、不攀比，科学规划有序发展”。参考国务院的《决定》，对河南省发展新兴产业的路径分析如下：

（一）做强生物产业

生物产业是指将现代生物技术和生命科学应用于生产以及经济社会各相关领域，为社会提供商品和服务的统称，主要包括生物医药、生物农业、生物能源、生物化工、生物环保等新兴产业领域。其中生物医药包括化学药品、中药、生物制药、生物医学工程等领域；生物农业包括农业良种、林业良种、绿色农用生物制品等领域；生物能源是以可再生资源为原料生产的能源物质（含燃料乙醇、生物柴油等）；生物化工是指以可再生资源为原料制造新型材料和化学品；生物环保主要指利用生物技术从事环境污染及生态环境退化等方面的治理，开发环保生物新技术及相关设备。

近年来，河南省生物产业快速发展，实力明显增强，形成了较好的产业基础，涌现出了天方药业、辅仁制药、金丹乳酸、天冠集团、华兰生物、中棉种业、安图生物、焦作健康元等一批骨干企业。郑州国家级生物产业基地和新乡、驻马店、焦作、南阳、周口等5个省级生物产业基地占全省生物产业的比重达到70%。河南省是全国第一人口大省和农业大省，正处于加速推进工业化、城市化的进程中，面临着资源、环境、人口健康、粮食安全等问题，迫切需要把握生物科技革命的战略机遇，积极培育生物产业，促进产业结构升级和经济社会的可持续发展。河南省发展生物产业具有一定的产业基础，正处于由传统生物产业为主导加快向现代生物产业升级转型的关键时期。当前国内外生物产业发展处于成长期，也为河南省发挥资源和市场优势，加快生物产业发展，提供了有利时机。从资源、技术、要素成本等方面分析，河南发展生物产业的优劣势并存，总体上优势大于劣势。从资源禀赋看，一方面河南省气候适宜，生物物种较多，在产业发展的生物资源禀赋上有相当大的优势。另一方面，生物资源主要依赖于土地资源，而河南省突出的问题是土地资源紧缺。所以，发展生物产业不能走美国、巴西等国家以土地资源为支撑的生物能源发展路子，应该充分利用农产品、农业生产副产品，特别是大量的秸秆资源和动物脏器资源，发展生物医药、生物化工、生物能源产品。从技术方面看，生物产业是技术资本密集型产业，产业发展的关键是技术支撑问题。河南省整体技术研发能力、资金支撑能力不足，要选择技术水平最接近的领域优先突破，实现跨越式发展。从企业主体看，尽管有一些技术领先或形成一定规模的企业，但总体上产业集中度不高，企业的规模不够大，实力不够强，不足以支撑整个产业发展。因此，既要加大龙头企业培育力度，又要积极引进国内外优势企业，增强产业发展带动力。从要素成本看，河南劳动力资源丰富，能源保障条件好，可以利用劳动力优势发展劳动密集型生物产品。

（二）由农业经济向食品工业发展

1. 世界食品工业发展特点

食品工业是世界第一大产业。当前，世界发达国家食品工业呈现以下特点：第一，食品工业化水平越来越高，表现在发达国家食品工业总产值是农业总产值的2~3倍；第二，产业集中度不断提高。通过联合并购、建立全球性的购销网络，世界百强食品跨国公司已占全球食品市场的20%；第三，食品加工技术、装备高新化趋势明显。生命科学、信息技术等新型技术越来越广泛地应用于食品工业，新型膜分离设备、连续冻干设备、超低温单体冷冻设备等大型关键装备得到普遍应用，另外通过运用高新技术对食品生产过程中的副产物或废弃物进行二次开发使资源综合利用水平不断提高；第四，食品产业区域优势越来越显著。区域特色食品在全球食品贸易中所占份额不断扩大，巴西成为全球最大的蔗糖生产和出口国，法国的葡萄酒年产量占世界葡萄酒产量的1/6，新西兰控制了全球40%的乳制品贸易；第五，绿色食品方兴未艾。

2. 河南省食品工业的现状分析

近年来，国内食品工业发展迅猛，成为国民经济中增长最快、最具活力的支柱产业，预计2020年前，食品工业仍将保持年均15%以上的增长势头。未来中国食品工业的发展将紧跟世界发达国家的发展轨迹，加快融入世界食品工业经济当中。具体而言，河南省食品工业有较为丰富的农业资源，面临“发展战略性新兴产业”和“中原经济区建设”的良好机遇，如何抓住机遇实现飞跃与质变，需要科学规划、定位与政府引导。

当前，河南省发展食品工业的比较优势有：第一，农产品资源丰富。我省是全国最大的粮食生产基地，也是全国油料、烟叶等农产品的重要生产大省，粮食总产量连续多年居全国首位，果蔬产量居全国第二位，肉类产量居全国第三位，奶类产量居全国第四位，粮食、肉类、果蔬、乳制品等产业发展的原料基础雄厚。第二，产业基础较强。我省在小麦和肉类深加工行业具有较强的产业链控制能力，小麦粉、方便面、速冻米面、肉制品等产品优势突出，拥有全国性的强势品牌和较为完善的销售网络，综合竞争优势明显。第三，区位优势突出。河南地处中部，是全国重要的综合交通枢纽中心，已初步建成发达的物流通道，具备食品保质保鲜、冷链运输所需的最佳运输半径。

同时，河南省发展食品工业的比较劣势有：第一，农业生产规模化程度低。当前，我省农产品生产主要以传统的分散生产为主，规模化、标准化的种植、养殖基地较少，不能满足现代食品工业生产对原料品质一致性和稳定性的要求，制约了食品工业的一体化、规模化的发展，增加了企业的经营成本和市场风险。第二，行业技术水平较低。当前河南食品加工业正在经历由农业经济向食品工业转型的过程，行业的技术、装备水平不高，高附加值和技术密集型的产品少，同类产品市场竞争力不强。第三，配套服务体系不完善。围绕食品工业发展的社会化流通和服务网络尚未形成，冷链物流网络发展较沿海省份相对落后，粮食储备、电子商务、贸易和加工配送体系不完善。

3. 河南省食品工业的发展建议

可以预期，在未来一段时间内，食品工业仍将处于高速增长期，通过对河南省发展食品工业的优劣势分析，借鉴发达国家发展食品工业的成功经验，提出建议如下：(1) 加快食品工业由资源型向技术资本型的转变，安全、营养、方便成为食品工业发展的主流和方向，绿色食品、有机食品、功能食品将成为最具发展潜力的产业；(2) 加强技术创新与管理创新。产业技术水平快速提升，具有国际先进水平的加工、保鲜、包装、监测检验、综合利用等工艺装备将得到广泛应用，产品加工精细化和质量安全控制水平将显著提高；(3) 进一步整合产业链。借鉴国外的先进做法，未来大型食品加工企业必须与规模化种养殖基地相结合，降低原料收购风险，保证原料质量，减少企业经营风险，构建“种养殖—制造—市场”一体化的产业链条；(4) 加深产业集中度，促进市场份额及资源配置加快向品牌、资本、规模优势的大型企业集中，使企业资产规模和市场占有率迅速提高，形成有国内国际影响力的知名企业。(5) 提高原材料的综合加工程度，采用先进技术手段，对初加工后的辅料进行再加工，对过期食品再利用，如制成宠物食品或畜牧饲料，既提高原料利用率，又保护环境，政府可以法规手段激励循环工业的发展。（6）注重食品加工技术、装备高新化的发展。在关注食品加工创新的同时，注重食品加工机械的创新与发展。

（三）环保产业——最具潜力的朝阳产业

环保产业（Environment Industry）是世界上最具生机和活力的新兴产业之一。世界环保产业起步于20世纪60年代，以其巨大的潜力和高成长性、高盈利性等特点而倍受关注。经过30多年的发展，目前已进入成熟阶段。据经合组织研究表明，环保产业技术与生物技术、信息技术并列为当代最被看好的三大技术领域。环保投资被认为是21世纪50项重大投资领域之一。从世界环保市场规模看，随着全球环保意识的增强，特别是近年国际贸易中“绿色壁垒”的增加，环保市场将进一步扩大。

1999年，国家经贸委指出，环保产业是以防治污染、改善环境为目的的各种生产经营活动，包括三个方面：①环保设备（产品）生产与经营，主要指水污染治理设备、大气污染治理设备、固体废弃物处理处置设备、噪音控制设备、放射性与电磁波污染防护设备、环保监测分析仪器、环保药剂等的生产经营；②资源综合利用，指利用废弃物回收的各种产品，废渣综合利用，废液（水）综合利用，废气综合利用，废旧物资回收利用；③环境服务，指为环境保护提供技术、管理与工程设计和施工等各种服务。

国内环保产业经过20多年的发展已初具规模，形成包括环保技术开发、环保产品生产、产品经营销售、工程设计施工、环保咨询服务、三废综合利用和自然生态保护等七个领域的综合性新兴产业。中国环保产品技术水平总体上发展迅速、潜力大，环境污染治理工艺的整体水平基本与国际同步。少部分技术达到国际先进水平，部分设备已打入国际市场。但大部分产品由于缺少质量标准、技术规范和质量监督，在产品的可靠性、使用寿命、治理效果、自动控制等方面与国外有相当大的差距。特别在新技术、新工艺、新设备的开发利用及其工程化、成套化、产业化方面缺乏经验。

当前国际上，世界环保产业的主体是美国、日本和德国等少数发达国家，它们拥有先进的环保技术和雄厚的资金实力，在世界环保行业具有极大影响力。在国内，江苏省是起步最早、产值最大的环保产业集聚区，宜兴建立了国家级环保科技工业园区和省级宜兴高塍环保产业星火密集区两大环保基地，同时环保产业被列为江苏省的支柱产业。2008 年北京设立环保产业基地吸引环渤海地区环保企业。上海也紧盯节能环保产业这块“绿色蛋糕”。复旦大学城市环境管理研究中心一份报告称，到“十二五”期末，上海节能环保产业总收入应达到 2670 亿元，实现年均 30% 增长。在 GDP“保八”情况下，2015 年产业规模占到当年 GDP 比重达到 11% 左右。

此次，国务院下发的《决定》中明确指出，示范推广先进环保技术装备及产品，提升污染防治水平。推进市场化节能环保服务体系建设。加快建立以先进技术为支撑的废旧商品回收利用体系，积极推进煤炭清洁利用、海水综合利用。重点开发推广高效节能技术装备及产品，实现重点领域关键技术突破，带动能效整体水平的提高。加快资源循环利用关键性技术研发和产业化示范，提高资源综合利用水平和再制造产业化水平。河南省不能坐失良机，必须抓住机遇共享“绿色蛋糕”。

目前，河南省环保产业已初具规模，并呈加速发展趋势。环保产业领域不断扩大，环保产品生产制造和流通、资源综合利用、环保技术开发与服务三大门类齐全，在大气污染防治设备生产制造方面，河南省部分企业的生产技术、产品质量居国内领先水平。但企业规模相对较小，技术创新研究薄弱，产品开发能力差，效益率不高。河南省“中原经济区建设纲要”明确提出将节能环保产业作为发展的重点。结合重点开发先进的环保技术、装备和材料，重点支持煤矸石综合利用发电、全煤矸石烧结砖、粉煤灰制水泥、城市垃圾发电等项目建设，逐步完善环境服务体系。对河南省发展环保产业的建议主要有：

1. 完善环保立法，综合运用法律、行政、经济等多种手段

美国自 20 世纪 70 年代以来，制定了 26 部有关环保的法律，日本、德国等也制定了多部严格的环保法律法规，形成了比较完善的环境保护法律法规体系，这些政策的实施又为环保产业提供了广阔的市场，促进了污染控制和环保产业的共同发展。在污染防治和生态环境保护过程中，经济手段的灵活运用，如征收“排污收费”等体现了“污染者付费”和“谁污染谁治理”的原则，实现了外部负效用的内部化，保证了公平性，扩大了环保资金来源，减轻了财政负担，促进了清洁生产过程的推广。

2. 加强技术创新，实施全方位环保治理

环保产业的发展，对技术创新的要求很高。复旦大学城市管理研究中心主任戴星翼在分析上海市的环保产业时，指出“上海大部分环保设备从国外进

口，但又面临国外设备‘水土不服’境地。而在尖端科研领域，上海又表现乏力，如煤的清洁化利用技术、碳捕捉碳储存技术、受损环境修复技术等”。河南省在发展环保产业时，同样面临技术创新的瓶颈，可通过与国内知名专家、研究院所搞合作开发，用灵活多样的形式吸引人才或吸引项目成果，促进我省环保产业健康快速发展。世界环保产业结构发展的大趋势是废物减量化、无害化和资源化，环保产品和技术由针对“末端治理”向源流控制转变，提高环保产品的技术含量，降低环保成本，加大循环经济的研究力度。

3. 加强对环保产业的扶植力度

在发展环保产业时，各国政府都不约而同地采取了扶植政策。如日本对投资环保设备的项目制定了一系列的贷款优惠，并加大设备折旧率、减免土地税等税收优惠政策。意大利对投资环保设施建设和污染处理的项目，在财政、税收方面给予优惠。中国环保产业发展起步相对较晚，因而更需要政策的培养与扶植。江苏省每年从排污费中提取2%建立环保科技基金，专门用于环保科研开发和成果转化。河南省必进一步加强对环保产业的支持力度，投入更多研究基金，加强技术研发，促进环保产业高速发展。

（四）新能源汽车工业

2010年12月10日，河南省政府印发《河南省电动汽车产业发展规划（暂行）》（以下简称《规划》），《规划》中称未来5年，河南省的电动汽车生产能力达到25万辆，建成220座充（换）电站。《规划》还提出将把河南打造成中国重要的电动汽车研发中心、国内一流的动力电池生产中心和国内有重要影响的关键零部件生产中心。未来几年，河南省将通过推动省内新能源汽车企业与国内外新能源汽车厂商进行战略重组，提升竞争优势，加大研发扶持力度，尽快突破关键技术，设立产业专项资金等一系列措施，加快这一目标的实现。

四、发展战略性新兴产业的建议

结合河南省国务院发展战略性新兴产业的《决定》及《中原经济区建设纲要》，河南省在发展新兴产业时，必须注意以下问题：

（一）科技创新成果的研发与引进

战略性新兴产业的发展与竞争，其本质在于科技实力的比拼。发展战略性新兴产业必须要掌握关键核心技术。不论是生物产业、食品工业还是新能源产业的竞争，产业竞争的本质在于谁的科学技术的创新水平更高，谁的管理创新更科学有效。专家在分析上海市环保产业发展时，谈到制约上海环保业发展的一个重要条件就是科学技术水平的限制，河南省同样并且更为严重地受到科学技术水平的限制。在吸引人才方面，河南省的优势不足，在这种状况下，可以考虑多途径解决技术创新的问题，比如与国内专家实施技术合作、购买专利、重大科技项目招标等灵活多样的形式，鼓励企业不拘一格的吸引先进技术成果，以科技立企业，从科技要效益。更进一步的发展就必须要掌握产业领域的关键核心技术，既要吸收世界先进技术成果，又更要增强企业自主创新能力。尤其要加快建立健全以企业创新为主体的全社会创新驱动机制，围绕影响产业跨越发展的关键核心技术，打造由政府主导的创新服务平台，形成核心企业与相关行业、科研机构、高校及客户协同创新的合力。

（二）政策引导与扶植

芬兰曾经是一个以林木加工、金属加工为主的二流经济国家，现在已成长为一个以高新技术产业为支撑的经济强国。2007 年时，其富裕程度已超过美国和日本。芬兰强国之路的重点在于在发展经济的各个阶段，都强调优先发展战略性新兴产业。其发展经验包括：依靠技术创新，将传统的造纸业发展成为现代造纸技术及造纸机械制造的世界领跑者，其生产的造纸机和纸浆机占国际市场的 70% 以上；70 年代末，芬兰确立了发展高新技术及产业的战略方向，向以电子信息通讯业为代表的高新技术产业发展，目前，芬兰已经跃升为信息与通讯技术的生产和消费大国，并掌控了信息和通讯行业最尖端的技术市场；进入 21 世纪后，芬兰又确立了发展新能源和节能环保产业的战略目标，芬兰政府制定并出台了能源多元化政策，鼓励开发和利用核能、风能、太阳能、生物气体等新能源。到 2005 年，芬兰的可再生能源已占其整体能源消耗的 28.5%，其中生物能源又占到可再生能源的 90%。同时，芬兰十分重视节能环保新技术的开发，在能源效率、清洁工艺、水资源保护、废物管理和环境监测等方面拥有全球领先技术。从芬兰的案例中可以看到，政府在宏观经济走向上具有非常重要的作用，值得欣喜的是，国务院和河南省政府对于未来经济的规划都不约而同地关注到新兴产业发展。在选择和发展每一项战略性新兴产业方面，也都认真考查了本地区的实情和产业发展的基础，放眼世界先进目标，制定出产业发展的战略规划或行动计划，这必将为河南经济实现跨越式发展注入强有力的推动力。

（三）创新发展思维

发展战略性新兴产业不能停留在加工生产环节。河南省的一些传统加工产业有厚实的产业基础，发展战略性新兴产业可以考虑以某些传统加工业为基础，但不能停留在产业的加工生产环节，我们必须要结合自己的资源优势，把产业的内涵外延做深、做透，加快产业链向高端延伸，向国外延伸，逐步确立产业高端上的国际竞争优势。

（四）优惠人才政策的出台与落实

河南省的教育实力一直相对薄弱，其中原因复杂。但是放眼全球，要想经济获得高速发展，人才的培养和储备是基础。如何解决经济相对落后与增大教育投资的难题，可通过解放思想、创新思路，多元化吸纳资金，争取更多有利政策来解决。

（五）战略性新兴产业投融资体系的构建

战略性新兴产业一般具有高投入、高风险、高收益特征，结合这一特征，在构建新兴产业的投融资体系时，注重发挥政府资金的引导作用，统筹扶持新兴产业的关键技术和产品的研发，加快战略性新兴产业重点领域、重点企业和重点项目的技术改造和技术创新；加快风险投资体系建设，整合各类金融机构，或直接引进一批知名风险投资基金、私募基金、金融类公司等投资机构来豫投资，通过参股、融资担保、跟进投资和风险补助等方式，促进金融产业和新兴实体共同发展；注重市场包装和策划，支持科技型中小企业利用中小板和创业板市场上市直接融资，鼓励优质科技型中小企业发行集合债券，发展股权、知识产权等多种信贷体系和保险、担保联动机制。

（作者单位：河南大学工商管理学院）

工业园区生态化政策设计相关问题研究*

杨钟红　闫笑非　周燕芳

一、引言

工业园区是工业企业相对聚集、有较完善的基础设施和较高效齐全配套服务体系的工业制造生产区域。中国地方政府为了促进当地经济发展，纷纷规划建立各级各类工业区，在建设中，有些地方政府重经济增长轻环境保护，为了招商引资的政绩，不惜降低入园企业的准入门槛，也放弃选择性引资的统筹安排。绝大多数园区并没建立起企业共生耦合的生态网络，有些工业园区盲目追求经济增长，忽视环境保护，实行“扎口式”封闭管理，工业园区环境问题不断。

产业集群发展是现代产业发展趋势，以工业集群发展为主要特征的工业园区，自然也将是中国产业生态化发展的重点和治污减排政策的主要对象。自2000年开始，国家环保部开始推动国家级开发区创建生态工业示范园区的建设，截止2011年5月，共批准54个国家生态工业示范园区，对促进各类开发区的生态化改造，强化环境保护工作，带动省市级开发区的生态化建设工作，起到一定的示范意义。生态工业园通过企业清洁生产，企业间物质交换、能量流动、污染控制，基础设施共享等手段，寻求资源利用效率最大化和废物产生

---

* 本文为国环保部“环保公益性行业科研专项”课题阶段性成果之一，项目号：201009066.

最小化的有效途径，有利于实现工业园区节能、降耗、减排目标，被认为是中国第三代工业园区的主要发展形态和改造方向。但是，生态工业示范园区标准高、数量少，分布集中在沿海发达地区，影响范围有限，而中国工业园区存在类型多样化，生态化发展水平和条件参差不齐，东西部地域差异大等特征，在现阶段制度大环境和社会大环境对工业生态化的推动乏力的情况下，高标准的生态工业示范园并不是中国绝大多数工业园区实现工业生态化发展的有效路径。“十二五”规划明确提出，要按照循环经济要求规划、建设和改造各类产业园区，实现土地集约利用、废物交换利用、能量梯级利用、废水循环利用和污染物集中处理。如何利用政策手段，在更大范围内有效促进工业园区走阶段性、分层次的生态化发展道路成为现阶段中国可持续发展的重要问题。

本文以工业园区为研究对象，采用文献分析法，从政策学的角度，基于工业生态系统、工业共生、生态工业园、循环经济等领域的研究成果，对工业园区生态化政策对象、政策目标、政策实践中的突出问题等政策设计的关键环节进行研究，提出了四级工业园区生态系统的观点，并着重从政策功能定位、政策体系构建方面提出改进中国工业园区生态化政策的一般性建议。

二、相关概念界定

目前，生态化的概念被广泛使用，但何谓“生态化”，至今并没被广泛认同的概念描述。按汉语词典解释，“化”用在名词或形容词后，构成动词，表示使成为或使变成某种性质或状态。在经济领域，全球化、信息化等概念中的“化”一般指某种方式超出原来的界限向其它领域的延伸并因此形成某种趋势或发展模式。目前“生态化”的概念被广泛使用于社会各领域，它实际上是生态学范式的泛化，也就是生态学方法及其价值观念向社会生活各个层面的扩展。顾名思义，工业园区生态化即工业园区由传统的工业系统转变成生态工业系统并形成可持续发展模式的演进过程。与工业园区生态化相关的概念主要有工业园区、生态系统、工业园区生态系统、工业生态系统、生态工业园、清洁生产、工业共生、循环经济。

（一）工业园区生态系统相关概念

工业园区（Industry Park）是工业企业及其生产、生活配套设施集中的区域。工业园区具有区域性和企业集聚性特征。根据企业类型不同，工业园区企业群落分为两类，一是以某一类工业行业的一个或几个企业为核心的行业类企业群落；一是由各类工业企业组成的综合类企业群落。依据形成方式不同，工业园区分为两种类型，一种是在一个区域内，以某个大型企业为核心，自发形成相关企业共同发展的企业群落，如德国鲁尔工业区、卡伦堡工业区；一种是由政府划定一定范围的土地专供工业设施设置、使用，并先行予以规划，以良好的基础设施条件或政策优惠等条件吸引进驻园区的企业群落，如中国各级各类经济技术开发区、高新技术产业开发区。园区生产所体现的区域性是工业园区的重要特征。

生态系统（Ecosystem）是在一定的时空范围内，由生物群落与其无机环境组成的一个整体，其中，所有生物因子和非生物因子，通过能量流动、物质循环和信息传递而相互联系、相互影响、相互依存。生态系统由无机环境和生物群落组成，其中生物群落包括生产者、分解者和消费者。生态系统具有稳定性特征，即具有保持或恢复自身结构和功能相对稳定状态也即是生态平衡状态的自我调节能力。

工业园区生态系统（Industry Park's Ecosystem）是生态系统的一个组成部分，它是人类在一定区域范围内建造的人工复合生态系统，与自然生态系统存在依赖和干扰关系。它由以物质、能源、信息、价值高度聚集为特征的生产—经济系统，以相对集中的人口及其消费为特征的生活—社会系统的经济子系统，以人类生物与自然环境协调共生为特征的生存—自然环境系统三个子系统构成。由于其物种多样性减少，食物链简化，自我调节能力下降，它具有依赖性强、生态功能脆弱的特征。

工业生态系统（Industrial Ecosystem）的概念最早由 Frosch 与 Gallopoulos 在 1989 年《Scientific American》上发表的文章中使用。他们认为“在一个工业生态系统中，应该具有能源和物质消耗的最优化，废物产生的最小化，以及从一个生产过程中产生的物质流作为原材料进入另一个生产过程”。工业生态学家 Braden R. Allenby 认为，工业系统可以模仿自然生态系统建立起一般生态系统的功能结构，工业系统内部的若干个产业组织，像生物体一样使用资源、消耗能量来转化物质，随着资源从一个产业组织到下一个组织的转化就形成了一条以物质和能量循环为主要特征的食物链。与生物食物链类似，产业食物链也包含有生产者、消费者和分解者等多个营养级。

（二）工业园区生态化组织形式相关概念

生态工业园（Eco-Industrial Park）到目前为止，在学术界还没有统一的定义。王震等人依据相关演化名词，将“生态工业园”的内涵分为广义和狭义两种：(1) 广义内涵包括：模拟自然生态系统中各种物质利用方式以达到提高资源利用效率的目的；对自然生态和环境的各种特定的友好行为，例如可再生能源的利用、绿色建筑、景观生态建设等。(2) 狭义内涵：以企业之间的废物或副产品再利用行为（包括水、能、材料等方面）为标志特征，也即“工业共生”（Industrial Symbiosis）。工业共生就是将传统上彼此分开的工业通过一种综合的方式进行经济运作和环境管理，这种方式包括物质、能量、水和副产品的物理交换。在地理临近的企业之间发生废物、副产品的交换或物质能源的梯级利用以及相应基础设施的共享行为，并在满足一定经济效益的同时，达到资源节约和污染物减少的目的，即“经济—环境”的双赢。

清洁生产、循环经济也是在生态工业领域出现较多的概念。《中华人民共和国清洁生产促进法》中规定：清洁生产是指不断采取改进设计、使用清洁的能源和原料、采用先进的工艺技术与设备、改善管理、综合利用等措施，从源头削减污染，提高资源利用效率，减少或者避免生产、服务和产品使用过程中污染物的产生和排放，以减轻或者消除对人类健康和环境的危害。《中华人民共和国循环经济促进法》中规定：循环经济是指在生产、流通和消费等过程中进行的减量化、再利用、资源化活动的总称。减量化，是指在生产、流通和消费等过程中减少资源消耗和废物产生；再利用，是指将废物直接作为产品或者经修复、翻新、再制造后继续作为产品使用，或者将废物的全部或者部分作为其他产品的部件予以使用；资源化，是指将废物直接作为原料进行利用或者对废物进行再生利用。对两个概念进行比较可见，清洁生产着重于污染控制，而循环经济着重于资源利用效率和废物的资源化利用；在循环经济体系中，清洁生产中的污染物可能成为被再利用的资源。

工业共生与循环经济是被包含与包含关系，都是工业生态化的重要工具。清洁生产采用的主要是法律和行政手段，强调企业必须履行的责任，关注点在于制度的执行和污染控制技术的利用。相对而言，工业共生强调的是企业之间的自愿行为，关注点在于制度的创新和再利用技术的利用。

三、工业园区生态化政策目标

（一）工业园区生态化政策最终目标

工业园区生态化政策的最终目标是形成工业园区工业系统与人类社会和自然环境和谐发展的可持续发展模式。这种模式有三个具体特征：（1）观念特征为协调地而非孤立地看待园区工业系统与其周围环境的关系，把园区工业系统视为整个生态系统的一个特殊子系统，在满足人类社会发展需要、促进人类生活质量提高的同时，实现与自然生态系统发展的动态平衡。（2）行为特征为清洁生产、在地理临近的企业之间实现废物、副产品的交换或物质能源的梯级利用以及相应基础设施的共享、与外部生态系统之间保持物质和能量循环的均衡。（3）目标特征为充分利用资源，减少废物产生，消除环境破坏，在满足人类社会经济发展需要的同时，以最大程度实现对自然环境系统影响的最小化，实现经济与环境协调发展。

狭义的生态工业园强调其基于副产品交换的工业共生网络或工业生态链，所以，它只是工业园区生态化发展模式的一种具体典型形式。对于同类企业聚集的工业园区，没有条件构建生态链，但是，通过形成节能减排的设施、技术、信息和渠道的共享机制，降低园区企业治污成本、资源使用成本和政府监管成本，也有利于实现园区降耗和减排的目标。这也是一种工业园区生态化的一种发展形式。可见，工业园区生态化可以有多种发展形式，节能减排量最大化是评价一个工业园区是否实现生态化发展的最终指标，清洁生产、工业共生、循环经济是工业园区实现节能减排目标的重要途径，也是工业园区生态化的重要手段。

（二）工业园区生态化演进的阶段性层级目标

工业生态学家 Braden R. Allenby 基于物质流动的变化历程提出生态系统三个层级的演变过程。在资源极其丰富，生物数量非常少的远古时期，生物体的物质转化过程基本与其他物质流动无关，这种物质线性流动的系统被称为一级生态系统。随着生命形式和数量的不断增长，资源的稀缺性引发一定区域内生物体之间的资源反馈和循环机制，部分物质在区域内的生物体之间循环，有限的物质流入和流出该区域，这种物质半循环流动的系统称为二级生态系统。经过长期的进化，在整个生物圈系统中，资源和废物的区别变得模糊，系统某一环节的废物可以成为另一环节的资源，所有的物质都以不同的方式得到高效的再利用，物质的完全循环（太阳能除外）得以实现，这种物质完全循环流动的系统称为三级生态系统。Allenby 认为人类各种产业活动对资源的使用，理想上应该与生物循环模型相似。人类应试图通过优化各种相关因素把技术系统从一级生态系统转变为二级生态系统，甚至最终转变为三级生态系统。

依据上述基本观点，笔者按物质循环程度和范围把工业园区生态系统划分为四个层级，每个层级的生态系统相应地成为园区生态化演进的阶段性目标。

一级工业园区生态系统为一个完全开放的无循环系统。其工业系统是一个资源、能源—加工—产品与废弃物的线性开放系统，园区内每个产业组织的物质流动过程与其他产业组织无关，物质流动是线性的，各产业组织的废弃物在园区工业系统内部完全没有循环，园区工业系统是完全开放的。目前大部分工业园区属于这个层级。末端治理、清洁生产和产业组织内的循环经济都是这个层级的系统进行生态化的主要形式，因为即便园区内的单个产业组织实施了这些技术，只要园区内的产业组织间没有发生物质循环使用，都属于这个层级。

随着竞争加剧，伴随资源稀缺性和废物和污染物排放成本增加，清洁生产和组织内的资源循环已经不足于应对来自环境的压力。节约投资成本和交易费用使那些客观上具备副产品交换条件的企业就具有了形成一个经济活动中心，从而产生建立更为密切交易关系的动力和愿望。在政府、社会组织等外在力量的支持与协调下，一些地理位置相近的产业组织之间开始形成物质和能量循环，二级工业园区生态系统开始出现。

二级工业园区生态系统为半封闭式的循环系统。其工业系统是一个资源—产品—再生资源的物质循环流动的半封闭式系统，物质在园区内各产业组织之间循环流动，各产业组织所产生的废弃物被转化为其他产业组织的资源。园区工业系统仅从外部系统中获取部分能源和资源，仅有部分废弃物排放到外部。目前，工业共生体或狭义的生态工业园属于这个层级。园区生态链条（网）和废弃物再资源化技术是工业园区生态系统由一级提升为二级的关键。

与分散型工业企业相比，工业园区企业降低环境影响的优势主要体现为企业集群发展优势，具体来说，一是能够构建工业生态链，形成副产品交换网络，节约资源，降低副产品交易成本，减少最终资源使用量和废物排放量。二是能够形成治污设施、技术和信息共享的机制，发挥规模效应，降低废弃物和污染物治理成本和监管成本，最终减少排放量。但是，由于价值规律、市场机制等经济因素的作用，单一的生态工业园很难形成一个完整的工业生态系统，而分散企业间的副产品交换则可以为原料和排放物减量化创造条件、提供便利。为实现园区生态工业系统的稳定运行，工业园区或企业开始和相邻区域的企业或工业园区进行合作，工业园区开始将循环经济合作的范围扩大到园区外的生态产业链合作，信息技术的发展使得在更大范围内构建虚拟型共生网络或生态工业系统成为可能。企业通过网络发布废弃物及可利用资源供求信息，将会有专门的机构成立，负责协助企业完成废弃物的利用和交换。三级工业园区生态系统应运而生。

三级工业园区生态系统是一个物质和能量循环的地理范围更大的半封闭循环系统。园区内的工业循环系统向园区外的产业系统开放，园区的废弃物与园区外产业组织的废弃物被彼此资源化利用，物质在园区内外的产业组织之间循环流动。虚拟生态工业园区、区域副产品交换网络是这个层级的表现形式。信息化技术和便利的物流网络是工业园区由二级生态系统向三级生态系统升级的关键。

四级工业园区生态系统为完全封闭式的循环系统。在这个层级，工业园区的产业循环系统向地球生物圈的所有生态系统开放，产业系统与其周围的自然生态系统融为一个整体，成为整个生态系统的一个子系统，产业系统自身的“废弃物”能够转化为被自然生态系统的其他成员利用的资源，产业系统参与到整个生物圈的封闭循环流动过程中，并使生物圈的物质循环能够维持平衡。这种系统把产业活动对自然资源的消耗和对环境的影响置于生态系统物质能量的总交换过程中，使产业活动对自然资源的消耗和对环境的负面影响降至最低水平，实现产业活动与生态系统的良性循环和可持续发展。目前，实现零排放的工业园区属于这个层级。

第四级工业园区生态系统是最高层级的工业园区生态系统。其构建的核心在于将产业活动物质生产过程中的资源和能量的消耗纳入到地球生物圈的整个生态系统的总交换中，实现产业生态系统的良性循环，因此，关键技术在于能够科学计算出自然生态系统能够消纳的产业系统废物排放量并能根据排放量指标控制产业循环系统的物质流动，以及能够将有害物质和产业系统废弃物转化为能被其他生物体利用或被无机环境吸收的物质或能量。

综上，工业园区生态化是一个从无循环到半封闭循环和封闭循环，从园区内循环到园区内外循环、从工业系统内循环到产业系统循环再到生物圈生态系统循环的演进过程。这个由低级系统向高级系统发展的过程具有明显的阶段性特征，各阶段具体的系统特征、观念、技术和组织特征也有所差异，因此，工业园区生态化政策目标应有层次性，针对处于不同阶段的工业园区，促进其观念转变、技术创新和组织创新的政策着力点应有所差异。

四、中国工业园区生态化实践及其存在问题

（一）工业园区生态化实践阶段及其目标

目前，中国工业园区生态化政策实践着重于末端治理、清洁生产、循环经济等治污减排技术和手段的推广。自 2000 年开始推动生态工业园区建设的探索和尝试，先后出台了《国家生态工业示范园区申报、命名和管理规定（试行）》(2003)、《生态工业示范园区规划指南（试行）》(2003)、《关于开展国家生态工业示范园区建设工作的通知》（环发［2007］51 号），《国家生态工业示范园区管理办法（试行）》（环发［2007］188 号），颁布了一批标准和指南，包括《行业类生态工业园区标准（试行）》（HJ/T273－2006）、《综合类生态工业园区标准（试行）》（HJ/T274－2006）、《静脉产业类生态工业园区标准（试行）》（HJ/T275－2006）以及《生态工业园区建设规划编制指南》（HJ/T409－2007），《关于在国家生态工业示范园区中加强发展低碳经济的通知》（环办函［2007］1359 号）这些标准和指南的出台，为国家生态工业示范园区规划和建设提供了依据和技术指导，并推动了各地生态工业园区的建设。

中国推动建立的生态工业示范园区是依据循环经济理念、工业生态学原理和清洁生产要求而设计建立的一种新型工业园区。它通过物流或能流传递等方式把不同工厂或企业连接起来，形成共享资源和互换副产品的产业共生组合，建立“生产者—消费者—分解者”的物质循环方式，使一家工厂的废物或副产品成为另一家工厂的原料或能源，寻求物质闭环循环、能量多级利用和废物产生最小化。中国的“生态工业园”等同于“工业共生”，是一种狭义的生态工业园内涵，属于封闭循环的二级工业园区生态系统。

中国的生态工业园区数量少，地区分布集中于东部经济发达地区。经过十年的政策推动，共建立54个国家级生态工业示范园区（截止2011年5月），分布在20个省、自治区和直辖市，其中，江苏省9个，占总数的16.67%；山东7个，占总数的12.96%；上海6个，占总数的11.11%；浙江5个，占总数的9.26%；湖南3个，占总数的5.56%；天津、山西、内蒙、辽宁、江西、河南、贵州、广东、安徽等9省市分别有2个，重庆、云南、陕西、河北、福建、北京等6省市分别有1个。从地区分部看，东部地区36个，占总数的66.67%；中西部地区18个，占总数的33.33%。

可见，中国绝大多数工业园区的生态化层级还属于第一级，只有为数不多的部分国家生态工业示范园区的生态化层级属于第二级，工业园区生态化实践总体上仍处于由一级系统向二级系统发展的阶段。在这个阶段，工业园区生态化政策的首要目标是促进各地兴建生态工业园或对已有工业园进行升级改造；其次要帮助已有生态工业园实现向三级系统升级。政策应着重引导树立废物也是资源的观念、促进园区内外生态链条（网）构建、支持静脉产业发展。

（二）中国工业园区生态化实践的关键问题及其原因

目前，中国工业园区生态化实践中存在政策体系不完善、措施不到位、资金投入不够、生态工业园区数量少、建设效果不乐观、示范效果不明显等诸多问题。其中，最根本的问题是企业参与工业园区生态化建设的积极性不高，未形成有效促进企业参与园区生态化建设的动力机制。

首先，中国的生态工业园区是以政府为主导推动建设的，企业的主体性作用未得到充分发挥。中国的生态工业园区一般是由政府先规划，建好基础设施，设定入园标准，再以各种优惠政策吸引符合条件的企业进驻园区。中央和地方政府以按相关标准进行建设、管理和验收的方式对生态工业示范园区进行宏观管理，园区的微观管理主体是隶属于园区所在的地区、具有浓厚的行政色彩的园区管理委员会，行业协会和企业的参与度比较低。

其次，中国相关法规政策不健全，特别是环境规制对企业行为的惩治性调控力度还不强，导致企业提高资源利用率、治污减排的积极性不高。以内蒙古包头白云鄂博主东矿为例，它拥有世界上最丰富的稀土资源和第二大钍资源，从资源利用情况看，目前以铁精矿被利用，稀土仅作为副产品回收，钍、铌等资源未加回收，资源利用率只有10%，浪费了10%多，70%多放在尾矿坝。

废弃物直接堆放，造成尾矿坝周边地下水污染严重、大量耕地荒废，与稀土矿伴生的放射性元素造成周边居民癌症等疾病高发。企业不重视解决这些问题主要因为稀土资源很多，价格不高，从废品中回收提取并不合算，而且因为没有稀土工业污染物排放标准的制约（2011 年 10 月 1 日起才开始实施），企业排污成本远低于治污成本。王震等人在江苏的调查也发现，目前污染企业所交的超标准排污费只相当于污染治理费用的 10% ~15%，客观上鼓励企业宁愿交纳排污费也不积极治理污染。在技术可行的情况下，许多企业没有使用废弃物及副产品作为生产原料，是因为其所带来的经济利益远远小于直接使用新原料生产产品。

再次，再生资源开发技术创新和静脉产业发展缓慢，企业清洁生产、废料再生利用成本高、难度大。废物的资源化、生态效率的提高、能源与资源消耗的降低和废物的减排都需要先进的生产技术和工艺。目前，中国与生态工业发展相关的技术尚显薄弱，生态工业链中的物质流动过程和产品生产过程的生态化改造缺少技术支撑，制约了先进理念、管理和工具的有效发挥，一定程度上限制了物质的减量化、资源化和再利用。

静脉产业（资源再生利用产业）是工业园区生态化的一个重要构成，类似于食物链中的分解者，具有关不可或缺的重要地位。然而，中国再生资源加工业业整体规模小，在工业产业中的比重还比较低。2009 年废弃资源和废旧材料回收加工业规模以上工业企业单位共 1165 个，占工业企业总数的比重为 0.27%，总产值占工业总产值的比重仅为 0.26%，这与静脉产业已经成为支撑基础工业发展的重要产业的日本相比还有较大差距。静脉产业类生态工业园区发展也比较缓慢，自 2006 年中国批准青岛新天地静脉产业园为第一个静脉产业类生态工业园区以来，至今仍只有一家。受到经济、社会和环境等因素的制约，静脉产业类园区发展速度缓慢，难以满足中国不断严峻的对固体废物资源化利用的需求。

最后，鼓励性、支持性政策和措施不足，信息共享服务机制缺失。目前中国政府对生态工业园区建设的支持主要在宣传和引导层面，鼓励生态工业园区发展的宏观调控、财税金融优惠、激励机制等方面的政策还存在一定缺失。政策支持不足，成为制约生态工业园区发展的一个重要因素。园区生态化政策实践偏重于强调建立工业共生体，形成物质和能量内部循环的“闭环”系统即生态工业园。这种闭环系统对共生企业的要求比较高，并不适用于大部分的工业园区。绝大部分园区的工作重点还是招商引资发展高新技术产业，而非引进补链企业实现工业共生。

缺乏相关技术、废弃物和副产品等信息共享的公共服务平台也是制约工业园区生态化的重要因素。在有的园区里，企业并不知道园区内其他企业的废弃物及副产品产生状况，并不知道自己可以使用哪些废弃物及副产品，也不知道自己产生的废弃物及副产品可以给哪些其他企业使用。

五、中国工业园区生态化政策建议

（一）明确以市场机制为主，政府协调为辅的工业园区生态化政策功能定位

企业是工业园区的主体，最终决定工业园区生态化水平的不是政府行为而是企业行为。因为是企业而不是政府来选择、开发、实施和认知技术。因此，政府在工业园区生态化中的作用应该是以“市场机制”为主，“政府协调”为辅，根据当地产业的发展情况，分阶段发挥“制度供给者”与“协调者”的角色，弥补市场失灵。

企业行为的根本动机是追求企业经济效益和长期发展。生态工业园里的企业生物群落，可以通过包括能源、水和物料等基本要素在内的环境与资源的合作和管理来实现生态与经济双重优化和协调发展，最终使该企业群落寻求一种比每个公司优化个体表现就会实现的个体效益之和还要大得多的群体效益（MoranS，Holmes，1995）。这是推动工业园区企业参与工业生态化的最大动力。但是，在实践中，企业会遇到许多困难与障碍，技术的障碍、信息的障碍、经济的障碍、管理的障碍、激励的障碍（Gibbs，2002）。因此，在工业共生中，政府的作用不是一开始就规划生态工业园中的工业共生，而是要为工业共生创造其发展的条件，为那些已经出现或有可能出现共生现象的区域提供促进共生发展的政策及财政支持（Chertow，2005）。理论和实践均表明，在工业园区生态化进程中，政府部门应该借助政策及财政资源发挥引导和支持的作用，在起步阶段，以政策力量推动形成产业生态化动力机制和支持系统较为关键。

（二）构建以节能减排为阶段性目标的工业园区生态化政策体系

实现可持续发展是工业园区生态化的最终目标，而“节能、减排”是中国工业园区可持续发展的阶段性目标。围绕这个目标，工业园区生态化政策体系应包含三个层面和两种作用的政策。三个层面分别是宏观层面的产业结构调整，中观层面的工业共生和区域循环经济，微观层面的清洁生产。清洁生产、工业共生、循环经济是园区生态化建设的重点，产业结构调整是园区生态化的重要保障，现有或将来的产业结构是园区工业共生发展的基础和前提。两种作用指促进工业园区生态化的“推”、“拉”作用。推的政策指那类形成政府管制和制度条件约束、资源价格约束和社会绿色消费压力的政策；拉的政策指那些对企业的生态化行为以及为企业生态化提供公共服务、技术服务给予支持的政策。通过政策构建工业园区生态化的推拉机制，促进可持续发展目标的实现。在这方面，日本和欧盟国家的经验值得借鉴。

形成“推力”的政策有三个重点：一是建立资源环境定价机制，以价格机制形成对稀缺资源的保护性开发，促进企业提高资源利用率，循环使用资源。二是综合应用科斯手段和庇古手段，对环境污染实施严格管制；大幅度提高排污费和环境污染税的征收标准，扩大征收范围，对多因子污染物排放实行全部征收排污费，提高企业的排污成本。三是支持环保教育和相关 NGO 组织的发展，提高民众的环保意识，引导民众树立绿色消费观念和公害治理的维权意识，加大企业排污的社会压力。除了传统教育形式外，应鼓励发展会展式、旅游式环保教育，在一些重点旅游区域选择具有典型性的生态工业园支持其创新生态工业旅游示范园区，在具备条件的大城市建设以循环经济、生态家园为主题的具有循环经济科技展示功能、环保教育功能和休闲体验功能为一体的新型生态工业博览园。

形成“拉力”的政策有三方面的重点：一是促进静脉产业发展，降低其他工业企业治污和废弃物处理成本。正是由于有了相关法律的支持，日本生态工业园区的废弃物再生利用产业才能有序、规范地发展。如，一般废弃物中的废弃家电、废旧汽车、废容器等，分别被家电再利用法、汽车再利用法和容器包装再利用法所覆盖。建筑混合废物等废弃物的再生利用则是由建筑再利用法等相关法律所规定的。借鉴日本等国的经验，着手制订绿色消费、资源循环再生利用，以及家用电器、建筑材料、包装物品等行业在资源回收利用方面的政策法规，建立健全各类废物回收制度。二是加大对相关技术创新的投入，针对特定类型的废弃物循环利用，组织相关企业和科研部门进行技术攻关，促进形成废物循环利用技术研发和成果转化的官产学研一体化机制。可借鉴日本经验，在园区内开辟专门的实验研究区域，产、学、政府部门共同研究废弃物处理技术、再利用技术和环境污染物质合理控制技术，为企业开展废弃物再生、循环利用提供技术支持。三是搭建废弃物和副产品交易以及相关技术推广的信息交流平台。建设基于政府公共管理和服务的全国工业园区循环经济信息网，收集并发布入网工业园区废弃物、副产品、原料投入、产品输出等数据，既可作为政府搜集生产、污染物数据平台，也可为企业进行废弃物跨区域循环利用提供信息服务。

（三）合理规划园区布局和相关产业布局，依据规划，确定区域政策重点

工业园区生态化的发展具有自身的要求和特点，并不是每一个园区都适合建设生态工业园区，各工业园区生态化的标准也很难整齐划一，工业园区生态化具有明显的地域性特征，因此，工业园区生态化政策也必然要有区域性特征。首先要依据不同地区的工业企业分布情况、产业技术基础、物流条件、市场条件、环境消纳能力、同时也考虑废弃物资源的空间分布特征，合理规划工业生态园区和相关产业的区域布局，确定区域发展重点。然后，依据规划的布局，确定区域政策的支持重点，制定相关激励性政策，特别是促进静脉产业园区、以重污染产业为核心的产业园区和大型仓储物流系统合理布局的激励性政策，以政策创造一种有利于工业园区生态化的布局环境。

六、结束语

本文应用生态学、工业生态学的基本理论，结合生态工业园区、工业共生、循环经济、产业集群等领域的研究成果和中国工业园区生态化政策实践，对工业园区生态化的政策目标和政策要点作了一般意义上的框架性探讨，而设计具体政策还需要对以下重点主题进行深入研究：（1）工业园区生态化的微观层面案例研究，特别要研究以重点污染物排放企业为核心的工业区，如何实现排放物的循环使用，促进减排目标的实现。（2）中国典型行业废弃物的循

环利用现状和再生技术研究现状。（3）中国静脉产业发展现状及与动脉产业园区互动发展情况。（4）排污费、排污权交易、环境污染税和环境资源定价制度的国际经验。

（作者单位：北京石油化工学院人文社科学院）

农业污染排放与农业经济关系研究*

黎　霆　杨良敏

一、中国农业污染的现状

（一）农业污染排放形势严峻

在通常印象中，污染主要是由工业造成的，但事实上，农业污染排放所占的比例并不低，只是由于面源污染具有隐蔽、难以监测的特点，长期以来没有受到社会公众的关注。2010 年 2 月，环境保护部、国家统计局、农业部联合发布的《第一次全国污染源普查公报》显示：中国 2007 年度的农业化学需氧量（COD）排放量为 1324.09 万吨，占全部化学需氧量排放总量的 43.7%；农业源也是总氮、总磷排放的主要来源，其排放量分别为 270.46 万吨和 28.47 万吨，分别占排放总量的 57.2% 和 67.4%。2011 年 6 月，环保部副部长李干杰在新闻发布会上介绍说，农村的污染排放已经占到了全国的“半壁江山”，农村环境问题相当严峻，整治任务非常繁重。

由于农业污染是非点源污染，其形成机理和剂量—反应关系十分复杂，人们在现有技术条件下还很难对农业污染准确把握并加以控制。农业源污染物的统计和监测，目前在世界范围内都是一个难题。2010 年环保部《污染源普查

---

* 本文为国环保部“环保公益性行业科研专项”课题阶段性成果之一，项目号：201009066.

动态更新调查工作进展情况通报》就曾提到，在农业源调查方面，各地普遍反映没有经验，农业源污染物核算和数据填报仍存在困难，同时部分地方环保部门与农业等相关部门还存在沟通不畅、部门间协调不够的问题。总之，农业污染排放具有形势严峻、监管困难的特点。

（二）农业污染治理已提上议事日程

目前，中国的农业污染问题已得到党和政府的高度重视。在2008～2010年的3个中央一号文件中，都明确提到了农业污染的治理问题。例如，2010年一号文件第12条提出：加强农业面源污染治理，发展循环农业和生态农业。2009年的一号文件第14条提出：安排专门资金，实行以奖促治，支持农业农村污染治理。2008年一号文件第三部分第六条要求：加强农村节能减排工作，鼓励发展循环农业，推进以非粮油作物为主要原料的生物质能源研究和开发。加大农业面源污染防治力度，抓紧制定规划，切实增加投入，落实治理责任，加快重点区域治理步伐。“一号文件”连续关注农业污染治理，凸显了这一问题的重要性。

近年来，环保部门已开始着手推进农业污染的统计和监测工作。2009年环保部召开的全国环境统计工作会议决定，在2010年的污染源普查动态更新调查中，将农业源纳入环境统计。尽管面源污染的监测和治理有着较大的难度，但相信在决策层和有关部门的高度重视下，这一问题将得到妥善应对。

二、农业污染与农业经济间的规律

（一）模型设计

在经济增长和环境的研究中，环境库兹涅兹曲线（EKC）是最有影响力的理论，该理论认为大多数污染物的变动与人均国民收入水平的变动趋势呈现“倒U型”关系（Kuznets S.，1955）。这意味着，一个国家在工业化的起飞阶段，必然会出现一定程度的环境恶化，但当经济增长到一定程度后，环境改善随之出现，因此政府可以对环境污染采取无为而治的态度。此后，又有研究者提出了污染排放与经济增长之间存在着“倒N型”关系，例如，朱平辉、袁加军、曾五一（2010）通过空间面板模型，发现中国的人均工业废水、废气排放与人均GDP之间是“倒N型”关系。这一假设意味着，随着经济的发展，污染排放在下降之前还有一个上升的阶段，因而不能消极等待其自动下降，而应积极采取治理措施。此外，还可假设两者间是线性正相关关系，即农业经济总量越大，污染排放就越多。

本文拟通过实证分析，验证上述几种理论在中国农业污染领域是否成立。除关注农业经济总量与污染排放间的关系外，本文还关注农业经济结构与污染排放间的关系。农业经济结构是个复合概念，一般是指大农业中种植业、林业、畜牧业和渔业间的比例结构。本文采用种植业以外的农业产业产值占整个农业产值的比重来反映农业经济结构，一般认为，随着农业经济的发展，种植业所占比重会逐步降低，其他产业比重逐步提高。就农业污染排放与农业结构的关系，有研究者认为由于园艺产品及畜禽养殖的污染程度较传统种植业更重，所以农业多种经营将加大污染排放（邱君，2008）。本文也将通过定量分析对这一观点进行验证。但随着农业产业进一步升级，当出现农业集约经营时，就有条件对污染物进行集中处理，因而农业集约经营将减少污染排放。综合来看，农业经济总量、农业经济结构和污染排放间的关系如图1所示。

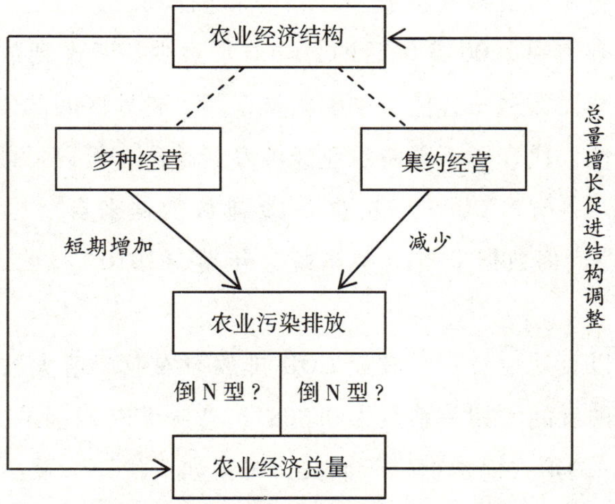

图1　农业经济总量、结构与污染排放间的关系

根据上述假设，决定用三种类型的方程分别估算农业污染排放（P）与农业总产值之间的关系，即一次曲线（双对数形式）、二次（库兹涅茨）曲线和三次（倒N型）曲线，最后通过计量经济学指标来判断哪种曲线更为合理。三种方程的形式分别如（1）~（3）式所示：

$$LnP = \alpha_0 + \alpha_1 LnY + \varepsilon \qquad (1)$$

$$P = \beta_0 + \beta_1 Y + \beta_2 Y^2 + \varepsilon \qquad (2)$$

$$P = \gamma_0 + \gamma_1 Y + \gamma_2 Y^2 + \gamma_3 Y^3 + \varepsilon \qquad (3)$$

在以上（1）~（3）式中，P代表农业污染排放，Y代表农业总产值，α_0、β_0、γ_0代表常数项，ε代表环境扰动项。

（二）实证分析

为研究农业污染物排放与农业经济间的关系，本文拟选择相关数据进行定量分析。从来源看，农业污染可分为化肥污染、农药污染、畜禽粪便污染及农膜污染等几大类；从形成的污染物看，《第一次全国污染源普查公报》列出的农业源污染物有化学需氧量（COD）、总氮、总磷、铜、锌等5种。其中，排放量最大同时也最具代表性的农业源污染物是COD，因而本文选择COD作为农业污染排放的典型环境指标。与此同时，采用统计年鉴中农林牧渔总产值作为农业经济总量指标。

1. 农业污染与农业经济总量间的关系

首先来看农业污染排放与农业经济总量间的关系。目前时间序列的COD排放数据只能查询到2000年以后的，样本量过少。考虑到数据的可得性，拟采用分省区的截面数据来替代。中国幅员辽阔，各地区间的发展差异较大并呈现连续的梯度性，代表了不同的农业经济发展阶段，可以借此考察相应阶段的农业污染特征。各省区2009年农业COD排放数据来自《中国环境统计年报（2010）》，农业产值数据来自《中国统计年鉴（2010）》，二者关系散点图如图2所示。

由图2可以直观地看到，农业COD排放与农业产值大致呈正相关，进一步测算可知，两者间的相关系数为0.8081，意味着有较强的线性正相关关系。现按方程（1）的形式对数据进行回归，可得如下估计结果：

$$LnP = \underset{(11.6764)}{0.7645LnY} - 2.8729 \qquad (4)$$

反映方程（4）拟合优度的R2达0.8246，同时自变量LnY的t值也较高，表示该方程有较理想的计量经济学性质，即可以认为两者间的线性正相关关系成立。具体来看，农业产值每增加1%，农业污染排放就增加0.7645%。

在2011年全国人大会议通过的“十二五”规划纲要中，明确提出了“主

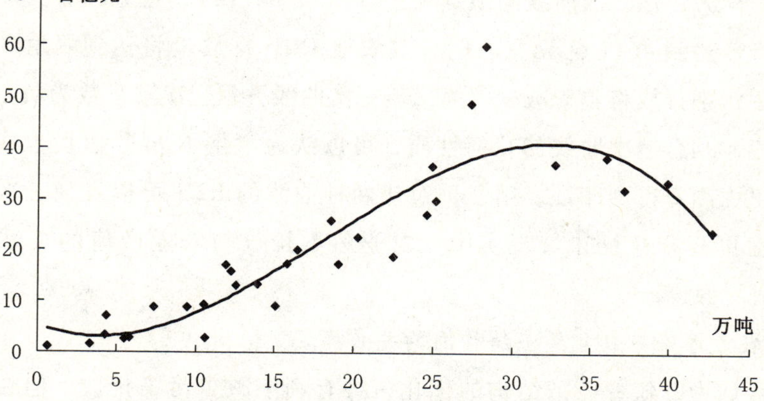

图2 2009 年各省区农业产值与 COD 排放关系散点图

要污染物排放总量显著减少”的目标，其中化学需氧量需减少 8%。由于污染排放和农业生产是双向因果关系，因而事实上还可以将农业总产值作为因变量进行回归，所得结果如式（5）所示：

$$LnY = 1.0787\underset{(11.6764)}{LnP} + 4.3571 \tag{5}$$

式（5）意味着，如果要让农业 COD 排放减少 1%，那么农业总产值将相应减少 1.0787%。假如农业减排与“十二五”减排总体目标保持一致，那么推算下来农业总产值将下降 8.63%。按照目前中国农产品供求紧平衡及需求继续增长的现状来看，未来 5 年农业产值只能增长不能下降，因此实现减排目标还需考虑采取其他措施，以实现增产和减排的双重目标。

接下来，分别按照方程（2）、（3）的形式对数据进行回归，所得的结果如表 1 所示。

表 1 各省区 COD 排放与农业产值方程估计结果

污染排放 P	模型系数				拟合优度 R2
	农业产值 Y	Y2	Y3	常数项	
二次曲线	1.3825	-0.0148	—	-0.1994	0.7707
三次曲线	0.7187	0.0160	-0.0004	2.5378	0.7882

观察表 1 中的结果，可以得出如下结论。第一，从二次曲线方程的系数来看，二次项系数为负，说明这是一条开口向下的抛物线，符合“倒 U 型”关

系假设。同时，该二次曲线的顶点为（46.77，32.13），这意味着当一个省区的农业产值达到4677亿元左右时，其农业COD排放量将达到峰值32.13万吨，随后污染排放将趋于减少。第二，三次曲线方程三次项系数为负、二次项系数为正，结合三次曲线的几何性质，可以认为“倒N型”假设也成立。这一点也可由图2得到印证。第三，对比两种曲线的R2，可以发现三次曲线的拟合优度更高，这意味着现实中，农业污染排放与农业产值的关系更符合“倒N型”假设。

2. 农业污染与农业经济结构间的关系

一般认为，随着经济结构的优化，将有利于减少污染排放。但在农业领域，情况可能更为复杂。如前所述，有观点认为如果传统种植业以外的产业比重增加，如蔬菜、花卉等园艺产业，以及畜禽、水产养殖业的发展，将给环境带来更大的压力。但随着农业结构的进一步优化，当出现集约经营时，污染排放将开始减少。因此，农业污染与农业经济结构间的关系，也将呈“倒U型”。

为验证这一假设，本文仍用2009年的分省数据，采用二次曲线进行拟合。其中，P仍为农业COD排放，S为各省区非种植业产值占农林牧渔总产值的比重。方程估计结果如式（6）所示：

$$P = \underset{(-1.5561)}{-0.0378S^2} + \underset{(1.5969)}{3.7375S} - 72.0707 \qquad (6)$$

在这一结果中，二次项系数为负，验证了农业污染与农业经济结构间呈“倒U型”关系的假设。即随着非种植业产值比重的增加，污染排放将经历一个先增后减的过程。

这一结果还能对上一小节中“倒N型”的形成机理作出解释：随着农业总产值的增加，农业开始了多种经营，但这导致了污染排放的增加；只有当农业进入集约经营的阶段后，污染排放才开始减少。这种先增后减的变化，使农业污染排放与农业总产值之间出现了“倒N型”关系。

三、基本结论与政策建议

（一）基本结论

基于实证分析，本文得出了如下基本结论。首先，中国农业污染排放问题形势严峻，但由于农业污染属面源污染，其统计和监测十分困难。党和政府高度重视农业污染的治理，环保部已着手将其纳入环境统计。其次，定量分析表明，农业污染排放与农业总产值之间呈高度正相关关系，同时按“倒U型”、“倒N型”假设所估计得出的方程都具有较好的拟合优度，表明这两种假设都可以成立，但比较之下，三次曲线方程的R2值更高，应认为“倒N型”更符合现实。这意味着，随着农业经济的发展，农业污染还有一个先上升的过程，积极实施治理的意义更为凸显。最后，从农业经济结构的角度来看，随着传统种植业以外的产业比重增加，农业污染排放也有一个先升后降的过程。这意味着，在农业实现多种经营的同时，我们更应注重推进农业的集约经营。

（二）政策建议

1. 以“十二五”规划纲要为指导，落实农业治污减排目标

“十一五”期间，中国节能减排取得了显著成绩，5年累计单位国内生产总值能耗下降19.1%，COD、二氧化硫排放分别减少12.45%和14.29%，超额完成了“十一五”规划提出的减排任务。在2011年全国人大会议通过的“十二五”规划纲要中，又提出了“化学需氧量、二氧化硫排放分别减少8%，氨氮、氮氧化物排放分别减少10%”的目标。农业源是“十二五”污染减排的重要内容，鉴于中国农业污染的严峻形势，农业领域应争先落实“十二五”规划纲要的目标，即4种主要污染物的减排比例分别不少于8%或10%。

但是，由于农业污染排放与农业产值之间存在很强的正相关关系，按式(5)所测算的，如果现有生产方式不变，实现农业COD排放减少8%，则农业总产值将下降8.63%，这一代价显然是无法承受的。为解决农业治污减排与农业生产发展间的矛盾，根本措施是加大农业投入，实现农业技术升级，发展生态农业和循环农业，以达到既发展农业生产，又减少污染排放的双重目标。具体来看，应按照“减量化、再使用、再循环”的原则，减少废弃物排放，循环利用资源，尽可能提高资源生产率。

2. 加强对农业污染排放的统计监测

面源污染并非完全不能识别的污染源，而是从经济学角度说，政府监测和管理的成本过高，存在信息不对称、排放途径不确定、多个污染者交叉排放等问题，导致现实中难以实施到位的监管。此外，目前中国对农业污染的负外部性特征认识仍不足，还没有充分认识到农业污染的严重后果，因而实践中往往

容易忽视对农业污染的监管。统计监测是治理农业污染排放的前提，为落实农业治污减排的目标，应加强对农业源污染的统计和监测。

2009年，环保部针对普查中农业面源排放情况，提出了将农业面源的重点污染源纳入环境统计和污染减排考核评估的思路。今后，应积极增加人员和经费，采取环保、农业、畜牧、水务等多部门联动的方式，有效开展对农业污染的统计和监测。

3. 提高农药化肥施用技术，减少环境污染

农业成为中国主要污染源的一个重要原因是，农业生产中过量使用了化肥和农药。目前，中国每年的化肥使用量超过5000万吨，占世界化肥施用总量的35%。从平均面积来看，中国每公顷农地的化肥使用量超过400千克，是美国的3倍多。河南省的一项调查表明，在当地农民施用的化肥中，只有约1/3被农作物吸收，其余的都成为了水源或土壤的污染。同时，中国每年农药使用量达30多万吨（原药量），这些农药只有30%～40%被农作物吸收，其余的部分则进入了水体、土壤或者残留在农产品中。化肥和农药的过量使用，不仅污染环境，而且直接损害了消费者的健康，造成食品质量安全问题。

研究表明，中国农民的施肥方法和施肥技术比较落后，肥料利用率很低，当季氮肥利用率只有30%～35%。同时，由于施药技术和药械的落后，中国农药的有效利用率只有20%～30%（发达国家可达60%～70%）。化肥、农药利用率过低，不仅增加了农业生产成本，也造成了严重的环境污染，亟需进行化肥、农药减量。目前，这一问题已引起了决策层的重视，例如，2010年的中央一号文件提出“扩大测土配方施肥、土壤有机质提升补贴规模和范围”。在具体措施上，首先，应鼓励生产高效、长效、低残留的化肥、农药产品，强制实行标识制度；其次，因地制宜地推广成熟的化肥农药使用技术，采用平衡施肥、改良施用方法等措施减少化肥农药的施用量；最后，应鼓励使用有机肥，建立环境友好的农业技术体系。

4. 推广农业集约经营，加大污染物处理力度

如前面所分析的，农业产业升级是一柄双刃剑，初期出现的多种经营将导致污染增加，而后期实现的集约经营有利于污染减少。目前，传统种植业以外的农业产业在农村经济中的作用越来越大，相当一部分地区已成为支柱产业。但是，其造成的污染也给当地环境造成了巨大的压力，广东省东莞市的“禁猪令”就是一个典型的例子。2007年，东莞市政府曾发出“禁猪令”，拟从

2009年1月1日起在全市范围内停止所有生猪养殖活动，理由是东莞环境容量日趋窘迫，不堪承受养猪业的污染之重。后来在社会各界的质疑下，东莞市政府宣布取消“禁猪令”，但与之配套的是制定了生猪养殖规范，进行东莞生猪定点基地认证。

东莞的案例表明，解决畜牧业等农业产业的高污染排放问题，不能简单地一禁了之。根本的解决方法应是积极推进农业集约经营，从技术上减少污染排放实现对污染物的集中处理。

5. 建立统筹兼顾的农业污染防治体系

中国农业污染问题的成因非常复杂。农业大量使用化肥和农药，主要和“人多地少”的国情有关。在有限的耕地上，要增加农产品产量，就不得不增加化肥、农药的投入。据测算，目前中国的农作物增产主要得益于化肥使用的增加。这一背景决定了，中国在制定和实施农业发展政策的时候，要综合考虑农业对环境的影响，同时环境政策的制定和实施也不能脱离农业发展的基本目标，要全面考虑其对农业产量、农民收入和农产品价格的影响。

在实践中，应综合运用庇古手段和科斯手段，开展农村环境连片整治，开展环境成效评估，推进农村环境综合整治目标责任制试点工作。充分借鉴欧美国家的先进经验，实施“农业—环境政策一体化”战略。考虑到过量使用化肥、农药和环境保护、农产品质量安全方面的法律体系不完善有关，还应建立完备的法律体系、经济约束手段及技术培训体系等。

（黎霆，国家粮食局助理研究员；杨良敏，《中国发展观察》杂志社编辑部副编审）

农村环境危机与我国城市化的政策选择

楚德江

随着工业化的发展和农业机械化水平的提高，农村剩余劳动力需要转移到第二产业和第三产业，这一进程通常导致大量人口从农村向城市迁移，并推动城市的发展和城市化水平的提升。中国政府基于人口总量过大和农村人口比例高的现实国情，为了避免大城市病以及大量农村人口向城市转移可能导致的失业问题和秩序失范，确定了“严格控制大城市规模，合理发展中小城市，大力发展小城镇”的城市化战略，通过“离土不离乡”的形式实现劳动力的就地转移，并运用户籍制度、土地制度、社会保障制度等构筑城乡人口流动的壁垒，试图尽可能小地减少人口迁移。然而，改革开放三十多年的实践表明，中国的城市化战略并不成功。由于乡镇企业普遍规模较小，技术水平较低，市场竞争力弱，对农村剩余劳动力的吸纳能力有限，又由于城镇规模小，基础设施建设单位成本较高，市政服务功能低下，第三产业发育不足，进一步削弱了城镇吸纳就业的能力。而且，农业工业化的发展占用了大量的耕地，农民的兼业化也降低了农业生产效率，有可能危及中国的粮食安全。更为严重的是，农村工业化导致工业污染从城市向农村蔓延，从根本上破坏了生态环境的自净能力，造成农村的环境危机，给生态环境带来难以扭转的危害，从而损害中国可持续发展的基础。

一、中国城市化战略的实质是农村工业化

上世纪50年代初期，随着中国城市工业的迅速恢复和发展，大量农民从农村进入城市，中国的城市化进程发展迅速，形成了中国城市化发展进程中的一个黄金时期。但从50年代中后期开始，中国城市化进程明显放缓直至停滞。其原因有多个方面：一是中国采取了重工业优先发展的工业化战略，而重工业的显著特征就是资本密集，对劳动力的需求和吸纳能力有限，导致中国的城市化进程明显低于工业化进程；二是出于对粮食安全的考虑。人多地少是中国的基本国情，解决民众的吃饭问题不仅是基本民生问题，也关系到国家的主权独立和自主。在农业机械化水平很低的情况下，大量农村人口进入城市就业会影响农业生产和粮食供给。三是出于对城市秩序和社会稳定的担忧。大量农村人口进入城市会给城市带来巨大的就业压力，城市失业的增加会对城市秩序和社会稳定造成冲击。相比较而言，在农村集体经济条件下的农村失业多是隐性的，对社会秩序的影响很小。基于这些考虑，中国长期实行严格的限制“农转非”的政策，甚至动员大批城市知青上山下乡，中国城市化水平陷于停滞。直到改革开放以后，中国的城市化进程才重新启动。

1. 乡镇企业的兴起和小城镇战略的提出

农村联产承包责任制的实行极大地提高了农民种粮的积极性，也解放了农村剩余劳动力，他们需要寻找新的就业机会。在城市工业效率低下、社会商品极为短缺的情况下，一些地方利用公社积累资金、大队积累资金、农户个人资金和当地剩余劳动力，兴办了一批社队企业（后来统一称之为乡镇企业），并很快得到国家的认可和支持，党的十一届三中全会就曾提出“社队企业（乡镇企业的前身）要有一个大发展”。随后，乡镇企业迅速发展，到80年代后期，乡镇企业产值已占国民经济的三分之一。在这一时期，乡镇企业甚至被很多人看作是中国未来发展的希望。随着乡镇企业的发展，到乡镇企业务工不仅成为转移当地农村剩余劳动力的主要途径，也是农民增收的一条重要渠道。在乡镇企业发达的地区，农民的非农收入已远超农业收入。同时，乡镇企业的发展也促进了小城镇的发展，城镇基础设施有所改善，商业及其他服务业也得到了发展。在这一背景下，以小城镇为主的城市化战略应运而生。除了乡镇企业的快速发展使人们对乡镇的未来充满期望的原因之外，政府和学术界之所以极

力推崇以小城镇为主的城市化战略，还受到以下因素的影响。一是对大城市病的恐惧。大城市病是因为人口向大城市聚集而形成的交通拥堵、环境污染、失业严重、治安恶化等问题。由于中国长期忽视城市规划和城市基础设施建设，尽管存在严格的户籍管制，许多大中城市的城市病已非常严重，根本无力接纳庞大的农村剩余劳动力。人们相信，如果允许农村剩余劳动力自由进入大中城市就业，一定会产生令人难以忍受的大城市病，最终会阻碍城市化的健康发展。二是学术界对中国城市化特殊性的论证。

赵喜顺认为，应从中国国情出发，走具有中国特色的城市化道路，而“离土不离乡”就是对这条道路的形象概括，是符合中国国情的城市化道路。黄维德也认为，劳动力离土不离乡的转移是农村经济发展的客观要求。石学锋声称，离土不离乡是农业剩余劳力转移的根本出路。费孝通指出，我们不走把农民集中到城市里去发展工业的路子，而是让农民把工业引进乡村来脱贫致富。这是在一定具体历史条件下作出的选择。他认为，中国采取“限制大城市，适当发展中等城市和大力发展小城镇”的基本国策是符合实际的最佳选择。三是长三角、珠三角地区小城镇快速发展所产生的示范效应。改革开放后珠三角、长三角部分地区工商业快速发展，城镇经济充满活力，人们相信，其它地区也能复制珠三角、长三角的经验，通过小城镇工商业的发展吸纳农村剩余劳动力。

2. 小城镇发展的基础是乡村工业化

早期的城镇多是乡镇政府所在地，通过政府投资建设学校、医院、日用品商店、农资商店、种子商店等，形成定期和不定期的集市，使之成为当地的行政和商业中心。但一般说来，这些集镇规模较小，能提供的就业机会较少。除少数地方因交通便利和具有其它特殊资源，可以发展商业、旅游业、矿产开采业之外，要想通过城镇来吸纳当地农村的剩余劳动力，唯一的出路就是兴办工业，通过兴办工业增加就业，促进城镇人口聚集，并带动商业和其它服务业的发展。可以说，没有乡村工业的发展，就没有小城镇的发展，也就无法通过小城镇来解决农村剩余劳动力的转移问题。

3. 地方主义和 GDP 至上的思想推动乡镇企业遍地开花

按照市场经济规律，资本总会选择具有更高回报的投资领域和投资区域。由于各地存在着交通、环境、资源条件等方面的差异，对资本投资就会具有不同的吸引力。但由于存在着严重的地方保护主义和 GDP 至上思想，各地都试图尽可能多地吸引外部投资，并尽力留住当地资本。因此，资本投资并不是严格按照市场规则进行，各地都倾向于把本地资源优先用于发展本土企业。一些乡镇甚至为了推动当地缫丝厂、卷烟厂的发展，强迫当地农民种桑养蚕、种植烟草等，这样做的结果就是乡镇企业遍地开花。同时，中国区域分割的现实和就地城市化的政策导向也要求各乡镇分散解决当地的剩余劳动力问题。然而，经济规律毕竟无法抗拒，乡镇企业的遍地开花并不意味着各地工业能够实现劳动力就地转移所必需的均衡发展。由于存在着自然、社会条件的差异，各地乡镇企业的发展并不均衡，工业发展所要求的规模效应也推动工业发达地区以更快的速度发展，更加剧了区域间的不均衡。这种不均衡要求并最终导致大规模农民工的跨区域转移。据据第六次人口普查数据，2010 年，跨县区流动人口数量达 2.21 亿。由此可见，乡镇企业遍地开花并不足以实现农村剩余劳动力的就地转移。这种转移不仅要求乡镇企业的快速发展，还要求各地乡镇企业的均衡发展。

二、农村环境危机是农村工业化的必然结果

从理论上来说，如果各地乡镇企业能够快速均衡地发展，小城镇吸纳农村剩余劳动力的能力逐步增强，实现一小城镇为主的以农民就地转移为基本特征的城市化战略并不是没有实现的可能。然而，从过去三十年的实践来看，农村工业化的探索在中国大部分地区均陷入失败，实现农民就地转移的期望也随之破灭。农村工业化的失败不仅根源于区域发展不平衡的市场规律，更是由于农村工业化带来的农村环境危机已危及到中国可持续发展的基础。与城市工业相比，以乡镇企业为代表的乡村工业对环境的污染更为严重，危害更广泛，污染治理也更困难，最终形成农村环境危机。

1. 乡镇工业与城市工业相比具有天生劣势，其发展需要得到特殊照顾

在现代社会，工业与城市之间存在着相互吸引、相互促进的关系。一方面，工业向城市聚集，推动了城市的形成和发展。另一方面，现代工业之所以在城市发展起来，是因为城市提供了工业发展所需要的一些基础条件，这些条件能够降低企业的运行和经营成本，提高其市场竞争能力。这些条件包括：（1）便利的交通。企业能够以更低的成本购进原料和运出产品。（2）技术支持。企业靠近高校和研究机构，能够获得最新的信息和科技支持。（3）良好

的基础设施。企业拥有稳定和廉价的供水、供电、废水排放等基础设施。(4)健全的生活设施和生活条件。这些条件为企业员工提供了便利的生产和生活环境。(5)靠近消费市场。城市人口密集，市场巨大。(6)规模效应。城市工业的聚集便于形成有效的产业链条，为企业生产提供产前、产中和产后的服务，提高企业生产效率和效益。除了农产品加工等少数涉农产业之外，乡镇企业在上述诸方面均处于劣势，难以形成有效的竞争优势。其实，乡镇企业主要是城市工业向农村扩散而形成的，其发展也需要依托城市工业所拥有的这些条件。这也是为什么乡镇企业发达的乡镇大多位于大中城市近郊，该地企业能够利用该城市所提供的上述基础条件。在远离城市的乡镇，乡镇企业要想快速发展，通常需要依靠其他方面的特殊照顾。

2. *乡镇企业的活力大多来自地方保护*

上世纪80年代乡镇企业的兴起得益于当时计划经济条件下形成的城市工业的低效和商品短缺的国情。随着90年代市场经济体制的建立和逐步完善，卖方市场渐渐被买方市场所取代，市场竞争日趋激烈，乡镇企业普遍遭遇困境。由于乡镇企业是乡镇财政的主要来源，各地为了吸引投资并促进乡镇企业的发展，纷纷推出各种优惠政策和保障措施。一是低价，甚至零地价提供建设用地，降低企业的建厂成本。二是给予一定时期的税收减免政策，减少企业的经营成本。三是放弃对工人的劳动保障责任，对企业不为员工购买社会保险的行为视而不见，在处理劳资冲突时站在资方一边，以减少企业运行成本。四是继续通过户籍及相关制度限制劳动力的自由流动。五是放任企业污染行为，帮助企业减少环保投入。更为严重的是，随着国家环保标准的提高以及城市居民对污染企业的不满日益加剧，许多高污染企业纷纷前往乡下。而乡镇为了吸引大项目投资，总是迫不及待地承诺给予宽松的环保标准。污染企业为了节省治污成本，也乐于迁往环保标准宽松的农村地区。地方政府为乡镇企业提供的这些优惠政策和措施，使乡镇企业处于有利的市场竞争地位，成为众多乡镇企业活力的重要来源。但很显然，这些优惠政策和措施不可避免地会带来诸多不良后果。

3. *农村环境危机是地方保护的必然结果*

相对于城市工业，乡镇企业普遍规模较小，技术水平和管理水平偏低，又缺乏城市工业所具有的区位优势和交通等基础条件，在市场竞争中通常处于劣势，其生存和发展常依赖于地方保护，而地方政府处于地方财政利益的考虑，也乐意提供保护。这种保护的结果，一是造成资源浪费，二是加剧环境污染。一些地方政府不仅放弃其对企业污染行为的监管责任，甚至打击民间环保人士，认为揭露当地企业的污染行为就是妨碍地方的发展大局。地方政府对企业污染行为的放任和偏袒行为常常处于非常有利的社会环境之中。一是乡镇企业的区域分布相对分散，这种分散的布局使得环保部门对企业排污行为的监督更为困难，监督成本更高。二是农民的环保意识不强。他们很难认识到企业污染行为对其生产和生活可能带来的灾难性后果。除非污染已经直接危及到他们的饮水安全或者农作物的生长，他们通常不会采取行动。同时，由于这些企业解决了许多当地农民的就业问题，农民们甚至对污染企业的到来持欢迎的态度。农村的贫困使得农民在很大程度上忽视了污染的危险。正如贝克所指出的，风险的全球性并不意味着风险在全球是平均分布的。恰恰相反，环境风险的第一定律是：污染与贫困形影相随。不过，随着污染带来的严重后果的日益显现，农民们也会改变他们原来的支持态度，甚至一些地方还因企业污染爆发了规模较大的群体性事件。比如：2005 年 4 月，浙江省东阳市画水镇化工污染，引发恶性群体性事件；2006 年陕西凤翔“血铅”案，引发恶性群体事件；2009 年湖南浏阳镉污染引发群体性事件等。

三、化解农村环境危机要求从根本上转变中国的城市化战略

化解农村环境危机必须深入分析危机背后的根源。在中国，以小城镇为主的城市化战略必然带来农村的工业化，而乡镇企业自身的不足要求得到地方政府的优惠政策和保护，其主要形式是土地出让优惠、税收减免和放任污染。这些保护性政策不仅带来土地浪费、市场不公，更会导致农村污染加剧，造成农村环境危机。因此，化解农村环境危机要求从根本上转变中国的城市化战略。

1. 农村环境危机难以持续

随着乡镇企业的兴起，农村环境恶化的速度惊人，农村环境污染已达到非常严重的程度。如在陕西凤翔“血铅”案中，与长青镇东岭集团冶炼公司毗邻的马道口村、孙家南头村 713 名儿童接受血铅检测，竟有 615 人血铅超标。湖北省竹山垃圾场的污染甚至导致树木死亡、粮食减产、水源污染严重，人畜不能饮用，农田污染严重，不适宜耕作。农村环境危机产生的影响非常广泛。

不仅直接影响到农民的生产与生活，而且可能危及整个国家的粮食安全。水源的污染导致农村居民缺乏安全的饮用水，并带来农村疾病的蔓延。乡镇企业大量占用土地导致耕地减少，而土地的污染还会导致生产的粮食不能食用。随着农村环境污染的加剧，自然界的净化能力将显著降低。与此同时，农村环境治理却更为困难。由于地方政府与企业存在着共同利益，对企业污染行为的监督和治理面临着更多的人为阻力和地方保护，导致监督乏力。同时，对乡村企业污染的监督和治理成本更高。城市工业区可通过建设大型污水处理厂集中处理企业污水，而在农村，却只能建设一个个分散的小型污水处理企业，这就极大地提高了农村企业污水处理的成本。又由于农村污染的分散性（与企业分布的分散性相关），其污染治理的难度更大。这表明，农村的污染已不能再继续下去。

2. 农村环境治理必然带来乡村工业的衰落，从而导致以小城镇为主的城市化战略的破产

治理农村环境危机，并不需要对农村环境给予特殊保护，而只需统一城乡在工业用地、税收、环保标准等方面的法律和制度，并加强执法和监督。即便如此，乡村工业仍会因城乡制度的统一而陷入困境。乡村工业相对于城市工业所具有的劣势使得乡村工业在市场竞争中处于不利地位。除少数与农村自然资源及农业生产相关的产业之外，很难在农村生存和发展。离开了地方保护，乡村工业的结局必然是走向衰落。由于中国的城市化战略寄希望于小城镇的发展，而离开了乡村工业的发展，小城镇的发展便失去了基础，依托小城镇来吸纳农村剩余劳动力的期望更是无法实现。当前，中国仍在通过户籍、就业、社会保障等制度把农村剩余劳动力强制性地留在农村，这种对农村剩余劳动力流动存在的制度性已成为当前农民工问题的制度性根源，其结果只会导致畸形发展的城镇化，不仅会带来农业发展的危机和资源配置的低效，而且会导致难以承受的农村环境风险。尽管存在种种限制，大中城市及发达地区仍然成为农村剩余劳动力流动的主要目的地，国家政策所期望实现的就地转移目标并没有成为现实。可以预见，如果小城镇发展失去特殊的地方保护和制度支持，以小城镇为主的城市化战略将彻底陷入失败。

3. 转变城市化战略是化解农村环境危机的根本措施

农村的环境危机根源于倾斜性的农村工业化政策和宽松的环保标准及环境监管，而这些又源自以小城镇为主城市化战略。从根本上化解农村环境危机需

要彻底转变中国的城市化战略。

城市化首先意味着农村剩余劳动力向城市转移，以小城镇为主的城市化战略希望实现农民的就地转移。实践证明，以小城镇为主的城市化导致工业布局的极度分散化，不仅效益低下，而且带来污染的扩散化，产生了严重的环境危机。同时，就地转移还要求各地乡村工业发展的均衡化。然而，由于各地在区位、交通、资源等方面存在着巨大差异，“华夏处处是工厂”的局面不可能出现。其实，即便这种情况能够出现，那也绝不是福音，而注定是一场灾难。

化解农村环境危机并不是要把这种危机转向城市或其它地方，因此，放弃小城镇为主的城市化战略，并不是要将目前的“严格控制大城市，适度发展中小城市，大力发展小城镇”的城市化战略替换为一个新的“严格控制什么，大力发展什么”的城市化战略，而是要在统一城乡土地、劳动、社保、环保等制度的前提下，放开户籍管制，建立就业地入户的户籍制度和以户籍人口增长为基础的建设用地审批制度，切实保障公民平等的就业权利和社会保障权利，主要依靠市场的力量来决定各城市的发展。之所以如此，是因为对于大、中、小城市及小城镇，不管政府采取控制还是大力发展的方针，都会扭曲市场机制并造成资源配置的低效。有学者提出大中小城市共同发展的城市化战略，但何为“共同发展”是语义不详的。是不是当小城市发展不足时就要实施小城市优先的政策以实现“共同发展”呢？笔者不主张以城市的规模差异而实行不同的政策，也不主张以特定的模式来规定城市发展的具体目标，而是主张各城市在平等制度下通过竞争谋求发展。在竞争中，一些小城镇可能发展成为大城市，而一些城市也可能因竞争走向衰落。只有实行以公平为基础的城市化战略，才不会因为“优先”发展某类城市而放松环境标准，从而造成环境的危机。

（作者单位：徐州师范大学管理学院）

农村水环境治理：微观透视与宏观思考

——以粤东地区刘厝寨村为个案

侯保疆　刘晓宁

数据显示，中国农村每年产生的90多亿吨生活污水大部分未经处理随意排放，农村每年产生的2.8亿吨的生活垃圾大部分没有得到处理，随意堆放在道路两旁、田边地头、水塘沟渠旁，致使河流、水塘以及地下水受到不同程度的污染。水环境污染不仅是农村水源地潜在的安全隐患，还会加剧淡水资源的短缺，使耕地灌溉得不到有效保障，最终危及农民群众的生存和发展。因此，重视与加强农村地区的水环境治理，确保农村水源安全和农民群众身体健康，是当前农村人居环境改善工作中亟待研究和解决的问题。本文拟通过微观透视粤东地区刘厝寨村的水环境状况，对其反映出的共性问题作出宏观思考。

一、刘厝寨村概况

刘厝寨村位于粤东地区的揭东县埔田镇西南部，汕梅高速公路贯穿境内，206国道复线穿越本村，交通十分便捷。村域总面积约2200亩，其中耕地占900多亩，山地占500多亩，农作物以竹笋为主，少量蔬菜和水稻。人口2900人。属亚热带季风气候，年日照时数1930小时，年平均气温21.7℃，年平均降水量1760mm，年均暴雨日7.5天。年平均相对湿度80.5%，年均≥8级大风日数为5天。对本地区影响较大的自然灾害主要为台风。

刘厝寨村是埔田镇行政村，目前分为东片、西片、中心区、南北区和张厝围五个区域进行管理，村委会坐落于中心区。其中张厝围是一个自然村，与刘厝寨村是行政上的隶属关系，村里经济保持独立，由“张厝围经济联合社”独立管理。村庄姓氏以刘姓为主，刘氏又分为新刘和老刘两个宗族，除此之外，还有张、朱、徐等姓氏。每个姓氏都有自己的宗祠。村民主要以竹笋种植和加工为业，每年四月至九月左右是竹笋收获期，部分村民以养鱼为生。村中部分青壮年选择外出务工。

二、刘厝寨村水环境现状

水环境是指自然界中水的形成、分布和转化所处空间的环境，水环境主要由地表水环境和地下水环境两部分组成。为弄清农村水环境现状，2010 年 7 月 5 日至 12 日，我们对刘厝寨村的水环境状况进行了调查，调查内容主要涉及饮水、灌溉、污水及垃圾处理、环境整治等。调查方式主要采用实地观察法、访谈法和问卷法，访谈对象有村委干部和村民，共发放问卷 15 份，回收有效问卷 15 份，村庄调查问卷一份，并有效回收。经归纳整理，目前刘厝寨村的水环境状况如下：

1. 生活用水：井水、山泉水水质目前尚可

刘厝寨村生活用水的主要来源是井水（地下水）和山泉水，并以井水为主。走访调查过程中发现，该村每家每户都挖有水井，日常的饮水、生活杂用水主要来源于此。水井与厨房紧挨，使用方便，水质目前尚可，但与从前相比有所下降，有时从水井中压上来的水里面会有些沉淀，在饮用时存在一定的顾虑，很多村民表示，如果水厂建起来还是愿意用水厂的水，毕竟经过消毒加工，用着放心。此外，刘厝寨村后面就是山，山上泉水丰富，甘甜可口，远近闻名，因此，也有少部分村民（据实地走访观察及问卷反馈显示，约占 20% 左右）自接管道，把山泉水引到自家，形成自来水供饮用，而井水则用作杂用水，如洗衣、冲厕等。目前村庄居民饮用水大部分都不成问题，每家都有自挖的水井，但是一年中也会有几个月，主要是秋冬季节时，雨水少，饮水也会出现一定的困难。

2. 灌溉用水：水塘、水坑蓄水水量有限，需求难以保障

目前村里大多数有农田的农户都是种植竹笋，只有极少数的农户种植水稻和蔬菜。村里现在存在灌溉取水难的问题。从前村里有四个较大的水库，灌溉主要靠从水库放出来的水，但是六七年前水库都被周围的水厂买走了，对揭东

县城及周围缺水的乡镇供水，水渠里没水，现在灌溉主要依靠地里的水塘、地边的水坑和山上流下来的水，或者村民自己在田中挖的水坑解决。遇需灌溉，就采用人力挑水的方式。但水塘或水坑蓄水量有限，当天气干雨水少时，经常没水，严重影响农田灌溉。

3. 排水：零纳管率，化粪池就地处理、自然排放

刘厝寨村目前尚没有铺设专门的污水收集管道，村庄污水主要靠化粪池就地处理，污水就地处理后，没有统一的收集途径，对村庄水环境产生较大影响。污水来源主要是村民生活污水。观察走访中发现，村里家家户户都有化粪池，因为不愿意往外挑，于是就建起化粪池，依此把粪便变成液体，排入门口修的小水沟，污水又从小水沟流入大水沟，大水沟里的水顺着地势，有的流到河里，有的流到地势低洼处渗入地下。由于家家都有化粪池，都需要排水，因此农户门前房边都有排放污水的水沟，污水混杂着垃圾自此流走，这些污水沟同时也被兼用作收集雨水，污水与雨水没有形成分开的、相互独立的收集系统。夏天天气热，这种污水沟不仅容易滋生蚊蝇等虫类，而且散发出一种难闻的味道，严重了影响了村民生活和村庄环境。村民家中的化粪池就建在厕所下面，而农户家里的水井和厕所的化粪池之间距离平均只有六七米，由于化粪池无法做到零渗漏，所以对地下水产生了一定程度的污染。据村民反映，现在的井水质量跟之前相比，明显下降了，以前刘厝寨的水是很出名的，甘甜爽口，跟矿泉水没什么差别，现在已经有所下降，靠山越近的地方，水质越好，因为这里受污染比较少。据此不难发现，单就目前来看，村民家中水井水质还可以，对饮用和生活影响不大，但是从长远来看，水质变坏是必然趋势，到了那时村民的饮用水就会成为一个非常棘手的问题。

4. 公厕：数量众多、设施原始简陋

刘厝寨村公共厕所数量众多，建筑结构原始，设施简陋，据村民反映，解放初期，村民没有余钱买化肥，于是就修了很多厕所用来储存粪便做肥料用。而现在这些公厕最初的作用已经丧失。2004 年下半年和 2007 年上半年，刘厝寨村分别开展了两期整治村容村貌的工程，主要针对村内无规划、乱搭乱建、生活污水乱排放等现象，还有一大推破旧、危险的老厕池、老猪舍等问题，村党总支村委会多次认真研究，大力开展整治行动。通过召开村两委、经联社联席扩大会议，老干部、老党员征询意见会议，村民代表会议和党员大会，广泛征求意见和大力宣传，争取村民理解、支持和配合，并成立了整治村容村貌工

作领导小组和理事会，制定实施方案。通过二期整治，共拆除填堵老厕池360个，留下12处，计划对之加以重修，对其加盖封顶，安装自来水；拆除老猪舍188个，老生产队间15间，以及乱搭乱建设施一批，并对全村边角地、拆除老厕池用地、老猪舍用地全部栽花植树，美化净化村居环境。

5. 固体垃圾处理：定点投放、掩埋为主

调查了解到，村庄水源污染源也发生了变化，从前村里种菜的农户较多，水体污染源主要来自菜地的农药污染，现在种菜的农户少了，这个已经不是主要的了，当前污染源主要来自生活垃圾的处理不当，除了生活污水之外，就是固体垃圾。村庄有几个固体垃圾投放点，村庄目前雇佣专门人员对垃圾进行收集，收集之后主要作掩埋处理（也有少部分进行焚烧），这种无防渗漏设施的简易处理，无疑会对地下水造成一定程度的污染。

6. 污水处理：规划建设中

刘厝寨村没有专门的污水处理设施，目前也并未纳入城镇污水收集与处理系统，或与周边村合力建立管理规范化的污水处理厂，各类污水基本上处于零处理、直接排放的原始状态。

根据观察走访，刘厝寨村目前生活污水处理过程大致是：

生活污水（洗衣、做饭、洁厕等）	流入	家庭卫生间下的化粪池	顺门口街边的排水沟流入	河流、沟渠、低洼地等

调研正值夏季最热的时候，排水沟里的水都是黑的，发出阵阵臭味。而且这些水沟就在居民门口房边，容易滋生蚊蝇，对村庄的卫生健康和整体环境美化产生了很大影响。村民对此也反映强烈，村委也着急改善，但是由于村村通水泥路刚修好，水沟也是那时建好的，若再重新规划，劳民伤财，急需一套合适的方案解决现存问题。

调研最后一天，村委成员带领我们到邻镇玉湖镇姑山社区进行了参观。姑山社区目前已经建好了生活污水厌氧处理大池，实现了包括居民生活污水和禽舍污水的零排放，并实现了“雨污分流”：生活污水通过地下管道排放，雨水则沿着原有路面水沟排放，干净整洁，原来污水臭味基本消失，居民生活质量得到提高。此外，该项工程还可以节省耕地，工程建设只占用房前屋后的空地即可，地面上仍可以覆土绿化；同时，可以有效改变地下水质。2010年9月底，刘厝寨村也准备启动厌氧污水处理池的建设工程，年底完成。考虑到厌氧大池对地势条件的要求，初步打算在东片和西片两个片区率先启动。厌氧大池建成之后，生活污水的处理流程如下：

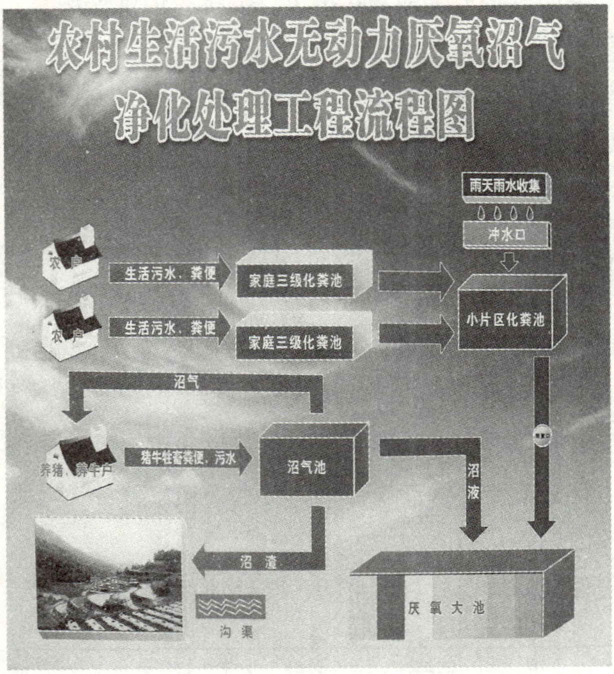

从流程图不难看出，生活污水、粪便经过家庭三级化粪池处理后会同地面收集的雨水进入小片区化粪池，同时养猪、养羊等的污水、粪便进入沼气池处理，沼液与小区化粪池的处理液都进入厌氧大池进行处理。经处理的污水进入沟渠形成灌溉用水。这样一来，不仅实现了污水的处理，美化净化了村庄环境，而且也实现了水资源的循环利用，解决了村庄农田的灌溉问题。

三、农村水环境问题的成因

透视刘厝寨村的水环境现状我们不难看出，目前其存在的突出问题是污水（包括生活和生产污水）零处理所造成的环境污染。其实，这是农村普通存在的问题。相关调查表明，全国农村每年产生生活污水约 80 多亿吨，大部分得不到有效处理，严重污染了农村地区居民的生存环境。总体来看，农村现代化进程中出现的诸如水环境污染等问题是由长期存在的二元社会结构决定的。在二元社会结构下，农村的水环境治理长期得不到重视，各类应与农村发展情况相配套的环保政策、机构、人员以及基础设施供给不足，导致农村“小污成大污”以致环境污染问题日益突显。具体而言有如下几方面的原因：

1. 农村环保机制不健全，缺乏相应的环保机构

中国的环境管理体系是建立在城市和重要点源污染防治上的，对农村污染及其特点重视不够，加之农村环境治理滞后于农村现代化进程，导致在解决农村环境问题上不仅力量薄弱而且适用性不强。当前，农村最基层的环保系统是县一级环保机构，县级以下政府基本没有专门的机构和专职工作人员。少数乡镇一级设有环保办公室、环保助理、环保员等环保机构，但他们在农村的工作仅限于农村工业。在新农村建设过程中，村中的环保工作主要由村干部代为管理，出于一些原因，比如没有相应的政策支持、财力物力人力有限、无相关技术指导、重经济轻环保等，容易导致农村环境管理混乱，由生活污水或生活固体废物等引起的看似微不足道的水环境污染问题得不到重视，进而对农村水源，尤其是地下水资源的长久保护埋下了隐患。

2. 农村污水治理配套设施落后，有效治理工艺推广难

尽管国内外处理农村污水的理论技术已经很成熟，但在实践应用方面基本上还处于试验阶段，没有得到有效推广。现行的很多治理方式有套用城市污水治理模式的嫌疑，这种方法的可行性是有待研究的。因为农村的现实状况与城市有很大差别，比如住宅结构、村庄规划、污水类型等等都存在很大差异；从横向来看，不同地区的农村情况又有很大差异，比如平原与山区之间、发达地区与欠发达地区之间、同一地区的不同村落之间等等也都存在着差异。而且目前农村地区污水处理配套设施建设相对匮乏，专门针对农村的污水处理厂还很罕见，存在的也不成规模和系统，再加之工艺落后，治理效果也不是很理想。因此，农村地区的污水处理必须经过实地考究，因地制宜，区别对待。

3. 村镇经济力量薄弱，资金筹集困难

一方面，目前城乡分治的现状，使得农村和城市之间存在着严重的分配不公现象。长期以来，中国污染投资大部分集中在工业领域和城市，随着污染情况的变化，农村从财政渠道几乎得不到污染治理的建设资金。另一方面，村镇经济力量有限，涉及到大的工程建设，往往出现心有余而力不足的尴尬局面。刘厝寨村东片和西片的污水厌氧处理大池工程建设初期规划耗资60万元，经费主要有两个来源：一是村庄筹资70%左右，主要来源是集体土地承包、出

租费；二是上级拨款，占总费用的30%左右，工程完工验收后拨发。之所以只选择两个片区进行建设，其中一个重要原因就是资金匮乏。在村民代表大会上，也有村民对此提出异议，村委对此也进行了无奈的解释。再者，农村污水处理投资大、见效慢，也是其融资难的一个重要原因。

四、农村水环境治理的对策

针对农村水环境问题出现的原因，我们认为在当前和今后一个时期农村水环境治理应做好如下几方面的工作：

1. 加强农村水环境保护立法，建立农村水环境保护机构

农村水环境是农村生存和发展的基础之一，农村水环境污染治理是新农村建设的重要内容。农村水环境治理工作必须建立在法制基础上。农村水环境保护法律法规的建设是社会主义法制建设中的重要组成部分，也是建设和谐社会所不可或缺的。然而纵观中国目前现行的法律体系，涉及农村环境保护的很少，其中有关农村水环境保护和污染治理的就更少；即使现有的一些条目也只限于原则性的规定，未把农村、农业和水资源保护统一起来。因此，如何从法律的角度把农村水环境保护工作提上日程对于农村水环境污染治理显得至关重要。此外，应尽快进一步加强农村环保机构建设试点，建立完善农村水环境监管制度，可以考虑先试点，再逐步推广。对于不同经济发展水平、不同人口密度和不同面积的乡镇，可考虑采用不同的模式进行乡镇水环境保护机构的设置。对于经济较发达、工业企业较集中、人口较多、环境监管任务较重的乡镇单独设立水环境保护机构，对于中西部偏僻山区的乡镇以及小流域范围乡镇分片设立，对地理空间相连的几个乡镇进行统一的环境管理。同时，编制人事部门要加大建立农村水环境保护机构的调研和支持力度。结合政府机构改革，研究出台农村基层水环境保护机构建设的指导性意见，对全国乡镇水环境机构建设做出规划和部署。

2. 充分发挥村民自治组织的作用，动员公众参与水环境保护

农村水环境保护领域是一个公共性领域，这种公共性决定了它在法律制度运行机制层面应是多元性的，同时，基于农村水环境问题很多地方法律保护乏力的现状，引入村民自治组织参与管理，可以在一定程度上弥补由于农村城镇化过程中问题的特殊性引起的法律规定的落差与不足。村民自治组织是从农村

土壤上生长和发展起来的，懂得乡村熟人社会的特殊运作，具有调动各种社会资源投入水环境保护的天然优势，它可以将村内所有单位和个人共同构建于水环境建设的网络，使村内各个成员和单位处于该网络的监督之下。因此，村民自治组织比起大型科层体系更具有灵活性和创造性。而广大农民是农村水环境保护的生力军，应充分利用广播、电视、报纸、宣传栏等途径对其进行生态和水环境保护知识的宣传和教育，使其充分认识到农村污水的现状和问题的严重性，建立公共参与机制。村委应经常举办各种关于水环境保护的活动，使村民都能参与进来，从源头上寻求化解问题的方法。

3. 构建多元资金保障体系

农村污水处理工程的建设费用主要有三个来源：一是政府投资；二是乡镇集资；三是市场化运作。其一，加大农村水环境治理的资金投入。目前农村水环境污染治理最大的瓶颈就是资金投入问题。政府部门应从财政预算中拨出一定的资金设立农村水环境保护专项资金，用于加强农村水环境的保护和基础设施建设，实现城市反哺农村、工业反哺农业，鼓励企业和民间资本投入到农村水环境保护项目中，以多元化的投融资机制进行农村的水环境整治。其二，因地制宜，鼓励村镇自筹资金。对于部分经济实力强的乡镇、村庄，政府可以引导企业将资金投入到乡村水环境保护中，或者鼓励其自行解决小型污水站的运行和管理费用。而对于不发达或者落后的地区，则应主要依靠政府拨款，少部分依靠村民集资。其三，市场化运作，引入社会资金。资金是新农村建设的首要保证，同时也是实际工作中遇到的最大问题。单纯依靠政府财政拨款或者村镇集资对于农村污水污染的预防与治理并不是长久之策，必须引入社会资金，形成长效的资金保障机制，比如引入多元投资、融资还贷、多方参与等方式，通过市场化的运作方式，开拓资金渠道。

（作者单位：汕头大学）

现代农业要求下农业环境保护路径选择

何传新

胡锦涛总书记在中央人口资源环境工作座谈会上指出："我们务必高度重视，按照树立和落实科学发展观的要求，加强农村环境保护和生态环境保护。加强畜禽养殖污染防治，合理使用化肥、农药，发展生态农业，整治农村环境，切实解决农业和农村面源污染问题。"发展农业循环经济，节约农村能源，对促进现代农业发展，构建社会主义新农村，必将起到十分重要的作用。本文拟从泰安市循环经济发展的实际入手，分析和探讨农业循环经济发展道路。

泰安市是一个农业大市，71.5%的人口在农村，又是一个农业资源短缺的地区。人均水资源只占全国人均量的19.4%，人均可耕地面积只有0.84亩，低于全省1.27亩的水平，有2个县市区人均可耕地低于联合国粮农组织确定的0.8亩警戒线。泰安市农业面源污染在环境污染的贡献率占到四分之一。现代农业能否再上一个新水平，有一个新突破，很大程度上取决于农业环境的影响和制约。随着保护地栽培面积的不断增加，大棚菜的种植对地下水氮素的影响，秸秆焚烧对大气的污染和气候的影响，各地普遍的白色污染，都会成为现代农业的发展的制约因素。在推进农业现代化进程中，将长期面临农业资源短缺、环境污染与满足社会对农产品需求的矛盾。解决好这个矛盾，利用有限的农业资源，满足社会对农产品不断增长的数量与质量需求，实现生产发展与环境保护相协调，必须全面落实科学发展观，从根本上改变传统的、粗放型的农业增长方式，加强对农业资源的保护和开发利用，防治面源污染，保护生态环境，努力实现农业的可持续发展。

一、用先进的理念引领农作物秸秆还田和综合利用

泰安市是粮食主产区，小麦和玉米是产生秸秆数量最大的主要农作物。小麦、玉米常年种植面积在200万亩左右，分别产生秸秆90万吨、180万吨左右。全年秸秆总产量达到350万吨左右。为使作物秸秆得到充分利用，防止秸秆焚烧，通过宣传教育，培养农民节约能源，发展生态农业的先进理念，积极开展了以秸秆还田为重点的作物秸秆综合利用工作。

1. 因地制宜，搞好秸秆直接还田

农机部门在巩固小麦秸秆机械化还田成果的基础上，加快玉米秸秆还田机械的研制、引进和示范，全面提高秸秆还田机械化水平。今年以小麦联合收割机更新换代技术推广、花生机械化覆膜播种技术推广和地瓜地耕整扶垄机械化技术研制开发为重点，大力实施科技创新，认真落实科技兴粮计划。全市完成小麦联合收割机更新换代任务530台，小麦联合收割机保有量达到6116台，完成小麦联合机收面积222万亩，占小麦机收面积的95.8%；新增花生覆膜播种机492台，完成花生机械化覆膜播种面积39万亩；新增玉米贴茬直播机176台，完成玉米贴茬直播示范面积4.8万亩；建立玉米机收、机械化旱作节水、保护性耕作、花生、地瓜生产机械化示范点45处。

2. 结合畜牧业发展，推行秸秆过腹还田

近年来，全市紧紧围绕提高农业整体效益，增加农民收入，充分发挥山地、丘陵多，饲草秸秆资源丰富的优势，实行各种优惠扶持政策，大力发展畜牧业，使全市畜牧业生产得到长足发展，为搞好秸秆过腹还田提供了充分的条件。目前，全市上下掀起了发展奶牛的热潮，在蒙牛乳业、泰安亚奥特、金星乳业等龙头企业带动下，奶牛达到6万头。每年需要大量的饲草，各地在有条件的小区积极推广青贮、氨化、微贮等技术，麦秸粉碎后喂牛，推行过腹还田，增加土壤有机质，培肥地力。畜牧业的发展业推动了秸秆过腹还田，提高了秸秆综合利用率。

3. 麦秸堆沤腐熟还田

为提高农产品的质量安全水平和市场竞争力，进一步改善农业生态环境，我们大力推行农业标准化生产，发展安全食品需要大量有机肥料，“三夏”期间，各地结合夏季高温、多雨，秸秆易腐烂的特点，开展大积大造土杂肥活动，

把剩余的麦秸杂草进行堆沤腐熟，为安全食品生产提供了充足的有机肥料。

4. 结合食用菌生产，利用好秸秆

泰安市食用菌生产历史较长，品种较多。去年以来，结合农业种植结构调整，根据市场需求，大力发展食用菌生产。通过内引外联和大力宣传扶持，提高了广大农民对食用菌生产的积极性，形成许多食用菌生产专业村、专业乡镇。全市食用菌综合利用秸秆3.42万吨。仅宁阳县堽城镇就发展双孢菇大棚1000多个，年产量达130万公斤。

二、强化农业污染防治意识，加强对农业投入品使用的科学管理

科学合理使用农业投入品是保护生态环境，建设生态农业强市的重要措施。我们应从进一步强化农业污染防治入手，对农业投入品使用进行科学管理。

1. 大力推广配方施肥，减少土壤污染

搞好土壤养分长期定位监测，促进了配方施肥工作的开展。一是每年对160个土样进行了分析化验，分析化验土壤有机质、速效氮、磷、钾四项常规指标，共取得有效数据640个，掌握全市土壤养分现状、变化趋势及存在的问题。并编写了《泰安市土壤养分定位监测分析报告》，分析了全市土壤养分现状、变化趋势及存在的问题，提出了相应的对策及建议，增强了配方施肥的针对性，保障了测土配方面积的落实。二是做好新技术、新成果的应用，促进其转化。推广了“生物反应堆”新技术的应用。该技术采用生物技术将秸秆转化为农作物所需的二氧化碳、热量、抗病孢子和有机、无机养料，能够显著改善作物生态环境，促进作物的生长发育，从去冬今春试验作物的长势和产量水平看，效果良好，该技术的推广应用不仅改善了由于滥用化肥、农药造成的生态恶化、农产品有害物质超标问题，而且能够促进农业增产、农民增收，为秸秆的有效利用开辟了新途径。三是抓好了各种新型复合肥料、生物肥料的示范应用。为以后的推广应用提供了依据。抓好配方施肥推广工作，共推广配方施肥500万亩，其中测土配方施肥160万亩。

2. 大力推广绿色控害、病虫害综合防治新技术，提高三大效益

针对农作物病虫发生特点和生产实际，大力推广了行之有效的植保新技

术，取得了良好的经济、生态和社会效益，保证了泰安市农业生产的安全。一是掌握病虫发生动态，适时提出防治技术意见。先后下发了《春季麦田病虫草防治技术意见》、《麦田化学除草技术意见》、《春播作物病虫害防治技术意见》等。二是做好新农药试验示范，针对全市无公害农产品生产和五种高毒农药的限用禁用，加大了高效低毒农药和生物农药的筛选工作，实地做了11种新农药田间药效试验。三是大力推广安全控害技术规程，实行标准化防治。制定推广了16种作物的安全控害技术规程，先后下发《技术规程》单行本600本，建立示范点6处。引进了阿维菌素、核型多角体病毒等生物药剂，代替了部分化学药剂，减少了化学农药用量。调查保护利用害虫的天敌，利用其自然控制作用，尽量少用或不用农药。

3. 建立健全执法机构

农业行政主管理局设有农业综合执法办公室、农业环保站、农药检定所、植物保护站、土肥站、农村能源站；泰安市畜牧局设有畜牧站、兽医站、兽医卫生监督所、饲料兽药监察所。对各有关站室都明确了职能，实行定编定岗，开展农药、兽药、化肥、农膜、作物秸杆等农业面源污染的监督管理。目前，各县市区都成立了执法大队，共有农业投入品执法管理人员118人。同时成立了农产品质量检测服务中心，岱岳区、新泰市、肥城市农业局建立了农产品质量检测站，良庄、边院、伏山等6个乡镇和12个重点农业龙头企业建立了监测室，初步形成了市乡两级农业质量检测体系，定期开展农产品质量检测与监控。2004年以来，已化验土壤样品260个，检测肥料样品40个，检测蔬菜、水果等样品600余个。

4. 狠抓农业投入品监督管理

农业、畜牧、工商、质检、公安等部门密切配合，定期对基本农田、蔬菜、果树主产区、规模化畜禽养殖场的农业面源污染情况进行检查。主要检查农民安全合理用药情况、农资经营业户销售的农药、种子、化肥种类和质量。凡销售、使用国家明令禁用农药，违规使用国家限制农药的，严格依法查处。特别是对绿色、无公害农产品生产基地，实行了农资专供制度，设立了农资专供点，建立了农资销售档案，杜绝了高毒、高残留农药的使用，保证了产品质量，改善了农业生态环境。

三、抓好基地建设，促进农业标准化生产

经过近年来的不懈努力，泰安市无公害农产品、绿色、有机食品认证步入规范、统一、有序和快速发展的轨道，并逐步形成全市“一盘棋”发展格局。目前全市农产品认证总面积为192万亩，总产量为389.31万吨，蔬菜89万亩，产量294.14万吨。其中无公害面积为126.26万亩，年产量为270.23万吨，分布51个乡镇基地，38个品种，82个产品，57个品牌，其中蔬菜68万亩，产量222万吨；绿色食品面积为48.7万亩，年产量为63.32万吨，16个品牌，20个产品，其中蔬菜7.2万亩，产量19万吨；有机食品面积为16.98万亩，年产量为55.76万吨，分布在200多个农场基地，10余家加工龙头企业，30多个品种，其中蔬菜13.19万亩，产量52.76万吨，继续保持全省和全国领先地位。全市农产品质量安全认证保持了快速发展的态势，具备了很好的发展基础和总量规模。各级在抓农产品质量认证的同时，切实把生产基地的建设牢牢抓在手上。目前全市无公害农产品、绿色、有机食品示范基地管理工作正向规范化方向发展。还统一编制了基地生产、产品抽检、销售等情况的管理档案，并积极争取申报了岱岳区等3处省定点生产示范基地。肥城市农业局印发了8万套栽培管理档案，全部下发，基地种植户全部填写完成。宁阳县实施标准化生产、规范化检测、品牌化认证、准入化上市、系列化服务“五化”措施，基地管理坚持做到“三统、三禁、一档、一书”，即统一配方施肥、统一施用生物农药、统一田间管理措施，禁止施用劣质化肥、禁止施用高毒高残留农药、禁止污水浇灌，建立生产技术档案，实行生产保证书制度，有效地遏止了高毒、高残留农业投入品使用。

四、大力推广生态农业生产模式

生态农业是实现农村生态和经济协调发展，农业和农村经济可持续发展的可靠途径，是确保农产品质量安全的基础，实现农业现代化的必由之路。几年来，对市境内山区、丘陵、平原农业、湖区涝洼等不同生态区域的种植模式进行研究，对充分利用其地理环境和资源优势的生态农业新技术、新模式进行了筛选、完善和推广，取得了显著的经济效益、生态效益和社会效益，为农民增

收、农业增效起到了重要作用。

1. 积极改进、完善山区生态农业技术开发模式

为了山区农业可持续发展，探索适合全市山区生态农业的路子，实施了岱岳区下港乡生态农业建设样板工程。本着宜林则林、宜果则果、宜农则农、宜牧则牧的原则，实现农业环境资源合理配置，走经济林与干鲜果业、农业种植业和牧畜业共同发展的新路子，遵照协调农、林、牧各业，体现整体、协调、再生、循环的原理。根据本乡实际，对山、田、林、路、水、村综合治理，引进旱作农业节水技术，“沃土”工程、果园杂草技术和“一减双保”工程的实施，结合环境资源优势，重点推广了山—水—果、林—果—种、山—水—园—游三个生态模式20万亩。全乡共累计投入资金1200万元，投工300万个，坚持多管齐下，综合治理，突出重点，全面推进的原则，一改过去的山区农业环境资源无序开采，建成了现在的“山顶松槐戴帽，山间果树缠腰，山下良田成方”的绿化格局，林木覆盖率达79%。发挥山区环境优势，山外山度假旅游区初具规模，过去的贫穷山区已建成了林茂粮丰，山川秀美的观光农业乡镇，成为著名的泰山旅游的一个新的景点。

2. 因地制宜进行丘陵区生态农业技术开发

泰安市丘陵面积较大，是全市林果业发展基地，但是多为土层瘠薄，地力条件差，生态平衡失调，化肥、农药不科学使用现象严重。为此，搞好丘陵区生态农业建设是泰安市促进经济发展的重要路子。近年来，随着全市农业种植业的科学布局，经过多次考察，与林果专业户座谈讨论，反复论证，将沼气池建在果园内，与养猪业结合，推广了猪—沼—果的生态农业模式。在全市建起了容积10立方米的沼气池1000多口，优化了生态环境，减少农药化肥的使用，保护了有益昆虫和鸟类，保护和维持生态平衡，解决了农户的做饭、照明等实际问题。一个“猪—沼—果”模式当年可实现增收节支4000元左右，全市累计纯增经济效益1800万元。

3. 加强平原农区生态农业技术推广

平原是粮、油、菜及牧畜业发展基地，在该地区坚持水、林、田、路综合治理原则，推广了农、林、牧协调发展的生态农业模式，构成了田成方、林成网、路相通、渠相连的生态农业新格局。针对平原区农作物秸秆逐年增多的情况，一是推广了秸秆青贮技术，实现秸秆过腹还田，促进了畜牧业的发展也解决了秸秆散放污染的问题；二是推广应用了秸秆氨化，中温发酵技术，利用秸

秆发展食用菌技术，增加了秸秆科学利用，净化了农村环境；同时，推广了麦田高留茬，玉米复草技术，增加了土壤有机质含量，确保土壤微生物的多样性，加大了土壤资源的持续利用。

4. 改造湖区涝洼，推广高产高效生态模式

湖区涝洼地主要在东平湖区，由于东平湖担负着黄河下游泄洪任务，常年蓄水，形成大面积荒泽涝洼面积达 14 万亩，不但没有经济收益，而且夏秋蚊蝇滋生，东亚飞蝗危害严重，常因治蝗造成环境污染。为加快湖区脱贫的步伐，结合南水北调工程，推广了“渔粮菜”、“渔牧草”两种生态模式。目前 14 万亩涝洼地，已改造 8 万亩，并形成大蒜、大豆、莲藕等无公害农产品生产基地和无公害“东平糟鱼”生产基地。大蒜加工厂、大豆加工厂已经具规模，产品出口日本、韩国等国家。将昔日蝗虫区涝洼地改良成了鱼粮双丰、牛羊成群的生态农业发展基地。

（作者单位：泰安市委党校）

我国流域治理机制创新的目标模式与政策含义

——以闽江流域为例

胡　熠

流域治理机制是指流域治理体制的构造、功能，以及该体制为了达到预期目标而展开的相互协同和制约关系。它包括三项基本内容：一是治理主体及其相互关系，治理主体是单一的政府组织，还是包括政府、企业和第三部门等多元主体的共同参与；二是治理手段如何，在不同的治理体制下，治理主体会采取不同的政策工具组合；三是治理制度，包括正式和非正式的制度安排，它是治理主体间以及治理方式差异的制度基础。按照治理主体、手段和制度差异，流域治理机制可分为科层管制、市场交易、自治化和网络化等四种机制。

一、中国流域科层治理机制的缺陷

新中国成立后，尤其是改革开放以来，中国逐步形成了以政府为主体、以命令控制为主要手段的流域科层治理机制，为中国工业化和城市化进程中有效扼制流域水污染发挥了积极的作用。但其运行过程也存在诸多制度缺陷：

1. 各级政府扮演着流域治理的单边主体

当前，中国各级政府既是生态公共服务的供给主体，又是重要的直接生产主体，承担着流域生态环境治理的主体责任，而作为生态资源消费者的企业和社会公众，对生态环境保护的参与度较低。这是因为：一方面以追求利润最大化为导向的企业和具有利己本性的公众个人，在流域生态治理和环境保护中往往会采取不合作的策略，它们多数缺乏参与环境保护的主动性，而是尽可能地利用流域公共资源谋取自身利益。充满机会主义的企业偷排行为、点多面广的农业面源污染以及随意堆积的城乡生活垃圾成为科层治理机制无法破解的难题。另一方面由于中国对公众参与环境保护的权利、程序、方式等的相关法律体系和管理体制尚不健全，政府在流域水资源综合开发和水环境保护过程中也不太愿意与公众沟通与协调。正如K·威廉·伊斯特等指出的那样：流域管理的传统规划往往是从工程的角度出发的，而且大部分规划者不是来自流域地区；流域内的公众的态度往往被视为流域开发障碍或问题的一部分，在某些场合下被忽略掉，结果导致许多在这些前提下制定的流域管理规划的失败。

2. 政府职能分工诱发“碎片化权威”

目前中国实行流域管理和行政区管理相结合的流域管理体制，其实质就是以条条为主、条块分割的多头管理体制，形成了“管水量的不管水源、管水源的不管供水、管供水的不管排水、管排水的不管治污”的尴尬局面。各个职能部门总是根据自身利益影响流域治理政策的制定、执行和监督过程，使得没有哪个职能部门的权威超过其它部门，即出现的所谓的“碎片化权威”。以水电站建设为例，水利部门关注流域水资源利用率和防洪安全，环境保门关注电站建设带来的生态影响，交通部门关注电站最小下泄流量对航运的影响，等等。取得这些主体的一致同意是政策制定的必要前提，这些机构之间总是立足部门利益考虑问题，努力争取更大的权力并创造可享受的利益，却没有任何制约关系，谁也无权命令或指挥、协调别的机构，部门间责任权利边界模糊导致经常出现沟通不畅、协作不力、相互推诿与扯皮的现象。

3. 流域区际政府缺乏有效的协作机制

流域生态资源属于公共池塘资源，其综合开发过程具有非排他性、非竞争性和不可分割性等特征，容易诱发“公地悲剧”和外部效应。“我花钱种树，他免费乘凉”、“上游保护，下游受益”、“上游污染，下游遭殃”，是目前中国流域生态环境治理中体制性矛盾的生动写照，也是流域行政区际缺乏有效协作机制的集中表现。目前中国流域综合开发规划、水环境功能区划等与行政区经济与社会发展规划表现出明显的分割倾向，前者对后者难以发挥基础性、先导性和制约性作用。为谋求区域经济的发展，各行政区政府在水资源综合中存在严重的机会主义倾向，努力通过外溢效应降低生态治理成本。如不少流域上游就出现了许多未经区际协商和上级部门的“擦边球”工程，引发出争水利让水害的矛盾。大量未经规划、环评、审批就擅自建设的违规电站，没有按照要求保证必要的最小下泄流量，引起流域生态恶化和航运标准下降，影响下游地区城乡居民的生产生活。

在科层治理体制下，地方政府是行政区经济发展和环境保护的双重责任主体。两种相互矛盾的角色，使得地方政府在流域治理中表现出约束软化和激励缺失，导致“公共悖论”，即作为公共利益代表的地方政府官员却恣意追求以经济发展和财税增长为核心的个人政绩，在环境监管中存在着“虚位”、“缺位”和“错位”等现象，加剧中国流域生态环境的恶化。中国河流、河段已有近1/4因污染而不能满足灌溉用水要求，失去水体功能；湖泊约有75%的水域受到显著污染；缺水城市达300多座，受影响人口在1亿以上；农村有3亿多人饮水不安全。在部分地区和流域，水污染已经呈现出从支流向干流延伸、从城市向农村蔓延、从地表向地下渗透、从陆地向海洋发展的趋势。

二、流域治理机制创新的价值取向

水是生命之源，生产之要，生态之基。保护流域水资源是保护人类生命的生命线。中国是世界上人均自然资源较少的国家，水资源人均占有量少且时空分布很不均衡。随着工业化和城镇化的深入发展，流域水短缺、水污染和水浪费三种现象并存已成为影响中国经济社会与生态和谐发展的突出问题。流域生态安全危机不仅与中国工业化中后期的经济发展阶段以及粗放型的经济发展方式密切相联，而且也与碎片化的科层治理机制密不可分。推进中国流域治理机制创新，在政府单边治理的科层机制基础上引入多元参与的网络治理机制，显得重要而紧迫。

1. 流域生态系统复杂性和多功能性的客观要求

流域水资源具有开放区、区域性和流动性等自然特性，流域地下水和地上水、下游水与上游水之间相互关联，因此，流域水资源开发、利用和保护，具有典型的流域性和行政区域外部性。流域作为复杂、动态和不确定性的生态环境系统，其综合开发呈现主体多元化、开发方式多样化和时空布局分散化等特点，使之更适合实行网络化治理，其包含两层内涵：一是行政区域管理要服从流域统一管理。政府对水资源管理需要在流域范围内统一考虑，在维持流域生态要素完整性的前提下，按照流域水环境功能区划，合理布局上下游行政区际之间水资源综合开发项目，才能更好地发挥水资源的综合效益。二是部门专业管理要服从流域综合管理。流域综合开发的管理和组织，必须依靠各“条条”、“块块”的积极参与和协同管理；同时，又要求这些“条条”和“块块”管理纳入流域统一管理的轨道。网络化治理，不仅要协调政府部门利益，同时要进行不同行业、不同主体之间的相关权益或负担分配，在区域范围内实现公平和效益。

2. 发达国家流域治理的普遍经验

基于流域水资源管理与水污染防治的广泛性和社会性，许多国家都建立了跨地区、跨部门、跨行业协作机制和第三部门参与机制。它们在推进府际横向、纵向协同治理的同时，还相当重视民主协商和公众参与，并将其作为流域治理的关键因素。流域治理参与者有专属流域机构、流域区内政府、流域区内拥有土地的农场主及其他代表，如法国的流域委员会中，政府和专家代表、选民代表和用户代表各占1/3，被称为“水务议会”，目前用水户组织已成为用水改革的主要力量。澳大利亚采用了全流域管理（TCM）的方法，TCM的主题就是“公众与政府一起努力”，当地居民可以组成团体（如关注水利组织）一起解决共同的地方问题，或派代表参加具有更广泛意义的流域管理委员会。在美国，《清洁水法》明确规定了公众在政府实施NPDES（国家污染物排放清除系统）各个阶段所拥有的权利：制定有关NPDES的规则时必须通知公众和接受公众审查；在审批NPDES许可证时组织公众听证会；被许可人的监测记录、排污报告等文件属于公共文件，公众有权审查。这些都为流域水资源开发和水污染防治提供了广泛的民众基础。

3. 科层治理体制“碎片化”缝合的必然选择

国内外实践均表明，单纯依靠行政主导的流域治理机制，难以解决复杂、动态的流域问题。排污权（取水权）等市场交易机制和小规模的自主治理机制，也只能在条件适合的局限区域开展，发挥补充性的作用。网络治理机制比科层机制更灵活，比市场机制更稳定，比自治化机制更适用，具有明显的制度优势和更广泛的适用空间。基于组织间网络理论建构的“多中心”网络化治理机制，超越了传统科层治理机制的等级偏见，意味着垂直的、自上而下的、单一的控制结构转变为网络的、双向互动的、多元的参与结构。流域网络治理机制，就是要实现跨地区、跨部门、跨行业、跨领域的合作，形成政府、企业、第三部门、公众个人等多元参与的制度安排，实现信息透明且流动充分，连接以信任和合作的社会资本，将科层治理体制中分散的“小碎片”整合为“大碎片”，促进流域治理各个主体的协同效应，增强流域治理的整体效应。网络化治理的优势在于专门化、创新性、速度和灵活性以及扩大的影响力等，“将碎片拼接，也就是说各个组织所组成的网络，可以增加它们每个个体的效能”。

三、流域网络治理机制的内涵与框架

在流域科层治理机制基础上引入网络治理机制，就是要实现纵向横向府际之间以及政府与企业、第三部门等多元行动主体之间基于信任、规范而开展互动双向的合作，共同管理流域公共事务的过程。它具有治理主体多元化、治理手段多样化和治理目标一致性等特点，基本框架是分层治理和伙伴治理的有机结合。所谓分层治理，就是按照流域统一管理的要求，由流域管理机构和其他涉水职能部门承担流域综合开发规划与流域治理政策的制定、执行和监督等职能，不同层级行政区政府按照流域主体功能区划和行政首长环境责任制考核要求，承担辖区流域治理的责任。所谓伙伴治理，是指各个层次行政区内部政府通过激励性政策安排，引导企业、社会参与流域治理；以及流域上下游行政区间采取民主协调方式，解决流域水资源综合开发、跨界水污染和区际生态补偿问题，实现外部效应的内在化。流域网络治理机制具体包括内容：

1. 强有力的流域统一管理

都柏林原则第 1 条指出：“淡水是一种有限而脆弱的资源，对于维持生命、发展和环境必不可少。”将可持续发展原则转变为具体行动，就必须实行水资源统一管理。“水资源统一管理是以公平的方式，在不损害重要生态系统可持续性条件下，促进水、土及相关资源的协调开发和管理，以使经济和社会财富最大化的过程。”加强和发展流域统一管理，已成为一种世界性的趋势和成功模式。在当前中国以科层治理机制为主导的制度框架下，针对流域水资源和水环境分割管理的格局，要进一步完善流域水资源保护和水污染防治协调机制，将流域水资源开发利用与环境保护、维持生态平衡等方面结合起来，改变条块分割的管理方式，“建立事权清晰、分工明确、行为规范、运转协调的水资源管理工作机制”。

2. 激励约束相容的各级政府分层治理

在流域统一管理基础上探索政府分层治理模式，就是要建立起以主体功能区划为依据、以行政区为单元、以财权与事权匹配为取向的流域分层级治理体制及其运行机制，中央与地方政府逐步由命令控制为特征的垂直、单向管理体制转变为伙伴型政府间双向互动关系，中央政府以区域生态质量作为目标导向，在目前强制性、约束性为主的政策框架基础上引入激励约束相容的经济政策工具，摆脱“财权上收、事权下放”的权责背离格局，激发地方政府流域治理的自觉性和积极性，提升地方政府流域生态服务的供给能力。对于跨省的大江大河由中央政府相关部委与流域区内省级政府共同治理，对于跨市不跨省的流域水资源管理和水环境治理是由省级政府来承担，在省级政府对流域统一管理的基础上，各个层级的市、县、乡等行政区分别以环境保护责任制为基础，实行行政区分包治理，一定区域的地方政府有职责和意愿维护属于本地区的水环境资源利益和经济社会利益。

3. 基于信任的流域区际政府间伙伴治理

生态环境质量的供给是属于财政资源的配置范畴。不同层级的政府应该进行合理的功能分工，拥有各自的财政和规制责任，包括财政功能和环境责任的分配。如果成本和收益被本地化，局限在某个行政区域的范围内，那么环境政策应该由本级政府制定，从而形成行政分包治理模式。如果流域水污染是跨越省、市级行政区界的，建立流域跨界的利益协调机制就十分必要，主要有两种模式。一是俱乐部组织。由中央政府、上下游政府和公众代表组织的流域协调委员会。如以美国的特拉华河流域委员会、澳大利亚的墨累河流域委员会等为代表的流域协调委员会，主要发挥政策建议、利益协调等职能。二是自治化组织。由上下游政府签订流域水环境保护协议等区际行政契约，通过区际生态补偿实行利益协调。流域区际政府间的博弈分析表明，在短期内如果没有一个机制约束，双方就会陷入非合作的博弈，最终难以达到帕累托最优。因此，建立俱乐部组织和自治化组织的区际政府伙伴治理机制，必须完善参与约束和激励相容约束机制的设计，既要让利益相关者参加环境协议，同时又能防止搭便车和偷懒行为。

4. 公私合作的伙伴治理

实现政府、企业和第三部门等多元主体间的“合作型环境治理”，能够充分发挥各类社会组织和行为者的资源、知识、技术等优势，实现对公共事务

“整体大于部分之和”的治理功效。社会资本累积是构建政府企业社会伙伴机制的基础。所谓“社会资本指的是社会组织的特征，例如信任、规范和关系网络，它们能够通过推动协调和行动提高社会效率”。信任是多元主体合作的前提，没有信任就不可能实行网络治理，“如果说群体的成员开始期望其他成员的举止行为将是正当可靠的，那么他们就会互相信任，信任恰如润滑剂，它能使任何一个群体或组织的运转变得更有效率”。规范既是实现流域治理方式多样化的保障，又是政府实施流域生态服务的制度基础。群体和组织等网络关系，是实现多元主体治理的载体。社会互惠、规范和公民参与网络能促进社会信任，它们都是具有高度生产性的社会资本，通过合作网络，提高治理效率。因此，要大力发展民间性的环保组织和行业自律性组织，“社会资本产生于这种志愿性社团内部个体之间的互动。这种社团被认为是推动公民之间合作的关键机制，并且提供了培养信任的框架”。

四、完善流域网络治理机制的政策着力点

中国流域众多，不同流域的集水面积、人口规模和经济发展水平存在明显差异。推进中国流域治理机制创新，将是一个复杂的政策演进过程。这里拟以闽江流域为例探讨流域网络治理的组织结构与政策思路，主要基于以下原因：(1) 机制创新的制度性成本较低。闽江是跨县不跨省的区域性河流，其上游三大支流和下游干流均分布在福建省境内，流域治理的成本分摊和外部效应均在省域行政区范围，省级政府具有足够权威，推动流域府际纵向和横向矛盾协调。(2) 机制创新有先行基础。福建既是东南沿海经济发达的省份，又是全国生态先进省份和生态补偿试点省份。2003 年以来福建省政府实施两期闽江水环境综合整治工程，初步形成了跨地区、跨部门的流域治理协作机制，并试行流域上下游生态补偿政策（下游福州市每年向上游南平、三明市分别支付 500 万元）和森林生态受益补偿政策（下游每年按照 2 元/亩标准向上游支付森林生态效益补助资金）。(3) 机制创新纳入省委决策视野。未来五年福建将“全面推进生态补偿制度，完善跨流域、跨区域、跨隶属的生态协同保护机制，建立环境保护以奖代补制度，调动利益相关地域和条块分属单位共同保护生态环境的积极性”。这就为构建闽江流域网络治理机制提供了现实基础、必要性和可行性。当前，完善闽江流域网络治理结构（如图 1）和运行机制，主

要有以下政策着力点：

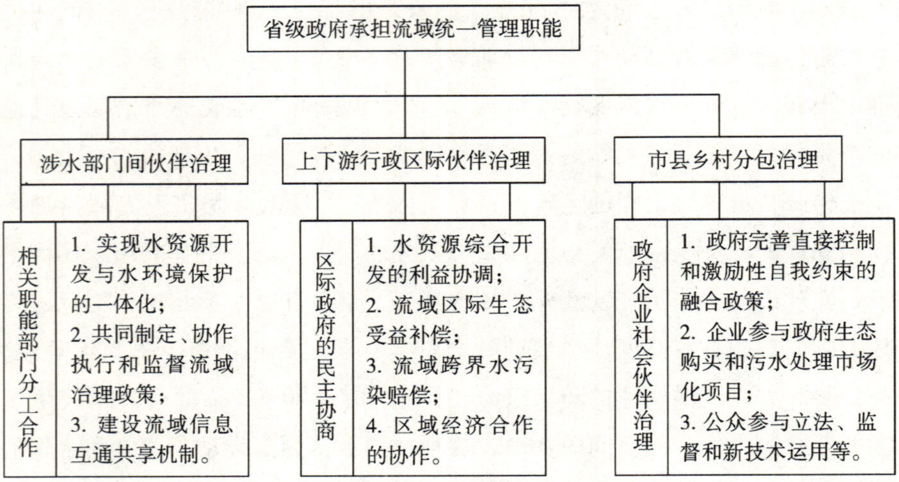

图 1　闽江流域网络治理结构示意图

1. 设立权威的流域协调机构

2005 年福建省设立了闽江水环境综合治理领导小组，定期召开闽江水环境综合整治联席会议，形成以分管副省长为组长、环保部门为主体、相关职能部门配合的运行体制，这一组织成本较小的机制创新，依靠省级政府的行政权威，理顺了涉水部门和各行政区的责权利，较好地实现科层体制的“碎片化”缝合，但是它没有突破流域水资源保护和水环境防治的分割体制。为此，有学者提出建立综合性流域管理机构——闽江流域管理局的构想，但这一制度创新成本较高的建议并未得到政府认可。笔者认为，更可行的路径是成立由涉水职能部门、流域各行政区政府、专家和公众代表参加的闽江流域协调委员会。该委员会主要职能是负责制定、指导执行和检查监督流域综合开发规划，促进流域水资源保护和水污染防治中涉水部门分工合作，协调解决流域行政区际生态矛盾等。着力解决闽江流域水电站无序开发、上游地区畜禽养殖过度发展等突出问题，逐步由当前的末端治理模式转变为预防性治理模式，加强流域水资源综合开发、利用和水污染防治的统一管理。

2. 规范行政分层治理的考核体系

目前以行政区节能减排总量控制和行政区际水质达标为考核内容的行政首长环境责任制，有利于初步形成垂直、单向的行政分包治理格局，有效遏制了闽江流域水污染加剧的势头，但是区域经济发展与环境保护的矛盾依然突出：

闽江流域小支流监管乏力，部分河段污染严重；上游规模化畜禽养殖污染和农业面源污染突出；沿岸城市生活污水处理率低；企业偷排、超排和突发性污染事故时有发生；下游地区政府治理非法采沙乏力等。因此，需要深化行政分层治理，将环境监督范围延伸到全流域。可以借鉴江苏、河南等省的经验，建立激励约束相容、双向互动的市县乡村分层治理，推进闽江“河长”责任制。全流域“河长”由分管副省长担任，流经的各市、县（区）、镇、村分别设立市、县（区）、镇、村四级“河长”管理体系，这些自上而下的“河长”实现了对区域内河流的“无缝覆盖”，强化对全流域水质达标监管的责任。既要规范不同层级政府间的环保目标责任考核制度，推动经济发展方式转变，确保实现上级政府下达的节能减排目标；同时又要完善“以奖促治”、“以奖代补”和“以奖代投”等激励性政策，引导各级政府推进城乡环境连片综合整治。

3. 建立流域区际政府民主协商机制

受省级政府的强力推动，闽江流域建立了跨市的生态受益补偿、区域经济合作等区际行政契约，但毕竟处于起步阶段，上下游政府横向间的协商和管理明显不足。因此，要以流域协调委员会为载体，就流域的防洪调度、生态补偿、重要水利工程建设、重大投资项目等事宜进行磋商和谈判，在民主协商机制下对用水、环保等合约以及违约惩罚方法等做出决策；通过长期合作的动态博弈，增加相互间的激励和约束机制，以逐步弱化地方和部门保护主义，通过建立激励与约束并存的机制，使区际政府间的博弈由非合作转向合作。当前不仅要完善生态预防性治理中下游受益地区对上游生态建设区的经济补偿机制，而且要关注流域水资源综合开发中跨界生态环境破坏所引发的上游对下游的经济赔偿，实现流域区际生态利益与经济利益的均衡。加快建立流域突发危机应急处理机制。加大信息采集力度，实现水文信息数字化、互相传输网络化、信息发布规范化、信息资源共享、先进技术共用的流域区内协作目标。完善水污染损失的测定、争端处理原则、程序、方式等。

4. 完善流域治理的自愿性激励措施

改革生态公共服务供给模式，既要推行政府生态购买，又要鼓励社会资金参与流域生态治理和环境保护，提高生态公共服务供给水平和质量。主要包括：通过税收减免、差别电价、绿色信贷等优惠政策，引导企业参与环境质量标准等激励性自我约束活动。大力发展低碳技术，促进排污企业进行技术改革，开展清洁生产和循环经济，构建生态工业园。在流域生态公益林建设和城市污水、垃圾处理等领域引入市场机制，发展服务外包，运用市场手段解决生态服务的有效供给。针对福建耕地单位面积化肥农药施用量高（比全国平均水平高出2倍多）和闽江上游畜禽养殖面源污染突出（污染负荷约占全流域的60%）的现状，通过项目带动，以农民专业合作社为载体，引导农民大力开展测土配方施肥和新技术运用，减少农业面源污染。有条件的地区，可以借鉴国外发展农村环境合作社的经验，建立农村环境保护的伙伴治理机制。

（作者单位：中共福建省委党校）

农业温室气体排放现状及低碳农业发展模式研究

姚延婷　陈万明

一、引言

随着中国经济的持续增长，能源需求和能源消费也持续增加，中国的温室气体排放总量将在一个比较长的时期内保持持续增长的趋势。面对气候变化的现实压力和国际社会的严峻挑战，在2009年9月22日的联合国气候变化峰会上，中国已正式承诺到2020年单位国内生产总值CO_2排放比2005年下降40%～45%。实现这一目标的根本措施是减少人为温室气体排放和增加对大气中温室气体的吸收。

目前，国内外对碳减排的关注主要集中在工业化、城市化过程中，主要解决工业高排放、高能耗引发的环境问题，而忽视了国民经济基础产业——农业低碳化的必要性和紧迫性。农业是与自然环境关系最为密切的产业，伴随着化学农业、石油农业、机械农业的发展和农民生活水平的提高，农业和农村的能源消费迅速增长，农业已成为重要的温室气体来源。政府间气候变化专业委员会第4次评估报告表明，农业生产活动排放的CO_2、CH_4、N_2O等温室气体总量介于电热生产和尾气之间，成为全球温室气体的第二大重要来源。减少农业温室气体的排放量、改善农业生态环境，应当成为各国的当务之急。

有关农业减排的相关研究，国内外正处于初级阶段，迄今世界上还没有一个国家的农业现代化是建立在低碳经济的发展模式上。国内方面，兰希平等总结了农业生产和气候变化间的相互关系及相互影响，认为目前必须通过技术创新和制度创新，尽可能地减缓温室气体排放；李晓燕等提出，中国发展低碳农业是应对气候变化的必然选择，并指出低碳农业应具备农业生产、安全保障、气候调节、生态涵养、农业金融等多元化功能；而漆雁斌等运用多元回归模型对农业能源消耗总量及其构成进行了分析，用实证方法证明了发展低碳农业是实现农业减排、促进能源可持续发展的有效途径；在低碳农业具体实施策略的探索方面，翁伯琦从秸秆菌业循环利用模式的角度探索了低碳农业发展模式；赵其国认为应该通过垄作免耕技术、灌溉节水技术、施肥技术、病虫害防治技术、新型农作物育种技术等途径，实现农业由高碳经济向低碳经济的转变。以上文献从理论角度对农业低碳化进行了探索，但从实证的角度探索农业低碳化发展的研究并不多。本文试图通过分析中国农业温室气体排放的历史特征，寻找探索出农业产值与温室气体排放之间的关系，并在此基础上探讨中国农业低碳化的有效方式，从而实现以节能减排为基础的农业可持续发展。

二、农业温室气体排放现状分析

农业是国民经济的基础产业。一方面，在农业追求农作物的高产、稳产、高效的生产目标下，农业机械、化肥、能源等的大量使用是确保农业总产值提升的基础；另一方面，农业机械、化肥、能源等的使用使得农田土壤受到严重的污染，湿地遭到严重的破坏，农业固碳的生态功能不断减弱，土壤、湿地中的碳逐渐被氧化分解，从而大大加速了全球气候变暖的进程。

本文基于近年的农业生产总值，寻找出影响农业总产值的主要因素，并且分析这些因素对农业温室气体排放的贡献程度，通过对农业温室气体排放情况的掌握，为准确有效地实现农业低碳化发展提供有效途径。

（一）模型的选取及指标选择

本文采用灰色关联度分析法对影响农业生产总值的因素进行分析。灰色关联度分析法是一种多因素统计分析法，其基本思想是根据序列曲线的几何形状的相似程度来判断其联系是否紧密，曲线越接近，则相应序列之间的关联程度就越大，反之就越小。

在指标选取上，农业生产过程中的温室气体来源于土地利用的变化、能源利用、化肥的施用等。因此，在对影响农业生产总值的因素进行分析时，本文选取农林牧渔业总产值（X_0）、农用机械总动力（X_1）、化肥施用量（X_2）、农村用电量（X_3）、农用柴油使用量（X_4）、有效灌溉面积（X_5）这6个序列，其中，农林牧渔业总产值（X_0）作为原始序列，其它5项作为比较序列，通过定量计算农业总产值与其影响因子的关联度，确定主要影响因子。

（二）数据来源

本文采用的数据为2009年中国统计年鉴中“农林牧渔业总产值及指数”、“主要农业机械拥有量（年底数）”、“农业生产条件”、“有效灌溉面积、农用化肥施用量、农村水电及用电量”所记载的相关宏观数据，以及2009年新中国农业60年统计资料中“全国农村电力、水利建设及能源消耗情况”所记载的相关数据（见表1）。

表1 农业生产总值及影响因素数据

年份	X_0 农林牧渔业总产值（亿元）	X_1 农用机械总动力（万kW）	X_2 化肥施用量（万t）	X_3 农村用电量（亿kWh）	X_4 农用柴油使用量（万t）	X_5 有效灌溉面积（千ha）
1993	10995.5	31816.6	3151.9	1244.9	938.3	48727.9
1994	15750.5	33802.5	3317.9	1473.9	966.6	48759.1
1995	20340.9	36118.1	3593.7	1655.7	1087.8	49281.2
1996	22353.7	38546.9	3827.9	1812.7	1076.1	50381.6
1997	23788.4	42015.6	3980.7	1980.1	1229.5	
1998	24541.9	45207.7	4083.7	2042.2	1314.7	
1999	24519.1	48996.1	4124.3	2173.4	1354.3	
2000	24915.8	52573.6	4146.4	2412.3	1405.0	
2001	26176.6	55172.1	4253.8	2610.8	1485.3	
2002	27390.8	57929.9	4339.4	2993.4	1507.5	
2003	29691.8	60386.5	4411.6	3432.9	1574.6	
2004	36239.0	64027.9	4636.6	3933.0	1819.5	
2005	39450.9	68397.8	4766.2	4375.7	1902.7	
2006	40810.8	72522.1	4927.7	4895.8	1922.8	
2007	48893.0	76589.6	5107.8	5509.9	2020.8	
2008	58002.2	82190.4	5239.0	5713.2	1887.9	

数据来源：2009年《中国统计年鉴》（1990～2008）；2009年《新中国农业60年统计资料》。

（三）数据处理

1. 无量纲化处理

为了使表 1 中所列的不同序列具有可比性，首先对参考序列和比较序列组成的序列矩阵进行无量纲归一化处理。本文采用均值标准化的方法，其公式为：

$$x'_{ij} = \frac{x_{ij}}{x_j}(i = 1,2,...,16;j = 1,2,...,6) \quad (1)$$

式中，x'_{ij} 为无量纲化数据，x_{ij} 为原始数据，$\bar{x}_j$ 为第 j 序列数据的均值。利用式（1）对表 1 中的数据进行无量纲化处理，得到无量纲化数据矩阵：

$$R = \begin{Bmatrix}
0.3713 & 0.5876 & 0.7426 & 0.4127 & 0.639 & 0.9167 \\
0.5318 & 0.6243 & 0.7817 & 0.4887 & 0.6583 & 0.9172 \\
0.6868 & 0.6671 & 0.8467 & 0.5489 & 0.7408 & 0.9271 \\
0.7548 & 0.7119 & 0.9019 & 0.601 & 0.7329 & 0.9478 \\
0.8032 & 0.776 & 0.9379 & 0.6565 & 0.8373 & 0.9639 \\
0.8287 & 0.835 & 0.9622 & 0.6771 & 0.8954 & 0.9838 \\
0.8279 & 0.9049 & 0.9717 & 0.7206 & 0.9223 & 1.0000 \\
0.8413 & 0.971 & 0.9769 & 0.7998 & 0.9569 & 1.0125 \\
0.884 & 1.019 & 1.0022 & 0.8656 & 1.0116 & 1.0205 \\
0.9248 & 1.0699 & 1.0224 & 0.9924 & 1.0267 & 1.0225 \\
1.0025 & 1.1153 & 1.0394 & 1.1381 & 1.0724 & 1.0161 \\
1.2236 & 1.1826 & 1.0924 & 1.3039 & 1.2392 & 1.0248 \\
1.3321 & 1.2633 & 1.123 & 1.4507 & 1.2958 & 1.0352 \\
1.378 & 1.3394 & 1.161 & 1.6231 & 1.3095 & 1.0488 \\
1.6509 & 1.4146 & 1.2035 & 1.8267 & 1.3763 & 1.063 \\
21.9584 & 1.518 & 1.2344 & 1.8941 & 1.2857 & 1.1.0000
\end{Bmatrix}$$

2. 计算灰色综合关联度

灰色综合关联度既体现了原始序列与对比序列之间的相似程度，又反映出原始序列与对比序列相对于始点的变化速率的接近程度，是较为全面地表征序列之间是否关系紧密的一个数量指标，其计算公式为：

$$\rho_{0i} = \theta\varepsilon_{0i} + (1-\theta)\gamma_{0i} \tag{2}$$

其中，ρ_{0i} 为 X_0 与 X_i 的灰色综合关联度，ε_{0i} 为灰色绝对关联度，γ_{0i} 为灰色相对关联度，一般地，θ 取常数值 0.5。

利用式（2）计算得出灰色综合关联度：

$$R = [\rho_{01}, \rho_{02}, \rho_{03}, \rho_{04}, \rho_{05}]$$
$$= [0.7772, 0.6681, 0.9453, 0.7411, 0.5628]$$

（四）结果分析

由 $\rho_{03} > \rho_{01} > \rho_{04} > \rho_{02} > \rho_{05}$ 可知，对农业生产总值影响最大的因素是“农村用电量”，其次分别是“农业机械总动力”、“农用柴油量”和“化肥施用量”，影响最小的因素是“有效灌溉面积”。

随着农业生产能力和农产品加工能力的增强，农业产业化经营不断提高，农村用电量逐年提高，已经成为现代农村经济运行的基础；农用机械化得到普及，淘汰了传统耕作方式，提高了农业经济活动效率，大大提升了农作物产量，农业总产值呈现上升态势；农用柴油施用量保障农用机械化顺利运行，作为能源消费之一，农用柴油使用量成为影响农业经济的重要因素；农用化肥的使用，提高了土壤肥力，改善了土壤性状，创造了最佳的植物营养环境，从而提高了农产品的质量和产量，为提高农业产值作出了较大的贡献；而有效灌溉面积与农业生产总值的灰色综合关联度最低，说明农业生产条件的水利化水平对农业生产影响不大。

总体来看，农村用电量、农业机械总动力、农用柴油量、化肥施用量是影响农业生产总值的几个主要因素。

然而，农业生产活动本身就是温室气体排放的过程，农村用电量、农业机械总动力、农用柴油量、化肥施用量等是温室气体的主要来源（见图 1）。

具体分析来看，农村用电量、农用柴油使用量等逐年提升，使得大气中 CO_2 含量呈现上升态势，如图 2 所示；化肥对大气环境的影响主要集中在氮肥上，而农业温室气体 70% 来自氮肥，氮肥的使用使得 CH_4、CO_2 等温室气体在大气中的含量不断增加，不仅引起温室效应，而且还导致臭氧层的破坏；农用机械总动力代表中国农业现代化程度，但中国农业机械总体的性能差、能耗高，30% 以上的农用拖拉机使用年限超过 10 年，单位能耗超过标准的 20% ~

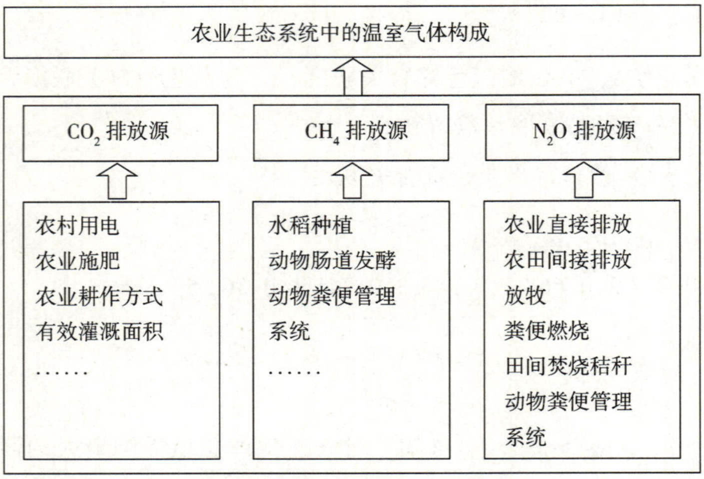

图 1　农业生态系统温室气体构成

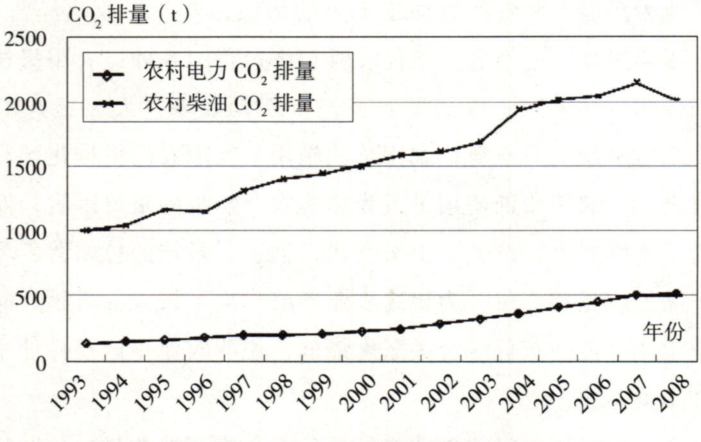

图 2　历年农村用电及农用柴油引起的碳排放总量

30%，农业机械节能减排也有着巨大的潜力。

三、低碳农业的提出及其发展模式

基于以上分析，农业生产经营中对农村用电、农业机械、柴油、化肥等因素的投入，增加了温室气体的排放，使得农业成为温室气体的来源之一，加重了全球气候变化的严峻性。农业温室气体排放过多带来的气候变化将使未来农业生产面临诸多问题，如农业生产的不稳定性增加、作物种植制度发生较大的变化、农业生产条件改变而导致农业成本和投资大幅度增加等。因此，在不影响农业经济发展的前提下发展低碳农业，通过有效的技术创新和制度模式，减缓温室气体排放，成为目前农业可持续发展的必然道路。

（一）低碳农业的含义

结合农业生态系统的特征，本文认为低碳农业是指以减缓农业温室气体排放为目标，将现代节能减排技术与传统农业技术有机结合，通过加强基础设施建设、产业结构调整、提高土壤有机质含量、做好病虫害防治、发展农村可再生能源等转变农业生产和农民生活方式，实现高效率、低能耗、低排放、高碳汇的新型综合农业体系。

（二）低碳农业的发展模式

低碳农业是低碳经济在农业的延伸，它要求转变农业生产方式，发展农业生物质能源，减缓农业温室气体排放，既保证农作物高产稳产，又不对气候变暖增加压力。同时，农业是天生具有固碳这一生态功能的产业，比如森林系统具有强大的碳吸收能力，草地与农田土壤有机碳库在固碳方面的作用十分显著，湿地也具有巨大的固碳和调节气候的功能。因此，发展低碳农业应该从减缓农业温室气体排放和有效增加农业碳汇两个方面入手。

对于低碳农业的实施，中国近些年已经展开了一些探索，主要是从生态农业、绿色农业、循环经济等领域出发。结合低碳农业的特征和中国农业发展现状，本文构建了低碳农业的发展模式，如图 3 所示。

（三）低碳农业发展对策

1. 农业温室气体减排

（1）推进农业机械节能

农业机械主要是依靠柴油、电力等来提供动力，农业机械动力的不断增加，必然带来农业机械对能源需求的不断增大，过高的能源消耗导致大量温室气体排放，最终引起资源不可持续和环境污染问题。因此，减少农业机械能源消耗是发展低碳农业的重要途径。

农业机械节能，首先要改革耕作技术与制度，通过减少作业工序、提高作业效率等减少能源消耗，如保护性耕作相比传统耕作可节油 33%，综合考虑

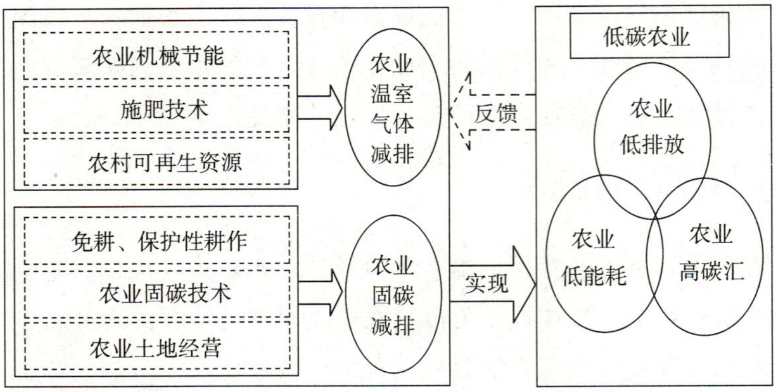

图 3　低碳农业发展模式

各地差异及其它耕作技术等，可降低油耗 25% ~30%。其次，要提高农业机械利用率和经济效率以减少能耗，建立和发展农机行业协会，组织分散的农机户，采用多渠道、多区域、多层次的合作方式，提高农机户的组织化程度、扩大农机跨区作业规模，使农机户形成利益同盟。最后，加强节油、节电、节煤等节能型农业机械的研发与推广，努力提高农机装备和作业水平。

（2）改进农业施肥技术

在农业生产活动中，化肥的使用不但会改变地上植被的生物量，影响土壤碳源的供应量，而且还会影响土壤微生物活性，改变土壤的呼吸强度；因此，化肥的使用必然会引起土壤碳库的变化。通过对土壤增施有机肥，减缓土壤有机质腐烂，缩短有机粪肥的田间暴露时间，减少土地耕作活动，改善土壤水分管理，减少 CO_2 的排放量。

（3）开发利用农村可再生资源

农村可再生能源的利用，一方面能够增加能源供给、改善农村能源结构，另一方面能够节能减排实现农业经济的可持续发展。相对于煤、油、电等常规能源来说，农村可再生能源包括沼气、农作物秸秆、风能、太阳能等。

通过农村沼气工程的实施，可以减少对薪柴及化石燃料和电能的消耗，减少温室气体的排放，发酵产生的沼渣可以代替常规化肥，减少化肥中 N_2O（其温室效力相当于 CO_2 的 300 倍左右）的排放。推广秸秆综合利用，即秸秆能源化、饲料化和肥料化利用，推广固化成型燃料和秸秆气化站能源化技术，替代农村居民的炊事和取暖用化石燃料，从而减少秸秆就地燃烧产生的 CH_4、N_2O 的排放。

2. 农业固碳减排

通过农业固碳可以达到减排的目的。农业固碳主要指土壤固碳，即通过管理措施提高土壤的有机和无机碳含量，将大气中的 CO_2 固持在土壤碳库中。土壤碳库作为地表生态系统中最活跃的碳库之一，是 CH_4、CO_2、N_2O 等温室气体的重要释放源，也是重要的吸收汇。

土壤固碳是《京都议定书》认可的固碳减排的途径之一，拥有巨大的固碳潜力。中国已经认识到土壤固碳在全球碳预算中的重要性以及对全球变暖的影响。

（1）免耕和保护性耕作

从历史的角度看，土壤有机碳损失是由低水平的农业生产、频繁翻耕、肥料施用不当、清除和焚烧作物残余物（地上和地下的生物残余物）、缺乏抵御土壤侵蚀和防治土壤退化的保持措施造成的。与传统耕作方式相比，免少耕技术是一项集保护性耕作与轻型简约栽培于一体的先进适用技术，通过少耕、免耕，减少对土壤的扰动，增加土壤团聚体数量，改善土壤结构，增加秸秆还田量和降低土壤表层有机质的矿化率。免耕、少耕因减少耕作中农业机械操作的次数和消耗的燃料，而降低相关的碳排放。

（2）推广农业固碳技术

通过把严重退化的土地恢复为草地和森林、施用有机物料、轮作、改善机耕以及灌溉等方式，可以增加土壤有机碳含量、恢复土壤肥力，从而减少温室气体排放。总结起来包括 3 个方面：①保护现有碳库，即通过生态系统管理技术，加强农、牧、林、渔业的管理，从而保持生态系统的长期固碳能力；②扩大碳库来增加固碳，主要指改变土地利用方式，通过提升选种、育种和种植技术，增加植物的生产力，增加固碳能力；③可持续地生产生物品种，如用生物质能替代化石能源等。

（3）合理规划土地经营

尽管通过土壤吸收来控制 CO_2 排放量的方法具有较大的潜力，但是中国目前正处于高速工业化、城市化和现代化的进程中，土地要素的投入量极大，土地经营是一种粗放式经营，造成了土地的极大浪费和地力的破坏。因此，必须合理规划土地经营，严格控制工业用地，保证生态农业用地的合理规模。一方面，巩固退耕还林、天然林保护等生态建设的成果，通过增加森林、恢复农村湿地等途径和措施来增加碳汇；另一方面，严格控制土地用途，加大土地的复垦力度，实行计划性的封山育林，加强草地管理，实施草原保护制度及退牧还草工程。

四、结语

低碳农业通过在农业领域推广节能减排技术、开发生物质能源和可再生能源，维护全球生态安全、改善全球气候条件以及实现农业自身的可持续发展。在“低能耗、低排放、高碳汇”的全球发展目标下，低碳农业将是农业经济发展的必然趋势。目前，中国对低碳农业的探索正处于起步阶段，以农业温室气体减排和农业固碳减排为并行途径的低碳农业发展模式，将成为低碳农业未来发展的主要探索领域。

（姚延婷，南京航空航天大学经济与管理学院；陈万明，西北政法大学经济与管理学院）

地方环保实践与创新

能源供需视角下的内蒙古经济增长及政策分析

张 璞 张 北

内蒙古是中国最重要的能源基地之一。2009 年，内蒙古成为中国继山西省之后的第二个煤炭产量超过 6 亿吨的省区。同时，内蒙古外送电力 960 亿千瓦时，已连续 5 年居全国第一位。但是，内蒙古能源供需量的增加也付出了一定的资源、环境代价。如何处理好能源供需与环境保护、经济增长之间的关系对内蒙古经济长期稳定、可持续发展至关重要。

一、内蒙古能源供需状况

（一）内蒙古能源供给状况

内蒙古地域辽阔，过去有“东林西铁，南粮北牧，遍地是煤”的美称，现在又有“羊煤土气”之誉，煤炭、石油、天然气等一次能源十分丰富。内蒙古作为能源生产基地，除自身消费一定数量的能源外，还肩负着“西煤东运”、“西电东送”、“西气东输”的重要使命。

1. 内蒙古煤炭资源丰富

内蒙古煤炭资源具有储量大、分布集中、煤层埋藏浅、煤田规模大、易开采等特点。2009 年 2 月，内蒙古自治区国土资源厅发布消息说，内蒙古已查明煤炭资源储量达到 7016 亿吨，继续居全国第一位。2009 年内蒙古煤炭产量达到 6.37 亿吨，比上年增产 17188 万吨，增长 37%，超过山西的 6.15 亿吨位居全国第一。

2. 石油、天然气资源分布广泛

内蒙古油气资源十分丰富，截至2009年，内蒙古共有石油产地23处，地质储量54852.91万吨，技术可采储量10117.31万吨，累计产量2365.82万吨；天然气产地23处，地质储量10013.95亿立方米，技术可采储量5798.26亿立方米，累计产量162.8亿立方米。这46处已探明资源主要分布在松辽盆地、鄂尔多斯盆地、二连盆地和海拉尔盆地等地区，从东至西形成星罗棋布的含油盆地群。

3. 新能源发展潜力巨大

内蒙古风能资源储量居全国首位，全区风能总储量达10.1108kW。光能资源丰富，仅次于西藏，居全国第二，全年日照时数一般在2600～3400h，每平方米辐射量在4800～6400MJ。

（二）内蒙古能源消费状况

1. 能源消费量增长快

1990年内蒙古的能源消费总量为2423万吨标准煤，占全国能源消费总量的2.4%。随着内蒙古经济的快速发展和人民生活水平的提高，能源消费量也快速增长。2008年内蒙古的能源消费总量为16268万吨标准煤，占全国能源消费总量的6.2%。1990～2008年间内蒙古能源消费平均增速为11.6%，接近同期全国平均增速6.1%的两倍。特别是西部大开发战略实施后2000～2008年间的平均增速高达18.3%，高出全国同期平均增速近10个百分点。

2. 煤炭在能源结构中占主导地位

由于煤炭储备丰富和经济发展水平的影响，内蒙古形成了以煤炭为主导的能源消费结构。2001～2008年间能源消费结构为煤炭92.76%，石油2.25%，天然气0.97%，水电0.16%。近几年，虽然天然气、水能、风能、太阳能等清洁能源在能源消费中所占比重呈逐步上升态势，但仍然很低。

3. 第二产业在能源消费中比重过大

第二产业是内蒙古第一大能源消费部门。能源消费部门的构成也是一个地区经济发达水平的指标之一。内蒙古经济处于工业化初期和中期阶段，与经济发展相适应，第二产业能源消费居主要地位；第三产业和第一产业比较落后，智能化、机械化程度低，能源消费量低；居民能源消费量不足，且消费的质量不高，优质能源比重低，特别是农村地区，一些必要的能源需求还难以满足。2008 年内蒙古分部门消费构成为：第一产业占 2.7%，第二产业占 74%，第三产业占 14%，居民生活占 9%。

4. 能源消费弹性系数较高

能源消费弹性系数反映了 GDP 每增长 1 个百分点对能源需求增加的程度。能源弹性系数越小，说明在经济增长一定的前提下消耗的能源越少，能源利用效率越高。能源消费弹性系数小于 1，表明能源消费增长低于 GDP 增长，单位 GDP 能耗是下降的；反之，如果弹性系数大于 1，则表明能源消费增长快于 GDP 增长，单位 GDP 能耗是上升的。由于西部大开发战略的实施，2001 ~ 2005 年国家对内蒙古的投资高速增长，导致了钢铁、有色金属、化工、电力、建材等高耗能产业迅速扩张，从而造成能源消费快速增长，这一时期的能源消费弹性系数均超过 1。2005 年以后，随着全社会节能意识的不断提高，特别是“十一五”以来，国家把单位 GDP 能耗下降作为约束性指标进行严格考核后，内蒙古在保持经济快速增长的同时，能源消费弹性系数不仅低于 1，而且出现逐年下降，2008 年为 0.57，但是与中国能源消费弹性系数 0.4 相比仍然较高。

二、能源供需与内蒙古经济增长的描述性统计分析

图 1 显示了 1978 ~ 2008 年内蒙古能源供求和实际 GDP 之间的变动趋势。从图 1 可以明显看出，在所考察的年份内，内蒙古的能源生产总量远远大于其能源消费总量，特别是西部大开发战略实施后，其差异越拉越大，2008 年内蒙古的能源供给已经是能源消费的两倍。这说明了内蒙古作为能源大省肩负着为东部输送能源的使命。1997 ~ 2000 年由于国家煤矿体制的大力调整以及亚洲金融危机的影响，内蒙古能源供给量明显减少。但随后国家开始实行积极的财政政策，宏观投资环境趋好，再加上西部大开发战略实施效果开始显现，内蒙古能源供给量大幅提升。2008 年内蒙古能源供给量达到 3.34 亿吨标准煤，是 2000 年的 7 倍之多。图 1 还显示内蒙古经济增长与其能源供给和能源消费的增长有着较强的相关性。

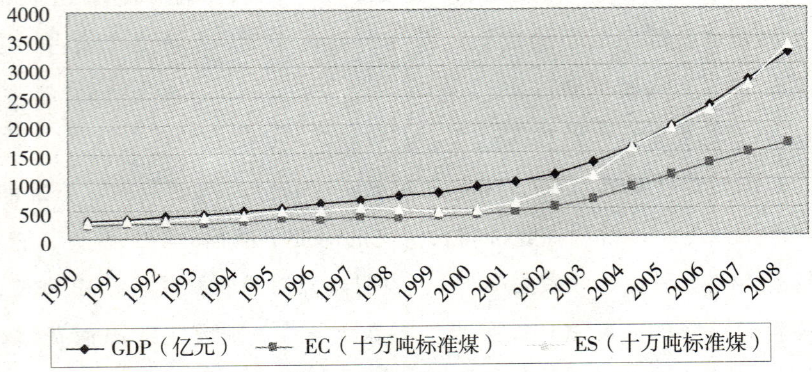

图 1　内蒙古能源消费、能源供给和 GDP 增长的走势图

三、能源供需与内蒙古经济增长的实证分析

（一）变量的选取和样本数据的处理

在本章中选取 GDP（单位：亿元）、能源消费总量（单位：万吨标准煤）和能源生产总量（单位：万吨标准煤）作为研究变量，样本采用为 1990～2008 年年度数据。其中 GDP 以 1990 年不变价格表示，考虑到量纲和可能产生的异方差问题，对实际 GDP、能源消费总量和能源生产总量均取对数，分别表示为 Lgdp、Lec 和 Les。

（二）时间序列的平稳性检验

由于很多宏观经济变量的时间序列都是非平稳的，因此对非平稳时间序列进行统计分析经常会出现伪回归问题，所以必须考虑时间序列的非平稳性。通过扩展的 Dickey-Fuller 检验法，即 ADF 检验法来检验 Lgdp、Lec 和 Les 序列的平稳性。此处使用 ADF 检验来决定每个变量的单整阶数。在为了确定检验方程是否含有趋势项和常数项，需要对两个序列的趋势性作出判断。通过观察图 1可以看出，内蒙古 1990～2008 年的能源消费量和能源供给量和 GDP 表现出比较明显的向上趋势。故在 ADF 检验中首先选取含有常数项和趋势项的模型，但经过检验常数项和趋势项的 t 统计量并不显著，故最后确定选取不含有常数项和趋势项的模型。根据 AIC 与 SC 最小准则，确定选取变量滞后 1 阶。

表 1 显示了样本区间内各时间序列的单位根检验的 ADF 统计量。

表 1　时间序列的单位根检验结果

序列	ADF 检验值	1% 临界值	5% 临界值	AIC 值	结论
Lgdp	1. 95548	-2. 708094	-1. 962813	-4. 635333	不平稳
△Lgdp	0. 297436	-2. 717511	-1. 964418	-4. 454036	不平稳
△2Lgdp	-2. 123204	-2. 728252	-1. 96627	-4. 449517	平稳
Lec	2. 278379	-2. 708094	-1. 962813	-1. 887301	不平稳
△Lec	-0. 406878	-2. 717511	-1. 964418	-2. 027109	不平稳
△2Lec	-2. 826928	-2. 728252	-1. 96627	-1. 954747	平稳
Les	1. 592382	-2. 708094	-1. 962813	-1. 628249	不平稳
△Les	-0. 741513	-2. 717511	-1. 964418	-1. 401705	不平稳
△2Les	-2. 588241	-2. 728252	-1. 96627	-1. 310579	平稳

注：单位根检验 5% 和 1% 临界值均是 MacKinnon 协整检验临界值

从表 1 中我们可以得知，虽然时间序列变量 Lgdp、Lec 和 Les 都是非平稳的，但是其二阶差分都是平稳变量，由此可知序列 Lgdp、Lec 和 Les 均为二阶单整序列。

（三）协整分析

经过检验，各序列都是二阶单整的，符合序列间具有协整关系的必要条件。可以运用 EG 两步检验法检验内蒙古能源消费量、能源供给量和经济增长是否协整。建立如下方程：

$$Lgdp_t = \alpha + \beta Lec_t + \varepsilon_t \qquad (式 1)$$

$$Lgdp_t = \delta + \lambda Les_t + \zeta_t \qquad (式 2)$$

利用 OLS 对两个方程进行回归得到回归方程为：

$$Lgdp_t = -2.5135 + 1.0951Lec_t + \varepsilon_t \qquad (式 3)$$

$$(-5.3744)(19.9105)$$

$R^2 = -.9588 \quad P = 0.0000$

$$Lgdp_t = -1.0657 + 0.8833Les_t + \zeta_t \qquad (式 4)$$

$$(-2.3784)(17.5604)$$

$R^2 = 0.9478 \quad P = 0.0000$

根据上式得到残差项为：

$$\varepsilon_t = Lgdp_t - 1.0951Lec_t + 2.5135 \quad \text{（式 5）}$$

$$\zeta_t = Lgdp_t - 0.8833Les_t + 1.0657 \quad \text{（式 6）}$$

对残差进行单位根检验，按照 AIC 定阶准则确定，ε_t 残差序列的滞后阶数为 2，ζ_t 残差序列的滞后阶数为 1，同时分别按照没有常数项和时间趋势，有常数项和没有时间趋势，以及同时含有常数项和时间趋势的回归方程来进行检验。

表 2　残差序列协整性检验结果

回归方程	ADF 检验值	AIC 检验值	10% 显著水平	5% 显著水平	判断结论
无常数项无时间趋势	-2.2063	-2.4138	-1.6056	-1.9644	平稳
有常数项无时间趋势	-2.2329	-2.3194	-2.6734	-3.0655	不平稳
有常数项有时间趋势	-2.0955	-2.1964	-3.3103	-3.7332	不平稳

表 3　残差序列协整检验结果

回归方程	ADF 检验值	AIC 检验值	10% 显著水平	5% 显著水平	判断结论
无常数项无时间趋势	-2.1985	-2.139	-1.6061	-1.9628	平稳
有常数项无时间趋势	-2.1501	-2.0293	-2.6665	-3.0521	不平稳
有常数项有时间趋势	-2.8353	-1.915	-3.2978	-3.7104	不平稳

检验结果显示，在 5% 的显著水平下，时间序列变量 ε_t 和 ζ_t 拒绝存在单位根的假设，因此可认为残差序列 ε_t 和 ζ_t 是平稳序列，也即表明了两个回归方程具有长期的稳定性。同时，利用标准化的协整向量表示变量之间的协整关系，可得到下述长期均衡关系：

$$ecm_{1t} = Lgdp_t - 1.0951Lec_t + 2.5135 \quad \text{（式 7）}$$

$$ecm_{2t} = Lgdp_t - 0.8833Les_t + 1.0657 \quad \text{（式 8）}$$

（四）误差修正模型

协整关系表示变量间的一种长期均衡关系，协整误差则表示均衡关系的暂时偏离。为了描述各变量间的短期偏离影响，我们建立如下误差修正模型：

$$\Delta Lgdp_t = \beta_0 + \beta_1 \Delta Lec_t + \alpha_0 ecm_{1t-1} \quad (式9)$$

$$\Delta Lgdp_t = \beta_2 + \beta_3 \Delta Les_t + \alpha_1 ecm_{2t-1} \quad (式10)$$

利用 OLS 估计可得到误差修正模型：

$$\Delta Lgdp_t = 0.0951 + 0.3160 \Delta Lec_t - 0.0811 ecm_{1t-1} \quad (式11)$$

（8.2297）（3.7068）（－1.5190）

$$\Delta Lgdp_t = 0.1003 + 0.2061 \Delta Les_t - 0.0606 ecm_{2t-1} \quad (式12)$$

（8.2521）（3.0470)(－1.2073）

从这两个误差修正模型中可以看出误差修正项的系数均为负数，这反映了反向修正机制，体现长期均衡对 GDP、能源生产总量和能源消费总量的控制。长期均衡关系在 GDP 调整过程中起到了“修正”作用。其中式 11 的修正系数为－0.0811 反应了偏离长期均衡的调整力度，即 t－1 期的能源消费量向上偏离均衡时，调整系数会以 8.11% 的速度减少能源消费总量增量，从而调整 t 期的能源消费向长期均衡靠近。当 t－1 期的能源消费量向下偏离长期均衡时，调整系数会以 8.11% 的速度增大能源消费增量，调整 t 期的能源消费向长期均衡靠近。同理，式 12 的系数－0.0606 表示的是对能源供给的调整力度。式中的差分项表示了能源消费和能源供给的短期波动对经济增长的影响。

（五）格兰杰因果关系检验

综合以上分析表明，内蒙古经济增长和能源消费及能源供给之间存在着长期的均衡关系。但是否构成因果关系还需要进一步检验。为此，采用格兰杰因果检验进行分析，我们根据 AIC 准则和 SC 准则，通过对比选取滞后 1 期的影响时滞，即 p＝1，检验结果见表 4。

表 4　内蒙古能源消费与能源生产总量与经济增长的格兰杰检验结果

假设形式	F—统计量	概率
Lgdp 不是 Lec 的格兰杰原因	1.0004	0.3331
Lec 不是 Lgdp 的格兰杰原因	9.2777	0.0082
Lgdp 不是 Les 的格兰杰原因	0.1851	0.6731
Les 不是 Lgdp 的格兰杰原因	16.7693	0.0016

首先，在滞后一期的情况下，对于 Lgdp 不是 Lec 的格兰杰原因的原假设，拒绝它犯第一类错误的概率是 0.3331，表示接受原假设，即 GDP 对能源消费量不存在显著的单向 Granger 因果关系；对于 Lec 不是 Lgdp 的格兰杰原因的原假设，在 1% 的显著水平下拒绝原假设，即存在能源消费总量对 GDP 的单向 Granger 因果关系。这说明能源消费量已经成为影响内蒙古经济增长重要因素之一。其次，对于 Lgdp 不是 Les 的格兰杰原因的原假设，拒绝它犯第一类错误的概率是 0.6731，表示接受原假设，即 GDP 对能源供给量不存在显著的单向 Granger 因果关系；对于 Les 不是 Lgdp 的格兰杰原因的原假设，在 1% 的显著水平下拒绝原假设，即存在能源供给总量对 GDP 的单向 Granger 因果关系。这说明内蒙古对区外能源供给的不断提升推动了自身经济的增长。综上所述，内蒙古的能源消费和能源供给总量的增长共同推动了其经济的快速增长，而内蒙古经济的增长并没有显著地拉动能源供需总量的增长。

四、结论分析与政策建议

（一）结论分析

首先，内蒙古的能源消费总量、能源生产总量与 GDP 之间存在长期协整关系。能源消费对经济增长的弹性为 1.0951，即能源消费量每变动 1 个百分点经济增长变动 1.0951 个百分点，能源供给对经济增长的弹性为 0.8833。由此可见，内蒙古的能源供需量对内蒙古经济增长的影响较大。同时，长期均衡关系在 GDP 和能源供需的调整过程中起到了“修正”作用，但是修正系数较小，短期波动向长期均衡调整的效用较小。因此，能源供需和经济增长的协调发展需要政府进行适当的引导和调控。

其次，内蒙古能源供需量是其经济增长的格兰杰原因，而内蒙古经济增长并不是其能源供需的格兰杰原因，从能源供需到经济增长的单向格兰杰因果关系可以看出，内蒙古经济增长是建立在能源消费与供给基础之上的，能源依赖型特征较为明显。

（二）政策建议

首先，进一步加强节能降耗力度，提高经济发展质量。目前内蒙古正处在加快推进工业化、城镇化的关键时期，能源的消费与供给总量的增长有其必然性。因此，应该大力加强节能降耗，减轻对环境的压力，充分利用国家有利于节能减排的政策，完善配套政策措施，鼓励并引导企业进行技术创新，更好地建设资源节约型、环境友好型社会。

其次，加快产业结构调整和经济增长方式的转变。目前，内蒙古产业结构水平较低，第二产业所占比亶过高，并且第二产业以高耗能的工业为主，所以内蒙古应该加快发展低能耗，少污染，高就业的第三产业，减少第二产业比重。通过产业结构调整，大力发展高新技术产业，促进工业结构的优化升级，走出一条能源消耗低、环境污染小、经济效益高的新型工业化道路。

再次，应该优化能源消费结构，实现内蒙古经济与环境的和谐发展。目前，内蒙古的能源消费主要以煤炭消费为主，而煤炭消费对环境造成了严重的污染，不利于经济与环境的和谐发展，从而影响到内蒙古经济的可持续发展，因而，要优化内蒙古能源消费结构，大力发展风电、水电等清洁能源，以此代替对煤炭能源消费的依赖。

最后，完善资源开发和利用的制度建设，在国家整体制度框架下，完善能源开发体制，创新开发和利用的思路，在坚持可持续发展与经济增长相统一、开发与保护相统一、内需与外需相统一的基本思路下，逐步改革固有的不适应能源开发优化有序利用的制度，实现内蒙古能源开发、利用与经济发展的良性循环。

（张璞，内蒙古自治区产业信息化与产业创新研究中心；张北，内蒙古科技大学经济与管理学院）

辽宁省能源消耗与经济增长的时间序列分析

杨景海　徐大伟　段姗姗

能源是现代经济增长不可或缺的投入要素，对各国经济发展都有决定性影响，能源过度消费所带来的资源耗竭和环境问题已经成为21世纪人类发展的重大挑战之一。

辽宁省重化工业比例较大，是能源资源消耗大省，工业高耗能产业结构特征比较突出，经济增长对能源消耗的依赖程度一直较高。长期以来辽宁工业发展主要依靠增加生产要素的投入来推动的现状并没有得到根本改变，辽宁省的工业化进程也因此呈现出高投入、高消耗、低效益的典型粗放式特征，日益严峻的能源问题制约了各地区的全面、协调、可持续发展。自改革开放以来，随着经济的快速发展，辽宁省能源消耗量稳步增长，从1978年的5261.5万吨标准煤增长到2008年的17768万吨标准煤，增长了近2.38倍。从数量上看，全省能源处于供不应求状态，而且近20年来，能源供求矛盾一直呈扩大的趋势（如图1所示）。

在东北老工业基地振兴战略的进程中，推动产业发展模式从高耗能型向资源节约型转变，深入开展节能工作，降低产业能耗水平，实现经济“又好又快”持续增长，成为辽宁省经济增长的当务之急。因此，研究辽宁省能源消耗与经济增长之间的关系具有一定的理论意义和现实意义。

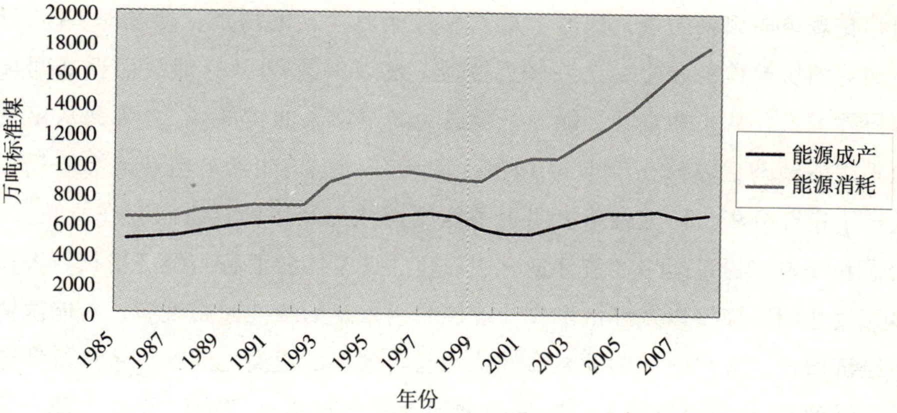

图 1　辽宁省 1985 ~2008 年能源生产与能源消耗状况

一、文献综述

近年来，国外学者对能源消费与经济增长的关系做了大量研究。Kraft 等人的研究表明美国从 GNP 到能源消耗存在单向因果关系。Yuandchoi 对五个国家进行了能源消耗和 CNP 的因果检验，发现波兰、英国、美国这三个国家的能源消耗量与 GNP 存在双向因果关系，而菲律宾的能源消耗量对 GNP 存在着单向因果关系，韩国的 CNP 对能源消耗量存在着单向因果关系。Chien-Chian-gLee 和 Chun-Ping Chang 利用 1971 ~2002 的数据对 16 个亚洲国家的能源消耗、资本和劳动投入进行了面板误差修正模型的多变量分析，研究发现，尽管经济增长和能源消耗不构成短期因果关系，但是在长期能源消耗对经济增长有单向因果关系。这意味着，在短期减少能源消耗不会对国内生产总值产生不利影响。

国内学者关于能源消耗与经济增长的关系也作了大量研究。林伯强应用协整和误差修正模型技术深入研究了中国能源需求的决定因素，实证分析结果表明能源总消费、GDP、能源价格及结构变化之间存在长期均衡关系。杨朝峰和陈伟忠根据 1952 ~2003 年能源消耗和经济增长的数据，对能源消耗和经济增长之间建立误差修正模型，发现中国能源消耗和经济增长之间是单向的从经济增长到能源消耗的因果关系，而且这种关系是稳定的并没有随时间而发生结构性变化。刘星通过对中国 GDP 与能源消耗格兰杰因果关系检验，发现两者之间存在着单向因果关系，即经济增长导致能源消耗的增加；通过对GDP与能源消耗的协整检验和建立误差修正模型，发现中国GDP与能源消耗之间存在着协整关系，从长期来看，能源不会成为经济增长的“瓶颈”。陈鹏从定量方面采用协整与误差修正模型对1978～2004年间国内生产总值和能源消耗总量进行了实证分析，研究结果表明中国能源消耗与经济增长之间存在协整关系。国涓和项吉宁通过运用经济计量方法，建立辽宁能源消费与经济增长、人口数多元线性回归模型以及经济增长与能源利用效率的线性回归模型，对能源消费与经济增长、人口之间的关系，经济增长与效率的提高之间的关系进行实证分析，得到GDP的增长与人口数量的增加都将会提高辽宁能源的消费量。马远鑫对中国1977～2006年的能源消耗总量以及国民生产总值进行了格兰杰因果关系检验，并建立了误差修正模型来考察二者之间的长期关系和短期动态关系，研究发现存在单向的从经济增长到能源消耗的因果关系，且经济增长对能源消耗的短期影响比长期影响大。匡爱民运用格兰杰因果分析法，对广西1978～2005年能源消耗总量和经平减指数计算后的真实GDP进行实证分析，研究结果表明，广西能源消耗与经济增长互为因果关系。朱巧婉通过对浙江能源消耗与经济增长的整体关系及区域关系的实证分析，表明能源消耗促进了浙江经济增长。孔婷、孙林岩等人认为，能耗过高影响中国制造业的可持续发展，能源价格是市场体制中调节能源强度的重要因素和手段。引入价格作为调节变量，研究其对于技术进步和能源消费结构对行业能源强度影响的调节效应。运用1995～2005年的数据，采用层次回归法对制造业24个重要行业的能源价格与能源强度的关系进行实证研究。结果表明，对大多数行业，能源价格的提升并未明显降低能源强度，能源价格对于技术进步对能源强度影响的调节效应不显著，能源价格的调节效应更多地表现为促进能源消费结构转化来降低行业能源强度。

从国内的文献中可知，各学者大都采用面板数据，且较多以中国整个国家为研究对象，虽然国涓和项吉宁曾研究过辽宁省的能源消耗与经济增长的关系，但他们只是简单的运用计量方法建立线性回归模型来进行实证分析，对于能源消耗与辽宁省的经济增长的长短期因果关系并没有做深入分析。本文利用时间序列数据，对辽宁省1978～2008年的能源消耗和经过平减的GDP数据（以上一年为100）进行协整分析，探讨两者的长期动态关系，并进行格兰杰因果检验验证两者的因果关系，针对这一关系，结合辽宁省能源方面的实际情况，分别从强化节能意识、优化产业结构、加强科技节能等方面提出政策性建议。

二、实证分析

1. 数据来源

本文选取1978~2008年《辽宁统计年鉴》的数据。经济变量选取辽宁省生产总值，该生产总值是经GDP平减指数平减后的实际GDP（以上一年为100），量纲为人民币亿元；能源变量选取能源总消费量，量纲为标准万吨煤。为了消除数据间较大的波动，对实际GDP和能源总消费量取对数，分别用LNGDP和LNEC表示。

2. 序列平稳性检验

一般地，当时间序列具有不平稳性时，会导致“伪回归”现象及各项统计检验毫无意义。因此，需要对各变量进行单位根检验，以确定其平稳性。本文采用ADF检验法，分别对LNGDP和LNEC原序列进行单位根检验，结果见表1和表2。

表1　LNGDP的原序列单位根检验结果

		t-Statistic	Prob. *
AugmentedDickey-Fullerteststatistic		0.420146	0.9805
Testcriticalvalues:	1% level	-3.670170	
	5% level	-2.963972	
	10% level	-2.621007	

表2　LNEC的原序列单位根检验结果

		t-Statistic	Prob. *
AugmentedDickey-Fullerteststatistic		0.735617	0.9910
Testcriticalvalues:	1% level	-3.670170	
	5% level	-2.963972	
10% level	-2.621007		

从上面两个表中可知，LNGDP和LNEC在原序列水平上都是不平稳的。

接下来对两个序列进行一阶差分，检验其平稳性，得到结果如表3和表4。

表3 LNGDP的一阶差分序列单位根检验结果

		t-Statistic	Prob.*
AugmentedDickey-Fullerteststatistic		-5.932345	0.0000
Testcriticalvalues:	1% level	-3.679322	
	5% level	-2.967767	
	10% level	-2.622989	

表4 LNEC的一阶差分序列单位根检验结果

		t-Statistic	Prob.*
AugmentedDickey-Fullerteststatistic		-5.821160	0.0000
Testcriticalvalues:	1% level	-3.679322	
	5% level	-2.967767	
	10% level	-2.622989	

从上面两个表可以看出，在对LNGDP和LNEC进行一阶差分后，两个序列在99%的显著性水平上都是平稳的，因此可以说LNGDP和LNEC是一阶单整的。

3. 协整分析

根据Engle和Granger提出的协整理论，对于两个都是随机游走的变量序列，如果这两个序列的某个线性组合是稳定的，则称这两个序列为协整的。两个序列具有相同的单整阶数，是序列之间具有协整性的必要条件。上节已经知道能源消耗和GDP两个变量序列是一阶单整的，下面可以通过协整检验来分析LNGDP和LNEC的长期动态关系。

首先对两个变量做回归分析，得到两者的协整回归方程：

$$LNGDP = -21.93951 + 3.246283\,LNEC \qquad (1)$$
$$(-13.93610)\ (18.59081)$$

括号内的数值为t值，其中R2为0.922588，F值为345.6182，各统计量在99%的水平上都是显著的。该协整方程表明能源消耗与经济增长有正向关系，即辽宁省能源消耗带动了地方经济的发展，同时由于能源弹性系数小于

1，说明就长期来看能源对经济的制约是会减弱的。为了检验能源消耗和GDP之间是否存在协整关系，需要对残差进行单位根检验。若残差是平稳的，则认为能源消耗和GDP之间存在协整关系。

表5　残差序列的单位根检验

		t-Statistic	Prob.*
AugmentedDickey-Fullerteststatistic		-2.255449	0.0255
Testcriticalvalues:	1% level	-2.644302	
	5% level	-1.952473	
	10% level	-1.610211	

表5是对残差序列进行的ADF检验，因为是估计出的残差，临界值不同于单位表5是对残差序列进行的ADF检验，因为是估计出的残差，临界值不同于单位根检验的临界值，所以对残差的检验不包括常数项和趋势项。当最大滞后期选择7时，残差序列在95%的显著性水平上是平稳的，进而认为辽宁省的能源消耗和GDP之间存在协整关系，即存在长期共同变化的趋势。

4. 误差修正模型

协整方程通常用来描述变量间的长期关系，短期的动态调整过程则由误差修正模型来刻画。为了更好地描述辽宁省能源消耗与经济增长的短期波动关系，下面本文将对其进行误差修正模型检验。经过多次尝试和修正检验，得到其误差修正模型如下：

$$\Delta LNGDP = -0.052759 \quad ECM \quad - \quad 0.016776$$
$$\Delta LNGDP_{t-1} \quad + 0.327183 \quad \Delta LNGDP_{t-2} - 0.000943$$
$$\Delta LNEC_{t-1} + 0.167799 \quad \Delta LNEC_{t-2} + 0.088381 \qquad (2)$$

上式中，各统计量均达到显著性水平，因此可以认为此误差修正模型可以解释模型的经济含义。由（2）式可知变量符号与长期均衡关系一致，误差修正项系数为负，符合反向修正机制，从系数估计值（-0.052759）来看，当短期波动偏离长期均衡时，将以（-0.052759）的调整力度将非均衡状态拉回到均衡状态。

5. 格兰杰因果检验

为了进一步分析辽宁省能源消耗和经济增长之间的相互因果关系，本文对两者进行格兰杰因果关系检验。格兰杰因果关系可以用来检验某个变量的所有滞后项是否对另一个或几个变量的当期值有影响。格兰杰因果检验对滞后期的选取十分敏感，选取不同的滞后期可能会带来完全不同的结果。本文采用Akaike信息准则，确定最优滞后阶为2，结果见表6。

表6　格兰杰因果检验结果

NullHypothesis:	Obs	F-Statistic	Probability
LNGDPdoesnotGrangerCauseLNEC	29	1.90368	0.17085
LNECdoesnotGrangerCauseLNGDP		2.81210	0.07994

根据表6的结果，本文拒绝“能源消耗不是经济增长”的假设，但不能拒绝“经济增长不是能源消耗”的假设，所以本文认为辽宁省存在能源消耗到经济增长的单向格兰杰因果关系，说明能源消耗促进辽宁省经济增长，这是符合经济现实的。但是，由于能源资源的短缺，一味的以消耗能源作为促进经济增长的代价太大，能源消耗促进经济增长不是长久之法。因此，辽宁省应逐步提高能源的利用效率，在保持经济增长的同时逐渐减少能源的消耗。而本研究结论与魏楚、沈满洪研究认为，从能源效率的变化趋势上看，大多省份能源效率符合“先上升，再下降”的特征，转折点一般出现在1999—2002年之间，东北老工业基地在1995—2003年间能源效率一直在0.9—1之间小幅波动，但在2004年出现了较大下滑，主要是由于辽宁在当年由前沿下降至0.664。魏楚、沈满洪研究的结论显示，政府对于市场经济的干预程度（财政支出所占比重）每增加1%，能源效率将会下降0.46%左右，这也说明政府这只“看得见的手”对市场机制的影响越大，那么经济效率将会越低，这一结果同王志刚、龚六堂等（2006）关于政府财政支出会降低生产效率的结论相一致。

三、结论与建议

本文经过实证分析，得出了有关东北老工业基地——辽宁能源消耗和经济增长的以下结论：辽宁省的能源消耗和GDP之间存在协整关系，即存在长期共同变化的趋势。从误差修正模型来看，当两变量的短期波动偏离长期均衡时，ECM 将以（-0.052759）的调整力度将非均衡状态拉回到均衡状态。经过格兰杰因果检验后发现存在能源消耗到经济增长的格兰杰因果关系，这就意味着要保持辽宁省经济持续稳定的增长必须要有不断扩大的能源供应作保障，在一定程度上可以提倡能源消耗。但从前面的分析知，近年来辽宁省的能源出现严重供不应求的状况，所以对能源供应可能出现的波动和短缺，必须保持高度警惕，并做好应付的准备。

中国的经济发展阶段、城市化进程以及煤炭的资源和价格优势，决定了中国目前重工化的产业结构和以煤为主的能源结构。从中长期来讲，中国经济将继续保持较快增长，至少 2020 年之前，经济的快速度增长和城市化进程会使得重工化仍将延续，二氧化碳排放也将持续增加。虽然城市化、工业化进程中存在能源需求的刚性问题，但是相对发达国家，中国能源效率提高空间仍较大，因此，城市化加快的进程同时也是节能减排的好时机。针对这一现状，本文分别从强化节能意识、优化产业结构、加强科技节能等方面给出建议：

第一，优化产业结构。因为第一产业的能耗远远低于第二产业，而第一产业又是国民经济的基础，所以要重视和加强第一产业；着力调整第二产业，降低高耗能的第二产业的比重，提高单位能耗的生产产值。鼓励工业向低能耗、高附加值方向发展，推动产业发展模式从高耗能型向资源节约型转变，深入开展节能工作，降低产业能耗水平。调整能耗较高的制造业的产业内部行业结构，大力发展低能耗、低污染、技术密集型行业，对主要的高能耗行业要调整产品结构，提高产品的技术含量和附加值，降低单位产品能耗；积极发展低能耗的第三产业，逐步提升第三产业的份额，加大第三产业的发展。

第二，走能源可持续发展的道路。建立稳定、经济、清洁、可靠、安全的能源保障体系，使能源的发展与资源的开发利用相协调，能源发展对环境改变在环境的承载极限之内，能源建设与环境保护同步，恢复自然生态系统的良性循环，能源增长与区域经济的发展相协调。合理利用废弃资源，通过政府资源政策，让公民了解节能意义和环境污染的破坏程度，利用废弃资源创造有用资源。强化节能意识，树立科学发展观，发展节能产品，以节能求发展，用有限资源创造最大价值。

第三，提高科技节能意识，走低碳经济发展道路。低碳经济发展集中反映为能源问题。因此，辽宁省要加快科技进步，加强节能管理，用最少能源资源使经济得到最大发展，充分利用可再生资源，减少对环境的破坏。鼓励节能技术开发，推行电力、纺织、造纸、冶金、建材、石化等行业节能技术改造，鼓励热、电、冷行业和城市生活垃圾能源化利用，从而构建集约型、节约型、生态型的发展模式。

第四，相关部门制定有效合理的能源战略。在全球温室气体减排的压力下，每个国家都面临着能源战略和能源政策的调整，美国之所以退出京都议定书，主要原因也是因为限制能源消费必然损害美国的经济增长。因此，辽宁省在制订有关温室气体减排的能源政策时，必须充分考虑可能对能源消费形成的影响，以避免间接的对中国经济增长目标的影响。相关部门应加强对能源生产与消耗的管理，建立能源生产消费检测和预警机制，及时掌握能源供求矛盾现状并提醒有关单位或部门注意，同时采取有效措施解决能源矛盾。由此起到节约能源的目的，最大限度的合理利用能源，以最小的能源投入实现最大的经济效益。

（杨景海，辽宁对外经贸学院财经系教授；徐大伟，大连理工大学经济学院副教授；段姗姗，大连理工大学经济学院硕士研究生）

珠三角城市间环境合作治理机制研究

王玉明　刘湘云

珠三角是广东环境问题集中且突出的地区，在城市群或大都市区环境治理中具有代表性。改革开放以来，珠江三角洲区域的经济连续以超常规的速度发展，连续超常规发展在区域内已诱发了一系列环境污染问题，形成了环境的复合型污染，联手治理环境污染已迫在眉睫。珠三角在环境治理中存在地域分割、部门分割的问题，区域内跨界水体污染、大气复合污染问题突出，环境合作治理难度大。生态建设和环境保护是一个整体，行政区之间生态环境的依存度相当高，环境问题涉及不同政府和多个政府部门，并不是单一政府及部门的力量可以独自解决的，因此，建立有效的政府合作机制十分必要。

一、珠三角跨域环境污染及治理困境

珠三角的跨域污染主要是跨域水污染、大气污染、土地污染、酸雨污染等，珠江三角洲地区城镇密集，城乡工业区连片散布，各城镇及工业区相互影响，从而使污染呈现出区域性整体格局，特别是行政区交界地带容易成为"生态重灾区"，其最为突出的是跨域水污染。珠江三角洲河道密布，城市之间供水和排水交错，各城市往往向河道上游取水，向下游排污，从而导致区域各城市区之间相互影响，跨区污染问题突出。目前，广佛内河涌、观澜河、石马河、茅洲河、淡水河、东莞运河、深圳河、歧江河、江门河、天沙河、独水河等水体污染严重。流经清远市清城区、佛山市三水区、广州花都区、白云区的巴江河污染严重。广州花都区与佛山三水区的界河——芦苞涌，河水腥臭带着油味。广州和佛山环保部门多次交涉，但问题仍未得到解决。东莞与深圳交界的观澜河（在东莞境内称为石马河），河水又黑又臭，有的河段还裸露出布满黑色淤泥的河床，东莞市每年对辖区内的石马河进行治理，但上游污染严重的观澜河源源不断地注入石马河，石马河水质无法改善。茅洲河也是深莞两市的界河，如今已成为一条“黑龙江”，且逢汛必“涝”。淡水河是东江二级支流，自上世纪90年代以来，淡水河流域内特别是上游深圳龙岗地区经济的高速发展导致水质急剧恶化，龙岗河和坪山河是惠州淡水河的上游段，污染严重，目前总体水质为劣V类，部分河段已完全丧失自净能力，并成为东江的主要污染源之一。深圳河（深圳与香港的界河）和深圳大鹏湾的环境污染，影响到了香港的生态环境，治理效果仍不明显。肇庆四会南江工业园因对下游饮用水源构成威胁，2006年被省环境局挂牌督办。顺德均安工业区对下游中山小榄镇饮用水源安全构成威胁，2007年被挂牌督办。2009年，开平市镇海流域污染严重，被挂牌督办。目前东江上游、潼湖河等，其流域内的城市污水处理工程建设相对缓慢，一些生活污水、工业废水直接排放，造成了东莞运河“黑臭”问题总得不到根治。珠海、江门、中山三市之间拥有多条跨域河流，这些跨域河流污染较严重，如磨刀门水道、鸡啼门水道、崖门水道等。受人口密集度及经济发展的影响，珠江口近岸海域一直是全省污染最严重的海域。

除跨域水污染外，珠三角地区跨域空气污染、土地污染、酸雨污染等也很严重。一些城市把小火电厂、冶炼厂、电镀厂等污染企业设在交界地，采用生产、排污、用电等异地布局，逃避环保监管，这些企业违反国家有关规定，偷排和超标排放污染物，给周边带来了大量污染。我们调查发现，广州市花都区炭步镇与佛山南海区官窑镇交界的岗头岭，这里土地权属纠纷由来已久，两地纷纷把垃圾场和小污染企业建在这里，都管不了的边缘地带。广州白云区的人和镇与从化交界处、花都与佛山南海交界处的文岗村等地均有这种露天的垃圾场。广州市花都区狮岭镇与清远交界处的一个垃圾场，这里原来是花都一个风景秀丽的地方，如今树木却蒙着厚厚的灰尘，溪水也成了黑色的浊流。这种污染严重的跨域垃圾场在珠三角城市交界地带随处可见。广佛交界的金沙洲地区，广州已将其规划为宜居新城，而南海则规划为物流和工业制造区，在金沙洲佛山部分，则分布着各种小工业区，包括里水镇的水口村、洲村、大沥镇大沙村、泌冲村等，都有自己的工业区。在这些小工业区内，往往存在着诸多无牌无证的企业，排放出的废气污水。位于佛山市三水区的西江饮用水源向佛山三水区和广州供水，其中广州花了近百亿西江取水，但与三水相邻的肇庆高要却在江边建有一个工业园。跨域污染中的空气污染也普遍存在，近年来珠三角城际空气污染的叠加日益加剧。珠江三角洲城市群发展现状已明显表现出城市间环境影响的负效应，即出现了环境污染的叠加作用。据气象部门的资料统计，广东沿海区域的灰霾天气较为严重，尤其是沿海工业城市的灰霾天气显著增多。由于大气综合治理关系到区域经济结构、产业布局调整、节能减排等多方面，需要衔接的地方非常多。从珠江三角洲的环境基础设施来看，基础设施规划、建设、管理等方面各自为政，缺乏横向和纵向的管理与协调，造成各市、各城镇基础设施相互难以衔接。因此造成了各镇（甚至村）规划建水厂、污水处理厂、垃圾处理厂等现象。

二、制约珠三角城市间环境治理合作的原因

制约珠三角环境治理中政府合作的因素很多，主要是政府政策规划不协调，综合决策缺位；跨政区环境治理合作缺乏法制基础；生态区的整体性与行政空间的分割性的矛盾；城市间环境管理合作机制不完善等。

1. 政府政策规划不协调，综合决策缺位

目前，珠三角各地市乃至县、乡镇一般都制定了相关规划，但这些规划之间缺乏协调和对接，有的规划对环境保护的规定不具体、不科学或者尚未纳入。如流域规划、城市规划、产业规划、土地利用规划、交通规划、港口规划、海洋功能区划、环境规划之间，相邻行政区规划之间，在环境保护方面存在不一致甚至冲突的情况。以广州市为例，各项规划均为各部门编制，其审批也在相应的主管部门，各部门在编制规划时，一般不考虑其他部门的规划和环境政策，这就难以保证它们在环境保护方面的协调。在跨域治理中，各地基于自身利益考虑来制订环境治理政策和规划，在制订时往往缺乏协商与沟通，相互之间往往存在冲突。例如，根据2009年广州市公示的《金沙洲居住新城控制性详细规划》，金沙洲被规划为广佛都市圈中心的居住新城，这里将成为低密度高档住宅区，规划人口为16万。而南海公布的《佛山市南海区大沥盐步组团总体规划》，金沙洲部分被规划为物流区和工业制造区。佛山大沥镇、里水镇等地聚集着大量低级加工作坊，这些作坊给周边带来了大量污染，目前环境污染的罪魁祸首，就是两地的规划不同步，两地对金沙洲的规划无法对接。

在淡水河治理中，深惠两市的污染整治工作缺乏系统的指导思想，两市的整治规划缺乏衔接，尽管在流域建成多座污水处理厂，由于管网建设不配套，实际处理量不到设计能力的一半。又如东莞石马河治理缺乏统筹规划，早期的城市规划里偏重于路网的规划，较少考虑水网的规划，沿河两岸没有预留足够的综合治理用地，甚至连许多天然河道的行洪断面也被非法侵占。对于小东江的污染整治，茂名和吴川市未能形成统一的整治规划，上下游地区各自为战。流域内的茂名与吴川都基本上在各自的“领地”规划建设水污染防治体系。与规划相联系的是，对政策规划实施可能产生的环境问题缺少整体考虑，忽视对政策规划进行充分的环境影响评价，缺乏综合决策。很多严重的环境问题是因为在制定发展政策、发展规划以及重大行动的拟议中，没有将环境因素充分考虑进去，也就是没有对环境与发展进行综合决策。珠三角有的地方政府在制定区域和资源开发、城市发展和行业发展规划，确定产业政策和安排建设项目时，往往更多地着眼于本地的经济效益，未能充分考虑资源和环境的承受能力，许多经济政策特别是产业政策与环境治理之间脱节。

2. 跨政区环境治理合作缺乏法制基础

（1）从国家层面来看，规范和促进政府环境治理合作的法律法规滞后，国家立法未能明确定义一个跨区域污染事件，以及对这类事件应如何处置，如《水法》《水污染防治法》《关于预防与处置跨省界水污染纠纷的指导意见》中对跨区域水污染治理的权力行使、责任分担等没有明确规定，对责任追溯程序及赔付金额也没有明确规定，地方政府不合作将得不到任何惩罚，很难保证地方政府之间的合作行为。对水污染事故的处理仍是采取当事双方政府间协调解决的办法，没有充分发挥仲裁机构、法院和民主协商机构的作用。（2）目前，广东省关于政府环境治理合作的法制基础尚未完善，环境治理合作协调工作缺乏刚性。《广东省环境保护条例》，经过10多年的时间，虽然制定了一些补充性的意见和措施，但对环境治理中政府协调合作缺乏具体规定。《广东省珠江三角洲水质保护条例》规定了水利、卫生、交通、地质、农业、林业、公安、市政、环卫、国土、规划、供水、经济管理部门，根据各自职责协助环境主管部门对水质保护实施监督管理，但对珠三角区域内各级政府及部门间的合作没有规定。近年来颁发的《广东省跨行政区域河流交接断面水质保护管理条例》、《广东省珠江三角洲大气污染防治办法》，在省域内跨行政区环境管理方面、跨行政区域河流交接断面水质保护和珠三角大气污染水治理合作方面有相关规定外，对环境协调事件的目标能否达到、协调到何种程度，并没有硬性规定，会影响协调工作正常进行。在《珠江三角洲环境保护专题规划》中，尚未对行政区之间的环境合作进行具体规定，操作性不强。另外，广东省缺乏关于流域上下游生态补偿的地方性法规。

3. 生态区的整体性与行政空间分割的矛盾

在现有的行政区划体制下，生态区与行政区域管理难以统一，珠三角跨域污染问题突出，这是其中重要的原因。（1）生态区与行政区是两个不同性质和特征的区域类型，生态区是边界相对模糊的自然区域，而行政区则是一个具有明确法律边界的政治单元。作为一个完整的生态区被多个行政区所分割，在地方利益驱使和跨域合作机制缺失的情况下，往往在区域综合开发、水资源管理、环境保护、防洪防灾等区域性事宜上，各自为政现象较为突出。（2）环境管理领域存在地方保护主义。在地方利益的驱使下，邻域之间的污染防治存在着各家自扫门前雪的现象，要么以邻为壑，发展污染项目，甚至把污染项目选址在邻域交界处，形成跨界污染。地方治污的政策力度要服从于地方收益最大化的政策目标。地方政府与当地企业存在着利益上的一致性，对企业污染行为限制就意味着自身利益的减少。因此，地方政府就难以积极地对当地企业的污染行为采取有效的干预；许多时候，地方政府不但不去制止当地企业的行为，而且还充当地方污染企业的保护伞。由于行政区的分割，上游污染企业污染了下游水体，下游地方政府无权管理上游排污企业，上游地区更是毫无顾忌地将污染向下游转移，流域污染治理的各行其是，不仅削弱了流域治理的整体效果，使地区间的协调非常困难，加剧了生态环境破坏，造成各区域和流域的发展相互脱节。

4. 城市间环境治理的合作机制不完备

目前，珠三角跨域污染得不到有效的解决与治理，其中一个重要原因是缺乏制度化、规范化的跨域环境治理政府合作机制。珠三角城市间没有形成有效的合作机制进行互动，协调主要依赖于省级政府。尽管2009年广佛、珠江等城市签署了相关合作协议，但其效果有待观察。（1）缺乏利益协调机制。各城市政府都是一个利益主体，遵循自身利益最大化原则来进行决策，任何跨域环境问题，私底下都涉及地方利益，如果缺少利益协调机制，政府之间就很难形成合作治理。如跨界河流的整治，需要建立一个合理的利益协调机制。（2）缺乏合作的“激励相容”机制。利益激励目标设置得是否恰当是激励相容的重要原因，而设置合理的目标激励，就是要确定适当的目标，以诱发各利益方的动机和行为来达到调动各方积极性的目的。由于上游的污染治理及水土保持等行为形成的正外部性，而所需要的资金却由自己承担。如果没有合理生态补偿，就会极大地削弱了上游在融资、治理和监督排放等方面的激励。同时，“污染者付费”中的成本—收益不平衡，又为流域下游搭便车消费流域水环境公共物品提供了激励。这便是跨界流域水污染问题形成的深层次原因。（3）缺乏权威的政府协调机构。环境行政管理实行环境机关统一管理和其他部门分工合作的模式，但缺乏综合性、权威性的地区间和部门间的协调机构。以淡水河治理为例，污染问题的解决涉及到深圳、惠州、东莞等市。从省的层面来讲，缺乏权威的、专门的跨市常设管理机构。（4）缺乏信息共享机制。目前，珠三角城市间许多环境信息还停留在封闭状态，政府之间和政府不同部门之间的环境信息没有形成共通共享。由于信息不对称等因素的影响，常常导致政府及部门之间无法合作或合作失败。另外，经济发展与环境保护综合决策机制、环境执法联动机制、环境应急合作机制、基础设施共建共享机制、产业合作机制尚在探索之中。

三、珠三角环境治理政府合作机制的构建

政府环境治理合作机制实际上是一套制度体系和规则，这些制度和规则涉及环境管理决策、管理执法、保障和监督等多个环节，是一个整体性的制度安排（如图1）。建立珠三角政府环境治理合作机制的目标是：理顺政府及部门间在环境治理中的关系，形成“权责明确、上下联动、横向协同、环节互动、运转高效”的工作格局。

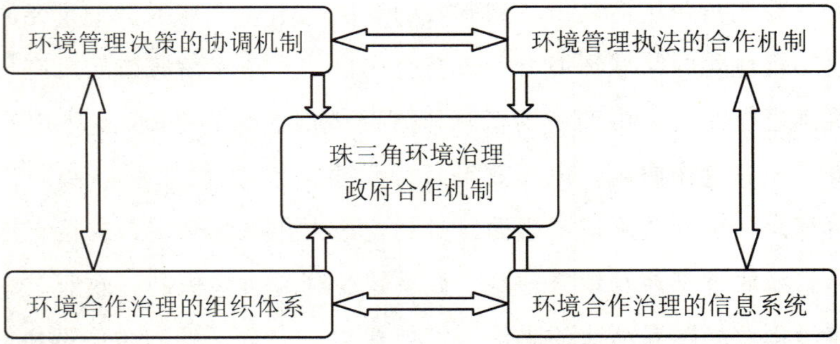

图1　珠三角环境治理政府合作机制框架

1. 建立环境管理决策的合作机制

环境治理中政府协调合作的最前端在政府决策环节。环境保护必须首先考虑决策环节的协调与衔接，建立一体化政策体系，实现环境管理制度的整体对接。现实中，许多环境污染难以妥善治理，是因为政府决策与环境治理之间严重脱节，特别是经济发展政策与环境政策的割裂。为此，需要建立以下具体制度：

（1）建立环境与发展综合决策制度。环境与发展综合决策，是指在决策过程中对环境、经济和社会发展进行统筹兼顾、综合平衡，将环境目标纳入到相关政策领域。环境与发展综合决策从宏观上对决策的环境影响进行评估和分析，从根本上解决环境问题，控制环境污染和生态破坏的政策源头。综合性决策既是协调各部门、各地区利益，各方进行利益博弈的平台，也是推动环境治理由末端治理向系统治理转变的关键。省里涉及珠三角各项政策，以及珠三角市、县（区）政府的各项政策必须符合生态保护的要求，综合考虑人口、资源、社会、经济、环境等要素。一是坚持环境优先的发展原则。在处理环境与发展的关系中，必须坚持环境优先。公共政策的制定必须体现鼓励资源节约和环境保护的价值取向，体现环境合作治理的制度约束。为此，按照环境优先这个原则，对省和珠三角区域内市、县（区）政府的工业、农业、林业、水利、国土、建设、交通、旅游、能源、环保等相关政策进行梳理调整。二是环保部门参与政府综合决策，赋予环境行政主管部门在政府综合决策过程中的发言权和否决权。借鉴大连市的经验，环境主管部门积极参与政府综合决策，协助政府在决策中充分考虑环境因素，提供城市规划布局、产业结构、环境基础设施等方面的指导意见，消除和降低因政策失误造成的环境影响。三是对重大决策、政策的环境审议，如对重大经济政策、基础设施建设、开发区建设等重大决策事项，必须进行环境影响评价，决策部门要组织其他相关部门和专家进行会审。

（2）建立政府规划间环境目标衔接制度。政府整体规划、专门规划、区域规划或流域规划中的环境目标一致与衔接是环境治理合作的基本要求。一是做好本级政府相关规划的衔接。珠三角市、县（区）政府要处理好小规划与大规划、局部与整体、近期与长远、经济建设和社会发展、城市建设与环境保护等一系列关系，环保、农业、林业、水利、国土、建设、交通、旅游等部门要加强沟通，将环境保护纳入规划之中，综合统筹和协调，实现规划之间在环保政策层面的对接，确保各类规划中环境保护目标、措施的衔接一致，建议设立全省政府规划统一审批制度。二是做好珠三角各城市间规划的衔接。打破行政区划壁垒，加强相邻行政区在产业、城镇、交通、环保、主体功能区等规划上的衔接。为此，把珠江三角洲经济区作为一个有机整体看待，落实《珠江三角洲城镇群协调发展规划（2004～2020）》，涉及珠江三角洲的省域规划和市域规划应当与《珠江三角洲城镇群协调发展规划》相协调，按照区域统筹、协调发展的原则加强规划之间的相互衔接，在基础设施规划和建设、产业结构调整、环境保护等方面的协调合作，使区域内各城市的环境规划协调对接。健全实施《珠江三角洲环境保护一体化规划（2009～2020年）》、《珠江三角洲城镇群协调发展规划》的激励、约束和监测机制，发挥省政府的指导、协调、监督功能。近期以推进“广佛肇”、“深莞惠”和“珠中江”三大经济圈一体化为重点，联合编制“广佛肇”、“深莞惠”和“珠中江”片区环境保护规划，统筹环境功能区布局和生态资源开发利用，共同构建片区生态安全格局。同时，加强与港澳的城市发展规划协调。

（3）建立重大建设项目联合会审制度。对重大建设项目不仅要作环境影响评价，而且对其进行联合审批，建立联合审查审批制度。凡是在市、区（县）、镇边界、环境敏感区，建设重污染、限制发展类等可能造成跨行政区域不良环境影响的重大项目，都要由邻域政府进行会商审批。制定边界重大建设项目环保准入条件，对跨区域新建重污染、限制类项目，邀请相邻城市参加，征询相邻政府环境主管部门意见，推进边界建设项目联合管理，防止污染跨界转移。为协调做好跨区域、跨边界建设项目环境影响评价审批工作，在涉及边界建设项目的审批过程中，互通信息、相互沟通。当前，特别是在跨界河流政府间，需要加强跨界污染项目审批的沟通合作，共同研究跨界流域和区域的限批、禁批和企业搬迁等办法。可制定《珠三角城市边界建设项目审批会商办法》或《珠三角行政区边界重大建设项目审批会商制度》，在审批过程统一环境准入门槛，对审批会商建设项目的范围作进一步的明确，对审批会商操作办法进一步规范优化，防止产生边界环境污染纠纷。根据各个城市的生态环境功能区规划，各城市相邻地带内生态功能小区类型等，共同制定环境准入条件。

2. 建立环境管理执法的合作机制

环境管理和环境执法是环境保护和生态建设的中心环节，环境管理执法合作尤为必要。环境管理执法合作机制包括环境联合监测监察制度、跨界河流联合共治制度、环境基础设施共建制度、环境应急协作处理制度等制度安排。

（1）建立环境联合监测监察制度。环境联合监测是指区域或流域内相邻政府，在跨域或跨界的环境敏感区开展环境联合监测，实现政府间合作与监督。联合监测由相邻环保部门共同制定水质或大气监测方案，监测项目、监测点位、监测时间、监测频次、监测指标与方法，并报上级环保部门备案。目前，珠三角应该重点加强环保部门在跨界地区和主要污染河流的水质联合监测以及区域空气监测。构建珠三角一体化环境监测网络，完善跨行政区河流交接断面水质监测站，加强对跨界水环境的实时监控，推进生态、土壤、有害有毒物质环境质量监测网络建设。建立区域各类监测数据库，定期联合编写和发布区域或流域水环境监测报告。环境联合监察是指区域或流域内政府间特别是相邻政府之间开展联查、互查行动，采取有效措施，及时消除环境安全隐患，联合打击各类环境违法行为，合理协调处理环境事件。环境联合监察制度包括以下几个要点：一是相邻政府联合执法。对于跨行政区或交界环境问题，根据需要建立相邻政府联合执法小组，处理行政区域交界地区的环境污染纠纷，开展区域重点污染企业排查，处置跨界突发性环境污染事件，查处跨地区的危险废物违法转移案件等。二是相邻政府交叉执法。相邻政府间可采取交叉督查的方式，定期或不定期对环境敏感地带或相邻方污染企业，依法共同进行检查，有时根据群众举报进行检查。如一方政府对相邻敏感区域的重点污染源进行突击检查。或者通过互派观察员的方式对上下游、左右岸政府对环境敏感地带、污染企业整改情况和环境事件处理情况进行督查。

（2）建立跨界河流联合共治制度。珠三角存在许多跨行政区的河流，为加强对跨界河流水质的达标管理，建立跨界河流联合共治制度，打破行政区划壁垒，在统一规划和目标的前提下，明确职责，强化协调，上下游、左右岸联防共治，发挥综合治理效益。一是在所有跨界河流交界段面处建立水质联合监测点，在交界断面安装水质自动监测装置，确定水质控制指标，落实上下游或左右岸相邻政府的责任。相邻两地的水质要以河流交接断面水质为准，且监测结果由下游环境主管部门所属的环境监测机构监测。二是上下游政府之间定期会商。上下游政府通过召开联席会议等方式，相互通报并商讨跨界水污染防治工作，下游地区政府至少每年主动召集一次联席会议，上游地区政府应予以配合。对跨市河流边界水质是否达标交接发生争议时，上下游相关政府应协商解决，协商不能达成协议时，由省环境主管部门协调处理。根据需要建立河流整治工作小组，如成立“淡水河污染整治工作小组”，协调综合整治规划和方案。三是流域内有关政府可签署“跨界河流共同治理公约或协议”。以此明确约定相关方政府的责任和义务，一方如不履行环境行政契约的，要承担违约责任。建议在跨界水污染严重的广佛内河涌、深圳河、龙岗河、坪山河、观澜河、石马河、东莞运河、歧江河、江门河、天沙河、独水河的治理中，相关政府签订河流共同治理协议，不能达成协议时，由省环境主管部门协调处理。另外，强化跨界河流断面水质目标管理和考核。将珠三角跨界河流交接断面水质保护管理纳入市县领导干部环保责任的考核范围。交接断面水质未达到控制目标的，实施区域限批，停止审批在责任区域内增加超标水污染物排放的建设项目，追究相关领导干部的责任。

（3）建立环境应急协作处理制度。由于环境事件突发性、危害性、扩散性强，需要政府间或多个政府部门的联合应急处理。特别是在珠三角地区，城镇密集，人口众多，在区域内有必要建立一个环境污染事件应急协作处理系统。这个系统包括两个层面，即大珠三角粤港澳环境应急协作系统和各市环境应急协作系统。另外，珠三角主要相邻市（如广佛肇、珠中江、深莞惠等）还可建立片区环境应急协调处理系统。环境污染事件应急协调处理包括以下几个密切配合的环节。一是制定联合应急预案，完善应急监控系统。可从大珠三角和市两个层面制定环境预警应急系统，建立协同作战、响应快速的区域环境应急监测网络。加强重要环境敏感区域污染监控预警，加强区域流域环境风险防范，开展区域环境风险区划，共同建立各类环境要素的环境风险评价指标体系，加强环境监测数据应用与综合分析预警。定期开展区域环境突发事件的应急演练，建立畅通的环境事故通报渠道，加强人员培训，提升监测预警能力。二是环境事故应急处理的协调联动。指挥协调是联合行动的基本要求，是环境污染事件应急合作机制的核心环节。当珠三角任何一个地方发生环境污染事故时，立即启动应急预案，发生地环境主管部门应立即对事故进行调查确认，相关方政府及部门积极配合，迅速行动，开展应急监测和跟踪监测，快速判断污染物种类、浓度、污染范围及产生的危害影响，并分析事态可能的发展趋势。一般情况下，突发污染事件发生后，根据需要成立应急指挥机构，提出联合行动要求和具体方案，协调环境污染事件产生地政府部门之间联合行动，协调突发环境污染事件信息的对外统一发布工作，协调污染事故的善后处理。

3. 建立环境合作治理的组织机构

政府在环境治理中的协调合作，需要借助一定的组织形式或机构支撑，组织机构常常是政府协调合作的重要载体。跨界环境管理问题涉及面广，处理困难，有必要建立权威性的机构来承担这项工作。从珠三角目前环境治理的情况来看，在现行的行政体制框架下，在明确省、市、县（区）、乡镇政府及相关部门的法定环境管理职能基础上，完善和整合有关议事协调机构，建立和完善以下协调机构：

（1）建立“珠三角环境治理专门委员会”。为进一步落实《珠江三角洲地区改革发展规划纲要》，建议在原来省里设立的“珠江三角洲经济区现代化建设协调领导小组”、“珠江三角洲城镇群规划管理办公室”的基础上，整合组建“珠三角一体化促进委员会”，负责制定全区域一体化发展战略和政策，协调解决基础设施建设、区域城市体系规划、区域性资源开发利用和生态环境一体化治理中的重大问题。珠三角一体化促进委员会由省长兼任或副省长担任主任，成员由9个地级以上市市长，省直有关职能部门（环保、水利、发改委、国土、农业、林业、建设、交通、卫生等）的负责人，以及相关专家等组成。在珠三角一体化促进委员会下成立“珠三角环境治理专门委员会”或者“珠三角环境一体化工作小组”，专门负责珠三角环境协调，主要职能是监督执行区域环境规划和相关政策；监督各市对环境法律、法规、规划、政策的执行；协调处理区域和流域重大环境问题，协调区域内各成员间的关系；对区域重大环境问题和跨市环境问题进行研究等。按照《珠江三角洲地区改革发展纲要》的要求，推进珠三角产业布局一体化、环保设施建设一体化、重大项目审批一体化、区域环境标准一体化、环境管理体制一体化、环境执法监督一体化、环境监控手段一体化、环境信息公布一体化等政策措施，实现联手治污和同步治污。建议在有关地方法规中，明确珠三角一体化委员会的法定地位和权力，就机构的成员构成、决策程序、职能权限、法律责任、工作机制等制定相应的制度性规定，以确保机构的正常运行并真正发挥作用。

（2）完善环境合作治理联席会议。在环境管理中，联席会议是多元管理主体协调合作的基本组织形式。建立联席会议的主要目的是各方互通信息、消除分歧、形成共识、联合行动。目前，需要建立和完善以下环境治理联席会议：一是建立珠三角城市群环境治理联席会议。联席会议是都市区重大事项集体会商、环境纠纷处理、环境信息交流的平台，主要讨论城市间环境治理的合作与协调，协调解决跨界环境污染问题，对区域重大环境问题和跨市域环境问进行研究，组建边界环境联合执法小组，强化对区域污染治理工作的监督检查等。另外，根据需要，相邻政府也可建立环境联席会议。如根据珠三角的地理空间关系和生态环境的关联性，分别建立广佛肇（广州、佛山、肇庆）环境联席会议、珠中江（珠海、中山、江门）环境联席会议、深莞惠（深圳、东莞、惠州）片区环境联席会议。二是根据需要建立主要污染河流治理的联席会议。联席会议主要讨论处理有关流域环保协调与合作；处理流域环境管理中的纠纷，处理上下游、左右岸的关系，协调各方利益；加强边界地区联合执法和环境污染整治，加强边界地区建设项目的环境管理，加强污染治理工作的监督、检查等。现在淡水河污染整治工作联席会议已建立，该联席会议由副省长林木声担任第一召集人，深圳和惠州政府主要负责人为成员，双方签署协议，确定定期会商制度，每个季度碰头一次协调推动治污工作。三是建立政府部门间环境联席会议。该会议可采取两种形式：一种是由同级政府牵头，由政府环保工作分管领导召集或主持，相关职能部门参加的联席会议。各有关部门分管领导担任联席会议的代表。另一种是由环境行政主管部门牵头，成员单位涉及水利、农业、林业、土地等部门中的若干部门。建议在珠三角市、县政府分别建立这种联席会议，加强对政府部门间环保工作的协调。

4. 建立环境合作治理的信息系统

信息资源是政府合作治理的基础性资源，环境治理特别强调信息的重要性，信息共享也是合作机制的一个重要组成部分，因为不同环境治理主体所拥有的信息是不完全和不对称的，相关信息不仅是识别潜在环境问题、环境预测的基础数据，而且是环境问题处理的重要条件，必要的信息资源能增强政府协同能力，提高合作治理效率。因此，需要建立珠三角环境信息互通共享机制，保证环境信息的及时性、全面性和准确性。

（1）建立珠三角环境信息共享平台。充分利用现有互联网、政府网络资源，依托电子政务网络平台，建立珠三角环境信息应用系统和环境基础信息数据库，从而实现环境信息计算机处理、环境信息高速传输，实现环境信息资源共享。一是完善珠三角环境监测信息系统。按照2007年国家环保总局《环境监测管理办法》规定，要求县级以上环境主管部门须依法组建环境监测网络。建议由省环保厅牵头，建立珠三角环境动态监测数据库，全面实现监测数据处理的信息化、数据传递的网络化，实现各类环境监测信息共享。区域内各地级以上市应当定期向环境监测信息系统提供信息数据。同时，完善环境数据库管理，细化数据采集，加强数据质量控制。二是建立完善珠三角环境信息资源网络，将区域内环境信息以空间数据库的形式加以合理、方便、简洁的表达与管理，便于灵活使用、快捷查询，为环境管理提供较为丰富的数据支撑。并与有关部门实现信息接口兼容，全部实现与环保部门的联网。建立珠三角政府间网上协同办公模式，各环保主管部门联网，实现上下级政府、横向政府之间环境信息共享。三是建立政府部门信息共享平台。使政府内部的规划、环保、水利、国土、农业、林业、海洋、卫生、交通、地质、公安、市政、环卫、建设、旅游、能源等部门的办公流程彼此联系，将各部门内部的业务通过政府统一的信息交换与共享平台，实现相关部门之间的环境信息共享，并与全省、区域或流域环境信息网络实现信息接口兼容。

（2）健全环境信息通报制度。为使环境合作治理做到公开、透明、有效，建立完善环境信息通报制度。环境信息互通的方式有多种，主要是通过现代互联网技术和通讯技术、双边或多边的联席会议、编写环境简报等，互通环境治理中的重要问题，交流工作经验，将环境治理信息在双边或多边范围内通报。区域内各市政府定期发布城市空气质量、城市噪声、流域水质、饮用水源水质、近岸海域水质等信息，公开重点污染源环境信息、环境监察信息、环境影响评价信息和建设项目环保审批情况。一是政府部门间要建立信息通报制度，定期通报有关情况。各市环境主管部门每季度向同级相关部门通报本地基本环境数据，特别是环境执法信息，通报环境违法案件的立案、查处、移送、督办、整改、结案等情况。如经济综合主管部门、资源管理部门、工商管理部门等每季度向环境主管部门通报一次环境违法企业关、停、并、转的情况。环境主管部门与水利、渔政等部门定期互通河流交界断面水质、水量、水文等信息。二是城市间特别是相邻城市间将日常监测和环境管理中掌握的有关数据及情况，定期（如每季、每月）或不定期地相互通报。当前重点做好以下信息的通报：项目审批和项目环评互相通报。各市审批的建设项目和项目环评报告，应向相邻或区域内其它市环境主管部门通报有关情况，通报当地水污染防治措施、进程、效果及其面临难题等信息。及时通报关停企业名录，本地污染企业转出其他地区，环境保护部门掌握有关情况后，及时向污染企业可能转入地环境保护部门和区域联席会议办公室通报。

（王玉明，广东行政学院行政学教研部教授；刘湘云，广东行政职业学院管理学系会计师、讲师）

“十一五”时期深圳经济发展与环境保护良性互动的调研报告

李永清

“十一五”时期深圳在经济社会快速增长的同时，环境保护面临的压力不断增大。深圳坚持环境优先、以人为本、生态优先的理念，把绿色生态作为经济发展旗帜上不可或缺的标志，促进城市环境质量的改善和重点、难点、热点生态环境问题的解决，初步探索出一条经济发展和环境保护“双赢”之路，整体生态环境质量保持在较好的水平。

一、深圳经济发展与环境保护相互促进

（一）经济发展又好又快

深圳市生产总值由2006年的5684亿元增加到2010年的9511亿元，年均增长16.8%，在国内大中城市中继续保持第四位；人均生产总值年均增长17.3%，居国内大中城市首位；规模以上工业增加值4050亿元，年均增长12.2%；外贸出口突破2000亿美元，实现十八连冠；深圳港集装箱吞吐量突破2200万标箱，稳居全球第四大港；高新技术产品产值突破1万亿元，产值规模多年稳居全国大中城市之首；地方财政一般预算收入突破1000亿元，保持国内大中城市第三位。

发展效益显著提升。每平方公里GDP产出由2006年的2.91亿元提高至2010年的4.77亿元，处于全国领先水平；万元GDP能耗和水耗分别为0.51

吨标准煤和20.3立方米，相当于全国平均水平的50%和10%。产业结构显著优化，2010年三次产业结构比例发展为0.1：47.5：52.4，第三产业比例比2006年提高5.7个百分点。高新技术产业、现代金融业、现代物流业和文化产业4大支柱产业支撑能力明显增强，占GDP比重超过60%。

（二）环境绩效持续提升

1. 城市自然环境清新优美。全市建成区绿化覆盖率达45%、森林覆盖率达47.6%、人均公共绿地面积16.01平方米、442个公园总面积达13 240.40公顷，深圳先后被国内外权威机构评为国际“花园城市”联合国环境保护“全球500佳”“国家卫生城市”“国家环境保护模范城市”“国家生态园林示范城市”“保护臭氧层示范市”“全国绿化模范城市”“全国优秀旅游城市”。

2. 污染减排取得实效。万元工业增加值主要污染物排放强度逐年下降。“十一五”期间，全市SO_2和CO_2累计减排1.0万吨、3.31万吨，分别完成国家下达任务的115%、156%。环保投资指数逐年提升，2010年上升至2.87%。城市环境基础设施不断完善，5年内新增污水处理能力179万吨/日，2010年城市污水处理率达到96.8%，污水再生利用率达到35.9%，建筑垃圾资源化利用率超过1/3。

3. 城市环境质量持续改善。深圳城市环境综合整治定量考核总分94.55分，连续5年名列广东省前茅。2010年，主要饮用水水源水质良好，集中式饮用水水源水质达标率稳定在100%；河流COD平均浓度较2006年下降38.5%，跨界河流水质明显改善；全年环境空气质量优良天数356天，全市环境空气综合污染指数由2006年的1.803逐年下降至1.316，全市SO_2、NO_2和可吸入颗粒物浓度分别下降了63.3%、15.1%和10.9%；全市建成区绿化覆盖率达到45.03%，人均公园绿地面积达到16.4平方米。

4. 环境管理能力不断加强。5年来，全面修订了《深圳经济特区环境保护条例》，先后制订了《深圳经济特区循环经济促进条例》等5部法规规章，基本形成了体现先进环境保护理念的地方环境保护法规体系。持续保持环境执法高压态势，出动环保执法人员59.2万人（次），核查排污企业27万厂（次），立案查处环境违法行为约1.3万宗，限期治理和整改9044家企业，处罚金额2.57亿元，吊销排污许可证83家，刑事拘留32人次，在《深圳特区报》公开忏悔企业61家，形成了政府牵头、部门推动、企业参与的环保执行体系。

5. 突发性环境事件预警和应急处理能力不断提高。加快建立完善政府主导、部门协同的环境应急处理机制，建立环境预警信息系统和环境灾害应急监测系统。加强应急物资、装备和专业队伍等应急保障能力建设，提高事故防范和应急处置能力。加强对水体、空气等环境要素的常规性监测工作，逐步开展对土壤、辐射、持久性有机污染物等的监测，以及对生态系统演变、大气灰霾、赤潮等的研究性监测，分析研究潜在的环境问题和环境风险。

6. 全民环境意识显著增强。环境宣传活动全面开展，全社会生态文明意识不断提高，市委、市政府主要领导每年带头参加以“绿色出行”、“我为深圳环保做件事”为主要内容的“绿色行动日”活动，参与市民达百万以上。生态创建成果丰硕，全市各行政区（新区）均开展了“生态创建”或“生态新城”建设活动，其中盐田区成为全国第二、华南地区首个“国家生态区”；绿色学校、绿色社区等十大绿色家园系列创建活动不断深入，全市累计创建各类“绿色”单位959家；中小学环境教育普及率达100%，累计建设国际生态学校8家、国家级绿色学校（幼儿园）15家、市级绿色学校278家。

二、深圳经济发展与环境保护相互促进的基本经验

（一）以绿色发展为理念指导，指引经济发展方式转变

深圳把持续推进国家环保模范城市建设工作作为调整产业结构、加快转变经济发展方式的突破口，切实把环保工作摆上更加重要的战略位置来抓，全面探索环境保护与经济转型良性互动的新道路。

1. 牢固树立“环境优先”意识。深圳市委、市政府针对资源环境约束趋紧的严峻形势，先后提出“以环境优化经济发展”、“城市的发展要以资源为紧约束，环境为总约束”的城市发展理念。在贯彻绿色发展理念过程中，将城市发展目标由“速度”转向“效益”，2010年召开的第五次党代会，将建设“经济发达、社会和谐、资源节约、环境友好、生态宜居、具有中国特色的国际城市”作为未来发展的总目标，为深圳市持续巩固创模成果奠定了基础。

2. 系统构建环保与经济发展相协调的政策法规体系。2006年，深圳市委、市政府出台《关于全面推进循环经济发展的决定》，明确了“全面推进循环经

济发展，加快建设和谐深圳效益深圳和资源节约型环境友好型城市”的总体目标；2007年，市委、市政府以一号文件出台了《关于加强环境保护建设生态市的决定》；2008年，市政府印发了《深圳生态文明建设行动纲领（2008～2010）》等系列文件，决定以生态文明的标准和要求打造精品深圳、绿色深圳、集约深圳和人文深圳。2011年，市委、市政府出台《关于提升城市发展质量的决定》，进一步明确了“树立绿色价值观和生态政绩观，坚持低碳发展方向，以环境容量为约束”的城市发展理念和战略。

五年来，深圳市充分利用特区立法权，先后出台了《深圳经济特区建设项目环境保护条例》《深圳经济特区在用机动车排气污染检测与强制维护实施办法》《深圳经济特区建筑废弃物回收利用条例》等专项污染防治及资源性法规。2009年，对《深圳经济特区环境保护条例》作了全面修订。1994年制定的《条例》原有的内容安排和制度设计日显滞后，影响了实施的效果。如缺乏对政府行为尤其是相关职能部门的约束性规定，对环保的公众参与制度规定不完善，对环境违法行为的惩罚力度不够强，甚至对一些新出现的环境违法行为缺乏相应的规定等。全面修订后的新条例，增强了创新性、针对性、前瞻性和科学性，不仅结构创新，实用性和可操作性大大增强，条文数量由58条扩展为85条，而且有三大创新：首先是率先在全国建立环境优先法律原则，强调环境容量对经济总体规模的限制和约束，区域经济活动必须与地方生态承载力相符合，经济决策要优先考虑生态环境的要求，使经济发展按照与生态环境相协调的方式来保持可持续性。其次是率先在全国明确政府环境责任。《条例》将政府环境责任放在首位，明确了政府的七大基本环保责任，即对辖区环境质量负责、环境与发展综合决策、政府环境信息公开、生态补偿、推动环保科技创新、环保宣传教育、环保奖励等，明确了环保指标在干部政绩考核中的法律地位。再次是首次确立公民环境权。新条例规定，单位和个人享有在良好环境中生活、获取环境信息、参与环境监督管理以及得到环境损害赔偿的权利。同时，单位和个人负有保护环境的义务。

（二）以创新环保体制机制为动力，凝聚保护环境的强大合力

1. 强化政府综合决策机制。在全面实施规划环评和建设项目审批的基础上，2007年，建立了以市长为主任的环境与发展综合决策委员会，研究和审议环境与城市发展中的重大问题，进一步加大环保部门在参与政府综合决策中

的话语权。2009年，深圳市人居环境委员会在大部制改革中应运而生，归口联系建设、水务、气象等部门，由专业性部门向综合决策部门转变，职能由单纯的环境保护向环境建设和环境保护并举转变，为从全局和战略决策角度统筹解决环境问题拓宽了道路。

2. 完善环保投入机制。市、区两级政府把环境保护投入作为公共财政支出的重点，随着经济增长逐步加大投入。市公共财政在环保基础设施建设投入方面适当向特区外倾斜。市财政每年拨款3000万元，用于环保奖励和环境科研工作。在城市基础设施配套费、土地出让收益中分别安排一定资金用于环保基础设施建设。制定土地使用、贷款贴息、服务价格等方面的优惠政策，鼓励社会各类投资主体以多种形式参与环保基础设施的投资、建设和运营，逐步完善政府主导下的社会多元化环保投入机制。对环境保护协议中明确的企业技术改造项目，列入财政安排的技术进步专项资金的扶持。

3. 建立协调高效的环保执行机制。深圳市通过治污保洁工程的全面实施，充分调动各级政府和各行业参与环境保护工作的积极性。市发改部门强化牵头、统筹、协调职责，加大对环境基础设施建设的投入；市财政部门建立环保投入保障机制，为治污保洁工程项目实施提供财力保障。5年来，全市共实施治污保洁工程405项，完成重点工程185项，重点工程项目投资逾260亿元，有力促进了环境污染治理和生态保护等各方面工作。

4. 实施严格规范的环保实绩考核机制。2007年以来，深圳市将环境基础设施建设、污染防治与生态保护等生态环境保护各项具体工作情况纳入党政领导实绩考核范畴，各区、各部门一把手现场陈述，专家组对报告及陈述现场评分，考核结果作为评价领导干部政绩、评定年度考核等次和选拔任用的重要依据之一。考核六个方面：节能减排任务和年度治污保洁工程任务的完成情况；环境保护处罚及整改情况；群众投诉及处理情况；环境保护热点难点问题的解决情况；大气环境、水环境、声环境、辐射环境的改善情况；固体废物管理及环境基础设施运营情况。考核不合格的，予以通报批评，进行诫勉谈话并要求公开道歉，不得在当年综合评优创先活动中获得表彰奖励，两年内不予提拔或重用；实行环保目标任期考核制度，任期内连续两年不合格的，予以调整工作或转非领导职务。环保实绩考核结果予以通报，并在市主要媒体上公布。有效推动了环保工作任务的落实，促进了领导干部自觉落实科学发展观，形成新的政绩观。目前，深圳市各区也在参照此机制，对区政府部门逐步开展实绩考核工作。

5. 构建环境保护的利益导向机制。一方面，厉法以行、执法以严，铁腕保护生态环境、铁腕整治污染、铁面加强执法，让不遵守法律的人和企业付出法律、法规所规定必须付出的代价。《深圳经济特区环境保护条例》对屡发的偷排直排行为予以严惩：排污者通过埋设暗管或者其他隐蔽排放的方式直接排放污染物的，或者从污染物处理设施的中间工序引出污染物并直接排放的，或者未经环保部门批准，擅自拆除、闲置环境保护设施的，处十五万元以上二十万元以下罚款；情节严重的，并吊销排污许可证。还创设了按日计罚制度。对一些违法行为，经环保部门处罚后，不停止违法行为或者逾期不改的，环保部门应当对该违法行为实施按日计罚。按日计罚的每日罚款额度为一万元，计罚期间自环保部门做出责令停止违法行为决定之日或者责令限期改正的期限届满之日起至环保部门查验之日止。另一方面，让遵纪守法、注重环保的企业得到利益、实惠。深圳建立鼓励环保产业创新发展的政策措施，实行节能环保项目减免企业所得税及节能环保专用设备投资抵免企业所得税政策。具体包括：企业从事符合条件的环境保护、节能节水项目（包括公共污水处理、公共垃圾处理、沼气综合开发利用、节能减排技术改造、海水淡化等）的所得，自项目取得第一笔生产经营收入所属纳税年度起，第一年至第三年免征企业所得税，第四年至第六年减半征收企业所得税；企业购置用于环境保护、节能节水、安全生产等专用设备的投资额的10%可以从企业当年的应纳税额中抵免，当年不足抵免的，可以在以后5个纳税年度结转抵免；在一个纳税年度内，对环保企业符合条件的技术转让所得不超过500万元的部分，免征企业所得税，超过500万元的部分，减半征收企业所得税。

6. 形成有效的公众参与及监督机制。深圳市以“六·五”世界环境日系列宣传活动为载体，开展青少年环保节、环保话剧节、市民环保奖等丰富多彩的宣传活动，2004年起深圳设立了“深圳市民环保奖”，动员全体市民共同参与；率先将环境宣传教育从“政府单项模式”转变为“社会互动模式”，形成政府和部门、市民、媒体、网民四大群体的良性互动，摸索出新世纪环境宣传的“深圳模式”。

（三）以全程控制环境污染为抓手，推动产业结构优化

1. 全面开展战略环评。一是着力开展区域和重点规划环评。从决策源头防止生产力布局、资源配置不合理造成的环境问题，推动产业结构布局优化调

整。二是积极试点政策战略环评。积极引导对环境产生重大影响的工业、能源、交通、旅游开发等方面的法规、规章和政府规范性文件在制定过程中开展政策战略环境影响评价。5年来，深圳市共开展了城市总体规划、港口总体规划等24项重点规划的环境影响评价工作。

2. 提高环保准入门槛。一是按环境容量优化区域布局。将全市划分为重点保护区、控制开发区和优化开发区。逐步提高重点保护区和控制开发区的环境准入和排放标准。除法律、法规另有规定外，在重点保护区内，禁止开发建设除道路交通设施、市政公用设施、旅游设施、公园四类项目以外的项目，逐步恢复和提升生态功能；在控制开发区内，严格控制土地开发规模和开发强度，限制不符合生态功能定位的产业发展；在优化开发区内，加快调整产业布局，实行集约开发，提升生态效益和经济效益。二是修订《深圳市产业结构调整优化和产业导向目录》。定期公布鼓励、限制、禁止类产业和工艺目录，对不符合产业导向、产业布局、污染物排放总量控制要求，或对使用国家明令禁止的设备、工艺的新建、扩建、改建项目和企业，一律不准立项，不予审批用地，不予办理相关工商登记。建立落后工艺、技术以及重点污染行业退出机制，制定强制淘汰的工艺、技术和行业名录，对列入名录的企业，采取限期改造、整体搬迁、异地发展等措施，限期淘汰、关停或搬迁。三是严格环境准入，5年来，全市共审批各类项目13.8万余个，拒批不符合环保要求项目9760个，否定率达到7.05%。

3. 加快淘汰落后产能。积极推进发展模式真转真变，从源头上减少环境压力，加快形成环境友好型的现代产业体系，逐步推动深圳由“深圳加工”、“深圳制造”向“深圳创造”转变。一是加快淘汰落后产能企业，按照国家及广东省产业结构调整指导目录要求，综合运用环保、土地、价格、市场准入制度等多种手段，制定全市及各区淘汰落后产能的工作方案、目标和措施；二是严查不按期淘汰的企业。依法对这些企业予以关停，吊销其生产许可证和排污许可证，并停止供电；三是建立淘汰落后产能的社会公告制度。5年来，深圳市全面淘汰了污染严重的小火电、皮革制造行业、造纸行业和水泥行业，印染行业也逐渐减少。通过产业结构优化调整，减排 SO_2 2936.20吨，减排 CO_2 374.72吨。

4. 深入开展“鹏城减废”行动。2006年起，为激励企业降低资源能源消耗、减少污染物排放，深圳市启动了“鹏城减废”行动。截至2010年底，参与行动的企业近千家，获奖企业达418家，奖励金额共872万元；减废企业累计削减 CO_2 5.1吨、SO_2 2.3万吨、废弃物6.7万吨。

5. 全面开展清洁生产审核。鼓励企业自愿开展清洁生产审核，对采用清洁技术、污染防治新工艺的企业和实施中水回用、资源回收等项目的企业加大资金扶持力度，先后共对60多个清洁生产项目给予8000多万元的资助；同时，加快推动强制性清洁生产审核验收工作。大力实施环境经济政策。一是积极推动绿色采购政策。制定《绿色产品政府采购目录》，政府通过价格优惠、评标加分等方式，引导各级、各部门、各单位优先采购绿色产品。鼓励公众购买环境标志产品、环境认证产品等绿色产品，抑制过度包装、豪华装饰，避免或减少使用一次性用品。5年来，深圳市共向企业提供424条环境违法信息、225条环境诚信信息，企业共对17家有环境违法行为的上游企业暂停采购，涉及采购金额近9亿元。二是推行绿色信贷措施。共对36家环境违法企业停止发放贷款10.6亿元，有效打击了企业的违法排污行为。三是开展环境污染责任保险试点工作。在危险废物经营行业开展了环境污染责任保险试点工作，6家企业与保险公司签订了总保额约1600万元的环境污染责任保险合同。

（四）以四轮驱动为载体，改善环境质量

2006～2010五年间，深圳投资300亿元，全面开展水、大气、噪声、固体废弃物等十大领域内的294项工程项目。其中，对影响环境的四个突出问题的解决成绩显著。

1. 强力推进水污染综合整治。深圳市共有310条河流，河道总长约998.9公里，治污任务艰巨。首先，加强水污染治理基础设施建设。5年来，在水污染治理方面累计投入逾150亿元，全市通过验收的污水处理厂共19座，二级及二级以上污水处理能力达287万吨/日；建成污水处理厂配套干管450.57公里，污水管网总长4023公里。其次，深圳以超常规力度推进深圳河、观澜河、龙岗河和坪山河环境综合整治工作。全面推进河道综合治理工程，调配雨洪水和再生水进入城市河道循环，河流水环境质量总体得到明显改善。再次，重罚与亲民。2009年新修订的《深圳经济特区河道管理条例》明确规定，污水排入河道前应当经过处理，必须符合水污染物排放标准和重点水污染物排放总量控制指标。污水不得直接排入河道，任何单位及个人不得在河道内倾倒淤泥渣土及生活垃圾等，违反《条例》的各类行为将被给予最高20万元的罚款。在

重罚的同时，《深圳经济特区河道管理条例》还极具亲民特色。主要是统筹兼顾城市水污染防治、河岸带美化绿化景观以及水生态恢复，允许把河道两岸有条件的区域建设成为风景线和生态线，为市民提供亲水设施。

2. 强化机动车排气污染监管。面对数量不断攀升的机动车，深圳市全面推行新的排放标准。2007 年 4 月，深圳市成为全国第二个全面强制使用国Ⅲ车用燃油的城市；同年 7 月，对新车上牌强制执行国Ⅲ排放标准；2010 年起对新车上牌执行国Ⅳ排放标准；2011 年 1 月 1 日起全市全面推广使用国Ⅳ汽油。

3. 加强管理固体废弃物。积极推行生活垃圾源头减量和分类收集，推进餐厨垃圾综合处置，已建成日处理 200 吨餐厨垃圾的处理示范工程，将餐厨垃圾转化为生物饲料添加剂，产生的沼气用作垃圾发电厂燃料助燃。完善生活垃圾污染防治的社会化服务体系，促进生活垃圾收集、处置的产业化发展。妥善处理垃圾渗滤液。对垃圾焚烧产生的飞灰全部实施无害化处理处置。推进工业固体废物的综合利用，建设废物交换中心和废旧电子电器回收利用设施。

4. 全面推进生态修复与建设。大力构建生态安全格局，推进绿道网建设，进行生态创建和宜居城市创建等工作，积极开展生态保护和恢复，全力打造特色鲜明的生态文明之都。对基本生态控制线实行“铁线保护”、“铁律拒污”，在全国率先将 49% 的土地划入基本生态控制线。构建起“四带六廊”的生态安全体系，依托山体、水库、海岸带等自然区域，连通大型生态用地，隔离城市功能组团，保障区域生态安全。

（作者单位：深圳市委党校）

西藏环境质量动态评价及环境政策市场化工具选择

王大海

一、西藏地区生态环境现状

（一）土地

西藏土地资源丰富，土地总面积120多万平方公里，其中各类牧草地总面积约97195.07万亩，占总面积的53.79%，天然草地面积超过内蒙古、新疆，位居全国第一，是中国主要的牧区之一；耕地集中分布在藏南河谷及河谷盆地中，东部和东南部也有少量分布，总面积达36万公顷，占土地总面积的0.3%。全区土地资源一大特点是未利用土地多，约55504.53万亩，占土地总面积的30.71%，可利用潜力很大。

草原退化、土地荒漠化问题是西藏生态环境所面临的最严峻的问题。草地退化主要特点是单位面积牧草产量和质量的下降，意味着有毒杂草增长，更意味着草地植被结构变坏和环境恶化。根据文献资料显示，西藏天然草地退化面积已达1133万公顷，占可利用草场面积的20%。其中重度退化面积254万公顷，中度退化面积371万公顷，轻度退化面积508万公顷。其中，那曲地区是全区天然草原退化最为严重的地区。全地区2530万公顷可利用草原中，退化面积已达1366万公顷，占54%，而且每年还以3%～5%的速度发展。

西藏土地荒漠化主要分布阿里、那曲、日喀则、山南；目前西藏土地荒漠化潜在发生区域的面积为5173.9万公顷，荒漠化土地面积为4328.9万公顷，占全区土地面积的35.93%。而且，据初步调查，西藏受荒漠化危害的耕地面积约3万公顷，约占耕地面积的8%；受荒漠化危害的草地面积约1698.84万公顷，占草原面积的26%，因此减载405万个羊单位。具体情况见表1。

表1　西藏荒漠化土地分类面积及比例

类型	面积（万公顷）	比例（%）	主要分布区域
荒漠化土地总面积	4328.96	100	
风蚀荒漠化土地	1234.61	28.	阿里、那曲
水蚀荒漠化土地	26.63	0.62	阿里、日喀则、山南
盐渍化土地	96.04	2.22	阿里、那曲
冻融荒漠化土地	2971.68	68.65	阿里、那曲、日喀则海拔4000米以上区域

资料来源：杨松，“西藏的生态环境与可持续发展战略”，《中国藏学》，2004（3）

（二）气候

独特的地理位置，决定了西藏独特的高原气候。总体呈现西北严寒干燥、东南温暖湿润，以及多种多样的区域气候和明显的垂直气候带。1、高原缺氧、空气稀薄。每立方米空气中只含氧气约150—170克，相当于平原地区的62%至65.4%；2、日照充足。西藏是中国太阳辐射能最多的地方，比同纬度的平原地区多一倍或三分之一，日照时数也是全国的高值中心，拉萨市的年平均日照时数达3021小时；3、气温偏低，年温差小，但昼夜温差大。拉萨、日喀则的年平均气温和最热月气温比相近纬度的重庆、武汉、上海低10—15摄氏度。拉萨、昌都、日喀则等地的年温差为18—20摄氏度，阿里地区海拔5000米以上的地方，8月白天气温为10摄氏度以上，而夜间气温降至摄氏零度以下；4、降水较少，且季节分配不均。干季和雨季的分界非常明显，而且多夜雨。年降水量自东南低地的5，000毫米，逐渐向西北递减到50毫米。每年10月至翌年4月，降水量仅占全年的10%至20%；从5月至9月，雨量非常集中，一般占全年降水量的90%左右。

（三）水环境

2007年，西藏地区地表水资源为4321.4亿立方米；地下水资源为966.1亿立方米（水资源主要指标如表2所示）。区域内包括太平洋和印度洋两大外流水系，流域面积达589080平方公里；内流水系包括藏北内流水系和藏南内流水系，流域面积达26670平方公里。西藏境内还包括非常丰富的湖泊资源，面积大于200平方公里的湖泊多达24个，面积约12477平方公里；另外，西藏境内还包括非常独特的高海拔湖泊、冰川，海拔5000米以上的湖泊面积达1858平方公里。这些湖泊成为了西藏非常重要的旅游资源，比较著名的如纳木错、羊卓雍错等。

表2　西藏地区的水资源主要指标（2007年）

水资源总量（亿立方米）	4321.4
地表水资源量（亿立方米）	4321.4
人均水资源量（立方米/人）	152969.2

资料来源：西藏统计年鉴（2007），中经网

由于气候变暖等因素影响，西藏水资源储量不断下降。以2007年的水资源数据与2003年的水资源数据相比较（见表3），水资源总量、地表水资源总量、人均水资源均量有较大幅度下降。

表3　西藏地区水资源总量变化情况

指标	单位	2003年	2007年	增加量	增加幅度
地表水资源量	（亿立方米）	4757.1	4321.4	-435.7	-9.16%
地下水资源量	（亿立方米）	1081	966.1	-114.9	-10.63%
人均水资源量	（立方米/人）	177174.7	152969.2	-24205.5	-13.66%

分析数据来源：西藏统计年鉴（2007），中经网

（四）生物多样性

1. 野生动物资源。目前，西藏地区已发现野生哺乳动物142种，鸟类488种，爬行类动物56种，两栖类动物45种，鱼类68种。西藏野生脊椎动物共

计799种，形成了西藏的动物资源优势。在这些动物资源中，野驴、野牦牛、马鹿、白唇鹿、黑颈鹤、小熊猫等123种被列为国家重点保护动物，占全国重点保护动物的三分之一以上；其中藏羚羊、野牦牛等系青藏高原特产珍稀动物，白唇鹿为中国特有的世界珍稀动物。鸟类中的西藏黑颈鹤也为中国所特有。西藏还拥有2307种陆生无脊椎动物，其中，华缺翅虫、墨脱缺翅虫是国家重点保护动物。

2. 野生植物资源。西藏目前有野生植物9600多种、高等植物6400多种，其中国家重点保护野生植物39种，是个名副其实的植物王国。西藏几乎包含了北半球从热带到寒带的各种植物物种科属和生态类型，同时还保留了一部分古老的孑遗植物种群，是最丰富、最独特的野生植物宝库。另外，西藏植物中的野生药用类植物非常丰富，达1000多种，其中常用中草药有400多种，比较著名的有冬虫夏草、贝母、天麻、三七、党参、灵芝等。西藏林区内有200多种菌类，其中松茸、猴头菌、獐子菌、香菇、黑木耳等都是上好的食用菌，灵芝、茯苓、雷丸等则是名贵的药用菌。

由于受全球气候变化的影响，高原冰川退缩、雪线上升，部分湖泊、河流因水源供给减少而萎缩甚至干枯，进而影响到这一区域的生物资源；人口的增加以及人们滥砍、滥伐、滥挖、滥捕等不良行为不仅使植被、天然林遭到严重破坏，而且对野生动物的生存环境造成威胁，使野生动物种群数量及自然分布区日趋下降，野生动物种群数量下降，生物多样性受到威胁。

另外，由于西藏地质结构的不稳定，地表环境的敏感，加之人类活动强度的不断加大，使西藏成为中国地质灾害最严重的地区之一。不仅如此，西藏的地质灾害还具有分布广且类型多样的特点。西藏的地质灾害类型主要有崩塌、滑坡、泥石流、土地沙漠化、冻融、盐碱化、碎石流、雪崩、地震、冰湖溃决等类型。除此之外，风、雪、干旱、冰雹等时有发生，其中雪灾频率上升，灾害强度日益增大。

二、西藏地区生态质量动态评价

目前，对于生态环境质量评价尚无统一的标准，研究者由于研究目的、研究视角的不同，采用了不同的指标体系。在评价方法选取上，定性、定量的评价方法均有采用，并取得了一些成果。在定量评价方面，主要采用的方法有层次分析法、生态足迹法、因子分析法等；但是分析的数据一般采用截面数据，侧重于对生态环境的结构、功能、状态的静态评价，缺乏动态的评价。

考虑到数据的有限性，本文在评价难以构建合理模型进行评估，加之需要研究由于经济活动的干扰而造成的西藏生态环境的动态改变，因此，本文放弃了对权重的考虑，只是在等权重的背景下对西藏环境的生态建设与生态保护做时间序列的对比分析，旨在揭示西藏环境的动态变化趋势。由于数据量纲的不同，在评价时，相关数据均经过如下方式进行标准化处理。

正指标：$X_b = \frac{X_i - X_{\min}}{X_{\max} - X_{\min}} \times 100$

逆指标：：$X_b = \frac{X_{\min} - X_i}{X_{\max} - X_{\min}} \times 100$

由于数据的可获性较差，因此，这里只是针对2003～2007年的数据进行对比分析，分析结果也只是揭示变化趋势。

表4　生态质量评价指标体系

一级指标	二级指标	指标性质
自然生态变量 X_1	水资源总量（立方米/吨）	+
	森林覆盖率（%）	+
	土地调查面积	+
	森林火灾发生次数（次）	-
	地质灾害造成直接经济损失（万元）	-
	地质灾害发生起数（次）	-
人为干扰变量 X_2	自然保护区数量（个）	+
	自然保护区面积比率（%）	+
	环境污染与破坏事故次数（次）	-
	工业固体废物排放量（万吨）	-
	工业废水排放量（万吨）	-
	工业废气排放量	-
	城市垃圾及粪便清运量（万吨）	-
	退耕还林工程造林面积（万公顷）	+
	人工造林面积（万公顷）	+

续表 4

一级指标	二级指标	指标性质
人类生存变量 X_3	人均用水量（立方米/吨）	+
	人均土地面积（公顷/人）	+
	人均农用地面积（公顷/人）	+

分析数据来源：西藏统计年鉴（2007），中经网

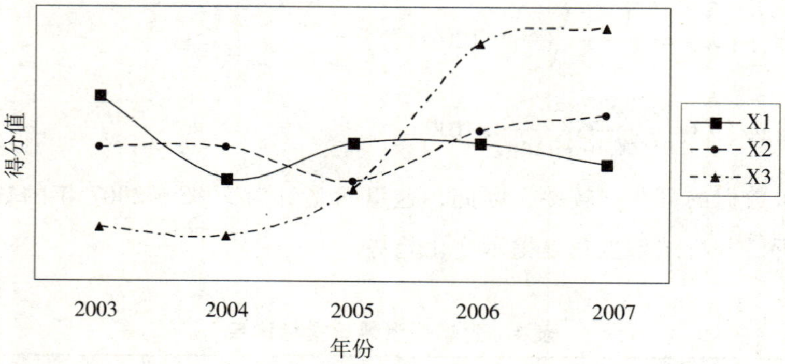

图 1　西藏地区生态质量分类变化图

通过对表 4 的二级指标数据进行标准化处理，采用等权重得到一级指标的分值。为了便于比较，最后将一级指标的得分值在组内进行归一化处理，处理结果形成的趋势图见图 1。

由图 1 可知，自然生态变量（X_1）虽然总体上看呈现好转趋势，但是在 2004～2007 年之间呈现"倒 U 形"态势，说明自然生态处于一种不稳定的状态。由 X_1、X_2 的曲线对应关系可以看出二者具有一种负相关的关系：当人为干扰变量值（X_2）上升时，则自然生态变量（X_1）就呈现一种恶化的倾向，反之，则具有好转的倾向（由表 5 所示，二者呈现一种轻微的负相关关系，相关系数为 -0.188）。

表 5　X_1 与 X_2 的相关系数表

变量	X_1	X_2
X_1	1	
X_2	-0.188	1

由图1可知，人为干扰变量（X_2）是一条相对平稳的曲线，这表明西藏在2003～2007年之间，人类干扰生态的行为处于一种相对平稳的状态（在此期间内人均地区生产总值指数几何平均增长率为4.345%，而1991～2007年的地区生产总值指数几何平均增长率为8.423%）。这与钟诚（2005年）利用GIS方法评价的人为干扰西藏生态环境的稳定性所得出的结论基本一致：（2005年）西藏地区人为干扰比较严重的区域主要分布于雅鲁藏布江中下游宽谷及其两侧山地、昌都地区山地河谷区和那曲地区东部河谷区，面积109.877km^2，占自治区面积的9.14%，这些地区的生态稳定性越来越差，生态环境处于退化态势；其它地区（占自治区面积的90.86%）则处于相对较为稳定的状态。

人类生存变量（X_3）则呈现了较好的上升势头，这与近年来西藏地区生态技术在生产中的逐渐运用以及强化了耕地保护政策等因素有密切的关系。

对以上三项数据进行等权重加总，得到2003～2007年环境质量总的变化趋势图，见图2。

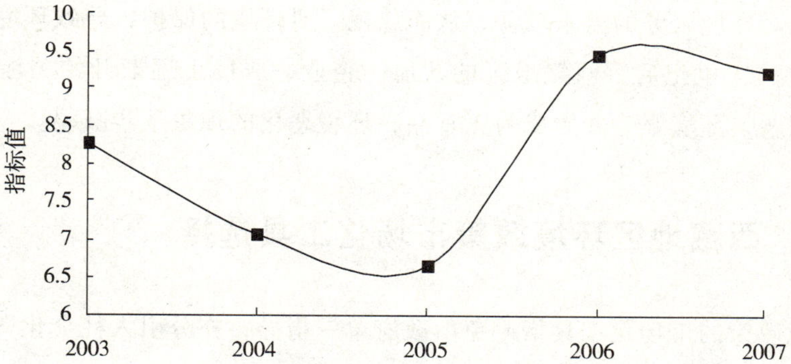

图2　西藏地区环境质量走势图

分析数据来源：西藏统计年鉴（2007），中经网

由图1－2可见，在2003～2007年这个时间段内，西藏地区的环境质量处于一种“治理、污染、再治理”的趋势，质量趋势图呈倒S形，环境质量时好时坏，尚未形成一种稳定向好的趋势。

针对西藏地区环境质量呈倒S形的状况，笔者做如下解释：

第一，产业结构调整及生态技术应用对西藏地区环境质量的影响。随着人均收入的增长，经济规模变得越来越大，需要更多的资源投入。而随着经济增长和资源消耗的增加，废弃物排放量也相应增长，从而使得环境的质量水平下降，即规模效应引发环境恶化，而这种规模效应主要是由于西藏地区高能耗、高污染的第二产业引起。随着产业结构升级（包括生态技术的支持），生态环境质量从2005年之后逐步得到改善。

第二，政府规制与扶持的影响。在20世纪90年代，中国正处于经济发展的攻坚阶段，政府的财政收入有限，而且整个社会的环境意识还很薄弱。而西藏地方财政更为有限，对环境污染的控制力较差，环境受污染的状况随着经济的增长而恶化。随着中央政府与西藏地方政府财力的增强和管理能力的提高，一系列环保法规日趋完善，环境污染行为开始得到遏制。同时，由于西藏地区生态的脆弱性以及重要性，中央政府对西藏的环境保护直接提供财政支持及提供政策支持，实施退耕还林还草工程，扩大了自然保护区的建设面，加强了白色污染治理，从而环境逐年得到改善。

第三，文化观念对西藏环境质量的影响。20世纪90年，西藏地区的经济刚刚处于发展的起步阶段，人均收入水平较低，政府、市民关注的焦点是如何摆脱贫困以及地区经济的快速增长，再加上这时西藏地区的环境污染程度较轻，人们对环境服务的需求较低，从而忽视了对环境的保护，导致环境状况恶化。但是，21世纪后，西藏地区的政府、企业、居民也逐渐开始关注对环境的保护问题，环境服务开始成为正常品，环境恶化的现象逐步减缓。

三、西藏地区环境政策市场化工具选择

环境政策的市场化工具指避免由政府单一指导，充分引入社会化资本，建立多元化的投资主体，将环境保护作为公共物品进行市场化运作，从而达到弥补行政化政策不足和提高环境政策效率的相应制度和安排。

从上文对西藏生态环境质量的动态评价可以清晰的看出人为干扰因素对西藏生态环境的影响及发展趋势。2007年青藏铁路顺利通车后，人为因素对西藏环境质量的影响日渐突出：旅游业的迅速发展与工业化进程不断提速，一些污染严重的企业和国家明令禁止的淘汰落后工艺、设备以招商引资等形式到西藏安家落户，导致污染物排放量增加；人流、物流的增加加速了西藏城镇化进程，汽车尾气污染、噪声污染、饮食油烟污染、白色污染、医疗废物增加等环境问题不断出现，废气、废水、固体废物产生量不断增加。鉴于西藏地区目前

政府能力、市场和社会自治能力以及公民社会三方协调联动不足的现状，笔者在众多环境政策工具中寻求和选择，坚持以西藏政府管制为主体的环境治理模式，加强对排污收费、排污权交易、绿色信贷等市场化工具探索应用，把经济主体“高碳行为”的外部性转化为内部成本，通过市场化政策工具促使和激励经济主体减少碳排放，以实现西藏地区控制环境污染的最优目标。

（一）排污收费工具

排污收费工具是按照污染者付费的原则应用的，其基本的政策导向在于通过把污染成本内化，促进企业改进生产方式、改进技术设备，从而降低企业污染行为。同时收取的环境污染费要为了改善环境而进行支出。

排污收费工具在中国环境政策中得到了广泛的应用，也是中国最早实施的市场化工具。经过多年的试点实施，排污收费工具在环境保护的实践、促进环境保护资金的筹集、减少企业的环境污染方面确实起到了一定的作用。从表6可以清晰看出排污收费工具在环境政策的实践中起到了一定的作用，资金筹集每年都有所增加，二氧化硫排放量呈现降低的趋势，废水排放量增长率降低。

表6　全国主要污染物排放量、污染费收益以及增长率（2004~2008五年）

单位：万吨、亿元,%

年度	2004	2005	2006	2007	2008
废水排放量	482.4	524.5	536.8	556.8	571.7
增长率	4.9	8.7	2.3	3.7	2.7
化学需氧排放量	1339.2	1414.2	1428.2	1381.8	1320.7
增长率	-0.4	5.6	1.0	-3.2	-4.4
二氧化硫排放量	2254.9	2549.3	2588.8	2468.1	2321.2
增长率	4.5	13.1	1.5	-4.7	-5.9
排污费收益	94.2	123.2	144.1	173.6	185.2368
增长率	28.86	30.79	16.96	20.47	6.70

（资料来源：国家环境保护部（环保总局），2004~2008年全国环境统计年鉴）

与其它地区一样，随着经济的发展、人类不合理开发及不合理干扰的加剧，西藏地区的生态环境越来越受到人类活动的影响。进入20世纪90年代，西藏地区的经济呈现跨越式发展的特征，人均GDP（RGDP）快速增长，但是固体废弃物（IWR）、废气（IWG）、废水（IWW）三废的排放总量也在这个时候快速增长（见表7）。

表7　三废污染及排放状况

项目	指标	1995	2000	2005	2006
废水排放	废水排放总量（万吨）	4200	5204	3253	3349
	废水排放达标量（万吨）	3500	4477	223	250
废气排放	废气排放总量（万立方米）	18500	12000	125701	128151
	烟尘排放量（吨）	5200	1150	1480	1005
	工业粉尘排放量（吨）	14600	7380	1132	1174
固体废物排放	工业固体废物产生量（万吨）	0.51	17.05	9.00	5.49
	工业固体废物排放量（万吨）	0.22	17.04	7.00	3.93

虽然西藏地区已有相对详细的排污收费制度，但是在制度安排上，特别是具体的收费标准设置上，只是针对污染物超标最高项进行征收，而且还执行不力。这种“单一因子收费，使排污单位在治理污染时，往往仅注重被收费污染因子的治理，忽视其他污染因子的治理，而从污染物对环境损害而言，各种污染物对环境的毒害具有叠加作用”。

因此，针对西藏地区现状，排污收费工具的具体设置上要减少企业等污染单位的逃避行为，建议政府建立科学、合理的征收标准，逐步探索多因子总量收费，改变单一因子排放最高的收费标准，而按照污染单位对污染物排放的总量进行征收。

（二）排污权交易工具

排污权交易（pollutionrightstrading）是指在一定区域内，在污染物排放总量不超过允许排放量的前提下，内部各污染源之间通过货币交换的方式相互调剂排污量，从而达到减少排污量、保护环境的目的。他是西方国家在探索环境政策市场化工具所进行的尝试，其基本的依据是科斯定理。一般来说，排污权交易工具的应用有两个基础性条件：即排污许可证工具以及排污定额。排污许可证就是对于排污权的初始产权的分配，如果没有对于污染权进行确定，那么市场机制的交易形式就不能发生。其次是排污定额，基本的条件就是确定污染物的排放总额。在自然环境所能够承载的最大污染量确定的情况下，为排污权交易的总量进行控制，如果没有对于排污权总量的定额，那么就不能够达到有效利用排污权交易减少环境污染，提高环境资源使用效率的目的。

20 世纪 80 年代中国开始实施了排污许可证工具，并在上海、山西太原、辽宁本溪、云南开远、广西柳州、内蒙古包头、河南平顶山等工业发达、环境污染比较严重的地区和城市进行了排污权交易的试点工作。2009 年 4 月 8 日，杭州产权交易所在杭州市公共资源交易中心拍卖厅对排污配额进行公开交易，此项排污权交易活动标志着中国排污权交易走上了发展的道路，促进了企业有偿使用排污权，是市场化政策工具在环境保护和节能减排活动中的重要探索。

从产业发展来看，虽然西藏地区也不是工业发达、环境污染比较严重的地区，二产也不是西藏地区发展重点，但是西藏地区生态环境脆弱，加之近年来随着经济社会的发展，西藏地区的废水、废弃及固体废物的排放也呈逐年上升趋势，且有加速上涨的势头。在现实的管理实践中，从全国不同区域的试点结果来看，一种比较普遍的观点认为，排污权交易是比较切实可行的污染管理政策工具，实施排污权交易可以达到理想的管理效果。因此，在低碳经济的理念指导下，排污权交易工具是西藏地区目前环境保护政策首选工具。然而排污权交易作为一种政策工具，若发挥其功能和作用，必须在政府发放初始排污权的基础上，建立完善的市场机制，为企业之间进行排污权的交易提供良好的制度和法律条件。因此，西藏地方要选择应用排污权交易工具，首先，西藏地方政府及相关职能部门，可以考虑构建一个开放式的排污权交易市场，通过排污权交易，将环境保护从政府的强制行为转为企业自主的市场行为，有效调动企业节能减排的积极性。其次，西藏地方政府要正确认识经济发展与环境保护之间的联动关系，与市场，公众共同协商，科学制定合理的污染物排放总量，在交易市场上将排污权形成一种稀缺资源，排污企业没有排污权就无法正常生产，而交易市场则将排污指标进行公开交易，从而使排污企业对此趋之若鹜，不断推高它的价格，而积极减排的企业自然会从中获益。通过排污权资源带来的收益会逐步流向高效益、低污染的产业（如民族手工业、藏药产业、新能源产业等），以此可以加速有效推进西藏地区产业结构调整。

（三）绿色信贷工具

运用绿色信贷“green-credit policy”等金融政策工具来治理环境问题是国

际上采取的惯例，是环保总局、人民银行、银监会三部门为了遏制高耗能高污染产业的盲目扩张，于2007年7月30日联合提出的一项全新的信贷政策。通过“绿色信贷”的推出，将环保调控手段通过金融杠杆来具体实现。通过在金融信贷领域建立环境准入门槛，对限制和淘汰类新建项目，不得提供信贷支持；对于淘汰类项目，应停止各类形式的新增授信支持，并采取措施收回已发放的贷款，从源头上切断高耗能、高污染行业无序发展和盲目扩张的经济命脉，有效地切断严重违法者的资金链条，遏制其投资冲动，解决环境问题。

鉴于西藏生产力水平低，经济发展起点低，地方政府财政自给率低，建议加强企业发展绿色信贷金融政策支持。（1）对西藏地区继续实行货币、信贷指导性计划，对发展环保产业的企业和个人实行有区别的利率政策和有管制的贷款利率浮动政策。人保财险西藏分公司继续执行低于该公司全国统一费率的优惠政策。（2）中央政府和西藏地方政府应加快地方性商业银行筹建、政策性银行和其他股份制商业银行引进等工作，引导各金融机构制定符合西藏实际的业务规划，积极开发促进西藏环保生态产业发展的金融产品。（3）与排污权交易工具联合使用，对于购买了排污指标、环保部门已经发放排污许可证的企业，可以用此证作抵押向商业银行申请贷款，用于生产经营活动。（4）在相关金融机构建立企业信息系统，将企业环保信息纳入信贷全流程管理，将企业产品质量安全及生产安全状况纳入客户管理的全过程，对因质量和生产经营安全影响企业持续经营的，实行“一票否决制”，坚决不予授信。

四、结论

改革开放30多年来，特别是青藏铁路的顺利通行，西藏地方经济得到了快速发展，但与此同时，环境污染问题也逐步呈现出恶化的趋势，选择合理有效的政策工具，推进西藏环境保护进程势在必行。而在西藏地方政府逐步由计划经济时代的“大政府”向市场经济条件下的“服务型政府”转变的同时，社会也逐步呈现出多元化和异质化的特点，因此，随着政府职能的缩小、市场发育程度和社会自治能力的不断加强，西藏地区在环境保护过程中应该继续保持以政府管制为主体的环境治理模式的应然状态，加强市场化工具的选择和应用。

（作者单位：西藏大学经济与管理学院公共管理系）

从包钢治污减排的实践看我国相关政策

王梦婕　潘桂英

随着社会的进步，发展绿色经济成为全球化趋势。在这种大趋势的推动下，世界各国均采取各种治污减排措施以达到经济发展与环境相协调的目的。对于正处于从经济大国到经济强国转型时期的中国而言，这一世界潮流既是机遇也是挑战。中国政府积极适应这一趋势，探索各种政策措施协调经济发展与社会发展，治污减排政策就是其中非常重要不可或缺的一部分。“九五”、“十五”规划中，政府提出“加强环境保护”；“十一五”规划提出“发展循环经济，建设资源节约型、环境友好型社会”；今年“十二五”规划更加明确地提出“中国将以节能降耗减排治污为重点，构建产业结构优化、产业链完备、科技含量高、资源消耗小、污染排放少、可持续发展的工业体系”。

整个钢铁行业的治污减排缺失均不同程度地存在着。宝钢冷轧薄板厂因“周边富浩花园小区居民对宝钢薄板厂的异味问题投诉不断，新的酸洗机组工程尚未建设完成，无组织排放扰民问题尚未彻底解决”，再次被要求限期整改。鞍钢大连石灰石矿严重污染，当地居民生活治理下降。武钢2009年因鄂钢公司炼铁厂除尘系统工艺老化导致烟尘大量排放造成环境污染而被市民举报。在两会期间，莱钢的巨大噪声引市民投诉至环保局请求协调。

钢铁行业作为污染排放的重点，既是治污减排潜力最大的行业之一，又是治污减排工作的重点对象。同时“十二五”规划指出要以资源能源消耗高、污染物排放量大、涉重金属工业行业为重点，加强治污减排。因此，由钢铁行业对中国治污减排政策进行研究具有重要意义。

一、中国治污减排政策概况

改革开放30多年来，中国治污减排政策不断完善和发展。1979年《环境保护法》要求新建、扩建、改建工程中防治污染和其他公害的设施各项有害物质的排放必须遵守国家规定的标准，坚持“谁污染谁治理”。1982年《征收排污费暂行办法》对超过国家规定的标准排放污染物，要按照排放污染物的数量和浓度，根据规定收取排污费。1985年《国家经委关于开展资源综合利用若干问题的暂行规定》，其中规定国家鼓励企业积极开展资源综合利用，对综合利用资源的生产和建设实行优惠政策。1996年国务院《关于环境保护若干问题的决定》要求要实施污染物排放总量控制，抓紧建立全国主要污染物排放总量指标体系和定期公布的制度。2002年《排污费征收使用管理条例》要求所有排污企业都需缴纳一定数额的排污费，取代之前仅对超标企业收费的制度。

“十一五”规划提出发展循环经济，建设资源节约型、环境友好型社会，这为各企业实践治污减排政策，执行环保要求指明了方向。2007年《“十一五”资源综合利用指导意见》提出到2010年，中国矿产资源总回收率与共伴生矿产综合利用率在2005年的基础上各提高5个百分点，分别达到35%和40%。工业固体废物综合利用率达到60%，其中粉煤灰综合利用率达到75%，煤矸石达到70%。主要再生资源回收利用量提高到65%，再生铜、铝、铅占产量的比重分别达35%、25%、30%。建立资源综合利用统计制度，将重要资源综合利用信息数据纳入国民经济统计体系，为国家宏观调控和企事业单位开展资源综合利用提供统一、权威的数据信息。“这些措施为开展再生资源回收与循环利用统计提供了基础环境。”

“十二五”提出建设可持续发展的工业体系要以节能降耗减排治污为重点，推动工业节能降耗减排治污迈上新台阶。同时，工信部在2010年7月公布《钢铁行业生产经营规划条件》从产业规模、生产工艺等各个方面对钢铁公司的生产做出更加严格的要求。《条件》要求吨钢高炉工序能耗必须不大于0.446吨标煤，比2005年降低了40%；2005年的钢铁产业政策要求全行业吨钢综合能耗降到0.76吨标煤，2010年、2020年分别降到0.73吨标煤、0.7吨标煤的水平，重点大中型企业吨钢综合能耗不超过620千克标准煤；吨钢污水排放量不超过2立方米；吨钢新水消耗不得超过5吨，吨钢烟粉尘排放量低于1.0千克，吨钢二氧化碳排放量低于1.8千克。该《条件》较09年钢铁振兴计划的环保要求增多一项——污水排放量标准，吨钢新水、粉尘、二氧化碳要求评价指标均不同程度的上调。

治污减排被作为一项独立政策，它的发展历程表明，作用越来越重要，规定内容越来越细致清晰，对各行业尤其是重工业的要求越来越严格。对钢铁行业来说，评价指标的提高意味着面临更严峻的挑战。

二、钢铁污染及包钢治污减排实践

（一）钢铁行业污染状况及减排潜力综述

2005年以来，钢铁行业被中国列为产能过剩行业，但“现实状况是企业仍在不断增加投资，产能从1亿吨，扩充到目前的7亿吨水平”，节能减排和结构调整的难度加大。分析其中的原因是，钢铁企业投资加大与国家控制产能逆向而行。2010年1~5月，中国钢铁固定资产投资为1356亿元，同比增长13.8%，保持了较高水平，但是与产能扩张相关的是，治污减排的压力和难度进一步加大。

钢铁行业是污染排放的主要行业之一。根据科技部2011年1月份的《技术创新工程简报》，钢铁工业排放的废水和废气约占工业总排放量的14%，固体废弃物约占工业废弃物总量的16%。欧钢联声明数据也表明：中国钢铁业的二氧化碳排放量，超过全球钢铁行业总排放量的50%，而欧盟27个成员国仅占比8%。目前中国钢铁行业能耗占全国能耗的16%，占工业总能耗的23%。因此钢铁业被列为国家淘汰落后产能、节能减排控制的重点。

钢铁业整体的减排潜力巨大，治污减排任务艰巨，钢铁企业的实践程度与其企业规模、环保资金可用比例等密切相关。

（二）包钢治污减排实践

1.“一五”到七十年代包钢粗放型生产及效果

“始建于1958年的包钢，初期环保投入少、设计不足，加上白云鄂博为铁、稀土、铌等共生矿，选冶难度大、能耗高、污染重。”过去厂区常年被尘烟笼罩，并严重影响了当地的空气质量。污水每天排放上万吨，炉渣堆积如山。焦炉、高炉、转炉产生的煤气因无法利用，只得排放。七十年代包钢开始对环境保护与治理，但到“十五”规划之前，环保治理仍呈现零散性的特点。

2.“十五”治污减排实践

从七十年代开始，包钢开始注意治污减排。据访谈对象——包钢生产部环保科人员说，典型大规模的项目开始于“十五”期间，重在治理水污染；“十一五”则将重点转移到治理大气；“十二五”的目标是建立完整的环保“产业链”。在这一发展过程中，包钢治污减排的主导方向是发展循环经济。

“十五”以来，包钢集团节能、环保投入为33亿，2008年之前每年环保项目节约资金和创造效益超过10亿元。

2002年，包钢利用1.6亿元的第四批日本国协力基金贷款投资建成黄河中上游最大的污水治理工程，处理能力为6000立方米/小时。此工程的效果是包钢工业水循环利用率达到93.25%。每年回用水量可提高704.6万吨，即少取了同等量的黄河水，获得的直接经济效益是700万。同时，此工程使包钢每年可以减少黄河污水排放量5256万吨。2006年4月，投资21.9亿元，建设两台15万千瓦的燃气—蒸汽轮机联合发电机组，2008年一号机组点火成功，二号机组开始建设。投产后该项目以煤气为燃料，年发电18.4亿千瓦时，年经济效益超过4亿元。

3.“十一五”治污减排实践

包钢在2008年设定的目标是：“到2010年1000万吨产能将全部达产。吨钢综合能耗必须降至0.68吨标准煤以下，新水总用量不增加、中水全部回用，二氧化硫等废气也在2008年基础上再减少30%以上。为实现这一目标，包钢集团通过优化余热、余压、煤气等回收利用链的措施，以腾出节能减排空间。2008年，使吨钢综合能耗、新水消耗量分别减少0.039吨和0.05吨。在增值不增产的前提下，通过产品调整、技术升级，‘十一五’末使高附加值产品达到70%以上，总产值达到600亿元，利润翻一番。通过实施结构调整规划，到‘十一五’末，全集团就可以全面完成节能、节水目标。此外，二氧化硫、烟尘排放量将分别再比2005年减少1.3万吨和3.13万吨，废渣的综合利用率也将超过78%。”

“十一五”期间包钢投资63亿用于节能环保和循环经济项目建设。投资3.6亿元，对2200立方米以上高炉采用煤气干法除尘技术，是国内首家实现高炉干法除尘的钢铁企业，每年节约循环水5725万吨、新水770多万吨，高炉余压发电量还增加40%以上，一年收回投资；投资5.5亿对5套烧结机实施除氟脱硫系统改造，关停3台90平方米的烧结机，3台烧结机关停一年就能减排废水150万吨，二氧化硫24000吨，关停单机规模最大；投入24.4亿建设煤气利用设施，利用富余煤气年发电18.4亿万千瓦，相当于节煤100多万吨，减少外购电费7.63亿元；吨钢耗新水由“十五”末的20.5吨降至5.95吨，中水回用率达80%，包钢工业水循环利用率达到93.68%。2005年以来，包钢集团二氧化硫排放量减少了0.91万吨。对转炉设施的改造使每年转炉煤气回收量为4.8亿立方米，锅炉改烧煤气后每年减排二氧化硫3920吨、二氧化碳500多吨。包钢集团在对铁渣、含铁尘泥、钢渣二次选矿后，用以生产地砖、墙砖、水泥料、砼水管等建材，2007年共用渣173.5万吨，其中钢渣已实现零排放。包钢集团的高炉、焦炉分别应用了余压、余热回收发电技术，2007年发电量达2.8亿千瓦时。

四十多年来，包钢治污减排取得了显著进展，污染程度明显下降，但污染治理缺失问题依然不容忽视。

近两年来，包钢集团先后被列入全国首批循环经济试点单位，并成为全国首家通过国家环保总局评审的钢铁生态工业园区，在中国首次“中国能源绿色企业50佳”评比中名列第一，结构调整总体规划和项目环境影响报告通过国家审批。

包钢坚持走科学发展之路，经济增长方式从粗放型生产向集约型规模经济转变，“以渣养渣”的新型治理方式取得巨大经济效益，煤气除尘等技术的开发拓展了其冶金事业的发展空间，依托“三废”处理工程成为治污减排、循环经济的主力，从“末端治理”向“污染预防”的科学转变成就突出。

然而，据《人民日报》报道，六十年代建成的包钢尾矿坝，被称为“核湖”，是包钢堆积选矿后的矿渣和废水专用地。“经过近半个世纪的积累，这个地上‘悬湖’不仅聚集了超过930万吨的稀土，还产生了至少9.5万吨放射性核素钍，并已经对环境产生放射性污染。而包钢尾矿坝内的废水，也正以300米/年的速度，向内蒙古包头市及距包钢尾矿坝10公里处的黄河包头段产生放射性威胁。”

被包钢各厂区围绕着的三个村庄土壤污染、大气污染、水污染系数高，生态濒临崩溃，被称为“定时炸弹”。具体情况如下，包钢在从取自白云鄂博的铁矿中分离出氧化铁和部分稀土后，剩余的仍然有大量的稀土的矿渣通过管道输送被排放的尾矿坝，每年往尾矿坝里排放的尾矿数量达到700万吨，至今已46年，大量的矿渣渗入地下。由于在这些矿渣中大量的天然放射性元素“钍”以及其他稀土元素存在，造成严重的放射性污染。包头辐射环境管理处高级工程师白丽娜、隋文力等人2004年发表的研究成果显示，包钢尾矿坝内尾矿粉的γ辐射剂量是周围环境的10倍左右，其矿粉随风飘散，最远达到2公里左右，受其污染面积约为10平方公里，还有继续向南蔓延的趋势。受其影响，尾矿坝东南方向靠近坝下的土壤中，“钍”含量是包头地区一般土壤中钍含量的36.3倍。同时，包头市环境监测站的报告显示，早在2002年，3村12个被检测水井井水的硫酸盐、总硬度、氨氮、亚硝酸盐、全盐量、氰化物、挥发酚、苯系物均有不同程度的超标。包头市卫生局卫生监督所2006年所做出的《卫生评价报告书》也指出，打拉亥村“所送检的水样所检项目的卫生学指标总硬度、氯化物、溶解性总固体、氟化物不符合国家《生活饮用水水质卫生规范》（2001版）”。包钢稀土三厂以南地区农作物含氟量高于其他地区，主要来源于大气污染，而污染来源就有3个村庄东侧的包钢烧结厂和北侧的稀土三厂等企业。

包钢戴有先锋模范的光环，治污减排的缺失没有改变“核湖”地区居民的生存环境现状，采矿源头与矿渣的最终处理问题亟待解决。

三、治污减排政策问题及建议措施

（一）治污减排政策问题

1. 从运营效率角度分析

从运营效率角度看，治污减排投入巨大，包括设备、人力资本、原有项目的取缔损失等，但政府的支持份额较小。“十二五”提出将更多地使用经济手段，通过绿色信贷、绿色税收、绿色保险、绿色价格体系、绿色证券等，使国家经济政策全面朝着环境友好的方向改变；并将以2011年发布的《中国钢铁行业绿色信贷指南》为指导，区分优秀产业和落后产业、优秀项目和落后项目，从而确定绿色信贷的对象。因此，落后产能的发展受到了自身资金和国家政策的严格的限制，被取缔是必然。而经济效益的产出，对包钢自身来说，短期内的效益更具偶然性甚至是负值，而更多的是长远利益。包钢实施的所有项目中能够一年内回收投资的有一个，四年内回收投资的有一个，其他项目由于涉及煤炭减耗、污染减排、中水回收等诸多方面内容而难以衡量。相比较经济利益，社会效益的产出更大，治污减排政策提高了煤炭、新水、中水、煤气等的使用率，对环境的污染程度大大降低，符合国民整体利益。因此，运营的投入与产出的比例关系中，产出大于成本。

2. 从运营效能角度分析

从运营效能角度看，包钢治污减排实践的影响包括很多方面。对于企业而言，企业的内部结构，项目设置，人员分配都受到影响；对社会来说，包钢的治污减排影响到包头市以及全国的环境质量，在包钢环保措施的作用下包头市被评为“十一五”规划的模范城市；对于包钢周围部分居民而言，治污减排使其生活环境有所提高，但对于另外如受污染严重的三个典型，村庄治污减排对他们的利益不大，没有改变人畜出现各种怪病、庄稼不能生长、死于癌症的人数量增多的现状，因此治污减排政策的效能有待加强。

3. 从运营效益角度分析

从运营效益角度看，包钢治污减排的成果突出，但实际效果与理想效果还有一定差距。各阶段目标基本实现，预期目标达到了 80%。依据国家政策，包钢大力发展循环经济，减少各个阶段的污染物排放，但却没有对源头和最终排放物的处理工作做好，造成了放射性污染。因此，从包钢污染处理的缺失方面，治污减排政策存在漏洞，评价标准不够科学、完善、合理，致使出现了污染处理漏洞。因此，治污减排政策成本高而效益低。

（二）治污减排政策建议措施

1. 重视加强治污减排政策法规制定及实施

法律规定是政策实施最有效的方法。治污减排是政府政策引导型的环保措施，这一性质决定了法规政策对治污减排实施的重要作用。发达国家重视环保法规并取得了很好的成效，以美国、加拿大为代表。中国现存的环保法律有《中华人民共和国环境保护法》《中华人民共和国固体废物污染环境防治法》《中华人民共和国放射性污染防治法》《中华人民共和国环境影响评价法》《中华人民共和国清洁生产促进法》《中华人民共和国防沙治沙法》《大气污染防治法》《中华人民共和国海洋环境保护法（1999 修订）》《中华人民共和国节约能源法》《中华人民共和国环境噪声污染防治法》《中华人民共和国煤炭法》，法律体系逐渐健全，但却没有达到应有的实效，同时缺少企业治污减排方面独立的法律。因此，应制定一部直接与企业挂钩的法律，同时加强法律实施力度，使导致超标污染的个人和单位得到应有的处罚。

2. 加强政策考核标准，实施严格监控

从近几年的政策实施情况来看，企业生产具有惯性，对于生产惯性较大的企业而言，尤其是“两高一资”企业，治污减排难度大。因此，建立和完善治污减排统计、监测和考核机制十分必要。首先，“逐步完善国家治污减排统计制度，按照科学发展观的要求，加快建立能够综合反映产业结构调整进展情况和治污减排要求的指标体系，将其纳入各地经济社会发展综合评价体系”；其次，“建立统计监测和实地实时监测制度，结合各地实际，对重点地区、重点行业和领域进行实地监测，对国家监控重点污染源实施联网监控”；再次，“要对治污减排各项数据进行质量控制，加强统计执法检查和巡查，确保各项数据的真实、准确”。因此，加大对原有政策标准的实施监控力度，深入切实调查，防止企业伪造达标数据，以使政策落到实处。

3. 加强区域调查，完善评价指标

环境评价指标是企业污染处理的基准线，对企业治污减排的资金和技术的投入有重要的影响。当前中国的环保指标内容有所缺失，归其原因，是由调研工作不到位引起。因此，有必要细致地进行区域调查，需深入群众深刻调研，尤其对重工业地区周围的大气、土壤和水做出全面客观地数据统计。一方面要求地方政府做出相应的对策改善状况，对危害到群众正常生活质量的地区鼓励实施搬迁；另一方面，作为国家制定出新的评估标准的依据，不断完善评估标准，努力保证污染评估不疏漏，不遗漏。

4. 税收控制和税收优惠双管齐下

税收政策是一种具有强制性的长效调控手段，在促进治污减排政策框架中居重要地位。通过两方面措施进行管理。除了征收固定税费外，一方面利用排污交易权理论对污染严重企业加征税费；另一方面，鼓励企业安装环保设施，在地方税收方面采取了减免税的特别措施。

5. 通过健全融资政策促进治污减排

治污减排需要大量的技术和资金投入，众多企业限于资金技术的压力不能及时开展治污减排项目，因此有必要建立相应的治污减排融资机制，引导本国以及国外资金技术向治污减排产业、治污减排项目的流动。继续发展“十二五”提出经济手段促进治污减排的政策精神，通过绿色信贷等措施加强对治污减排的支持，区分出优秀产业、优秀项作为绿色信贷的对象，进一步推动经济政策环境友好的方向发展。

6. 建立和健全治污减排政策服务机制

国外在环保服务业的成功经验为中国治污减排政策的服务机制发展提供了有益的借鉴——即将治污减排政策逐步以服务者的角色出现。首先，发展新型环境保险产业，包括针对一般性企业或机构的环境损害责任保险和环保咨询、设计、工程、服务等公司的环境保险。其次，政府和企业更密切的联手。仿效日本，重视环境影响评价，对新项目严格审核，防患于未然，减少污染和突发性事故造成的经济损失。

7. 鼓励环保创新技术，营造创新氛围

抓住全球环境保护的声势，借助全球环境保护浪潮壮大中国环保创新队伍。鼓励各大企业打破行业界限，研发新工艺和服务，以占领国内和国际市场，在发展本企业经济的同时，推动了中国经济的发展。

总之，作为环保行动的重要方面，治污减排政策对于中国坚持走可持续发展道路具有重要意义，是中国应对绿色经济浪潮的有效措施。通过包钢这一典型企业治污减排的实践分析，发现中国治污减排政策的实施存在合理之处同时也有不足。随着中国政府对治污减排重视的加强，潜在问题会更加突出。因此，政府应进一步完善治污减排政策，同时各行业领域应提高治污减排意识，加强治污减排科研创新，排除治污减排隐患，以更好地实现可持续发展。

（作者单位：内蒙古科技大学经济与管理学院）

鄂西生态文化旅游圈
农村水资源可持续发展探析

林　畅　徐志高　周　恒

随着武汉城市圈成为“两型社会”建设的试验区之后，湖北省政府提出构建鄂西生态文化旅游圈（简称“鄂西生态圈”）的蓝图。鄂西生态圈建设整体专项规划已完成，开始逐步进入全面实施阶段，目标是在2020年前将鄂西生态圈建设成国家生态文化旅游示范区，打造成为生态、文化、旅游和经济社会整体协调发展的“国家典范”。随着全球水资源危机的日益凸现，世界各国都在高度重视水资源的可持续发展。在全面建设小康社会和“十二五”时期，国家通过加快农村安全饮水工程的建设来促进新农村建设。水资源是鄂西生态圈建设的战略性资源，因此，促进农村水资源可持续发展是鄂西生态圈建设必须面对的一个重大课题。

一、农村水资源可持续发展对于鄂西生态圈建设的意义

（一）是鄂西生态圈科学发展的战略举措

水资源是基础性的自然资源和战略性的经济资源，是生态与环境的控制因素。中国人均、亩均占有水资源量少，水资源时空分布极为不均。特别是在全球气候变化和和大规模经济开发双重因素的交织作用下，水资源情势正在发生新的变化。水资源问题已经成为可持续发展的主要制约因素。贯彻落实科学发展观，必须坚持走生产发展、生活富裕、生态良好的文明发展道路。鄂西地区

被誉为“中华之肺”、“华中水塔”，具有不可替代的生态功能，也肩负着保护生态环境的神圣使命。在保护生态环境和文化遗产的前提下，依靠其水资源优势发展以旅游业为代表的绿色环保产业，符合国家产业政策和可持续发展战略，做好鄂西生态文化旅游圈农村水资源可持续发展工作是建设生态文明、促进社会和谐的有效途径，是科学发展观战略思想的重要体现。

（二）保护鄂西生态圈的生态系统，保障水资源的高效利用

鄂西生态圈的建设是以生态农村、山水风光为主题。生态农村的建设离不开水资源的可持续发展，其中水资源的优化配置占据着相当重要的地位。首先，农村生态系统的建设本身就要求水资源优化配置，同时要建设节水防污的生态型社会；其次，水生态系统的建设要求水资源优化配置时须按照以供定需的原则，全面兼顾生活、生产和生态用水，制定生活、生产和生态用水定额是建设良好的水生态系统的管理手段；最后，水生态系统的建设要求水资源优化配置时逐步实现水资源循环利用，提高资源利用效率，从而达到水资源的可持续发展。

（三）为鄂西生态圈新农村建设奠定基础

农村水资源可持续发展的两大部分是农田水利和农村饮水，水利是农业和农村基础设施建设的重要组成部分，饮水安全是保障人的基本生存权利的体现，是维护人的生命健康的必要条件，水资源可持续发展是新农村建设的关键指标。大力开展农田水利基础设施建设，加快农村安全饮水工程建设，是建设一个经济繁荣、生态良好、环境优美、文明和谐社会的要求，也是落实统筹城乡发展、统筹区域发展、统筹经济社会发展的具体体现。农田水利水电及安全饮水工程在保障人民正常生活的同时，也是解放农村生产力、促进农村发展的关键。对于鄂西生态圈来说，长江、清江等江河水资源高效利用不仅可以促进生态旅游业的发展、水产产业链的形成，还将带动其他附属经济的快速成长。

（四）促进水文化繁荣发展，旅游经济腾飞

鄂西生态圈生态环境优美，物种丰富多样，生态资源浑厚，被称为“天然基因宝库”。一方水土养一方人，水文化孕育着一个民族文化。鄂西生态圈水资源得天独厚，长江、清江等江河资源是巴楚文化、三国文化的发源地，也

是湖北省土（家）苗等少数民族聚居区，造就了绚丽的民俗风情。鄂西生态圈农村水资源的可持续发展不仅促进水文化的繁荣发展，同时保护了生态环境。良好的生态环境，深厚的历史文化底蕴，壮美的山河风景，形成了丰富的旅游资源，加之初步形成的特色种植业、特色制造业和现代服务业体系，可真正地实现鄂西生态圈文化经济的繁荣发展。

二、鄂西生态圈农村水资源现状——以宜昌长阳为例

鄂西生态圈水资源丰富，占湖北省可开发水资源的90%以上。对于长阳来说，清江是其水资源体系的一大支柱。长阳县现阶段着重利用清江水资源，农村安全饮水工程、农田水利水电工程、水产业已初见规模和成效。从长计议，水资源管理和可持续发展仍然有待加强和完善。

（一）现阶段农村水资源管理成果

1. 安全饮水及水利工程建设步伐加快

通过座谈和走访，我们获悉长阳县2009年统计的部分数据。就长阳县龙舟坪镇而言，该镇56%的农户已经吃上了自来水，这一部分人是“十一五”规划中的最先受益者。采用的是集中供水的方式建立供水站或水厂，当地共建成19处供水点，解决了该镇九千多人的吃水问题。另外，42%的农户以分散式供水——建水窖或水井的方式解决了基本的生活用水问题。这三种取水方式也是全国大部分用水困难地区的解决办法。长阳县龙舟坪镇是全省小农水项目重点县项目实施乡镇之一。工程包括水坝水池修建、水渠改造、堰塘整治、沼气池建设等，大部分工程于2010年5月已完工。

2. 水资源管理形式有创新

对于长阳县安全饮水工程的水资源管理，当地村民大都以“饮水者协会”的形式，进行自主管理。具体方案是由一个村或一个组所有的自来水用户成立一个用水者协会，由会员选出理事会成员，负责监督和管理相关事宜。理事会有人专门负责收取水费，用于维修管理及发放负责人的工资，收费标准由村民开会统一商议决定。这样整个循环过程就完全是用水者自行决议、实行和完成的，政府和相关部门没有直接参与其中，这就改善了出现问题没人管的局面及村民不满意等相关问题。

（二）当前农村水资源管理面临的几点问题

1. 没有对水资源进行优化配置

长阳县虽然水资源较丰富，但是由于地理结构和居住点分散，导致农村安全饮用水工程实施存在困难。高山、地区偏远、水源不足这些因素不仅使工程建设的管网延伸遭遇困难，而且使施工难度大、耗时耗力。集中式供水能有效解决一部分人的吃水问题，但是水窖和水井的方式仍然存在很多不足，受季节性降雨量的影响较大。除此之外，我们还了解到当地有一部分村民是用开发区的工业用水和水库水。目前水资源还没有达到完善的优化配置，同时区域经济发展与水环境保护相协调较弱。人们自身的活动致使水资源污染和缺乏以及部分工业的污染使得水资源不能直接利用，这些因素都为水资源优化配置带来了一定的困难。

2. 水资源管理机构缺乏协调统一

现行农村水资源管理中，条块分割现象仍然存在。政府主导、企业投资建设、人民参与的水资源管理相关的各项法规不是很健全。管理机构的不协调导致水权不清晰，价格不规范。这种现象阻碍了水资源的优化配置，我们了解到仅是江河水库周边的农村能够利用到清江等江河水库的水资源。

3. 相关工程建设没有同步和保障

通过调研了解，长阳县没有较好地做到生活、农业、工业和生态等用水的统筹协调。主因是相关工程没有同步建设，次因是陈旧水利设施没有维修保障。农田水利没有为农村安全饮水工程带来直接的工程便利，陈旧的水利工程管道和没有技术保障的工程还导致了水质的变差和水量的供应不足。

4. 居民爱水节水保水意识不高

在调研长阳农村水资源现状的过程中，我们对村民进行了水资源相关的问卷调查。从统计的数据分析得出，大部分村民缺乏水资源危机和安全意识，生活用水不充分，很少参与水资源的保护行动。

5. 农村水资源可持续发展课题不够

长阳县有少数地区的水源属于高氟水，主要是所在地理位置矿物质污染所致。目前农村地表水富营养化，地下水质恶化的问题也时有发生，主要源于农药化肥等有机物、人畜生活污水以及一些不符合规范要求的乡镇企业的废水排放等。单一的管理模式已不能改变水资源现状，水资源管理模式因地而异。

三、鄂西生态圈农村水资源可持续发展对策

（一）做好水资源整体规划，保障其可持续发展

鄂西圈水资源充沛，如何利用好这一优势成了鄂西生态文化旅游圈破解发展难题的关键。首先，根据鄂西生态圈专项规划，明确水资源在鄂西各地区的优劣势，借“南水北调”工程的先例和经验来实现整个鄂西生态圈的水资源共同供给。其次，做好长江三峡水库及周边生态区生态功能构建，其重点是水土保持、涵养水源。大力恢复保护沿江两岸的森林植被，封山育林、植草，开展滑坡、泥石流等敏感区的重点监测与防治，保护水库两岸的稳定性；实施天然林保护工程、退耕还林还草工程及水土保持工程，加强地质灾害防治力度，根据地区水土流失强度差异，结合生物措施和工程措施，分别实施预防保护、重点监督和综合治理；加强对矿区开发的监督和管理，严禁不合理的开发行为，积极实施矿区的生态修复。

（二）做好水资源管理，保障其高效利用

一方面，应明确水权和确定水价。根据各地区水资源总量合理分配水权，可以保证其合理分配，高效利用。有了水权，就得科学制定相应的水价，包括自然水的提取费用，水资源加工的成本、水资源运输的成本，并结合当地经济发展及水资源使用者的支付能力。水权的确立，可以让水资源得到相应的管理和保护责任，这就促进了水资源管理的良好运行，同时水价的确立可以在某种程度上鼓励大家节约水资源。另一方面，建立统一的农村水资源管理机构。必须彻底打破“多龙管水”的格局，建立统一的农村水资源管理机构，把农村水资源开发、利用、治理、配置、节约、保护有效结合起来，实现水资源管理在空间与时间的统一、质与量的统一、开发与治理的统一、节约与保护的统一，并实行从供水、用水、排水到节约用水、污水处理再利用、水资源保护的全过程管理体制。

（三）加强水资源工程进程的同步实施和管理监督体系

农村水资源规划利用工程包括农村水利水电基础工程和农村安全饮水工

程。加强水利基础设施建设是改善农业生产条件，增强抗旱能力的基础建设。有水才能保证农作物的生长，同时促进农村水资源的优化整合和分配。各个部门应因地制宜，搞好地方水利建设，加强基础工程建设管理和监督，合理开发利用水资源。一是强化组织领导，稳步推进工程建设。农村安全饮水工程建设纳入新农村建设总体规划。各级党委、政府要把解决农村群众饮水困难作为各级政府的重要职责，列入当前社会主义新农村建设的总体规划，精心部署，周密安排，狠抓落实。水利部门要为政府当好参谋，制定实施方案，并认真抓好督促检查和落实。把农村安全饮用水工程建设纳入考核乡村两级干部的重要内容。二是强化项目监督和管理，保证工程建设质量。要通过巡回监理、层层监督等措施，落实工程建设质量责任制，杜绝“豆腐渣”工程，确保农村安全饮用水工程优质高效。要从项目立项开始，逐个项目建立档案，做到项目规划、设计、审查、审批、施工、质检、验收以及资金使用管理等建卡管理，实行一处一卡，按卡实施，验收销号，确保农村安全饮用水工程建一处、成一处、效益一处。

（四）加强水资源宣传教育，带动全民节水保水

中国农村人口数目巨大，仅靠上层建筑来保护水资源，效果是相当微小的，所以我们要动员农民群众，发挥集体的力量。把加强节水宣传教育，增强公民节水保水意识纳入中国相应的法律法规，让水资源的管理和利用步入法制化轨道。首先，要通过电视、广播、报纸等多种渠道，向老百姓以及基层领导宣传《中华人民共和国水法》、《中华人民共和国环境保护法》等相关法律法规，教育他们水资源管理是有法可依的，破坏水资源是犯法的；其次，要大力宣传水的重要性以及告诉他们哪些行为会破坏水资源；最后，国家教育部门和学校要强化青少年的水资源保护教育，节水保水从娃娃抓起。这样，通过多角度全方位的宣传教育，切实让老百姓及管理者端正思想，提高意识，从内心自发地保护水资源。

（五）开展农村水资源管理的课题研究

首先，农村水资源科学管理，离不开农民的参与。一切技术和措施最终通过用户的实践来实现，农民是节水的主体，其行为和素质在某种程度上决定节水的成败。建立用户参与管理决策的民主管理机制，成立由各级地方行政、水

行政、节水单位负责人和农民组成节水管理委员会，一切重大决策通过该委员会决定，或者成立自我管理组织。其次，开展水资源管理的科学技术攻关。建设社会主义新农村，要以科技的发展促进农村的进步。农村水资源管理不仅需要政府及社会各界的扶持，更需要技术上的支持。小的方面如工艺的选择、方案的确定，大的方面如区域性的饮水工程问题。因此，在技术攻关过程中，组织各高校及研究所等单位合作展开研究，充分发挥人才资源的优势，不断解决农村水资源科学管理的新问题，促进鄂西生态圈水资源的可持续发展。

（作者单位：三峡大学马克思主义学院）

公众环保意识影响地方政府环保决策的范例

——对广东番禺垃圾焚烧厂选址事件的分析

张 青

随着经济的发展，环境问题日益突出，全球生态环境状况不断恶化，环境保护亟需加强。为此，国家出台了系列的法律法规，完善了环境保护的各种监督机制，为环保的进行提供了有力的保障。但是，环境保护不仅需要完善的法律，还需要增加公民的环境知识，提高公民的环保意识和公民自觉参与环保的公共政策制定过程。随着工业化步伐的不断加快和公众环保意识的提高，因环境污染引发的群体性事件不断增多，形势严峻。其主要原因是环境污染严重威胁了周边居民的基本生存权，公民基本权利得不到应有的保障。因此，充分关注环境污染引发的群体性事件，增加公众民主参与政府环保决策的有效途径，切身解决环境污染问题，是实现地方经济发展与环境保护的可持续发展的重要议题。

一、广东番禺垃圾焚烧厂选址事件综述

2009年9月，番禺区历经三年多调研和选址论证，初步确定大石街会江村现大石简易垃圾处理厂作为新建生活垃圾焚烧发电厂的选址，并取得规划部门的项目选址意见书。消息公布后，周边10公里范围内的众多小区居民纷纷联合起来，通过集体签名、派发传单、口罩秀等多种形式进行反抗运动。在厦门PX事件的前车之鉴和海南化工工程“成功”下马的启示下，番禺的市民们

在捍卫自己权益时，越发坚决。小区业主还自发组成“垃圾焚烧站考察团”前往广州白云区李坑垃圾焚烧站厂实地考察抵制建厂。2009 年 9 月至 12 月，围绕着兴建垃圾焚烧发电厂一事，广州市番禺区会江村地区部分市民和地方政府机构之间发生了争执，导致 11 月 23 日上百名市民在广州市政府门前“散步”。2009 年 12 月 10 日，番禺区政府表示，暂缓垃圾发电厂项目选址及建设工作，并启动有关垃圾处理设施选址的全民讨论。12 月 20 日，番禺区委书记承认原有垃圾焚烧项目停止，将于 2011 年 1 月开始重新启动垃圾焚烧厂选址项目公共讨论。至此，政府听取了民意，番禺市民的诉求——停止在会江村修建垃圾焚烧厂——得到支持，然而，围绕着番禺和广州垃圾处理问题的争议远远没有结束。

2010 年 1 月，为回应民众质疑，广州开展了为期两个月的以“广州垃圾处理，政府问计于民”为主题的公众意见网络征询活动，并邀请全国 32 名权威专家做客广州就垃圾处理方式面向社会公开讨论，并形成《广州市生活垃圾处理专家咨询意见书》。2011 年 3 月 7 日，广州市长万庆良在城管大会上透露，为了缓解“垃圾围城”危机，广州会加快建设兴丰填埋场六区、李坑焚烧发电二厂，完成兴丰填埋二场、番禺焚烧发电厂和南沙焚烧发电厂前期工作，确保这些项目在2014 年前建成投产。2011 年3 月23 日，国务院召开常务会议，研究部署进一步加强城市生活垃圾处理工作。2011 年 4 月，番禺公布广受关注的垃圾焚烧厂备选厂址及选点依据。同时将如何确定最佳选点的决策流程及机制完整公开，以便更广泛听取民意，尊重科学。

番禺垃圾焚烧厂事件充分体现了当下中国群体性事件的一些共同特征：(1) 无专门的组织者，普通市民由于利益受损而自发有序组织；(2) 参与者的目标诉求明确具体，不追求宏大目标；(3) 特定事件结束之后，整个活动暂时停止或转入下一阶段目标，媒体报道也相应地转入下一个议题；(4) 获得强大的舆论支持。番禺事件跟其他群体性事件的差别在于，整个过程里，市民始终理性，没有任何破坏活动，无需执法机构介入，最终，政府听取了民意，市民的主张得到了一定程度的支持。番禺居民为时一年多的维权取得不断进展，此事件被视为公民理性维权、官民良性互动的范例。

二、公众环保意识及民主参与公共政策过程评析

围绕番禺垃圾焚烧厂的讨论，衍生出了“垃圾分类”这个十年之前广州就已经在努力推进但却几乎已经被逐渐遗忘的公共话题，公众由此检讨过往的种种得失，并把它看成是解决城市“垃圾围城”问题的一个新起点。毫无疑问，这次事件不仅仅是环保知识的普及以及环保理念的洗礼，更是公民社会兴起的新型模式及民主参与公共政策的路径选择。

（一）番禺事件中公众环保意识及环保维权理念的缘起因素分析

出于发展经济和国家独立的考虑，二战后发展中国家普遍采取了牺牲环境换取发展的经济策略来追赶发达国家。只有当国家的政治和经济发展到了一定程度之后，环境议题才可能进入公共政策议程。环境议题涉及人的生存和生活，是基本公民权利，环境问题一旦爆发，就会威胁日常生活，引起相当大的反响，目前已经成为中国日常生活里和大众媒体报道中的常见话题之一。

环境议题及精英人群参与是增强公众环保意识和环保维权理念的重要因素。环境议题是一个“时髦的”话题，二恶英、PX、三聚氰胺等等专业术语，原本只被少部分专业人士所掌握，环境问题的爆发，使得这些专业术语进入普通人的日常生活，然而，参与者需要具备一定的教育背景才能理解这些高科技术语。具有相当教育背景的阶层及其中精英人群的积极参与推动，使得环保的专业术语进入普通民众的关注视野，这也是欧美环保运动和中国草根环保运动的共同特征，由此大大增强了公众的环保意识和环保维权理念。

以番禺垃圾焚烧厂事件为例，垃圾焚烧发电厂的选址会江村附近地段被称为“华南板块”，在过去二十年里，这里兴建了大量居民社区，因为房价低于广州市区，环境优美，吸引了大量年轻人置业。受该事件影响的华南板块的居民是权利意识强烈的中产阶级，他们所从事的职业包括公司职员、公务员、记者、销售员等等。《南方人物周刊》的报道明确指出，身为记者的业主曾经参加过业主会议讨论发电厂事件。虽然缺乏直接数据表明有多少媒体记者住在华南板块，然而，合理的推论是，如果记者居住在华南板块，那么当他们的权益可能受损时，相关新闻更有可能被公布。否则，无法解释的是，按照常规，环卫局不是一个出大新闻的地方，9 月 23 日市民例行接待日局长的一番谈话，

造成了第二天《新快报》以头条的形式报道这一消息，同一天同一期报纸上，可供选择的头条新闻还包括《国庆后广州可打甲流疫苗》、《经济租赁房最快明年推出》等。在当前中国环境问题频发的背景下，城市居民无疑比农村居民拥有更多话语权，最明显的例子就是在会江村之前，广州市已经在永兴村建设了第一个垃圾焚烧发电厂，当地居民一直反对。然而永兴村地处广州市北面的白云区，2000 年开始征地建厂时，当地还是一片农田，当地居民也没有 2009 年华南板块居民的教育背景和物质生活，他们的反抗最多就是村干部不在征地协议上签字，由镇政府代替村委会与卫生局签署征地协议。

（二）公众民主参与公共政策过程分析

番禺垃圾焚烧厂选址事件中，公民理性维权、官民良性互动达到前所未有的程度，创下了公众民主参与地方政府公共决策的典型博弈模式。这其中，起决定因素的有城市精英的理性维权行为、网络及信息的自由传播及市场化媒体的客观专业报道方式对应于地方政府的民主理性、开明和高容忍度的应对模式。

1. 城市精英的理性维权行为

番禺垃圾焚烧厂选址事件整个过程里，市民始终理性，没有任何破坏活动，无需执法机构介入，最终，政府听取了民意，市民的主张得到了一定程度的支持。华南板块居民一直积极理性地参与各种民意表达活动。如：在广州市政府门前“散步”、华南板块各小区论坛的专版讨论（如：番禺丽江花园业主论坛“江外江”的“垃圾焚烧发电厂专版”）、垃圾焚烧项目环评的分析和讨论、广州市关于垃圾焚烧项目的公众意见网络征询、关于处理垃圾围城问题的民间大讨论、城市垃圾分类试点的讨论、垃圾焚烧项目选址点讨论等等，并且一直在积极地联系各方媒体，向媒体提供消息，主动配合媒体的采访。当省内媒体（包括省级媒体）报道量减少时，这些居民甚至积极联系《中国新闻周刊》、《财经》、中央电视台、《人民日报》等全国性媒体，接受这些全国性媒体的采访，传递自己的观点，而且，在接受外国媒体采访时，所有受访居民都一再强调“我们不是反对政府，只是反对垃圾焚烧”，从而利用媒体话语保护了自己的利益。

2. 网络及信息的自由传播及市场化媒体的客观专业报道方式

2007 年厦门 PX 事件最初引起公众注意，是由于 3 月 19 日《中国经营报》

的一篇报道，在整个事件里，厦门当地媒体的表现都不如全国媒体、其他地方媒体和意见领袖（连岳博客）的表现，然而，在番禺事件中，广州当地媒体表现更为出色，不仅将这一问题带入公众视野，而且在长达一年多的时间里，多次积极开拓报道领域，转换报道焦点，持续追踪报道，充分体现了市场化媒体在推进社会民主进程里的潜力，其中，网络及相关信息的大量相对自由传播也功不可没。

广东媒体的市场化程度居于全国前列，过去三十年中国新闻改革所坚持的市场化方向不仅培育了媒体产业市场，也带来了采编业务领域内的重大变革。在番禺事件里，广州媒体表现突出的一点是，坚持以事件为导向进行新闻报道，突破了以往“言论先行”的报道模式。无论是《新快报》和《南方都市报》这样的市场化报纸，还是《广州日报》这样的地方党报，广州媒体都把重点放在了消息而非评论上，从 10 月 23 日至 12 月 22 日的两个月里，《南方都市报》共发表了 175 篇文章，其中绝大部分是消息，而且，媒体消息都具备新闻由头，并非是“软新闻”。

媒体的消息源大致分成两个对立阵营：主烧派（包括广州市和番禺区各级政府机构及官员，以及主烧派专家）和反烧派（包括华南板块市民和反烧派专家）。每当其中某个消息源有所行动，媒体不仅报道，还向对立消息源进行求证，这恰好是客观报道的做法。比如某个政府官员代表所在部门召开新闻发布会、接受采访之后，广州媒体总是增加对华南板块市民的采访。当网友（华南板块市民）流传主烧派官员吕志毅的弟弟和儿子在垃圾焚烧厂投资方公司工作，媒体就直接采访吕志毅，要求对流言作出澄清。客观报道、充分采访的手法，并不意味着媒体立场中立不偏不倚，经历市场化改革的媒体正在学习利用客观报道手法隐晦地发表自己的看法。12 月 2 日，吕志毅接受广州媒体采访时，批评有关流言是“胡说八道”，却不肯否定流言是假的，要求“以后再说”。这一回应无疑说服力不强，反而令流言的可信度增强。同时，客观报道手法充实了新闻内容，填补了新闻版面，对于每天固定版面和播出长度的媒体而言，等于是补充了更多新闻素材，比如，11 月 24 日番禺区政府宣布将就垃圾焚烧项目选址展开半年的全民大讨论，针对这一消息，仅《南方都市报》就发布了 6 条消息和 1 条评论。

在番禺事件里，消息和评论的区分十分清晰，夹叙夹议式的写作风格，没有出现在广州地方性日报和日播新闻里，这可能跟它们强调时效性有关。在内容上，评论里频繁出现“公民”一词，而消息里永远用“市民”、“居民”、“业主”来指代同一群体。造成这种现象的原因，一方面跟“公民”尚没有进入日常生活语言有关，新闻价值要素里的接近性，要求媒体采用更为受众所熟悉的语言，另一方面，评论强调以观点说服人，语言严谨逻辑严密，并不重视语言通俗，有些评论还是媒体约政治学和社会学专家专门撰稿，因此评论里充满了政治学常见的概念“公民”就不足为奇。

3. 地方政府的民主理性应对模式

在一些环保群体性事件里，环境议题并不以泄愤为目的，而是利益受损之后的有具体诉求的集体行动，这些环境议题也充分体现了地方政府环境治理政策制定的缺陷和管理权威的下降。

番禺事件最终以政府听取民意、停止会江村项目而暂时告一段落，民意得到伸张，其原因不仅在于公民高度参与、媒体的报道和社会舆论的强烈有力，也在于地方政府的民主理性的应对和开明的高容忍度。瓮安事件和石首事件里，地方政府姿态强硬，拒绝与民众对话，以至升级为暴力冲突和流血事件，成为反面例证。同样地，地方政府的开明程度，也是影响公众和媒体参与公共事务和政策制定程度的决定性因素，媒体在集体行动里的主动性，只是政府允许范围内的主动性，底线不可逾越，所以，广州媒体质疑的焦点始终集中在程序违规和个别官员身上，就事论事，不搞扩大化，比如媒体从来不把番禺事件跟厦门 PX 事件联系在一起。华南板块市民从最初的“反对在会江村兴建垃圾焚烧厂”转向“反对在广州兴建垃圾焚烧厂”，然而，针对市民的后一诉求，政府没有答应，媒体也没有支持，媒体支持的是停建会江村项目、开展市民大讨论、讨论垃圾问题的解决出路，可见，媒体以政府容许的方式包装了争议性议题，而地方政府也在制定科学性更强的公共决策和进一步政务信息公开方面做出努力，从而形成该事件中颇具特色的地方政府民主理性应对模式。如：公共决策科学性问题方面的应对措施包括：全国邀请环保领域专家参与市民讨论并形成《广州市生活垃圾处理专家咨询意见书》，邀请全国权威部门参与该项目环评论证，针对垃圾处理方式展开全民讨论等；在政务信息公开方面的应对措施包括：公开环评流程和相关程序，公开项目选址方案如何确定最佳选点的决策流程及机制等，以便更广泛听取民意，尊重科学，从而在对该事件的处理中取得较好的效果。

三、公众民主理性参与地方政府环保决策的意义及其启示

番禺垃圾焚烧厂选址事件不仅反映出公众日益增强的环保意识、日益提高的参与意识，而且也表达了政府要保持民意渠道的畅通，要让群众知情，更要具备科学决策的预见性的开放姿态。

（一）公众民主理性参与地方政府环保决策的意义

在互联网时代，公众的媒介素养得到了极大的提高，特别是城市中产阶层，媒介素养已经不仅仅停留在媒介认知和媒介使用层面，更多地上升到了媒介参与层面。而公众的这种媒介参与意识，对于政府的民主决策到底有何影响，值得深思。当前网络的普及与发展开辟了民主参与的广阔空间，网络使人们可以摆脱地域疆界的限制，自由地表达自己的意见和利益要求，信息时代成为了参与式民主的时代，“在线参与”将成为网络时代政治活动的主要方式之一。政府信息化满足了公众的知情权和参与权，网络的开放性使得政府部门的信息共享成为可能。公众通过网络，可以掌握政府各方面的信息，参与政策的制定，实现与行政系统的互动和沟通，公民的网络参政在当今公民社会构建过程中尤显意义重大。

1. 多渠道网络参与途径提高了公民的民主参与意识，使民意表达渠道更为畅通

随着经济的发展和社会的进步，公民文化素质不断提高，公民的民主意识在逐渐增强。而网络在社会各领域的广泛渗透和应用恰恰适应了民主政治发展的需要，为公民参与民主政治生活提供了现实可能性。一般来说，报纸、广播、电视等大众传媒为社会权力系统所控制，而社会主流文化形态往往反映的是某种占据统治地位的思想观念，与主流社会不同的思想观念很难得到表达。除了网络之外，世界上再没有一种传播方式能使众多人口可以如此自由地交换思想。在网络上，任何人都可以自由地交换各自的信息、知识和经验，独立地发表和传播自己的言论，这种互动行为强化了网上公民的自主性，进而直接影响到公民的政治成效感，使自己感到在政治方面是可以作为的，从而增强了公民参与的动力。当今所要构建的和谐社会应是各方面的利益关系都能得到协调

的社会，只有公民的积极参与才能更好地去体现和实现本阶层的政治诉求、利益诉求。因此，构建和谐社会必须建立畅通、规范的反映社情民意和表达社会利益的机制，以保证人民群众的意愿能够得到如实反映，利益所求能够充分有序地表达，网络参政使公民有意愿和能力争取民主权利，参与国家管理和社会活动，从被动参与走向主动参与，使民意表达渠道更为畅通。番禺垃圾焚烧厂选址事件中，华南板块居民通过网络论坛发帖、网络视频、微博互动等多种途径表达利益诉求。

2. 网络参政成为公民参与政策制定的先进技术手段，使参与方式更为多元、有效率

传播学的著名学者马歇尔·麦克卢汉面对上个世纪60年代大规模发展的电视就曾经预言，“随着信息运动的增加，政治变化的趋向是逐渐偏离选民代表政治，走向全民立即卷入中央决策行为的政治”。而网络作为现代政治参与手段无疑更具威力，当电脑被广泛应用于政治参与后，它必然推动公民与政府官员的直接对话，提高民意在政府运作中的分量，从而在很大程度上改变未来政治参与的结构与模式。首先，通过电子选举、电子投票、电子民意调查等形式，有关信息可以马上反馈到政府有关部门，政府也能提供相关信息满足公众的查询。其次，政府还可以产生一些新的行政程序，例如允许人民在重要议题上参与电子听证会，借助网络民意调查了解大众观点，来赢得公众的支持和认同。这样，公民参与政策制定变得十分便捷，人们足不出户便可以发表对政府政策制定的看法。同时，随着计算机科学的不断发展，电脑和网络的不断普及，公民参与的成本也将不断降低。网络改善了公民参与政策制定的技术手段，将成为进行政治对话的主要途径，公民通过积极参与各级政府有关建设和谐社会的政策制定，使政策的出台能够最大限度地平衡和满足社会不同阶层的利益诉求，并得到顺利的贯彻执行，并使得参与方式更为多元有效率。

3. 网络参政有力推动政府与公民的直接互动，使民主化进程进一步加快

网络的各个终端用户都可以发展成为政策制定的信息源，任何用户的意愿、要求可以随时在网络上发送。“在大众传播史上，你将第一次体验不必是有大资本的个人就能接触到广大的视听群，网络把所有人都变成了出版发行人。这是革命性的转变。”当政府以电子方式广泛而深入地伸向机构、公众和所有服务对象时，相关的服务对象也能以电子方式方便而直接地伸向政府内部。这样，实现了传播中最为实质的传播者与受众之间的直接互动，大大地提

高了政策制定和传播的民主化程度。公民将以极大的热情介入“数字化政治行为”中，从而形成良性互动，良性互动的结果是公民的信息反馈速度以及政府对问题的回应速度都大大加快，可见，网络架起政府与公民之间相互沟通和对话的电子桥梁，推动了公民与政府官员直接对话。一方面，借助于网络，公民可即时表表意见，增强对政府决策的影响力；另一方面，政府能更广泛地了解公民的意见，有利于集思广益，做到决策的民主化、科学化。目前，世界各国都在积极倡导信息高速公路建设，构建电子政府，建立更加开放型的民主。在这方面，中国也很注意采用现代信息技术与公民沟通，扩大公民参与，进一步促进民主化进程。

4. 网络参政成为有效监督的新途径，使公民监督权的行使更具现实意义

由于网络可以打破时间、空间、行政组织、层级之间等限制的特点，给民众的知情权、参与权、监督权提供一个便捷途径。民众在网上踊跃参与及献计献策的同时，对政府和人大、政协的工作进行监督；同时政府部门在主动配合，利用互动平台开展网上听政、民意征集，进一步完善决策程序，提高决策质量的同时，也接受公众的监督。通过网络参政这一政府与公民有效监督的新途径，民众的意见和要求逐步渗透到政府的决策中，政府的工作也进一步得到市民的理解和支持，这不仅能强化政府部门的服务意识，而且能将政府行政行为置于社会监督之下，促使其进一步实施“阳光政务”和构建“透明政府”，这样公民监督权的行使具有了现实意义，从而成为建设和谐社会的有效力的监督者。

（二）广东番禺垃圾焚烧厂选址事件的启示

1. 为社区利益而发生的公民行动将对地方政府的公共决策产生越来越大的影响

厦门事件和番禺事件的结果是接近的，就是项目最终要么废止，要么暂缓再议。虽然政府宣布尊重民意，但事件中公民的行动起着至关重要的作用。公民行动的诉求已经不再是经济的高速发展、多少个大型项目和工程，已经将社区居民的生命、健康、长治久安作为首要的诉求。当然不排除一些居民和网民的非理性态度和语言，但如果是为了自身所在社区的利益而发表意见，还是可以理解的。番禺事件与厦门事件不同的地方在于垃圾处理不是为了发展经济而搞的大型企业项目，而是为了社区居民的公共生活，所以只要决策能够符合大

多数居民的利益，还是能够得到支持的。公民行动虽然借用了网络和手机短信的传播手段，但是居民们已经意识到单个人的行动远没有集体行动产生的影响力大，所以很自然选择了集体行动，这也是一种理性选择。

2. 没有经过社区公民参与的公共决策将难以获得公民的支持，而经过了公民参与的公共决策则更能够符合社区居民的基本利益

垃圾焚烧本来是垃圾处理中比较好的一种处理方式，但是因为选址时没有经过公民参与，所以使得区政府不得已宣告暂缓。在围绕选址而进行的讨论中，一些居民已经认识到垃圾处理必须选择更高效环保的方式，一些网民的意见对改进垃圾处理有很好的参考价值，有不少居民提出可以通过垃圾分类达到垃圾减量、减少焚烧后产生的污染物（致癌物）含量，这对社区事务治理来说是很有意义的事情，所以政府需要改变治理理念，不要把反对者当成社会不稳定的根源来对待，饱含善意的公共决策自然会得到支持。

3. 多元共治是未来地方公共事务治理的主要模式

在这次的事件中，事实上居民并非都是反对垃圾焚烧，而是对垃圾焚烧后排放的气体对人的生命健康造成的潜在危害而有所顾虑。居民们在讨论中也逐渐意识到焚烧是一种比较好的垃圾处理方式，在讨论的过程中公民的环境意识也在提升。所以经常性的公民参与对社会发展、对政府管理、对社区治理其实有非常好的意义，参与不仅有助于改进决策质量，而且也有助于提高公民的社区责任感和参与意识。相对而言，当前首要是地方政府需要理解这种多元共治的积极意义，并将大部分的社区公共事务纳入多元共治范畴，摸索出一套成熟的多元共治模式，这样的模式其实并不复杂，尤其在网络非常发达的时代，政府与居民的沟通其实是非常方便的。

综上，公民的适度参与和民意的充分表达是实现地方政府环保决策民主化和科学化的重要前提，是社会主义民主政治建设得以顺利推进的必然要求，也是达成幸福广东建设目标的有益途径。

（作者单位：中共广东省委党校）

大运河生态治理与文化传承之杭州方略

刘　杨　卫美华　李　冲　唐丹

京杭大运河是世界上里程最长、工程最大、最古老的运河之一，北起北京（涿郡），南到杭州（余杭），经北京、天津两市及河北、山东、江苏、浙江四省，贯通海河、黄河、淮河、长江、钱塘江五大水系，全长约1794公里，堪称中国古代最伟大的水利工程。无论是站在过去、今天还是未来的角度看，大运河既是一条人类文化遗产廊道，比单一的文物点要重要得多，同时又是中国东部的生态廊道，是支撑中华民族自立于世界民族之林的那大写的人字不可或缺的一捺。

一、运河开发：商业利益下的治理短板

随着大运河水域的污染日益严重，利益导向且缺乏总体战略规划的双重作用下，运河两岸的破坏性开发带来了难以破解的困局。

1. 自然环境破坏历史旧账多，生态功能退化

随着工业经济发展，运河两岸工厂规模扩大，由于缺乏排污设施，生产污废水直排运河。同时，由于运河两岸市区人口急剧增多，生活污水日益增多，加上运输船上人家的饮食起居，形成的生活垃圾也直接抛入运河，造成水体常年黑臭。

2. 航运功能退化，运河沿线地区定位模糊，功能混乱不清

运河既有文化、旅游的历史功能，又有生态、运输等的现代功能，这种混

合型功能在运河岸线地区没有得到整体有序的规划，现状显得杂乱无章，生产与生活功能交错，旅游功能受到运输、工业发展的限制，部分码头位于人口稠密区，与城市布局发生矛盾。

3. 用地功能混杂，居住功能削弱

运河沿线各区域工业仓储用地比例过大，居住、工业、码头、仓储等用地交错混杂，功能分区不明晰，公共建筑用地严重不足，缺乏公共活动区域。此外，运河景观布局零乱，景观效果不理想，景观文物保护缺乏应有的重视和措施。新开发的建筑之间、项目之间、区块之间缺乏协调。居住在大运河周边的数百万居民，很多住房条件较差，缺少公共服务用地和生活配套设施，而且受到噪音污染、水体发臭等运河环境恶化的困扰，生活环境极差。运河周边的农转非居民，在城郊地区，长期以出租农民房为生，集聚了大量的外来务工人员，形成了不少“城中村”。

4. 文化功能衰落，文化产业开发滞后

大运河及两岸曾经创造了灿烂的漕运文化、商业文化、民俗文化、景观文化，为后人留下了众多文化遗产和动人事迹。而如今大运河的真实性和完整性正在遭到破坏，自然景观开发层次低，人文景观也缺乏知名度、影响力。在很多的城市及至区域规划中只注重功能性，而忽略其间应有的文化含量，只把眼睛盯着建筑、道路、人居、交通、广场、商贸等城市的物质结构，而忽略了文化生态、人文精神含量、历史文化内涵等城市文化内容，导致各地多年形成的运河文化特色丧失殆尽，从南到北千城一面，文化产业开发也远远滞后。

二、杭州方略：求解运河治理困局

大运河是杭州的生成之河，兴盛之河。历史上第一次出现“杭州”之名，就在隋朝凿穿大运河之后，废“钱塘郡”，设“杭州”。至南宋，杭州形成了以都城临安为中心的四通八达的运河水运网，凸现了杭州的“江南水城”风貌，成为了当时全国最大的政治、经济、文化中心，乃至世界级的大都市。建国以后，为了改变运河脏乱差的面貌，历届杭州市委、市政府对运河都采取了一定的保护、治理措施。

（一）规划先行

历年来，杭州市委、市政府坚持以规划为先导，本着“建经济强市，创文化名城”的高度，颁布了一系列政策和决议，来规划运河及沿河地带的开发与保护，使运河达到发挥生态功能、提升文化功能、开发旅游功能、注重休闲功能、追求商贸功能、优化居住功能、科学利用水利功能的目的。

（二）生态修复

1. 河道整治

一是沟通江河。杭州于1983年正式启动了京杭大运河和钱塘江沟通工程，开辟了这个七公里长的河道，从艮山门到三宝船闸，后来又建了船闸第二通道；二是疏浚河道。从20个世纪50年代以后开始，先后多次对运河主航道开展疏浚、拓宽、接弯、曲直工作。现在运河的主航道是五级航道，可以通三百吨级以上的船；三是集污纳管。1993年开始，用了八九年的时间，投入9个多亿，铺设了一条总长约60公里的排污管道，新建了10座污水提升泵站和四保污水处理厂，后每年逐步扩大集污纳管的范围；四是整治内河。建国初期就对运河内河中东河进行了疏浚，1982年对中东河长达十多公里的河道进行了综合治理，开辟了十里河道、绿带走廊。同时还对余杭塘河、贴沙河、上塘河一些河道进行了综合治理。

2. 历史遗存保护修缮

一是修建桥梁。建国以后，为提高市区道路通行能力，适应现在的交通要求，在运河杭州段自南而北建了21座桥。现在运河主航道上真正的古桥就是拱宸桥，其他桥梁都是后来新建，有的可能是后来改造的；二是按照“真实性、完整性、延续性、可识别性”原则和“修旧如旧、似曾相识”理念，完成了拱宸桥、高家花园等一批重要历史文化遗存的保护修缮，推进小河直街、桥西街区、塘栖古镇、珠儿潭、大浒路、大兜路、清代杭州海关、通益公纱厂旧址、同福泰官酱园、国家丝绸仓库、香积寺石塔、富义仓、郭璞井、广济桥、乾隆御碑等历史建筑、历史街区和文化遗址的保护、修缮和恢复。

（三）打造运河景观带

杭州按照构建“梦幻未来区”、“都市风情区”、“历史风貌区”、“城郊江畈区”和“塘栖古镇区”的思路，通过实施运河综合保护一期工程，再现了以“一馆二带二场三园六埠十五桥”为重点的运河系列景观。2007—2010 年实施运河综合保护二期工程。2007 年建成开放了“一廊二带三居四园五河六址七路八桥”为主体的运河系列新景观；2008 年推出运河——钱塘江、余杭塘河、上塘河三条水上黄金旅游线，共开工、续建 53 项建设工程；2009 年推出“一寺一厂三区三馆五街九路”系列重点项目；2010 年推出“一带一馆一园两寺两址三居七路八街”运河景观，以路、河等设施有机更新带整治、带保护、带改造、带建设、带开发、带管理，带动运河新城的“城市有机更新”。

（四）创新运作体制

杭州按照“统一领导、市区联动，政府主导、市场运作”原则，对运河综合保护的运作模式进行了大胆创新，实现了政府主导力、企业主体力和市场配置力的“三力合一”，调动了市、区、部门多个积极性。

一是管理架构创新。杭州市委市政府牵头组建了市京杭运河（杭州段）综合保护委员会，与市运河（杭州段）综合整治与保护开发领导小组办公室合署办公。成立了市属国有独资企业——杭州市运河集团，与市运河综合保护委员会“两块牌子、一套班子”；二是投融资创新。杭州市政府按照“坚持标准、自求平衡”原则和“市场化筹资、多元化投入”思路，充分调动市运河集团和 3 个城区的积极性，“借地生财为主、财政投入为辅”，通过市场化运作多渠道筹措保护开发资金。

三、杭州经验：治理＋文化传承

通过杭州的运河治理经验，我们可以梳理出一整套运河整治开发的解决方案：

1. 坚持“还河于民，为民解难，为民造福”理念

把“还河于民、为民解难、造福于民”作为运河综合保护的根本出发点和落脚点。通过对沿岸住宅、单位进行就地整治或整体搬迁，恢复运河的生态功能，改善运河的生态环境，创造宜人的滨河环境，全线打通运河两岸绿色走廊，全面提升市民居住环境，让市民群众能亲近运河、游览运河、品味运河。

2. 建设古运河商贸、文化旅游带，开展保护运河文化生态行动

沿运河两岸规划建设运河文化生态旅游区，组织运河旅游，可成立运河旅游公司，企业化运作，实现运河旅游资源整合，把运河文化旅游业做大。大运河沿线各地方政府要摸清运河两岸的遗存、传说、掌故，规划设计运河两岸保护和改造方案，抢救挖掘历史遗存，尤其是一些具有历史地理坐标意义的地理实体（如古街、古门、古桥、古河埠、古渡口、古碑等）。

3. 加强部门协同配合

大运河为线性文化遗产，涉及不同的地区和规划、建设、水务、交通、国土等众多管理部门，因此，各地区、各行政主管部门应进一步统一思想、加强协作。通过协调各个地域、部门之间的关系，理顺管理体制。

4. 加强研究展示

集纳当代学者已取得的研究成果，组织若干专项课题研究、研讨会、新闻宣传、文化节、展览等，推动大运河的保护、研究和宣传。对文化遗存丰富的地区，建设运河博物馆，专门收集、陈列、研究大运河文化遗物。

5. 发展运河文化产业

紧紧围绕“运河文化”主题，以旅游、影视制作、出版发行、印刷复制、广告、演艺娱乐、文化会展、数字内容和动漫等产业为重点，策划运河主题公园、会展中心、商贸服务场所、影视创意基地等大型文化产业项目，促进运河文化产业又好又快发展。

四、大运河治理：任重道远

大运河惠泽后世1000多年，时至21世纪，还是南水北调东线工程的主要通道，其价值不言而喻。对大运河沿线城市而言，如何实施运河综合整治与综合保护，恢复运河的生态功能，改善运河生态环境；如何通过打响“运河牌”，培育和强化城市特色功能，提升整个城市品位；如何改善运河居民的生活环境，提高市民生活品质；如何开发运河文化资源，加快运河文化产业跨越式发展，实现运河经济、环境、社会效益的同步提升，增强城市综合竞争力，已是摆在政府和市民面前的“难解之题”，也是“必解之题”。

（作者单位：北京师范大学公共治理研究中心）

汧渭流域生态环境的现状及保护策略

陈荣清

一、汧渭流域生态环境的现状

据陕西省有关权威部门提供的数据表明，汧渭流域生态环境的现状，大致可以归纳如下：

（一）水少

“行到水穷处，月出孤舟寒；秦川八百里，尘土四季扬。”形象地反映了今日汧渭流域乃至整个陕西省生态环境的缺水状态。

“秦川八百里，尘土四季扬。”从古至今人地关系的演变使生态恶化到这种程度，虽缘于地质结构运动的变化，但人类对生态环境的破坏致使全球性气候变暖，是水量减少的重要原因之一。汧渭流域黑河与汧河都是渭河北岸的典型性支流，从渭河黑山谷口水文站记载的不同年代降水变化情况来看，90年代平均降水量为672.61mm；比50年代减少了212.72mm。渭河流域多年平均流域水资源量为103.5亿m^3，进入90年代，渭河流域平均注入黄河的水量仅有43.4m^3。

（二）鱼少

由于汧渭流域水量减少，使其水体的自净能力下降；有的工业加工企业排出废水污染水质；加之沿河城市生活用水和工业用水之需，不少河段（如宝鸡市石鼓山脚下的渭河段）筑起人工蓄水坝后，破坏了鱼类的生活习性和繁衍的环境。如诗歌中记载的鲤鱼，喜迎水而上，所谓“鲤鱼跳龙门”形象地反映了鲤鱼的生活习性；白鱼一般生活在大江大湖，长6.7尺。当年的汧水有这些鱼种供人们捕劳，可见当年汧水的流量和水质是多么的好。在汧渭流域鱼的种类减少的同时，有些河段出现了长年无鱼可捕的生态危机。诗歌中描述当年捕鱼的工具，在汧渭流域早已不见踪影。

（三）树少

周秦时代，汧渭流域水源充沛，草木繁盛，植被良好。现在，由于草木资源受到水资源减少和人为因素的影响，该地水源涵养能力下降，地表沙化，使森林和草地面积减少。站在汧阳、凤翔的塬上望去，除了秦公一号大墓遗址因旅游所需人工栽种的杨柳柳丝如烟，只见黄土高坡坡连坡，不见森林泛绿波。仅秦岭的林地面积，就减少了12万公顷，森林覆盖面由64%下降到46%左右，林区的面积和资源都在减少。

（四）动物少

宋代的苏轼在《和子由除日见寄》一诗中说：“秦烹惟羊羹，陇馔有熊腊”；熊腊，即是腌制的熊肉。可见，当年的汧渭流域是有熊的足迹的。据当地林业部门提供的资料表明，汧渭流域的野生物种因生态环境变化，难以与秦岭主峰尚存的动物之间进行自由地交往，而致使有的物种退化和灭亡。有的灭绝了，有的迁徙到他处。

（五）干旱多

汧渭流域本来地处陕西省西部干旱区。据陕西省农业部门统计，从1996年至2006年的11年间，陕西省因旱农作物受灾面积年平均为1460.8千公顷，2008年出现历史罕见的干旱，作物受旱面积达1198万亩。2009年，陕西省的春旱约2000万亩农作物中，有1149万亩受旱。

二、历史上古人保护生态的几种方法

（一）执而勿射

《田车诗》描述了田猎的方法，其中出现的“执而勿射”一句，把“执”的狩猎方式与“射”的狩猎方式相对应，且是“执”前“射”后，可见“执”和“射”是两种不同的狩猎方法。这次狩猎在狩猎的方式方法上，强调“执”这种获取猎物的方式。

笔者认为，无论古今，“执”与“射”这两种狩猎方式的难易，无疑是前难后易。因为前者无论是用工具设陷围捕，还是以其它方式获取猎物，必须是猎者通过与野兽近距离搏斗，徒手或借助工具擒获猎物，比瞄准猎物射杀要难的多。这里强调“执而勿射”，一方面，可见秦公对这次参加狩猎的将士提出了更严格的要求，要求将士通过狩猎训练提高与敌人近距离搏斗的本领；另一方面，秦公懂得动物也有休养生息的道理，对猎物斩尽杀绝，也就是对人们赖以生存的环境的极大破坏。因而，清代的吴东发说：“执而勿射，故获者少，而佚者多。然任其奔逸，而君子之心乃以为乐，此可见宣王之仁焉，即‘成汤祝网德声扬’之意。”

（二）欲取之必先予之

先秦时期，汧渭流域地广人稀，森林植被无疑是原生态的。面对原生态的自然环境，秦人不仅没有无限制的索取，而且懂得“欲取之必先予之”的道理，在充分利用原生态自然环境的同时，还采取立法的形式，处处维护原生态环境，采取了保护、修复、营造良好生态环境等系列措施。

据《周礼》、湖北云梦出土的秦简《田律》记载，从西周开始，汧渭地区的老百姓就以税赋的形式交苗木费作为植树造林之用。诗歌中的“乍原诗”就记述了秦人在营邑“汧渭之会”时“欲取之必先予之”这样一个史实。《吕氏春秋·上农》载有“四时之禁”，逢其禁时，“缳网不敢出于门，罟不敢入于渊……为害其时也”。可见秦以后均予效仿。

三、抓住重点，搞好生态环境的综合治理

治理汧渭流域生态环境是一项系统工程，涉及到生态系统的方方面面。目前，从中央到地方，各级政府已把治理渭河流域生态环境纳入重要议事日程，在政策、制度、措施、资金的投入等方面，制定了法规和措施。如国务院已于2005年12月正式批复《渭河流域重点治理规划》，陕西省人民政府于2008年1月出台了《陕西省自然保护区管理暂行办法》；印发了《渭河流域综合治理五年规划（2008～2012年）》，对渭河流域综合治理工作作了全面规划，涉及污染防治、水利工程建设、生态建设、节水、综合管理等内容；宝鸡市人民政府编制了《宝鸡市创建国家森林城市总体规划》《宝鸡市城市绿地系统规划》《宝鸡市南山北坡》等森林绿地系统工程方案。国家环保总局针对渭河的污染现状，已下达文件停止该流域内涉水项目的环境限批等等。现在的关键是把自然生态治理的各项工作落在实处。治理的重点应在以下几个方面：

（一）解决汧渭流域水源问题

汧渭流域生态环境变化的根本原因之一，是生态基流减少所致。要在探索汧渭流域水资源管理模式，构建汧渭流域绿色生态长廊，实施“引江济渭”工程的同时，真正做到：人多的地方林多起来，缺水的地方树先绿起来；干旱的地方地表蓄水湿起来；使地表蓄水功能活起来，多起来，流起来，以补充水源不足问题。形成乡镇掩在绿林中，道路穿行林荫中，山川卧在森林中；全地区水系林网连片，森林网络成景；河水波清，垅塬色绿，鱼翔浅底、鸟语花香的人与自然和谐相处的生态环境。

（二）保护好秦岭北麓环山带的生态环境

搞好秦岭北麓环山带天然林的保护，实行局部生态移民，设置环山带管理特区，统一行政，统一环境监管和经济开发；加强产业环保监管，调整产业结构，走产业绿化和绿色产业之路。

（三）坚持在保护生态环境的前提下开发利用的原则

目前，该地区的生态环境虽受到一定程度的破坏，但由于该地区的人文资

源的厚重，相比其它地区而言，恢复良好生态环境有其得天独厚的基础。2009年，陕西省境内渭河的污染物浓度有较大幅度下降，提前一年完成国家下达的“十一五”目标任务。相比渭河流域其它河段而言，汧河流域地区的污染程度相对轻一些。在绿色植被和野生动物的繁衍方面，渭河之滨，有宝鸡市为建森林城市植绿造绿；汧河流域的汧湖国家湿地公园和汧阳莲花山狩猎场，有陆生脊椎动物5纲27目47科174种；鱼类资源如鲤、鲫等共5目7科48种。湿地植物（苔藓、蕨类、裸子、被子植物）34科61属101种。开发利用这些资源必须在保护生态环境的前提下科学规划，有序进行。

（四）提高认识，加强法制建设，依法保护和治理生态环境

要做到把贯彻《水土保护法》《森林法》《环境保护法》《野生动物保护法》和陕西省有关保护环境的一系列法规政策有机结合，不断提高全民的法制观念，依法打击各种破坏资源与环境的违法犯罪行为。

四、结语

（一）人文生态与自然生态互动

任何一个地区的经济和社会发展，都是循着生态消长的规律逐步向前进化的，都是建立在该地区的历史文化基础之上的，都离不开它所依赖的人文生态背景。我们应从前人留下的精神遗产和物资遗产中吸收它的合理内核，古为今用，从而推动精神生态与自然生态的良性互动，以求其相对的生态平衡。在形成爱绿、护绿、植绿的科学的生态文明观念的同时，树立正确的生态观和有利于改善生态环境的消费观、人生观。

汧渭流域的人文生态，是自中华炎帝、黄帝以来，生活在这块土地上的世世代代各族人民共同创造的人文生态；是中华民族赖以生存和发展的一种文化氛围；如炎帝故里，周秦文明，青铜故乡、三秦之地；秦开关据敌的函谷关，铁马金戈大散关，韩愈诗曰“云横秦岭家何在，雪拥蓝关马不前”的蓝关等等，既是中华民族的优秀文化遗产，又是世界人类共同拥有的古代文明和历史见证，是属于全人类的文化。诗歌既是对这一地区自然生态的歌颂，又是真实反映这一地区人文生态的宝贵物质和精神财富，是中华民族优秀传统的精华。

因此，保护和建设汧渭流域的人文生态和自然生态，诗歌留给我们的思考更显重要。

（二）建立和完善保护生态环境的资金保障机制

从国内外许多生态环境遭到破坏后的恢复治理情况来看，建立资金保障机制是保护和治理生态环境的一项基础工作。没有一个良好的资金保障机制，保护和治理都将成为空谈。如中国的淮河污染后，国家治理用了11年时间，耗费数百亿人民币，成效仍不理想。英国的泰晤士河治理了16年，才使鱼虾重现。现在汧渭流域尚未到鱼虾绝种、沙漠遍野的地步，但要恢复或重建到诗歌所描述的情景，绝非一日之功，需要若干代人坚持不懈的努力。这种努力必须有资金作保障。

目前，汧渭流域的生态环境治理，国家和陕西省是纳入渭河流域范畴的，治理的经费仅限于政府和接受国际援助的投资。在今后的综合治理中，必须建立投资主体多元化和投资方式多元化的投资格局，优化政府行为，建立适合该地区生态环境治理的生态补偿机制、渭河流域水污染补偿制度和基金机制。如2010年渭河水污染补偿首月，西安和咸阳两市渭河水污染物均超标，分别缴纳50万元和10万的补偿金。补偿金将上缴财政并用于对下游城市渭河流域综合治理项目。除了加大公共财政支持力度，把保护和治理生态环境的投入纳入各级政府财政预算，理顺财政投资体制，银行要增加这方面的贷款并适当延长贷款期限；还要吸收民间资本的投入，形成一个保护和治理汧渭流域生态环境的立体投资格局。

（作者单位：湖北经济学院）

关于南京市“绿评”政策的评析

杨绍陇　庄国波

2011年3月，南京市因地铁施工需要砍伐和移植大批树龄已达六七十年的行道树，引起不少市民的质疑和批评，同时由于媒体的报道，社会影响越来越大，进而发展成为一个公共事件（本文称之“移树风波”或“护绿事件”）。面对民意和舆论的压力，南京市政府积极回应，及时出台了有关古树名木和行道树的保护政策，其中，重大工程实行绿评制度（即绿评政策）尤为引人关注。“绿评”政策随即付诸了实践，并取得良好效果。本文将从政策的有效性、政策过程的合法性和合理性的角度，对该项政策做简要评析，并就绿评制度的进一步完善提出的建议，以期能对类似的城市重大工程建设的有关方面提供些许有益的参考。

一、南京市的绿评政策及其产生过程

（一）“绿评”政策的内涵

“绿评”应是南京市政府创造的一个新概念，是一项政策的总称，是南京市政府有关部门在2011年3月地铁3号线部分站点施工经历“移树风波”后，市政府积极回应公众的“护绿”诉求，针对保护城市的古树名木和行道树而采取的一项具体措施。可以将其理解为“关于重大工程的建设对于绿化景观的影响评价”。

南京市出台的“绿评”政策，是为具体贯彻市政府《关于进一步加强城市古树名木及行道树保护的意见》（宁政发［2011］63号）而制定的一项制度，即《南京市城市建设树木移植保护咨询暂行规定》（以下简称《暂行规定》）。就“绿评”政策的主要精神而言，主要是强调重大工程建设前，要就工程的建设对城市绿化的影响进行评估。事实上，“绿评”应是“环评”的一部分，此处将其独立开来进行专门评估，以凸显其特殊性和重要性。

南京市出台的“绿评”政策的具体内容，主要体现在《暂行规定》中，包括：第一，严格树木移植保护审批程序，保护古树名木及行道大树，科学实施重大工程建设；第二，对城市建设中涉及古树名木及一定规模以上的行道大树的移植、保护应进行树木移植、保护咨询；第三，咨询工作由市住建委牵头，市城管局、旅游园林局、规划局、公安交管局共同组织实施；第四，咨询小组由园林、建筑、结构、交通等方面专家以及人大代表、政协委员、市民代表组成；第五，咨询内容主要包括：建设工程相关设计方案、工程建设对绿化的影响，以及古树名木行道大树的移植保护方案等；第六，工程建设单位要向市住建委提出树木移植保护咨询申请，申请材料主要包括工程相关设计方案、古树名木和行道大树的移植保护范围；第七，咨询小组应采取查询工程相关资料，听取工程建设及树木移植保护方案的汇报，实际勘探等方式进行综合性评价，并且向建设单位出具评估意见；第八，建设单位根据咨询意见完善工程建设方案后向城市绿化行政主管部门申请树木移植许可，城市绿化行政主管部门对申请内容进行许可条例审查，经审查符合要求，对树木移植保护方案进行公示，公示期满后，城市绿化行政主管部门按有关规定依法进行行政审批。

（二）绿评政策的产生过程

2011年3月初，南京市地铁三号线即将开工建设。按原计划主城区内超过600棵树要被迁移出主城，为地铁大行宫站让道。加上地铁十号线的建设在内，主城区一共要迁移1100棵树。其中，建设地铁三号线将迁走的600棵树中，约有200棵为法国梧桐树。

3月9日，地铁沿线的南京太平北路40多棵法国梧桐开始被放倒和迁移，原本绿树成荫的街道一下子只剩下马路两边光秃秃的树干，被南京市民视为“城市灵魂”的法国梧桐树的命运，引发了南京市民的关注和热议，甚至是质疑和批评。一些市民还自发组织起来，采取了护绿行动，为已有几十年树龄的法国梧桐系上绿丝带，以此表达对大树命运的关怀和对砍树移树行为的抗议。

有网友将照片传到各大论坛，呼吁“留住我们的法国梧桐树”，一下子成为人们关注的焦点。同时，事件不仅在国内各大媒体包括央视的进行了报道，也引起了一些海外媒体的关注。南京市民的“护绿”行动一时间成了广受关注的社会公共事件。

面对公众护绿的诉求和舆论压力，南京市政府及时采取措施，立即下令暂停了工程施工。随后市委和市政府有关领导亲自深入现场进行实地查看，并作了表态。市委书记朱善璐表示：“对绿色的热爱已经融入南京人的生活中，生态和大树是南京的命根子，要像爱惜生命一样爱惜每一棵大树，像地铁3号线这样的重大工程，碰到大树要尽量不移少移，不得不移的，一定要经过最严格的审批和最细致的论证。”

随后市政府就保护名树古木、行道树问题及时召开了专题工作会议，研究解决问题的办法。南京市市长季建业在专题工作会上也表示：完全理解市民护树的心情，政府会和社会各界一起保护南京的行道大树，这是保护南京的历史文化，保护城市的记忆。会后南京市政府随即颁布了《关于进一步加强城市古树名木及行道树保护的意见》（宁政发［2011］63号）。该《意见》指出：城市中的古树名木、行道大树，不论其所有权归属，任何单位和个人不得擅自砍伐、移植。所有市政工程规划、建设都要以保护古树名木为前提，原则上工程让树，不得砍树。经批准的重大基础设施建设项目，凡涉及到需移植古树名木或数量较多、规格较大的行道树的，应主动提出避让和保护方案，并与主体方案共同报批。《意见》还强调，“在城市重点敏感路段移植、砍伐树木或需移植树木数量较大，作出行政审批前必须先进行公示，广泛征求社会与市民意见，市城市绿化行政主管部门根据公众意见审慎作出审批意见，并报市人民政府备案”。《意见》还指出，要“建立健全市民参与、民主城建的良性机制”。

根据这一意见，在3月22日召开的“古树名木及行道树保护”新闻发布会上，南京市建委主任助理何金雪公开表示，今后南京重大工程将试行“绿评制度”，使其和环评、安评、能评等指标一样成为城市重大工程实施前的一个重要先行条件。南京的“绿评制度”就此开始萌生。

随着党政主要领导的表态和有关政策的出台，由“移树风波”引发的南京市城市建设的一起较大的公共事件，暂告一段落。

二、南京市绿评政策的初步实践与成效

重大工程开工前都要进行“绿评”的政策确定以后，备受关注的南京地铁三号线的大行宫站等五个站点工程涉及的古树名木和行道大树的去留成为“绿评”制度的首个案例。

（一）实践过程

首先，确定“绿评组”的构成和成员的选拔方式。

经市住房与城乡建设委员会与市规划局、城管局、公安交管局、旅游园林局等会商，确定了“绿评”咨询小组的组成，其中专家9名、人大代表和政协委员各4名、市民代表8名，共计25人。其中市民代表拟在媒体监督下从自愿报名的热心市民数据库中现场随机抽取产生。

其次，组织“绿评组”的成员实地调研了解情况。

4月11日下午，政府有关部门组织邀请9名专家、4名人大代表和4名政协委员实地踏勘了地铁三号线浮桥站、大行宫站、常府街站、夫子庙站、白鹭洲站工程现场，并听取了地铁指挥部的施工方案汇报和行道树移植保护方案的汇报。地铁指挥部根据专家、人大代表、政协委员的意见，于4月16日邀请了园林绿化专家和绿化养护单位对原有树木移植保护方案进一步做了专题研究和优化。4月18日下午，在新闻媒体的监督并参与下，从热心市民库中随机抽取8名热心市民，并于19日组织实地踏勘了工程现场，并听取地铁指挥部施工方案介绍和市城管局对行道大树移植保护方案的介绍。为评估会议的召开做了充分的准备。

接着，召开绿评会进行方案的具体评估。

在上述准备工作基础上，正式通过新闻媒体对社会发布了绿化咨询评估会的有关信息。并于4月20日，由市委宣传部、市规划局、城管局、交管局、旅游园林局组织，由专家、人大代表、政协代表和市民代表25人组成的咨询评估小组召开了地铁三号线树木移植保护咨询评估会，对地铁指挥部新提供的各站建设方案和绿化管养单位关于树木移植保护的方案进行了具体评估。会议最后按照少数服从多数的原则，原则通过了“地铁3号线浮桥站、大行宫站、常府街站、夫子庙站及白鹭洲站树木移植保护方案”。新闻媒体进行了现场

报道。

最后，公示“绿评”结果与最终方案审批

在绿评会上，25名现场参会的专家、市民、人大代表以及政协委员，原则上通过的地铁和园林部门出具的优化移植和保护方案（新方案），5个站点移树缩减为318棵，比原计划减少了三分之二。

南京市城管局5月8日发布了《关于地铁三号线浮桥站、大行宫站、常府街站、夫子庙站、白鹭洲站等工程建设树木移植、砍伐审批前公示》，根据公示的方案，南京地铁三号线5大站等工程建设将移树269棵（大行宫站有49棵树前期已经被移走），公示的方案和绿评会上地铁部门申报的方案一致。2011年6月22日，南京市城市管理局正式公布审批结果，与公示结果相同。之前暂停施工的5个站点，已开始按新方案进行施工。

（二）实际效果

从政策的有效性的角度看，南京市政府本次是以“绿评”这一特殊的方式，正面积极地回应了公众之前心中产生的质疑和批评，是新形势下社会治理过程中应对公共事件的有益尝试和成功实践。从现实成效来看，可以说“绿评”政策是具有有效性的，应该值得肯定。其有效性主要体现在：

第一，“绿评”使得一大批树木避免了砍伐和移植的厄运。通过“绿评”，的确促使工程施工计划得到了进一步的优化，与原计划相比大大减少了树木砍伐和移植的数量。

第二，化解了群众怨气。通过市民代表亲自参与“绿评”的过程，以及整个绿评过程的公开透明，工程的最终方案得到了各方的理解和认可，实现了地铁建设与树木保护的二者兼顾。在一定程度上，满足市民护绿的要求，消除了市民之前的疑虑。

三、南京市“绿评”政策出台的背景分析

促使南京市的“绿评”政策出台的直接因素，是市民因地铁工程施工对树木的砍伐和移植行为不满而引发的一场“移树风波”。南京“绿评”政策看似政府基于这一公共事件的处理，为回应民意而顺势推出的政策产物。然而，这项政策之所以在南京诞生，自有其特殊背景。其特殊的背景因素，笔者认为

有以下方面：

（一）南京的历史文化

南京人爱绿，对绿有特殊的情节，缘于南京特有的历史文化背景。

南京是著名的六朝古都，具有2470年的建城史，1700余年的建都史，是著名的历史文化名城。南京又是有名的绿化模范城市，曾多次受到中央绿化委员会的高度评价，并获得“全国造林绿化先进城市”、“园林城市”等称号。据有关数据统计显示，2009年南京全市森林覆盖率达到25%，建成区绿化覆盖率达到46.5%，人均公共绿地面积达到13.6平方米。这些指标都位居全国同类城市前列。

自三国孙吴定都建业（今南京）起，东晋、宋、齐、梁、陈各朝在营建都城官府建筑的同时，都注重营建皇家苑囿。上层社会酷爱自然，纵情山水，孕育了名闻中外的江南山水园林，开启了南京园林绿化的盛世。后来的明清时期一直沿袭着注重城市绿化的传统，许多古树名木都成了历史的见证，如东南大学校园内的“六朝松”据考证是明朝国子监的树木。南京城现在的许多树木是上世纪二三十年代种植的，特别是有名的法国梧桐树，最初是1929年为举行孙中山先生奉安大典，由上海法租界购得和法国公路局获赠的数千株树苗而栽种的，成为南京最早的一批行道树。历经半个多世纪的风雨，成为南京最具特色、享誉中外的“绿色隧道”和“绿色长廊”。这些树深深地打上了历史的印迹，已经成为南京城市文化的重要组成部分，是南京这座城市的名片。南京人爱南京，自然也爱这些带有历史文化内涵的树。

（二）南京的气候条件

南京属亚热带季风气候，“夏热冬寒”是南京较之其它江南城市有过之而无不及的显著气候特征。尤其是夏季南京的炎热是世人所公认的，南京也因此被喻为“三大火炉”之一。炎热的夏季，习惯于绿荫下纳凉的人们自然对这些树与绿充满感情。或者说，这些树不仅仅作为景观满足南京老百姓的审美需要，更是在这种特殊气候环境条件下，满足了人们现实生活的需要。这是南京人“爱绿”以及本次的“护绿行动”的另一条重要原因。

（三）公众环境意识和维权意识

随着中国经济社会的发展，人们生活水平的不断提高，人们对环境质量的要求也发生明显变化，重视和保护环境的意识不断增强。另一方面，随着中国社会主义民主和法制的不断完善，人们的维权意识也大大增强，人们不仅关注自己的私人利益，在一些公共利益问题上也开始尝试通过合法的途径主动地表达自身的诉求。南京市民的此次“护绿”行动就充分地说明了这一点，它既体现了市民的环境保护意识也体现了市民维护自身环境权利的愿望。

（四）政府的行政观念

改革开放以来，特别中国确立社会主义市场经济体制以来，政府职能转变一直是理论届的研究和政府机关自身改革所面临的热点问题。政府职能转变是为了使政府行政管理适应于社会主义市场经济发展的要求。政府职能转变所隐含的是行政观念的转变和行政行为的转变。南京市政府曾于2002年初提出建设“服务型”政府的目标，经过近十年的努力，特别通过“万人评议机关”活动，在一定程度上促进了南京政府机关工作作风的转变。本次关于“移树风波”事件的处理之积极回应民意的做法，应该归功于“服务型”政府的建设成效，从中反映出的不仅是政府机关工作作风的转变，更是行政观念的转变。

正是基于这些综合因素的影响，使得“绿评”政策得以诞生。它虽是南京市政府在特殊情况下为回应突发事件而临阵推出的政策，但其中的合理性却是不言而喻的。

四、关于“绿评”政策的评价、思考与建议

（一）对“绿评”政策的基本评价

南京市“绿评”政策的出台，并不是在政府原先计划的政策议程中，而是在突发事件发生后政府的应急行为。但是，这一在特殊情况下紧急出台的政策有效地回应了民意，发挥了公共政策的调节作用。其意义在于：

第一，虽然“绿评”只是“环评”的组成部分，从理论上讲并无新意，

它只是决策前广泛征求民意的一种形式，但是，这一应急政策是政府面对突发公共事件后顺应民意、官民互动的一次新的尝试，这种尝试显然是成功的。

第二，这一政策是政府决策过程中吸纳社会智慧、听取群众意见的表现方式，是政府社会管理方式的一大进步。“绿评”这种做法虽然才刚刚开始，还有需要完善的地方，它毕竟预示着一个好的开头。

第三，建立绿评制度实际上就是建立一种监督制度，是维护和保障群众的知情权、参与权、监督权的一种重要措施。

（二）“绿评”政策引发的思考

从表面上看，促使南京市政府出台“绿评”政策的直接原因，是市民对树木的砍伐和移植行为的不满，似乎给人们的印象是市民只要“树”不要“路”，阻止地铁的建设。但从最终通过“绿评”政策的出台和具体实施，较好地解决了矛盾这一现实结果来看，问题的实质却是市民对施工“方案”的不满，根源在于项目开工前的环评工作存在两方面的缺失：

1. 环评报告缺少工程对城市绿化的影响评价

南京地铁3号线工程之前都依法进行过环评，其环境影响评价报告也得到各级主管部门的批准，曾在“中国江苏”和“江苏环保”官方网站进行过公示。似乎工程开工所有的程序都合法、要求的手续都齐备，但整个报告却恰恰缺少了工程对于城市绿化影响的评价内容。笔者认为应该有两方面原因：一是环评制度没有具体要求，对绿化的影响可以不作评价要求；二是评价机构和审批部门从主观上就是要忽略此项内容。此处笔者无法对后者进行准确地判断，但可以对前者作进一步分析。

从制度来看，按照《中华人民共和国环境影响评价法》规定，对环境有重大影响的规划和建设项目，应当编制环境影响报告书并对产生的环境影响进行全面评价。其中关于环境只是笼统地表述为“各种环境因素及其所构成的生态系统”（见第四条）。国家环境保护局于1993年9月18日批准，1994年4月1日实施的《环境影响评价技术导则总纲》中，则对建设项目所涉及的环境特征有了具体描述：自然环境特征、环境敏感程度、环境质量现状及社会经济环境状况等。根据环境的组成特征，建设项目的环境影响评价进一步分解成对下列不同环境要素（或称评价项目）的评价，即大气、地面水、地下水、噪声、土壤与生态、人群健康状况、文物与“珍贵”景观及日照、热、放射性、电磁波、振动等。其中似乎与本文案例所涉及的城市古树名木和行道树有关的主要是“生态”和“珍贵”景观的概念。然而，《技术导则总纲》中关于“生态”的具体阐述则是偏重于自然生态系统（森林、草原、沼泽、荒漠等），而“珍贵”景观被界定为具有珍贵价值必须保护的特定的地理区域或现象，如自然保护区、风景游览区、疗养区、温泉以及重要的政治文化设施等。作为城市绿化的行道树似乎并没有被纳入其中。此外，在有关地方法规中，如2004年南京市人大常委会修订发布的《南京市城市绿化管理条例》，在绿化树木管养方面也主要强调责任和审批程序，对于工程建设对绿化的影响事项也没有要求进行评价的规定。

由于国家法律制度和地方法规中的有关概念和规定不明晰，在环评实践中，关于城市绿化方面的评价就成为可有可无的了。也许正是这样的因素，在南京地铁3号线工程环境影响评价报告中根本就没有涉及到工程建设对城内古树名木和行道树的影响评价的内容。

2. 环评报告征求群众意见过程的简单化

《中华人民共和国环境影响评价法》第二十一条规定，对环境可能造成重大影响、应当编制环境影响报告书的建设项目，建设单位应当在报批建设项目环境影响报告书前，举行论证会、听证会，或者采取其他形式，征求有关单位、专家和公众的意见。2006年环保总局针对环境评价法实施中的公众参与，特地颁布了《环境影响评价公众参与暂行办法》，其对建设项目环境影响评价的公众参与作出具体规定，即建设单位或者其委托的环境影响评价机构在编制环境影响报告书的过程中，环境保护行政主管部门在审批或者重新审核环境影响报告书的过程中，应当依照本办法的规定，公开有关环境影响评价的信息，征求公众意见。征求公众意见应采用便于公众知悉的方式，具体有调查公众意见、咨询专家意见、座谈会、论证会、听证会等形式，公开征求公众意见。从国家有关法律制度的规定可见，公众参与环评是何等的重要。然而，现实告诉人们，公众参与环评实践的问题并没有得到有关方面应有的重视。

仅就南京市民“移树风波”这一个案而言，事件起因于市民对工程施工方案的不满，实质上反映出来的问题恰恰是工程建设的环评过程缺少了公众的参与，民意没有得到应有的重视。从南京地铁3号线工程规划和审批的过程中可以发现，之前关于建设工程环评时征求公众意见的环节就过于简单化。首先，对于具有特殊爱绿情节的南京市民，南京地铁3号线建设工程各站点的具体的施工方案并未向市民公开过，环评过程中也没有进行过民意调查，或举行听证会等认真听取过市民的意见。其次，南京地铁3号线工程环境影响报告的公示，也仅采用了有限的网上“公示”的方式，公示仅见于官方网站的“中国江苏”和“江苏环保”网，受众范围比较有限，大多数普通市民都不知情。与环保总局颁布的《环境影响评价公众参与暂行办法》中“采用便于公众知悉的方式”的要求是有明显差距的。

南京“绿评”政策的实践，实质上是环评制度中如何更好地贯彻公众参与要求的具体实践，在一定程度上，对于深入实施环评制度起到了示范性的作用，具有重要的现实意义。

（三）建议

1. 善环评法律制度，使绿评工作法制化规范化

在某种意义上，南京市政府推出的绿评政策，是对环评制度的完善和创新。这次“绿评”工作是在政府城市建设项目实施过程中遭到公众质疑的特定情况下进行的，是政府对民意回应的一次重要举措。客观地说，政府已经尽最大努力，最后的效果是不错的。如何将南京的古树名木和行道树保护的这一政策保持下去，以避免以后类似问题的再次发生，需要从“应急状态”转为“正常状态”。为此，有两种途径可供选择：

一是完善环境评价法和环境评价的标准，将“绿评”制度融入“环评”的整体架构，将工程建设对城市绿化的影响作为单独一项要求，在现有的环境评价法和《环境影响评价技术导则总纲》中作出具体的规范，并在环评过程中作为专项进行评价，在环评报告中有专门的阐述。具备上述条件主管部门方能审批。

二是在国家有关法律制度不做修订的情况下，地方立法机构可就本地区工程建设对城市绿化的影响的评价做出具体规定，使“绿评”和“环评”一样成为一项工程审批必要的条件。使目前只具有的咨询性质的“绿评”，转变成真正有约束力的法律规范。

2. 严格审批监督，保障环评过程中公众有效参与

如前所述，导致本次南京“移植风波”的症结是环评工作的缺失，其中一条最根本原因是“征求群众意见过程的简单化”，或公众参与的不够，民意没有得到反映。实际上，根据法律规定，环评报告最终是要经政府主管部门批

准的，环评过程中公众参与的问题若有不足，审批环节完全可以把住最后的关口。从南京的地铁3号线工程环评报告审批的过程来看，虽说审批前有公示，审批后也有公告，但是缺少公众的有效参与的问题却没有得到足够重视。可以认为，报告审批存在把关不严的情况。南京市本次绿评政策的出台及其实践，充分说明城市重大工程建设决策过程中公众有效参与的重要性。

要使工程建设的“环评”或“绿评”过程中公众能够实现实质性参与，从工程的规划设计开始到具体施工方案的制定，做到信息公开、让群众知情是前提，进而程序规范、过程透明则是保障，政府主管部门严格审批是最后的关键。为此，解决问题的途径则是强化信息公开，完善程序规范，引入媒体监督，严格审核批准。

（杨绍陇，南京林业大学；庄国波，南京人口管理干部学院）

内蒙古“呼伦湖”地区生态调研报告[①]

胡仙芝

2011年9月16～20日，在内蒙古区委组织部、区委团委的组织下，中组部团中央第11批西部博士服务团赴蒙博士团的博士们对呼伦贝尔市进行了走访调研。期间，我们走访了林区牙克石市巴林林业局、牧区额尔古纳市和口岸城市满洲里，综合了解了内蒙古北部呼伦贝尔市的资源、环境、文化、民俗以及基本的行政管理情况。由于本人所主持的环保政策的研究课题，在团队活动结束后，笔者又专程去呼伦湖做了一个现场考察，调研了内蒙古水资源环保和呼伦湖生态保护的情况。看到呼伦湖的现状，对比它的历史变化，我们不得不产生这样的一个隐忧：中国第四淡水湖会不会完全消失？

一、呼伦湖的历史情况以及生态地位

以呼伦湖（又名达赖湖，达里湖）为中心的呼伦贝尔草原，是世界稀有绿地，中华一品草原。它是中国的北大门，更是北京的北大门。呼伦贝尔市不仅具有重要的政治、军事地位，而且具有重要的地理、自然意义。作为北京正北方的一片绿地及湿地，它承担着北京乃至全国、甚至是北半球的生态维护责任。

呼伦湖是北中国干旱地区数千公里内唯一的大泽。就经度而言，呼伦湖在北京的正上方；从纬度上看，接近北极圈，处在北极和北温带的衔接地带。它

① 本文系国家环保部“环保公益性行业与科研专项”（201009066）的阶段性课题成果之一。

是黑龙江南源头额尔古纳水系的一个吞吐性湖泊，西同俄罗斯石勒喀河与内加尔湖相连，而石勒喀河是黑龙江西部源头；东与黑龙江南源头海拉尔河沟通；西边和西南则接受了来自蒙古的克鲁伦河，南部又通过乌尔逊河接受了中蒙界湖贝尔湖和界河哈拉哈河，吞吐勾连了80多条大小河流，总长2375公里，流域面积37万平方公里，形成了一个庞大的流域水系。

湿地被称为“生命的摇篮”、“地球之肾”和“鸟类的乐园”。呼伦湖区是华北最大的湿地，总面积325300公顷，占全国的1%，内蒙的8%。呼伦湖区的湿地是一处天然的巨大蓄水库，号称“呼伦贝尔草原之肾”，可以保持大于土壤本身主要3~9倍的需水量，在控制洪水、平治沙暴、净化水质和调节地下水方面发挥着显著的作用。呼伦贝尔湿地生态系统与呼伦贝尔草原、大兴安岭森林系统构成了中国北方和北亚洲地区的主要绿色生态屏障。为此，国务院在1992年将其批准成立达赖湖国家级自然保护区，1994年与蒙古国、俄罗斯建立跨国界保护区——中俄蒙“CBR达乌尔”国际自然保护区。2002年1月又被列入国际重要湿地名录；2002年11月被接纳为联合国教科文组织世界生物圈保护区成员。

呼伦湖，就处在这些生态保护系统的中心，行政上隶属于中国内蒙古呼伦贝尔市，湖区分属满洲里市、新巴尔虎左旗，新巴尔虎右旗等管辖。据呼伦湖景区管委会公布的材料介绍，呼伦湖长93公里，最大宽度41公里，平均宽度32公里，周长447公里。当湖水水位在海拔545.33米时，湖水面积为2339平方公里，平均水深5.7米，最大水深8米左右，蓄水量为138.5亿立方米。以面积2339平方公里这个数据为准，呼伦湖是内蒙古自治区第一大湖，在国内则属于中国第五大湖，居于青海湖（4583平方公里）、鄱阳湖（3583平方公里）、洞庭湖（2740平方公里）、太湖（2425平方公里）之后，在洪泽湖（1960平方公里）、纳木错（1940平方公里）之前；如果把青海湖作为咸水湖计算，那么呼伦湖为中国第四大淡水湖（见附表1）。

表1　中国主要湖泊一览表

湖名	所在省区	面积（平方公里）	湖面高程（米）
青海湖	青海	4583	3196
鄱阳湖	江西	3583	21
洞庭湖	湖南	2740	33.5

续表 1

湖名	所在省区	面积（平方公里）	湖面高程（米）
太湖	江苏	2425	3.1
呼伦湖	内蒙古	2315	545.5
洪泽湖	江苏	1960	12.3
纳木错	西藏	1940	4718
色林错	西藏	1640	4530
南四湖	山东	1266	35.5～37
博斯腾湖	新疆	1019	1048

二、呼伦湖近年来的变化及其趋势

怀着对历史名湖和中国第四大淡水湖的向往，我们来到了位于满洲里境内的呼伦湖北岸。该地有一个呼伦湖观光景区，是近些年来才开始修建开发的。而这里也有较好的管理机构，管理处积累了较多的关于呼伦湖历史和现状的各种资料。到这里来参观调研，被认为是个了解和观赏呼伦湖美景的绝妙窗口。然而，调研结果让我们感到，有些变化和趋势确实令人忧虑。

1. 面积锐减，呼伦湖不再是中国第五大湖

2011 年 9 月 20 日笔者一行来到呼伦湖边，湖水情况很让我们吃惊：过了景区的收费处，来到昔日的“呼伦湖”边（2007 年修建过水泥的湖堤），并没有直接看到湖水，看到的是一片广阔的长着杂草的旱地，已被开发成旅游用的跑马场。沿着栈道，先是进入沙地，后是芦苇生长、已近干旱的淤泥沼泽，然后是一片被水草、漂浮物覆盖，感觉很粘稠的浅洼水面，走出一里多地，才见到较为平淡、现出蓝绿色的大块水面，才算是真正见到了湖的样子。据满洲里市陪同的小陈介绍，2007 年建景区的时候，景区的房子是依水而建的，那些水泥台阶就是湖坝，湖水经常拍打。而现在，站在湖坝上看水，却是五百米开外了。

站在栈道的尽头，面对干净的湖面，水波荡漾，映着蓝天，如碧玉一般，感觉应该是深不见底的。然而，就在我们身边，有两个穿着防水裤的渔民坦然地迈脚下水，水好像刚没过脚脖子，走出了 50 多米，那水依旧在他们的膝盖

之下。相比材料中介绍号称平均5.7米的深度，水面下降得实在太多了，对照远处的堤坝，好像相差好几米了。看来，今日之呼伦湖不再是我们在书上见到的那个“呼伦湖”了。

上网寻找资料，我们看到一组数据：1999年至2010年，内蒙古气象局利用卫星遥感对呼伦湖水体进行了连续11年监测。监测表明：呼伦湖面积在过去11年间不断萎缩，面积缩减约620平方千米，目前已不足1800平方千米；呼伦湖的水环境也逐年恶化，2010年观测到的水位是91.294米，比去年同期降低0.171米，透明度28厘米，比去年同期下降了1厘米。而蓄水量，在2009年时，相应湖蓄水量不足70亿立方米，比历史最大蓄水量138.5亿立方米减少了一半。据当地介绍，从2000年至2009年，呼伦湖的水位已经下降了约4.6米，平均每年下降50厘米！这里我们可以明确地提出判断：呼伦湖不再是中国第四淡水湖和第五大湖。它的面积已经被洪泽湖、纳木错等超过了。

2. 呼伦湖的水质变咸，有着告别“淡水湖”的隐忧

一直以来，呼伦湖由于其所处的特殊地理位置，水质一直保持较好。首先，湖的面积大，与多条草原河流沟通；其次，由于地处高纬地区，气温低，对湖体浮游生物有一定的抑制作用；值得一提的是湖体构造特殊，露出30余个泉点，有大量地下水的补给，呼伦湖的自净能力非常强，水质很好，适合多种生物甚至稀有品种生存和繁殖。因此，呼伦湖在维持生物多样性和丰富的生物资源方面发挥着巨大作用，在区域环境保护中具有特殊的地位。

曾经的呼伦湖是中国北方数千里之内唯一的大泽，水域宽广，沼泽湿地连绵。湖中共有鱼类30多种，主要有鲤鱼、鲫鱼、鲇鱼等经济鱼类。此外，湖中还盛产白虾。此外，以呼伦湖为主体的三湖（呼伦湖、贝尔湖、乌兰诺尔湖）和三河（克鲁伦河、乌尔逊河、达兰鄂罗木河）成为供鱼类栖息、繁衍的天然有机水系，形成了一个渔业生产的整体。乌尔逊河中游的乌兰泡水生植物极其丰富，成为鲤鱼、鲫鱼的主要产卵地。

呼伦湖也是中国北方地区重要的鸟类栖息地和东部内陆鸟类迁徙的重要通道。春秋两季，南来北往的候鸟种类繁多。据初步统计，呼伦湖地区共有鸟类17目41科241种，占中国鸟类总数的1/5，主要有天鹅、雁、鸭、鹭等，其中不少属珍稀禽类。其中丹顶鹤、白鹤、黑鹳、大鸨、金雕等是国家一级保护鸟类。全世界有鹤类15种，而呼伦湖保护区就有5种，这些鹤类家族中的白鹤、丹顶鹤、白枕鹤已被列入世界濒危物种，而这片湿地就成为他们的重要避

难所。

然而，随着高原这些年来的干旱发展趋势，湖水蓄水量不断减少，而蒸发量不断扩大，水里的盐分不断升高。据相关资料显示，呼伦湖的湖水 Ph 值由上世纪60年代的8.5上升为目前的9.1，碱度由2.28每升毫克当量上升到11.09，含盐量由千分之0.7上升到千分之1.6。也许很快就和其他干旱地区的内陆湖的命运一样，干燥气候条件下由于气候变异，冰雪融水减少，地下水水位下降等，补给水量不足以补偿蒸发损耗，往往引起湖面退缩干涸，或盐类物质在湖盆内积聚浓缩，湖水日益盐化，最终变成干盐湖，某些湖泊因出口下切，湖水流出而干涸。不论湖泊的自然演变通过哪种方式，结果终将消亡。目前，呼伦湖湖区的居民已经发现：已有三种鱼类（细鳞鱼、蒙古红幽和哲罗鱼）因为湖水碱化而灭绝，而原来的一些特产鱼类也因为环境的变化而走向衰退和消亡。本次调研，与我们随行的满洲里市的小陈介绍说，满洲里科技局曾经论证过一个鲑鱼养殖项目，特地从贝加尔湖引进白鲑鱼鱼种，在呼伦湖深度放养（因为当时湖水的深度和温度都比较适合这种白鲑鱼的生长和发育）。他当初被调入满洲里工作，就是作为内蒙古农业大学水产养殖专业的高材生引进来研究这个项目的。但由于这些年湖面缩小，湖水深度变浅，鲑鱼的生存空间（低温条件）越来越小，这个养殖项目最终流产。他本人也改行到了组织部门就职。他说，原来的野生白鲑鱼可以长到十多斤重，但现在人们捕获的白鲑鱼数量不多了，一般大小也就是两三个指头般宽，半斤左右的就算大了。原来依赖湖区开展的渔业收成也成为了“光荣的历史”和“美好的回忆”。

3. 呼伦湖的生态系统不断恶化，后果不堪设想

湖泊是重要的国土资源，具有调节河川泾流、发展灌溉、提供工业和饮用水源、繁衍水生生物、沟通航运、改善区域生态环境以及开发矿产等多种功能。同时，湖泊及其流域对全球变化响应敏感。如果湖泊的自然环境被破坏，那将导致生态与环境日趋恶化、灾害频发、经济损失剧增等恶果。有专家研究表明，西北沙尘源曾经是湖泊。在中国西部干旱区，湖泊通常是出山河流的尾闾湖，山地形成产流区，山前绿洲形成耗水区，处于尾闾低洼盆地的湖泊水位变化敏感，反映着湖泊来水量的变化状况。由于气候变暖和人类活动的加剧，尾闾湖泊近几十年来普遍萎缩，部分干涸，导致区域生态严重恶化。最典型的例子就是历史上著名的罗布泊湖，它曾是一个浩瀚大湖，最大时湖泊面积达5200平方公里，1931年测得面积为1900平方公里，1962年航测仍有660平方

公里，1972 年的卫片反映已完全干涸，成为广袤的干盐滩，寸草不生，人迹罕至。而内蒙古自治区也有的先例就是居延海。居延海是西北干旱、半干旱地区又一著名湖泊，该湖在历史上最盛时面积曾达 2600 平方公里，秦汉时期湖面仍保留有 760 平方公里。20 世纪 50 年代以前，注入湖泊的河流还比较充裕，年平均径流量达 100108 立方米。由于水源上较充沛，昔日的居延海沿岸素有居延绿洲之称，是中国著名的骆驼之乡。然而 1958 年后，水量逐年减少，1961 年秋，因河流断流无水补给，西居延海干涸，湖床龟裂成盐碱壳；东居延海也于 1963 年干涸；及至 1982 年因水源补给偶有改善，湖泊出现返春现象，水域面积有所恢复。但八十年代后，1984 年、1988 年、1992 年和 1994 年，又相继数度干涸，地下水位下降，导致居延绿洲沙化严重，同时，大片干涸的湖底沉积物成为沙尘暴的物质来源。此外，随着人口的增加、经济和社会的发展，对水资源的需求也不断增加，发源于山区的河流流经山前绿洲，被人类截流灌溉农田、发展工业和提供城市与农村生活用水，而排入下游湖泊的水量逐渐变少，使得尾闾湖泊丧失维持湖泊水量平衡的基本水源量而导致湖泊干涸，结果是地下水位下降、绿洲消亡、土地沙化、沙尘暴肆虐，人类面临生存环境的极端恶化。

呼伦湖地处北部半干旱区的边缘。多数人认为，比起西部的戈壁沙漠，呼伦贝尔草原之所以存在，全靠呼伦湖流域水系的滋养和维持。这些年来，虽然建立了保护区，但由于牲畜过载，草场退化，使达赉湖南岸处于固定、半固定状态的 64 平方公里沙地面积基本上进入半固定和流动阶段，已吞没了将近 40 平方公里的草原。此外，达赉湖和新达赉湖之间的半固定沙丘也有相当的面积，大量牲畜的践踏作用和连年干旱等因素加速了此片沙地的流动化进程，环境不断地恶化。如果不及时封育治理，大片裸露的土地很快就会被西部的沙漠所侵蚀，并进而成为沙尘暴的源头，危害中国北方的整个生态系统，其后果很难设想。

三、呼伦湖生态恶化趋势的原因调查

呼伦湖水位下降、湖面收缩的趋势如此迅猛，当地政府和居民倍感忧虑。但他们认为，呼伦湖的保护面临着一些很大的挑战，其中的有些原因让人民感觉到这种趋势的可怕和难以遏制。主要有几个原因：

1. 气候条件的恶化使呼伦湖地上水量补给减少

湖泊的保持首先需要有雨水的供给。这些年来，随着气候变暖，降水量减少，呼伦贝尔草原上的河流水量变少，上游补给严重减少。虽然2011年的降水量较往年要多一些，但连续几年的干旱，草原和沙地补给需求量大。加上这些年草原城市经济发展，人类的用水量也有很大提升，所以补给呼伦湖的水量仍一直是下降的趋势。据《中国应对气候变化国家方案》预测，由于气候变化引起的中国水资源分布变化，未来50~100年，以内蒙古为首的西北地区（包括新疆、甘肃、宁夏等省（区）的水资源供需矛盾可能进一步加大，因此，内蒙古的干旱和缺水问题会越来越突出。呼伦湖的缩小、干涸，甚至完全消失将会是一个难以抗拒的必然趋势。

2. 地下开采的行为破坏了地下水资源

呼伦湖水质好的一个原因是有着大量地下泉水的补给。但近些年来，呼伦湖的地下水补给遭到破坏，主要原因是一些地方石油矿藏的地下开采。呼伦贝尔草原西南的新巴尔虎左旗和西面的新右旗等地是矿产资源丰富的地方，石油、二氧化碳、煤炭、盐、碱、硝、银、铅等矿产资源探明的储量较大，品位较高，开发前景十分广阔。近年来，“一眼望三国”、“一地靠三边”的新右旗立足于独特地理优势，抓住国家实施“兴边富民行动”和西部大开发战略，特别是国家重视加强同俄蒙经济技术合作和自治区重视东四盟市发展的战略机遇，开始实施“工业发展、人口转移、生态良好、生活富裕”的发展战略，大力壮大“石油业、有色金属开采业、畜牧业、旅游业、口岸经济、绿色能源、煤业、渔业”八大支柱产业，致力于发展旗域经济。这些年来，新右旗的经济发展了，2007年被评为“第七届中国西部百强县”，但由于石油等地下开采造成的地下空档需要地下水地回补，导致了呼伦湖的水量剧减。

地下水资源的变化直接导致了当地居民对“呼伦湖会不会消失”的担忧。有人提出为了保护呼伦湖的生态、停止地下开采的建议，但当地人认为停止开采的可能性不大，因为新巴尔虎右旗与外蒙古接壤，而日本就在蒙古边境的那边投了项目，开采那里的石油。如果我们单方面保护，那么石油都会流到那边去，都给日本人开采走了，而我们这边的生态环境同样会遭到破坏。这个难题光是依靠传统的行政管理还是很难解决的。

3. 旅游开发和当地居民的生产活动对呼伦湖产生负面影响

呼伦湖以“大、活、肥、美、洁”著称全国，旅游资源丰富，是一个知名景点。但实际上，近些年人们对湖区资源进行的一系列开发，由于其方式缺乏科学性，间接或直接影响到了旅游业的发展。例如，开采建筑用的湖岸沙石，给这里的沙滩、岩石等景观带来一定程度上的破坏，著名的象鼻山如今已被采石者炸得面目全非；受全球气候变迁的影响，呼伦湖周围草原灾害频发，而一些不法分子乱采滥挖，无疑雪上加霜，草原景观已不复当年“风吹草低见牛羊”的壮丽景色；过度捕捞使以食水草为生的虾类数量急剧减少；水体富营养化程度加重，导致水面浮游植物增多影响水质等。另外，呼伦湖地区的旅游业一直是以饮食业为主，辅之游湖、垂钓等较单一的旅游项目，吸引力不大。加上一些个体旅游业主环境意识差，其基础设施又不完备、档次不高，像如今在全国各地正兴起的生态旅游在这里就很难发展起来。随着旅游业的发展，以及呼伦湖面衰退的客观原因，其旅游功能也受到了不利的影响。2007年，专家们对选取呼伦湖小河口一带的湖水进行了水质实测，并参照2002年颁布的GB3838地表水环境质量标准，以BOD5、TN、TP为评价因子，计算了呼伦湖污染对旅游功能的损害程度。数据结果表明：呼伦湖BOD5、TN、TP污染对旅游功能的单项指标损失率分别为0.90%、15.87%、2.06%，其综合损失率为18.34%；呼伦湖水体已经受到了轻污染，其旅游功能也受到了轻损害，并且接近中等损害程度。

4. 目前的自然保护区机构的工作重点及方式对于环境保护的有效性存在问题

为保护呼伦湖等的生态环境，国务院在1992年批准成立达赖湖国家级自然保护区，位于内蒙古自治区呼伦贝尔市新巴尔虎右旗境内，面积74万公顷。1986年新右旗政府批准建立，1990年升为自治区级，1992年晋升为国家级，主要保护对象为湿地生态系统和以鸟类为主的珍稀濒危野生动物。目前，该保护区管理机构定编有34个人，保护区管理局内设局办公室、资源保护管理科、宣教科技科三个职能科室。下设六个管护站，下辖总面积为7400平方千米，其中有乌兰诺尔、嘎拉达白辛、呼伦沟、贝尔湖等四个核心区和成吉思汗拴马桩、小河口等两个旅游区。核心区面积为760平方千米。达赉湖自然保护区具有面广、点多、线长等特点，在自然资源的保护管理上，建立了纵向条条管理和横向块块管理相结合体系。纵向管理体系：管理局局长——资源保护管理科长——六个管护站站长——各站保护管理人员。横向管理体系：把整个保护区划成六块，分别作为每个站代表管理局进行保护管理和行政执法的管辖。每站有四名职工，其中有一名是站长，负责该站全面工作。其他三个人，分别承担管理与执法、科研监测、宣传教育工作。平时他们的工作职责是负责全局资源保护管理和行政执法工作的指导、监督与检查。主要内容是针对候鸟在春季繁殖及秋季的迁徙规律，以核心区、缓冲区的严格保护和鸟类栖息繁殖地、鱼类回游通道、产卵地等重点生境和敏感区域的管理为重点，对其管辖范围的自然资源、自然环境进行现场管理，主要管理对象是珍稀保护动物、植物。平时的工作方式主要是巡护管理，兼顾资源保护管理、科研监测、宣传教育及搜集信息工作。

呼伦湖虽然很早就成立了国家级自然保护区，较早就树立了生态保护的环保意识和理念，但这些保护工作对于复杂的气候变化、人类行为以及呼伦湖面临的严峻形势面前，是远远不够的，它基本上无法有效地遏制生态环境的恶化，也不能有效地提高呼伦湖生态系统的自我平衡能力。

四、关于加强呼伦湖地区生态保护的几点思考和建议

呼伦湖近些年来的变化已经引发过社会各界的关注，2000 年《中国环境报》刊发过《糟蹋了呼伦湖的景，扫尽了旅游人的兴》的报道；2007 年《中国水利报》也呼吁过《拯救呼伦湖，我们在行动》。然而，这些年来生态形势不但没有扭转，反而恶化趋势还在加剧。这不能不让我们开始反思我们的做法，也许我们需要从更高的高度来认识这个问题，并从更多的方面寻求解决之道。这里我们结合调研中所获得的信息，对呼伦湖生态保护问题做出对策思考。

（一）从生态维护的依赖性入手，综合规划，重建健康的湖泊生态系统

湖泊生态系统是一个复杂的综合体系，它是盆地和流域及其水体、沉积物、各种有机和无机物质之间相互作用、迁移、转化的综合反映湖泊生态系统的演化有其自然过程和人类活动干扰与干预的过程。目前，中国许多湖泊面临着富营养化湖泊治理和湖泊生态系统修复的任务，投入大量的物力、财力、人力对湖泊流域的污水进行截流并统一进行处理，达标后排放入湖的情况。呼伦湖地处内蒙古呼伦贝尔大草原腹地，人口相对稀少，不像其他城市区域湖泊和

下游湖泊一样去经历先污染、后治理的过程，必须要从头开始，做好源头保护工作，切掉污染源头，使呼伦湖一直得到有效的保护。我们必须对湖泊保护和治理有一个清醒的认识，要借鉴国际先进经验，系统、全面考虑和规划湖泊生态系统的修复进行人工干预，因势利导，科学地进行健康湖泊生态系统的修复过程。为了加速已被破坏的水生态系统的修复，除了依靠水生态系统本身的自适应、自组织、自调节能力来恢复水生态系统原来的规律外，还应大幅度地借助人工措施为水生态系统的健康运转服务，加快修复被破坏的生态系统。

（二）科学实施管理保护策略，资源利用开发要以确保保护生态为前提

要首先明确不能以破坏和牺牲生态为前提，科学地规划呼伦湖流域区域的生产、生活和开发。具体而言，主要有以下几个方面：

1. 要注意加强对草原的保护和管理，实行草原的轮休与生产，保护好天然草原；对部分地区已遭到破坏的草场，要实施恢复工程，探索一条生态畜牧业之路。

2. 要注意加强对沙地治理、管理，切实有效地防止其侵蚀草原及湖泊。要实施沙地治理项目，保护区须对沙地进行全面的调查，了解沙地现状，制定沙地治理策略，对保护区内的沙地进行封育，恢复沙地植被。要有节制地进行旅游开发，尤其是要加强旅游的有序开发和规范管理。要制定合理的与地方旅游相适应的旅游管理规划，更好地保护自然保护区内的自然景观、自然环境和动植物资源，促进旅游和草原的可持续发展。

3. 要注意地下矿产资源的保护和开发。地下矿产体系直接影响到呼伦湖地下水的补充以及呼伦湖水的流向，要切实采取一些有效的措施解决地下水的补给问题。对一些地下矿藏，要保持慎重的态度；对一些必须开挖的矿产，也要充分做好论证，解决好可能发生的各种技术问题，完善技术方案，确保开挖不会影响到呼伦湖的整体生态，确保整个生态系统的可持续。

4. 要加强对呼伦湖现有资源的保护和管理，防止人为因素的破坏。对渔业资源的管理，要做好全面的规划，对一些稀有资源要进行恢复性保护；对普通的资源也要控制年度捕捞数量，保持渔业的可持续发展。对芦苇资源和护岸柳灌丛要注意保护和管理，保护好了芦苇和灌丛资源，就保护了鸟类的栖息繁殖场所，保证了呼伦湖的水域屏障。如果一旦受到破坏，整个生态平衡就会

打破。

5. 要切实地保护湿地，注意湿地生态的恢复与保护。除了要保持一定的湿地面积，给野生动物足够的栖息地外，还一定要注意流入水的洁净，保护湖水的纯净度。要尽快实施湿地恢复工程，但必须十分慎重，不应过多地干扰保护区的自然过程，不能产生新的污染和破坏。

（三）优化管理机制，提高相关机构的保护和管理能力

在保护呼伦湖的生态平衡方面，必须是社会各界和政府各部门齐心协力的共同成果。在这个保护系统中，首先要强化地方政府的责任，充分发挥地方政府在保护和加强呼伦湖管理中的领导责任，建立相关的领导体制和责任机制，把保护责任落到实处；其次，在落实保护和管理责任中，政府的环保部门、达赉湖国家级自然保护区管理局以及其他相关部门等要加强相互间的协作，加强行政执法，杜绝各种危害和损害湖区保护的违法行为，保证各项保护职能得到有效的落实。在这方面，地方政府专门建立“达赉湖国家级自然保护区管理委员会”，来协调达赉湖保护区域各级政府部门、企业及居民在自然资源保护与合理利用方面的关系，并多方面听取意见后制定管理决策。为提高工作的有效性，必须建立规划及评估机制，要定期对生态环境和自然资源恢复和治理项目进行环评工作，避免出现新的污染和破坏，从而也督促保护管理工作的有效性和积极性。最后，要积极推动达赉湖保护区的立法工作，使得达赉湖地区的自然资源和生物多样性保护工作有明确的、可操作的法律，使管理工作有法可依。

（四）加强国际合作与外交干预

由于该地区所处的特殊的地理位置，呼伦湖生态保护涉及到中、蒙、俄三国。虽然其中关系到三国的共同利益，但实际上不同国家的主权和管理情况是不一致的，相互之间有着不同的国家和地方利益，为此，必须建立跨国的协调协商机制，以应对三国之间对呼伦湖流域保护的矛盾分歧。

达赉湖自然保护区较早就有这方面的努力，1994 年与蒙古国、俄罗斯建立跨国界保护区——中俄蒙“CBR 达乌尔”国际自然保护区。2002 年 11 月被接纳为联合国教科文组织世界生物圈保护区成员。这些年来，还在俄罗斯赤塔（1994）、蒙古国乔巴山（1996）和中国的满洲里（2000）分别举行过三次中

蒙俄国际自然保护区会议，提出过一些国际自然保护区合作的议案，并组织了联合科学考察、宣传教育和人员培训等方面的业务合作，在一些项目上实现了国际合作，如举办大鸨保护国际研讨会等。今后，要围绕整体生态保护的要求，共同做好科研监测、自然灾害防护以及稀有资源的联合保护，加强合作。更重要的是，对一些有着跨国影响的地方发展项目，如石油开采等，要有联系机制和互动磋商机制，以避免“公用地”管理悲剧的发生。

（五）要加强科学发展意识，大力宣传生态保护，促进环保意识的全民化和国际化

呼伦贝尔草原地区还是相对比较落后的经济发展地区，人们大多数依靠传统的粗放的畜牧、农业等生产和生活方式，但随着国门的开放和现代化流通业、信息业的发展，这里也开始了工业化的起步阶段。在这个过程中，难以避免会造成开发与保护之间的矛盾。这样，就更需要树立科学发展的理念，把生态环境的保护与经济社会的发展有机结合起来，只有人与自然之间实现协调，把草原、湖泊以及文化资源等得到有效的保护，才能得到更好的利用和发展。要结合边区的实际情况，做好生态保护的宣传工作，并要努力推进环保理念的国际化，在环境保护国际合作中实现普及，使国与国之间达成更好的环保共识与合作，实现国家之间的战略利益合作共赢。

（鸣谢：本次调研得到内蒙古区委组织部杨晶宇、内蒙古区委团委赵轩、呼伦贝尔市委组织部杜宏伟、呼伦贝尔市团委于明涛、满洲里市组织部陈才华及中组部第 11 批西部博士服务团内蒙古分团博士们的大力帮助，在此特别表示感谢。）

（胡仙芝，国家行政学院研究员、内蒙古科技大学校长助理）

他山之石

加拿大环境治理中的跨部门合作及其借鉴

王玉明　邓卫文

加拿大是较早重视环境可持续发展的西方国家，特别是在环境治理的跨部门合作方面积累了较为丰富的经验。虽然中国与加拿大有着诸多差异，但面对环境治理这样共同的难题，加拿大环境治理中的跨部门合作，对于中国新时期环境治理模式创新具有借鉴意义。

一、环境治理跨部门合作的概念

长期以来，与其他西方发达国家一样，环境问题一直是加拿大政府和公民关心的焦点之一。作为联邦制国家的加拿大，联邦与各省、区之间在环境管理方面存在许多模糊空间，对于如何分担责任，操作上和政策上都不够清晰。例如，对于纸浆和造纸厂，这个星期可以由省级监督员来检查，下个星期由联邦监督员检查，问相同的问题，取相同的样本。跨省或地区边界的河流在边界处属于联邦管辖范围，水质和水量是联邦的问题，而私地如何使用则是地方政府的问题。在加拿大，很多环境问题具有跨边界性质，有的一条河流横跨几个行政区、流经多种环境和经济区，没有哪个部门可以单独解决，存在跨部门合作治理的需要，也就说，治理河流是诸多部门的目标，而凭单干解决问题则不切实际，这就要求整个流域横向和纵向管理的相互理解和合作。随着环境问题的复杂化，环境治理的利益相关者都认识到，他们单枪匹马是无法达到最优化成果或无法达到想要的结果，只有通过共同行动才有可能公平地充分地实现更高的社会、经济和环境目标。而政府和结构不大可能有实质性的改变，于是加拿大发展出一个跨部门合作的环境治理模式。

何谓跨部门合作？加拿大著名的环境管理专家汤普森（Derek Thompson）、麦克艾格（James McCuaig）和威尔克斯（Brian Wilkes）认为，跨部门合作是带来更好决策和结果、带来方法创新以达到整个社会可持续发展的基本工具。它确保了知识共享，所有关键问题和部门得到适当的考虑，在适当的地方合作地制订决策和采取行动。它在具体问题上动用整个部门的资源以共同达到具体的目标。它并不替代每个部门在各自负责项目上的责任。它是一个机制，可以通过比如签署备忘录或协议这样的方式正式地实现，也可以通过非正式的方式，如有意各方召开年会考量成果、对下一步提出建议。简单来说，跨部门合作是整合相互独立的各种组织以实现所追求的共同目标，且围绕有必要合作的特定政策目标，在关切各部门利益和不取消部门边界的前提下实行跨部门合作。各部门合作关系首先是一种合作伙伴关系，而不是竞争或为部门争利。每个部门都具有各自的资源和能力优势，跨部门合作也就是一个资源整合的过程，跨部门合作可以使有限的资源发挥最大的社会效益。在加拿大，跨部门合作中的“部门”并非专指政府内部的具体职能部门，而是具有更加广泛的内涵，它还应包括其他各类社会部门。从环境治理的角度看，这里的“部门”不仅包括政府这个“第一部门”，还包括企业这个“第二部门”以及非政府组织（又称非营利组织）这个“第三部门”。对政府来讲，加拿大的跨部门合作，既包括各政府部门之间的横向合作，也包括各级政府部门之间的纵向合作。

二、环境治理跨部门合作的经验

1. 环境治理中的“理事会”协调机制

加拿大跨部门环境治理中，普遍采用“理事会”协调机制。其中加拿大环境部长理事会（简称 CCME）最为典型，加拿大环境部长理事会创立于1961年，是为推动环境治理跨部门合作而专门设立的机构。它由联邦、10个省和3个大区的共14位环境部长组成，每年召开两次会议讨论环境问题，并就相应对策进行磋商。CCME 各成员之间的关系完全平等，包括联邦环境部长在内的14位成员每年轮流当值理事会主席。CCME 拥有秘书处、管理委员会等日常工作机构，它们完全中立，为成员和下设的各种专门委员会提供服务。CCME 的主要职能有四个方面：作为对话机构，对重大环境事件进行磋商；作为决策机构，通过政治协议的方式通过相应环境政策；作为论坛平台，分享环境领域的信息和研究进展；作为协会组织，制定环境领域的原则、规章和标准等。理事会的议题、议程、协议等内容全部向社会公开，通过不断磋商和妥协，消除理事会各方的分歧，而且受到民众、党派和各社会团体等的强大监督，达成的协议一般能得到有效落实。2001 年加拿大建立了一个横跨政府多个部门的更大范围的协调机构——“加拿大资源部长理事会”。该理事会包括“加拿大环境部长理事会”、“加拿大濒临物种保护理事会”、“加拿大林业部长理事会”和“加拿大渔业和水产业部长理事会”的所有部长成员。在加拿大，类似于环境部长理事会和资源部长理事会的独立协调机构有很多，如西部平原省份水资源理事会是一个在阿尔伯塔省，萨斯喀彻温省及马尼托巴省与联邦政府之间以进行水资源分配和质量管理为目标的跨部门合作组织，还有不列颠哥伦比亚省的弗雷泽流域管理理事会、阿尔伯塔省的弓河流域管理理事会等等。这些独立协调机构具有以下特点：其一，这些机构以协商一致的方式达成共识。每个成员可以自主决定是否接受提议，成员大多能在充分酝酿、妥协一致的基础上采取行动。其二，这些机构设有比较规范的常设执行机构和规章制度，如举行常规的会议，签订备忘录，确定愿景和目标，向全体成员和广大公众进行报告，有参与机构的最高层（全国的、省级的等）的授权和支持，这对各成员所达成的决策执行效果具有重要的意义。这些机构一般会设立秘书处，秘书处可以采取多种形式，它由领导层授权，并被参与者接受，以鼓励、促成、监督和报告制订和实施组织变革的行动。其三，这些机构有成本预算和来自相关的固定投入，所有的参与者至少承担部分成本，强势部门和参与者会承担更大的（按比例的）负担和较多的直接成本。

2. 跨部门合作基于决策共识与利益协调

在加拿大，跨部门合作讲究“桌上平等”和共识决策，参与者合作基于平等和尊重。所有参与方尊重地聆听和做出反应，任何沟通都要得到共同的同意，不能单独进行。共识决策就是充分尊重各方的立场和利益，尽力通过协商一致的方式进行决策；当出现分歧时，允许个别成员退出，或者宁愿暂时将议题搁置，在更广、更深的范围内继续探讨；且在协调决策过程中向公众公开相关信息，在各自职责范围内为利益相关者提供充分的政策参与渠道，并有义务应对公众质询。北美水禽管理计划就是多方平等协调共识决策的例子。北美水禽管理计划创立合资企业，现在共有17个合资企业，参与各方都提供资源，为其员工、研究者和支持者提供服务，通过集体决策达成共识来做出关于优先行动、成本分配分担、短期和长期项目计划等的决策。加拿大环境治理跨部门合作，通常是一种平等主体间的协商对话。参与合作的任何层级政府“部门”，抑或是社会组织，都是平等对话者，各方不同的利益和立场通过协商对话机制表达出来，在充分的协商对话中达成共识。为利益相关者提供充足的政策参与渠道，让他们能够在政策平台上发表意见，表达各自利益与要求。当利益相关者产生利益冲突和分歧时，政策参与是进行磋商、妥协并最终达成一致的有效机制。例如，环境部门的政策制定充分体现了利益相关者的参与。几乎在政策制定的所有阶段，环境部都在制度层面上保证利益相关者能够通过电子邮件、传真、写信、填写反馈表等形式提出建议。除了个人、社会群体、社区作为利益相关者之外，企业界也可以通过各种行业协会、会谈协商、政治游说等方式表达立场。

3. 非政府组织积极参与跨部门合作

加拿大环境与可持续发展的跨部门合作，不仅注重政府间、政府内部机构间的合作，而且让各类非政府环保组织参与其中。这些机构有的面向所在地区，有的面向全国，有的甚至在全球范围内开展合作活动。目前，主要的环境非政府组织网络包括加拿大环境网，代表遍布加拿大的超过800个环境非政府组织；气候变化行动网，有40个关注气候变化的环境非政府组织；加拿大大自然网，处在发展中的一个有360个基于社区的自然主义者组织及其各省的分支机构组成的网络。政府不仅通过政策参与、税收惠免、无偿资助、合同服务等方式来培育非政府环保机构，还注重对非政府机构的资源进行协调和整合。例如，马尼托巴省教育部为了向青少年推广环境可持续发展知识理念，专门建立了一个“可持续发展教育工作协调小组”来整合非政府环保机构。加拿大“气候变化的经济影响专题研究会”是一个专业性很强的非政府组织，其成员包括志愿参加的大学教授、企业家、政府官员、行业协会组织者等知名人士，宗旨是对气候变化与经济发展、社会治理的关系进行综合研究。研究会定期召开研讨会，为英属哥伦比亚省政府提供气候变化方面的政策建议，并在每年的3月份向联邦内阁提出报告。2003年4月，加拿大民间环保组织“森林保护网络”在北京举行新闻发布会，讲述加拿大原始森林的处境与问题，希望更多中国消费者和木材进口商能够加入到保护原始森林的行列中来。希望中国能够通过减少进口产自原始森林的木材对保护当地的森林资源发挥作用。这些环保NGO在环境保护中发挥着极其重要的作用，它们除了利用法律手段，敦促政府和企业遵守各项环境法规之外，还积极与企业合作，开展环保方面的培训和技术研究，倡导企业履行在环保方面的社会责任，也以举办各种研讨会、组织市民活动等形式来提高公众对环境问题的关注，并通过社会协调与整合推动环境政策的贯彻执行。

三、对中国环境治理的借鉴意义

跨部门合作是加拿大富有特色和成效的环境治理方式。尽管中国与加拿大的政治制度、经济发展阶段不同，但环境问题和环境治理过程中有许多共同之处，加拿大环境治理跨部门合作的做法值得我们学习和借鉴。

1. 建立跨部门或跨域环境合作机制

构建横向和纵向跨部门环境合作机制是加拿大环境保护的突出特征和可资借鉴的经验。目前，中国现行的环境行政管理体存在地区分割、部门分割、条块分割的问题，尚未建立系统的环境协作治理的机制。现行环境管理是按行政区域来划分环境保护范围，使得跨行政区域环境污染的防治合作困难重重，边界地区成为环境污染和纠纷的“重灾区”。中国环境管理职能在相关部门之间的配置上过于分散，部门间权责不清，政府环保部门与其他部门之间并没有真正实现“统一监督管理与各部门分工负责相结合”，部门协调缺乏制度保障，环境部门的统一监督管理职权难以实现。因此，中国环境管理必须破除各自为政的分散局面，吸取加拿大政府跨部门合作的有益经验，尽快建立和完善跨行政区或跨部门合作治理的机制。环境治理的合作机制是涉及环境决策、执法、监管、保障诸环节的整体性制度安排，具体构建包括建立环境管理决策的协作机制、环境管理执法的协作机制、环境协作治理的组织系统、环境协作治理的信息系统在内的协调合作运行框架。其中环境治理协调合作的最前端在政府决策环节。为此，建立环境与发展综合决策制度，建立政府规划间环境目标衔接制度，建立重大建设项目联合会审制度，实现环境管理制度的整体对接。环境执法是环境保护和生态建设的中心环节。建立环境管理执法协作机制主要是建立环境联合监测制度、环境联合督察制度、跨界河流共管同治制度、环境应急协调处理制度、环境执法协助制度、环境纠纷协调制度，以及建立环境协作治理的信息系统，保证环境信息的及时性、全面性和准确性，实现环境信息资源共享。

2. 建立和完善环境合作治理的机构

设置跨部门的协作机构是加拿大环境治理的重要经验之一。环境治理合作需要借助一定的组织形式或机构支撑，组织机构常常是协调合作的重要载体。特别是跨界环境治理问题涉及面广，处理困难，有必要建立正式的权威性机构来承担这项工作。中国缺乏高规格专门性的法定协调机构，在 1998 年机构改革中，撤销了承担协调职能的国务院环境保护委员会，该委员会的协调职能转由国家环保总局（现升格为环保部）行使。然而，中国《环境保护法》并未明确规定其为协调机构，环保部难当高规格的法定协调机构之责。在流域治理方面，中国尽管建立了几大河流域管理委员会，但没有省、自治区和直辖市的代表作为委员，也没有流域管理协议。流域委员会与流域内地方各级环境和水行政主管部门之间，没有清晰的职责关系和协调机制，流域管理机构对地区之间的资源环境矛盾难以协调。因此，可以借鉴加拿大的做法，建立跨行政区的环境治理机构，打破环境治理中的行政分割。（1）恢复国家环境保护委员会。建议恢复国家环境保护委员会，作为环境保护和生态建设的最高协调与决策机构，在省一级也建立省环境保护委员会。赋予环境保护委员会的法定地位和权力，就机构的成员构成、决策程序、职能权限、法律责任、工作机制等制定相应的制度性规定。（2）建立综合性的流域委员会，该委员会的委员包括国家相关部门、流域内的相关省（自治区、直辖市）的代表，下设委员会办公室，主持全国主要流域管理的日常事务。流域委员会的主要职能是制定并监督实施流域综合规划，负责协调跨行政区流域水资源开发与环境问题。（3）完善环境合作治理联席会议。在环境治理中，联席会议是多元管理主体协调合作的基本组织形式，如政府部门联席会议、省际环境治理联席会议、流域治理联席会议等。建立联席会议的主要目的是各方互通信息、消除分歧、形成共识、联合行动。

3. 重视环保非政府组织参与合作治理

非政府组织在加拿大环境可持续发展领域发挥着举足轻重的作用。在加拿大等发达国家，合作型环境治理已成为环境可持续发展的新的途径。合作型环境治理，在广义上被认为是融合工业、公民群体或者地方政府的探讨、协约以及一系列的正式以及非正式的管理的治理类型。合作型治理也可以被广泛认为是在公共与私人部门之间建立的伙伴关系。对于中国这样一个发展中国家来说，在环境治理中需要充分整合政府、企业、非政府组织、研究机构、公民个人等多方面的力量。在近年来一些影响较大的环保事件中，都能看到非政府环保组织的身影，但总体上非政府环保组织发展缓慢、作用有限，政府对非政府组织存在不信任状况，使双方的合作困难重重。为破解环保僵局，必须加强政府与非政府组织特别是环保 NGO 之间的合作和良性互动。(1) 为民间环保机构创造良好的生存与发展环境。这主要是政府对环保 NGO 给予一定的法律地位和法律约束，降低注册门槛、放宽活动范围、提供资金支持、委托研究和推广项目、减免税收负担等方式，促进民间环保组织的发展，为政府部门的环境管理减轻压力。(2) 政府要为环保 NGO 和公众参与环境保护提供参与机制。如改善目前的环境评价机制，如让环保 NGO 和公众有机会参与到环评和调查工作之中，实行环境保护的公众监督和听证制度、建立政府相关部门和环保 NGO 之间定期对话的环保咨商制度等。(3) 探索向环保 NGO 购买环保服务。政府购买环保公共服务，即通过财政性资金的转移支付方式，特定的环境管理事务设定目标和要求，由非营利组织来提供，政府予以相应的资金支持与资源监管，从而发挥环保 NGO 的优势。

（作者单位：广东行政学院行政学教研部）

“无公害日本”建设的经验和启示

黄 华

一、“无公害日本”建设的主要经验

日本一直以来强化环境保护，致力于营造“无公害”日本，建设宜居国家。可以说，日本现阶段的环境保护比较成功，在西方发达国家中也居于前列。其有效经验主要体现在四个方面：

第一，日本经过剧烈公害运动后形成了一个高效、负责的新三元结构的环境管理体系。政府、企业和公民在环保目标上达成一致。政府通过环境审议会与社会各界、企业协商制定政策，企业具体实施和进行自我管理，公众积极参与和进行社会监督。在具体行使政府的环境管理职能时，在中央和选民两方面的巨大压力下，地方政府颁布了更为严格的环境标准，与当地公司创造性地签定了“污染防治协议”，严格实施环境影响评价制度，取得了非常好的效果。

第二，将制度创新与市场调节相结合。在公害肆虐时期，市场失灵的关键是没有把公害的影响计入成本。在新时期，日本政府通过立法、行政管制等手段解决了这个问题。例如，“大气污染防治法”规定对排放工厂实行无过失责任和连带责任。政府还创立了环境纠纷处理和被害者救济制度。这些制度都迫使企业为了避免可能由污染引起的巨额赔偿增加成本而积极采取措施，制止污染。

第三，源头治理与末端环保技术相结合是标本兼治的有效手段。在日本，源头治理主要包括产业结构从资源密集型向技术和知识密集型升级，能源结构从高硫燃料向低硫和脱硫化转化。更根本的是改变人们高生产、高消费、高废弃物的生活方式。当然，末端环保技术的开发也不可偏废，因为日本小企业在国民生产总值中虽不占主导地位，但数量多。他们难以进行大规模源头治理，也没有足够资金进行末端技改。政府通过其下属公共金融机构为他们提供优惠贷款、直接补贴及优惠税收等资金援助形式，使之能顺利进行末端治理，同时发展出一些有自主知识产权的环保技术，进而成为新的经济增长点。

第四，环境保护归根结底取决于广大民众的环境意识和积极参与。日本通过广泛、多层次的环境教育来促使公众正确理解人与环境的相互关系，树立正确的环境价值观，并通过体制内和体制外的，诸如非政府组织等渠道积极、自觉地参加环境保护。

二、“无公害日本”建设给我们的启示

1. 要注重环境保护和资源节约，促进国家可持续发展

作为一个国土面积狭小、资源相对匮乏的国家，日本的能源危机意识非常强，节能环保深入到整个社会生活的方方面面。如日本大量采购我省兖州矿务局的优质煤炭，装进集装箱沉入海底，已备将来之用。日本森林覆盖率相当高，但日本政府不允许采伐一草一木，所用木材全部从国外进口。许多细微之处更显示出日本人的精打细算。如许多厕所冲水箱上面是洗手盆，下面是冲水箱，洗手后再流入水箱冲厕，两次循环利用，节约了水资源。类似的设计随处可见，充分体现了日本人的节能意识。

2. 应重视软环境的建设，营造高水平社会文化

日本人普遍被认为工作认真、讲求效率，守时、重信用、讲礼节；日本的企业亦以讲究信用、产品质量精良雄称于世。在日本的大街小巷，你看不到垃圾，无论是走到拥挤的地铁，还是人头攒动的商场，地面都光洁如新，地铁的墙壁上也看不到乱写乱画的现象。日本人很少在公共场所抽烟和吃零食，更没有随地吐痰、随手扔垃圾的习惯。日本人遵守交通规则，无论是繁华的东京、大阪，还是古老的京都，大街上看不到一个交警，汽车、人流严格按红绿灯指示行动，一丝不苟。而且日本还善于利用传统文化资源来完成现代化的转型，因为他们将武士对于主人的忠诚转变成了企业员工对于企业的忠诚，进而建立

起全社会的工商信用。以上各方面形成的文化软实力，既有利于日本经济社会的发展，同时也有利于环境的有效保护。

（作者单位：广东东莞虎门镇政府）

后记

面对“经济发展与环境保护”的时代难题，各级政府该如何办？公共政策该发挥怎样的作用？在科学发展观的指导下，如何建设生态文明、建设资源节约型与环境友好型社会。如何把环境保护政策作为转方式调结构的重要抓手，推进节能减排和环境保护。这些是科学发展和全面现代化小康建设过程中我们大家所必须思考和迫切解决的时代命题。2010年，国家行政学院与北京师范大学、中国人民大学、环保部环境规划院等单位协作，开展了国家财政部公益性科研环保专项“治污减排对经济结构调整的作用机理、效果评估及协同预警研究”的研究。为了发动更多的学者研究环保领域的公共政策问题，在中国行政管理学会和内蒙古科技大学的大力支持下，通过中国行政管理杂志的公开征文和全国政策科学研究会系统内的组织动员，2011年8月，100多位学者及论文作者汇聚到内蒙古包头的内蒙古科技大学，探讨了“公共政策视野下的经济发展与环境保护”的理论和实践。本次研讨后征文汇集了70多篇论文，本书综合反映了本次理论研讨会的理论成果，其中有部分领导和专家学者的重要讲话和精彩发言，有会议精选的部分优秀论文，还有财政部公益性科研环保专项“治污减排对经济结构调整的作用机理、效果评估及协同预警研究”课题组的部分阶段性研究成果。它是中国当前学者研究环保公共政策问题的成果综合。

在本书即将出版之际，编辑委员会特地对以下几个方面表达感谢：

首先，感谢环保部的大力支持。如果没有环保公益性科研专项项目的立项和资金支持，就不会有这么多学者和专家参与和关注环境政策的研究，就不会有本书的出版。吴晓青副部长还为环保公益性行业科研专项经费项目系列丛书撰写序言，对我们学者的研究给予了极大的鞭策和鼓励。

其次，感谢论文作者的大力支持。这次会议共收集到了70多篇论文，共60多万字。遗憾的是，一是由于经费有限，出版社提高了质量要求和论文入选标准；二是由于篇幅限制，对部分文章进行了有针对性的选择和技术性的删节；三是由于语言方面的限制，会议上收到的4篇英文论文未能入编。在此，编者特地向入选的会议论文表示感谢，对未能入编近20篇论文的作者表示遗憾和深深的歉意。

第三，感谢本次研讨会的会议主办单位和承办单位。中国行政管理学会、内蒙古科技大学、国家行政学院以及环保部、国务院法制办、国务院参事室、北京师范大学、北京大学、中国政法大学等都给予了各方面的支持；内蒙古科技大学经济管理学院、中国行政管理杂志社、全国政策科学研究会等的同志们还为大会付出了辛勤的劳动，这里表示衷心的感谢。

第四，还要感谢为会议论文组织和本书编辑的工作班子。从论文征集到论文筛选，从论文编辑到排版校对，本书编辑组的工作人员付出了大量的劳动。参与本书论文征集工作的有内蒙古科技大学经济管理学院的老师们，他们是张璞教授、宋雨辰教授、潘桂英副教授、杨波、杨雪、李晓方等，其中李晓方主要负责了论文征集联络工作；参与本书编辑工作的有国家行政学院环保政策课题组的各位成员，有胡仙芝研究员、杨钟红副教授、申金花副教授、杨良敏编辑以及黎霆、魏海涵、刘杰、吴平、胡琳琳、余茜、刘靖宇、方宁等，其中胡仙芝、余茜、刘靖宇负责全书的统稿和审稿工作。

第五，感谢群言出版社及陈佳、孙平平编辑。在出版管理体制改革之际，他们为本书的出版提供了很好的条件。责任编辑陈佳、孙平平为本书付出了精细的工作和辛勤的劳动。

最后，要感谢的是本书的读者了。感谢读者认真阅读本书，分享我们的研究成果。书中难免会有很多疏漏和不足，诚恳地希望读者给予批评指正，以帮助我们今后更好地学习研究。

编者

2012年3月18日